Das Konzept des kollektiven *iǧtihād* und seine Umsetzungsformen

Leipziger Beiträge zur Orientforschung

Herausgegeben von Hans-Georg Ebert
Begründet von Günter Barthel

Band 38

PETER LANG

Ahmed Gad Makhlouf

Das Konzept des kollektiven *iǧtihād* und seine Umsetzungsformen

Analyse der Organisation und Arbeitsweise islamischer Rechtsakademien

PETER LANG

Bibliografische Information der Deutschen Nationalbibliothek
Die Deutsche Nationalbibliothek verzeichnet diese Publikation in der Deutschen Nationalbibliografie; detaillierte bibliografische Daten sind im Internet über http://dnb.d-nb.de abrufbar.

Zugl.: Bamberg, Univ., Diss., 2017.

Gedruckt auf alterungsbeständigem,
säurefreiem Papier.

D 473
ISSN 0942-2323
ISBN 978-3-631-75293-7 (Print)
E-ISBN 978-3-631-75297-5 (E-PDF)
E-ISBN 978-3-631-75298-2 (E-PUB)
E-ISBN 978-3-631-75299-9 (MOBI)
DOI 10.3726/b13843

Peter Lang – Berlin · Bern · Bruxelles · New York ·
Oxford · Warszawa · Wien

Diese Publikation wurde begutachtet.

www.peterlang.com

Inhaltsverzeichnis

0 Vorbemerkung

Das vorliegende Buch basiert auf meiner Doktorarbeit, die im Februar 2017 von der Fakultät Geistes- und Kulturwissenschaften der Otto-Friedrich-Universität Bamberg als Dissertation angenommen wurde. Zunächst möchte ich mich bei allen bedanken, die mich bei meiner Arbeit unterstützt und begleitet haben.

Der Friedrich-Naumann-Stiftung für die Freiheit bin ich für die finanzielle Unterstützung meiner Promotion mit Mitteln des Auswärtigen Amtes ebenso wie für die ideelle Förderung äußerst dankbar. Ihre Förderung ermöglichte es mir, mich voll und ganz auf meine Arbeit konzentrieren zu können.

Meinem Doktorvater, Herrn Prof. Dr. Patrick Franke, möchte ich für seine vielfältige Unterstützung während seiner Betreuung meiner Arbeit sowie für die inspirierenden Gespräche und Verbesserungsvorschläge meinen herzlichsten Dank aussprechen. Herrn Prof. Dr. Mathias Rohe gilt mein aufrichtiger Dank für die zügige Erstellung des zweiten Gutachtens und für die wertvollen Hinweise und Vorschläge zur Vollendung dieser Arbeit.

Meinen Interviewpartnern und den Verantwortlichen der drei untersuchten Gremien, in erster Linie jenen der internationalen Fiqh-Akademie der Organisation für die islamische Zusammenarbeit, bin ich für die Kooperation und Gastfreundschaft zu Dank verpflichtet. Großer Dank gebührt in diesem Zusammenhang der FAZIT-Stiftung für die Finanzierung meiner Forschungsreisen, welche wertvolle Erkenntnisse für meine Arbeit lieferten.

An dieser Stelle möchte ich zudem insbesondere meinen Eltern, die mich stets unterstützt und ermutigt sowie mir geistig beigestanden haben, von ganzem Herzen danken. Mein besonders herzlicher Dank gilt meiner lieben Jeanine, die vom ersten bis zum letzten Schritt meiner Arbeit an meiner Seite war, und ihrer Schwester, Isabelle Schaller. Für eure zahlreichen nützlichen Kommentare und Korrekturen sowie eure Unterstützung in vielerlei Hinsicht bin ich unendlich dankbar. Nicht zuletzt sei in diesem Zusammenhang Christoph Baab, Berenike Metzler, Daniela Isljami und Johannes Rosenbaum herzlich gedankt.

Bamberg, Dezember 2017 Ahmed Gad Makhlouf

1 Einleitung

Kollektiver *iǧtihād* – Ein kurzer Überblick

Eine neue Entwicklung, welche das islamische Recht im 20. Jahrhundert durchlief, ist die Entstehung eines „neuen" Rechtsfindungsverfahrens, nämlich *al-iǧtihād al-ǧamāʿī* (des kollektiven *iǧtihād*). Dieser kollektive *iǧtihād* war und ist Auslöser verschiedener Aktivitäten im gegenwärtigen islamischen Recht. Das Interesse an diesem neuen Verfahren nahm im Laufe des 20. Jahrhunderts stetig zu, was sich sowohl auf theoretischer als auch auf praktischer Ebene manifestierte.

Historisch gesehen gehen die Ansätze der Idee des kollektiven *iǧtihād* (nachfolgend: KI) auf die Reform- und Erneuerungsbewegungen um die Mitte des 18. Jahrhunderts zurück. So forderten viele Stimmen eine innere Erneuerung und die Öffnung des Tores zum *iǧtihād*. Ferner intendierten sie mittels einer Neuinterpretation der islamischen Quellen eine der neuen Zeit entsprechende Version der rechtlichen Bestimmungen zu schaffen. In diesem Kontext riefen verschiedene muslimische Reformgelehrte zur Schaffung von Gremien auf, innerhalb derer mehrere Gelehrte an der Weiterentwicklung der islamischen Normen arbeiten sollten. Diese Idee eines KI war neu, bisher war *iǧtihād* als eine Tätigkeit betrachtet worden, die die Gelehrten einzeln, in Konkurrenz zueinander, auszuüben hatten. Der Ruf nach der Schaffung eines Gremiums für den KI fand insbesondere in der Azhar in Kairo positive Aufnahme. Im Jahre 1911 wurde die „Körperschaft der großen Gelehrten von al-Azhar" (*Hayʾat kibār al-ʿulamāʾ bi-l-Azhar*) gegründet, welche im Jahre 1961 zu einer anderen Institution mit noch erheblich größerer internationaler Ausstrahlung umgewandelt wurde, und zwar der „Akademie für islamische Untersuchungen" (*Maǧmaʿ al-buḥūṯ al-islāmiyya*) der Azhar, die als die älteste Rechtsakademie gilt. In den folgenden Jahren wurden in verschiedenen islamischen Ländern weitere Rechtsakademien eröffnet. Besonders wichtig ist die 1983 gegründete „Internationale islamische Fiqh-Akademie" (nachfolgend: IIFA) (*Maǧmaʿ al-fiqh al-islāmī ad-dawlī*) der *Organisation of Islamic Cooperation* (OIC). Als Unterabteilung der OIC, in der mehr als 50 islamische Staaten bzw. Staaten mit einer mehrheitlich muslimischen Bevölkerung zusammengeschlossen sind, hat sie eine für die gesamte islamische Welt repräsentative Funktion. Seit 1997 besteht mit dem „European Council for Fatwa and Research" (nachfolgend: ECFR), der seinen Sitz in Dublin hat, auch ein kollektives *iǧtihād*-Gremium in Europa.

Forschungsstand

Eine der wichtigsten Doktrinen der islamischen Rechtsmethoden (*uṣūl al-fiqh*), die jahrzehntelang für Diskussionen innerhalb der westlichen Islamwissenschaft sorgte, ist *al-iǧtihād bi-r-raʾy*, oder kurz *iǧtihād*, „Bemühung um eine eigene Urteilsfindung". Die Relevanz dieser Doktrin zeigt sich in der Fülle der islamwissenschaftlichen Literatur, die den *iǧtihād* aus unterschiedlichen Perspektiven darstellt und beleuchtet. Verschiedene Studien[1] behandeln den *iǧtihād* als Sammelbegriff für jegliche Normenfindungsmethoden, von welchen in der Praxis je nach Rechtsfall die entsprechende Methode festgelegt wird. Zu diesen Methoden gehören z. B. der Analogieschluss (*qiyās*), das Billigkeitserwägungsprinzip (*istiḥsān*), die Rechtsfindung aufgrund des Allgemeinwohls (*istiṣlāḥ*) oder des Gewohnheitsrechts (*ʿurf*). In diesem Zusammenhang werden auch Fragen wie die Legitimität des *iǧtihād*, Qualifikationen zum *iǧtihād*, Rangstufen des *muǧtahid* und die Teilbarkeit des *iǧtihād* untersucht.

Ein weiterer wichtiger Aspekt, mit dem sich mehrere islamwissenschaftliche Abhandlungen im Zusammenhang mit dem *iǧtihād* beschäftigen, ist die These von Torschließung des *iǧtihād*. Es geht dabei um die Behauptung, dass die *iǧtihād*-Praxis ab einer bestimmten Zeit nicht mehr zulässig gewesen sei.[2] Während eine große Anzahl der früheren Islamwissenschaftler die Ansicht vertrat, dass das Tor zum *iǧtihād* seit dem 3./9. Jh. geschlossen sei, wie z. B. Snouck-Hurgronje, Joseph Schacht und Asaf A. A. Fyzee, waren andere spätere, darunter W. M. Watt, Wael Hallaq und Lutz Wiederhold, der Meinung, dass der *iǧtihād* während der islamischen Rechtsgeschichte unaufhörlich praktiziert worden sei. Letztere relativieren die scheinbare Kontinuität der *iǧtihād*-Praxis dadurch, dass diese sich höchstens auf den zweiten *iǧtihād*-Grad bezieht.[3] Dazu trat der *iǧtihād* als Mittel zur Erneuerung des islamischen Rechts bzw. der Scharia im Rahmen der muslimischen Reformbewegungen ab dem Ende des 18. Jahrhunderts in verschiedenen islamischen Ländern wie Ägypten, der Türkei und auf der Arabischen Halbinsel auf. Somit kann das islamische Recht sich den Anforderungen der neuen Zeit erfolgreich stellen, sowie notwendige Mittel zur Reform von Religion und Gesellschaft hervorbringen.[4] Außerdem untersuchen

---

1 Z. B. Kamali, Mohammad: *Principles of Islamic Jurisprudence*, Cambridge 1991; Krawietz, Birgit: *Hierarchie der Rechtsquellen im tradierten sunnitischen Islam*, Berlin 2002 und Poya, Abbas: *Anerkennung des Iǧtihād Legitimation der Toleranz. Möglichkeiten innerer und äußerer Toleranz im Islam am Beispiel der Iǧtihād-Diskussion*, Berlin, Schwarz, 2003.

2 Zu den islamwissenschaftlichen Beiträgen, die diese Frage behandeln, gehören z. B.: Watt, William Montgomery: „The Closing of the Door of iǧtihād", in: *Orientalia Hispanica, Band 1,1* 1974, 675–678; Schacht, Joseph: *An Introduction to Islamic Law*, Oxford University Press 1982; Hallaq, Wael B.: „Was the Gate of Ijtihad closed?", in: *International Journal of Middle East Studies, Band. 16, Nr. 1,* Cambridge University Press 1984, S. 3–41; Wiederhold, Lutz: „Das Manuskript Ms. Orient. A 918 der Forschungsbibliothek Gotha als Ausgangspunkt für einige Überlegungen zum Begriff ‚iǧtihād' in der sunnitischen Rechtswissenschaft", in: *Zeitschrift der Deutschen Morgenländischen Gesellschaft, Band 143,* Stuttgart 1993, S. 328–361 und Poya, Abbas: *Anerkennung der iǧtihād-Legitimation der Toleranz*, Berlin 2003.

3 Vgl. Jokisch 1996, S. 210 ff. und Poya 1998 S. 232 f.

4 Z. B. Peters, Rudolph: „Idjtihād and taqlīd in 18th and 19th century Islam" in: *Die Welt des Islams* 20 (1980), S. 131–145; Ucar, Bülent: *Recht als Mittel zur Reform von Religion und Gesellschaft – Die türkische Debatte um die Scharia und die Rechtsschulen*

einige islamwissenschaftliche Studien die Interpretation des *iǧtihād* bei prominenten Gelehrten bzw. Reformern, wie Ibn Taymiyya (gest. 1328) und aš-Šawkānī (gest. 1834). Dabei wird die wesentliche Rolle des *iǧtihād* im Denken jener Gelehrten hervorgehoben.[5] Hinweise auf die erwünschte Rolle des *iǧtihād* bei der Integration der Muslime in Europa finden sich in etlichen Beiträgen wie beispielsweise bei Schwab und im Artikel von Kalisch.[6] In diesem Kontext kann die Notwendigkeit des *iǧtihād* zur Entwicklung eines muslimischen Minderheitenrechts verstanden werden.[7] Weiterhin taucht der Begriff *iǧtihād* gelegentlich auch in der Behandlung anderer Fragen auf.

Trotz weit gefächerter Untersuchungen der *iǧtihād*-Doktrin in der westlichen Islamwissenschaft bietet die bisherige westliche Forschungsliteratur keine tiefgründige Untersuchung der Idee des KI. So taucht dieser Gedanke nur sporadisch in einer begrenzten Anzahl islamwissenschaftlicher Beiträge auf. In seinem Werk *Recht als Mittel zur Reform von Religion und Gesellschaft*[8] behandelt Bülent Ucar die Idee des KI im Rahmen seiner Beschäftigung mit der modernistischen Entwicklung im Osmanischen Reich. Im Zuge dessen führt Ucar die Abneigung etlicher türkischer Gelehrter um die Wende des 20. Jahrhunderts gegen den individuellen *iǧtihād* an, welcher oft Konflikte hervorruft. Infolgedessen weist er auf den Vorschlag Filibelis hin, ein *iǧtihād*-Gremium zu gründen, welches aus ca. 50 Rechtsgelehrten besteht und die gesamte islamische Welt vertritt.[9] Ebenso gibt Muhammad Qasim Zaman in seinem Werk *Modern Islamic Thought in a Radical Age* im Rahmen seiner Auseinandersetzung mit der religiösen Autorität im Denken der modernen Salafiyya und in Verbindung mit der Situation in Südasien mehrere relevante Hinweise zum Thema vom (kollektiven) *iǧtihād*. Diese betreffen die von vielen modernen (salafitischen) Intellektuellen geäußerte Kritik an dem traditionellen Bild des *iǧmāʿ* und ihre Tendenz zur Institutionalisierung des *iǧmāʿ* und des *iǧtihād*. Von Interesse

---

im 20. Jahrhundert, Würzburg 2005 und Corrado, Monica: *Mit Tradition in die Zukunft – Der taǧdīd-Diskurs in der Azhar und ihrem Umfeld*, Würzburg 2011.

5 Siehe Jokisch, Benjamin: *Islamisches Recht in Theorie und Praxis – Analyse einiger kaufrechtlicher Fatwas von Taqī ʾd-Dīn Aḥmad b. Taymiyya*, Berlin 1996; Eisenbürger, Barbara: *Muḥammad b. ʿAlī aš-Šawkānī (gest. 1255/1834) – der große jemenitische Reformer – seine rechtlichen, ideologischen und pädagogischen Vorstellungen*, Berlin 2011 und Haykel, Bernard: *Revival and reform in Islam – the legacy of Muhammad al-Shawkānī*, 2003.

6 Schwab, Christa: *Integration von Moslems in Großbritannien und Frankreich*, Wien 1997 und Kalisch, Muhammad: „Muslime als religiöse Minderheit. Ein Beitrag zur Notwendigkeit eines neuen *iǧtihād*", in: Schneiders, Thorsten Gerhald und Kaddor, Lamya (hrsg.): *Muslime im Rechtsstaat*, Münster 2005, S. 47–70.

7 Z. B. Schlabach, Jörg: *Scharia im Westen. Muslime unter nicht-islamischer Herrschaft und die Entwicklung eines muslimischen Minderheitenrechts für Europa*, Berlin 2009 und Albrecht, Sarah: *Islamisches Minderheitenrecht – Yūsuf al-Qaraḍāwīs Konzept des fiqh al-aqallīyāt*, Würzburg 2010.

8 Zum vollständigen Titel Fn. 4.

9 Zum Aufruf Filibelis siehe Unterkapitel „3.2.6".

ist auch sein Verweis auf die Anwendung des KI durch den indischen Gelehrten Ašraf ʿAlī Thānwī (gest. 1943). Außerdem kommt er auf die Institutionalisierung des *iǧtihād* in Form der Rechtsakademien im 20. Jahrhundert zunächst im Nahen Osten und später in Südasien durch die Gründung der Rechtsakademie Indiens im Jahre 1989 – trotz der dort herrschenden Zurückhaltung gegenüber der Anwendung des *iǧtihād* im Vergleich mit der Haltung im Nahen Osten – zu sprechen. Unter Berücksichtigung des machtpolitischen Kontextes in Indien betrachtet Zaman die Sprache des (kollektiven) *iǧtihād* als bloßes rhetorisches Mittel zur Rückgewinnung der kollektiven Autorität der Gelehrten.

Ein relevanter Aufsatz für die vorliegende Arbeit, der im Jahre 2004 erschien, ist *Nahdlatul Ulama and Collective Ijtihad* des indonesischen Forschers Nadirsyah Hosen. Letzterer stellt in seinem Artikel das Bild des KI bei zeitgenössischen Autoren dar und hebt dementsprechend hervor, dass sich *Nahdlatul Ulama* bei ihrer Ermittlung von Rechtsgutachten immer auf die Beratung und gemeinsame Arbeit einer Gruppe von Gelehrten stützte. Somit praktiziere diese Institution seit ihrer Gründung im Jahre 1926 einen KI. Von Bedeutung ist auch der Aufsatz *An Introduction to Collective Ijtihad (Ijtihad Jama'i): Concept and Applications* (2003) von Aznan Hasan. In seinem Artikel gibt der Forscher einen Überblick über den Begriff des KI und die Entstehung dieser Form des *iǧtihād*. Außerdem versucht er einen theoretischen Rahmen für das Konzept des KI zu entwickeln. Ferner verweist dieser Aufsatz auf die Institutionen des KI.

An verschiedenen Stellen ihres Buchs *Hierarchie der Rechtsquellen im tradierten sunnitischen Islam* bezieht sich auch Krawietz auf den KI. Einmal findet er in ihrer Darstellung der islamischen Rechtsquellen in der Zeit der rechtgeleiteten Kalifen Erwähnung und dreimal im Zuge ihrer Beschäftigung mit dem Konsens als islamische Rechtsquelle. Hierbei werden der Konsens und der KI, cum grano salis, in gewisser Weise als Synonyme dargestellt. Eine wichtige Bemerkung zum KI findet sich bei der Untersuchung des Wandels und des Umbruchs im islamischen Recht der Gegenwart. Hierbei wird das Ziel der islamischen Rechtsakademien festgelegt, nämlich „sich um eine kontrollierte Entwicklung des Rechts und, wo nötig, um einen KI (wörtl. *raʾy iǧtihād ǧamāʿī*) zu bemühen."[10] An anderer Stelle zitiert Krawietz im Rahmen ihrer Behandlung des *istiṣlāḥ*-Prinzips die Auffassung al-Barrīs, der den KI als Garantie dafür einschätzt, „[...], dass die Gesetzgebung nicht im Namen von *maṣlaḥa* abirrt."[11] Sodann skizziert Krawietz bei der Behandlung der Teilbarkeit des *iǧtihād* die Umsetzung des KI in Form von Rechtsinstitutionen. Dabei stimmt sie der Ansicht zu, dass es nach traditioneller Auffassung keine spezielle Einrichtung zur Erstellung von Kollektiv-Fatwas gibt. Für sie liegt das Problem „jedoch in staatlicherseits erfolgenden Institutionalisierungsversuchen."[12] Letztlich erkennt Krawietz in ihrem Resümee im KI eine der Möglichkeiten des *iǧtihād* in der Gegenwart.

10 Krawietz 2002, S. 86 (Fn. 128), die hier nach: Al-Nabhān, *Madḫal*, S. 392 ff. zitiert.
11 Krawietz 2002, S. 257.
12 Krawietz 2002, S. 371.

Des Weiteren kommt Kamali in seinem *Principles of Islamic Jurisprudence* mehrmals auf den KI zu sprechen. In seiner Behandlung des Konsenskonzepts zitiert Kamali erstmals den Vorschlag von Muḥammad Iqbāl, den individuellen *iğtihād* auf eine gesetzgebende Versammlung umzustellen. Auf diese Art und Weise kann von einem Konsens gesprochen werden. Dieser Vorschlag wurde unterschiedlich aufgenommen. M. S. Yūsuf lehnt ihn aufgrund dessen ab, dass die Umstellung des *iğtihād* oder des Konsenses auf eine legislative Institution zu politischer Einmischung führen könne. Hingegen weist Aḥmad Ḥasan den Vorwurf Yūsufs zurück und betont, dass die Äußerung Iqbāls auf eine gesündere und sicherere Form des *iğtihād* abziele, nämlich den KI anstatt des individuellen, und dass eine legislative Institution der richtige Platz für das Praktizieren des KI sei. An anderer Stelle nimmt Kamali im Rahmen seiner Beschäftigung mit dem *iğtihād* auf die Empfehlung aṭ-Ṭamāwīs, einen Rat von qualifizierten *muğtahids* einzurichten, die an der Vorbereitung der gesetzlichen Vorschriften in Harmonie mit den Scharia-Grundsätzen durch gegenseitige Beratung arbeiten, Bezug.

Weitere Hinweise finden sich in den im Folgenden genannten Abhandlungen. In seinem Beitrag *The Contribution of the Modernists to the Secularization of Islamic Law* behandelt Aharon Layish die Modernisierung des islamischen Rechts. In diesem Zusammenhang bezieht er sich auf den Appell der Modernisten in Ägypten, entgegen der traditionellen Auffassung, zur Institutionalisierung des *iğtihād*. In seinem Artikel *Fethullah Gülens theologische Grundausrichtung zwischen Tradition und Öffnung: Haltungen zum iğtihād und zur Demokratie* erwähnt Ucar die Forderung Gülens, ein Gremium zu bilden, welches *iğtihād* in kollektiver Form anwenden solle. Während eines christlich-islamischen Kolloquiums, das vom 23. bis zum 26. März 1981 in Bonn abgehalten wurde, lenkte eine englischsprachige Gruppe die Diskussion auf die Faktoren, die die Anwendung des *iğtihād* als Mittel zur Anpassung des Islam an die moderne Welt erleichtern oder erschweren würden. In ihrem Bericht spricht diese Gruppe von der Möglichkeit, den *iğtihād* auf kollektive Weise anzuwenden, was jedoch ein regelmäßiges Sich-Beratschlagen und einen gegenseitigen Austausch von Ideen der muslimischen Gelehrten erfordere, um die islamischen Normen den veränderten Gegebenheiten anzupassen. Sie macht aber darauf aufmerksam, dass einer kollektiven Anwendung des *iğtihād* Sektenunterschiede im Wege stehen würden.[13] In dem Werk *Contemporary Ijtihad. Limits and Controversies* von Khan und Ramadan widmen sich die Autoren der institutionellen Struktur des *iğtihād* unter Betrachtung des islamischen Konstitutionalismus. In diesem Zusammenhang betonen sie die Anwendung des *iğtihād* mit einer institutionellen Struktur, um interpretativen Missbrauch und Willkür zu verhindern. In solchen Institutionen habe weder eine Person noch eine Gruppe ein exklusives Recht, um zu bestimmen, was kompatibel mit den islamischen Grundsätzen ist und was nicht. Trotzdem solle der individuelle *iğtihād* aber weitergeführt werden und seinen Beitrag zur Lösungssuche für die gegenwärtigen Probleme durch rechtliche Empfehlungen leisten.

---

13 Siehe Abdullah, Muhammad S. (Hrsg.): *Der Glaube in Kultur, Recht und Politik. Ein christlich-islamisches Kolloquium.* Mainz, Hase & Koehler, 1982.

Die o. g. Schriften, deren Zahl insgesamt begrenzt ist, setzen sich jedoch nicht mit verschiedenen wesentlichen Aspekten des KI sowohl in der Theorie als auch in der Praxis auseinander. Es existieren lediglich einige Artikel, wie von Aznan und Hosen, die einen allgemeinen Überblick über einige Punkte der Theorie des KI gewähren, oder von Zaman, der auf die Verknüpfung des KI mit der Institutionalisierung des *iğmāʿ* aufmerksam macht. Allerdings wären zum besseren Verständnis des KI noch weitere Studien wünschenswert, die den Wurzeln und Elementen dieser Form des *iğtihād* in der früheren Literatur auf den Grund gehen und die Motivationen, Ansätze sowie Charakteristika des KI als Verfahren zur Ermittlung rechtlicher Normen vor Augen führen. Ebenso mangelt es an Literatur, die die Verbindung dieser Idee oder Theorie mit den Umsetzungsformen in der Gegenwart darstellt. Eine eingehende Untersuchung der Theorie und der Geschichte der Idee des KI kann zur Erschließung einer neuen Entwicklung des islamischen Fiqh ihren Beitrag leisten.

Zum Themenfeld „Fiqh-Akademien“ stehen einige islamwissenschaftliche Arbeiten zur Verfügung. Diese betreffen vornehmlich die Akademie für die islamischen Untersuchungen der Azhar, beispielsweise von Jaques Jomier „Les Congrès de l'Académie des Recherches islamiques dépendent de l'Azhar“.[14] In seiner Abhandlung gibt Jomier Hintergrundinformationen über die ersten acht Kongresse der Akademie. Außerdem stellt er die Arbeit und die behandelten Themen der Akademie während dieser Kongresse dar und beabsichtigt offensichtlich, die Themen und die getroffenen Entscheidungen aufgrund der historisch-politischen Entwicklungen zu erklären. Dennoch beschränkt sich Jomier auf die Untersuchung der Konferenzen der Akademie, welche jedoch lediglich einen Teil der Arbeit der Akademie bilden. Dabei versäumt er es, auf die monatlichen Versammlungen der Akademie, in welchen zahlreiche Resolutionen und Fatwas hinsichtlich unterschiedlicher Fragen verabschiedet werden, oder auf die Arbeit in den Fachkommissionen und dem Fatwa-Gremium der Akademie einzugehen. Des Weiteren vermittelt das Werk von Wolf-Dieter Lemke über die Reform Maḥmūd Šaltūts eine relevante Vorstellung der Entstehungsgeschichte und Anfangsphase der Akademie der Azhar, insbesondere in Verbindung mit den früheren Reformvorschlägen von Šaltūt, unter dessen Rektorat die Akademie der Azhar eingerichtet wurde. Skovgaard-Petersen versorgt den Leser im Kontext mit dem Fatwa-Wesen in Ägypten mit einschlägigen Informationen über relevante Organe der Azhar, wie die Körperschaft der großen Gelehrten und das Fatwa-Gremium der Azhar sowie über die Genese der Akademie der Azhar.

Außerdem gibt es etliche Schriften, die sich mit anderen Rechtsakademien befassen. In Hinblick auf die IIFA liefert Peter Heine in seinen zwei Aufsätzen *Die Akademie für islamisches Recht (fiqh)* und *Konsens als Methode der Rechtsschöpfung im Islam*[15] allgemeine Informationen über die Entstehung, Ziele und Themenbereiche der behandelten Fragen. Überdies bemerkt Heine, dass der Konsens in der Arbeits-

14 In: Mélanges de l'Institut dominicain d'Etudes orientales 14 (1980), S. 95–148.

15 In: Rechtstheorie 16 (1985), S. 409–502 und Rechtstheorie 24 (1993), S. 381–384.

weise der IIFA weiterhin beachtet wird.[16] Im Werk *Reasserting international Islam – a focus of the Organization of the Islamic Conference and other Islamic Institutions* von Saad Khan richtet der Verfasser nur etwa zwei Seiten lang bei seiner Aufzählung der verschiedenen Unterorgane der OIC seine Aufmerksamkeit auf die IIFA. Relevante Darstellungen der Geschichte, Arbeit und Analyse des ECFR bietet Alexandre Caeiro in einigen Schriften, von welchen insbesondere „Transnational ulama, European fatwas and Islamic authority: a case study of European Council for Fatwa and Research" für die vorliegende Arbeit von Bedeutung ist.[17] Ähnliche Informationen liefert Lena Larsen in ihrem Artikel „Islamic jurisprudence and transnational flows: exploring the European Council for Fatwa and Research"[18] und Adil Hussain Khan in seinem Aufsatz „Creating the image of European Islam: European Council for Fatwa and Research and Ireland".[19]

All diese Beiträge betrachten die Akademien aus einer sozialen, politischen oder missionarischen Perspektive, welche jedoch nur eine Seite dieser Institutionen darstellt, ohne eine wesentliche Funktion dieser Akademien zu untersuchen, und zwar die Akademien als Institutionen des KI. Somit wird ihre juristische Aufgabe bei der Behandlung verschiedener alter und neuer Rechtsfälle – mit Ausnahme einiger Schriften über den ECFR – außer Acht gelassen. Ferner werden einige Rechtsakademien, wie die IIFA, kaum behandelt. Letztere wird gelegentlich in einigen Studien angeführt und als Unterorgan der OIC dargestellt. Diesen Schriften mangelt es aber an einer eingehenden Analyse der Struktur und der fachlichen Arbeit dieser Rechtsakademien in Anbetracht des KI, auf den sich die Arbeit dieser Akademien stützt. Deshalb macht es sich die vorliegende Untersuchung zur Aufgabe, einen bedeutenden Beitrag zur Füllung dieser Lücke zu leisten. So zielt sie darauf ab, sich umfassend mit der Arbeit der Rechtsakademien und ihren verschiedenen Aktivitäten in Verbindung mit der Idee des KI bzw. als praktische Umsetzungsform des KI zu beschäftigen. Dabei soll die Arbeit der Akademien insbesondere unter einem normativen Aspekt betrachtet werden. Die mangelnde Untersuchung der Rechtsakademien aus einer rechtswissenschaftlichen Perspektive stellen auch etliche Autoren fest. Zaman konstatiert einen Untersuchungsbedarf hinsichtlich der Arbeitsmethodologie der Akademien der OIC und der islamischen Weltliga: „The

---

16 Vgl. Heine 1993, S. 383 f. Mit Bezugnahme auf das traditionelle Bild des Konsenses, welcher eine Übereinstimmung aller *muǧtahids* der islamischen Gemeinde erfordert – wie wir in dieser Studie sehen werden – praktiziert diese Akademie jedoch keinen Konsens, sondern einen KI, der sich lediglich auf die Entscheidung einer Gruppe von Gelehrten stützt.

17 In: Bruinessen, Martin van (Hrsg.): *Producing Islamic Knowledge. Transmission and dissemination in Western Europe.* London [u. a.], Routledge, 2011, S. 121–141.

18 In: Anne Hellum; Shaheen Sardar Ali; Anne Griffiths (eds.): *From transnational relations to transnational laws: northern European laws at the crossroads.* Farnham, UK [u. a.]: Ashgate, 2011, S. 139–163.

19 In: Nielsen, Jørgen S. (Hrsg.): *Muslim political participation in Europe.* Edinburgh, Edinburgh Univ. Press, 2013, S. 215–239.

Saudi-sponsored fiqh academies have tended to limit themselves to rather conservative rulings on a relatively small number of issues. But the methodology through which they have arrived at and justified their rulings is potentially open-ended."[20] In seiner Dissertation über den ECFR akzentuiert Caeiro vorweg, dass er die Arbeit dieser Institution eher aus einer sozialwissenschaftlichen Perspektive zu betrachten intendiert und dabei das rechtswissenschaftliche Forschungsinteresse ausblenden wird.[21] Von daher strebt die vorliegende Arbeit an, die Arbeitsweise des ECFR und weiterer Fiqh-Akademien aus einem anderen Blickwinkel zu analysieren. Dabei soll der islamrechtliche Untersuchungszweck bezüglich des Prozesses der Normenfindung im Vordergrund stehen.

Angesichts der zentralen Rolle, die der KI in zahlreichen Rechtsakademien innerhalb und außerhalb der islamischen Welt einnimmt, und aufgrund des noch begrenzten Forschungsstandes zum KI und zur Rolle der Rechtsakademien in diesem Zusammenhang, soll die Idee des KI und ihre Umsetzung in Form von Gremien oder Rechtsakademien als Thema der hier vorliegenden Arbeit fungieren. Diese hat zum Ziel, eine präzise Darstellung der Theorie und der Begriffsgeschichte des KI zu liefern sowie den Fokus auf seine Anwendung in der Gegenwart, insbesondere auf die Fiqh-Akademien, zu lenken. Außerdem soll auch die Analyse der Struktur und der rechtswissenschaftlichen Arbeit dieser Institutionen im Zentrum des Interesses stehen. Alles in allem soll diese Studie zum einen als Grundlage für die Untersuchung von zahlreichen und vielfältigen rechtswissenschaftlichen Institutionen der Gegenwart – wie Rechtsakademien, Fatwa-Gremien und Scharia Councils – innerhalb und außerhalb der islamischen Welt dienen und zum anderen die Aufmerksamkeit auf eine neue Entwicklung in der islamischen Rechtswissenschaft lenken.

Fragestellung

Die vorliegende Forschungsarbeit intendiert, vier zentrale Fragen bezüglich dieser Thematik zu behandeln und darauf Antworten zu liefern. Dabei geht es um die Fragen nach der Motivation und den Zielen der Genese dieser Form des *iǧtihād*, den Charakteristika dieser Normenfindungsmethode, den Umsetzungsformen und der Bewertung bzw. der Analyse der Umsetzung. Mit diesen vier Ansatzpunkten bzw. Leitfragen sind mehrere Subfragen verknüpft, die im Rahmen dieser Untersuchung geklärt werden sollen, wie beispielsweise: Ist der KI eine neue Form des *iǧtihād* oder gab es ihn bereits vor der Moderne? Wer waren die Wegbereiter der Idee des KI und was waren ihre Motivationen? Welche Differenzen weist der KI im Vergleich mit dem individuellen *iǧtihād* und den nahestehenden Prinzipien, wie dem Konsens und dem Beratungsprinzip, auf? Welche Beweiskraft haben die Ergebnisse des KI und inwieweit lassen diese Raum für weitere individuelle und kollektive *iǧtihād*-Anwendungen? Worauf stützt sich die Legitimation dieser Doktrin? Welche

20 Zaman 2012, S. 94.

21 Vgl. Caeiro 2011, S. 262.

institutionelle Umsetzungsformen hat der KI? Wie sind die Institutionen des KI strukturiert und organisiert? Was zeichnet die Arbeitsweise in diesen Gremien aus und wie gestaltet sich die Arbeitsteilung? Inwieweit ist die Arbeit dieser neu gebildeten Institutionen mit dem KI verknüpft? Mit welchen Schwierigkeiten sieht sich die Arbeit dieser Gremien konfrontiert und welche Kritik wird an ihr geübt? Von Interesse ist zudem die Frage, wie die Arbeitsergebnisse des KI in muslimischen und westlichen Studien aufgenommen werden.

Methodische Ausrichtung

Die methodische Ausrichtung ergibt sich aus den Hauptzielen der vorliegenden Arbeit. Im Wesentlichen geht es darum, einen Beitrag zur Erschließung und inhaltlichen Ausgestaltung des KI als ein neues Instrument und zugleich als Schlüsselbegriff für die Normenfindung des modernen islamischen Rechts zu leisten sowie die Arbeit der Rechtsakademien als grundsätzliche Umsetzungsform des KI unter dem Aspekt der islamischen Normenlehre zu analysieren. Ausgehend davon lässt sich diese Arbeit normenwissenschaftlich orientieren. Mit dem Untersuchungsinteresse der islamischen Normenlehre gehen die Fragen nach der Authentizität, Legitimation und Feststellung des Verbindlichkeitsgrads des KI einher. Darüber hinaus darf aus einem normenwissenschaftlichen Blickwinkel nicht die Frage vernachlässigt werden, inwieweit die Institutionen des KI Meinungsfreiheit zulassen.

In diesem Kontext wird auch der Diskursbegriff von Bedeutung sein, der von Foucault eingeführt wird. Unter Diskurs ist ein Teilsystem der kommunikativen Praxis einer Kultur zu verstehen. Der Diskurs ist die Menge von Aussagen, die dem gleichen Formationssystem zugehören.[22] Jeder Diskurs ist gekennzeichnet durch einen gemeinsamen Redegegenstand und bestimmte Regularitäten und Normen, welche festlegen, wer in einer bestimmten Kultur diskursberechtigt ist, wie über gewisse Dinge zu reden ist und was die Verifikationsmodalitäten sind, d.h. was als Beweis innerhalb des jeweiligen Diskurses gilt. Hierbei erfolgt in der Regel eine Berufung auf eine Autorität. Ein drittes Charakteristikum ist die Abgrenzung zu anderen Diskursen. Innerhalb einer Kultur sind Diskurse hierarchisch geordnet.[23] Im Diskurs selbst wird das Wissen einer Kultur geordnet, wodurch man bestimmte Denkstrukturen, sogenannte Episteme erhält, mittels derer Erkenntnis bzw. Wissen erlangt werden kann.[24] In der vorliegenden Studie ist es unabdingbar, die Diskurse der muslimischen Gelehrten zum KI darzustellen, welche in der islamwissenschaftlichen Forschungsliteratur kaum vorzufinden sind und diese somit als Grundlage für weitere Untersuchungen dienen können. Basierend auf dieser Diskursanalyse werden sodann die Charakteristika dieses neu entwickelten Konzepts herausgearbeitet werden. Überdies wird auch die Frage der Art der Erkenntnisgewinnung im

22 Vgl. Titzmann 1989, S. 48.
23 Vgl. Titzmann 1989, S. 51 ff.
24 Vgl. Titzmann 1989, S. 55 f.

Zusammenhang mit der Praxis der KI-Institutionen von wesentlicher Bedeutung sein. Was einen möglichen Meinungspluralismus betrifft, so wird die Frage von Interesse sein, ob und inwiefern die Rechtsakademien Diversität und Pluralität von Diskursen ermöglichen.

Zum Verständnis der Idee des KI werden außerdem relevante Elemente der Ideengeschichte zur Hilfe genommen werden. Dabei sollen diese dem islamrechtlichen Untersuchungszweck dienen. Die Ideengeschichte ist eine Wissenschaft, die ihre Wurzeln bereits in der Epoche der Aufklärung hat. Vordergründig besteht ihr Interesse darin, Exegese von Texten zu betreiben. Thematisch betrachtet richtet die Ideengeschichte ihre Aufmerksamkeit auf die Frage, wie Ideen verändert werden.[25]

Was bedingt nun aber die Entstehung und Veränderung von Ideen und wie sind sie mit Institutionen verbunden? Ein allgemeiner Auslöser für die Entwicklung von neuen Ideen ist die Konfrontation der Menschen mit Schwierigkeiten bzw. problematischen Situationen, weshalb Ideengeschichte auch als Problemgeschichte verstanden werden sollte. Demzufolge repräsentieren Ideen die Lösungen auf mögliche Probleme des denkenden Menschen im Umgang mit der Welt, was jedoch nicht bedeutet, dass Geschichte zwangsweise mit Fortschritt gleichzusetzen ist, da Lösungen nicht immer auch Erfolg versprechend sind und sogar zum Auslöser von neuen Problemen werden können.[26] Vor der Folie dieses Ansatzes versteht die vorliegende Arbeit die Hervorbringung einer neuen Idee, nämlich jener des KI, als Ausweg aus einer schwierigen Situation bzw. als Lösung für neu aufkommende Probleme. Aus jener Einbettung ergeben sich die Hintergründe und Motive sowie die Legitimation zur Genese der Idee des KI.

Im Kontext mit der Herausbildung von neuen Ideen ist darüber hinaus das Verhältnis von alt und neu von besonderer Relevanz. Daraus resultiert zunächst, dass Ideen niemals einfach auftauchen, sondern immer aus alten Ideen hervorgehen. Diese Beziehung zwischen alten und neuen Ideen ist schon insofern notwendig, als sie ansonsten nicht verstanden werden könnten. Demzufolge wird das Neue nur mithilfe des Alten verständlich. Damit aus alten Ideen neue entstehen können, genügt es jedoch nicht, eine alte Idee nur auf eine neue Situation anzuwenden. Vielmehr geht die neue Idee aus der Konfrontation der alten mit einer neuen Situation hervor, da erst dadurch mögliche nötige Veränderungen zum Vorschein kommen. Dementsprechend erscheint hier das Neue als Modifikation des Alten.[27]

Dies hat auch für die Erfassung des Konzepts des KI seine Gültigkeit. So können mithilfe dieser Vorgehensweise mögliche Relationen zwischen älteren Konzepten aus der islamischen Rechtsgeschichte und dem neu entwickelten KI ausfindig gemacht sowie Letzterer verglichen mit den akzeptierten Prinzipien der islamischen Rechtsmethodologie aus der Vergangenheit positioniert werden. Ebenso ist für das Aufdecken der Entstehungshintergründe bzw. Wurzeln des KI eine ideengeschicht-

25 Vgl. Dorschel 2010, S. 166 f.
26 Vgl. Dorschel 2010, S. 124.
27 Vgl. Dorschel 2010, S. 160 und 163.

liche Untersuchung der Initiativen der Wegbereiter zur Kollektivierung des *iǧtihād* notwendig. Hinter dem Rückgriff auf traditionelle Ansätze der islamischen Fiqh steht jedoch keineswegs die Intention, die in der Vergangenheit aufgestellten Wahrheiten zu bewerten, sondern die daraus resultierenden Folgen für die gegenwärtige Normenlehre zu beleuchten.

Im Zuge der Analyse der Arbeit der Institutionen des KI sollte zudem auf den Institutionsbegriff hingewiesen werden, welcher mit dem Konzept der Idee eng verknüpft scheint. Allgemein lassen sich Institutionen nicht über einen typischen Wesenszug ausmachen, sondern sind durch heterogene Komponenten charakterisiert.[28] Seyfert resümiert die Merkmale von Institutionen wie folgt: „Eine Institution setzt die Schaffung verschiedener Aspekte voraus: sie widmet sich einem spezifischen Leitproblem, hat einen spezifischen Raum, eine spezifische Zeit, eine spezifische Affektivität und bestimmt alle relevanten Elemente bzw. Mitglieder."[29]

Der Begriff des Leitproblems geht aus der *Idée directrice* hervor, welche im Zusammenhang mit der Biologie von Claude Bernard zum ersten Mal auftrat. Diese Leitidee bzw. dieses Leitproblem, welche eine Institution für sich selbst kreiert, steht am Anfang jeder Institution. Allerdings formuliert sie nicht nur ein Leitproblem, sondern bietet auch gleichzeitig eine Lösung dafür an bzw. arbeitet unverzüglich daran. Bezüglich des zu Beginn formulierten Leitproblems sollte noch darauf hingewiesen werden, dass es sich dabei keineswegs um ein konstantes Problem handelt, sondern vielmehr um eine Problematik, die sich mit der Entwicklung der Institution stetig transformiert oder sogar durch eine völlig neue ersetzt werden kann. Daraus ergibt sich, dass eine Institution nicht allein über ihre Leitidee definiert werden kann, insbesondere angesichts der Tatsache, dass sie trotz möglicher veränderter Motive oftmals weiterhin als dieselbe Institution angesehen wird.[30] In diesem Kontext sollte auf Rehbergs Positionierung von Institutionen aufmerksam gemacht werden, welche diese in ein positives Licht rückt. So siedelt er sie in einem Raum des Dazwischen an, nämlich zwischen den Ideen und den Strukturen, und versteht sie als Handlungsordnungen, welche nur durch Akteure realisiert werden können.[31] Das entscheidende Merkmal bei der Bestimmung, worin eine Institution besteht, ist das Moment der Affektfähigkeit. Darunter ist ihr Vermögen zu verstehen, einen Effekt hervorzurufen.[32]

Gleichzeitig kann solch eine neue Leitidee nicht unter Ausblendung von alten Ideen verstanden werden – insbesondere im Falle der islamischen Wissenschaftskultur, die für die Anerkennung einer neuen Idee einen Textbezug verlangt oder einen Rekurs auf deren Wurzeln in der Frühzeit des Islam vornimmt. Folglich kann diese Idee, trotz ihrer neuen Elemente, als Synthese zwischen zwei alten Ideen

---

28 Vgl. Seyfert 2011, S. 20.
29 Seyfert 2011, S. 26.
30 Vgl. Seyfert 2011, S. 21 ff.
31 Vgl. Schmidt 2006, S. 79 f.
32 Vgl. Seyfert 2011, S. 19.

begriffen werden. Die Umsetzung dieser Idee fungierend als Leitidee bzw. Leitproblem kann in die Schaffung neuer Institutionen münden, wie in unserem Fall in die Gründung von Rechtsakademien. In der Praxis können die Institutionen für diese Idee unterschiedlich förderlich oder hinderlich sein. In Bezug auf diese Arbeit sollen demnach auch mögliche restriktive Tendenzen der Rechtsakademien bei deren Analyse in Erwägung gezogen werden. Überdies bieten diese Institutionen einen Raum für die Integration verschiedener Denkrichtungen.

Trotz dieser verschiedenen methodischen Grundlagen, bedingt die angestrebte Analyse der fachlichen Arbeit und der Methodik der Rechtsakademien, durch die sie ihre Entscheidungen fassen und rechtfertigen, in erster Linie eine eingehende Untersuchung aus einer rechtsmethodischen Perspektive, durch welche sich die vorliegende Arbeit von den früheren Studien über die Rechtsakademien unterscheidet.

Im Zusammenhang mit der Methodik sind auch noch eine zeitliche und räumliche Abgrenzung sowie eine Beschränkung auf ausgewählte Rechtsakademien vorzunehmen. Aufgrund der Tatsache, dass der Begriff des KI um die Wende des 20. Jahrhunderts aufkam, ergibt sich in zeitlicher Hinsicht eine Auswahl von Literatur hauptsächlich ab dieser Zeit. Dennoch schließt dies in einzelnen Kapiteln, wie bei der Vorgeschichte der Komponenten des KI, nicht aus, auch auf ältere Literatur zu rekurrieren. Zudem wird eine weitere Begrenzung auf den sunnitischen Raum vorgenommen werden, was auf die besonders hohe Resonanz der Idee des KI in diesen Ländern zurückzuführen ist. Dennoch sollen vereinzelt auch schiitische Stimmen und Positionen außerhalb des arabischen Raums, z. B. im Zusammenhang mit den Aufrufen zum KI, miteinbezogen werden. Schließlich beschränkt sich diese Arbeit auf drei spezifische Institutionen. Zwei der bedeutendsten Rechtsakademien innerhalb der islamischen Welt sind die Akademie für islamische Untersuchungen der Azhar als älteste Rechtsakademie und als Vorbild für die nach ihr gegründeten Rechtsakademien, sowie die IIFA als größte und internationale Akademie. Die Wahl des ECFR erklärt sich daraus, dass er die einzige bekannte Rechtsakademie ist, die sich mit den Fragen der Muslime in Europa und darunter in Deutschland beschäftigt.

Quellen und Aufbau

Die vorliegende Arbeit stützt sich sowohl auf schriftliche Quellen in arabischer, deutscher und englischer Sprache als auch auf mündliche Quellen. Was die schriftlichen Quellen anbelangt, so handelt es sich insbesondere um (arabischsprachige) Primärquellen über den KI und seine institutionellen Umsetzungsformen. Hierbei geht es vorwiegend um arabische Monographien und wissenschaftliche Arbeiten, die sich mit dem Thema des KI sowohl in der Theorie als auch in der Praxis auseinandersetzen. Zur relevanten Literatur über diese Thematik gehören aš-Šarafī 1998, Ismāʿīl 1998, Sānū 2006 und al-Ḫālid 2009. Eine weitere essenzielle Grundlage sind die Arbeitsergebnisse des im Jahre 1996 in den Vereinigten Arabischen Emiraten abgehaltenen Symposiums (*Nadwa*) über den KI in der islamischen Welt (*al-Iǧtihād al-ǧamāʿī fī-l-ʿālam al-islāmī*), an welchem eine Reihe von Wissenschaftlern aus verschiedenen islamischen Ländern teilgenommen hat und in welchem

23 Forschungsarbeiten und Studien über den KI und seine Institutionen diskutiert wurden. Die Studien und Ergebnisse wurden dann in einem zweibändigen Werk mit über 1000 Seiten publiziert.

Im Zusammenhang mit den *Fiqh*-Akademien ist vor allem eigene Literatur der Akademien von Bedeutung, zu welcher sowohl ihre Satzungen, Ausführungsordnungen, Arbeitsergebnisse und Forschungsarbeiten gehören, die ich zum großen Teil während meiner Besuche der Akademien erhalten habe, aber teilweise auch online verfügbar sind, als auch die Informationen über die Akademien und ihre Aktivitäten, die auf ihren eigenen Online-Portalen zur Verfügung gestellt werden. Andererseits wird auch auf Sekundärliteratur über die Akademien rekurriert werden. Hierzu zählen die Monographien über den KI und die Arbeitsergebnisse des oben erwähnten Symposiums der Vereinigten Arabischen Emirate, in welchem die verschiedenen Akademien und deren Arbeit behandelt wurden. Von besonderer Bedeutung sind die Zeitschriften der Fiqh-Akademien, in denen sie ihre Untersuchungen und Arbeitsergebnisse veröffentlichen.

Was die mündlichen Quellen angeht, so soll auf eigens geführte Interviews mit diversen Mitgliedern und Angestellten der drei Institutionen des KI Bezug genommen werden. Dabei handelt es sich um die „Akademie für islamische Untersuchung" der Azhar, deren Besuch im Februar 2015 stattfand – und die IIFA der OIC, welche ich im Dezember 2015 besuchte. Hinzu kommt der „European Council for Fatwa and Research", an dessen 25. Konferenz im Oktober 2015 ich als Beobachter teilgenommen habe. Diese Besuche ermöglichten es, einen Einblick in deren Struktur und Funktionsweise sowie zusätzliche interessante Hintergrundinformationen über die Akademien zu gewinnen. Außerdem sollten die Auffassungen der Mitglieder dieser Gremien zu verschiedenen wichtigen Fragen, die im Rahmen dieser Arbeit behandelt werden, festgehalten werden. Diese Auffassungen von Gelehrten, die selbst den KI praktizieren, dienen als entscheidende Grundlage für die Darlegung der Praxis des KI. Zudem sind sie für die Analyse der Arbeitsweisen der drei Akademien von großer Relevanz.

Diese Arbeit gliedert sich in drei Hauptteile. Der erste theoretische Teil umfasst außer der Einleitung noch drei weitere Kapitel. Im ersten Kapitel liegt der Fokus auf der Darlegung des frühen Bildes dreier normativer Grundlagen, die in enger Verbindung zueinanderstehen und zur Entstehung der kollektiven Form des *iǧtihād* beitrugen. Dabei handelt es sich um *iǧtihād*, *iǧmāʿ* und *šūrā*. Darüber hinaus wird auch ein Überblick über die Geschichte der Beziehung zwischen den verschiedenen islamischen Rechtsschulen dargeboten werden. Das zweite Kapitel der Theorie widmet sich der Geschichte des KI. In diesem Kontext sollen die Initiativen zur Kollektivierung des *iǧtihād* vieler Gelehrten aus verschiedenen islamischen Ländern bis zur Entstehung der ersten Rechtsakademie im Jahre 1961 sowie die Motive für diese Initiativen vor Augen geführt werden. Des Weiteren beschäftigt sich ein folgendes Kapitel mit der Charakterisierung des KI als rechtsmethodologisches und -theoretisches Konzept. Zwei weitere Unterkapitel behandeln die Legitimation des KI und die Frage, inwiefern der KI dem Meinungspluralismus und der *iǧtihād*-Freiheit Raum gewährt.

Anschließend soll im praxisbezogenen Teil dieser Studie die Aufmerksamkeit auf die institutionelle Umsetzung der Idee des KI gelenkt werden. Darin werden die unterschiedlichen Formen der gegenwärtigen Verwirklichung des KI behandelt werden. Hierzu zählen neben den transnationalen und nationalen Rechtsakademien, als Hauptform, auch weiteren Formen, wie Fatwa-Gremien, Scharia-Boards der islamischen Banken und Scharia Councils.

Der dritte Teil dieser Arbeit unternimmt eine Analyse der Rechtsakademien und setzt sich dabei mit drei bestimmten Punkten auseinander. Zunächst wird eine kontrastive Analyse der Struktur der drei ausgewählten Institutionen durchgeführt werden. In diesem Zusammenhang werden Zielsetzung, Mitgliedschaft und Zusammensetzung der drei Akademien erörtert werden. Ein weiteres Unterkapitel des analytischen Teils widmet sich der Analyse des Arbeitsverfahrens der Akademien aus normwissenschaftlicher Sicht sowie der Darstellung der Schwierigkeiten, die die Arbeit der Akademien mit sich bringt. Außerdem werden die Arbeitsprozesse der Akademien anhand einiger Beispielsfälle erläutert werden. Schließlich wird das letzte Kapitel dieser Studie Raum für Ergebnisse und die bedeutendsten Erkenntnisse dieser Arbeit bieten.

Formalia

- In der vorliegenden Arbeit orientiert sich die Transkription der arabischen Schrift am Zeichenbestand der Deutschen Morgenländischen Gesellschaft (DMG). Die arabischen Texte werden in der Regel durch Kursivschrift wiedergegeben.
- Die Übersetzungen der Koranverse ins Deutsche sind aus der Übersetzung von Rudi Paret entnommen. Diese werden zwischen Anführungszeichen („...“) gesetzt. Die Übersetzung der Hadithe aus dem Arabischen stammt vom Verfasser selbst und wird ebenso zwischen Anführungszeichen gesetzt.
- Für Datumsangaben/Lebensdaten gilt: Ist nur eine Jahreszahl angegeben, so bezieht sich diese auf den gregorianischen Kalender und im Falle der ergänzenden Abkürzung „H“ auf den *Hiǧra*-Kalender. Handelt es sich um zwei durch Schrägstrich (/) voneinander getrennte Jahreszahlen, so bezieht sich die erste Zahl auf den islamischen *Hiǧra*-Kalender und die zweite auf den gregorianischen Kalender.
- Koranverse werden folgendermaßen angegeben: (Sure: Vers), also z. B. (59:2) für Sure 59, Vers Nr. 2.
- Die Angaben der Resolutionen und Fatwas der Akademien werden wie folgt wiedergegeben: Bei der Akademie für islamische Untersuchungen der Azhar werden sie zwischen runden Klammern (Entscheidungsnummer: Jahr der Tagung) z. B. (Resolutionsnr.: 159:2004) gesetzt; bei der IIFA steht zwischen Klammern die Nummer des Beschlusses unter der gesamten Zahl der Beschlüsse der Akademie und nach dem Doppelpunkt stehen die Nummer der Sitzungsperiode und die Nummer der Resolution innerhalb dieser Sitzungsperiode, welche durch einen Schrägstrich (/) voneinander getrennt werden, wie z. B. (Resolutionsnr. 143:16/1). Dieselbe Darstellungsform gilt auch für Resolutionen und Fatwas des ECFR.

- Im Textanhang werden eigene Übersetzungen der arabischen Satzungen und Durchführungsverordnungen der drei Rechtsakademien angeboten. Es handelt sich um folgende Angaben: Textanhang I (Die Reorganisation der Azhar: Gesetz Nr. 103 des Jahres 1961); Textanhang II (Ausführungsverordnung des Rates der Akademie für islamische Untersuchungen); Textanhang III (Die alte (1984) und die neue (2006) Satzung der IIFA); Textanhang IV (Die alte und die neue Durchführungsverordnung der IIFA); Textanhang V (Satzung des ECFR) und Textanhang VI (Verfahrensordnung des ECFR).

2 Vorgeschichte der Komponenten des kollektiven *iǧtihād* in der früheren Literatur

Iǧtihād ǧamāʿī (KI) bildet einen relativ neuen Begriff der islamischen Rechtsmethodologie, der erst im 20. Jahrhundert Anwendung fand und in der klassischen juristischen Fachliteratur nicht vorzufinden ist.[33] Beim KI geht es nicht um eine einfache lexikalische Verbindung, sondern ihm ist eine Verknüpfung von Elementen verschiedener Prinzipien, die miteinander verschmelzen, inhärent. Hierbei handelt es sich um *iǧtihād*, *iǧmāʿ* (Konsens) und *šūrā* (Beratungsprinzip). Um eine präzise Vorstellung vom KI vermitteln zu können und die Entwicklungen im islamischen Rechtssystem in der Moderne, welche zur Entstehung dieser Form von *iǧtihād* beitrugen, besser erfassen zu können, ist es unabdingbar, sich vor der Behandlung des modernen KI zunächst mit der Konzeption seiner Komponenten in der alten Literatur auseinanderzusetzen. Ausgehend von der Tatsache, dass die Anwendung des KI in der Regel nicht auf eine einzige Rechtsschule begrenzt ist, sondern sich oft auf unterschiedliche Schulen bezieht, soll zudem die Haltung der Rechtsschulen (*maḏāhib*) zueinander in der Frühzeit mitberücksichtigt werden.

Das vorliegende Kapitel legt den Fokus auf die Darlegung des frühen Bildes dieser drei Prinzipien, die in enger Verbindung zueinanderstehen und zur Entstehung der kollektiven Form des *iǧtihād* führten. Der Gegenstand und die Grundzüge dieser Doktrinen werden basierend auf klassischer[34] und postklassischer Literatur erarbeitet werden. Ferner setzt sich dieses Kapitel zum Ziel, das Verhältnis zwischen diesen drei Prinzipien zu präsentieren und sowohl ihre Berührungspunkte als auch Differenzen offenzulegen. Darüber hinaus wird auch ein Überblick über die Geschichte der Beziehung zwischen den verschiedenen islamischen Rechtsschulen geboten werden.

2.1 *Iǧtihād*-Doktrin

Dieses Unterkapitel definiert den Begriff des *iǧtihād* und behandelt *iǧtihād*-Themen, die für die Genese des KI relevant sind. Es geht dabei um die Begriffsbestimmung, die Stufen der *iǧtihād*-Qualifikation, die Frage der Schließung des Tors zum *iǧtihād*, die Teilbarkeit des *iǧtihād* und die Richtigkeit oder Fehlbarkeit des *iǧtihād*.

---

33 Vgl. al-Ḫālid 2009, S. 12; az-Zarqā 1998, S. 251 Fn. 1 und Hosen 2004, S. 7 f.

34 Damit ist die Literatur vom Anfang der islamischen Geschichte bis zum Fall von Bagdad 656/1258 gemeint.

2.1.1 Begriffsbestimmung

Etymologisch leitet sich der Begriff *iǧtihād* aus dem Verbum „ǧahada" ab und bedeutet soviel wie „sich bemühen" oder „sich anstrengen". Er bildet das Verbalnomen des achten Stamms „iǧtahada". Im *Lisān al-ʿarab* werden *al-iǧtihād* und *at-taǧāhud* als „sich um etwas redlich bemühen" bzw. „eine große Anstrengung unternehmen" übersetzt. In dem Hadith von Muʿāḏ[35] heißt es: *aǧtahidu raʾyī* ([Dann] bilde ich mir mein eigenes Urteil). *Iǧtihād* meint somit, eine Anstrengung zu unternehmen, mit dem Ziel, etwas zu erreichen.[36]

In seinem Werk *al-Mustaṣfā* definiert al-Ġazālī (gest. 505/1111) den *iǧtihād* aus linguistischer Sicht als Unternehmen aller Anstrengungen und ein Ausschöpfen aller Fähigkeiten in Bezug auf eine Handlung. Ferner werde der *iǧtihād* nur hinsichtlich dessen gebraucht, was Anstrengung und Mühe erfordert. An dieser Stelle führt al-Ġazālī das folgende Beispiel an: Man sage, dass jemand Anstrengungen auf sich genommen hat (*iǧtahada*), um einen Mühlstein zu tragen. Man sage jedoch nicht, dass jemand Anstrengung auf sich genommen hat, um einen Senfkorn zu tragen.[37]

Als Fachbegriff der Rechtsmethodologie unterlag die *iǧtihād*-Definition im Laufe der Geschichte der islamischen Rechtstheorie einem Wandel. Für aš-Šāfiʿī (gest. 204/820), der als Gründer der islamischen Rechtsmethodologie angesehen wird, ist *iǧtihād* ein Synonym zu *qiyās*. Er bezeichnet ihn als eine Rechtsfindungsmethode, auf die bei einem Rechtsfall zurückgegriffen werde, der im Koran oder in der Sunna nicht behandelt wurde.[38] Danach gab es unter den muslimischen Rechtsgelehrten verschiedene Auffassungen vom *iǧtihād*.

Nach al-Ġazālī bedeutet der *iǧtihād* als Terminus technicus das Unternehmen von Anstrengungen, um Kenntnisse von Scharia-Bestimmungen zu erlangen (*baḏl al-maǧhūd fī ṭalab al-ʿilm bi-aḥkām aš-šarīʿa*).[39] Der Mālikit Ibn al-Ḥāǧib (gest. 646/1249) und der Šāfiʿit Tāǧ ad-Dīn as-Subkī (gest. 771/1370) verstehen unter *iǧtihād* das Aufbringen jeglicher Fähigkeiten eines Rechtsgelehrten, um den „Wissensgrad

---

35 Es geht hierbei um den Hadith von Muʿāḏ ibn Ǧabal (gest. 18/639), laut welchem der Prophet ihn nach Jemen als Richter schickte: Der Prophet fragte ihn: Wie handelst du, wenn du ein Urteil fällen musst? Muʿāḏ antwortete: Ich fälle ein Urteil anhand dessen, was im Buch Gottes steht. Der Prophet fragte weiter: [Aber] wenn der Fall im Buch Gottes nicht vorkommt? Muʿāḏ erwiderte: Dann anhand der Handlungsweise (Sunna) des Gesandten Gottes. Der Prophet fragte nochmal: [Aber] wenn der Fall in den Handlungsweisen des Gesandten Gottes nicht vorkommt? Muʿāḏ gab die Antwort: [Dann] bilde ich mir mein eigenes Urteil (aǧtahidu raʾyī). Ich enthalte mich nicht des Urteils. Da sagte der Prophet: Gott sei Dank dafür, dass Er dem Abgesandten des Propheten Gottes zu jener Einsicht verhilft, an welcher der Prophet Gottes Wohlgefallen findet. Siehe Poya 2003, S. 50.

36 Vgl. Ibn Manẓūr 1980, Bd. 3, S. 135.

37 Vgl. al-Ġazālī 1997, Bd. 2, S. 283. Auch al-Āmidī 2003, Bd. 4, S. 197 f.

38 Vgl. aš-Šāfiʿī o.J., S. 477.

39 Al-Ġazālī 1997, Bd. 2, S. 283.

einer Wahrscheinlichkeit"[40] hinsichtlich einer juristischen Frage zu erlangen (*istifrāġ al-faqīh al-wisʿ li-taḥṣīl ẓann bi-ḥukm šarʿī*).[41] Dieselbe Definition, jedoch ohne das Wort *eines Rechtsgelehrten*, liefert der ehemals Ḥanbalit und später Šāfiʿit al-Āmidī (gest. 631/1233) vom *iǧtihād*.[42] Nach dem Ḥanafiten al-Kamāl ibn al-Humām (gest. 861/1457) bedeutet er das Aufbringen der Energie eines Rechtsgelehrten, um eine Scharia-Norm zu ermitteln (*baḏl aṭ-ṭāqa min al-faqīh fī taḥṣīl ḥukm šarʿī*).[43]

In Anbetracht der verschiedenen Definitionen des *iǧtihād*-Begriffs können folgenden Gemeinsamkeiten konstatiert werden:

i. Alle Definitionen stimmen darin überein, dass der Prozess des *iǧtihād* sich durch Unternehmung von Anstrengung auszeichnet. Hierin spiegelt sich die sprachliche Bedeutung des Worts *iǧtihād* wider.
ii. Die meisten Definitionen geben keine genaue Erklärung des Begriffs *iǧtihād*, sondern bieten eine Beschreibung des *iǧtihād*-Prozesses, vor allem des Ziels des *iǧtihād*-Vorgangs, nämlich eine Scharia-Bestimmung zu ermitteln. Von wenigen Autoren wird *iǧtihād* als eine Befähigung (*malaka*) verstanden.
iii. Ein elementarer Bestandteil jeder Definition ist die Festlegung eines Wahrscheinlichkeitsgrads der durch *iǧtihād* erlangten Scharia-Bestimmung. In diesem Kontext spricht die Mehrheit der Definitionen von einer präsumtiven Bestimmung bzw. von einem präsumtiven Wissen. Selbst al-Ġazālī, der in seiner Begriffsbestimmung *ʿilm* als Ziel des *iǧtihād* feststellt, meint damit nicht „ein gewisses Wissen", sondern ein Wissen im Allgemeinen, welches sowohl Gewissheit als auch Wahrscheinlichkeit umfasst. Diese Annahme verstärkt sich durch die Aussage al-Ġazālīs an einer anderen Stelle seines Werks *al-Mustaṣfā*. Dort hebt er hervor, dass ein *muǧtahid* jede Frage, die sich auf keinen definitiv erwiesenen Beleg beruft, aufgrund einer Präsumtion beurteilen dürfe, da der *muǧtahid* in solchen Fällen kein sicheres Wissen (ausgehend von einem definitiven Beleg) erlangen könne.[44]

Zu diesem Punkt äußert sich Poya kritisch, indem er andeutet, dass sich in der *uṣūl*-Literatur keine präzise Begriffsbestimmung festhalten lasse.

> Während einige Gelehrte mittels der iǧtihād-Anwendung darum bemüht sein wollen, Gewißheit (ʿilm) über die Scharia-Bestimmungen zu erreichen, meinen andere auch den iǧtihād nur bis zum Wissensgrad einer Wahrscheinlichkeit (ẓann) gelangen zu können. Wiederum definiert eine dritte Gruppe den iǧtihād als „die Fähigkeit (al-malaka), Beweise für die Scharia-Regeln zu ermitteln".[45]

40 Poya 2003, S. 20.
41 Vgl. Ibn al-Ḥāǧib 2006, Bd. 2, S. 1204 und as-Subkī 2003, 2. Aufl., S. 118.
42 Vgl. al-Āmidī 2003, Bd. 4, S. 197.
43 Vgl. Ibn al-Humām 1351 H, S. 523.
44 Vgl. al-Ġazālī 1997, Bd. 2, S. 458.
45 Poya 2003, S. 20.

Diese Beurteilung kann durch eine Überprüfung der Kommentare, welche die verschiedenen Autoren zu ihren Begriffsbestimmungen liefern, relativiert werden. Aus diesen Erläuterungen geht deutlich hervor, dass die Verwendung des Terminus *ḥukm ẓannī*" damit begründet wird, dass zu den betroffenen Fragen entweder kein Textbeleg vorliegt oder nur auf einen präsumtiv erwiesenen Text rekurriert werden kann, d. h., dass *ẓannī* sich vielmehr auf den zugrunde liegenden Beleg bezieht und nichts über den Grad der Gewissheit der ermittelten Beurteilung aussagt. Mit anderen Worten geht es dabei um die Betrachtung aller getroffenen Bestimmungen nebeneinander aus der Sicht anderer Rechtsgelehrten und nicht aus den Augen des Gelehrten, welcher den *iǧtihād* durchgeführt hat.[46] Auch, wenn der *muǧtahid* seine Beurteilung für richtig hält, können andere Gelehrten oder Beobachter hingegen seine Beurteilung auch anderes betrachten. Diese wechselseitige Betrachtungsweise hat aš-Šāfiʿī dargelegt. Nach aš-Šāfiʿī gibt es zwei Wege, mittels welcher die Antwort auf eine Frage gefunden werden kann. Basiere eine Antwort auf einer Bestimmung im Koran oder auf einer unter den Laien bekannten Sunna, dürfe der Rechtsgelehrte diese nicht missachten oder an ihr zweifeln. Die entsprechende Kenntnis einer Bestimmung sei sowohl als äußere als auch innere Kenntnis anzusehen. Falls aber die Frage durch eine unbekannte Sunna, einen Konsens oder *iǧtihād* aufgrund eines Analogieschlusses abzuleiten sei, gelte die Entscheidung des *muǧtahid* bzw. das *iǧtihād*-Ergebnis als äußere Wahrheit (*ḥaqq fī-ẓ-ẓāhir*). Während der *muǧtahid* sich selbst im Recht sehe, könne sein *iǧtihād*-Ergebnis trotzdem von anderen Gelehrten angezweifelt werden. Die echte verborgene Wahrheit bzw. Bestimmung kenne lediglich Allah.[47]

iv. Viele nehmen in ihren Definitionen Einschränkungen vor, die insbesondere die Festlegung des Untersuchungsgebiets des *iǧtihād* auf Scharia-Fragen bzw. islamrechtliche Fragen betrifft. Dieses Verständnis bedeutet folglich die Konzentration des *iǧtihād* auf das islamische Recht, im Gegensatz zu einem allgemeinen Sinn, welcher mit Untersuchungen in verschiedenen Wissensgebieten einhergeht.

2.1.2 Stufen der *iǧtihād*-Qualifikation

Die Untergliederung des *iǧtihād* in Stufen bzw. die Klassifizierung der *muǧtahids* – d. h. der Rechtsgelehrten, die zur Praxis des *iǧtihād* fähig sind – in verschiedene Kategorien (*ṭabaqāt*) tauchte zum ersten Mal bei den *uṣūl*-Gelehrten des 5./11. Jahrhunderts auf.[48]

Dabei teilen die verschiedenen *uṣūl*-Werke den *iǧtihād* bzw. die *muǧtahids* in vier bis fünf unterschiedliche Klassen ein:

46 Vgl. al-Āmidī 2003, Bd. 4, S. 197 und 200; aš-Šawkānī 2000, Bd. 2, S. 1026; al-Ġazālī 1997, Bd. 2, S. 458; as-Subkī, Bd. 4; S. 529.

47 Vgl. aš-Šāfiʿī o. J, S. 478 f.

48 Vgl. Hallaq 1984, S. 29. Dazu Poya 2003, S. 69.

1) **Die erste Klasse**: Dabei handelt es sich um einen Rechtsgelehrten, der, unabhängig von der Zugehörigkeit zu einer Rechtsschule bzw. einem anderen Gelehrten, eigene Methoden bei der Rechtsfindung entwickelt und dementsprechend selbstständig eigene Rechtsentscheidungen fasst. Somit ist dieser imstande, direkt von den Rechtsquellen, dem Koran und der Sunna, Normen abzuleiten und eine Rechtsschule zu gründen. Die Gelehrten dieser Kategorie werden *muǧtahid mustaqill* (unabhängig) oder *muṭlaq* (uneingeschränkt) genannt. Zu dieser Klasse gehören z. B. die Rechtsgelehrten der Prophetengefährten und der nachfolgenden Generation (*at-tābiʿūn*) wie Saʿīd ibn al-Musayyab (gest. 94/715) und Ibrāhīm an-Naḫaʿī (gest. 95–96/716) sowie insbesondere die Gründer der vier Rechtsschulen, nämlich Abū Ḥanīfa (gest. 150/767), Mālik ibn Anas (gest. 179/795), aš-Šāfiʿī und Aḥmad ibn Ḥanbal (gest. 241/855).
2) **Die zweite Stufe**: Diese heißt *iǧtihād (muṭlaq) muntasib* (uneingeschränkt-angehöriger *iǧtihād*). Dieser Kategorie gehören Juristen an, welche die für einen *iǧtihād mustaqill* erforderlichen Voraussetzungen erfüllen, aber kein eigenes rechtstheoretisches Ableitungssystem entwickelten, sondern der theoretischen Ableitungsmethodologie einer der Imame der Rechtsschulen folgen. Hingegen sind sie bei den rechtspraktischen Fragen von den Rechtsregelungen ihres Imams unabhängig. Zu dieser Klasse gehören z. B. der Ḥanafit Abū Yūsuf (gest. 182/798) (manche Rechtsgelehrte zählen ihn auch zur ersten Klasse), der Mālikit Ibn al-Qāsim (gest. 191/806), der Šāfiʿit al-Muzanī (gest. 264/878) und der Ḥanbalit Abū Bakr al-Ḫallāl (gest. 311/923).
3) **Die dritte Kategorie**: Diesem *iǧtihād*-Rang werden Rechtswissenschaftler zugeordnet, die sich sowohl in der Theorie als auch in der Praxis auf eine bestimmte Rechtsschule beziehen. Im Falle von neu auftauchenden Rechtsfällen arbeiten sie an der eigenständigen Ermittlung einer Rechtsnorm mittels Analogie zu früheren Normen der jeweiligen Rechtsschule. Die Anhänger dieser Kategorie werden, je nach Schule, als *muǧtahid fī-l-maḏhab*, *aṣḥāb al-wuǧūh* oder *muǧtahid at-taḫrīǧ* sowie *muǧtahid fī-l-masāʾil* bezeichnet. Zu dieser Stufe gehören z. B. der Ḥanafit aṭ-Ṭaḥāwī (gest. 321/933), der Mālikit al-Abharī (gest. 375 H), der Šāfiʿit Abū Isḥāq aš-Šīrāzī (gest. 476/1084) und der Ḥanbalit al-Ḫarqī (gest. 334/946).
4) **Die vierte Klasse**: Diese umfasst diejenigen, die ihre Rechtsschule und deren Beweise auswendig kennen. Ferner können sie die Argumente oder die Rechtsauffassungen abwägen und bewerten. Allerdings weisen sie einen Mangel bezüglich des Auswendiglernens der Ansichten ihrer Schule oder der Schlussfolgerung und der Kenntnisse der Grundlagen auf. Bei as-Suyūṭī (gest. 911/1505) heißen die Vertreter dieser Gruppe „*muǧtahid at-tarǧīḥ*“, während Tāǧ ad-Dīn as-Subkī sie „*muǧtahid al-futyā*“ nennt. Zu dieser Kategorie gehören z. B. der Ḥanafit al-Kāsānī (gest. 587/1191), der Mālikit al-Māzirī (gest. 536/1141), der Šāfiʿit ar-Rāfiʿī (gest. 623/1226) und der Ḥanbalit Ibn Qudāma (gest. 620/1223).
5) **Die fünfte Gruppe**: Diese wird von einigen Gelehrten *muǧtahid al-futyā* genannt. Dabei handelt es sich um eine Person, die ihre Rechtsschule auswendig

kennt und deren Grundlagen weitergeben kann, welche jedoch Schwächen in Bezug auf die Beweisführung und auf die Feststellung der Analogien hat.[49]

Die letzte Stufe wurde von vielen Gelehrten, wie Tāğ ad-Dīn as-Subkī, az-Zarkašī (gest. 795/1392), as-Suyūṭī und Ğalāl ad-Dīn al-Maḥallī bestritten bzw. unter den *iğtihād*-Klassen überhaupt nicht erwähnt. Vielmehr betonen az-Zarkašī und as-Suyūṭī ausdrücklich, dass diese Kategorie nicht zum *iğtihād* gehört und ordnen sie stattdessen dem Gegenteil des *iğtihād*, nämlich dem *taqlīd* zu.[50]

2.1.3 Die Schließung des Tores zum *iğtihād*

Nach der Entstehung und Etablierung der Rechtsschulen entwickelte sich unter den folgenden Generationen schrittweise die Tendenz, auf den *iğtihād* zu verzichten und sich stattdessen dem *taqlīd* (die kritiklose Befolgung bzw. Nachahmung einer der Rechtsschulen oder -auffassung) zuzuwenden. Aufgrund dessen bildete sich die Meinung heraus, dass niemand mehr dazu imstande sei, den *iğtihād* zu praktizieren. Später wurde dies durch die Behauptung *ġalq/insidād bāb al-iğtihād* (Schließung des Tores zum *iğtihād*) zum Ausdruck gebracht. Ibn Ḫaldūn (gest. 808/1405) sieht diese Entwicklung zum einen als Resultat der begrifflichen Komplexität und der (erheblichen) Erweiterung der Wissenschaften. Dadurch sei es schwieriger, die für den *iğtihād* nötigen Kompetenzen zu erlangen. Zum anderen führt er sie auf die Befürchtung vieler zurück, dass der *iğtihād* von unqualifizierten oder unehrenhaften Personen angewendet werden könnte. Daraus erkläre sich, dass die Zeitgenossen dieser Epoche, nach Ibn Ḫaldūn, eine allgemeine Unfähigkeit zum *iğtihād* postulierten und sich auf die vier bestehenden Rechtsschulen begrenzten. Die Aufgabe der Anhänger jeder Rechtsschule liege darin, ihre eigene Rechtsschule zu regulieren und weiterzuentwickeln. Ibn Ḫaldūn stellt weiter fest, dass seitdem jeglicher Anspruch auf den *iğtihād* zurückgewiesen wurde.[51] Ähnliche Rechtfertigungen brachten die Vertreter der Auffassung vom Untergang der *muğtahids* vor, auf welche der ḥanbalitische Rechtsgelehrte Ibn ʿAqīl (gest. 513/1119) schon zuvor aufmerksam gemacht hatte.[52]

Trotzdem gibt es in den frühen *uṣūl*-Werken keine deutlichen Hinweise auf die Behauptung von der Schließung des *iğtihād*-Tores. Im Rahmen seiner Abhandlung *Was the gate of ijtihad closed?* kommt Hallaq zu Recht zu den folgenden Ergebnissen:

> By chronologically analyzing the relevant literature on the subject from the fourth/tenth century onwards, it will become clear that (1) jurists who were capable of ijtihad

---

49 Vgl. as-Suyūṭī o.J., S. 38–42; an-Nawawī 1980, Bd. 1, S. 75 f.; Ibn an-Naǧǧār 2008, 5. Aufl., Bd. 11, S. 590–594; Ibn Ḥamdān 1380 H, S. 16 f. und Ibn al-Qayyim 1423 H, Bd. 6, S. 125 ff. Dazu Hallaq 2001, S. 1–23 und Poya 2003, S. 69 ff.

50 Vgl. as-Subkī 2003, 2. Aufl., S. 119; az-Zarkašī 2000, Bd. 2, S. 208; as-Suyūṭī 2000, Bd. 2, S. 400 und al-Maḥallī 2005, Bd. 2, S. 384.

51 Vgl. Ibn Ḫaldūn 1967, 3. Aufl., Bd. 1, S. 803. Dazu Hallaq 1984, S. 3 f. und Krawietz 2002, S. 73 ff.

52 Vgl. Ibn ʿAqīl 1999, Bd. 5, S. 421 ff.

existed at nearly all times; (2) ijtihad was used in developing positive law after the formation of the schools; (3) up to *ca.* 500 A.H. there was no mention whatsoever of the phrase 'insidad bab al-ijtihad' or any expression that may have alluded to the notion of the closure; (4) the controversy about the closure of the gate and the extinction of mujtahids prevented jurists from reaching a consensus to that effect.[53]

Erst in der späteren Literatur findet sich diese Phrase. In dem Werk *Iʿlām al-muwaqqiʿīn ʿan rabb al-ʿālamīn* von Ibn al-Qayyim (gest. 751/1350) findet sich die Aussage „insadda bāb al-iğtihād". Ibn al-Qayyim, der sich gegen die Auffassung der Nachahmer (*muqallidūn*) wendete, konstatiert, dass Letztere sich gegen das Vorhandensein weiterer *muğtahids* aussprechen. Es gebe in ihren Augen niemanden mehr, der dazu in der Lage ist, Rechtsnormen direkt aus dem Koran und der Sunna abzuleiten, wie dies die früheren Imame zu tun pflegten. Sie seien sich indes uneinig darüber, wann die Schließung begonnen hat. Während viele Ḥanafiten davon ausgehen, dass diese nach Abū Ḥanīfa und seinen Schülern Abū Yūsuf, Muḥammad ibn al-Ḥasan (gest. 189/805) und Zufar ibn al-Huḏayl (gest. 158/775) eingesetzt habe, sprächen andere Gruppen von der Zeit nach aš-Šāfiʿī, nach al-Awzāʿī (gest. 157/774) oder nach Sufyān aṯ-Ṯawrī (gest. 161/778) u. a. Nach dem Mālikiten Bakr ibn al-ʿAlāʾ al-Qušayrī (gest. 344 H) koinzidiert die Schließung mit dem Beginn des dritten islamischen Jahrhunderts. Ibn al-Qayyim hält all diese Thesen für unbegründet und nichtig und spricht sich für den Fortbestand der *muğtahids* aus.[54] Die Ansichten der Nachahmer wurden bereits zuvor von Ibn Ḥazm (gest. 456/1064) dargelegt und auf ähnliche Weise widerlegt. Allerdings zeigt sich bei ihm eine kritische Verwendung der Bezeichnung *ġalq bāb al-iḫtiyār*.[55]

Ein Ansatz für die Genese der Behauptung von der Schließung des *iğtihād*-Tores wird in der früheren Diskussion über die Frage, ob die Inexistenz der *muğtahids* in einer Zeit (*ḫulūw al-ʿaṣr min muğtahid*) möglich oder vorstellbar ist, impliziert. Die Ḥanbaliten und einige Šāfiʿiten, wie Abū Isḥāq al-Isfarāynī (gest. 418/1027) und später Ibn Daqīq al-ʿĪd (gest. 702/1302), halten die Inexistenz für unmöglich. Hingegen hält die Mehrheit der Šāfiʿiten, Ḥanafiten und Mālikiten eine Inexistenz der *muğtahids* für möglich.[56]

Während weder über „die Schließung des Tores zum *iğtihād*" noch über eine mögliche „Inexistenz von *muğtahids* in einer Epoche" ein Konsens bestand, fand im Gegensatz dazu die Auffassung vom Untergang des höchsten Rangs der *muğtahids*, des sogenannten unabhängigen *muğtahid mustaqill* oder unter einigen Gelehrten auch des absoluten *muğtahid muṭlaq* genannt, unter den klassischen und nachklassischen *uṣūl*-Wissenschaftlern sehr viel Zustimmung und rief kaum gegnerische

53 Hallaq 1984, S. 4.

54 Vgl. Ibn al-Qayyim 1423 H, Bd. 4, S. 31 f.

55 Vgl. Ibn Ḥazm 1983, Bd. 4, S. 225–227.

56 Vgl. Ibn ʿAqīl 1999, Bd. 5, S. 421 ff.; al-Āmidī 2003, Bd. 4, S. 284 ff.; Ibn al-Ḥāğib 2006, Bd. 2, S. 1257 ff.; az-Zarkašī 1992, 2. Aufl., Bd. 6, S. 207 ff. und Ibn al-Humām 1351 H, S. 546 ff.

Stimmen hervor. Nach der herrschenden Meinung gebe es diese Art von *muǧtahids* jedoch nicht mehr und dieser Rang des *iǧtihād* sei nicht mehr erreichbar.[57] Zu den Verfechtern dieser Ansicht gehören vor allem Šāfiʿiten, wie al-Qaffāl al-Kabīr (gest. 365/976), al-Ġazālī, ar-Rāzī (gest. 606/1210), an-Nawawī (gest. 676/1277), ar-Rāfiʿī, Ibn aṣ-Ṣalāḥ (gest. 643/1245) und az-Zarkašī. Sogar as-Suyūṭī, der den Anspruch auf den Rang des *muǧtahid muṭlaq*[58] erhob, stimmte der Ansicht zu, dass niemand mehr die Kompetenz des *iǧtihād mustaqill* erlangen könne. Zu den Befürwortern zählen auch Mālikiten, wie Ibn al-Munīr (gest. 733/1333) und Ibn al-Ḥāǧǧ (gest. 733/1336), Ḥanafiten, wie Ibn ʿAbd aš-Šakūr (gest. 1119/1707) und al-Anṣārī (gest. 1225/1810) und Ḥanbaliten, wie Ibn an-Naǧǧār (gest. 972 H) und Ibn Ḥamdān (gest. 695/1295). Letzterer vertrat die Meinung, dass diese *iǧtihād*-Stufe seit geraumer Zeit nicht mehr vorhanden wäre, obwohl es zu seiner Zeit einfacher als zuvor wäre, die dafür nötige Kompetenz zu erlangen.[59]

Ibn al-Qayyim wandte sich gegen die vorherrschende Ansicht und stellte damit eine Ausnahme dar. In seiner Klassifizierung der Rechtsgutachter (*muftūn*) bzw. *muǧtahids* stellt er fest, dass die höchste Klasse solcher Rechtsgelehrten in allen Zeiten verfügbar sei. Dabei stützt er sich auf den Hadith „Gott schenkt der muslimischen Gemeinde zu jeder Jahrhundertwende jemanden, der ihre Religion erneuert." (*inna Allāh yabʿaṯ li-haḏihi l-umma ʿalā raʾs kull qarn man yuǧaddid la-hā amra dīnihā*). Ferner nimmt er Bezug auf die Aussage ʿAlīs „Die Erde wird nie jemanden entbehren, der sich für Gotteswort einsetzt." (*lan taḫlū al-arḍ min qāʾim li-Llāh bi-ḥuǧǧatih*).[60] Eine ähnliche Gegenmeinung manifestiert sich auch in den Positionen Ibn al-Qayyims, sowie Ibn Ḥazms und Ibn Taymiyyas hinsichtlich des Festhaltens an einer bestimmten Rechtsschule. Sie übten scharfe Kritik an der gedankenlosen Nachahmung der vier Imame bzw. Rechtsschulen und bewerteten dieses Verhalten als eine *bidʿa* (negative bzw. nicht den ursprünglichen islamischen Normen entsprechende Neuerung), die in den ersten drei vorbildlichen Generationen[61] nicht vorzufinden gewesen sei. Im Gegensatz dazu solle man dem Koran und der Sunna folgen.[62]

---

57 Vgl. Hallaq 1984, S. 4 und 26; Poya 2003, S. 72; Peters 1980, S. 135 ff. und Skovgaard-Petersen 1997, S. 66 f.

58 Für ihn, wie für andere (Šāfiʿiten), gilt *muǧtahid muṭlaq* als zweite Klasse unter dem *muǧtahid mustaqill*.

59 Vgl. az-Zarkašī 1992, 2. Aufl., Bd. 6, S. 208 f.; as-Suyūṭī o. J., S. 38–42; an-Nawawī 1980, Bd. 1, S. 75 f.; al-Anṣārī 2002, Bd. 2, S. 431; Ibn an-Naǧǧār 2008, 5. Aufl., Bd. 11, S. 590 und Ibn Ḥamdān 1380 H, S. 16 f.

60 Vgl. Ibn al-Qayyim 1423 H, Bd. 6, S. 125 ff.

61 Diese Einschätzung geht auf die Aussage des Propheten zurück, entsprechend welcher die ersten drei Generationen als die besten Generationen der muslimischen Gemeinde anzusehen sind (al-Buḫārī Nr. 2652 und Muslim Nr. 2533).

62 Vgl. Ibn Ḥazm 1981, S. 71–75; Ibn al-Qayyim 1423 H, Bd. 4, S. 31–35 und 485–491 und Ibn Taymiyya 2004, Bd. 20, S. 210–216.

2.1.4 Teilbarkeit des *iǧtihād* (*taǧazzuʾ al-iǧtihād*)

Diesem Thema widmen sich zahlreiche *uṣūl*-Werke. Es geht dabei um die Frage, ob man den *iǧtihād* in einem Rechtsgebiet, in dem man sich genau auskennt, praktizieren darf, obwohl man andere Teilbereiche des *Fiqhs* nicht gut beherrscht oder man zur *iǧtihād*-Anwendung nur befugt sein soll, wenn man über tiefgründige Kenntnisse in allen Rechtsbereichen verfügt. Mit anderen Worten wird hierbei die Frage aufgeworfen, ob die *iǧtihād*-Fähigkeit eine einzige unteilbare Einheit ist oder nicht. Als Antwort auf diese Frage sollen zwei Meinungen herangezogen werden.[63]

Eine Untersuchung der früheren Literatur macht deutlich, dass die breite Masse der älteren Gelehrten tatsächlich für die Möglichkeit der Teilbarkeit des *iǧtihād* plädiert. Zu diesen Vertretern gehören beispielsweise al-Ġazālī, ar-Rāfiʿī, Ibn Daqīq al-ʿĪd, al-Āmidī, Ibn al-Humām, az-Zarkašī, Ibn al-Qayyim, Ǧalāl ad-Dīn al-Maḥallī, Tāǧ ad-Dīn as-Subkī, Ibn ʿAbd aš-Šakūr und al-Anṣārī. Sie rechtfertigen ihre Ansicht damit, dass, wenn der *iǧtihād* nicht teilbar wäre, der *muǧtahid* dann die Antworten auf alle Fragen kennen müsste. Die Unmöglichkeit dessen zeige sich aber darin, dass beispielsweise Mālik, als ihm 40 Fragen gestellt wurden, 36 Mal mit „Ich weiß nicht" antwortete.[64] Hingegen verfechten Gelehrten, wie der Ḥanafit Mullā Ḫusraw (gest. 885/1480) und aš-Šawkānī, die Ansicht, dass die Teilbarkeit des *iǧtihād* unmöglich sei. Diese begründen ihre Position damit, dass die unterschiedlichen Rechtsbereiche miteinander verbunden seien, z. B. seien die Rechtsgebiete der Ehe, Ehescheidung und des Erbrechts in vielen Rechtsfällen voneinander abhängig. Daraufhin könnte mangelndes Wissen in einigen Rechtskapiteln selbst zur Verfehlung des *iǧtihād* in Rechtsgebieten führen, in denen man sich gut auskennt.[65] Ein dritter Standpunkt, der dem zweiten näher steht, ist, dass die Teilbarkeit des *iǧtihād* nur im Bereich des Erbrechtes zulässig sei, weil dieses kaum Bezug auf andere Rechtsteile habe. Ein Befürworter dieser Richtung ist der Muʿtazilit Abū al-Ḥusayn al-Baṣrī (gest. 436/1044).[66] Erwähnenswert ist in diesem Zusammenhang, dass Lutz Wiederhold akzentuiert, dass die Teilbarkeit des *iǧtihād* als Legitimitätsprinzip für die Zulässigkeit und den Fortbestand des *iǧtihād* diene.[67]

---

63 In diesem Kontext meint Krawietz, dass die Mehrheit der früheren Gelehrten davon ausgehe, dass der *iǧtihād* unteilbar ist. Hingegen spreche sich nur eine Minderheit für die Teilbarkeit aus. Vgl. Krawietz 2002, S. 368.

64 Vgl. al-Ġazālī 1997, Bd. 2, S. 389; az-Zarkašī 1992, 2. Aufl., Bd. 6, S. 209; as-Subkī 2003, 2. Aufl., S. 119; al-Āmidī 2003, Bd. 4, S. 199 f.; Ibn al-Qayyim 1423 H, Bd. 6, S. 129 ff.; Ibn al-Humām 1351 H, S. 549; al-Maḥallī 2005, Bd. 2, S. 385; Ibn al-Ḥāǧib 2006, Bd. 2, S. 1205 und al-Anṣārī 2002, Bd. 2, S. 405 ff.

65 Vgl. Mullā Ḫusraw 2012, S. 370 und aš-Šawkānī 2000, Bd. 2, S. 1042 ff.

66 Vgl. Abū al-Ḥusayn al-Baṣrī 1965, Bd. 2, S. 932.

67 Vgl. Wiederhold 1997, S. 153–169.

2.1.5 *Taṣwīb-taḫṭiʾa*-Debatte (Die Richtigkeit oder Fehlbarkeit des *iǧtihād*)

Zu den kontrovers diskutierten Themen des *iǧtihād* in der *uṣūl*-Literatur gehört die Frage nach der Richtigkeit und Fehlbarkeit des *iǧtihād* bzw. des *muǧtahid*. Hierbei geht es um die Frage, ob die verschiedenen *iǧtihād*-Ergebnisse bzw. *muǧtahids* die Wahrheit bzw. Richtigkeit (*aṣ-ṣawāb*) treffen oder ob nur ein *muǧtahid* recht hat. Eine frühe Auseinandersetzung mit dieser Thematik findet sich bei aš-Šāfiʿī in seinem Risāla. Nach aš-Šāfiʿī gibt es zwei Wege, mittels welcher die Antwort auf eine Frage gefunden werden kann. Basiere eine Antwort auf einer Bestimmung im Koran oder auf einer unter den Laien bekannten Sunna, dürfe der Rechtsgelehrte nicht daran zweifeln. Die entsprechende Kenntnis einer Bestimmung bedeute sowohl eine äußerliche als auch innere Kenntnis. Falls aber die Frage durch eine unbekannte Sunna, einen Konsens oder *iǧtihād* aufgrund eines Analogieschlusses abzuleiten sei, gelte die Entscheidung des *muǧtahid* bzw. das *iǧtihād*-Ergebnis als äußere Wahrheit (*ḥaqq fī-ẓ-ẓāhir*). Der *muǧtahid* sehe sich selbst im Recht, während sein *iǧtihād*-Ergebnis von anderen Gelehrten angezweifelt werden könne. Die echte verborgene Wahrheit bzw. Bestimmung kenne lediglich Allah.[68]

Der Ansatzpunkt für die späteren Diskurse der *uṣūl*-Literatur liegt in der These „*kull muǧtahid (fī-l-ʿaqliyyāt) muṣīb*" (Jeder *muǧtahid* hat recht), welche dem Rechtswissenschaftler und Theologen ʿUbaydillāh ibn al-Ḥasan al-ʿAnbarī (gest. 785) zugeschrieben wird.[69] In diesem Kontext stellt van Ess fest, dass die These al-ʿAnbarīs sich nicht nur auf die Rechtsbestimmungen beschränke, sondern jede Art von Urteil, auch wenn diese Glaubensgrundsätze enthalte, betreffe. Zudem weist er daraufhin, dass diese Aussage aus einer alten juristischen Tradition heraus konzipiert sei, da die irakische Rechtsschule ein Urteil selbst dann für gültig hielt, wenn es als ungerecht betrachtet wurde.[70] Die These al-ʿAnbarīs fand unter *uṣūl*-Wissenschaftlern[71] keine Anerkennung. Die Problematik hinsichtlich dieser Aussage besteht für sie nicht in der Bezugnahme auf den islamrechtlichen Bereich, da, wie wir sehen werden, diese Auffassung bezogen auf islamrechtliche Fragen Verfechter hat. Vielmehr wird diese These im Gebiet der Glaubensgrundsätze abgelehnt, da durch eine gleichwertige Anerkennung aller Religionen sowie jedes Glaubens, auch Unglauben, Recht eingeräumt werden könne. In diesen Fragen gebe es jedoch nur eine einzige Wahrheit.[72]

68 Vgl. aš-Šāfiʿī o. J, S. 478 f.

69 Vgl. Krawietz 2002, S. 331.

70 Vgl. van Ess 1992, Bd. 2, S. 161 f.

71 Unterstützt wird diese These in der Moderne insbesondere von Ḥasan Ḥanafī, der sich für die Richtigkeit aller Ansichten der unterschiedlichen theologischen Schulen ausspricht. Siehe Ḥanafī 2005, Bd. 2, S. 459 f.

72 Vgl. al-Ġazālī 1997, Bd. 2, S. 402 ff.; Āmidī 2003, Bd. 4, S. 215–219; aš-Šawkānī 2000, Bd. 2, S. 1062–1065 und al-Maḥallī 2005, Bd. 2, S. 387 f.

Ferner geht die *taṣwīb-taḫṭi'a*-Debatte mit einer philosophisch-theologischen Frage einher, nämlich jener, ob Gott für jedes Ereignis eine bestimmte rechtliche Beurteilung vorsieht bzw. ob es in jedem Fall nur eine einzige Wahrheit oder mehrere gibt.[73] Die Beantwortung dieser Frage schließt aber nicht nur grundsätzliche Glaubensfragen (*masā'il ʿaqliyya* oder *kalāmiyya*) ein, sondern auch rechtstheoretische Fragen (*masā'il uṣūliyya*), die endgültigen rechtspraktischen Fragen (*masā'il fiqhiyya qaṭʿiyya*) und die präsumtiv-rechtspraktischen Fragen (*masā'il fiqhiyya ẓanniyya*), welche den Kernpunkt der Debatte bilden. Im Folgenden soll ein Überblick über diese Diskurse gegeben werden:[74]

Die grundsätzlichen Glaubensfragen: Dabei handelt es sich um Fragen wie die Existenz Gottes, Seine Attribute, die Beschaffenheit des Korans sowie den Glauben an Gott, an Seine Gesandten und an die Himmelbücher. Die absolute Mehrheit der *uṣūl*-Wissenschaftler geht davon aus, dass es bei diesen Fragen nur eine einzige Wahrheit gebe und daher nur eine Auffassung als die einzig Richtige anerkannt werden dürfe. Demzufolge werde der Irrende in diesen Fragen als Sünder bezeichnet. Betreffe die entsprechende Frage den Glauben an Gott und Seine Gesandten, werde dieser als *kāfir* betrachtet. Hingegen vertreten die Muʿtaziliten al-Ǧāḥiẓ (gest. 868) und al-ʿAnbarī die Ansicht, dass den *muǧtahid* in Bezug auf die *ʿaqliyyāt* keine Sünde treffe, solange er nicht bewusst der Wahrheit zuwiderhandle. Al-ʿAnbarī ist sogar der Meinung, dass jeder *muǧtahid* in *ʿaqliyyāt* recht habe.

Die rechtstheoretischen Fragen: Als Beispiele dafür lassen sich die Beweiskraft des Konsenses und jene des Analogieschlusses anführen. In Bezug auf diese Fragen herrscht Einigkeit, dass es nur eine einzige Wahrheit gebe, da diese durch definitive Indikatoren erwiesen werden könne. Wer sich ihr widersetzt, sündige.

Die endgültigen rechtspraktischen Fragen: Bei den rechtlichen Fragen, die von der Religion als grundlegende Kenntnisse angesehen werden (*maʿlūm min ad-dīn bi-ḍ-ḍarūra*), wie z.B. die Pflicht, fünf Mal täglich zu beten, die Zakat zu entrichten, die Pilgerfahrt zu vollziehen, sowie das Verbot zu töten, Ehe zu brechen, zu stehlen etc. könne ein einziger *muǧtahid* die Wahrheit treffen. Wer davon abweicht, sei ein Sünder.

Die präsumtiv erwiesenen rechtspraktischen Fragen: Es handelt sich hierbei um solche ohne definitiven Beleg. Demzufolge unterliegen sie dem *iǧtihād*. In Hinblick auf die Beantwortung solcher Fragen kristallisieren sich zwei Grundrichtungen heraus, welche unter den Gelehrten gleichgewichtig vertreten sind.

Die „*muḫaṭṭi'a*"-Richtung: Eine Gruppe, die „*muḫaṭṭi'a*" genannt wird, vertritt die Auffassung, dass Gott in jeder Frage bereits eine Bestimmung festgelegt habe, welche die einzige Wahrheit bilde. Der *muǧtahid* könne somit diese einzig richtige Entscheidung entweder treffen oder verfehlen. Für die Befürworter dieser Meinung

---

73 Vgl. az-Zuḥaylī 1986, Bd. 2, S. 1096 f.

74 Vgl. al-Ġazālī 1997, Bd. 2, S. 399–430; Āmidī 2003, Bd. 4, S. 215–238; al-Māwardī 1994, Bd. 16, S. 126–130; az-Zarkašī 1992, Bd. 6, 2. Aufl., S. 235–267 und aš-Šawkānī 2000, Bd. 2, S. 1060–1074. Dazu Krawietz 2002, S. 327–352 und Poya 2003, S. 127–144.

ist es unmöglich, dass dieselbe Angelegenheit gleichzeitig erlaubt und verboten ist. Demzufolge kann nur einer recht haben.

In Bezug auf die Frage, ob Gott auf die von ihm bereits festgelegte Beurteilung einen Hinweis gibt oder nicht, vertreten die *muḫaṭṭiʾa* unterschiedliche Positionen, die im Folgenden resümiert werden sollen:

1) Es gebe keinerlei Hinweise darauf. Vielmehr sei Gottes Bestimmung wie ein verborgener Schatz. Wer das richtige Urteil trifft, dem stehe doppelter Lohn zu, und wer davon abweicht, dem werde einfacher Lohn gewährt. Diese Meinung wird von einer Gruppe von Rechtsgelehrten und Theologen vertreten.
2) Es gebe einen definitiven Hinweis darauf. Der *muǧtahid* begehe indes keine Sünde, wenn er die richtige Beurteilung verfehlt, weil der Hinweis im Dunkeln liege bzw. verborgen sei.
3) Für die richtige Bestimmung stehe ein definitiver Indikator zur Verfügung. Daraufhin werde der *muǧtahid* als Sünder betrachtet, falls er diese verfehlt. Diese Ansicht geht auf Bišr al-Marīsī (gest. 833), Ibn ʿUlayya (gest. 833) und Abū Bakr al-Aṣam (gest. 932) zurück. Zudem wird diese Ansicht den Gegnern des Analogieschlusses, darunter die Ẓāhiriten und Imāmiten, zugeschrieben.
4) Die vierte Gruppe spricht von einem präsumtiven Hinweis. Wenn der *muǧtahid* das richtige Urteil fällt, habe er Recht auf doppelten Lohn. Verfehlt er es, dann stehe ihm einfacher Lohn zu. Diese Ansicht wird von Ibn Fūrak (gest. 1015) und Abū Isḥāq al-Isfarāynī vertreten.

Argumente der *muḫaṭṭiʾa*

1) **Koran:** (21:78–79)

> Und (weiter) David und Salomo. (Damals) als sie über das Saatfeld ein Urteil fällten, als (nämlich) die Schafe (w. Das Kleinvieh) fremder Leute (w. des Volkes) (bei Nacht) darin eingebrochen waren! Wir waren bei ihrem Urteil zugegen (und wissen wohl darüber Bescheid). Wir gaben Salomo (das richtige) Verständnis dafür (d.h. für den Sachverhalt, oder für die Schafe (und was sie angerichtet hatten)?). Und allen gaben Wir Urteilskraft und Wissen.

Dieser Vers bestätigt den einheitlichen Charakter der Wahrheit des *iǧtihād*. Allein Salomo hatte diese Wahrheit begriffen. Andere Verse sollen Gottes Unterteilung der Dinge in falsch und richtig zeigen, wie z.B. (3:7) und (4:83).

2) **Sunna:** die prophetische Aussage: „Wenn der Richter seine Entscheidung mittels des *iǧtihād* fällt und dabei das richtige Recht trifft, so steht ihm doppelter Lohn zu, und wenn er sich irrt, so hat er den einfachen Lohn". Dieser Hadith wurde von Buḫārī und Muslim überliefert und als eindeutiger Hinweis dafür gewertet, den *iǧtihād* in falsch und richtig einzuteilen. Ein anderer Hadith, der diese Auffassung auch bestätigt, ist der folgende: Es gibt drei Arten von Richtern, davon befinden sich zwei im Höllenfeuer und einer im Paradies.

3) **Konsens der *ṣaḥāba*:** Es wurden zahllose Belege überliefert, dass die Prophetengefährten sich über die Einteilung des *iǧtihād* in falsch und richtig vollkommen bewusst waren. So sprach beispielsweise Ibn Masʿūd, nachdem er ein Fatwa erließ: Ich sage meine persönliche Meinung zu ihrem Fall. Wenn sie richtig ist, stammt sie von Gott und Seinem Gesandten. Wenn sie aber falsch ist, so kommt sie von mir und vom Teufel.
4) **Die rationalen Argumente:** Es wurden verschiedene rationale Argumente angeführt, wie z. B. die Annahme des *taṣwīb*, die dazu führt, dass zwei gegenteilige Positionen zusammengebracht werden, wie etwa, dass Alkohol zugleich als erlaubt und als verboten erklärt wird. Ein weiteres Argument ist, dass ohne die Existenz eines richtigen Rechts die Kultur des Streitgesprächs obsolet werde. Des Weiteren sei eine Suche vergeblich, wenn nicht von der Existenz des Gesuchten ausgegangen werden könne.

Die *muṣawwiba*-Richtung: Die zweite Richtung, *al-muṣawwiba*, vertritt die Ansicht, dass jeder *muǧtahid* recht hat und somit die unterschiedlichen Rechtsauffassungen bzw. *iǧtihād*-Ergebnisse in ein und demselben Fall gleichermaßen ihre Richtigkeit haben. In Hinblick auf die Frage, ob Gott ein Urteil bereits fällt, bevor ein Ereignis eintritt oder nicht, lassen sich unter den *muṣawwiba* drei verschiedene Denkrichtungen ausmachen:

a) Die erste Gruppe geht davon aus, dass Gott in solchen Fällen keine fixierte Bestimmung vorgebe, sondern das Urteil Gottes darin bestehe, was einem jeden *muǧtahid* am wahrscheinlichsten erscheint. Zu den Vertretern dieser Auffassung gehören al-Ġazālī, Abū Bakr al-Bāqillānī (gest. 402/1013) und Abū al-Ḥasan al-Ašʿarī sowie die Muʿtaziliten Abū al-Huḏayl (gest. 840), Abū ʿAlī al-Ǧubbāʾī (gest. 915) und sein Sohn Abū Hāšim (gest. 933).
b) Eine andere Gruppe vertritt den Standpunkt, dass es für jede Frage ein „zu erwartendes" Urteil (*al-ašbah*) gebe – d. h., hätte Gott ein Urteil bezüglich der betreffenden Frage abgegeben, würde es diesem *Ašbah* entsprechen. Die Suche sei jenem Urteil entsprechend auszurichten, auch wenn der *muǧtahid* nicht dazu verpflichtet sei, dieses Urteil zu fällen. Deswegen werde die Bestimmung des *muǧtahid* als treffend angesehen, selbst wenn er sich irrt. Diese Meinung wird Abū Yūsuf, Muḥammad aš-Šaybānī und Ibn Surayǧ (gest. 918) zugeschrieben.
c) Demgegenüber meint eine dritte Gruppe, dass es ein bestimmtes Urteil gebe, an welchem sich die Suche orientieren müsse, auch wenn der *muǧtahid* nicht dazu verpflichtet sei, sich diesem Urteil anzuschließen. Infolgedessen gilt seine Entscheidung als richtig, selbst wenn diese ein Irrtum darstellt.

Argumente der *muṣawwiba*

1) **Koran:** (21:78–79). Bezüglich dieser Koranstelle sind die Vertreter der *muṣawwiba* der Ansicht, dass Gott sowohl David als auch Salomo gleichermaßen Urteilskraft zusprach. Wäre einer von ihnen im Irrtum, würde er diese Charakterisierung nicht verdienen.

2) **Sunna:** Der Hadith: „Meine Gefährten sind wie die Sterne, wem immer von ihnen ihr folgt, er wird euch rechtleiten." In diesem Hadith lässt der Prophet all seinen Gefährten die Fähigkeit der Rechtleitung zusprechen. Wäre einer von ihnen im Irrtum, würde er diese Bezeichnung nicht verdienen.
3) **Konsens der *ṣaḥāba*:** Die Prophetengefährten einigten sich darauf, den Meinungsstreit untereinander zuzulassen, ohne dass jemand von ihnen diesen leugne. Anderenfalls hätten sie die Meinungsäußerung des Irrenden ablehnen müssen. Dies sei jedoch nicht geschehen.
4) **Die rationalen Argumente:** Es wurden verschiedene rationale Argumente angeführt, wie beispielsweise Folgendes: gäbe es bereits vor jedem *iǧtihād* eine einzig richtige Bestimmung, hätte Gott mit eindeutigen definitiven Indikatoren darauf hinweisen müssen.

Mittels der Rekonstruktion der Diskussion zu dieser Frage in der klassischen *uṣūl*-Literatur lässt sich eine gewisse Uneinigkeit bezüglich der Überlieferungen zu einigen Persönlichkeiten, insbesondere aš-Šāfiʿī und Abū Ḥanīfa, konstatieren. Nach aš-Šawkānī und az-Zarkašī werden aš-Šāfiʿī, Mālik und Abū Ḥanīfa der *muḫaṭṭiʾa*-Richtung zugeordnet. Demgegenüber stellen andere Autoren, wie al-Ġazālī und Āmidī, fest, dass nach den Schulgründern unterschiedliche Ansichten zu dieser Frage überliefert wurden. Auch ist der Übergang zwischen den verschiedenen Gruppen und Auffassungen manchmal fließend. Mit Ausnahme von aš-Šāfiʿī erscheinen die Äußerungen einiger Autoren zu der „Wahrheit" insofern undefiniert, als sie nicht erläutern, ob sie die Wahrheit bei Gott oder lediglich die Wahrheit in ihrer eigenen Betrachtung meinen. Al-Māwardī (gest. 450/1058) lenkt die Aufmerksamkeit auf die unterschiedlichen Überlieferungen und Auffassungen, die aufgrund ihrer Ähnlichkeit oftmals verquickt werden und verwirrend sind. Ähnliche Hinweise geben auch az-Zarkašī und aš-Šawkānī in ihrer Darlegung der verschiedenen Auffassungen zu dieser Frage.[75]

Die zwei eindeutigsten und stimmigsten Standpunkte sind die, dass die Gelehrten die Aussage al-ʿAnbarī und al-Ġazālī „jeder *muǧtahid* hat recht" im Bereich der Glaubensfragen sowie al-Marīsīs Position, dass der irrende *muǧtahid* ein Sünder sei, explizit ablehnen. In diesem Kontext bestätigen viele moderne Autoren, dass der Meinungsstreit zwischen beiden Doktrinen bloß in der Theorie bestehe, da der *muǧtahid* letztendlich, gemäß beiden Konzeptionen, keinerlei Sünde – ungeachtet al-Marīsīs Position – begehen könne. Somit werde auch der *iǧtihād* der anderen Rechtsgelehrten trotzdem weiterhin anerkannt und honoriert.[76]

75 Vgl. al-Māwardī 1994, Bd. 16, S. 127; az-Zarkašī 1992, Bd. 6, 2. Aufl., S. 241 und aš-Šawkānī 2000, Bd. 2, S. 1067.

76 Vgl. al-ʿUmarī 1985, 3. Aufl., (2) S. 163; az-Zuḥaylī 1986, Bd. 2, S. 1098; al-Ḫuḍarī 1969, 6. Aufl., S. 378. Dazu Krawietz 2002, S. 350 f.

2.2 Konsens (*iǧmāʿ*)

Dieser Abschnitt setzt sich mit dem Konsens (*iǧmāʿ*) im (sunnitisch-) islamischen Rechtssystem, der als dritte Primärquelle des islamischen Rechts angesehen wird, auseinander. Hierbei handelt es sich nicht um eine ausführliche Untersuchung aller Themen und Fragen des Konsenses, sondern um einen allgemeinen Überblick über das Konsens-Prinzip unter Berücksichtigung der für die Entwicklung des KI relevanten Fragen. Außerdem soll das Interesse auf der Beziehung zwischen *iǧtihād* und *iǧmāʿ* liegen.

Definition

Etymologisch hat der Begriff *iǧmāʿ* zwei Bedeutungen:

(1) *al-ʿazm*: Der Entschluss oder der feste Wille, etwas zu tun.
(2) *al-ittifāq*: Die Übereinstimmung bzw. Übereinkunft einer Gruppe hinsichtlich einer Angelegenheit.[77]

Als Fachbegriff wird *iǧmāʿ* von zahlreichen *uṣūl*-Wissenschaftlern folgendermaßen definiert: Die Übereinstimmung (aller) muslimischer *muǧtahids* eines Zeitalters (nach dem Tode Muḥammads) bezüglich einer (rechtlichen) Frage.[78] Der Unterschied zwischen verschiedenen Definitionen liegt in der Art und Weise, wie die Personen, die an einem Konsens (*iǧmāʿ*) teilhaben, bezeichnet werden. Während die Mehrheit der Autoren, vor allem in der späteren Literatur ab etwa dem 7./13. oder 8./14. Jahrhundert, wie in der dargestellten Definition, den Begriff *muǧtahids* verwenden, treten bei einigen Begriffsbestimmungen andere Bezeichnungen, wie *fuqahāʾ* (Rechtswissenschaftler) bei dem Ḥanbaliten Ibn ʿAqīl, *ʿulamāʾ* (Gelehrte) wie bei aš-Šīrāzī, *ahl al-ḥall wa-l-ʿaqd*[79] (Machthaber/Leute des Lösens und Bindens) wie bei al-Qarāfī (gest. 684/1285), ar-Rāzī und Āmidī oder die Verwendung von *al-umma*, wobei keine bestimmte Gruppe, wie bei aš-Šāšī (gest. 344 H) und al-Ġazālī, festgelegt wird. Trotzdem weisen viele Autoren, die statt „*muǧtahid*" andere Termini benutzen, im Rahmen der Erläuterung ihrer eigenen Definitionen darauf hin, dass diese jedoch auch die *muǧtahids* meinen. Hierzu zählen Autoren, wie al-

---

77 Vgl. al-Āmidī 2003, Bd. 1, S. 261; Ibn al-Ḥāǧib 2006, S. 426; az-Zarkašī 1992, 2. Aufl., Bd. 4, S. 435 f.; Ibn al-Humām 1351 H, S. 399; Mullā Ḫusraw 2012, S. 219 und aš-Šawkānī 2000, Bd. 1, S. 347.

78 Vgl. Ibn al-Ḥāǧib 2006, S. 426 f.; az-Zarkašī 1992, 2. Aufl., Bd. 4, S. 436; Ibn al-Humām 1351 H, S. 399; as-Subkī 2003, 2. Aufl., S. 76; al-Maḥallī 2005, Bd. 2, S. 131; aṭ-Ṭūfī 1998, 2. Aufl., Bd. 3, S. 5; Mullā Ḫusraw 2012, S. 219; al-Anṣārī 2002, Bd. 2, S. 260 und aš-Šawkānī 2000, Bd. 1, S. 348.

79 Zu diesem Begriff: Zaman, Muhammad Qasim. „Ahl al-ḥall wa-l-ʿaqd" *Encyclopedia of Islam, THREE.* Edited by: Kate Fleet, Gudrun Krämer, Denis Matringe, John Nawas, and Everett Rowson. Brill Online, 2016.

Ġazālī, al-Qarāfī, ar-Rāzī und aš-Šāšī.[80] Ferner zeigen sich zwischen den Definitionen Differenzen in Bezug auf den Gegenstand des Konsenses. Einige beschränken den Gegenstand auf den juristischen Bereich,[81] während der Konsens bei vielen anderen jede Art von Fragen umfasst.[82]

2.2.1 Voraussetzungen für den Konsens

Die Realisierung des *iğmāʿ* ist an diverse Bedingungen gebunden, die von der Zeit, der Person und der Qualifikation der Teilnehmer, der Zahl der Teilnehmer, dem Ort oder von dem Beweisgrund (*mustanad*) des *iğmāʿ* abhängig sind. Im Folgenden soll ein Überblick über diese Prämissen geboten werden.

2.2.1.1 Personelle Voraussetzungen und Qualifikationen

Grundsätzlich werden die Befugnis zur *iğtihād*-Praxis und die Zugehörigkeit zum Islam für die Beteiligten am *iğmāʿ* vorausgesetzt. Die Teilnehmer mit den nötigen Qualifikationen werden auch *ahl al-iğtihād wa-r-raʾy* sowie *ahl al-ḥall wa-l-ʿaqd* genannt. Hinsichtlich der Beteiligung der Laien am *iğmāʿ* werden zwei Ansichten vertreten. Während die Vertreter der Minderheitsmeinung Abū Bakr al-Bāqillānī und al-Āmidī die Zustimmung der Laien zu einem *iğmāʿ* für notwendig halten, geht die breite Masse der Gelehrten davon aus, dass die Meinung der Laien beim *iğmāʿ* unerheblich sei.[83] Außerdem sollten die zum *iğmāʿ* Berechtigten rechtschaffen und fromm sein. In Verbindung mit dieser Voraussetzung wird in einigen *uṣūl*-Werken die Frage behandelt, inwiefern die Meinungen der Schiiten und Ḫāriğiten beim *iğmāʿ* zu berücksichtigen sind. Al-Ġazālī, Abū Bakr aṣ-Ṣīrafī (gest. 339/942), al-Āmidī und andere *uṣūl*-Wissenschaftler vertreten die Auffassung, dass ihrer Meinung Rechnung getragen werden solle. Mālik, al-Awzāʿī, Muḥammad ibn al-Ḥasan und andere sind hingegen der Meinung, dass die Ansichten der Schiiten und Ḫāriğiten nicht von Belang seien. Ebenso schenken viele Gelehrte, wie al-Ğuwaynī (gest. 478/852), Abū Bakr al-Bāqillānī und Abū Isḥāq al-Isfarāynī, der Gegenmeinung der Ẓāhiriten keine Beachtung.[84]

80 Vgl. al-Qarāfī 2004, S. 253; ar-Rāzī o.J., S. 20; aš-Šāšī 2003, S. 181 f.; Ibn ʿAqīl 1999, Bd. 1, S. 42; aš-Šīrāzī 1995, S. 179; Āmidī 2003, Bd. 1, S. 262 und al-Ġazālī 1997, Bd. 1, S. 325 und 341.

81 Vgl. Ibn al-Humām 1351 H, S. 399; Anṣārī 2002, Bd. 2, S. 260; Mullā Ḫusraw 2012, S. 219; aṭ-Ṭūfī 1998, 2. Aufl., Bd. 3, S. 5 und aš-Šāšī 2003, S. 181 f.

82 Vgl. as-Subkī 2003, 2. Aufl., S. 76; ar-Rāzī o.J., Bd. 4, S. 20; aš-Šawkānī 2000, Bd. 1, S. 348; Ibn ʿAqīl 1999, S. 42; aš-Šīrāzī 1995, S. 179; Āmidī 2003, Bd. 1, S. 262; Ibn al-Ḥāğib 2006, S. 427 und az-Zarkašī 1992, 2. Aufl., Bd. 4, S. 436.

83 Vgl. al-Ġazālī 1997, Bd. 1, S. 340 f.; al-Āmidī 2003, Bd. 1, S. 298 f.; aṭ-Ṭūfī 1998, 2. Aufl., Bd. 3, S. 31 f.; ar-Rāzī o.J., Bd. 4, S. 196 ff. und 41; aš-Šawkānī 2000, Bd. 1, S. 380–385 und Ibn ʿAqīl 1999, Bd. 5, S. 176.

84 Vgl. az-Zarkašī 1992, 2. Aufl., Bd. 4, S. 467–474; aš-Šawkānī 2000, Bd. 1, S. 380–385; Anṣārī 2002, Bd. 2, S. 268 f.f; Ibn al-Humām 1351 H, S. 404 f.; al-Ġazālī 1997, Bd. 1, S. 343 ff.; Ibn Taymiyya 2001, S. 643 f. und Abū Yaʿlā 1993, Bd. 4, 3. Aufl., S. 1139 ff.

Des Weiteren betrachten einige Gelehrte die Übereinstimmung von Bewohnern eines Ortes oder von einem bestimmten Personenkreis als Art von *iǧmāʿ*. Es geht hier beispielsweise um die Übereinkunft der Bewohner von Medina, welche für Mālik die gleiche Beweiskraft wie die des *iǧmāʿ* repräsentiert. Gleichfalls halten etliche Gelehrte die Übereinstimmung der Bewohner von Mekka und Medina (*ahl al-ḥaramayn*), der Bewohner von Baṣra und Kūfa (*ahl am-miṣrayn*), der beiden Scheiche (Abū Bakr und ʿUmar) oder der rechtgeleiteten Kalifen für einen *iǧmāʿ*. Ebenso bildet die Abmachung der Familie des Propheten bzw. *al-ʿitra* (ʿAlī, Fāṭima, al-Ḥasan und al-Ḥusayn) für die Zwölfer-Schia und Zayditen eine Autorität. Die Mehrheit der Gelehrten betrachtet all diese besonderen Übereinstimmungen als nicht maßgeblich.[85]

2.2.1.2 Zeitliche Abgrenzung

Von der Gültigkeit des *iǧmāʿ* als Rechtsquelle kann erst nach dem Tode des Propheten Muḥammad gesprochen werden. Zu seinen Lebzeiten wird neben dem Koran lediglich seiner Sunna Autorität zugesprochen, d. h. eine *iǧmāʿ*-Bildung war untersagt. Außerdem geht es beim *iǧmāʿ* um die in einem bestimmten Zeitalter existierenden *muǧtahids* und nicht um die *muǧtahids* aller Zeiten. In diesem Zusammenhang fordern einige „[...] jedoch das ‚Vergehen des Zeitalters (*inqirāḍ al-ʿaṣr*)", wobei dies den Tod aller am Konsens Beteiligten bedeutet, ohne daß [*sic*] jemand seinen Entschluß [*sic*] revidiert. Laut herrschender Meinung wird der *inqirāḍ* nicht zu einer Bedingung erhoben".[86] Zu den Vertretern dieser Überzeugung gehören die Ḥanafiten, Ašʿariten, Muʿtaziliten und die meisten Šāfiʿiten.[87]

2.2.1.3 Beweisgrund (*mustanad*) des *iǧmāʿ*

Der *mustanad* des *iǧmāʿ* ist der Beleg, auf den der Konsens sich bezieht. Über die Notwendigkeit dieses Belegs besteht eine Meinungsverschiedenheit. Die überwiegende Mehrheit der Gelehrten meint, dass es für jeden *iǧmāʿ* einen definitiven oder präsumtiven *mustanad* aus dem Koran, der Sunna oder aus einem Analogieschluss geben solle, da die Erteilung einer Bestimmung ohne einen Beweisgrund oder lediglich aufgrund einer Inspiration oder Einbildung (*ilhām*) verboten sei. Im Gegensatz dazu spricht eine Gruppe von der Möglichkeit, einen *iǧmāʿ* ohne *mustanad* zu bilden, weil sonst ein *iǧmāʿ* unter dieser Voraussetzung sinnlos wäre. Ar-Rāzī und Ibn aṣ-Ṣalāḥ sind der Meinung, dass auch eine Inspiration als Beweis-

---

85 Vgl. al-Ġazālī 1997, Bd. 1, S. 351 f.; al-Āmidī 2003, Bd. 1, S. 320–329; ar-Rāzī o. J., Bd. 4, S. 162–176; aṭ-Ṭūfī 1998, 2. Aufl., Bd. 3, S. 99–108; al-Anṣārī 2002, Bd. 2, S. 279–283; Ibn ʿAqīl 1999, Bd. 5, S. 183–188 und 220; und aš-Šīrāzī 1995, S. 187.

86 Krawietz 2002, S. 200.

87 Vgl. al-Ġazālī 1997, Bd. 1, S. 360 f.; az-Zarkašī 1992, 2. Aufl., Bd. 4, S. 492 ff.; al-Āmidī 2003, Bd. 1, S. 335; ar-Rāzī o. J., Bd. 4, S. 35 und 196; aṭ-Ṭūfī 1998, 2. Aufl., Bd. 3, S. 66; al-Anṣārī 2002, Bd. 2, S. 274 f. und Ibn ʿAqīl 1999, Bd. 5, S. 142 f.

grund für den *iǧmāʿ* dienen könne. Bezüglich dieser Frage vertreten die Ẓāhiriten, Schiiten (nach ihrer eigenen Auffassung vom *iǧmāʿ*), aṭ-Ṭabarī (gest. 310/923) und der Muʿtazilit al-Qāšānī (gest. 415 H) den Standpunkt, dass sich der *mustanad* des *iǧmāʿ* nur auf einen definitiven Beweisgrund beziehen dürfe. Für sie könne weder ein Analogieschluss (*qiyās*) noch ein durch einzelne Überlieferungswege tradierter Hadith (*āḥād*) einen *mustanad* bilden. Die Schiiten akzeptieren dagegen die Inspiration als einen *mustanad*.[88]

2.2.1.4 Zahl der Beteiligten an einem *iǧmāʿ*

Gemäß der vorherrschenden Ansicht der früheren Gelehrten stellt die Einigkeit aller in einer Zeit und an verschiedenen Orten existierenden *muǧtahids* die Prämisse dafür dar, einen *iǧmāʿ* bilden zu können. Falls indes nur ein Großteil der *muǧtahids* dieselbe Meinung teilen (*ittifāq al-akṯar*), kann laut der Mehrheitsmeinung kein *iǧmāʿ* gebildet werden. Eine gegenteilige Anschauung vertreten der Muʿtazilit Abū Ḥusayn al-Ḫayyāṭ (gest. 300/912), aṭ-Ṭabarī, Ibn Ḥanbal und Abū Bakr ar-Rāzī (gest. 311/923). So halten sie ein *iǧmāʿ* für möglich, wenn lediglich ein oder zwei *muǧtahids* dem *iǧmāʿ* widersprechen. Eine ähnliche Ansicht vertritt eine andere Gruppe, welche eine Übereinstimmung als *iǧmāʿ* ansieht, solange es weniger Opponenten als die *tawātur*-Zahl[89] gebe. Übersteigen die Gegner die *tawātur*-Zahl, so dürfe eine entsprechende Übereinstimmung nicht als *iǧmāʿ* gelten. Andere Gelehrte, wie Ibn al-Ḥāǧib, gehen davon aus, dass eine Übereinkunft mit wenigen Gegnern nicht als ein definitiver *iǧmāʿ* betrachtet werden könne. Trotzdem hätte diese Übereinkunft eine Beweiskraft. Demgegenüber finden sich Ansichten anderer Gelehrte, die eine unterschiedliche Anzahl von Gegnern eines *iǧmāʿ* für zulässig halten.[90]

Ein anderer Meinungsstreit bestand in diesem Zusammenhang in Hinblick auf die Mindestanzahl der Beteiligten an einem *iǧmāʿ*, für den Fall, dass in einem Zeitalter nur wenige *muǧtahids* existieren. Während etliche Gelehrte, wie Abū Isḥāq al-Isfarāynī und al-Ǧuwaynī, die Auffassung verfechten, dass die *tawātur*-Zahl die Mindestanzahl sei, betrachtet die Mehrheit der Gelehrten die *tawātur*-Zahl nicht als

88 Vgl. al-Ġazālī 1997, Bd. 1, S. 364; al-Āmidī 2003, Bd. 1, S. 342–350; aṭ-Ṭūfī 1998, 2. Aufl., Bd. 3, S. 118; ar-Rāzī o. J., Bd. 4, S. 187–194; az-Zarkašī 1992, 2. Aufl., Bd. 4, S. 450–454; al-Anṣārī 2002, Bd. 2, S. 289 f.; Ibn ʿAqīl 1999, Bd. 5, S. 167 f.; Ibn Taymiyya 2001, S. 641; Ibn Ḥazm 1983, Bd. 4, S. 129 ff. und Ibn al-Ḥāǧib 2006, S. 479 ff.

89 Üblicherweise wird diese als eine Zahl von sehr vielen Menschen begriffen, sodass eine gemeinsame Lüge normalerweise unmöglich ist. Über die Mindestanzahl dieser Personen gibt es verschiedene Meinungen unter den Gelehrten z. B. 4, 10, 20, 70 und andere. Vgl. *al-Mawsūʿa al-fiqhiyya* 1988, Bd. 14, S. 109 f.

90 Vgl. al-Ġazālī 1997, Bd. 1, S. 347 f.; al-Āmidī 2003, Bd. 1, S. 310 f.; aṭ-Ṭūfī 1998, 2. Aufl., Bd. 3, S. 53 ff.; ar-Rāzī o. J., Bd. 4, S. 180 ff.; al-Anṣārī 2002, Bd. 2, S. 272 ff.; Ibn ʿAqīl 1999, Bd. 5, S. 135 f. und aš-Šīrāzī 1995, S. 187.

die Mindestanzahl der Beteiligten an einem *iǧmāʿ*. Vielmehr könne aufgrund der Übereinkunft von mehr als zwei *muǧtahids* ein *iǧmāʿ* zustande kommen.[91]

2.2.1.5 Ein einhelliges Urteil

Es wird vorausgesetzt, dass die an einem *iǧmāʿ* beteiligten *muǧtahids* ein einhelliges Urteil fällen. Kommen die anerkannten *muǧtahids* zu zwei Entscheidungen (*iǧmāʿ ḍimnī* oder *murakkab*), stellt sich die Frage, ob eine dritte Meinung gebildet werden darf. In diesem Fall schließt die Mehrheit der Gelehrten eine dritte Meinung aus. Hingegen halten die Ẓāhiriten, Schiiten und einige Ḥanafiten diese für erlaubt, während al-Āmidī und Ibn al-Ḥāǧib[92] „differenzieren und meinen, eine dritte Meinung dürfte nur dann berücksichtigt werden, wenn sie die ersten beiden Positionen nicht aufhebt (*yarfaʿ*)".[93]

2.2.1.6 Zahl der Überlieferungswege eines *iǧmāʿ*

Einige Ḥanafiten und einige Šāfiʿiten, wie al-Ġazālī, fordern *mutawātir*-Überlieferungswege als Grundlage für einen *iǧmāʿ*, während die Ḥanbaliten, einige andere Ḥanafiten und Šāfiʿiten dies ablehnen und *āḥād*-Überlieferungswege für ausreichend halten.[94]

2.2.2 Legitimation und Autorität des Konsenses

Während die Argumentation in der islamischen Rechtswissenschaft normalerweise auf dem Koran, der Sunna, dem Konsens und der Ratio bzw. dem Analogieschluss gründet, konstituiert sich die Autorität des Konsenses vor allem aufgrund von Koranversen und Hadithen. Dies lässt sich zum einen dadurch begründen, dass der Konsens nicht durch sich selbst bzw. durch einen anderen Konsens legitimiert werden kann. Zum anderen kann die Autorität des *iǧmāʿ* auch nicht mittels eines Analogieschlusses gerechtfertigt werden, weil Letzterer lediglich als präsumtive Rechtsquelle angesehen wird, wohingegen dem *iǧmāʿ* eine höhere Beweiskraft zukommt.[95]

---

91 Vgl. al-Ǧuwaynī 1399 H, Bd. 1, S. 690 f.; al-Ġazālī 1997, Bd. 1, S. 352 f.; al-Āmidī 2003, Bd. 1, S. 329; ar-Rāzī o.J., Bd. 4, S. 199 und al-Anṣārī 2002, Bd. 2, S. 271.

92 Vgl. al-Ġazālī 1997, Bd. 1, S. 366; al-Āmidī 2003, Bd. 1, S. 350 ff.; ar-Rāzī o.J., Bd. 4, S. 127 ff.; aṭ-Ṭūfī 1998, 2. Aufl., Bd. 3, S. 88 f.; al-Anṣārī 2002, Bd. 2, S. 286 f. und aš-Šīrāzī 1995, S. 192.

93 Krawietz 2002, S. 198.

94 Vgl. al-Ġazālī 1997, Bd. 1, S. 375; al-Āmidī 2003, Bd. 1, S. 367; aṭ-Ṭūfī 1998, 2. Aufl., Bd. 3, S. 128 f.; Ibn ʿAqīl 1999, Bd. 5, S. 232; al-Anṣārī 2002, Bd. 2, S. 292 f. und Ibn Taymiyya 2001, S. 669 f.

95 Vgl. az-Zarkašī 1992, 2. Aufl., Bd. 4, S. 441 f.; al-Āmidī 2003, Bd. 1, S. 296 ff. und Krawietz 2002, S. 195.

Die Befürworter der Autorität des *iǧmāʿ* beziehen sich deshalb lediglich auf Koran und Sunna.

1. **Koran**: Einige Koranstellen wurden in diesem Zusammenhang als Argumente angeführt, wie Sure 4, Vers 115 „Wenn aber einer gegen den Gesandten Opposition treibt (?), nachdem ihm die Rechtleitung (durch den Islam) klar geworden ist, und einem anderen Weg folgt als dem der Gläubigen, geben wir ihm da Anschluß [*sic*], wo er Anschluß [*sic*] gesucht hat (?) (oder: setzen wir über ihn, was er sich zum Freund genommen hat?) und lassen ihn in der Hölle schmoren – ein schlimmes Ende!". Dieser Vers wurde von aš-Šāfiʿī und anderen als deutliches Indiz für die Beweiskraft (*ḥuǧǧiyya*) des *iǧmāʿ* angesehen, da er diejenigen, die sich dem Gesandten widersetzen, mit jenen gleichstellt, welche vom Weg der Gläubigen abweichen. Außerdem wurden Koranstellen, die von der Rechtschaffenheit der muslimischen Gemeinschaft sprechen, wie 3:110, 2:143 und 7:159, als Beweise angeführt. All diese Verse wurden dagegen aber von al-Ġazālī, aš-Šawkānī und anderen als kein eindeutiger Hinweis auf die Autorität des Konsenses bewertet.[96]
2. **Sunna**: Zur Legitimität des *iǧmāʿ* wurden zudem auch einige Hadithe vorgebracht, die für die Unfehlbarkeit der muslimischen Gemeinde plädieren und folglich ausschließen, dass ihnen ein kollektiver Irrtum unterläuft. Diese Prophetenaussagen halten al-Ġazālī, al-Āmidī und andere für schlüssige Argumente für die Autorität des *iǧmāʿ*. So heißt es in einem Hadith: „Meine Gemeinde wird in einem Irrtum niemals einig sein". Als weiterer Beleg dient der folgende Hadith: „Was die muslimische Gemeinde gutheißt, wird auch von Gott gebilligt". Ähnliche Bedeutungen sind auch anderen Hadithen inhärent. Obgleich all jene Hadithe über einzelne Überlieferungswege (*āḥād*) tradiert werden, sei indes ihre Bedeutung, und zwar die Unfehlbarkeit der muslimischen Gemeinde, durch mehrere Überlieferungswege (*tawātur maʿnawī*) erwiesen.[97] Aš-Šawkānī und andere Gelehrte deuten diese Hadithe anders und sehen darin keine definitiven Hinweise auf eine Autorität des *iǧmāʿ*.[98]

Die herrschende Meinung spricht sich basierend auf o. g. Koranversen und Hadithen für die Autorität des Konsenses als Rechtsquelle aus. Allerdings besteht unter den Befürwortern bezüglich der Frage, ob der *iǧmāʿ* als ein präsumtives oder definitives Argument anzusehen ist, Uneinigkeit. Im Gegensatz zu ar-Rāzī vertritt die Mehrheit die Meinung, dass er eine definitive Beweiskraft habe, sofern der *iǧmāʿ* durch mehrere Überlieferungswege (*mutawātir*) weitergeführt wird. Handelt es sich aber um einen auf einzelne Überlieferungswege gestützten Konsens, gelte er nur als

96 Vgl. al-Āmidī 2003, Bd. 1, S. 267–290; al-Ġazālī 1997, Bd. 1, S. 328; ar-Rāzī o. J., Bd. 4, S. 35 ff. und 66 f.; aṭ-Ṭūfī 1998, 2. Aufl., Bd. 3, S. 14 f.; al-Anṣārī 2002, Bd. 2, S. 263–266 und Ibn ʿAqīl 1999, Bd. 5, S. 105 f.

97 Vgl. al-Ġazālī 1997, Bd. 1, S. 329 ff.; al-Āmidī 2003, Bd. 1, S. 290; ar-Rāzī o. J., Bd. 4, S. 79–83; Krawietz 2002, S. 194; aṭ-Ṭūfī 1998, 2. Aufl., Bd. 3, S. 19 ff.; al-Anṣārī 2002, Bd. 2, S. 265 f. und Ibn ʿAqīl 1999, Bd. 5, S. 106 f.

98 Vgl. aš-Šawkānī 2000, Bd. 1, S. 373 und Krawietz 2002, S. 195 Fn. 108.

präsumtiver Beweis. Hingegen geht die Minderheit davon aus, dass er lediglich präsumtiver Natur sei.[99]

Außerdem gibt es auch Stimmen, die die Autorität des *iǧmāʿ* von Grund auf ablehnen. Hierzu gehören an-Naẓẓām (gest. 221/836)[100] und al-Qāšānī von den Muʿtaziliten und die Mehrheit der Schiiten, insbesondere die Zwölfer, sowie die Ḫāriǧiten (erst nach der Spaltung der Umma). Gegen den *iǧmāʿ* brachte diese Gruppe auch Koranverse und Hadithe vor, die die Beweiskraft lediglich auf Koran und Sunna beschränken, wie z. B. Sure 4, Vers 59 „[...] Und wenn ihr über eine Sache streitet (und nicht einig werden könnt), dann bringt sie vor Gott und den Gesandten, wenn (anders) ihr an Gott und den jüngsten Tag glaubt! [...]". Als weiterer Beweis bediente sie sich eines Hadith von Muʿāḏ ibn Ǧabal (gest. 18/639). Letzterer wurde vom Propheten als Richter nach Jemen geschickt. Da fragte ihn der Prophet, wie er ein Urteil fälle, wenn ein Fall weder im Buch Gottes noch in der Sunna auftrete. Darauf antwortete er, dass er sein eigenes Urteil bilde, ohne dabei den *iǧmāʿ* zu erwähnen. Dieser Vorgehensweise stimmte der Prophet zu. Darüber hinaus führte diese Gruppe rationale Beweise an, vor allem die Überzeugung, dass die Verwirklichung des Konsenses unter den gestellten Bedingungen schwer oder sogar unmöglich sei. Diese Argumente wurden ebenso von den Befürwortern der Autorität des *iǧmāʿ* widerlegt.[101]

2.2.3 Arten des *iǧmāʿ*

Man unterscheidet verschiedene Kategorien der *iǧmāʿ*-Bildung. Das Unterscheidungsmerkmal bildet dabei die Art und Weise, wie die *muǧtahids* ihre Auffassung von einer Frage präsentieren.

2.2.3.1 Eindeutiger Konsens (*iǧmāʿ ṣarīḥ*)

Bei dieser Art des Konsenses geben die *muǧtahids* ihre Stellungnahmen zu einer Frage mittels einer Äußerung oder einer Handlung ab, was in eine einhellige Entscheidung mündet. Hierbei trifft jeder *muǧtahid* getrennt bezüglich eines Rechtsfalls seine Entscheidung und alle getroffenen Entscheidungen enthalten die gleiche Auffassung.[102] „Dies ist der echte oder ‚wahre Konsens (*iǧmāʿ ḥaqīqī*)', der ‚nach

99 Vgl. ar-Rāzī o. J., Bd. 4, S. 210; Ibn ʿAqīl 1999, Bd. 5, S. 104; al-Anṣārī 2002, Bd. 2, S. 262 f.; az-Zarkašī 1992, 2. Aufl., Bd. 4, S. 443 f.; Jokisch 1996, S. 143 und Mullā Ḫusraw 2012, S. 220.

100 Er ist Abū Isḥāq ibn Siyār an-Naẓẓām, auf den die muʿtazilitische Untergruppe *an-Naẓẓāmiyya* zurückgeht.

101 Vgl. al-Āmidī 2003, Bd. 1, S. 265 f.; Ibn ʿAqīl 1999, Bd. 5, S. 105; aṭ-Ṭūfī 1998, 2. Aufl., Bd. 3, S. 14 ff.; aš-Šawkānī 2000, Bd. 1, S. 373 f. und ar-Rāzī o. J., Bd. 4, S. 35 und 50 ff.

102 Vgl. al-Ġazālī 1997, Bd. 1, S. 358; al-Anṣārī 2002, Bd. 2, S. 285; Ibn ʿAqīl 1999, Bd. 1, S. 42; aš-Šīrāzī 1995, S. 184 f.; Mullā Ḫusraw 2012, S. 221 und Abū al-Ḥusayn al-Baṣrī 1965, Bd. 2, S. 479.

Übereinstimmung der Allgemeinheit der Rechtsgelehrten als definitiver Beweis (*ḥuǧǧa qaṭʿiyya*)ʿ gilt".[103]

2.2.3.2 Stillschweigender Konsens (*iǧmāʿ sukūtī*)

Hierbei handelt es sich um eine Lehrmeinung, die von einigen *muǧtahids* gebildet wird und sich unter anderen zeitgenössischen *muǧtahids* verbreitet. Letztere schweigen zu dieser Meinung und weisen sie nicht zurück. Was die Beweiskraft dieser Art des Konsenses anbelangt, so werden unter den Gelehrten diverse Standpunkte vertreten:[104]

(1) Aš-Šāfiʿī, Dāwūd aẓ-Ẓāhirī, die Mālikiten, al-Bāqillānī und andere sind der Überzeugung, dass ein bloßes Schweigen nicht als Zeichen der Zustimmung angesehen werden könne. Demzufolge gehen sie davon aus, dass dieser stillschweigende Konsens weder als *iǧmāʿ* noch als Autorität betrachtet werden könne.
(2) Hingegen hält eine zweite Gruppe, nämlich die Mehrheit der Ḥanafiten, einige Šāfiʿiten und Ibn Ḥanbal, das Schweigen für einen Beweis der Billigung. Somit gilt ihres Erachtens diese stillschweigende Übereinstimmung als *iǧmāʿ* und definitiver Beweis. Zur Verwirklichung dieses Konsenses stellen sie die folgenden Voraussetzungen auf:
   A. Dieses Schweigen solle weder als Zeichen der Zustimmung noch der Zurückweisung gedeutet werden, da dies sonst bedeuten würde, dass im Falle der Zustimmung es sich um einen eindeutigen Konsens handle und im zweiten Fall eine Konsens-Bildung überhaupt unmöglich sei.
   B. Die betroffene Ansicht solle weit verbreitet und allen *muǧtahids* zugänglich sein.
   C. Der Auseinandersetzung mit dieser Meinung solle genügend Zeit eingeräumt werden.
   D. Es solle eine Frage thematisiert werden, die Teil des Gegenstands des *iǧtihād* ist.
   E. Ein *muǧtahid* solle vonseiten der Staatsmacht nichts zu befürchten haben.
   F. Der stillschweigende Konsens solle vor der Etablierung der Rechtsschulen zustande gekommen sein.
(3) Der Muʿtazilit Abū Hāšim (gest. 321/933) vertritt den Standpunkt, dass der stillschweigende Konsens nicht als *iǧmāʿ* angesehen werden könne. Trotzdem akzeptiert er diesen als Mittel der Argumentation. Ähnlich hält al-Āmidī diesen für einen präsumtiven *iǧmāʿ* und ein Argument. Diese Meinung wird auch von Ibn al-Ḥāǧib und dem Ḥanafiten al-Karḫī geteilt.

---

103 Krawietz 2002, S. 199.

104 Vgl. al-Ġazālī 1997, Bd. 1, S. 358 ff.; ar-Rāzī o.J., Bd. 4, S. 153–158; al-Āmidī 2003, Bd. 1, S. 331 ff.; al-Anṣārī 2002, Bd. 2, S. 283 ff.; Ibn Taymiyya 2001, S. 649–652 und Mullā Ḫusraw 2012, S. 221.

(4) Der Muʿtazilit Abū ʿAlī al-Ǧubbāʾī (gest. 303/916) und andere Gelehrte sind der Meinung, dass der stillschweigende Konsens erst nach dem Vergehen der Zeitalter, also nach dem Tode der beteiligten *muǧtahids*, als *iǧmāʿ* betrachtet werden könne, da unter dieser Bedingung genügend Zeit für einen möglichen Widerruf bestehe.
(5) Zudem wird die Ansicht vertreten, dass der stillschweigende Konsens, sobald er sich auf ein Fatwa bezieht, als ein *iǧmāʿ* gelte. Falls es indes um ein Gerichtsurteil geht, dann werde dies weder als *iǧmāʿ* noch als Beweis angesehen. Zu den Verfechtern dieser Auffassung gehören einige Šāfiʿiten wie Ibn Abī Hurayra.

Darüber hinaus gibt es andere Ansichten von einzelnen Rechtsgelehrten, sodass aš-Šawkānī letztendlich 12 Positionen differenziert.[105]

2.2.4 Realisierbarkeit des Konsenses (*imkān al-iǧmāʿ*)

Im Zentrum des Interesses steht hier die Möglichkeit, einen *iǧmāʿ* unter den oben erwähnten Bedingungen zu konstituieren. Ferner geht es um die Frage, inwiefern es möglich ist, von einem *iǧmāʿ* zu wissen sowie auf welche Weise ein *iǧmāʿ* überliefert wird.

Was die Möglichkeit der Bildung eines Konsenses über eine Frage betrifft, die nicht zu den religiösen Grundsätzen gehört, so sind die Meinungen geteilt. Die herrschende Meinung ist, dass die Bildung des *iǧmāʿ* realisierbar sei und dass schon zahlreiche Konsense in verschiedenen Zeiten existiert hätten, wie z. B. der Konsens über die Zusammensetzung der Koranteile zu einem Exemplar, über das Verbot von Wucherei und über die Priorität der Tilgung der Schulden eines Toten vor der Erfüllung seines Vermächtnisses usw. Dagegen sprachen sich an-Naẓẓām, einige Muʿtaziliten und einige Schiiten aus. Sie gehen davon aus, dass es unvorstellbar sei, dass alle *muǧtahids* dieselbe Meinung vertreten. Dies lasse sich vor allem dadurch begründen, dass die *muǧtahids* überall auf der Welt verteilt seien und es somit ausgeschlossen sei, dass sie alle von einer bestimmten Lehrmeinung wissen könnten.[106]

Außerdem besteht auch in der Frage nach der Möglichkeit, von einem *iǧmāʿ* zu wissen, Uneinigkeit. Eine Gruppe von *uṣūl*-Wissenschaftlern sowie Ibn Ḥanbal – nach einer Überlieferung von Letzterem – plädieren für die Unmöglichkeit, von einem *iǧmāʿ* zu wissen. In diesem Zusammenhang äußerte sich Ibn Ḥanbal wie folgt: „Wer einen *iǧmāʿ* (über eine Meinung) behauptet, lügt. Vielleicht besteht darüber ein Meinungsstreit, von dem er nicht gewusst hat. Man sollte besser sagen, dass man von einer Meinungsverschiedenheit keine Kenntnis hat."[107] Daneben existiert die

105 Vgl. aš-Šawkānī 2000, Bd. 1, S. 399–405.
106 Vgl. al-Āmidī 2003, Bd. 1, S. 263–266 und 304; ar-Rāzī o. J., Bd. 4, S. 21 f.; al-Anṣārī 2002, Bd. 2, S. 260–270; Ibn ʿAqīl 1999, Bd. 5, S. 130; aš-Šīrāzī 1995, S. 186 und az-Zarkašī 1992, 2. Aufl., Bd. 4, S. 437 f.
107 Vgl. al-Āmidī 2003, Bd. 1, S. 265; az-Zarkašī 1992, 2. Aufl., Bd. 4, S. 438 f. und Ibn al-Ḥāǧib 2006, S. 435.

Auffassung, dass man nur bis zur Gefährtenzeit über einen Konsens Bescheid wissen könne, da es damals nur eine begrenzte Zahl von *muǧtahids* gab und sie sich zudem alle in derselben Region aufhielten. Zu den Befürwortern dieser Position gehören beispielsweise ar-Rāzī, Abū Muslim al-Iṣfahānī (gest. 322/ca. 934), die Ẓāhiriten und Ibn Ḥanbal, laut einer anderen Überlieferung von Letzterem. Der überwiegende Teil der *uṣūl*-Wissenschaftler vertritt die Ansicht, dass es denkbar sei, von einem *iǧmāʿ* zu wissen. In diesem Zusammenhang könne der Herrscher die *muǧtahids* sich an einem bestimmten Ort versammeln lassen oder ihnen schreiben und sie nach ihrer Meinung fragen.[108]

Erwähnenswert ist noch, dass Ibn Taymiyya und Ibn Ḥazm an vielen *iǧmāʿ*-Ansprüchen, die aus der Zeit nach den Prophetengefährten (bei Ibn Taymiyya höchstens bis zur dritten Generation) stammten, zweifeln und meinen, dass zahlreiche *iǧmāʿ*-Behauptungen von den Anhängern der verschiedenen Rechtsschulen verfehlt seien.[109]

2.2.5 Die Beziehung zwischen *iǧmāʿ* und *iǧtihād*

Ein weiterer relevanter Punkt in diesem Kontext ist das Verhältnis von Konsens zu *iǧtihād*. Ein erster Schnittpunkt besteht darin, dass die an einem *iǧmāʿ* beteiligten Personen, wie oben erwähnt, zum *iǧtihād* befugt sein müssen. Des Weiteren haben beide Doktrinen den gleichen Anwendungsbereich, nämlich den der Fragen, welche weder im Koran noch in der Sunna behandelt wurden oder solche, die präsumtiv erwiesen oder mehrdeutig sind, solange noch kein Konsens über eine Entscheidung gebildet wurde. Zudem ist die Kenntnis von Konsensentscheidungen eine erforderliche Qualifikation bzw. Voraussetzung für die Anwendung des *iǧtihād*. Jeder *muǧtahid* muss alle Lehrmeinungen, über die ein Konsens besteht, in- und auswendig kennen, um in den betreffenden Fragen keinen *iǧtihād* zu praktizieren.[110] Beim Vorliegen von *iǧmāʿ*-Entscheidungen ist der *iǧtihād* nämlich ausgeschlossen. Auf diese fundamentale Abhängigkeit weist Rohe folgendermaßen hin:

> Je umfangreicher die Zahl der tatsächlichen oder angeblichen Konsensentscheidungen wurde, desto weniger Raum verblieb dem einständigen Rechtsraisonnement (Idschtihad), insbesondere dann, wenn auch eine Bindungsauswirkung über den Tod der Konsentierenden hinaus angenommen wurde.[111]

---

108 Vgl. al-Āmidī 2003, Bd. 1, S. 264 f. und 304; ar-Rāzī o.J., Bd. 4, S. 22–35 (Fn. 2); al-Anṣārī 2002, Bd. 2, S. 261 f. und 270; Ibn ʿAqīl 1999, Bd. 5, S. 131; Ibn Ḥazm 1983, Bd. 4, S. 147; Ibn al-Ḥāǧib 2006, S. 431–434 und 440; und az-Zarkašī 1992, 2. Aufl., Bd. 4, S. 438 f.

109 Vgl. Ibn Taymiyya 2001, S. 618 f.; Ibn Taymiyya 2004, Bd. 20, S. 10–14 und Ibn Ḥazm 1983, Bd. 4, S. 177 ff.

110 Vgl. al-Ġazālī 1980, 2. Aufl., S. 462–466; aṭ-Ṭūfī 1998, 2. Aufl., Bd. 3, S. 577–584; al-Qarāfī 2004, S. 343 f.; Mullā Ḫusraw 2012, S. 365 f.; aš-Šawkānī 2000, Bd. 2, S. 1034 f. und Hallaq 1984, S. 5 ff.

111 Rohe 2009, S. 59.

Aus der Perspektive der Beweiskraft steht der Konsens als definitiver Beweis über dem *iǧtihād*, da Letzterer lediglich ein präsumtives Wissen hervorbringt.[112] In chronologischer Hinsicht entsteht zunächst ein *iǧtihād* und basierend auf diesem kommt anschließend ein *iǧmāʿ* zustande. So gilt der Konsens, wie viele Gelehrte konstatieren, als Sammlung bzw. Zusammenstellung verschiedener einzelner *iǧtihād*-Ergebnisse, die miteinander in Einklang stehen bzw. sich nicht widersprechen. Aufgrund dessen kann ein Konsens gebildet werden.[113]

2.3 Beratungskonzept (*šūrā*)

Dieser Abschnitt setzt sich das Ziel, das Prinzip der *šūrā* als elementare Grundlage für die Idee des KI vor Augen zu führen. Hierbei geht es um eine allgemeine Darstellung einiger Themen der *šūrā*, vornehmlich im juristischen Bereich, die einen Beitrag zur Erschließung der Idee des KI leisten können. Zu diesem Zweck soll ein Überblick über die Definition, Legitimation und Verbindlichkeit der *šūrā* verschafft werden. Außerdem soll das Augenmerk auf dem Verhältnis der *šūrā* zum *iǧtihād* liegen.

Definition

Etymologisch ist der Begriff *šūrā* von dem Verb *šawara* abgeleitet, dessen Ableitungen verschiedene Bedeutungen haben, wie etwa ein Vieh zum Verkauf anbieten und es vor einem Kunden hin- und her bewegen lassen, den Honig aus den Waben ausschmelzen, ein Zeichen oder einen Wink geben (der zweite Stamm *šawwara*), einen Rat einholen, sich beraten oder konsultieren (der dritte Stamm *šāwara*).[114]

Im Anschluss an die Darstellung der Etymologie des Wortes *šūrā* kommt Roswitha Badry zu dem folgenden Ergebnis:

> *Šūrā* bedeutet mehr als nur gemeinsame Beratung, d.h. zwischenmenschliche Entscheidungshilfe für Konflikte und Krisenfälle. *Šūrā* bezieht sich auf eine bestimmte Gruppe, die sich, je nach zu behandelndem Gegenstand und je nach gesellschaftlichen Umständen, zur Beratung auf höchster Ebene berechtigt fühlt.[115]

Als Fachausdruck wird *šūrā* von früheren Gelehrten auf ähnliche Weise definiert. Als Beispiel dafür kann die Definition des Mālikiten Abū Bakr ibn al-ʿArabīs (gest. 543/1148) herangezogen werden: Die Zusammenkunft (einer Gruppe) aufgrund einer Frage, um sich miteinander diesbezüglich zu beraten und um ihre Meinungen

---

112 Vgl. Krawietz 2002, S. 183.

113 Vgl. Abū al-Ḥusayn al-Baṣrī 1965, Bd. 2, S. 527 ff.; al-Ġazālī 1997, Bd. 1, S. 364 ff.; al-Āmidī 2003, Bd. 1, S. 344; Ibn Taymiyya 2001, S. 641 und az-Zarkašī 1992, 2. Aufl., Bd. 4, S. 454.

114 Vgl. Abū Bakr ar-Rāzī 1986, S. 147; Fīrūzābādī 2005, 8. Aufl., S. 420 f. und Badry 1998, S. 53 ff.

115 Badry 1998, S. 66.

auszutauschen (*al-iǧtimāʿ ʿalā al-amr li-yastašīr kull wāḥid min-hum ṣāḥibah wa yastaḫriǧ mā ʿindah*). Ebenso versteht ar-Rāġib al-Iṣfahānī (gest. 502/1108) unter *šūrā* die Ermittlung einer Meinung mithilfe einer gegenseitigen Beratung (*istiḫrāǧ ar-raʾy bi-murāǧaʿat al-baʿḍ ilā al-baʿḍ*). Faḫr ad-Dīn ar-Rāzī definiert *šūrā* als eine Gruppe, die zur Konsultation zusammenkommt.[116]

Bei einer kontrastiven Betrachtung der obigen Begriffsbestimmungen kristallisieren sich zwei gemeinsame Elemente heraus: „Die Zusammenkunft der an der *šūrā* Beteiligten" und „die Konsultation".

2.3.1 Legitimation der *šūrā*

Für die Legitimation der *šūrā* werden Beweise aus dem Koran und der Sunna angeführt.

1. **Koran**: Die Forderung, sich zu konsultieren, geht vornehmlich aus zwei Koranversen hervor. In 3:159 findet sich die Forderung des Propheten, sich mit den Muslimen (über eine Angelegenheit) zu beraten „Und in Anbetracht von Gottes Barmherzigkeit warst du mild zu ihnen. Wenn du grob und hartherzig gewesen wärest, wären sie dir davongelaufen. Verzeih ihnen nun und bitte (Gott) für sie um Vergebung, und ratschlage mit ihnen über die Angelegenheit! Und wenn du dich (erst einmal zu etwas) entschlossen hast, dann vertrau auf Gott! Gott liebt die, die (auf ihn) vertrauen." Zudem wird in Sure 42 Vers 38, welche sogar selbst als „*aš-šūrā*" benannt ist, die *šūrā* als eines der Kennzeichen der Gläubigen festgelegt: „[...] die auf ihren Herrn hören, das Gebet verrichten, sich untereinander beraten und von dem, was wir ihnen (an Gut) beschert haben, Spenden geben [...]". Außerdem wird in einer dritten Koranstelle die Beratung von geschiedenen Eltern über die Entwöhnung ihres Säuglings thematisiert, und zwar in 2:233 „[...] Und wenn die beiden (d. h. Vater und Mutter) nach gegenseitiger Übereinkunft und Beratung (das Kind vor der angegebenen Zeit) entwöhnen wollen, ist es keine Sünde für sie (dies zu tun) [...]."[117] Bezogen auf den KI fällt im letzten Vers die Verwendung des Verbalnomens *šūrā*, also *tašāwur* auf, „[...] das an ein aus gleichberechtigten Mitgliedern bestehendes Beratungsgremium denken läßt [*sic*]".[118]
2. **Sunna**: Als Argument für die Rechtmäßigkeit der *šūrā*-Anwendung bezogen auf die Sunna wird vor allem die *šūrā*-Praxis des Propheten (*sunna ʿamaliyya*) vorgebracht. In seiner Hadith-Sammlung erstellte al-Buḫārī (gest. 870) ein Kapitel mit dem Titel *Bāb qawl Allāh taʿālā „wa amru-hum šūrā bayna-hum*" (42:38), wo

116 Vgl. Ibn al-ʿArabī 1988, Bd. 1, S. 389; ar-Rāġib al-Iṣfahānī o. J., S. 270 und ar-Rāzī 1981, Bd. 9, S. 67.

117 Vgl. aš-Šāfiʿī 1994, 2. Aufl., Bd. 2, S. 119 f.; Ibn al-ʿArabī 1988, Bd. 1, S. 272–277 und 389 ff. und Bd. 4, S. 91 f.; al-Qurṭubī 2006, Bd. 4, S. 123 und Bd. 5, 379–387 und Bd. 18, S. 486–489 und Badry 1998, S. 56.

118 Vgl. Badry 1998, S. 188.

er mehrere Beratungssituationen des Propheten und seiner Gefährten erwähnt. Ein Beispiel hierfür ist die Beratung des Propheten vor der *uḥud*-Schlacht (im Jahre 3/625), als die Mekkaner in Richtung Medina marschierten. Da konsultierte der Prophet seine Gefährten, um sie zu fragen, ob sie in Medina bleiben und sich von dort verteidigen oder den Mekkanern entgegenziehen sollten. Obwohl der Prophet sich zunächst dafür aussprach zu verharren, entschied er sich nach der Beratung für den Auszug. Ein anderes Beispiel ist der *ifk*-Fall, in dem ʿĀʾiša, der Frau des Propheten, Untreue verworfen wurde. Da beriet sich der Prophet zunächst mit Usāma ibn Zayd und ʿAlī ibn Abī Ṭālib, bevor später durch die Koranverse 24:11–15 ʿĀʾišas Unschuld erklärt wird. Während Usāma sich für die Keuschheit und Unschuld ʿĀʾišas aussprach, empfahl ʿAlī dem Propheten, ʿĀʾišas Magd Burayra zu befragen.[119] Damit diene das Vorgehen des Propheten als Vorbild für die nächsten Generationen.[120]

Außerdem halten verschiedene prophetische Aussagen (*sunna qawliyya*) die Muslime dazu an, die *šūrā* anzuwenden, z. B. „Derjenige, der sich mit anderen berät, wird es nicht bereuen und derjenige, der ein *istiḫāra*-Gebet[121] verrichtet (bevor man etwas entscheidet), wird keinen Misserfolg haben." (*mā nadima man istašār wa-lā ḫāba man istaḫār*). Dies manifestiert sich auch in folgender Äußerung: „Solange eure Befehlshaber die Besten unter euch sind, eure Reichen nachsichtig behandeln und ihr euch miteinander über eure Angelegenheiten beratet, ist das Leben auf der Erde besser für euch als Gräber (Tod) [...]" (*iḏā kāna umarāʾukum ḫiyārukum wa aġniyāʾukum sumaḥāʾukum wa amrukum šūrā baynakum fa-ẓahr al-arḍ ḫayrun lakum min baṭni-hā* [...]). Als letztes Beispiel soll die Frage an den Propheten nach der Bedeutung von *ʿazm* (Entschlossenheit) dienen. Er antwortete daraufhin folgendes: „(Dies bedeutet,) sich mit vernünftigen Leuten zu beraten und deren Rat zu folgen" (*mušāwarat ahl ar-raʾy ṯumma ittibāʿuhum*).[122]

2.3.2 Die Konsultation im juristischen Bereich

Die Anwendung des *šūrā*-Prinzips erstreckt sich auf verschiedene Lebensbereiche. Dazu gehören politisch-administrative, militärische, religiöse, rechtliche und sogar familiäre Angelegenheiten. Aufgrund der Tatsache, dass die Ermittlung rechtlicher Normen bzw. die Erlassung juristischer Gutachten das Ziel des KI bildet, liegt der Schwerpunkt hier auf der *šūrā* des juristischen Bereichs.

Im Rechtswesen umfasst die *šūrā* sowohl die Urteilsfällung bzw. das Richteramt (*qaḍāʾ*) als auch die Erlassung von Rechtsgutachten (*iftāʾ*). In diesem Rahmen

---

119 Vgl. al-Buḫārī 2002, 2. Aufl., S. 1718 f.

120 Vgl. aš-Šāfiʿī 1994, 2. Aufl., Bd. 2, S. 120; Ibn al-ʿArabī 1988, Bd. 1, S. 390; al-Qurṭubī 2006, Bd. 5, S. 381 und Badry 1998, S. 89.

121 Ein Gebet um den Rat Gottes einzuholen.

122 Vgl. al-Qurṭubī 2006, Bd. 5, S. 381 f. und Bd. 18, S. 488; und as-Suyūṭī 2003 (1), Bd. 4, S. 87–91.

gehört *šūrā* zu den Regeln, die ein Richter (*qāḍī*) oder Rechtsgutachter (*muftī*) bei der Rechtsfindung berücksichtigen sollte (*wāǧib*) oder die zumindest als empfohlen gelten (*mustaḥabb*). In Bezug auf die Erlaubnis der Konsultation bei der Ermittlung eines Rechtsurteils (*ḥukm*) nach dem Ableben des Propheten kann von einer Einstimmigkeit der Autoren gesprochen werden.[123] Hingegen herrscht über die Frage, ob der Prophet in juristischen Fragen bzw. religiösen Angelegenheiten jemanden zurate ziehen durfte, eine Meinungsverschiedenheit. Diese Uneinigkeit geht mit dem Streit einher, ob der Prophet zum *iǧtihād* im Bereich der rechtlichen Normen berechtigt war oder nicht. Dementsprechend gilt, dass jeder, der dem Propheten den *iǧtihād* in jenem Bereich zugesteht, ihm auf dieser Ebene auch das Recht auf die *šūrā* einräumt. Wer aber von der Unzulässigkeit des prophetischen *iǧtihād* in juristischen Fragen ausgeht, der untersagt dem Propheten darin auch die Bildung einer *šūrā*.[124] Etliche Gelehrte, sowohl frühere Exegeten wie Qatāda (gest. 118/736), ar-Rabīʿ (gest. 139/756) und Ibn Isḥāq (gest. 151/768) als auch spätere Juristen wie al-Māwardī, Ibn al-ʿArabī und al-Qurṭubī (gest. 671/1273), beschränken die *šūrā* des Propheten auf die militärische Ebene und datieren die Entstehung der Beratung in religiösen (rechtlichen) und weltlichen Fragen auf die Zeit nach dem Tode des Propheten. Demgegenüber sprechen sich andere Gelehrte dafür aus, dass der Prophet die *šūrā* in Bezug auf Rechtsnormen bereits praktizierte. Diese Einschätzung korrespondiert mit der herrschenden Meinung der *uṣūl*-Wissenschaftler und wird Mālik, aš-Šāfiʿī, Ibn Ḥanbal und Abū Yūsuf zugeschrieben. Zu den Verfechtern dieser Auffassung gehören auch Ibn Ḥaǧar (gest. 852/1449), as-Saraḫsī (gest. 490/1096) und al-Ǧaṣṣāṣ (gest. 370/981).[125] Letztere stützen sich auf verschiedene *šūrā*-Fälle zu Lebzeiten des Propheten, von denen im Folgenden einige Beispiele resümiert dargestellt werden.

i. Beratung über den Betrag der *munāǧāt*-Spende

In seinem Kommentar zum *Ṣaḥīḥ al-Buḫārīs „Fatḥ al-bārī"* setzt sich der Hadith-Gelehrte Ibn Ḥaǧar mit der Frage über die *šūrā*-Themen des Propheten mit seinen Gefährten auseinander. In diesem Rahmen zitiert er die Aussage ad-Dāwdīs, dass der Prophet nur in militärischen Angelegenheiten, die keinen Bezug zu Textbelegen aufwiesen, andere konsultierte. Ad-Dāwdī fügt hinzu: wer behauptet, dass der Prophet sich über rechtliche Normen bzw. Bestimmungen beriet, hat einen großen Fehler

123 Vgl. al-Āmidī 2003, Bd. 4, S. 212 f.; Ibn al-ʿArabī 1988, Bd. 4, S. 91 f.; al-Māwardī 1994, Bd. 16, S. 49; Badry 1998, S. 122; al-Buḫārī 2002, S. 1818 f.; Powers 1994, S. 332 und al-Qurṭubī 2006, Bd. 18, S. 487.

124 Vgl. al-Māwardī 1994, Bd. 16, S. 48 und al-Ǧaṣṣāṣ 1992, Bd. 2, S. 330. Zur Frage über den *iǧtihād* des Propheten in rechtlichen bzw. religiösen Fragen Poya 2003, S. 52–55; al-Āmidī 2003, Bd. 4, S. 200–211; az-Zarkašī 1992, 2. Aufl., Bd. 6, S. 214–219; und aš-Šawkānī 2000, Bd. 2, S. 1046–1049.

125 Vgl. al-Qurṭubī 2006, Bd. 5, S. 380 f.; al-Ǧaṣṣāṣ 1992, Bd. 2, S. 329 ff.; Ibn al-ʿArabī 1988, Bd. 1, S. 389 ff.; al-Māwardī 1994, Bd. 16, S. 48 f.; as-Saraḫsī 1993, Bd. 2, S. 91; Ibn Ḥaǧar, o.J. Bd. 13, S. 340 und Badry 1998, S. 105 ff.

begangen. Ibn Ḥağar merkt jedoch kritisch an, dass eine solche Beurteilung nicht allgemein angenommen werden könne. Letzterer rechtfertigt seine Einschätzung mit einer Überlieferung nach ʿAlī ibn Abī Ṭālib. ʿAlī sagte: Als der Vers 58:12 „Ihr Gläubigen! Wenn ihr mit dem Gesandten etwas unter vier Augen zu besprechen habt, dann entrichtet vor eurem Gespräch im Voraus ein Almosen! Das ist besser für euch, und ihr haltet euch (so) am ehesten rein. Wenn ihr aber keine Möglichkeit (dazu) findet (könnt ihr auf Gottes Nachsicht rechnen). Gott ist barmherzig und bereit zu vergeben." herabgesandt wurde, fragte mich der Prophet: Was meinst du dazu? (Wie hoch soll diese Spende sein?). Solle sie ein „Dinar" sein? ʿAlī antwortete: Das können sie (die Fragenden) nicht aufbringen. Der Prophet fragte weiter: Dann einen halben Dinar? ʿAlī erwiderte: Dies können sie auch nicht spenden. Da sagte der Prophet: Wieviel können sie denn spenden? ʿAlī antwortete: Eine einzige Gerste. Der Prophet erwiderte: Du bist Asket oder du sprichst von etwas Unbedeutendem. Bald wurde dieser Vers durch den Vers 58:13 „Scheut ihr euch (denn), vor eurem Gespräch im Voraus Almosen zu entrichten? Nun, wenn ihr es nicht tut (d. h., wenn ihr keine Almosen entrichtet) und Gott sich euch (trotzdem gnädig) wieder zuwendet, dann verrichtet (wenigstens) das Gebet und gebt die Almosensteuer, und gehorchet Gott und seinem Gesandten! Gott ist wohl darüber unterrichtet, was ihr tut." abrogiert. ʿAlī sagte: Meinetwegen hat Gott es erleichtert. Ibn Ḥağar stellte fest, dass der Prophet sich in dieser Situation über eine Rechtsnorm beriet.[126]

ii. Gefangene der Badr-Schlacht

Ein weiteres Beispiel, das as-Saraḫsī als Nachweis für die Beratung über die Rechtsvorschriften zur Zeit des Propheten anführte, ist die Frage der in die Hände der Muslime gefallenen Gefangenen der Badr-Schlacht. Da konsultierte der Gesandte Abū Bakr und ʿUmar, um nachzufragen, ob sie die Gefangenen gegen Zahlung eines Lösegeldes freilassen sollten. As-Saraḫsī stellt fest, dass bei dieser Frage nach der Legitimität von Lösegeld ein Rechtsfall vorliege. Hierin entschied sich der Prophet für die Freilassung der Gefangenen gegen Lösegeld. Vers 8:67 „Kein Prophet darf (Kriegs)gefangene haben (und sie gegen Lösegeld freigeben), solange er nicht (die Gegner überall) im Land vollständig niedergekämpft hat. Ihr wollt die Glücksgüter des Diesseits, aber Gott will (für euch) das Jenseits. Er ist mächtig und weise." wurde indes später mit der gegenteiligen Meinung hinsichtlich dieser Problematik offenbart.[127]

Außerdem wird berichtet, dass der *aḏān* (Gebetsruf) als Methode, um die Gebetszeiten anzukündigen, mittels einer Beratung des Propheten mit seinen Gefährten festgelegt wurde. In diesem Fall folgte der Prophet dem Vorschlag ʿUmars, jemanden

126 Vgl. Ibn Ḥağar o. J., Bd. 13, S. 340 f.

127 Vgl. as-Saraḫsī 1993, Bd. 2, S. 91; Ibn al-ʿArabī 1988., Bd. 1, S. 390 und al-Māwardī 1994, Bd. 16, S. 48. Dazu Schneider 1990, S. 97. Bei dieser Beratung sprachen sich der Prophet und Abū Bakr für die Freilassung gegen Lösegeld aus, während ʿUmar für die Tötung der Gefangenen war.

zu bestimmen, der zum Gebet ruft, und beauftragte Bilāl ibn Rabāḥ damit. Ferner werden andere Beispielsfälle für diese Art von *šūrā* angeführt.[128] Darüber hinaus dienen mehrere Situationen nach dem Tod Muḥammads, insbesondere unter dem zweiten rechtgeleiteten Kalifen ʿUmar ibn al-Ḫaṭṭāb, als Muster für die *šūrā* im rechtlichen Bereich für die beiden o. g. Parteien.

iii. Erbanteil der Großmutter

Als Beispiel für die Beratung über rechtliche Angelegenheiten zur Zeit des ersten Kalifen Abū Bakr aṣ-Ṣiddīq wird das Folgende angeführt. In seinem *Muwaṭṭaʾ* tradiert Mālik: „Eine Großmutter kam zu Abū Bakr und fragte ihn nach ihrem Erbe. Da antwortete er: Zu deinem Fall sagt der Koran nichts und ich kenne keine Sunna des Propheten zu deinen Gunsten. So geh, damit ich die Leute befrage bzw. um Rat frage. Da fragte er die Leute. Al-Muġīra ibn Šuʿba sagte: Ich war dabei, als der Prophet einer Großmutter ein Sechstel gab. Daraufhin fragte Abū Bakr: War ein anderer (Zeuge) außer dir (dabei)? Da stand Muḥammad ibn Maslama al-Anṣārī auf und äußerte dasselbe wie al-Muġīra. Abū Bakr hat dies befolgt bzw. in Kraft gesetzt."[129]

iv. *ḥadd*-Strafe für den Genuss von Wein (*ḫamr*)

Ein Beispiel für die Konsultation zur Zeit des Kalifen ʿUmar ist die Beratung über die Erhöhung der Strafe für den Genuss von Wein. Nach einer Überlieferung von Abū Dāwūd schrieb Ḫālid ibn al-Walīd an ʿUmar, dass die Leute dem Weingenuss verfielen und die Strafe (40 Hiebe) außer Acht ließen. Dann beriet sich ʿUmar mit den *Muhāǧirūn* (Auswanderern aus Mekka) und den *Anṣār* (wörtl. Helfer: Bewohner von Medina), die sich über eine Erhöhung der Strafe auf 80 Hiebe einig waren. Nach einer Überlieferung von Muslim wandte sich ʿUmar an die Bevölkerung bezüglich der Strafe für den Genuss von Wein. Da sagte ʿAbd ar-Raḥmān ibn ʿAwf: Die geringste *ḥadd*-Strafe beträgt 80 Hiebe. Dieses Strafmaß wurde sodann in Kraft gesetzt. Gemäß einer Hadith-Version von Mālik, welche dieselbe Strafe vorsieht, war der Ratgeber ʿAlī ibn Abī Ṭālib und nicht ʿAbd ar-Raḥmān ibn ʿAwf.[130]

2.3.3 Verbindlichkeit der rechtlichen *šūrā*

Um eine klare Bestimmung dieser Thematik zu gewährleisten, ist es sinnvoll, die verschiedenen Aussagen und Ansichten zwei Gesichtspunkten zuzuordnen. Aus einem ersten Blickwinkel soll die Frage untersucht werden, ob die Beratung eines Richters während bzw. vor der Entscheidungsfindung vorgeschrieben oder nur

128 Vgl. as-Saraḫsī 1993, Bd. 2, S. 93 f. und al-Māwardī 1994, Bd. 16, S. 49. Dieser Hadith wurde von Buḫārī (Nr. 604) und Muslim (Nr. 377) überliefert.

129 Vgl. Mālik 1985, Bd. 2, S. 513 und Badry 1998, S. 123 (Weitere Beispiele S. 122–126).

130 Vgl. Mālik 1985, Bd. 2, S. 842; Muslim 1991, S. 1330 (Nr. 1706) und Badry 1998, S. 125.

erwünscht ist. Aus einer zweiten Perspektive ist die Frage von Interesse, ob der Herrscher oder Richter dazu verpflichtet ist, den Ansichten bzw. Gegenmeinungen der Berater zu folgen.

In Bezug auf die erste Frage hält die Mehrheit der Gelehrten, wie aš-Šāfiʿī, Ibn Qudāma, aš-Šīrāzī, al-Māwardī, al-Buhūtī (gest. 1051/1641) und al-Kāsānī, es für erwünscht bzw. empfohlen (*mandūb*), dass ein Richter eine Gruppe von Rechtswissenschaftlern vor der Urteilsfindung konsultiere, während wenige Juristen, wie der Mālikit Ibn ʿAṭiyya (gest. 541/1146), die Verpflichtung des Richters zur *šūrā* vor der Rechtsprechung akzentuieren.[131]

Hinsichtlich des zweiten Gesichtspunkts überwiegt die Meinung, dass der Richter einer Gegenmeinung der Berater nicht folgen müsse, ohne sich auf seinen eigenen *iǧtihād* zu beziehen. Abū Ḥanīfa macht indes eine Ausnahme, gesetzt den Fall, dass der Berater über mehr Wissen als der Richter verfügt. In diesem Fall solle der Richter sich der Ansicht des Beraters anschließen.[132] Im Zuge dessen verweisen einige Gelehrte wie al-Māwardī und Ibn Qudāma darauf, dass die Anhänger anderer *maḏāhib* als Berater eines Richters dienen könnten. Außerdem hebt al-Māwardī hervor, dass auch Frauen diese Aufgabe erfüllen könnten.[133]

Was die *šūrā* bei der Erlassung von Rechtsgutachten (*iftāʾ*) betrifft, so beschreibt al-Ḫaṭīb al-Baġdādī (gest. 463/1071), was ein *muftī* zu tun hat, wenn jemand bei ihm ein Fatwa-Gesuch einreicht. Nach ausführlicher Lektüre der Frage schließe er sich der Beratung mit anderen rechtschaffenen Rechtsgelehrten an. Ebenso spricht Ibn al-Qayyim davon, dass ein Rechtsgutachter sich mit anderen vertrauensvollen Wissenschaftlern während des *iftāʾ*-Prozesses beraten solle. Demgegenüber gehen an-Nawawī und der Ḥanbalit Ibn Ḥamdān (gest. 625/1295) davon aus, dass die Beratung eines *muftī* mit anderen lediglich *mustaḥabb* (erwünscht) sei.[134] Für die bloße Übernahme der Meinung eines Beraters durch den *muftī* gelten dieselben Regeln wie im Falle eines Richters, da beide *muǧtahid* sein müssen.[135]

131 Vgl. aš-Šāfiʿī 2001, Bd. 7, S. 504; al-Māwardī 1994, Bd. 16, S. 49; al-Kāsānī 2003, 2. Aufl., Bd. 9, S. 126; Ibn Qudāma 1997, 3. Aufl., Bd. 14, S. 26 ff.; aš-Šīrāzī 1996, Bd. 5, S. 496; al-Buhūtī 2003, Bd. 9, S. 3213; al-Qurṭubī 2006, Bd. 5., S. 380 und Schneider 1990, S. 95 ff.

132 Vgl. al-Māwardī 1994, Bd. 16, S. 49 f.; Ibn Qudāma 1997, 3. Aufl., Bd. 14, S. 28 f.; aš-Šīrāzī 1996, Bd. 5, S. 496 und Ibn an-Naǧǧār 2008, 5. Aufl., Bd. 11, S. 219.

133 Vgl. al-Māwardī 1994, Bd. 16, S. 50 f.; Ibn Qudāma 1997, 3. Aufl., Bd. 14, S. 29; al-Buhūtī 2003, Bd. 9, S. 3213 und Ibn an-Naǧǧār 2008, 5. Aufl., Bd. 11, S. 219.

134 Vgl. al-Ḫaṭīb al-Baġdādī 2007, Bd. 2, S. 386–391; Ibn al-Qayyim 1423 H, Bd. 6, S. 196 f.; an-Nawawī 1980, Bd. 1, S. 83 und Ibn Ḥamdān 1380 H, S. 58.

135 Vgl. al-Māwardī 1994, Bd. 16, S. 49 f.; Ibn Qudāma 1997, 3. Aufl., Bd. 14, S. 28 f.; aš-Šīrāzī 1996, Bd. 5, S. 496; ar-Rāzī 1981, Bd. 9, S. 67 ff. und Ibn an-Naǧǧār 2008, 5. Aufl., Bd. 11, S. 219.

2.3.4 Das Verhältnis der *šūrā* zum *iǧtihād*

Die Ähnlichkeit oder sogar die Identität zwischen der *šūrā* und dem *iǧtihād* lassen sich auf verschiedenen Wegen nachweisen. Hierfür kann zunächst auf die Koranverse und Hadithe rekurriert werden, die die Anwendung der *šūrā* legitimieren. Diese werden auch von vielen Gelehrten wie al-Qurṭubī, al-Ǧaṣṣāṣ, ar-Rāzī, Ibn al-ʿArabī und as-Saraḫsī als Erlaubnis für die *iǧtihād*-Praxis angesehen.[136]

Ein weiterer Berührungspunkt ist der Anwendungsbereich beider Begriffe. Sowohl *šūrā* als auch *iǧtihād* finden bei Fragen Anwendung, die weder im Koran noch in der Sunna geregelt sind sowie wenn ein Text präsumtiv erwiesen oder mehrdeutig ist. Des Weiteren dürfen sich beide keinem Textbeleg widersetzen.[137] Diese Verbundenheit beider Termini wird von Autoren auf verschiedene Weise identifiziert. Einer der bekanntesten Gelehrten der islamischen Frühzeit Sufyān ibn ʿUyayna (gest. 198/814) bezog die Bedeutung von *iǧtihād* auf die Beratung. Er sagt, *iǧtihād bi-r-raʾy* bedeute die Beratung (*mušāwarat*) der Gelehrten und meine nicht, dass jemand nach seiner eigenen Meinung entscheidet.[138] Das Verhältnis zwischen beiden Termini relativiert der berühmte Korankommentator ar-Rāzī. Für ihn beabsichtigt der *iǧtihād* die Deduktion der Rechtsnormen, welche dann durch die *šūrā* perfektioniert würden.[139] Ähnlich wird diese Bezeichnung auch später von dem Ḥanbaliten Rechtswissenschaftler Ibn an-Naǧǧār formuliert.[140] In diesem Kontext spricht Badry bei der Untersuchung des Beratungsbereichs von einer Verquickung beider Wörter.[141]

Die enge Verbindung zwischen *šūrā* und *iǧtihād* zeigt sich außerdem in der Genese und der historischen Entwicklung beider Konzepte. Während die Legitimität der *šūrā* und des *iǧtihād* auf rechtlicher Ebene *(al-aḥkām)* in der prophetischen Zeit strittig war, sprach sich nach dem Tode des Propheten die absolute Mehrheit der Gelehrten für die Erlaubnis und sogar die Notwendigkeit der *šūrā*- und *iǧtihād*-Praxis aus.[142] Jedoch erfuhren beide Doktrinen nach der Etablierung der Rechtsschulen und nach dem Aufkommen der Auffassung von der Schließung des Tors zum *iǧtihād* eine strenge Eingrenzung.[143]

---

136 Vgl. Ibn Ḥazm 1983, Bd. 6, S. 25 f.; Ibn an-Naǧǧār 1993, Bd. 4, S. 474 ff.; al-Qurṭubī 2006, Bd. 5, S. 380 f.; al-Ǧaṣṣāṣ 1992, Bd. 2, S. 329 ff.; Ibn al-ʿArabī 1988, Bd. 1, S. 277 und as-Saraḫsī 1993, Bd. 2, S. 131.

137 Vgl. al-Ǧaṣṣāṣ 1992, Bd. 2, S. 329 f.; Ibn Ḥazm 1983, Bd. 6, S. 31 f.; al-Qurṭubī 2006, Bd. 5, S. 381; ar-Rāzī 1981, Bd. 9, S. 67 f. und Ibn an-Naǧǧār 1993, Bd. 4, S. 477.

138 Vgl. Ibn Ḥazm 1983, Bd. 6, S. 36.

139 Vgl. ar-Rāzī 1981, Bd. 9, S. 69.

140 Vgl. Ibn an-Naǧǧār 1993, Bd. 4, S. 477.

141 Vgl. Badry 1998, S. 107.

142 Vgl. Ibn al-ʿArabī 1988, Bd. 4, S. 91 f.; al-Māwardī 1994, Bd. 16, S. 48 f.; al-Buḫārī 2002, S. 1818 f.; al-Qurṭubī 2006, Bd. 18., S. 487; al-Ǧaṣṣāṣ 1992, Bd. 2, S. 330; Badry 1998, S. 105 ff. und 122; Krawietz 2002, S. 38; Āmidī 2003, Bd. 4, S. 398–407 und az-Zarkašī 1992, 2. Aufl., Bd. 6, S. 214–219.

143 Vgl. Badry 1998, S. 108 sowie Fn. 372; Ibn Ḫaldūn 1967, 3. Aufl., Bd. 1, S. 803; Ibn ʿAqīl 1999, Bd. 5, S. 421 ff. und Krawietz 2002, S. 71.

2.4 Überblick über die Beziehung zwischen den islamischen Rechtsschulen

Zu den kennzeichnenden Charakteristika der Institutionen des KI gehört die Beteiligung und Zusammenarbeit von Anhängern diverser Rechtsschulen. In einigen Institutionen werden sogar Anhänger anderer theologischer Schulen, wie Schiiten und Ibāḍiten, aufgenommen. Um beurteilen zu können, inwiefern diese Art von Zusammenarbeit als neue Entwicklung in der Praxis des islamischen Rechts betrachtet werden kann, wird zunächst auf die frühere islamische Rechtsgeschichte rekurriert werden. Dieses Unterkapitel soll einen groben Überblick über das Verhältnis der Rechtsschulen (*maḏāhib*) zueinander, insbesondere im Falle von Meinungsverschiedenheiten (*iḫtilāf*), geben sowie über ihre Haltung hinsichtlich der Entstehung eines neuen *maḏhab* neben den vier bereits existierenden Rechtsschulen.

Vor der Weiterentwicklung der *maḏāhib*[144] zu Schulen im Sinne von verschiedenen Gruppen von Rechtsgelehrten, welche bei juristischen Untersuchungen der Methode ihres Imams folgen, wurde die islamische Jurisprudenz in einem regionalen Rahmen in den islamischen Provinzen, wie Medina, Kufa und Mekka, praktiziert. Nach einer Anfangsphase, ungefähr bis um die Wende zum 1./7. Jahrhundert, in der die Normenfindung hauptsächlich von eigenen rationalen Rechtsmeinungen (*raʾy*) geprägt war, begann allmählich der Aufstieg der *ahl al-ḥadīṯ* in Konkurrenz zu *raʾy*. Somit repräsentiert die Aufteilung der Rechtsgelehrten in *ahl al-ḥadīṯ* und *ahl ar-raʾy* eher eine Prinzipien basierende als eine regionale. Insbesondere ab dem Ende des 2./8. Jahrhunderts standen die beiden Parteien in heftiger Konkurrenz zueinander. Dieser Konflikt wurde dann ab dem Ende des 3./9. Jahrhunderts durch die Entwicklung der *uṣūl al-fiqh* entschärft und beide Richtungen wurden schrittweise miteinander in Harmonie gebracht.[145] Melchert datiert diese Harmonisierung auf das Ende des 4./10. Jahrhunderts:

> They may have disagreed almost as much as the Muslims of two centuries before over details of the law (say, over how far to raise one's hands at the beginning of the ritual prayer), but their formal procedures were much more uniform and all the schools recognized the legitimacy of the other schools. This study has been the history of how Muslim jurisprudents passed from earlier state to the later, from bitter discord to substantial harmony.[146]

Diese Harmonie sollte durch beidseitige Flexibilität und Kompromissbereitschaft gewährleistet werden. Vonseiten der *ahl ar-raʾy* wurden Modifikationen ihrer Theorie und Praxis vorgenommen, um ihr Rechtssystem stärker an den Hadithen

---

144 Zu den verschiedenen Bedeutungen und zur Entwicklung des Begriff *maḏab* siehe Hallaq 2005, S. 150–153 und Melchert 1997, S. xiii–xvii.

145 Vgl. Hallaq 2005, S. 74–78 und 147 f.

146 Melchert 1997, S. 198.

auszurichten. Demgegenüber nahmen *ahl al-ḥadīṯ* verschiedene rationale Rechtsformen, wie den Analogieschluss, an. Diese Maßnahmen seien für eine gegenseitige Anerkennung förderlich gewesen.[147]

Dennoch betonen einige nachklassische Schriften muslimischer Gelehrten, dass der Fanatismus für die eigene Meinung (*at-taʿaṣṣub li-r-raʾy*) im juristischen Bereich unter den Muslimen in der Frühzeit kaum verbreitet war. Vielmehr wurde eine Meinungsverschiedenheit geschätzt. Dies betrifft vornehmlich die Zeit der Prophetengenossen (*aṣ-ṣaḥāba*) und der nächsten Generation (*at-tābiʿūn*). Ebenso hatte sich die Situation in der Zeit der Gründer der Rechtsschulen (*al-aʾimma*), zu welchen Abū Ḥanīfa, Mālik, aš-Šāfiʿī und Aḥmad ibn Ḥanbal sowie auch Sufyān ibn ʿUyayna, al-Awzāʿī, al-Layṯ ibn Saʿd (gest. 175/791) und andere zählen, nicht merklich verändert. Diese Epoche wird üblicherweise als die Blütezeit des *iǧtihād* bezeichnet. Gegenseitige Anerkennung und gegenseitiger Respekt unter den verschiedenen Imamen der *maḏāhib* kämen in zahlreichen ihrer Äußerungen zum Ausdruck.[148] Dafür führen sie etliche Beispiele an, wie z. B. die bekannte Aussage aš-Šāfiʿīs „Die Leute sind beim *Fiqh* auf Abū Ḥanīfa angewiesen" (*an-nās ʿiyāl fī-l-fiqh ʿalā Abī Ḥanīfa*). Ebenso lobt aš-Šāfiʿī das enorme Wissen von Mālik, Aḥmad ibn Ḥanbal und al-Layṯ ibn Saʿd. Gleichfalls würdigen Mālik und Aḥmad ibn Ḥanbal die Kenntnisse aš-Šāfiʿīs. Ibn Ḥanbal wünscht sich sogar, dass aš-Šāfiʿī der Erneurer (*muǧaddid*)[149] des zweiten (islamischen) Jahrhunderts werde. Der wertschätzende Umgang mit den anderen Rechtsschulen kommt auch in Māliks Zurückweisung des Angebots des Kalifen Abū Ǧaʿfar al-Manṣūr (gest. 158/775) – laut einer anderen Überlieferung des Hārūn ar-Rašīds (gest. 809) – zum Ausdruck, das darin bestand, die mālikitische Schule (bzw. das Buch *al-Muwaṭṭaʾ*) Māliks zur einzig anerkannten zu erheben. Im Gegensatz dazu empfahl Mālik dem Kalifen, die Menschen selbst zwischen den Rechtsschulen wählen zu lassen und der entsprechenden Schule zu folgen. Mālik rechtfertigte seine Haltung dadurch, dass an verschiedenen Orten unterschiedliche Überlieferungen und Kenntnisse vorliegen. Daraufhin kämen Leute an verschiedenen Orten zu heterogenen Entscheidungen. Darüber hinaus gab es wissenschaftliche Kontakte und Beziehungen unter diesen Imamen. Ein Beispiel dafür stellt der Briefwechsel und Meinungsaustausch zwischen Mālik und al-Layṯ ibn Saʿd dar. Außerdem studierte Muḥammad ibn al-Ḥasan das Buch *al-Muwaṭṭaʾ* von Mālik in Medina. Ferner verweisen diese Autoren auf ein wissenschaftliches Verhältnis zwischen aš-Šāfiʿī und dem Ḥanafiten Muḥammad ibn al-Ḥasan. Überdies waren etliche Rechtsschulgründer durch eine Schüler-Lehrer-Beziehung miteinander verbunden. Es ist bekannt, dass aš-Šāfiʿī

147 Vgl. Melchert 1997, S. 48 ff., 187 und 198 ff.

148 Vgl. Ibn al-Qayyim 1423 H, Bd. 2, S. 8 ff. und Bd. 3, S. 485; Ibn Ḫaldūn 1967, 3. Aufl., Bd. 1, S. 818 f.; Ibn Ḥazm 1983, Bd. 4, S. 175 f.; ad-Dihlawī 1986, 3. Aufl., S. 68 ff. und Krawietz 2002, S. 407 f.

149 Es geht um die Aussage des Propheten, dass Gott der muslimischen Umma zu jeder Jahrhundertwende jemanden schenkt, der die Religion erneuert.

ein Schüler von Mālik war. Dazu studierte aš-Šāfiʿī die ḥanafitische Schule bei Muḥammad ibn al-Ḥasan. Ebenso war Ibn Ḥanbal ein Schüler aš-Šāfiʿīs und lernte von Abū Ḥanīfas Schüler Abū Yūsuf.[150]

Auffällig ist, dass die Gelehrten in der Regel andere Gelehrte immer in Bezug auf ein bestimmtes Wissensgebiet anerkennen oder ablehnen und diese Beurteilung nicht unbedingt auch auf andere Kenntnisse übertragen werden kann. Ein anschauliches Beispiel dafür bietet das Verhalten Sufyān aṯ-Ṯawrīs gegenüber Abū Ḥanīfa. Während aṯ-Ṯawrī die juristische Qualifikation Abū Ḥanīfas schätzte und in vielen Fragen ähnliche Rechtsmeinungen wie Abū Ḥanīfa vertrat, kritisierte aṯ-Ṯawrī als Hadith-Kritiker Abū Ḥanīfa als Hadith-Überlieferer hart.[151] Ebenso ist es im Falle von aṭ-Ṭabarī, der Ibn Ḥanbal ausschließlich als Hadith-Wissenschaftler betrachtete, ihn aber nicht als Rechtsgelehrten anerkannte.[152]

Nach der Entstehung der sunnitischen Rechtsschulen richtete sich die Aufmerksamkeit der Anhänger verschiedener *maḏāhib* auf die Weiterentwicklung dieser Schulen. Allmählich verbreitete sich unter den späteren Rechtsgelehrten die Auffassung von der Unmöglichkeit, den *iǧtihād mustaqill* zu praktizieren und eine neue Rechtsschule zu gründen. Somit verstärkte sich die Neigung zum *taqlīd* der *maḏāhib* im Sinne der Verbundenheit mit einer bestimmten Schule und der Befolgung ihrer Arbeitsmethode. Mit der weitgehend verbreiteten Überzeugung, dass nach den Schulgründern niemand mehr dazu befugt sei, wurde die Wahl auf die anerkannten (vor allem die vier verbreiteten) Rechtsschulen beschränkt. Zugleich arbeiteten infolgedessen Vertreter der *maḏāhib* vornehmlich an der Verteidigung der eigenen Schule, ihrer Methodologie und Rechtsauffassungen bzw. an der Demonstration der Überlegenheit ihrer eigenen Rechtsschule.[153]

Diese Verteidigungsbereitschaft manifestierte sich in vielerlei Hinsicht. So kam es häufiger zu Disputen (*ǧadal* oder *munāẓara*), bei welchen es um die Demonstration der Überlegenheit der eigenen Schule ging und darum, die Ansichten der anderen Schulen zu widerlegen. Dabei war der Eifer, die eigene Rechtsschule zu verteidigen und die andere Meinung abzulehnen, so groß, dass selbst die mögliche Schwäche der Argumente der eigenen Rechtsschule gegenüber der Gegenmeinung bzw. ihre Unvereinbarkeit mit heiligen Texten, vor allem Hadithen, außer Acht gelassen wurde.[154] Laut al-Ġazālī ist die Entstehung dieser Auseinandersetzungen auf dem Gebiet der Rechtswissenschaft, vornehmlich zwischen der ḥanafitischen und der šāfiʿitischen Schule, eng mit der eigenen Neigung des Machthabers und

150 Vgl. aḏ-Ḏahabī 1996, 11. Aufl., Bd. 6, S. 403 und Bd. 8, S. 57, 75, 78 und 94 und Bd. 11, S. 195; Ibn Ḫaldūn 1967, 3. Aufl., Bd. 1, S. 801; Ibn al-Qayyim 1423 H, Bd. 4, S. 485 ff.; ad-Dihlawī 1986, 3. Aufl., S. 38 und 109 ff.; und Brunner 1996, S. 178 f.

151 Vgl. Melchert 1997, S. 4 f. und as-Suyūṭī 1990, S. 104.

152 Vgl. Melchert 1997, S. 192 f. und Hallaq 2001, S. 61 f.

153 Vgl. Hallaq 2001, S. x–xi und 61 ff.; Ibn Ḫaldūn 1967, 3. Aufl., Bd. 1, S. 818 f. und Ibn Ḥazm 1983, Bd. 4, S. 175 f.

154 Vgl. Ibn ʿAbd as-Salām 2000, Bd. 2, S. 274 f.; Ibn al-Qayyim 1423 H, Bd. 2, S. 143 f.; Ibn Ḥazm 1983, Bd. 4, S. 175 f. und ad-Dihlawī 1986, 3. Aufl., S. 87–96.

seiner Unterstützung einer bestimmten Rechtsschule verbunden. Demzufolge seien die Anhänger der Schulen mit *ǧadal* und *munāẓara* beschäftigt und darauf bedacht, möglichst intensive Beziehungen mit dem Machthaber zu pflegen.[155]

Zudem wurden Streitgespräche in einer Reihe von Schriften, insbesondere zwischen Ḥanafiten und Šāfiʿiten geführt, in welchen die eigene Schule gegenüber Kritik und Angriffen verteidigt bzw. ihr Vorrang den anderen gegenüber akzentuiert wurde. Als Beispiel hierfür lässt sich das Buch *Nuṣrat al-qawlayn li-l-imām aš-Šāfiʿī* von Ibn al-Qāḍī (gest. 335 H) heranziehen. In diesem Buch intendiert der šāfiʿitische Autor, den Vorwurf ḥanafitischer Juristen sowie einiger Ẓāhiriten, dass aš-Šāfiʿī zu einer Frage oftmals verschiedene Auffassungen hatte, zu entkräften und die Überlegenheit der šāfiʿitischen Schule vor Augen zu führen. Ebenso hebt der berühmte Šāfiʿit al-Ǧuwaynī in seinem *Muġīṯ al-ḫalq fī tarǧīḥ al-qawl al-ḥaqq* den höheren Stellenwert seiner Schule gegenüber den anderen *maḏāhib*, vor allem gegenüber der ḥanafitischen, hervor. Dabei geht al-Ǧuwaynī soweit, dass er dafür plädiert, dass alle Muslime sowohl Wissenschaftler als auch Laien, der šāfiʿitischen Schule folgen sollten.[156] Zu erwähnen ist in diesem Zusammenhang das Werk *al-Manḫūl min taʿlīqāt al-uṣūl* des Šāfiʿiten al-Ġazālī, in dem Letzterer, wie sein Lehrer al-Ǧuwaynī in seinem *al-Burhān*, die Ansichten Abū Ḥanīfas in zahlreichen rechtlichen Fragen widerlegt. Ferner betrachtet al-Ġazālī Abū Ḥanīfa nicht als *muǧtahid*, weil jener weder die arabische Sprache noch die Hadithwissenschaft ausreichend beherrsche.[157] Auf der ḥanafitischen Seite spricht sich Sibṭ ibn al-Ǧawzī (gest. 654/1256) in seinem *al-Intiṣār wa-t-tarǧīḥ li-l-maḏhab aṣ-ṣaḥīḥ* für die Überlegenheit der ḥanafitischen Schule aus. Das gleiche Ziel verfolgt auch das Buch *an-Nukat aẓ-ẓarīfa fī tarǧīḥ maḏhab Abī Ḥanīfa* von al-Bābartī (gest. 786/1384). Zu den Schriften, die für die mālikitische Schule eintreten, vornehmlich gegen die Kritik von aš-Šāfiʿī und auch die Angriffe Ibn Ḥazms,[158] und ihre Prävalenz nachzuweisen suchen, gehören beispielsweise *ar-Radd ʿlā aš-Šāfiʿī* von Ibn al-Labbād al-Qayrawānī (gest. 333 H), *aḏ-Ḏabb ʿan maḏhab Mālik* von Ibn Abī Zayd al-Qayrawānī (gest. 386/966) und *al-Intiṣār li-ahl al-madīna* von Ibn al-Faḫḫār (gest. 419 H). Darüber hinaus verweist der Ḥanbalit Ibn al-Ǧawzī (gest. 597/1201) in der Einleitung seines Buchs *at-Taḥqīq fī masāʾil al-ḫilāf* darauf, dass die neutrale Darstellung der verschiedenen Ansichten seiner eigenen Schule und der anderen in diesem Buch die Tatsache bestätige, dass sein *maḏhab* den Vorrang vor den anderen habe.[159]

Im Zusammenhang mit der Beziehung zwischen den verschiedenen Rechtsschulen entstand eine Fülle von Arbeiten, die als *iḫtilāf*-Literatur bezeichnet werden. Diese bietet eine rechtsvergleichende Darlegung der Meinungen unterschiedlicher

---

155 Vgl. al-Ġazālī 2005, S. 52 f.

156 Vgl. al-Ǧuwaynī 1934, z.B. S. 16 und 24.

157 Vgl. al-Ġazālī 1980, 2. Aufl., S. 471 und al-Ǧuwaynī 1399 H, Bd. 2, S. 1335 ff.

158 Es geht vor allem um die Kritik an mālikitischen rechtstheoretischen Prinzipien, wie dem Konsens von den Bewohnern der Stadt Medina und der *sadd aḏ-ḏarāʾiʿ* (das Verwehren aller Mittel, die zu etwas Verbotenem oder Schädlichem führen).

159 Vgl. Ibn al-Ǧawzī 1998, Bd. 1, S. 1.

maḏāhib an. Dabei kann auch gelegentlich die eigene *maḏāhib*-Zugehörigkeit des Verfassers auf die Bewertung der Ansichten Einfluss nehmen. Zu dieser literarischen Gattung gehören z. B. *Iḫtilāf al-fuqahā'* des zu Beginn Šāfiʿiten aṭ-Ṭabarīs, *at-Taǧrīd* von dem Ḥanafiten al-Qudūrī (gest. 428/1037), *Ḥilyat al-ʿulamā' fī maʿrifat maḏāhib al-fuqahā'* von dem Šāfiʿiten al-Qaffāl aš-Šāšī (gest. 507/1113), *Bidāyat al-muǧtahid wa nihāyat al-muqtaṣid* von dem Mālikiten Ibn Rušd (gest. 595/1198) und *Iḫtilāf al-a'imma al-ʿulamā'* von dem Ḥanbaliten Ibn Hubayra (gest. 560/1165). In Anbetracht dieser Literatur fällt auf, dass die Mehrheit sich lediglich mit den vier bekannten *maḏāhib* auseinandersetzt. Von vielen Autoren, wie aṭ-Ṭabarī, Abū Ǧaʿfar aṭ-Ṭaḥāwī, an-Nasafī, al-ʿAlā' as-Samarqandī, ad-Dabbūsī und Ibn ʿAbd al-Barr, werden sogar die juristischen Auffassungen Ibn Ḥanbals außer Acht gelassen. In diesem Kontext soll noch einmal darauf hingewiesen werden, dass jahrhundertelang fast Einigkeit darüber herrschte, dass niemand nach den Schulgründern mehr dazu befugt sei, eine neue Rechtsschule zu gründen.[160]

Demgegenüber zeichnete sich ab dem 7./13. Jahrhundert die Tendenz ab, alle vier Rechtsschulen gleichermaßen anzuerkennen. Dies war sowohl auf offizieller als auch auf inoffizieller Ebene zu beobachten. Im Jahre 631/1233 eröffnete der abbasidische Kalif Abū Ǧaʿfar al-Mustanṣir bi-Llāh (gest. 640/1242) die *Mustanṣiriyya* Madrasa in Bagdad. Im Gegenteil zu früheren Madrasas, an denen lediglich einer der vier *maḏāhib* unterrichtet wurde, standen in der *Mustanṣiriyya* alle vier sunnitischen *maḏāhib* auf dem Lehrplan. Laut aḏ-Ḏahabī (gest. 748/1348) umfasste diese Madrasa etwa 248 *Faqīh*, welche die vier Rechtsschulen repräsentieren.[161] Einen weiteren Schritt machte der mamlūkische Sultan aẓ-Ẓāhir Baybars (gest. 676/1277), der zum ersten Mal vier Richter einsetzte, die den vier verschiedenen Rechtsschulen angehörten. Zuvor war das Richteramt ausschließlich auf eine einzige Schule (z. B. auf die šāfiʿitische Schule unter den Ayyūbiden) beschränkt.[162] In wissenschaftlichen Kreisen kursierten auch Aussagen vieler angesehener Gelehrten. Einer der frühen Ideenträger der Gleichsetzung und Anerkennung der vier sunnitischen Rechtsschulen war der ḥanbalitische Wesir, Ibn Hubayra (gest. 560/1165), der die Fixierung des Fiqh auf die vier Schulgründer zurückführte und ihre Überstimmung als *iǧmāʿ* bezeichnete. Er begründete diese Bewertung damit, dass (allein) diese vier Imame Anerkennung und Beifall bei der Umma fänden und dass jeder von ihnen Anhänger habe.[163] Ebenso fand diese Tendenz bei anderen Gelehrten, wie Abū Šāma (gest. 665/1267), aḏ-Ḏahabī und insbesondere ʿIzz ad-Dīn ʿAbd as-Salām (gest. 660/1262), die sich für die gegenseitige Toleranz der *maḏāhib* aussprachen, Akzeptanz.[164] Außerdem entstanden einige Werke, die zur Anerkennung und Gleichstellung der

160 Siehe Abschnitt „2.1.3“.
161 Vgl. as-Suyūṭī 2003 (2), S. 361 f.
162 Vgl. as-Suyūṭī 1968, Bd. 2, S. 96.
163 Vgl. Ibn Hubayra 2002, Bd. 1, S. 25 f.
164 Vgl. Ibn ʿAbd as-Salām 2000, Bd. 1, S. 277 und Bd. 2, S. 274 f.; aḏ-Ḏahabī o. J, S. 35 und ad-Dihlawī 1986, 3. Aufl., S. 99 ff.

verschiedenen Rechtsschulen aufrufen, wie *Raḥmat al-umma fī iḫtilāf al-aʾimma* von ʿAbd ar-Raḥmān ad-Dimašqī (er lebte im 8./14. Jh.) und das Buch *Manāqib al-aʾimma al-arbaʿa* von Ibn ʿAbd al-Hādī al-Maqdisī (gest. 744 H).

Von Relevanz sind besonders zwei Aufrufe zur Toleranz und Gleichberechtigung der vier sunnitischen Rechtsschulen, die zwei unterschiedliche Modelle anbieten, um dieses Ziel zu erreichen. Das erste Modell stammt von dem šāfiʿitischen und sufischen Imām ʿAbd al-Wahhāb aš-Šaʿarānī (gest. 973/1565), welches er in seinem Buch *al-Mīzān al-kubrā* darlegt. Er setzt sich damit für die Akzeptanz aller Rechtsschulen ein und versucht nachzuweisen, dass alle Auffassungen der verschiedenen Schulen von der Scharia hergeleitet sind und weder gegen den Koran noch die Sunna verstoßen. Vielmehr stünden alle *maḏāhib* im Einklang mit den religiösen Texten.[165] In diesem Sinne seien die gesamten Inhalte aller *maḏāhib* treffend.[166] Der Unterschied zwischen ihnen liege nur im unterschiedlichen Ausmaß an Strenge oder Erleichterung bezüglich ihrer Bestimmungen. Daraufhin sei es jedem erlaubt, der Schule zu folgen, welcher er sich angehörig fühlt. Nichtsdestoweniger sei es nicht legitim, seine Wahl ausgehend von möglichen erleichterten Bestimmungen zu treffen, solange man auch imstande sei, ein größeres Maß an Strenge zu ertragen.[167] Zudem müssten diese *maḏāhib* als solche in ihrer Gänze angenommen werden, d.h. es dürften keine Änderungen an ihnen vorgenommen werden, weil niemand über bessere Kenntnisse bzw. über mehr Wissen als sie bzw. ihre Imame verfügen würde.[168] Eine ähnliche Auffassung vertrat bereits as-Suyūṭī, die er in seinem Traktat *Ǧazīl al-mawāhib fī iḫtilāf al-maḏāhib* präsentiert.[169] Seine Vorstellungen wurden aber von aš-Šaʿarānī in seinem *Mīzān* erweitert und weiter entwickelt, wodurch er Bekanntheit erlangte.[170]

Das zweite Modell geht auf Ibn Taymiyya zurück. Seine Auffassungen gehen aus seinem Werk *Rafʿ al-malām ʿan al-aʾimma al-aʿlām* hervor und sind darüber hinaus in seinen rechtstheoretischen Fatwas verstreut. Er bewertet ebenfalls alle *maḏāhib* als gleichrangig und gleichberechtigt. Jedoch könnten ihre Inhalte nicht als insgesamt richtig betrachtet werden, da sie zum Teil nicht mit den Quellentexten übereinstimmen würden.[171] Obwohl diese Abweichungen der Rechtsschulgründer zu entschuldigen seien, dürften solche Ansichten, die dem Koran oder der Sunna widersprächen, nicht übernommen werden. In diesem Fall solle man ausschließlich den Richtlinien des Korans oder der Sunna folgen.[172] Demzufolge sei man nicht

165 Vgl. aš-Šaʿarānī 1989, Bd. 1, S. 65,74 f., 79, 84 f., 181 ff. und 194 f. Dazu Peters 1980, S. 132.

166 Vgl. aš-Šaʿarānī 1989, Bd. 1, S. 69–74 und 151 ff.

167 Ebd., S. 66 ff., 74 und 82 ff.

168 Ebd., S. 246 ff.

169 Vgl. as-Suyūṭī 1989, S. 21–28 und 32.

170 Vgl. Peters 1980, S. 132.

171 Vgl. Ibn Taymiyya 2004, Bd. 20, S. 291 f. f und 583 ff. und Bd. 21, S. 150 f.; und Ibn Taymiyya 1413 H, S. 8 f.

172 Vgl. Ibn Taymiyya 1413 H, S. 9 f. und 35 ff.; und Ibn Taymiyya 2004, Bd. 20, S. 10 ff. und 214, Bd. 22, S. 252 ff.

dazu verpflichtet, einem bestimmten *maḏhab* zu folgen. Außerdem ermutigt Ibn Taymiyya sogar dazu, auch selbst Entscheidungen zu treffen, die von jenen der vier Rechtsschulen abweichen. Die Behauptung, dass „der Gründer der Rechtsschule mehr Wissen hat" (*ṣāḥib al-maḏhab aʿlam*), könne keine Rechtfertigung dafür sein, alle Gegenmeinungen abzulehnen.[173]

Nachdem beide Pläne in groben Zügen dargestellt wurden, kann daraus geschlossen werden, dass in dem von aš-Šaʿarānī angebotenen Weg zur Gleichsetzung der *maḏhab* eine Aufforderung zur bloßen Nachahmung (*taqlīd*) eines *maḏhab* impliziert ist. Somit schließt er die Möglichkeit zur Überprüfung und Bearbeitung der frühen Bestimmungen und Ansichten der Rechtsschulen aus, da er diese als „richtig" bzw. „unfehlbar" betrachtet. Im Gegenteil zu aš-Šaʿarānīs Position enthält jene von Ibn Taymiyya einen Appell zum *iǧtihād*, was aus der Bewertung und Untersuchung der verschiedenen *maḏāhib* hervorgeht. Seine Ermutigung, andere Ansichten zu entwickeln, die nicht mit jenen der vier bekannten Schulen übereinstimmen und welche sich direkt auf den Koran oder die Sunna beziehen, eröffnet sogar die Möglichkeit eines uneingeschränkten bzw. absoluten *iǧtihād*. Mit dieser Vorstellung sympathisieren auch Ibn Ḥazm und Ibn Taymiyyas Schüler Ibn al-Qayyim.[174]

173 Vgl. Ibn Taymiyya 2004, Bd. 20, S. 10 und 210–216; Bd. 33, S. 133 ff.

174 Vgl. Ibn Ḥazm 1981, S. 71–75 und Ibn al-Qayyim 1423 H, Bd. 4, S. 31–35 und 485–491.

3 Geschichte des kollektiven *iǧtihād*

Schon um die Mitte des 18. Jahrhunderts erhoben zahlreiche Gelehrte wie Šāh Walī Allāh ad-Dihlawī,[175] Muḥammad ibn ʿAbd al-Wahhāb[176] und aš-Šawkānī[177] ihre Stimme für die Öffnung des Tors zum *iǧtihād*. In diesen Forderungen, den *iǧtihād* anzuwenden, vor allem vonseiten der salafitischen Bewegung, manifestierte sich die Tendenz zu einer *iǧtihād*-Praxis, die sich direkt auf den Koran und die Sunna bezieht. Intendiert wurde dadurch, die islamische Gesellschaft von den nicht-islamischen Bräuchen (vornehmlich den sufischen) zu befreien.[178] In unmittelbarem Zusammenhang mit der zunehmenden Neigung der Reformer, insbesondere seit dem Ende des 19. Jahrhunderts, zur Fortsetzung der *iǧtihād*-Praxis, kamen immer mehr Postulate auf, den *iǧtihād* in einer (neuen) kollektiven Form auszuüben, welche zur Versöhnung der Kluft zwischen den Rechtsschulen beitragen und die potenziellen Irregularitäten des individuellen *iǧtihād* vermeiden könne.

Das vorliegende Kapitel zielt darauf ab, sich mit der Geschichte der Idee des KI zu befassen. Demnach wird es sich zahlreichen Aufrufen zur Kollektivierung des *iǧtihād* sowie Denkmodellen und Vorschlägen zur Schaffung von Institutionen oder rechtswissenschaftlichen Projekten auf Basis einer kollektiven Form des *iǧtihād* widmen. Hierbei geht es jedoch nicht um eine intensive Behandlung und Analyse der Persönlichkeit der Gelehrten oder ihres gesamten Denkens auf dem Gebiet des islamischen Rechts. Denn auf diese Weise könnte lediglich eine begrenzte Anzahl von Appellen bearbeitet und es könnten daher einige Aspekte der Idee des KI nicht berücksichtigt werden. Vielmehr liegt das Interesse dieser Arbeit darin, die Grundzüge der jeweiligen Aufforderung unter Berücksichtigung bestimmter Merkmale wie des Grunds, der Durchführungsform, der benötigten *iǧtihād*-Stufe und der Haltung gegenüber den verschiedenen Rechtsschulen darzustellen. Damit soll bezweckt werden, eine größere Anzahl von Appellen anzubieten und somit ein vielseitigeres und komplexeres Bild von der Idee des KI zu vermitteln. Ebenso wird sich dadurch zeigen, inwieweit die Idee des KI unter den Gelehrten Resonanz fand und sich geographisch verbreitete. In einem weiteren Abschnitt dieses Kapitels sollen diese Aufrufe einer Analyse unterzogen werden. Dabei soll insbesondere den Ansätzen

175 Durch seine Werke, vor allem *ʿIqd al-ǧīd fī aḥkām al-iǧtihād wa-t-taqlīd* und *al-Inṣāf fī masāʾil al-ḫilāf*.

176 Als Mittel seiner Reformbewegung.

177 Anhand seiner Werke z.B. *al-Qawl al-mufīd fī adillat al-iǧtihād wa-t-taqlīd* und *Iršād al-fuḥūl ilā taḥqīq al-ḥaqq min ʿilm al-uṣūl*.

178 Zum *iǧtihād* in dieser Epoche: Rudolph Peters: „Idjtihād and taqlīd in 18th and 19th century Islam" in *Die Welt des Islams* 20 (1980), S. 131–145 und Rudolph Peters: „Erneuerungsbewegungen im Islam vom 18. bis zum 20. Jahrhundert und die Rolle des Islams in der neueren Geschichte: Antikolonialismus und Nationalismus" in *Der Islam der Gegenwart*, 2005, S. 90–102.

und den Hintergründen für die Genese jener Art von *iǧtihād* Rechnung getragen werden. Dazu werden auch andere Punkte, wie eine historische Betrachtung der Entstehung der Idee zum KI, das Auftreten dieses Begriffs, die mitwirkenden Personen und die Presse berücksichtigt werden.

3.1 Begriffsbestimmung des kollektiven *iǧtihād*

Zu Beginn dieses Kapitels soll der Begriff des *iǧtihād ǧamāʿī* erläutert werden, wobei er eher ein neues Instrument der Normenfindung als einen neuen Begriff des islamischen Rechts darstellt. Zu seiner Bestimmung sollen mehrere Definitionen präsentiert werden, welche unterschiedliche Auffassungen der jeweiligen Autoren zum Ausdruck bringen. Anschließend werde ich zudem mein eigenes Verständnis dieses Terminus darlegen und aufgrund dessen elementare Merkmale des KI herausarbeiten. Letztere sollen zur Erschließung der Aufrufe und Initiativen zur Kollektivierung des *iǧtihād* in diesem Kapitel beitragen sowie als Referenzpunkt für die Frage dienen, inwieweit ein Aufruf, eine Initiative oder ein Projekt dem späteren Bild des KI in seiner vollen Ausprägung entspricht und inwieweit sie jeweils zu seiner Genese beigetragen haben.

Nach der Entstehung der Bezeichnung *al-iǧtihād al-ǧamāʿī* Anfang des 20. Jahrhunderts unternahmen einige Theoretiker den Versuch, diesen Begriff zu definieren und seine wichtigsten Charakteristika zu benennen. Die entworfenen Definitionen präsentieren jedoch diverse Konzeptionen des KI. Im Folgenden werden hierfür recherchierte Definitionen angeführt werden. Einer der ersten Theoretiker – wenn nicht sogar der erste –, der eine Definition des Begriffs *iǧtihād ǧamāʿī* erarbeitete, ist ʿAlī Ḥasaballāh in seiner Abhandlung *Uṣūl at-tašrīʿ al-islāmī* (Grundlagen der islamischen Gesetzgebung). Laut ihm ist unter *iǧtihād ǧamāʿī* jeder *iǧtihād*-Vorgang zu verstehen, bei dem die *muǧtahids* in der Entscheidung hinsichtlich einer Frage miteinander übereinstimmen (*huwa kull iǧtihād ittafaqa al-muǧtahidūn fīh ʿlā raʾy fī-l-masʾala*).[179] In Ḥasaballāhs Definition zeichnet sich deutlich eine Ähnlichkeit oder sogar Wesensgleichheit mit der o. g. Begriffsbestimmung des *iǧmāʿ*[180] ab, weshalb ein distinktives Merkmal für den KI im Vergleich mit dem *iǧmāʿ* anhand dieser Definition kaum ausgemacht werden kann.

Nicht zu vernachlässigen ist zudem das Verständnis des Juristen Tawfīq aš-Šāwī vom *iǧtihād ǧamāʿī*: In seinem Werk *Fiqh aš-šūrā wa-l-istišāra* (Einsicht in das Beratungsprinzip und die Konsultation) beschreibt er diesen Begriff als Auftrag an eine begrenzte Gruppe von (Rechts-)Gelehrten und Fachexperten, Rechtsnormen zu ermitteln und zu deduzieren. Hierbei bestehe die Möglichkeit einer korrespondierten Konsultation oder der Bildung eines Rates, wo sich die Gelehrten solange beraten, bis sie zu einer einhelligen Entscheidung gelangen oder zu einer mehrheitlichen. Zwar werde diese Entscheidung auf der Grundlage der *šūrā* getroffen, sie werde jedoch

179 Vgl. Ḥasaballāh 1971, 4. Aufl., S. 106 ff.
180 Siehe Abschnitt „2.2“.

als Fatwa betrachtet (*taḫṣīṣ muhimmat al-baḥṯ wa istinbāṭ al-aḥkām bi-maǧmūʿa maḥdūda min al-ʿulamāʾ wa al-ḫubarāʾ wa al-mutaḫaṣṣiṣīn sawāʾan mārasū ḏalik bi-š-šūrā al-mursala am fī maǧlis yatašāwarūn fīh wa yatadāwalūn ḥattā yaṣilū ilā raʾy yattafiqūn ʿalayh aw turaǧǧiḥuh al-aġlabiyya wa yaṣdur qarāruhum bi-š-šūrā wa lakinnahu yakūn fī ṣūrat fatwā*).[181]

Allerdings kann hier vielmehr von einer Beschreibung des Vorgangs des KI als von einer Begriffsbestimmung gesprochen werden. Außerdem mangelt es an einer Festlegung einer bestimmten erforderlichen Kompetenz der beteiligten Wissenschaftler, wie die Erfüllung der *iǧtihād*-Qualifikationen. Auf ähnliche Kritikpunkte verweist Quṭb Sānū im Rahmen seiner Behandlung der Begriffsbestimmung für den KI.[182] In aš-Šāwīs Darstellung manifestieren sich dennoch wesentliche spezifische Charakteristika eines KI, welche Letzteren von anderen Prinzipien – vor allem dem des *iǧmāʿ*– differenzieren. Hierzu zählen die Beteiligung von Fachexperten anderer Wissensgebiete neben den Rechtswissenschaftlern, die Betonung der Konsultation durch eine der oben angeführten Möglichkeiten, nämlich durch eine Tagung oder Korrespondenz, die zwei Stufen der Entscheidung (einmütiger oder mehrheitlicher Beschluss) sowie die Unverbindlichkeit der *iǧtihād*-Ergebnisse.

Ein weiterer Definitionsversuch des Terminus *al-iǧtihād al-ǧamāʿī* ist dem palästinensischen und in Jordanien tätigen Professor für islamische Scharia, al-ʿAbd Ḫalīl, zuzuordnen. In seiner Studie über den KI unter dem Titel *al-Iǧtihād al-ǧamāʿī fī-l-ʿaṣr al-ḥadīṯ wa ahammiyyatuh*, die 1987 in der jordanischen Zeitschrift *Dirāsāt* erschien, definiert er ihn dergestalt: Die Übereinstimmung der Mehrheit der muslimischen *muǧtahids* zu jeder Zeit in der rechtlichen Entscheidung bezüglich einer Frage (*ittifāq aġlab al-muǧtahidīn min ummat Muḥammad fī ʿaṣr min al-ʿuṣūr ʿalā ḥukm šarʿī fī masʾala*).[183]

Hierin kommt erneut die Begriffsbestimmung des *iǧmāʿ* bzw. die Vorstellung des KI als (zeitgemäße) Form des *iǧmāʿ* zum Vorschein. Der einzige Unterschied zwischen seiner Definition und jener des *iǧmāʿ* besteht in der Anwendung der Bezeichnung *aġlab al-muǧtahidīn* anstelle von *ǧamīʿ al-muǧtahidīn* beim *iǧmāʿ*. Dahinter verbirgt sich die Absicht, den KI als verwirklichbares Bild des *iǧmāʿ* zu präsentieren.

In seiner Monographie über den KI mit dem Titel *al-Iǧtihād al-ǧamāʿī fī-t-tašrīʿ al-islāmī* konstatiert der jemenitische Dozent für islamisches Recht ʿAbd al-Maǧīd aš-Šarafī, dass die Definition der klassischen *uṣūl*-Wissenschaftler für den Begriff *iǧtihād* die beiden Arten des *iǧtihād* – sowohl die individuelle als auch die kollektive – umfasse. Die Formulierung richte sich allerdings auf die individuelle Form des *iǧtihād*. Daraufhin intendiert der Autor, eine spezielle Definition für die kollektive Art des *iǧtihād* festzulegen, die sich folgendermaßen gestaltet: Das Aufbringen von Anstrengungen der Mehrheit der Rechtsgelehrten, um durch Deduktion ein wahrscheinliches [nicht

181 Aš-Šāwī 1992, S. 242.
182 Vgl. Sānū 2006, S. 33 ff.
183 Vgl. al-Ḫālid 2009, S. 84.

absolut gewisses] Wissen um eine Scharia-Bestimmung zu erreichen. Nach erfolgter Beratung wird die Entscheidung einstimmig oder mit der Zustimmung der Majorität (der beteiligten Rechtswissenschaftler) getroffen (*istifrāġ aġlab al-fuqahāʾ al-ǧuhd li-taḥṣīl ẓann bi-ḥukm šarʿī bi-ṭarīq al-istinbāṭ wa ittifāquhum ǧamīʿan aw aġlabahum ʿalā al-ḥukm baʿd at-tašāwur*).[184] Eine ähnliche Definition bietet der syrische Forscher al-Ḫālid in seiner Dissertation über den KI, die folgendermaßen lautet: Das Aufbringen von Anstrengungen einer Gruppe von Rechtsgelehrten in der Untersuchung und Konsultation, um eine Scharia-Bestimmung hinsichtlich einer präsumtiv erwiesenen Frage zu deduzieren (*badl fiʾa min al-fuqahāʾ ǧuhūdahum fī-l-baḥṯ wa-t-tašāwur li-istinbāṭ ḥukm šarʿī li-masʾala ẓanniyya*).[185]

Bei beiden Definitionen geht es um eine Transformation der *iǧtihād*-Definition des Mālikiten Ibn al-Ḥāǧib,[186] um diese dem Bild des KI anzupassen. Aufgrund dessen fügen die Autoren der Definition von Ibn al-Ḥāǧib einige Merkmale bei, welche eine Abgrenzung des KI – sowohl vom *iǧmāʿ* als auch vom individuellen *iǧtihād* – erlauben. Dabei handelt es sich um die Erweiterung „die Mehrheit der Rechtsgelehrten" oder „eine Gruppe von Rechtsgelehrten", wodurch der KI sich von der Arbeit der einzelnen Rechtsgelehrten beim individuellen *iǧtihād* und von der Gesamtheit der *muǧtahids* beim *iǧmāʿ* deutlich unterscheidet. Hinzu kommt, dass die Möglichkeit „mehrheitlich zu beschließen" bei aš-Šarafī mit dem *iǧmāʿ* nicht zu vereinbaren ist. Durch die Akzentuierung des *šūrā*-Prinzips beim KI etablieren aš-Šarafī und al-Ḫālid eine klare Grenze zum *iǧmāʿ*, bei welchem die Beratung irrelevant ist. Ferner legt al-Ḫālid den Anwendungsbereich des KI auf präsumtiv erwiesene Fragen fest, was auch auf den individuellen *iǧtihād* zutrifft.

Im Jahre 1996 wurde in den Vereinigten Arabischen Emiraten ein Symposium (*Nadwa*) über den KI in der islamischen Welt abgehalten. An diesem Symposium nahm eine große Anzahl von Wissenschaftlern aus verschiedenen islamischen Ländern teil, die sich mit dem Thema des KI unter diversen Gesichtspunkten befasste. Am Ende dieser Versammlung kamen die Beteiligten zu verschiedenen Ergebnissen und präsentierten folgende Definition des *iǧtihād ǧamāʿī*: Die Übereinstimmung der Mehrheit der *muǧtahids* innerhalb einer Rechtsakademie, Körperschaft oder einer rechtlichen Institution, die unter der Schirmherrschaft des Staatsführers in einem islamischen Land steht, im Hinblick auf eine rechtspraktische Entscheidung, welche das Resultat größter Bemühung bei der Untersuchung und Konsultation ist, sofern die entsprechende Frage nicht durch einen definitiv erwiesenen und eindeutigen Text geregelt wird (*ittifāq aġlabiyyat al-muǧtahidīn fī niṭāq maǧmaʿ fiqhī aw hayʾa aw muʾassasa šarʿiyya yunaẓẓimuhā walī al-amr fī dawla islāmiyya ʿalā ḥukm šarʿī ʿamalī lam yarid bihi naṣṣ qaṭʿī aṯ-ṯubūt wa-d-dalāla baʿd badl ġāyat al-ǧuhd fī-mā baynahum fī-l-baḥṯ wa-t-tašāwur*).[187]

---

184 Aš-Šarafī 1998, S. 46.
185 Al-Ḫālid 2009, S. 100.
186 Siehe Abschnitt „2.1.1".
187 *Nadwa* 1996, Bd. 2, S. 1079.

Das Symposium legt durch diese Begriffsbestimmung einige Kriterien für die Anwendung des KI fest. Zunächst wird die Form der Durchführung des *iǧtihād*-Vorgangs determiniert, nämlich „im Rahmen einer Rechtsakademie, Körperschaft oder einer rechtlichen Institution". Hinzu kommt die Eingrenzung des Anwendungsbereichs des KI auf präsumtiv erwiesene Fragen oder auf Fragen, die durch einen äußerst geringen Grad an Authentizität gekennzeichnet sind oder die sich auf ambigue Textbelege stützen. Daneben findet sich zudem der Hinweis auf eine Konsultation. Das Symposium setzt dazu in seiner Definition voraus, dass diese *iǧtihād*-Institutionen unter der Schirmherrschaft des Staatsführers sein sollen. Diese Bedingung impliziert jedoch eine Abhängigkeit der Arbeit dieser Institutionen, was wiederum für Skepsis beim Publikum gegenüber ihren Entscheidungen sorgen kann. Aus diesem Grund betonten einige Aufrufer zum KI, wie ʿAbduh, Riḍā, und Ibn ʿĀšūr, die Notwendigkeit, die *iǧtihād*-Institutionen von derartigem staatlichem Druck zu befreien.

Das Mitglied der internationalen Rechtsakademie in Jedda und der aus Guinea stammende Professor für islamische Rechtstheorie, Quṭb Sānū, untersucht das Thema des KI in seinem Buch *al-Iǧtihād al-ǧamāʿī al-manšūd fī ḍawʾ al-wāqiʿ al-muʿāṣir* (Der erwünschte kollektive *iǧtihād* im Lichte der zeitgenössischen Umstände). Darin geht er davon aus, dass der KI bereits lange in der islamischen Geschichte Anwendung gefunden habe, und zwar in Form des *iǧmāʿ*, selbst wenn der Begriff des KI damals noch nicht existiert habe. Für ihn ist der KI ein unerlässlicher Schritt zur Bildung eines *iǧmāʿ*.[188] Außerdem definiert er den *iǧtihād ǧamāʿī* wie folgt: Der wissenschaftliche, disziplinierte und methodische Prozess, der von der Gesamtheit der zum *iǧtihād* befugten Personen zu jeder Zeit geleistet wird, um die Bestimmung Gottes hinsichtlich einer Frage von allgemeiner Natur, die das Leben eines Landes, einer Region oder der ganzen Umma betrifft, zu ermitteln oder um die Bestimmung Gottes bezüglich einer Angelegenheit von allgemeiner Art an die aktuellen Umstände in den Gesellschaften, Regionen und der ganzen islamischen Welt anzugleichen (*al-ʿamaliyya al-ʿilmiyya al-manhaǧiyya al-munḍabiṭa allatī yaqūm bi-hā maǧmūʿ al-afrād al-ḥāʾizīn ʿalā rutbat al-iǧtihād fī ʿaṣr min al-ʿuṣūr min aǧl al-wuṣūl ilā murād Allāh fī qaḍiyya ḏāt ṭābiʿ ʿām tamass ḥayāt ahl quṭr aw iqlīm aw ʿumūm al-umma, aw min aǧl at-tawaṣṣul ilā ḥusn tanzīl Allāh fī tilka al-qaḍiyya ḏāt aṭ-ṭābiʿ al-ʿām ʿalā wāqiʿ al-muǧtamaʿāt wa al-aqālīm wa al-umma*).[189]

Diese Formulierung gibt vielmehr Richtlinien für die Anwendung des KI (z.B. „Der wissenschaftliche, disziplinierte und methodische Prozess") und liefert weniger eine genaue Definition von diesem. Problematisch erscheint darüber hinaus die Fixierung des Ziels des KI auf die Ermittlung der Bestimmung Gottes, da es fraglich ist, ob die Ergebnisse des *iǧtihād* als Bestimmungen Gottes betrachtet werden dürfen und inwieweit diesen somit eine Verbindlichkeit zugesprochen werden kann. Al-Ḫālid nimmt in seinem Werk auf Sānūs Definition Bezug und kritisiert

188 Vgl. Sānū 2006, S. 27.
189 Ebd., S. 43.

diese, indem er hervorhebt, dass niemand, sei es mittels des individuellen oder des KI, dazu fähig sei, die Bestimmung Gottes mit hundertprozentiger Sicherheit abzuleiten.[190] Ferner soll noch auf die Einschränkung des Anwendungsbereichs des KI auf Fragen allgemeiner Natur hingewiesen werden. Durch diese Formulierung wird im Allgemeinen hinsichtlich der Bedeutung kein deutlicher Unterschied zur Begriffsbestimmung des *iǧmāʿ* markiert, abgesehen von der Verwendung des Wortes " *maǧmūʿ*" anstelle von „*ǧamīʿ*". Hierbei fehlt der Hinweis auf die Anwendung der *šūrā*, die den KI letztendlich erst ausmacht.

Ein weiteres Mitglied verschiedener Rechtsakademien ist der berühmte Gelehrte Yūsuf al-Qaraḍāwī. In seinem Werk *al-Iǧtihād fī-š-šarīʿa al-islāmiyya* spricht er sich im Zusammenhang mit den gegenwärtigen Fragen dafür aus, den individuellen *iǧtihād* in einen KI umzuwandeln. Seines Erachtens ist unter dem KI ein *iǧtihād*-Prozess zu verstehen, bei dem sich Wissenschaftler in Fragen, insbesondere allgemeiner Natur und von besonderer gesellschaftlicher Relevanz, beraten *(allaḏī yatašāwar fīh ahl al-ʿilm fī-l-qaḍāyā al-maṭrūḥa wa ḫuṣūṣan fī-mā yakūn lahu ṭābiʿ al-ʿumūm wa yahimm ǧumhūr an-nās)*.[191]

Al-Qaraḍāwī bietet keine detaillierte Definition des KI an, sondern lediglich eine knappe Beschreibung von diesem. Nichtsdestoweniger lässt sich der Fokus auf die Verwendung der *šūrā* unter den Beteiligten erkennen. Des Weiteren findet sich erneut eine Konzentration auf Fragen mit gesellschaftlicher Relevanz.

Anhand der dargelegten Äußerungen kann davon ausgegangen werden, dass eine Uneinigkeit unter den Theoretikern über die Begriffsbestimmung des *iǧtihād ǧamāʿī* herrscht. Die Definitionen schwanken zwischen dem *iǧmāʿ* und dem allgemeinen bzw. individuellen *iǧtihād*. Es macht sich insbesondere eine Verquickung mit der Definition des *iǧmāʿ* bei einigen Formulierungen, wie jenen von Ḥasaballāh, al-ʿAbd Ḫalīl und Sānū, bemerkbar. Dies konstatiert auch der indonesische Forscher Hosen:

> Historically, this term began to be used in referring to *ijma'* (consensus). For example, Mahmud Syaltut, used this term in respect of *ijma'* in the 1950s. At this stage, there had not been any recent new development in the meaning of the term *ijtihad jama'ī*, as *ijma'* has been used since the fourteenth century.[192]

Nennenswert ist die Tatsache, dass keine der Definitionen einen Hinweis darauf enthält, ob die am KI beteiligten *muǧtahids* eine bestimmte *maḏhab*-Angehörigkeit aufweisen müssen. Dadurch eröffnet sich die Möglichkeit, dass die *maḏhab*-Angehörigkeit bei der Ausübung des KI obsolet wird. Im praktischen Teil dieser Studie soll dieser Ansatz ausführlicher erörtert werden. Beim Vergleich der verschiedenen Definitionen wird deutlich, dass aš-Šāwīs die Besonderheiten des KI am umfangreichsten darstellt.

---

190 Vgl. al-Ḫālid 2009, S. 97.
191 Vgl. al-Qaraḍāwī 1996, S. 182.
192 Hosen 2004, S. 7.

Abschließend soll noch eine Erklärung des Begriffs des KI anhand eigener Beobachtungen der Arbeit verschiedener Rechtsakademien angeboten werden: Er kann als kollektiver Rechtsfindungsprozess angesehen werden, an dem sich mehrere Rechtsgelehrte beteiligen, sich miteinander und mit anderen Experten verschiedener Fachgebiete beraten, um rechtliche Normen zu ermitteln, die auf einer kollektiven Entscheidung beruhen. Die Zusammenkunft dieser Gelehrten findet in einer Institution des KI statt, wie *Fatwa*-Gremien, Rechtsakademien oder Kongressen. Gemäß der dargestellten eigenen Definition kann im Rahmen der vorliegenden Studie eine Aktivität oder Initiative als KI bezeichnet werden, wenn die folgenden Kriterien erfüllt werden:

1. Wenn es dabei um einen kollektiven rechtsmethodologischen Vorgang geht, welcher einer der unumstrittenen *iǧtihād*-Klassen entspricht, d. h. zumindest der vierten Klasse (*tarǧīḥ*).
2. Wenn die Entscheidung aufgrund von Diskussion und eines Meinungsaustausches der Beteiligten am *iǧtihād*-Prozess kollektiv, egal ob einstimmig oder mehrheitlich, getroffen wird. Das gemeinsame Entscheidungsrecht der *muǧtahids* bildet das hauptsächliche Unterscheidungskriterium des KI gegenüber der klassischen *šūrā*, dem individuellen *iǧtihād* und sogar dem *iǧmāʿ*.
3. Ein charakteristisches Merkmal des KI ist die (Möglichkeit der) Teilnahme von Spezialisten anderer Wissensgebiete, wie säkulare Juristen, Mediziner oder Wirtschaftswissenschaftler.
4. Der KI ist, wie der (individuelle) *iǧtihād*, teilbar, d. h. er kann in den verschiedenen Rechtsbereichen (allgemein) oder auf einem speziellen Rechtsgebiet, z. B. Finanzen oder Medizin, durchgeführt werden.
5. Die Teilnehmer am KI können entweder Anhänger einer einzigen Rechtsschule oder mehrerer Schulen – sunnitischer und nicht-sunnitischer – sein. In der Regel gehören die am KI Beteiligten diversen Rechts- oder Denkschulen an.

3.2 Initiativen zur Kollektivierung des *iǧtihād*

Obwohl die Erneuerungsbewegungen des 18. Jahrhunderts, vornehmlich die wahhabitische Bewegung, zur Öffnung des Tores zum *iǧtihād* und zur Rückkehr zu den Erzquellen des Islam aufriefen sowie sich mit der Befreiung der muslimischen Gesellschaft von nicht-islamischen Gewohnheiten befassten, die sie als *bidaʿ* (negative bzw. nicht den ursprünglichen islamischen Normen entsprechende Neuerungen) bezeichneten, spricht der führende Reformer der Moderne,[193] Muḥammad ʿAbduh, trotzdem von wenig erfolgversprechenden Versuchen dieser Epoche. Diese hätten sich auf die äußeren Bedeutungen der Texte beschränkt und der Anwendung der

---

193 Bedeutet hier die raschen Veränderungen der gesellschaftlichen und wirtschaftlichen Lebensstrukturen seit der zweiten Hälfte des 19. Jahrhunderts. Unter **Modernisten** oder **Reformern** sind die Anhänger der Überzeugung zu verstehen, laut welcher eine Erneuerung des islamischen Rechtssystems als Reaktion auf die veränderten Lebensumstände seit Ende des 19. Jahrhunderts notwendig ist.

rationalen Begründung wenig Raum gewährt. Außerdem wären sie nicht dazu in der Lage gewesen, sich an die moderne Zeit anzupassen.[194] In diesem Kontext lässt sich bei den Erneuerungsversuchen des 18. Jahrhunderts erkennen, dass sie kein neues *iǧtihād*-Modell anboten. Hingegen versuchten die Reformer Ende des 19. Jahrhunderts eine neue Rechtsfindungsmethode zu entwickeln, um das islamische Normensystem an die zahlreichen Neuerungen des modernen Lebens anzupassen sowie Lösungen für neu auftauchende Probleme zu finden.

Im Folgenden wird versucht, die Ansatzpunkte, Ziele und andere Charakteristika für die Genese einer kollektiven Form des *iǧtihād* ausfindig zu machen. Im Mittelpunkt der Darlegung dieser Aufrufe zum KI stehen die folgenden Gesichtspunkte:

a. Der Grund für die jeweilige Aufforderung.
b. Das Ziel und die Ausführungsform.
c. Die benötigte *iǧtihād*-Stufe zur Verwirklichung jenes Vorschlags.
d. Die Haltung gegenüber den verschiedenen Rechtsschulen.
e. Die Haltung gegenüber der staatlichen Autorität bzw. Kontrolle.
f. Der Verpflichtungsgrad der *iǧtihād*-Ergebnisse.
g. Die Qualität des Entscheidungsrechts: individuell oder kollektiv.

Die folgenden Aufrufe sind chronologisch nach der Entstehungszeit bzw. dem Erscheinungsjahr des jeweiligen Aufrufs angeordnet. Bei einigen Urhebern, wie Muḥammad ʿAbduh, Rašīd Riḍā und Muṣṭafā al-Marāġī, kommt es vor, dass sie ihre Forderungen mehrmals wiederholten oder diese zeitweise in verschiedenen Formen zum Ausdruck brachten. In diesem Fall werden die verschiedenen Forderungen des gleichen Urhebers zusammengefasst und nach der Entstehungszeit des ersten Aufrufs aufgelistet. Die Recherche bezieht sich hauptsächlich auf den sunnitischen Raum, wo die Idee des KI besondere Unterstützung und positive Resonanz fand. So befinden sich fast alle Institutionen des KI, vornehmlich die *Fiqh*-Akademien, in sunnitischen bzw. mehrheitlich sunnitischen Ländern. Ferner gehen die meisten Institutionen außerhalb der islamischen Welt, wenn auch nicht alle, auf sunnitische Initiativen und Mitwirkung zurück. Trotzdem werden in einem späteren Unterpunkt dieses Kapitels einige Beispiele für schiitische Akteure und sogar ein Beispiel für eine nicht-muslimische Stimme für die Idee des KI angeführt werden. Diese werden aber nicht in die chronologische Anordnung integriert, sondern unabhängig davon dargestellt.

Vorweg soll noch darauf hingewiesen werden, dass sich die Untersuchung in diesem Kapitel auf die Aufrufe zur Kollektivierung des *iǧtihād* von der vormodernen Zeit[195] – die als Anfangsphase dieser Aufrufe gilt – bis zur Entstehung der ersten Akademie des KI im Jahre 1961, nämlich die Akademie für islamische Untersuchungen in Kairo, fokussiert. Nichtsdestotrotz wird auch auf spätere Aufrufe und Vorschläge im Rahmen des praktischen Teils referiert werden.

194 Vgl. ʿAbduh 1993, Bd. 3, S. 332 und ʿImāra 1988, 2. Aufl., S. 58 f.

195 Damit ist die Zeit ab dem 17. Jahrhundert bis zum Anfang der Moderne um die Wende des 20. Jahrhunderts gemeint.

3.2.1 ʿAbdallāh ibn Muḥammad al-ʿAyyāšī (1628–1679)

Im Zuge der Debatte über die Haltung der *maḏāhib* zueinander und der Aufforderungen zur gleichen Anerkennung der verschiedenen Rechtsschulen, z. B. der von aš-Šaʿarānī im 10./16. Jahrhundert, entwickelten die Gelehrten in den folgenden Jahrhunderten weitere Ideen.

Einer der neuen Vorschläge geht auf den marokkanischen Gelehrten ʿAbdallāh ibn Muḥammad al-ʿAyyāšī zurück, dessen Schriften sich mit der Reiseliteratur, Mystik und Rechtswissenschaft befassen. In seinem Buch *ar-Riḥla al-ʿayyāšiyya* oder *Māʾ al-mawāʾid*, welches seine Pilgerfahrt im Jahre 1661 beschreibt, präsentiert der Autor seine Meinung über den Fanatismus zwischen den Anhängern der verschiedenen *maḏāhib*. Überdies äußert er darin den Wunsch nach einer Person bzw. Autorität, welche vier kritische Forscher zur Vertretung der vier bekannten Rechtsschulen auswählt. Anschließend solle eine Gruppe von Wissenschaftlern jeder Schule sich ihrem Vertreter anschließen, um ihm bei der Untersuchung zu helfen. Diese vier Gruppen sollten sich dann zu einer bestimmten Zeit und an einem bestimmten Ort versammeln, mit dem Ziel, eine einzige Normensammlung der vier *maḏāhib* zu erstellen. Zur Erfüllung dieser Aufgabe sei es unabdingbar, dass jede Gruppe zunächst die verschiedenen Ansichten ihrer eigenen Rechtsschule hinsichtlich aller rechtspraktischen Fragen abwäge und die beweiskräftigste Meinung unter ihnen auswähle. Mit der Fixierung der bevorzugten Meinungen wäre dann eine andere Gruppe von Schreibern betraut. Dabei sollten zunächst die Fragen festgehalten werden, über welche die vier Arbeitsteams sich einig sind. Bei den Fragen, in denen drei Schulen übereinstimmen, solle nur die mehrheitliche Ansicht der drei Schulen in die Sammlung aufgenommen und die abweichende Meinung außer Acht gelassen werden. Im Falle, dass die vier Arbeitsgruppen zu zwei Entscheidungen kämen, also jeweils zwei Schulen dieselbe Meinung hätten, sollten beide als anerkannte Auffassungen übernommen werden. Verträten die Gruppierungen jedoch vier unterschiedliche Meinungen, sollten alle vier, ohne dabei einer von ihnen den Vorrang zu geben, aufgenommen werden. In solchen Fällen werde von umstrittenen Fragen gesprochen. Eine andere Möglichkeit wäre, einer Meinung den Vorzug zu geben, wobei die Quelle in folgender Reihenfolge ausschlaggebend wäre: Koran, Sunna, die authentische Aussage eines Prophetengefährten und schließlich der eigene *iǧtihād*. Die muslimische Gesellschaft sei dann gegenüber dem erstellten Werk verpflichtet. Laut al-ʿAyyāšī könnte auf diese Art und Weise der Konflikt zwischen den Rechtsschulen gelöst und der *maḏhab*-Fanatismus entschärft werden.[196]

Im Lichte der o. g. Gesichtspunkte lässt sich bezüglich dieses Vorschlags anmerken, dass dessen Grund in der fanatischen Beziehung der *maḏāhib* zueinander liegt. Außerdem zielt der Autor darauf hin, eine einheitliche Normensammlung zu erstellen, welche als eine Art Kodifizierung des islamischen Rechts verstanden

196 Vgl. al-ʿAyyāšī 2006, Bd. 2, S. 36 f. Dazu Riḍā: *al-Manār* 1901, Bd. 4, S. 139 f. und al-Ḥaǧawī 1995, Bd. 2, S. 506 f.

werden kann. In diesem Zusammenhang fordert er nicht, einen neuen *iǧtihād* zu praktizieren, sondern lediglich die verschiedenen Argumente abzuwägen und zu bewerten (*tarǧīḥ*). Allerdings entspricht diese Arbeit der vierten Stufe des *iǧtihād*, und zwar *iǧtihād tarǧīḥ*. Darüber hinaus beschränkt al-ʿAyyāšī die Wahl auf die vier bekannten Rechtsschulen. Zu kritisieren ist in diesem Kontext, dass der Autor auch nicht erläutert, ob die Entscheidung innerhalb der Gruppe nur dem Leiter zusteht und somit die anderen Beteiligten lediglich als Berater dienen oder ob es sich vielmehr um eine kollektive, gleichberechtigte Entscheidung aller Teilnehmer handelt. Zudem besteht für den Verfasser die Möglichkeit, das Projekt durch die Unterstützung bzw. Finanzierung einer unabhängigen Person oder des Staates durchzuführen. Darüber hinaus wird eine Bindung an die *iǧtihād*-Entscheidungen festgelegt. Hierbei legt der Verfasser aber keine genauen Kriterien für die Teilnehmer an diesem Prozess fest.

3.2.2 ʿAlī ibn Sulaymān al-Būǧamʿawī (1819–1889)

Die angespannte Beziehung zwischen den Anhängern der Rechtsschulen hat sich anscheinend im 18. und 19. Jahrhundert nicht sonderlich geändert. Deshalb richtete der aus Fes stammende al-Būǧamʿawī im Jahre 1866 eine Botschaft an die muslimischen Gelehrten und Herrscher. Darin kritisiert er das verbreitete fanatische Verhalten der Anhänger der Rechtsschulen und der sufischen Orden zueinander und jede Literaturgattung, welche die Vorrangigkeit der eigenen Schule gegenüber den anderen behauptet. Als Ausweg aus dieser Situation bietet al-Būǧamʿawī den folgenden Plan an. Zuerst solle jeder Wissenschaftler, der sich selbst als *walī* (Gottesfreund) betrachtet oder von den anderen als *walī* angesehen wird, von selbst oder aufgrund der Wahl des Herrschers seines Landes, seine Kenntnisse von seiner eigenen Rechtsschule und seinem sufischen Orden auf gemäßigte Weise in einem Projekt einbringen. Nach der Fertigstellung dieser Arbeit sollten die Vertreter jeder Rechtsschule zusammentreffen, um eines der vorgelegten Projekte bzw. Werke auszuwählen. Es bestehe auch die Möglichkeit, zwei oder mehrere Projektentwürfe miteinander zu verknüpfen. Die jeweilige Wahl der vier *maḏāhib* solle dann durch ein einziges Werk repräsentiert werden. Die ausgewählten vier Werke sollten dann an einem hoch geschätzten Ort der islamischen Welt wie Mekka, Medina oder Ägypten weitergegeben werden, wo eine Expertenkommission tagen solle. Sodann obliege es ihnen, eine der vier Rechtsschulen und einen der verschiedenen sufischen Orden anhand der zugrunde liegenden Schriften auszuwählen. Daraufhin gelte es, der bevorzugten Rechtsschule und dem präferierten sufischen Orden Folge zu leisten. Für die Durchführung der einzelnen Schritte seines Plans sah al-Būǧamʿawī vier Jahre vor.[197]

Auch in diesem Fall bildet erneut der Konflikt zwischen den Anhängern der verschiedenen Schulen den Ausgangspunkt und das Ziel ist ebenfalls die Überwindung

197 Vgl. al-Būǧamʿawī 1986, S. 271–277.

der *madhab*-Blindgläubigkeit durch die Erstellung eines einheitlichen Normenkatalogs. Interessanterweise verbindet das Denkmodell al-Būǧamʿawīs das Fiqh und die Mystik miteinander. Ebenso findet eine Verknüpfung zwischen einer Art von individuellem *iǧtihād* bei der Erstellung der einzelnen Entwürfe und der kollektiven Leistung bei der Bewertung der Ergebnisse statt. Genauso wie al-ʿAyyāšī spricht er von der Anwendung eines *iǧtihād tarǧīḥ* und sein Plan geht über die vier Schulen nicht hinaus. Die angestrebte *iǧtihād*-Arbeit dieses Vorschlags entspricht der vierten Stufe der *iǧtihād*-Skala, also *tarǧīḥ*. Diese Abwägung ist nicht nur auf eine einzige Rechtsschule begrenzt, sondern umfasst die vier Schulen. Eine Verpflichtung gegenüber den *iǧtihād*-Ergebnissen kommt in diesem Denkmodell deutlich zum Vorschein. Als einzige Prämisse für die Teilnahme an dieser Arbeit nennt al-Būǧamʿawī, dass der Beteiligte ein *walī* sein muss. Hier stellt sich die Frage, ob ein *walī* die Kompetenz des *iǧtihād* aufweist oder nicht. Ob das Recht auf Entscheidung ein Einzelner hat oder der Gruppe vorbehalten ist, bleibt offen. Eine staatliche Schirmherrschaft wird nach der Vorstellung al-Būǧamʿawī s vorausgesetzt.

3.2.3 Muḥammad ʿAbduh (1849–1905)

Muḥammad ʿAbduh gilt als einer der einflussreichsten Reformer der modernen Zeit und war von 1899 bis zu seinem Tode 1905 Großmufti Ägyptens. In seinen Schriften spielt der *iǧtihād* als Erneuerungsmittel des islamischen Rechts eine entscheidende Rolle.[198] In seiner Forderung nach einer neuen Interpretation der Erzquellen des Islam, welche die Bedürfnisse der Muslime in der Moderne erfüllen könnte, kommen verschiedene Hinweise auf eine neue *iǧtihād*-Vorstellung ʿAbduhs zum Vorschein. Die Gedanken ʿAbduhs über den (kollektiven) *iǧtihād* manifestierten sich in verschiedenen Bereichen. In einem Artikel, der in der von ihm und Ǧamāl ad-Dīn al-Afġānī herausgegebenen Zeitschrift *al-ʿUrwa al-wuṯqā* im Jahre 1884 erschien, spricht er über die Ursachen der Rückständigkeit der Muslime zu seiner Zeit. Für ihn liegt der Hauptgrund in den zerrütteten Beziehungen zwischen Muslimen. Seiner Meinung nach tragen die *ʿulamāʾ* der muslimischen Länder dafür die Verantwortung, weil sie den Kontakt miteinander abgebrochen und die Zusammenarbeit, sogar zwischen den Gelehrten desselben Lands, beendet haben. Die Lösung bestehe in der Förderung der Einheit der muslimischen Gelehrten durch die Gründung von Zentren in verschiedenen islamischen Ländern – mit Hauptsitz in Mekka – wo die Gelehrten zusammentreffen könnten. Bei diesen Zusammenkünften sollten die *ʿulamāʾ* sich mit der Erfüllung der Bedürfnisse der Muslime, insbesondere, wenn die Umma in Gefahr gerät, der Verbreitung des Wissens und des Bewusstseins sowie der Bekämpfung der *bidaʿ* befassen.[199]

---

198 Vgl. Rohe 2009, S. 191. Unter Hinweis: Zu Leben und Werk z. B. Peters: Erneuerungsbewegungen, 118 ff.; Botiveau: Loi islamique, 108 ff.

199 Vgl. Riḍā 2006, 2. Aufl., Bd. 1, S. 318 ff.

Vielleicht stellt der Aufsatz in *al-ʿUrwa al-wuṯqā* keinen direkten Bezug zum Thema des KI dar. Nichtsdestoweniger demonstriert er den Einfluss der Gelehrten auf die Situation der Muslime und ihre erwünschte Mitwirkung zur Einheit der Muslime. Zudem manifestiert sich darin die Notwendigkeit der Kontaktaufnahme und Zusammenarbeit der *ʿulamāʾ* und die Förderung der Zusammenkunft in seinen angestrebten Zentren.

Ein noch deutlicherer Hinweis auf die Anwendung der kollektiven Rechtsfindung findet sich in seinem Bericht über die Reform der Scharia-Gerichte, den er im Jahre 1899, nach der Übernahme der Funktion des Groß-Mufti Ägyptens, vorlegte. In diesem Bericht deckt ʿAbduh die Missstände und das Defizit der Arbeit der Scharia-Gerichte auf. Dabei stellt er die Probleme, denen sowohl die Angestellten und Mitarbeiter der Gerichte als auch das Publikum begegnen, dar. In diesem Zusammenhang verweist ʿAbduh auf die Schwierigkeiten, auf welche die Richter der Scharia-Gerichte bei der Deduktion der Rechtsnormen aus der traditionellen islamischen Rechtsliteratur stoßen. Diese Literatur biete einerseits zahlreiche Rechtsauffassungen vermischt mit Streitgesprächen und Meinungsverschiedenheiten über viele Rechtsfälle an. Andererseits seien viele Richter nicht mit der Ermittlung der Normen ausgehend von diesen Quellen vertraut. Dadurch würden sich viele fehlerhafte Urteile in Rechtsfällen bezüglich der religiösen Stiftungen (*awqāf*), der Ehescheidung und der Vermächtnisse (*waṣāyā*) ergeben. Demzufolge schlägt ʿAbduh als Ausweg vor, eine Art Gesetzbuch für die Scharia-Gerichte zu erstellen. Zu diesem Zweck solle eine Kommission von Gelehrten der vier Rechtsschulen gebildet werden, die sich mit der Ableitung juristischer Bestimmungen der zwischenmenschlichen Rechtsverhältnisse (*muʿāmalāt*), insbesondere der ausschließlich von den Scharia-Gerichten verhandelten Rechtsfälle, beispielsweise der familien- und stiftungsrechtlichen Fragen, beschäftigen solle. Die Ableitung dieser Rechtsnormen solle sich auf alle anerkannten islamischen *maḏāhib* beziehen und das Gemeinwohl der Gesellschaft dieser Zeit berücksichtigen. Zu den Ergebnissen sollten noch die bereits ermittelten Vorschriften des scharia-rechtlichen Gerichtsverfahrens hinzugefügt werden. Das erstellte Gesetzbuch solle dann durch einen Erlass als Rechtsgrundlage für die Arbeit der Richter in Kraft gesetzt werden.[200]

> [...], wenn einem von ihnen etwas unklar ist, soll er sich in [der betreffenden Angelegenheit] an den gerade amtierenden Mufti der Justiz [d. h. des Justizministeriums] oder den jeweiligen Großmufti wenden, der das dann selbst oder nötigenfalls zusammen mit der Gelehrtenkommission untersucht.[201]

Erwähnenswert ist hierbei, dass ʿAbduh in diesem Kontext feststellt, dass die erfolgreichsten Gesetze diejenigen seien, die auf Basis der *šūrā* erstellt werden.[202]

---

200 Vgl. ʿAbduh 1993, Bd. 2, S. 265 und 270 f.; Kemke 1991, S. 37; Riḍā 2006, 2. Aufl., Bd. 1, S. 616 und Layish 1978, S. 263.

201 Kemke 1991, S. 37.

202 Vgl. Riḍā 2006, 2. Aufl., Bd. 2, S. 202 f.

Sein Entwurf zur Reform der Scharia-Gerichte bietet eine Möglichkeit der Anwendung des KI im Denken ʿAbduhs, nämlich bei der Kodifizierung des islamischen Rechts. Es handelt sich um einen Bericht eines staatlichen Beamten sowie um die Erlassung bindender Rechtsnormen. Bemerkenswert bei diesem Bericht ist die Aufforderung, alle angesehenen islamischen *maḏāhib* anzuwenden und die Absicht, die Rechtsnormen an die Interessen der Gesellschaft anzupassen. Die benötigte *iǧtihād*-Stufe für diesen Auftrag ist die Abwägung der *maḏāhib*. Ob die Berücksichtigung der Interessen der Gesellschaft zu einem unabhängigen *iǧtihād* führen kann, wird nicht deutlich. Außerdem werden weder Kriterien für die Mitglieder noch das Entscheidungsrecht, ob dies ein kollektives oder individuelles ist, festgelegt.

In einem Gespräch zwischen ʿAbduh und seinem Schüler Rašīd Riḍā über das Verhältnis zwischen dem Koran und der Rechtsliteratur, welches im Jahre 1903 im Haus ʿAbduhs stattfand, kritisiert ʿAbduh die muslimischen Gelehrten, die sich intensiv mit den äußeren Bedeutungen und sprachlichen Formulierungen der religiösen Texte auseinandersetzen und die ethischen und moralischen Ziele des Islam vernachlässigen würden. Ferner bemängelt er, dass diese ihre rechtlichen Werke, trotz ihrer Fehler und Widersprüche zum Koran und der Sunna, als Grundlage der Religion betrachten würden. Außerdem konstatiert ʿAbduh, dass die Muslime sich wegen der intensiven Beschäftigung mit diesen rechtlichen Büchern vom Koran und der Sunna abwenden würden. Daraufhin fragt ihn Riḍā nach dem Weg zur Reformierung der ḥanafitischen Rechtsliteratur. ʿAbduh antwortet, dass ein Verfasser, der über einen bestimmten Rechtsbereich schreiben will, sich mit allen Fragen dieses Bereichs mithilfe der mittelalterlichen Rechtsliteratur, wobei er auf das Werk von az-Zaylaʿī,[203] auskennen solle. Ebenso solle er die allgemeinen Rechtsmaximen, auf welchen alle Fragen dieses Rechtsgebiets beruhen, zusammenstellen und dann alle Rechtsfälle dementsprechend in einer klaren und logischen Reihenfolge anordnen. Darüber hinaus solle dieser Autor die Abgrenzung der Fragen der verschiedenen Rechtsbereiche berücksichtigen. Anschließend solle er die ausschlaggebende Rechtsauffassung (*rāǧiḥ*) mit ihren Argumenten erwähnen und schließlich auf die schwächere Ansicht (*marǧūḥ*) mit ihren Beweisen verweisen. Am Ende seiner Kritik an den *fuqahāʾ* und seiner Vorschläge für die Reform betont ʿAbduh die fehlende Institutionalisierung der Arbeit der *fuqahāʾ* und legt fest, dass für die Arbeit der *fuqahāʾ* Institutionen eingerichtet werden sollten. Darin könnten die Rechtsgelehrten die verschiedenen Fragen gemeinsam untersuchen und sich über eine Rechtsauffassung zu dem betreffenden Fall einigen, welche die *fuqahāʾ* für stichhaltig halten und für gültig erklären. Falls die Gültigkeit der ermittelten Auffassung an eine Zeit oder einen Ort gebunden sei, sollten die *fuqahāʾ* darauf hinweisen und erklären, dass diese nicht allgemeingültig sei.[204]

---

203 Gemeint ist *Tabyīn al-ḥaqāʾiq šarḥ kanz ad-daqāʾiq* von Faḫr ad-dīn az-Zaylaʿī (gest. 1343).

204 Vgl. ʿAbduh 1993, Bd. 3., S. 212–15.

Alles in allem handelt es sich bei diesem Gespräch um ein Postulat von ʿAbduh, eine institutionell-kollektive Form des *iǧtihād* zu schaffen. Die Beteiligten an diesem *iǧtihād*-Vorgang sind die *fuqahāʾ*. Nach der oben erwähnten Auffassung ʿAbduhs vom *iǧtihād* und seinen Positionen gegenüber den *maḏāhib* kann man davon ausgehen, dass die Arbeit dieser *fuqahāʾ*-Organisationen alle Rechtsschulen und *iǧtihād*-Stufen umfasst. Das Entscheidungsrecht in diesen Institutionen scheint kollektiv zu sein.

Für die Thematik des KI ist die Auffassung ʿAbduhs vom Prinzip des *iǧmāʿ* von Relevanz. Er spricht sich gegen die Vorstellung des *iǧmāʿ* der klassischen Gelehrten aus, die vom Konsens aller muslimischen *muǧtahids* einer Zeit bezüglich einer Frage ausgehen. Jedoch weist ʿAbduh die Möglichkeit zurück, diese Idee zu verwirklichen. Dementsprechend bleiben für ihn solche *iǧmāʿ*-Entscheidungen ein Gegenstand der Überprüfung bzw. des *iǧtihād*. Demgegenüber vertritt er die Meinung, dass mit dem *iǧmāʿ* die Übereinstimmung der *ahl al-ḥall wa-l-ʿaqd* bzw. der *ūlū l-amr* gemeint sei. Die an einem *iǧmāʿ* Beteiligten seien neben den Gelehrten die angesehenen Personen und Machthaber der Gesellschaft. Nach ʿAbduh bilden diese zusammen die *ūlū l-amr*. Der *iǧmāʿ* komme durch die Zusammenkunft und Konsultation dieser Gruppe zustande. Wenn die Teilnehmer sich freiwillig über eine Entscheidung einigen, welche das Gemeinwohl der Gesellschaft berücksichtigt, solle diese Entscheidung in Kraft gesetzt werden.[205] Laut Kerr hält ʿAbduh den *iǧmāʿ* für eine Sammlung bzw. Zusammenstellung verschiedener einzelner *iǧtihād*-Resultate oder eine gemeinsame Form des *iǧtihād*:

> For ʿAbduh *ijmāʿ* appears to be much more informal principle, being only the expression of collective rational judgment [...]. It is no longer necessary to distinguish between reason and *ijmāʿ*, for the latter is now only the collective aspect of the former.[206]

Des Weiteren kann ʿAbduhs Vorstellung vom *iǧmāʿ* den Weg zur Idee der Institutionalisierung des *iǧmāʿ* ebnen. Dies spiegelt sich in späteren Postulaten zur Institutionalisierung des *iǧmāʿ*, wie in jenen von Riḍā, Iqbāl und as-Sanhūrī, wider.

3.2.4 *Dār* al-*Iftāʾ* der Nadwat al-ʿulamāʾ

Im Zuge der Situation, die die muslimische Minderheit in Indien infolge der Revolution von 1857 gegen die Briten erlebte, und in Verbindung mit dem Konflikt zwischen den verschiedenen Richtungen und Gruppen der indischen Muslime zu jener Zeit, entstand unter vielen indisch-muslimischen Gelehrten das Bewusstsein für die Notwendigkeit, das Bildungswesen zu reformieren und die Kluft zwischen den muslimischen Gruppierungen zu überwinden. Zu diesen Gruppierungen gehörten die *Ahl-i Hadīth*, welche gegen die *maḏāhib* sind, die traditionellen ḥanafitischen Deobandis und die Modernisten bzw. die Anhänger von Sayyid Aḥmad Ḫān

205 Vgl. Riḍā 1328 H, Bd. 5, S. 180–183 und 208.
206 Kerr 1966, S. 144. Sowie vgl. Ebd., S. 143 ff.

(1817–1898) in Aligarh sowie die Sufis (wie die Barelwī-Bewegung), die Anhänger von Aḥmad Riḍā Ḫān (1856–1921) und die Schiiten. Im Jahre 1893 versammelten sich in der Schule *Faid-e ʿAmm* in Kanpur Gelehrte unterschiedlicher Richtungen und gründeten einen Gelehrtenrat (*Nadwat al-ʿulamāʾ*). Diese Organisation steckte sich das Ziel, ein neues Bildungssystem als Synthese zwischen (naturwissenschaftlichen) Modernisten und (religiösen) traditionellen Bildungsinhalten und -methoden auszuarbeiten, welches auch auf die modernen Umstände abgestimmt ist. Außerdem beabsichtigten die Gelehrten der Nadwa, den Streit der verschiedenen muslimischen Richtungen und *maḏāhib* beizulegen und damit einen Beitrag zur Einheit der Muslime zu leisten.[207]

In der zweiten Versammlung der *Nadwa* in Lucknow (1895) wurde die Einrichtung einer islamischen Hochschule (*Dār al-ʿulūm*) gefordert. Zum Ziel hätte diese Hochschule, Gelehrte auszubilden, die über fundierte Rechtskenntnisse verfügen und deren *fatāwā* somit bindend sein sollten. Außerdem forderte der erste Generalsekretär der *Nadwa* Muḥammad ʿAlī Mongīrī (gest. 1927),[208] ein zentrales Fatwa-Institut (*Dār al-iftāʾ*) zu gründen. In dieser Institution sollten verschiedene religiöse Strömungen und Experten unterschiedlicher Fachgebiete (wie Hadithwissenschaftler, Rechtsgelehrte und Sufis) vertreten und die Rechtsnormen verschiedener *maḏāhib* vereinheitlicht werden. Die erstellten *fatāwā* sollten an die gegenwärtigen gesellschaftlichen und politischen Umstände angepasst und für alle Muslime verbindlich sein. Ziel dieser Institution sei das Praktizieren des notwendigen *iǧtihād*. Die Forderung, ein *Dār al-iftāʾ* zu schaffen, wurde in dem von Mongīrī in dieser Versammlung vorgetragenen Entwurf der Ziele der *Nadwa* nicht erwähnt, sondern lediglich im Jahresprotokoll aufgenommen. Diese pluralistische Formierung eines Fatwa-Instituts, welches Mongīrī vorschlug, fand zunächst bei vielen Mitgliedern der *Nadwa*, vor allem bei *taqlīd*-Befürwortern, keine Anerkennung. Nach längerer Debatte wurde sie jedoch gebilligt. Aus finanziellen Gründen verzögerte sich jedoch der Bau des *Dār al-iftāʾ* um einige Jahre. Erst ab 1898 verstärkte sich die Absicht der Nadwa, diese Fatwa-Institution aufzubauen.[209]

Diese vorgeschlagene Form zur Gestaltung des *Dār al-iftāʾ* von Mongīrī zielte wie die *Nadwa* auf die Vereinigung der muslimischen Gruppen in Indien ab. Demzufolge sollte das *Dār al-iftāʾ* für alle Rechtsschulen offen bleiben. Trotzdem wurden offensichtlich die Schiiten ausgeschlossen. Zwar wurden sie zur ersten Versammlung der *Nadwa* eingeladen, doch im Anschluss daran distanzierte sich die *Nadwa* von ihnen.[210] *Dār al-iftāʾ* postulierte die Verwendung des *iǧtihād*, obwohl ihm verschiedene Gruppen von *taqlīd*-Anhängern, wie Deobandis und Sufis, angehörten. Infolgedessen

207 Vgl. al-Ḥasanī an-Nadwī 2008, 3. Aufl., S. 7 ff. und Malik 1997, S. 251 ff.

208 Ob diese Vorschläge ursprünglich auf Mongīrī zurückgehen oder vielleicht dem Sympathisanten der ägyptischen Salafiyya Šiblī an-Nuʿmānī (gest. 1914) zuzuschreiben sind, ist für einige Autoren (wie Abū al-Kalām Azād) strittig. Darauf verweist Jamal Malik. S. 281 f. und 286 Fn. 71.

209 Vgl. Malik 1997, S. 271 f. und 422 ff.

210 Vgl. Malik 1997, S. 251–254 und 423 Fn. 116.

stellte sich die Frage nach einer möglichen Synthese zwischen den divergenten Denkrichtungen, nämlich *iǧtihād*-Verfechtern (wie *Ahl-e Hadīth*) und *taqlīd*-Befürwortern, bei der Anwendung des *iǧtihād*. Erstaunlicherweise betonte Mongīrī die Verbindlichkeit der getroffenen Entscheidungen des *Dār al-iftā'*, obgleich es um „fatāwā" (also Gutachten bzw. Lehrmeinungen) geht. Die islamische Rechtswissenschaft unterscheidet zwischen „*aḥkām*" bzw. „*qaḍā'*" auf der einen Seite und „fatāwā" bzw. „*iftā'*" auf der anderen Seite. Während die erste Form bindend ist, ist die Letztere unverbindlich.[211] Dementsprechend handelt es sich bei diesem Vorschlag faktisch um ein Richteramt oder um eine Legislative und nicht um eine Fatwa-Institution.

Jamal Malik weist auf den augenscheinlichen Mangel an Informationen über diese Fatwa-Institution und ihre Arbeit hin:

> Da weitere Informationen über dieses zentrale und bedeutende Institut nicht vorliegen, ist anzunehmen, daß [*sic*] der ursprünglich formulierte Anspruch hinter den baldigen internen Fraktionskämpfen zurücktrat und wegen der Auseinandersetzungen mit den Barelwīs (s.u.: III. B 3. Kapitel) sowie der Finanzprobleme stillschweigend zurückgenommen wurde. Nirgends läßt [*sic*] sich eine eindeutige oder nur vage Stellungnahme zur *Dār al-Iftā'* finden.[212]

So deuten die äußerst vagen Angaben über die Arbeitsweise des *Dār al-iftā'* darauf hin, dass der Erstellung von Rechtsgutachten oftmals eine individuelle Leistung zugrunde lag und es sich entgegen des Vorschlags von Mongīrī nicht um eine kollektive Arbeit handelte. Die Informationen über die Anfangsphase des *Dār al-iftā'* zeigen, dass dieses Amt von einzelnen Muftis bekleidet wurde. Der erste Mufti, der bis 1898 diese Arbeit ausführte, war ʿAbd al-Laṭīf Sanbhalī (gest. 1959). Sein Nachfolger war ʿAbd al-Ḥamīd Farangī Maḥallī (gest. 1935), der ab November 1898 der Mufti der Nadwa war.[213]

Diese Situation änderte sich in der folgenden Zeit mit großer Wahrscheinlichkeit nicht. In seiner Studie über die Institutionen des *qaḍā'* (Richteramt) und des *iftā'* (Fatwa-Erlassung) in Indien schreibt der Mufti Muḥammad Imtiyāz al-Qāsimī den verschiedenen Fatwa-Ämtern in Indien die folgende Vorgehensweise bei der Erstellung der Rechtsgutachten zu. Zunächst beantworte einer der Rechtsgutachter mit Bezugnahme auf die rechtlichen Hinweise oder unter Berufung auf die berühmten arabischen Fatwa-Sammlungen, wie *Radd al-muḥtār* von Ibn ʿĀbidīn (gest. 1836), *al-Baḥr ar-rā'iq* von Ibn Nuǧaym (gest. 1563) oder *Fatḥ al-qadīr* von Ibn al-Humām, die Anfragen der Laien. Anschließend werde dieses Fatwa vom Rechtsgutachter unterschrieben. Falls es in jenem *Dār al-iftā'* noch weitere Muftis gebe, unterschreiben auch sie das erstellte Fatwa.[214]

---

211 Vgl. Ibn al-Qayyim 1423 H, Bd. 2, S. 73; Ḥasaballāh 1971, 4. Aufl., S. 105 f.; *al-Mawsūʿa al-fiqhiyya* 1995, Bd. 32, S. 21 und al-ʿUmarī 1985, 3. Aufl., S. 47.

212 Malik 1997, S. 425.

213 Ebd., S. 424 f. und Fn. 122.

214 Vgl. al-Qāsimī 2013, S. 46.

Aus der Darstellung der Fatwa-Institution vom aktuellen *Nāẓim* (Rektor) der *Nadwat al-ʿulamāʾ* Muḥammad ar-Rābiʿ al-Ḥasanī (geb. 1929) wird nicht deutlich, ob die Arbeit des *Dār al-iftāʾ* der *Nadwa* von der o. g. individuellen Vorgehensweise abweicht oder nicht. Sie befasse sich mit den juristischen Fragen und Fällen der muslimischen Laien in Indien. Al-Ḥasanī stellt fest, dass dieses Amt meistens vom Leiter der Abteilung für das islamische Recht des *Dār al-ʿulūm* und seinen Mitarbeitern wahrgenommen wird. Ihre Aufgabe bestehe in der Erstellung von Rechtsgutachten zu den betreffenden Fällen.[215] Das Register eines Teils der vom *Dār al-iftāʾ* der *Nadwa* angefertigten Fatwas (578 Fatwas) auf der offiziellen Homepage der *Nadwa* zeigt, dass sie die oben dargestellte Arbeitsweise von Qāsimī auch befolgt. Darüber hinaus gibt es eine große Anzahl an Rechtsgutachten – insbesondere von Muḥammad Ẓuhūr an-Nadwī – die von einem einzigen Mufti ohne die Unterzeichnung anderer Rechtsgutachter erstellt wurden. Letzterer war der Mufti der *Nadwat al-ʿulamāʾ* während des Rektorats Abū al-Ḥasan an-Nadwīs (von 1961 bis 1999) und zu Beginn der Amtszeit des aktuellen Rektors Muḥammad ar-Rābiʿ al-Ḥasanī (seit 2000). Die übrigen Rechtsgutachten wurden von einem einzigen Mitarbeiter des *Dār al-iftāʾ* erlassen und unterschrieben. Sodann wurde ihnen vom Mufti der *Nadwa* zugestimmt.[216]

In einem Aufsatz über die kollektive Fatwa-Erstellung und ihre Institutionen in Indien akzentuiert Ẓufr ʿĀlim an-Nadwī, ein Mitarbeiter des *Dār al-iftāʾ* der Nadwa, das Bedürfnis nach einer kollektiven Anwendung des *iǧtihād*. In einem ersten Schritt begründet der Autor die Notwendigkeit der Anwendung des KI und weist sodann auf die Umsetzung der Idee des KI in Form von Rechtsakademien, wie die Akademie für islamische Untersuchungen in Ägypten und die internationale Rechtsakademie in Saudi-Arabien, sowie in anderen Ländern innerhalb und außerhalb der islamischen Welt, hin. Was die Institutionen des KI in Indien betrifft, so zählt er das *Dār al-iftāʾ* nicht dazu. Hinsichtlich des *Dār al-iftāʾ* der Nadwa spricht er lediglich von der Erlassung rechtlicher Gutachten, ohne jedoch irgendeinen Hinweis auf die Anwendung des KI zu geben.[217] Daraus erklärt sich die Entscheidung, diesen Vorschlag, welcher faktisch nicht umgesetzt wurde, in diesem Kapitel und nicht im Praxisteil im Zusammenhang mit den Umsetzungsformen den KI darzustellen.

3.2.5 Muḥammad Rašīd Riḍā (1865–1935)

Rašīd Riḍā ist der berühmteste Schüler ʿAbduhs und der Gründer einer der bekanntesten islamisch-gesellschaftlichen Zeitschriften seiner Zeit, nämlich *al-Manār*. Zu den ersten Themen, welche Riḍā in einer Artikelreihe in *al-Manār* behandelte, gehört die Reform des Kalifats. Anfang Dezember 1898 präsentierte Riḍā dem osmanischen Kalifat seine Vorschläge zur Reform des Kalifats. Dieser Reformplan umfasste die

215 Vgl. Al-Ḥasanī an-Nadwī 2008, 3. Aufl., S. 39.
216 Vgl. http://www.nadwatululama.org/english/fatwa/arf_fatwa%20nadwa/fatwa%20nadwa.html#, abgerufen am 29.12.2014.
217 Vgl. Ẓufr ʿĀlim an-Nadwī 2011, S. 112.

Reform des politisch-zivilen und des religiösen Bereichs. Zunächst weist Riḍā auf die Schwäche des osmanischen Kalifats hin und legt anschließend seine Reformgedanken auf politischer Ebene dar. In Hinblick auf die religiöse Reform hebt Riḍā hervor, dass die Hauptgrundlage der angestrebten Reform die islamische Einheit in theologischem, ethischem, juristischem und sprachlichem Bereich sei. Zu diesem Ziel solle eine islamische internationale Gesellschaft gegründet werden. Für diese sollten Standorte in den verschiedenen islamischen Ländern eingerichtet werden. Der Hauptsitz dieser Gesellschaft sei Mekka und dort solle die Vollversammlung der Gesellschaft in der Pilgerfahrtsaison stattfinden. Was die juristische Einheit betrifft, so empfiehlt Riḍā, dass diese Gesellschaft eine Kodifikation auf Basis des islamischen Rechts erstelle. Diese solle die europäischen Gesetze, die in islamischen Ländern in Kraft getreten seien, ersetzen. In diesem Zusammenhang sei die Gesellschaft damit beauftragt, rechtliche Werke zu erstellen, „[...] drawn from all schools (*madhahib*) and adapted to contemporary circumstances, and the resulting legislation would take effect in all Muslim states."[218] Somit könnten alle islamischen *maḏāhib* vereinigt und des Rechtsschul-Fanatismus entschärft werden.[219]

In Bezug auf die Frage, ob die Normen der islamischen *maḏāhib* oder ein positives Recht dem Gemeinwohl der (ägyptischen) Gesellschaft dienlicher sei, kommt Riḍā zu dem Schluss, dass bei der Wahl für die Gesellschaft Gerechtigkeit und Gleichberechtigung den notwendigen Maßstab darstellen sollten. Für uns, als muslimische Gesellschaft, wären die scharia-rechtlichen Bestimmungen tauglicher, weil man ihnen gegenüber zudem noch eine moralische Verpflichtung hätte. Man solle sich aber nicht auf eine einzige Rechtsschule stützen, da der Gesellschaft dadurch Restriktionen auferlegt und ihr Wohl nicht berücksichtigt würde. In diesem Kontext weist Riḍā auf den Entwurf seines Lehrers ʿAbduh zur Reform der Scharia-Gerichte hin und macht basierend darauf den Vorschlag, eine präzisierte Normensammlung zu schreiben. Dieses Werk solle sich auf die diversen Schulen beziehen und die Bedürfnisse der Gegenwart erfüllen.[220]

Riḍā führte die Auffassungen seines Lehrers vom *iǧmāʿ* und anderen rechtstheoretischen Prinzipien fort und entwickelte sie noch weiter. Er zweifelte an der Möglichkeit, einen *iǧmāʿ* entsprechend der Ansicht der traditionellen *uṣūl*-Wissenschaftler zu bilden. In seinen Ergänzungen zur Erläuterung ʿAbduhs des Verses 4:59[221] hebt Riḍā hervor, dass der *iǧtihād* der *ūlū l-amr* bzw. *ahl al-ḥall wa-l-ʿaqd*, die dritte Quelle der Scharia bilde. Wie sein Lehrer hält er die *ahl al-ḥall wa-l-ʿaqd* (bekannte vertrauenswürdige Personen aller Lebensbereiche, darunter die Gelehrten) für die Vertreter des Volks, deren Konsens über eine Entscheidung, laut der Konzeption der vorbildlichen

---

218 Kramer 1986, S. 28.

219 Vgl. Riḍā: *al-Manār* 1898, Bd. 1, S. 740–753 und 764–771.

220 Vgl. Riḍā: *al-Manār* 1901, Bd. 4, S. 224.

221 ʿAbduh präsentierte seine Korankommentare (bis 4:125) in Vorträgen an der Azhar-Moschee im Zeitraum von 1317–1323/1899–1905, die ab dem Jahre 1318/1900 in *al-Manār* veröffentlicht wurden. Vgl. Riḍā 1328 H (1910), Bd. 1, S. 14 ff.

Vorfahren (*salaf*), die wahre Form des *iǧmāʿ* darstelle. Diese Gruppe solle die Funktion der Gesetzgebung übernehmen. Riḍā stellt fest, dass diese Gruppe eine einflussreiche Rolle beim Treffen juristischer und politischer Entscheidungen in der Zeit der rechtgeleiteten Kalifen gespielt habe. Insbesondere in Bezug auf Fragen, die weder im Koran noch in der Sunna behandelt wurden, sei diese Gruppe von den zwei ersten Kalifen, Abū Bakr und ʿUmar, zurate gezogen worden. Riḍā betont, dass dieser Kreis der *ahl al-ḥall wa-l-ʿaqd* seine eigentliche Funktion zu Beginn der umayyadischen Zeit verloren habe. Er geht aber von der Notwendigkeit der Organisierung bzw. Wiederbelebung der Arbeit dieser Gruppe in der modernen Zeit aus und gibt den Anstoß dafür, eine Akademie (*maǧmaʿ*) oder legislative Körperschaft (*hayʾa tašrīʿiyya*) für *ahl al-ḥall wa-l-ʿaqd* zu gründen, wo auf Basis des *šūrā*-Prinzips rechtliche Bestimmungen ermittelt und die allgemeinen Probleme der Gesellschaft behandelt werden können. Die Entscheidungen dieser Institution würden dann als *iǧmāʿ* betrachtet werden und seien für die Regierung verbindlich. Die Mitglieder sollten aufgrund ihres Wissens, ihrer Verstandesschärfe und ihrer Rechtschaffenheit vom Publikum gewählt werden. Außerdem solle eine solche Akademie oder Körperschaft frei von staatlichem Druck sein. Ihre Arbeit betreffe zwischenmenschliche Rechtsverhältnisse und gesellschaftliche Fragen. Die auf den Personalstatus bezogenen Rechtsfälle sollten einem Ausschuss von spezialisierten *fuqahāʾ* überlassen werden. Was die Ergebnisse dieser Körperschaft angeht, so seien diese zeitgebunden verbindlich und könnten von derselben oder einer späteren Körperschaft aufgrund von neuen gesellschaftlichen Interessen abgeschafft und durch neue Entscheidungen ersetzt werden.[222] Riḍā „sees the work of those in authority, as brought together in this assembly, as form of collective ijtihad and, as such, as the equivalent of consensus."[223]

Im Buch Riḍās *al-Ḫilāfa*, das er im Zusammenhang mit dem Untergang des Osmanischen Reichs im Jahre 1922 veröffentlichte, zeigt sich eine Weiterentwicklung dieser Gedanken. Er fordert darin zur Errichtung eines neuen Kalifats unter günstigen Umständen auf. In Riḍās Augen stellt die Fortsetzung der *iǧtihād*-Praxis eine unabdingbare Prämisse dar, um für neu auftauchende Probleme passende Lösungen anbieten zu können und somit die muslimischen Gesellschaften aus der Rückständigkeit zu befreien. Im Zuge dessen betont er, dass die Versammlung der *muǧtahids* und der Kontakt zwischen ihnen heutzutage viel einfacher seien als dies in der islamischen Frühzeit der Fall war. So könnten diese zu einem Zusammentreffen an einem bestimmten Ort eingeladen werden, um sich mit verschiedenen Fragen auseinanderzusetzen. Ferner wäre es auch möglich, ihnen die zur Diskussion stehenden Themen zuzusenden. Durch die Ergebnisse ihrer Untersuchung bilde sich, nach der Ansicht der klassischen *uṣūl*-Wissenschaftler, ein *iǧmāʿ* heraus. Riḍā kommt zu dem Schluss, dass das Treffen solcher *iǧmāʿ*-Entscheidungen als wesentliche Stütze der islamischen Gesetzgebung gelte. Darüber hinaus entwirft er in diesem Buch die gesamte Struktur der Institutionen des angestrebten Kalifates. Dazu gehört die

222 Vgl. Riḍā 1328 H (1910), Bd. 5, S. 180–183, 187 f., 199 ff. und 211.
223 Zaman 2012, S. 51.

Schaffung einer Hochschule, um Kandidaten sowohl für die Führungsämter als auch als kompetente *muǧtahids* auszubilden. Von Letzteren sollten Richter, Muftis und Spezialisten für die Gesetzgebung ausgewählt werden. Ebenso sei die Gründung eines Fatwa-Rats eingeplant, um Rechtsgutachten zu erteilen und religiöse und rechtliche Werke zu verfassen.[224]

Die Kommentare ʿAbduhs und Riḍās zum Vers 4:59 vermitteln eine Vorstellung zur Institutionalisierung des *iǧmāʿ* in Form einer Legislative, deren Mitglieder gewählt und sowohl *muǧtahids* als auch andere Machthaber im Staat einschließen. Diese Idee spielt sowohl bei der Kodifikation als auch bei der Entscheidung hinsichtlich der allgemeinen Probleme des Landes eine wichtige Rolle. Die erforderte *iǧtihād*-Klasse bleibt bei Riḍā offen und könnte somit bis zur höchsten Stufe reichen. Außerdem wird die Notwendigkeit der Unabhängigkeit von staatlichem Einfluss festgestellt.

Der Vorschlag einer Normenenzyklopädie und einer islamisch-internationalen Gesellschaft bestätigt die Tendenz zur Anerkennung verschiedener Rechtsschulen sowie zur Kodifizierung des islamischen Rechts nach dem Vorbild ʿAbduhs. In beiden Fällen lässt sich eine Verpflichtung gegenüber den Ergebnissen des *iǧtihād*-Prozesses erkennen. Überdies wird auf ein gemeinsames gleichberechtigtes Entscheidungsrecht nicht verwiesen.

Die Initiative Riḍās für die Entwicklung verschiedener Formen des KI manifestiert sich erneut in seiner Aufforderung zur Schaffung eines Fatwa-Komitees (*Laǧnat fatwā*) in der Azhar. Diese tätigte er in *al-Manār* im Jahre 1928. In seinem Artikel über die Reform der Azhar verteidigt Riḍā das reformierte Programm des Scheichs al-Azhar al-Marāǧī gegen die Opponenten von traditionellen Gelehrten. Anschließend postuliert er, eine allgemeine Fatwa-Kommission zu gründen, deren Aufgabe es sei, sich mit den Angelegenheiten der islamischen Theologie und den Rechtsnormen sowie mit der Widerlegung der Vorwürfe gegen den Islam auseinanderzusetzen. Es war nicht das erste Mal, dass Riḍā die Gründung eines solchen Komitees zum Postulat erhob. Vielmehr kann hier, laut Riḍā, von einer Erinnerung (*taḏkīr*) an das Bedürfnis der Genese eines solchen Ausschusses gesprochen werden. Im Jahre 1931 rief Riḍā ein weiteres Mal zur Bildung einer Fatwa-Kommission in der Azhar auf. Diese Aufforderung stand in Verbindung mit der Entkräftung der Auffassungen des Muftis der *Maǧallat Nūr al-Islām* (später *Maǧallat al-Azhar*) Yūsuf ad-Diǧwī (1870–1946), der (individuelle) Fatwas gegen die Wahhabiten erstellte. Dabei schlug Riḍā vor, eine Kommission mit der Erteilung der Rechtsgutachten der Zeitschrift der Azhar, *Nūr al-Islam*, zu beauftragen, um die irrtümlichen Ansichten einzelner Muftis zu beseitigen. Eine andere Möglichkeit bestünde in der Aufsicht des offiziellen Großmuftis über die Erlassung der Fatwas bei der Zeitschrift *Nūr al-Islam*. Die Mitglieder dieser Fatwa-Kommission sollten *ʿulamāʾ* sein, die über Kompetenzen in verschiedenen Scharia-Wissenschaften, insbesondere Koranexegese und Hadithwissenschaft, verfügen.[225]

---

224 Vgl. Riḍā 1988, S. 87 f., 102–106 und 113.

225 Vgl. Riḍā: *al-Manār* 1928, Bd. 29, S. 548; Riḍā: *al-Manār* 1931, Bd. 31, S. 747 und Skovgaard-Pertersen 1997, S. 152 f.

Bei diesem Appell handelt es sich um die Anwendung der Idee des KI zur Anfertigung rechtlicher Gutachten, welche keinen verbindlichen Charakter haben. Entsprechend diesem Denkmodell ist ein solches Fatwa-Komitee für die Bezugnahme auf die verschiedenen *maḏāhib* und *iǧtihād*-Stufen offen. Hinter der Hervorhebung der Vertrautheit der Beteiligten mit der Koranexegese und der Hadithwissenschaft könnte die Absicht der *Laǧna* stehen, die höchste Klasse des *iǧtihād*, also mit direktem Bezug auf den Koran und die Sunna, auszuüben. Das Entscheidungsrecht erscheint kollektiv zu sein.

3.2.6 Filibeli Ahmet Hilmi (1865–1914)

Im Zuge des Aufrufs zur Entwicklung und Erneuerung des islamischen Rechts und zur Anpassung an die Modernität wurde der Einsatz des *iǧtihād* als angemessenes Verfahren zur Verwirklichung dieses Ziels hervorgehoben. Jedoch widersetzten sich noch viele Gelehrte in verschiedenen islamischen Ländern der Anwendung solcher Methoden. Die Zulässigkeit des *iǧtihād* wurde sogar von einem Teil der muslimischen Gelehrten infrage gestellt. Laut dem türkischen Gelehrten und Historiker Filibeli habe dabei die Lage in der Türkei keine Ausnahme dargestellt. Diese Haltung sei einerseits darauf zurückzuführen, dass es bei der bisherigen individuellen Form der *iǧtihād*-Praxis oft zu Konflikten zwischen den Anhängern der verschiedenen *maḏāhib* komme. Andererseits könne man aus Erfahrung sagen, dass eine große Zahl der Gelehrten dieser Zeit nicht mehr dazu qualifiziert sei, den *iǧtihād* zu praktizieren.[226]

> Unter Bezugnahme auf diese Tatsache wird von Filibeli der Vorschlag gemacht, dass ein Organ gegründet werden solle, welches aus ca. 50 Rechtsgelehrten bestehe und die gesamte islamische Welt vertrete. Dieses könne unter der Schirmherrschaft des Kalifen in Istanbul tagen und die Entwicklung eines einheitlichen Maḏhab fördern.[227]

Mit diesem Vorschlag beabsichtigte Filibeli, die Kluft zwischen den Rechtsschulen zu überwinden und die Einheit der Muslime zu garantieren. Interessanterweise weist Ucar auf die Ähnlichkeit zwischen diesem Vorschlag und jenem zeitgleichen Vorschlag von ʿAbduh und Riḍā in Ägypten hin sowie auf die potenzielle Beeinflussung durch die Ideen ʿAbduhs, die bereits in Istanbul verbreitet seien.[228] In diesem Zusammenhang sollte erwähnt werden, dass ʿAbduh im Jahre 1901 die Türkei besuchte und mit dem *Şeyhülislam* Ǧamāl ad-Dīn Efendi ein Gespräch über die (Scharia-)Gerichte und insbesondere über die Rolle muslimischer *ʿulamāʾ* bei der Berücksichtigung der Interessen der Umma führte.[229] Gleichzeitig diente ʿAbduh die Erstellung einer Sammlung der juristischen Bestimmungen auf dem Gebiet der *muʿāmalāt* in der *Maǧalla ʿadliyya* als Vorlage seines Denkmodells.[230]

---

226 Vgl. Ucar 2005, S. 74 ff. und 90.
227 Ucar 2005, S. 90. (Filibeli: 1326/1908).
228 Vgl. Ucar 2005, S. 90 f.
229 Vgl. Riḍā 2006, 2. Aufl., Bd. 1, S. 850 ff.
230 Ebd., S. 616. Zur *Maǧalla* siehe Unterkapitel über die Legitimation des KI.

Mit dem Ziel, eine zeitgemäße *iǧtihād*-Form zu schaffen, welche die Anforderungen der modernen Gesellschaft erfüllen kann, rief Filibeli zum KI auf. Bemerkenswert an seinem Entwurf ist, dass er eine präzise Idee eines internationalen *iǧtihād* anbietet. Unklar bleibt aber, was unter „einheitlicher Rechtsschule" zu verstehen ist. Bedeutet es eine Abschaffung der bereits existierenden *maḏāhib* und impliziert somit die Aufforderung, eine völlig neue Schule zu gründen oder geht es lediglich um eine Kombination verschiedener *maḏāhib*? Im Falle einer Realisierung der ersten Möglichkeit wird die höchste *iǧtihād*-Klasse, also *mustaqill*, vorausgesetzt, während im zweiten Fall nur *tarǧīḥ* von Nöten wäre. Filibeli spricht sich für eine staatliche Durchführung seines Vorschlags aus, aber ohne zu präzisieren, ob die durch den *iǧtihād* ermittelten Normen für Muslime verbindlich sind oder nicht. Ferner bleibt ungewiss, ob es sich um ein gemeinsames Entscheidungsrecht des Organs handelt oder nicht.

3.2.7 Bediüzzaman Said Nursî (1876–1960)

Der kurdisch-türkische Reformer und Gründer der Nurculuk-Bewegung Bediüzzaman Said Nursî erlebte die Endphase des Osmanischen Reiches und die religiösen, gesellschaftlichen und politischen Probleme der muslimischen Gemeinde zu jener Zeit. In seinen Schriften zu dieser Epoche befasste sich Nursî damit, Lösungen für diese schwierige Situation anzubieten. Die Praxis des *iǧtihād* erfordert nach Nursî in dieser Lage zunächst die Beseitigung einiger Hindernisse. Mögliche Lösungsansätze legt er in seinem Traktat über den *iǧtihād* (*Risālat al-iǧtihād*), das seine Vorstellung vom *iǧtihād* und seine Auffassung über die Frage, ob das Tor zum *iǧtihād* geschlossen oder noch offen ist, dar. Daraus geht hervor, dass für ihn zwar das *iǧtihād*-Tor noch immer offen ist, es aber verschiedene Barrieren gebe, welche die Fortsetzung des *iǧtihād* zu seiner Zeit erschweren und verhindern würden. Ein erstes Hindernis stelle die Verbreitung der *bidaʿ* in der islamischen Welt dar. Hinzu komme die Zerschlagenheit der Grundlagen der Religion bzw. des Islam (*taʿarruḍ ḍarūriyyāt ad-dīn li-t-tahluka*). Darüber hinaus sei das Fehlen einer günstigen Umwelt für das Praktizieren des *iǧtihād* hinderlich. Ein weiterer Mangel bilde der fehlende Wille, den *iǧtihād* zu praktizieren. Ferner sei das Leben in einer späteren Zeit nach der vorbildlichen Frühzeit des Islam als problematisch anzusehen. Aus diesem Grund sollten für ihn zunächst diese *bidaʿ* beseitigt, die Grundlagen der islamischen Religion wieder in der Gesellschaft etabliert und alle Lebensumstände an die *iǧtihād*-Praxis angepasst werden.[231]

In seinen Traktaten *as-Sāniḥāt* bietet Nursî in Hinblick auf die Koranverse 42:38 und 3:159, die das *šūrā*-Prinzip fordern, eine praktische Alternative zum (individuellen) *iǧtihād* durch Schaffung eines Konsultativrates für die *iǧtihād*-Praxis (*maǧlis šūrā li-l-iǧtihād*) an. Diesen Vorschlag machte Nursî den *Jungtürken* erst mal in Folge der Revolution des Jahres 1908, die diesen damals jedoch ablehnten. Zwölf Jahre später wiederholte er diesen mit Erfolg. Da aber inzwischen das Parlament aufgelöst wurde,

231 Vgl. Nursî 2011, 6. Aufl. S. 553–559. Dazu Ucar 2005, S. 135 f.

unterbreitete er seinen Vorschlag ein weiteres Mal. Für Nursî sind das Sultanat und das Kalifat miteinander verbunden. Während das Sultanat sich auf drei Konsultativräte stütze, verlasse sich das Amt des *Şeyhülislams*, das als die oberste religiöse Autorität des Kalifats bilde und die ganze islamische Welt repräsentiere, nur auf eine einzige Person, nämlich den *Şeyhülislam*.[232] Insbesondere in jener Zeit, die durch die Komplexität und Schwierigkeit der Lebensbedingungen, das Chaos der (individuellen) *iǧtihād*-Entscheidung und die Korruption der Moral charakterisiert sei, könne kein einziger Gelehrter, selbst wenn er hoch qualifiziert und begabt sei, diese Arbeit unter heutigen Umständen allein leisten. Zur Erfüllung aller angestrebten Aufgaben der Position des *Şeyhülislams* solle eine kollektive Arbeitsform angewandt werden, und zwar durch Einrichtung eines Beratungsrates für die *iǧtihād*-Praxis. Dieser Rat sollte sich aus den Gelehrten des islamischen Weisheitshauses (*Dār al-ḥikma al-islāmiyya*), den Leitern der Abteilungen der *Mašyaḫa* und 20 Gelehrten, die die verschiedenen islamischen Gebiete vertreten, zusammensetzen. Nursî geht aber davon aus, dass ein individueller *iǧtihād* nur angenommen bzw. in Kraft gesetzt werden könne, wenn über die Ergebnisse dieses *iǧtihād* ein Konsens (*iǧmāʿ*) zustande komme.[233]

Hinsichtlich des Vorschlags eines *maǧlis šūrā li-l-iǧtihād* manifestiert sich eine Tendenz zur Umwandlung des Entscheidungsrechts in eine kollektive Form. Die Kriterien für die Beteiligung an diesem Rat und die Aufgaben der Mitglieder sind nicht festgelegt. Es geht dabei um eine Anwendung des KI innerhalb eines Regierungsorgans. Die von ihm erstellten Normen des *iǧtihād* haben somit Verbindlichkeit. In Bezug auf die Auffassung Nursîs zum Rechtsschulwesen weist Ucar darauf hin, dass Nursî von einer strengen Bindung an die *maḏāhib* ausgeht: „Muslime seien verpflichtet, den ehrenhaften Imamen zu folgen und sie in ihren konkreten Rechtsfindungen nachzuahmen."[234] Daher kann man davon ausgehen, dass seine angestrebte *iǧtihād*-Praxis in kollektiver Form höchstens der dritten Stufe des *iǧtihād* (*iǧtihād fī-l-maḏhab*) zuzuordnen ist.

3.2.8 Rafīq al-ʿAẓm (1867–1925)

Der syrische Historiker und Schriftsteller siedelte 1894 nach Kairo über, wo er in engem Kontakt mit ʿAbduh und dessen Schülern, vor allem mit Riḍā, stand und sich für den Reformweg engagierte. Im Jahre 1910 veröffentlichte die Zeitschrift

---

232 Im Jahre 1911 veröffentlichte der aus Kaukasus stammende türkische Politiker und Schriftsteller sowie Herausgeber der *Mizan*-Zeitung (1886) Mehmed Murad (1854–1917) ein Buch, in dem er zur Schaffung eines Komitees aus neun muslimischen Notabeln aufforderte, die aus verschiedenen islamischen Gebieten stammen. Diese Kommission solle unter der Leitung des osmanischen Scheichülislam stehen. In seiner Arbeit berufe sich dieser unabhängige Ausschuss grundsätzlich auf die Scharia. Drei von den Mitgliedern dieses Ausschusses seien mit der Wahl des Kalifen betraut. Vgl. Kramer 1986, S. 49 f.

233 Vgl. Nursî 2002, 3. Aufl., S. 351–355. Dazu Ucar 2005, S. 137.

234 Ucar 2005, S. 135 und 137.

al-Manār die Rede al-ʿAẓms, die er vor den Studierenden der Schule des scharia-rechtlichen Richteramtes, die 1907 als Organ der Azhar eingerichtet wurde, hielt und in der er die kollektive Form der Rechtsfindung sowohl für Richter als auch für Rechtsgutachter propagierte. Für ihn war es (zu jener Zeit) schwer vorstellbar, dass einzelne Rechtswissenschaftler die Kompetenz zum *iǧtihād* haben könnten. Darüber hinaus erkennte er in den Bedenken gegen ein potenzielles Chaos (*fawḍā*) durch den individuellen *iǧtihād* einen Grund für die Schließung des Tores zum *iǧtihād*. Deswegen sprach sich al-ʿAẓm gegen die individuelle *iǧtihād*-Form aus und forderte vielmehr, eine Gruppe von Gelehrten mit der *iǧtihād*-Ausübung zu betrauen, die das Gemeinwohl der Gesellschaft und den Wandel der Zeit berücksichtige. Al-ʿAẓm nahm an, dass nach der Zustimmung von *ahl al-ḥall wa-l-ʿaqd* die Entscheidungen der *iǧtihād*-Gruppe als gültig betrachtet werden könnten. Des Weiteren hebt er hervor, dass sowohl rechtstheoretische (*uṣūl*) als auch -praktische (*furūʿ*) Fragen auf Basis des *iǧtihād* des Kollegiums (*iǧtihād al-ǧamāʿa*) untersucht werden sollten.[235]

Zudem verlangt er, einen Kodex der *muʿāmalāt* mithilfe des *iǧtihād al-ǧamāʿa* anzufertigen. Dabei handle es sich um die Bewertung der Ansichten unterschiedlicher Rechtsschulen und sodann um die Bevorzugung der stichhaltigsten und mit den Texten in Einklang stehenden Auffassungen. Somit beabsichtigt er, den Meinungsstreit der Juristen verschiedener *maḏāhib* beizulegen.[236]

Die Rede al-ʿAẓms enthält einen eindringlichen Appell zum KI als Garantie für die Fortsetzung des *iǧtihād* sowohl beim Richteramt als auch bei der Erlassung juristischer Fatwas. Dieser KI umfasst die verschiedenen *maḏāhib* und entspricht vor allem dem *iǧtihād at-tarǧīḥ* aber reicht sogar bis zur höchsten Stufe *mustaqill*. An verschiedenen Stellen von al-ʿAẓms Vortrag zeigt sich eine Tendenz zur Anwendung des KI bei der Gesetzgebung, was den *iǧtihād*-Ergebnissen Verbindlichkeit verleiht. Außerdem entsteht der Eindruck, dass das Recht auf Entscheidung der ganzen *ǧamāʿa* gleichberechtigt zukommt. Ob die Ausführung unter staatlicher Kontrolle oder durch Nichtregierungsorganisationen erfolgt, wird indes von al-ʿAẓm nicht spezifiziert.

3.2.9 ʿAbd al-ʿAzīz Ǧāwīš (1876–1929)

Der ägyptische Intellektuelle und Sympathisant des osmanischen Kalifats studierte an der Azhar und an der *Dār al-ʿulūm* in Kairo. Darüber hinaus schloss er anschließend in England ein Studium an und unterrichtete danach Arabische Literatur in Oxford. Nach seiner Rückkehr nach Ägypten war er mit der Herausgabe der nationalen *al-Liwāʾ*-Zeitung betraut. Im Jahre 1912 reiste er nach Istanbul und edierte dort zwei Zeitschriften, nämlich *al-Hilāl al-ʿuṯmānī* und *al-Ḥaqq yaʿlū*. In Istanbul publizierte er auch die Zeitschrift *al-ʿĀlam al-islāmī*. In deren ersten Ausgabe im Jahre 1330/1912 legte er sein Programm für die islamische Einheit dar. Darin unter-

235 Vgl. al-ʿAẓm: *al-Manār* 1910, Bd. 13, S. 33, 41 f. und 46.
236 Ebd., S. 46 f.

stützt er die Idee einiger muslimischer Autoren und Gelehrten von der Veranstaltung einer internationalen islamischen Zusammenkunft oder eines Kongresses. Ǧāwīš war der Ansicht, dass solch eine Tagung in Istanbul stattfinden sollte. In diesem Rahmen sollten sich Gruppen von Gelehrten aus verschiedenen islamischen Gebieten versammeln, um die sozialen und religiösen Fragen zu diskutieren, die Vitalität der Religion wiederherzustellen und die Verwirrungen und den Aberglauben, die sich in die Scharia eingeschlichen hätten, offenzulegen sowie die verfälschenden Appelle zu bekämpfen. Ǧāwīš akzentuiert, dass die Entscheidungen dieser Gelehrten und angesehenen Personen Anerkennung beim Publikum finden würden. Außer dem Kongress schlägt er andere Unternehmungen vor, welche zur Reform und Einheit der muslimischen Gemeinde beitragen könnten, wie z. B. die Herausgabe einiger Zeitschriften in Arabisch, Türkisch, Persisch und in anderen europäischen Sprachen. Diese sollten sich mit religiösen, sozialen und wirtschaftlichen Themen befassen und von einem Komitee von berühmten Gelehrten ediert werden. Außerdem forderte er, eine Akademie für die Ausbildung von Seelsorgern und der geistlichen Führung, eine islamische Bank in Istanbul sowie weitere pädagogische und finanzielle Institutionen zu gründen.[237]

Angesichts dieser Initiative lässt sich das Streben nach der islamischen Einheit als Ansatzpunkt konstatieren. Er spricht sich für die Gleichstellung der verschiedenen Rechtsschulen aus, indem er die Teilnahme von Gelehrten wünscht, die aus verschiedenen Orten kommen. Die benötigte *iǧtihād*-Stufe und die Kompetenzen der beteiligten *ʿulamāʾ* sowie das Entscheidungsrecht bleiben unbestimmt.

3.2.10 Muḥammad ibn al-Ḥasan al-Ḥaǧawī (1874–1956)

Mit Bezug auf seine Forderung nach Erneuerung und Revision der mālikitischen Rechtsschule schlägt der aus Fes stammende al-Ḥaǧawī in seinem Buch *al-Fikr as-sāmī fī tārīḫ al-fiqh al-islāmī*, das zwischen 1922 und 1927 erschien, vor, die mālikitischen Rechtsauffassungen zu revidieren und ein Buch zu verfassen, das als Grundlage sowohl für die Erlassung der Fatwas als auch für die Urteilsfindung der Scharia-Gerichte (*maḥākim šarʿiyya*) dienen könne. Diese Arbeit solle von einer Gruppe mālikitischer Juristen und nicht von Einzelnen ausgeführt sowie von dem Justizministerium unterstützt werden.[238]

Ausgehend von dem Versuch, die Scharia an die Moderne anzupassen, gibt al-Ḥaǧawī den Anstoß, ein rechtliches Werk auf Basis der mālikitischen Schule und mittels kollektiver Leistung zu erstellen. Die erforderliche *iǧtihād*-Form für eine solche Aufgabe besteht in der Abwägung der verschiedenen Argumente. Diese Arbeit kann auch als eine Art Kodifikation der mālikitischen Schule angesehen werden. Auf eine Ausführung dieser Arbeit unter staatlicher Autorität wird hingewiesen, ein kollektives Entscheidungsrecht wird aber nicht vorausgesetzt.

237 Vgl. Kramer 1986, S. 50 ff.
238 Vgl. al-Ḥaǧawī 1995, S. 470.

3.2.11 Muḥammad Saʿīd al-Bānī (1877–1933)

In seinem Buch *ʿUmdat at-taḥqīq fī-t-taqlīd wa-t-talfīq*, das erstmals 1923 in Damaskus erschien, nimmt der syrische Gelehrte al-Bānī gegenüber den Begriffen *taqlīd* und *talfīq* Stellung. Diese beiden Begriffe wurden zu dieser Zeit oft diskutiert. In seinem Buch beschwert sich al-Bānī über das Chaos bei der Erstellung rechtlicher Gutachten und bei der Ausübung des Richteramts. Einer der wesentlichen Gründe dafür liege darin, dass die Rechtsgutachter sich kritiklos den späteren Werken ihrer eigenen Schulen unterworfen und sich nicht direkt auf die Texte des Korans und der Sunna gestützt hätten. Den Weg, um dieses *iftāʾ*-Chaos zu überwinden, sieht er in der Schaffung eines scharia-rechtlichen Beratungsausschusses (*Laǧnat aš-šūrā aš-šarʿiyya*). Al-Bānī betont, dass dieser Vorschlag sich mit jenem der Erneuerung (*at-taǧdīd*) von zahlreichen Reformern decke. Er erteilt diesem Ausschuss den Auftrag, die von verschiedenen Imamen erstellten Rechtsnormen auf den diversen Rechtsgebieten zu überprüfen und die beweiskräftigen Normen, die zur modernen Zeit passen und das Gemeinwohl der Gesellschaft berücksichtigen, zu übernehmen. Nach der Genehmigung des muslimischen Machthabers (*walī al-amr*) sollten die Ergebnisse in Kraft gesetzt werden. Bei neuen Rechtsfällen, die weder im Koran noch in der Sunna behandelt werden, solle ein *iǧtihād* praktiziert werden. Nach Erlaubnis des Befehlshabers könne man die neu ermittelte Bestimmung ratifizieren. Die Entscheidungen dieses Gremiums könnten in einer Zeitschrift veröffentlicht werden. Was die Mitglieder anbelangt, so müssten diese die erforderlichen Qualifikationen für das *muftī*-Amt bzw. die *iǧtihād*-Anwendung erfüllen.[239]

Im Zusammenhang mit al-Bānīs Vorschlag soll angemerkt werden, dass er die Bezeichnung „Beratungsausschuss" benutzt, mit welcher er den Akzent auf die Beratung der Beteiligten legt und nicht bloß auf deren Zusammenkunft. Dazu ist der angestrebte *iǧtihād* nicht auf eine bestimmte Rechtsschule begrenzt und wird sogar bis zur Klasse des *iǧtihād mustaqill* bei neu auftauchenden Fragen ausgeübt. Darüber hinaus lässt sich eine legislative Rolle seiner geplanten Kommission und eine Forderung nach einer staatlichen Autorität über den vorgeschlagenen Beratungsausschuss erkennen. Dies äußert sich darin, dass für die Inkraftsetzung der *laǧna* die Zustimmung des Befehlshabers vorausgesetzt wird.

3.2.12 ʿAbd ar-Razzāq as-Sanhūrī (1895–1971)

Der berühmte ägyptische Jurist, der beim Entwurf und der Erstellung des Zivilgesetzbuchs Ägyptens, des Iraks, Syriens und der anderen arabischen Länder entscheidend mitwirkte und das Mitglied der Akademie der arabischen Sprache in Kairo war, reichte zwei Jahre nach der Abschaffung des osmanischen Kalifats 1924 seine zweite Dissertation mit dem Titel Le *califat, son évolution vers une Société des nations orientales* in Frankreich ein. Unter Bezugnahme auf seine Bearbeitung der dritten islamischen Rechtsquelle, nämlich des *iǧmāʿ*, hebt er die Relevanz des

239 Vgl. al-Bānī 1997, 2. Aufl., S. 362–367.

Konsenses bei der Deduktion neuer juristischer Regelungen hervor, welche für die Moderne und die neuen Umstände geeignet seien. *Iǧmāʿ* sei ein Verfahren, das den Ergebnissen des *iǧtihād* eine Verbindlichkeit zuspreche. Dies gelte jedoch nur, wenn die *muǧtahids* sich über die Ergebnisse einig seien. Laut as-Sanhūrī erwartete man von den muslimischen Rechtsgelehrten, dass sie den *iǧmāʿ* in eine Akademie, ein Symposium oder einen Rat umwandeln, wo alle *muǧtahids* zusammentreffen und basierend auf Diskussion und Konsultation (*šūrā*) die Entscheidungen treffen könnten. Allerdings sei dies nicht eingetreten. Zur Weiterentwicklung des *iǧmāʿ* solle zunächst die fehlende Institutionalisierung des *iǧmāʿ* durch die Gründung eines Beratungsgremiums verwirklicht werden. In einem zweiten Schritt solle der *iǧmāʿ* in ein parlamentarisches System umgewandelt werden. Die Beteiligten sollten sowohl *muǧtahids* des islamischen Rechtes als auch Experten auf anderen Gebieten wie z.B. Wirtschaft, Industrie und Politik sein. Diese könnten gewählt oder durch eine andere zeitgemäße Methode ausgewählt werden.[240]

In den Ergebnissen seiner Abhandlung bietet er einen Plan für die Wiederbelebung des Kalifats in einer zeitgemäßen Form, welche in einer Organisation für Staaten des Orients besteht, an. Einer der wichtigsten und gleichzeitig schwierigsten Schritte zur Verwirklichung dieses Projektes sei die Implementierung der Scharia. Die Umsetzung dieser Aufgabe erfordere zunächst eine intensive Beschäftigung mit der Entwicklung des islamischen Rechts, um dieses an die neuen Bedürfnisse der Moderne anzupassen. Dabei seien zwei Phasen zu unterscheiden. Die erste theoretisch-wissenschaftliche Phase umfasse individuelle Bemühungen, um neue Studien über das islamische Recht unter Bezugnahme auf den Rechtsvergleich anzufertigen. Darauf solle ein Prozess des KI zur Theoretisierung der Ergebnisse jener individuellen Arbeit folgen. Die Erfüllung dieser individuellen und kollektiven Leistung könne in nationalen und internationalen Rechtsinstitutionen oder Kongressen erbracht werden. Anschließend solle eine Gesetzgebungsphase folgen.[241]

Außerdem schlägt as-Sanhūrī in seiner Arbeit zur Erstellung des neuen ägyptischen Zivilgesetzbuchs – ausgehend von der Schwierigkeit der Kodifizierung des islamischen Rechts – vor, einen Ausschuss von Rechtsgelehrten zu bilden: „The committee's major role was to examine carefully the opinions of jurists from various schools regarding certain issues of law, and then to opine which one was the most suitable for incorporation into the new legislation."[242]

Es lassen sich viele Ähnlichkeiten und teilweise sogar Übereinstimmungen zwischen der Vorstellung as-Sanhūrīs von der Institutionalisierung des *iǧmāʿ* und jener von ʿAbduh und Riḍā erkennen. In seiner Bewertung der geistigen Strömungen des Ostens erwähnt as-Sanhūrī ʿAbduh und seine Schule als Beispiel für die gemäßigte Strömung und zollt ʿAbduh und seiner Reform Lob und Anerkennung. Ebenso bezeichnet er Riḍā als Vertreter für diese gemäßigte Gruppe mit politischen Zielen

240 Vgl. as-Sanhūrī 2008, S. 73–77.
241 Vgl. as-Sanhūrī 2008, S. 345–351.
242 Hasan 2003, S. 33.

und verweist auf das Buch Riḍās *al-Ḫilāfa*, welches as-Sanhūrī an etlichen Stellen seiner Abhandlung zitiert.[243] Zudem zeigt sich die legislative Rolle des Konsenses in der Vorstellung as-Sanhūrīs. Ebenso lässt sich in seinem Plan zur Entwicklung der Scharia ein deutlicher Hinweis auf die Kollektivierung der islamrechtlichen Arbeit ausfindig machen. Die Initiative as-Sanhūrīs beschränkt sich weder auf eine bestimmte Rechtsschule noch auf eine festgelegte Kategorie des *iǧtihād*. Des Weiteren scheint das Entscheidungsrecht gemeinschaftlich zu sein.

3.2.13 Muḥammad Iqbāl (1877–1938)

Der aus dem indischen Subkontinent stammende Dichter und Philosoph Muḥammad Iqbāl veröffentlichte sein Werk *Reconstruction of Religious Thought in Islam* erstmals im Jahre 1930. In diesem Buch legt Iqbāl dar, dass die überwiegende Mehrheit der *ʿulamāʾ* seiner Zeit von der Unmöglichkeit ausgehe, eine neue Rechtsschule neben den vier anerkannten Schulen zu gründen. Dagegen spricht er von der Notwendigkeit, den *iǧtihād* weiterzuführen. In diesem Zusammenhang erläutert Iqbāl die Quellen der islamischen Scharia, auf welchen der *iǧtihād* beruht. Darunter bilde der Konsens der *muǧtahids* (*iǧmāʿ*) die dritte Rechtsquelle, welche für ihn die wichtigste Quelle darstellt. Iqbāl stellt fest, dass die Herrscher (*al-ḥukkām*) die Institutionalisierung des *iǧmāʿ* in der Vergangenheit verhindert haben, um die Entstehung irgendeiner Art von Gegenpol zu vermeiden. Sie hätten hingegen die Beibehaltung der individuellen Form des *iǧtihād* bevorzugt. Ebenso hält er es für notwendig, den *iǧmāʿ* in Form einer legislativen Körperschaft anzuwenden. Darüber hinaus betont Iqbāl, dass die Übertragung des individuellen *iǧtihād* der Anhänger der Rechtsschulen auf eine neue institutionelle Form die einzige Methode zur Realisierung des *iǧmāʿ* in der heutigen Zeit sei. Innerhalb einer solchen Körperschaft sollten die *ʿulamāʾ* die verschiedenen rechtlichen Fragen zur Diskussion stellen.[244] Diese Form „[...] will secure contributions to legal discussion from laymen who happen to possess a keen insight into affairs."[245] Somit könne sich das islamische Rechtssystem in die richtige Richtung entwickeln.[246] Fareeha Kahn weist auf die Aufforderung Iqbāls zur Schaffung dieser Form des *iǧtihād*, nämlich „collective *ijtihād*", hin.[247]

Dieses Denkmodell zeigt einen deutlichen Berührungspunkt mit jenem von ʿAbduh und Riḍā, worauf bereits Zaman verweist. Die Möglichkeit eines direkten Zugangs zu den Ideen Riḍās über *al-Manār* oder über indirektem Wege, nämlich über die Wissenschaftler der *Nadwat al-ʿulamāʾ* in Indien, von denen Riḍā im Jahre 1912 nach Indien eingeladen wurde und mit denen bereits Iqbāl in Kontakt stand, lässt Zaman offen.[248] Dazu zielt der o. g. Vorschlag darauf hin, eine praktische Methode

243 Vgl. as-Sanhūrī 2008, S. 325–330.
244 Vgl. Iqbāl 1934, S. 142 und 164 ff.
245 Iqbāl 1934, S. 165. Dazu Zaman 2012, S. 53.
246 Vgl. Iqbāl 1934, S. 165. Dazu Zaman 2012, S. 53.
247 Vgl. Khan 2008, S. 80.
248 Vgl. Zaman 2012., S. 53 f.

zur Verwendung des *iǧmāʿ* in der Moderne anzubieten. Bestimmte Kriterien für die an dem Konsens Beteiligten stellt Iqbāl nicht auf. Ferner legt er keine bestimmte *iǧtihād*-Kategorie fest.

Ein weiterer relevanter Hinweis auf das Thema des KI manifestiert sich in der Korrespondenz Iqbāls mit dem Scheich al-Azhar al-Marāġī. Acht Monate vor seinem Tode sandte Iqbāl am 5. August 1937 ein Schreiben an al-Marāġī. Darin informierte er al-Marāġī über seine Intention, eine Art Institution in Punjab einzurichten, die es zuvor in der Form nicht gab. Diese nannte er *al-Markaz al-ʿilmī al-islāmī* (das wissenschaftliche islamische Zentrum). In dieser Institution sollten Spezialisten sowohl für moderne als auch für religiöse Wissenschaften zusammenarbeiten, um das islamische Denken auf verschiedenen Gebieten zu erneuern. Zu diesem Zweck bat Iqbāl den Scheich al-Azhar, einen hoch qualifizierten azharitischen Gelehrten für islamrechtliche Wissenschaften zur Beteiligung an dem angestrebten Zentrum zu delegieren. Dieser solle die englische Sprache beherrschen. In seiner Antwort bezeichnete al-Marāġī die Zielsetzung dieses Institutes als lobenswert und entschuldigte sich dafür, dass er in diesem Moment keinen azharitischen Gelehrten habe, der des Englischen mächtig sei. Al-Marāġī erklärte dies dadurch, dass die Azhar erst vor einem Jahr damit begonnen hatte, das Englische zu lehren. Aus diesem Grund könne er dieser Bitte erst nach Rückkehr der ein Jahr zuvor nach England entsandter Mission der Azhariten nachkommen.[249] Wahrscheinlich hat indes der Tod Iqbāls wenige Monate später die praktische Umsetzung dieses Projekts im Keim erstickt. Interessanterweise startete Rašīd Riḍā eine ähnliche Initiative im Jahre 1928, welche er auch dem damaligen Scheich al-Azhar al-Marāġī vorschlug.[250]

3.2.14 Ašraf ʿAlī Thānwī (1863–1943)

Ašraf ʿAlī Thānwī, der *Ḥakīm al-umma* (der Weise der muslimischen Gemeinde) genannt wird, ist einer der berühmtesten Gelehrten des britischen Indien und wurde in der traditionell-theologischen Hochschule *Dār al-ʿulūm* in Deoband ausgebildet. Er lehrte die verschiedenen Fächer der islamischen Theologie an der theologischen Schule *al-Fayḍ al-ʿāmm* und an dem *Ǧāmiʿ al-ʿulūm*. Zudem verfasste er eine große Anzahl von Werken auf verschiedenen Fachgebieten wie islamische Theologie, Hadith-, Koran- und Rechtswissenschaft, wie etwa seine Fatwa-Sammlung *Imdād al-fatāwā*. Im Gegenteil zu den traditionellen ḥanafitischen Deobandis befürwortete Thānwī in vielen Rechtsfällen die Anwendung unterschiedlicher *iǧtihād*-Stufen und bezog sogar Prinzipien außerhalb seiner eigenen Rechtsschule mit ein.[251]

Zu diesen Fällen gehört der Abfall vieler indischer Frauen vom Islam, insbesondere im Punjab, mit dem Ziel, ihre Ehe zu annullieren (*fasḫ az-zawāǧ* oder *an-nikāḥ*). In seinem Buch *al-Ḥīla an-nāǧiza li-l-ḥalīla al-ʿāǧiza*, das im Jahre 1933 erschien,

249 Vgl. Maḥfūẓ/Isḥāq 1999, S. 30 f.
250 Vgl. Riḍā: *al-Manār* 1928, Bd. 29, S. 548.
251 Vgl. M. Raḥmat Allāh an-Nadwī 2006, S. 28–40 und 156 f. und Zaman 2012, S. 86.

behandelt Thānwī die Möglichkeiten zur Auflösung der Ehe vonseiten der Frau, wenn das Eheleben aus zwingenden Gründen für die Frau nicht mehr hinnehmbar ist, wie z. B, wenn ihr Mann vermisst wird (*mafqūd*), verrückt (*mağnūn*) oder impotent (*ʿinnīn*) ist.[252]

Was die Betrachtung der Apostasie der Frau als Grund für die Aufhebung der Ehe betrifft, so versuchte Thānwī die Interessen sowohl der muslimischen Gemeinde als auch jene der betroffenen Frauen zu berücksichtigen. So sprach er sich einerseits gegen die herrschende Meinung des ḥanafitischen *maḏhab* aus. Die ḥanafitische Schule fordert in diesem Fall nämlich, dass die Frau wieder zum Islam bekehrt wird und zwingt diese, zu ihrem früheren Mann zurückzukehren. Demgegenüber favorisiert Thānwī die Auffassung einer Minderheit innerhalb der ḥanafitischen Schule, welche die aktuellen Umstände der Muslime im britischen Indien berücksichtigt. Letztere geht davon aus, dass die Apostasie der Frau keinen Einfluss hat bzw. keine Änderung auf die Ehe vornimmt. Seine Position verteidigt Thānwī damit, dass die Muslime in Indien zu dieser Zeit, vor allem nach der Auflösung des muslimischen Richteramts vonseiten der Briten, keine Autorität hätten, um die Rückkehr der Frau zum Islam zu fordern. Andererseits vertritt er die Ansicht, dass man in Fällen der Aufhebung der Ehe aufseiten der Frau der mālikitischen Schule folgen solle, weil sie diesbezüglich im Vergleich mit der ḥanafitischen Rechtsschule lockerere Vorschriften handhabe. So legt die ḥanafitische Schule beispielsweise im Falle eines vermissten Manns für die Aufhebung der Ehe eine Wartezeit fest, die bis zum Ende der natürlichen Lebensspanne oder zum 90. Geburtstag der betroffenen Person reicht. Im Gegenteil dazu dauert die Wartezeit der Frau in diesem Fall gemäß der Mālikiten vier Jahre (laut einiger Mālikiten sogar lediglich ein Jahr). Zur Auflösung der Ehe in solchen Fällen ist aber nur ein muslimischer *Qāḍī* (Richter) befugt. Im Falle des Nichtvorhandseins eines muslimischen Richteramtes, z. B. in einem nicht-mehrheitlich muslimischen Land (wie dies der Fall in Indien ist), kann, nach der mālikitischen Rechtsauffassung eine Kommission rechtschaffener Muslime (*ğamāʿat al-muslimīn al-ʿudūl*) den *Qāḍī* in bestimmten Funktionen ersetzen. Daraufhin plädiert Thānwī für die Gründung solcher Kommissionen, um einen Ausweg aus dieser schwierigen Situation in Indien zu finden. Während der Ermittlung dieser Rechtsauffassung korrespondierte Thānwī mit mālikitischen Rechtsgelehrten in Mekka und Medina und konsultierte indische Gelehrte, um eine Art kollektive Zustimmung zu seinen Fatwas zu erreichen.[253]

In Thānwīs Postulat, eine Kommission von Gelehrten auf Basis des mālikitischen Prinzips *ğamāʿat al-muslimīn al-ʿudūl* zu gründen, zeigt sich zum einen seine Anerkennung der verschiedenen Rechtsschulen. Zum anderen kommt dabei Thānwīs Unterstützung einer kollektiven Form der Rechtsfindung zum Vorschein. Dadurch weicht er von der Auffassung ḥanafitischer Gelehrter, wie Ibn al-Humām und Ibn

252 Vgl. M. Raḥmat Allāh an-Nadwī 2006, S. 391 f.; Khan 2008, S. 4 ff. und 78 f.; und ar-Raḥmānī 2011, S. 115 f.

253 Vgl. Zaman 2002, S. 26–30; al-Bastawī 2011, S. 146 f. und Khan 2008, S. 73–77 und 81.

ʿĀbidīn, ab, die von der Möglichkeit sprechen, die Nicht-Existenz eines muslimischen Richteramtes durch einzelne Gelehrte zu ersetzen.[254] Trotzdem erteilt Thānwī der mālikitisch-gemeinschaftlichen Lösung den Vorrang vor der individuellen Alternative seiner eigenen ḥanafitischen Schule. Die angestrebte *iǧtihād*-Stufe der *ǧamāʿa* und die Kompetenz ihrer Mitglieder bleiben hingegen unbestimmt. Des Weiteren betrachten einige Autoren die Erstellung des *al-Ḥīla an-nāǧiza* als eine Art des KI.[255] In diesem Zusammenhang stellt Qasim Zaman fest:

> Thanawi's legal initiative – which had brought together many prominent Deobandi and other ʿulama and had drawn on the opinions of Maliki jurists of Medina – can also be viewed as an early instance of what today is often characterized as collective ijtihad.[256]

Diese Verfahrensweise kann eher als *šūrā* im juristischen Bereich und nicht als *iǧtihād ǧamāʿī* charakterisiert werden. Die Konsultation eines *Muftis* (oder Richters) mit anderen Rechtswissenschaftlern ist nach vielen früheren Gelehrten empfohlen.[257] Der Unterschied liegt insbesondere darin, dass Thānwī bei dieser Konsultation allein das Entscheidungsrecht hatte. Hingegen haben alle am gegenwärtigen KI Beteiligten den gleichen Anspruch auf Entscheidung. Dennoch kann das Verfassen des Buchs *al-Ḥīla an-nāǧiza* als eine Art des KI interpretiert werden, falls Thānwī mit seinen Schülern, dem Mufti Muḥammad Šafīʿ und dem Mufti ʿAbd al-Karīm Gumthallawi, die bei der Arbeit an dem Buch mitwirkten, gemeinsam die Normen abgeleitet und beurteilt hat.

3.2.15 Muḥammad Muṣṭafā al-Marāǧī (1881–1945)

Muḥammad Muṣṭafā al-Marāǧī, der von 1928 bis 1929 und von 1935 bis 1945 Scheich der Azhar war, gilt als einer der prominentesten Schüler von Muḥammad ʿAbduh. Sein Engagement galt den reformerischen Gedanken ʿAbduhs und der Annäherung zwischen der Sunna und der Schia. Von elementarer Bedeutung für al-Marāǧī war dabei der (kollektive) *iǧtihād* sowohl in der Theorie also auch in der Praxis. Obwohl er während seiner zweiten Amtszeit als Rektor der Azhar einen größeren Einsatz für den KI zeigte, gab es bereits während seiner ersten Amtszeit bedeutende Ansätze, in denen seine Bemühung, den *iǧtihād* theoretisch und praktisch zu etablieren, zum Ausdruck kommt. Seine Förderung des KI begann in seiner Denkschrift (*muḏakkira*) zur Reform der Azhar, die er im Jahre 1928 erstellte. Darin kritisiert al-Marāǧī den Verzicht der Gelehrten der späteren Jahrhunderte auf die Anwendung des *iǧtihād* entgegen der Gewohnheit der frühen muslimischen Gelehrten. Ferner verweist er auf die Notwendigkeit eines freien Studiums des islamischen Rechts ohne jegliche Einschränkung bzw. ohne Beschränkung auf eine bestimmte Rechtsschule.[258]

254 Vgl. Khir 2007, S. 83 ff.; al-Bastawī 2011, S. 141 f. und Ibn Bayyah 2012, S. 341 ff.
255 Vgl. Zaman 2012, S. 88; Khan 2008, S. 11 f. und 80; und al-Bastawī 2011, S. 147.
256 Zaman 2012, S. 88.
257 Siehe Unterkapitel „2.3.2".
258 Vgl. Riḍā: *al-Manār* 1928, Bd. 29, S. 325–335 und Lemke 1980, S. 67–70.

Demnach arbeitete er daran, diese Auffassung umzusetzen. Unter seiner Führung wurde 1929 eine Kommission gegründet, die sich um die Erstellung der Entwürfe für Familiengesetze bemühte. Die Arbeit dieser Kommission wich von der Regel ab, indem sie sich nicht ausschließlich auf die ḥanafitische Rechtsschule bezog. So war die Kommission für alle Rechtsschulen, insbesondere die vier sunnitischen, offen. Diese Offenheit spiegelte sich beispielsweise in der Übernahme der Auffassung Ibn Taymiyyas und Ibn al-Qayyims wider, gemäß welcher die unmittelbar nacheinander erfolgten drei Ehescheidungsaussprüche nur als einziger Scheidungsspruch (*ṭalqa wāḥida*) gewertet werden. Die Ergebnisse wurden im Personenstandsgesetz Nr. 25 im Jahre 1929 in Kraft gesetzt.[259] Diese Resultate riefen Empörung hervor. Ein Kritikpunkt der Gegner des Gesetzes war die Praxis des *iǧtihād*, dessen Tor geschlossen sei. Demzufolge verfasste er sein Traktat *al-Iǧtihād*, in welchem er sich für die Anwendung des *iǧtihād* ausspricht und von der Möglichkeit ausgeht, die Qualifikationen dafür in jener Zeit und auch heutzutage erlangen zu können. Außerdem intendiert das Buch, die Auffassung über die Schließung des Tores zum *iǧtihād* zu widerlegen.[260]

In seiner Rede anlässlich seiner zweiten Einführung in das Amt des Azhar-Rektorats formuliert al-Marāġī vier Erwartungen, die die Muslime in die Azhar setzen. Die vierte von ihnen ist die Bemühung darum, dass sich die Muslime aus dem Streit und dem *maḏhab*-Fanatismus heraushalten und den Zwist zwischen den muslimischen Gruppierungen beilegen sollten.[261] Anschließend kam al-Marāġīs Unterstützung der Idee des KI in verschiedenen seiner Aktivitäten zum Vorschein. Zunächst sorgte er im Jahre 1935 für die Einrichtung des Fatwa-Ausschusses der Azhar (*Laǧnat al-fatwā bi-l-Azhar*), welcher aus zwölf Gelehrten verschiedener Rechtsschulen bestand und bei der Erstellung von Rechtsgutachten ein kollektives Normfindungsmodell anwendet. Diese Kommission und ihre Arbeitsweise werden im praxisbezogenen Teil dieser Studie ausführlich behandelt werden.[262]

In einem Treffen al-Marāġīs mit den Wissenschaftlern der Fakultät der *Uṣūl ad-dīn* betonte Ibrāhīm al-Ǧibālī, der Prodekan der Fakultät und Leiter der azharitischen Delegation nach Indien im Jahre 1936, das Postulat al-Marāġīs zur Versöhnung der Differenzen zwischen den muslimischen *maḏāhib*. Dabei machte al-Ǧibālī auf den

259 Vgl. ʿImāra 2007, S. 19 ff. und Šalabī 1962, S. 119. Ähnliche Aktivitäten gab es sogar früher während seines Amtes als Direktor des Obersten Scharia-Gerichtes ab 1923 durch seine Leitung verschiedener legislativer Kommissionen bei der Verabschiedung einiger Gesetze. Ebenso leitete al-Marāġī, als Scheich al-Azhar, im Jahre 1936 ein anderes Komitee zum Entwurf einiger Personenstandsgesetze. Diese *laǧna* schloss prominente Gelehrte wie den Großmufti (1928–1946) und späteren Rektor der Azhar (1950–1951 und 1952) ʿAbd al-Maǧīd Salīm al-Bišrī (1882–1954) ein. Vgl. as-Sāyis o.J., S. 149.

260 Vgl. al-Marāġī 1428 H, S. 6 und 12 ff.

261 Vgl. Ḫafāǧī 1988, Bd. 1, 2. Aufl., S. 270–273.

262 Vgl. ʿImāra 2007, S. 32. Nähere Informationen über die *laǧnat al-fatwā* siehe Unterkapitel „5.4.1.3".

Abgrund zwischen den verschiedenen muslimischen Denkrichtungen aufmerksam, den die Delegation der Azhar in Indien in Erfahrung brachte. Anschließend kam al-Marāġī in seiner Rede darüber hinaus auf ein Schreiben von dem aus *Naǧaf* stammenden schiitischen Gelehrten, ʿAbd al-Karīm az-Zanǧānī (1887–1968), zu sprechen. Darin beklagte der schiitische Gelehrte den Streit zwischen den muslimischen Denkrichtungen. Infolgedessen bot al-Marāġī in seinem Gespräch einen Weg an, der eine Einigung zwischen den unterschiedlichen muslimischen Strömungen herbeiführen könne. Sein Lösungsvorschlag setzte daran an, die Rechtsauffassungen der unterschiedlichen *maḏāhib* nach dem Maßstab des Korans und der Sunna zu beurteilen. Was die neuen zahllosen Rechtsfälle anbelangt, solle der *iǧtihād* praktiziert werden. Dieser Auftrag solle aber nicht einem Individuum erteilt, sondern einer Institution der *ʿulamāʾ*, z.B. einer legislativen Akademie (*maǧmaʿ tašrīʿī*), überlassen werden.[263]

Im Rahmen seiner Bemühung um eine Annäherung mit der Schia stand al-Marāġī mit dem oben erwähnten ʿAbd al-Karīm az-Zanǧānī in Kontakt. Beide Gelehrte vertraten die Ansicht, dass es zwischen der ǧaʿfaritischen bzw. zwölfer-schiitischen Rechtsschule und den sunnitischen Schulen nur kleine Unterschiede gebe, die den Unterschieden zwischen den innersunnitischen Rechtsschulen gleichkommen.

> Sie schlugen deshalb die Einsetzung einer „islamischen wissenschaftlichen legislativen Vereinigung“ (*maǧmaʿ tašrīʿī ʿilmī islāmī*) vor, der die herausragenden Gelehrten (ausdrücklich wird der Begriff muǧtahid gebraucht) der fünf islamischen *maḏāhib* angehören sollten und deren Aufgabe darin bestehen sollte, die Ansichten der verschiedenen fuqahāʾ im Lichte des Korans und der Sunna zu betrachten.[264]

Zwei Jahre später, im Jahre 1938, wiederholte al-Marāġī seinen Vorschlag gegenüber az-Zanǧānī, dass ein „Oberster islamischer Rat“ (*maǧlis islāmī ʿālī*), der alle Muslime repräsentieren solle, zur Annäherung zwischen der Sunna und der Schia ernannt werden solle. Dieser Aufruf wurde von den schiitischen *ʿulamāʾ* indes mit Zurückhaltung aufgenommen.[265] Hinzu sollte darauf hingewiesen werden, dass al-Marāġīs Annäherungstendenz sich nicht auf die Zwölfer-Schia beschränkte. Im Jahre 1938 stand er auch in Kontakt mit dem Oberhaupt der Ismāʿīliten, dem dritten Āġā Ḫān Sulṭān Muḥammad Šāh (1877–1957). Mit ihm besprach al-Marāġī die Möglichkeit, eine gemeinsame Körperschaft für religiöse Untersuchung (*hayʾa li-l-baḥṯ ad-dīnī*) zu bilden. Zu den Zielen dieses Gremiums gehört es, den Konflikt zwischen verschiedenen islamischen Rechtsschulen und Konfessionen zu überwinden und die Einheit der Muslime zu garantieren.[266] Erwähnenswert ist in diesem Zusammenhang, dass al-Marāġī das Studium des Rechtsvergleichs an der Azhar-Universität hineinführte.[267]

---

263 Vgl. *Maǧallat al-Azhar* (8) 1937, S. 647 ff.
264 Brunner 1996, S. 81.
265 Vgl. Brunner 1996, S. 83 f.
266 Vgl. ʿImāra 2007, S. 23.
267 Vgl. as-Sāyis o.J., S. 149.

Es sollte schließlich angemerkt werden, dass al-Marāġī die kollektive Normenfindungsform in verschiedenen Bereichen anwendete. Dabei handelt es sich um die Fatwa-Erlassung, die Gesetzgebung und die Annäherung zwischen der Sunna und der Schia. Je nach Anwendungsbereich verändert sich der Verpflichtungsgrad der auf dem *iǧtihād* beruhenden festgelegten Normen. Die Anerkennung der verschiedenen islamischen Rechtsschulen und Konfessionen lässt sich somit in seinem Denken deutlich erkennen. Außerdem kann man aus der o. g. Darstellung schließen, dass seine Ausführung der verschiedenen Formen des KI mehr oder minder von einer staatlichen Schirmherrschaft abhängig war. Erstaunlicherweise hat al-Marāġī, als Scheich der Azhar, trotz seiner Überzeugung von der Idee des KI, diese angestrebte internationale Rechtsakademie nicht gegründet. Zu ihrer Umsetzung kam es erst Jahrzehnte später durch seinen Schüler Maḥmūd Šaltūt.

3.2.16 As-Sayyid ʿAfīfī (Erscheinungsjahr 1935)

In einem Artikel über die Initiativen zur Förderung des islamischen Rechts, der zum zweiten Mal im Jahre 1937 in der Zeitschrift der Azhar erschien, forderte der ägyptische Jurist und Richter ʿAbd as-Salām Ḏuhnī (1885–1955) den ägyptischen Justizminister dazu auf, einen Ausschuss von Rechtswissenschaftlern zu bilden. Dieser hätte zum Ziel, die Rechtsauffassungen der verschiedenen islamischen Schulen im Bereich der *muʿāmalāt* zu bearbeiten und daraus eine Gesetzessammlung abzuleiten. Diese Aufgabe könnte die damals gebildete Kommission zur Findung eines Familienrechts auf Basis der islamischen Scharia erfüllen oder es könnte eine andere weitere Kommission einberufen werden. Diese Idee wurde vom Chefredakteur der *Maǧallat al-Azhar* Muḥammad Farīd Waǧdī (1878–1954) begrüßt. Waǧdī vertritt die Meinung, dass diese Aufforderung nicht an den Justizminister gerichtet werden sollte, sondern an den Scheich al-Azhar, insbesondere wenn es sich dabei um den Reformer Muṣṭafā al-Marāġī handle.[268]

In der folgenden Ausgabe der *Maǧallat al-Azhar* unterbreitet as-Sayyid ʿAfīfī, der als Mitarbeiter am Scharia-Gericht und als Schriftsteller der *Maǧallat al-Azhar* tätig war, in diesem Zusammenhang einen Vorschlag zur Schaffung einer *maǧmaʿ tašrīʿī malakī* (einer königlichen Rechtsakademie) nach dem Muster der Akademie der arabischen Sprache. Diese Akademie setze sich zum Ziel, eine Art Enzyklopädie der Rechtsmeinungen der jeweiligen Rechtsschule sowie eine einheitliche Enzyklopädie aller Schulen zu erstellen. ʿAfīfī war der Meinung, dass dieses Projekt durch das Rektorat der Azhar durchgeführt werden solle. Hierbei könne der Scheich der Azhar mithilfe einer Kommission oder mehrerer azharitischer Gelehrten verschiedener Rechtsschulen und anderer säkularer Juristen diese Aufgabe erfüllen. Außerdem wies ʿAfīfī darauf hin, dass er über dieses Projekt bereits im Jahre 1935 mit dem Scheich der Azhar al-Marāġī gesprochen habe. Letzterer habe diesen Vorschlag ge-

268 Vgl. *Maǧallat al-Azhar* (8) 1937, S. 23–35.

billigt. Aus diesem Grund geht ʿAfīfī davon aus, dass al-Marāġī die gleichen Gedanken habe und die Umsetzung dieses Plans somit nur noch eine Frage der Zeit sei.[269]

Während ʿAbd as-Salām Ḏuhnī die Erstellung eines bindenden Gesetzbuches postuliert, schlägt ʿAfīfī ein juristisches Fachlexikon jeder spezifischen Schule und die Ausarbeitung eines allgemeinen Lexikons der verschiedenen Rechtsschulen vor, die keinen verbindlichen Charakter haben. Bei ʿAfīfī wird keine bestimmte *iǧtihād*-Stufe oder Kompetenz der Mitglieder der angestrebten Rechtsakademie vorausgesetzt. Zudem ist er gegenüber den verschiedenen Rechtsschulen sowie der Beteiligung anderer Fachgebiete aufgeschlossen.

3.2.17 Maḥmūd Šaltūt (1893–1963)

Der ehemalige Scheich al-Azhar Maḥmūd Šaltūt, während dessen Amtszeit der KI erstmals in Form einer Rechtsakademie zum Einsatz kam, behandelt die Quellen der Scharia im Rahmen seines Werks *al-Islām ʿaqīda wa šarīʿa*. Als dritte Rechtsquelle nach dem Koran und der Sunna diene *ar-raʾy wa-n-naẓar* (Meinung aufgrund von (eigener) Nachforschung). Die Legitimation dieser dritten Quelle sei durch die Koranverse 42:32 und 4:83 sowie durch die Aufforderung des Propheten zur *iǧtihād*-Praxis zu begründen. Für ihn gibt es nach dem Tode des Propheten zwei Formen des *raʾy* bzw. *iǧtihād*. In der Ära der ersten zwei Kalifen, Abū Bakr und ʿUmar, sei die kollektive Form des *iǧtihād* auf Basis der Konsultation (*istišāra*) im Vergleich zu der individuellen häufiger angewendet worden. Nach der Zeit der beiden Kalifen sei hingegen der individuelle *iǧtihād* basierend auf einzelner Nachforschung bevorzugt worden. Šaltūt vertritt die Ansicht, dass der KI mittels Beratung der zum *iǧtihād* und zur Nachforschung befugten Gelehrten den sogenannten *iǧmāʿ* repräsentiere. Die Übereinstimmung der Beteiligten bilde den *iǧmāʿ*, der die dritte Quelle der islamischen Gesetzgebung verkörpere. Allerdings ist er der Meinung, dass der *iǧmāʿ*, an dem – nach der Vorstellung der älteren *uṣūl*-Wissenschaftler – alle *muǧtahids* sich beteiligen und bei dem sich alle auf eine Auffassung einigen, unvorstellbar sei.[270]

Nach der Vorstellung Šaltūts bildet der KI auf Basis der *šūrā* die Urform der *iǧtihād*-Anwendung in der islamischen Frühzeit. Darüber hinaus dient dieser *iǧtihād ǧamāʿī* als eine praktische Methode zur Verwirklichung des *iǧmāʿ*. Entsprechend dieser Darstellung können die Ergebnisse des KI die gleiche Beweiskraft wie die (Ergebnisse) des *iǧmāʿ* genießen. Auf eine Festlegung der Rechtsschulen – auf die man sich beim KI berufen soll – auf einen bestimmten Durchführungsvorgang bzw. eine bestimmte Durchführungsmethode gibt es an dieser Stelle keinen Hinweis.

Die Förderung der gemeinschaftlichen Form des *iǧtihād*, welche die verschiedenen muslimischen Schulen umfasst, manifestierte sich bei Šaltūt bereits in der Praxis im Rahmen seiner Berufung als Gründungsmitglied in die Fatwa-Kommission der Azhar, welche im Jahre 1935 von al-Marāġī ins Leben gerufen wurde. Darin arbeite-

269 Vgl. *Maǧallat al-Azhar* (8) 1937, S. 103 f.
270 Vgl. Šaltūt 2001, 18. Aufl., S. 542–546.

ten Vertreter der vier sunnitischen Rechtsschulen zusammen, um Rechtsgutachten zu erstellen.[271] Kurz nach seiner Aufnahme in die *Ǧamāʿat kibār al-ʿulamāʾ* der Azhar (Gemeinschaft der Großgelehrten), kritisierte Šaltūt im Jahre 1941 die Arbeit des Gremiums und präsentierte einige seiner Reformvorschläge.[272] So forderte Šaltūt, ein permanentes wissenschaftliches Gremium der *Ǧamāʿa* (*maktab ʿilmī dāʾim*) einzurichten, welchem verschiedene Aufgaben aufgetragen werden. Zu diesen gehört die „Erteilung von Rechtsgutachten auf Anfragen, die von Muslimen aller Länder an das Azhar-Rektorat gerichtet werden."[273] In diesem Kontext referiert Šaltūt auf die schon vorhandene Fatwa-Kommission der Azhar hin, die ähnliche Funktion erfülle. Außerdem habe das vorgeschlagene Gremium die folgende Aufgabe:

> Erforschung der in der Gegenwart neu entstandenen und neu entstehenden menschlichen Beziehungen im Hinblick auf ihre Beurteilung durch die Scharia, um den Menschen die Aufgeschlossenheit dieser Scharia deutlich zu machen und ihre Fähigkeit, den Bedürfnissen der Menschen im Wechsel der Zeiten gerecht zu werden.[274]

Zur Überprüfung der Vorschläge Šaltūts wurde eine Kommission unter der Führung des damaligen Staatsmufti ʿAbd al-Maǧīd Salīm zusammengestellt.[275]

Ein weiterer Bereich, in dem Šaltūt Anstrengungen unternahm, war die Annäherung zwischen den unterschiedlichen muslimischen *maḏāhib*, vornehmlich zwischen den Sunniten und Schiiten. Er war einer der Urheber des *Dār at-taqrīb bayna al-maḏāhib al-islāmiyya* (Haus der Annäherung zwischen den islamischen Lehrrichtungen), das im Jahre 1947 ins Leben gerufen wurde und sich für die Beilegung des Zwistes zwischen muslimischen Denkschulen, vor allem zwischen Sunna und Schia, einsetzte. In diesem Zusammenhang wird ihm ein bekanntes Fatwa zugeschrieben, welches das Verrichten der islamischen Pflichten und Handlungen gemäß der schiitischen ǧaʿfaritischen Schule zulässt.[276]

Außerdem spielte Šaltūt eine entscheidende Rolle in der Institutionalisierung der Idee des KI in Form einer Rechtsakademie, nämlich der Akademie für islamische Untersuchungen der Azhar.[277] Diese Akademie wird als die erste „offizielle" Institution betrachtet, die den KI anwendete. Der zweite praxisbezogene Teil dieser Studie wird sich detaillierter mit der Organisation dieser Akademie, deren Zielen und Aktivitäten auseinandersetzen.[278]

---

271 Vgl. Lemke 1980, S. 108 ff.; Skovgaard-Pertersen 1997, S. 154 und ʿImāra 2006, S. 166.
272 Dieser Punkt wird ausführlich im Abschnitt „6.1.1.1" behandelt.
273 Lemke 1980, S. 137.
274 Lemke 1980, S. 137.
275 Vgl. Lemke 1980, S. 141 und ʿImāra 2006, S. 166.
276 Vgl. ʿImāra 2006, S. 226–229 und Lemke 1980, S. 153 f.
277 Zu diesem Punkt siehe Abschnitt „6.1.1.1".
278 Siehe den Abschnitt „6.1.1".

3.2.18 Aḥmad Muḥammad Šākir (1892–1958)

Der ägyptische Hadithwissenschaftler Aḥmad Muḥammad Šākir, dessen Vater einer der eifrigsten Anhänger ʿAbduhs war, promovierte im Jahre 1917 an der Azhar-Universität und arbeitete anschließend als Richter im Scharia-Gericht. Er hielt im Jahre 1941 einen Vortrag mit der Absicht, zur Akzeptanz des Korans und der Sunna als Hauptquellen der Gesetzgebung in Ägypten aufzurufen. Dieser Vortrag erschien 1944 in seinem Buch *aš-Šarʿ wa-l-luġa*. Diesbezüglich bestätigt Šākir, dass er bei der Gesetzgebung keine kritiklose Übernahme von Rechtsauffassungen anderer Gelehrter (*taqlīd*) befürworte. Vielmehr lehne er den *taqlīd* grundlegend ab, egal ob gegenüber späteren oder früheren Juristen. Darüber hinaus entwirft Šākir einen Plan zur Erlassung einer Kodifizierung auf Basis der Scharia. Dieser Kodifizierungsprozess könne aber durch einzelne Rechtswissenschaftler nicht durchgeführt werden. Für ihn sei der individuelle *iǧtihād* nicht produktiv und in seinen Augen ist es unvorstellbar, auf Basis des individuellen *iǧtihād* Gesetze zu erlassen. Für die Ausarbeitung des Gesetzgebungsplans solle man sich hingegen auf den KI stützen. Zu diesem Zweck solle eine Kommission gebildet werden, welche aus maßgeblichen ausgewählten Wissenschaftlern der Scharia und der positiven Rechtswissenschaft bestehe. Die Arbeit dieses Komitees beschränke sich nicht auf eine bestimmte Rechtsschule oder Auffassung, sondern sei für alle Ansichten offen. Der einzige Maßstab dafür seien der Koran und die Sunna. Bei der Abwägung der Ansichten solle man sich für die beweiskräftigste und für diejenige, die den neuen Anforderungen der modernen Gesellschaft gerecht wird, entscheiden. Nach der Erstellung dieses Entwurfs solle er in der Gesellschaft zur Diskussion gestellt und schließlich der Legislative zur Zustimmung vorlegt werden, um ihn anschließend in Kraft zu setzen.[279]

Hier zeigt sich wieder die Prävalenz des KI vor dem Individuellen. Bemerkenswert ist aber, dass Šākir das Zugehörigkeitsadjektiv zu „iǧtimāʿ", nämlich „iǧtimāʿī", anstatt „ǧamāʿī" verwendet.[280] Überdies wird eine Offenheit gegenüber den verschiedenen *maḏāhib* und der Anwendung der *iǧtihād*-Kategorien deutlich. In der gesetzgebenden Rolle des *iǧtihād iǧtimāʿī* manifestiert sich eine Bindung der Gesellschaft an die durch den *iǧtihād*-Prozess erstellten Rechtsnormen. Die Notwendigkeit der Durchführung dieses Projektes durch eine staatliche Institution ist jedoch nicht deutlich erkennbar.

3.2.19 Muṣṭafā az-Zarqā (1904–1999)

Der syrische Anwalt, Muṣṭafā az-Zarqā, war Hochschullehrer für die Scharia an verschiedenen arabischen Universitäten und diente in den Jahren 1956 bis 1962 in Syrin als Minister für Justiz und Minister für religiöse Stiftungen. Im Zuge seines Strebens nach Erneuerung des islamischen Rechts, mit der Absicht davon

279 Vgl. Šākir 1944, S. 89 ff. und 95 ff.
280 Zu diesem Punkt siehe den Abschnitt „3.3.2".

eine zeitgemäße Version anzubieten, schrieb er sein Buch *al-Madḫal al-fiqhī al-ʿāmm*, das erstmals im Jahre 1944 in Teilen veröffentlicht und anschließend in den nächsten Jahren bearbeitet und erweitert wurde. Bei seiner Behandlung der Frage nach der Schließung des Tors zum *iğtihād* kommt er zu der Erkenntnis, dass die Schließung des Tors zum individuellen *iğtihād* darauf zurückzuführen ist, dass man versuchte, die Fülle der erstellten *iğtihād*-Ergebnisse in den ersten islamischen Jahrhunderten zu bewahren. Das komplizierte Leben der Moderne erfordere indes die Fortsetzung des *iğtihād*, um die neuen Anforderungen erfüllen zu können. Demzufolge solle – zugunsten des islamischen Rechtes – der *iğtihād* auf eine andere Weise praktiziert werden. Diese neue Umsetzungsform sei der *iğtihād al-ğamāʿa*, der sich auf eine wissenschaftliche Konsultation (*aš-šūrā al-ʿilmiyya*) stützt, und im Rahmen einer Rechtsakademie (*mağmaʿ fiqhī*) stattfindet. Diese vorgeschlagene Akademie solle sich aus den Großgelehrten der verschiedenen muslimischen Länder und *maḏāhib* zusammensetzen. Ihre Aufgabe bestehe darin, die Bedürfnisse der modernen muslimischen Gesellschaft durch die Scharia zu erfüllen. Diese Beratungsmethode sei die Methode, auf die sich die rechtgeleiteten Kalifen bei der Lösung ihrer wissenschaftlichen und politischen Probleme verlassen hätten. Er fügt hinzu, dass diese Methode der *šūrā* ursprünglich auf den Koranvers 42:38 und auf etliche Aussagen des Propheten zurückgehe. Sicherlich komme die Beurteilung durch eine wissenschaftliche Konsultation der Richtigkeit und dem Gemeinwohl der Umma im Vergleich zu jener, welcher eine individuelle Reflexion zugrunde liegt, näher. Für ihn bilde diese *šūrā ʿilmiyya* den Ursprung für die Entstehung des *iğmāʿ* als Quelle des islamischen Rechtes in der Ära der rechtgeleiteten Kalifen. Am Ende seiner Auseinandersetzung mit dieser Frage kommt er zu dem Schluss, dass die Art des *iğtihād al-ğamāʿa* unaufhörlich angewendet werden solle.[281]

An anderer Stelle dieses Werks stellt az-Zarqā die Lage des islamischen Rechtes nach dem Zweiten Weltkrieg dar und setzt sich mit der Idee auseinander, ein modernes islamisches Zivilrecht zu erstellen. Zur Verwirklichung dieser Vorstellung stellt er zwei Prämissen auf. Entsprechend der ersten Prämisse solle das angestrebte Recht aus allen angesehenen islamischen Rechtsschulen und nicht aus einem einzigen *maḏhab* – wie dies bei der *Mağalla ʿadliyya* der Fall sei – erstellt werden. Die zweite Bedingung sei, dass man sich erneut mit den neu auftauchenden Fragen der Moderne auseinandersetzt. Um diese Voraussetzung erfüllen zu können, sei die Fortsetzung des *iğtihād* erforderlich. Jedoch solle diese Aufgabe nicht mehr einem Einzelnen vorbehalten sein, sondern einer Gruppe von Gelehrten aufgetragen werden. Somit solle der *iğtihād* in einen kollektiven, basierend auf Konsultation, überführt werden. Diese Art des *iğtihād* könne dann in Form einer Rechtsakademie praktiziert werden.[282]

281 Vgl. az-Zarqā 1998, Bd. 1, S. 206 ff.
282 Vgl. az-Zarqā 1998, Bd. 1, S. 248 f.

Dieses Denkmodell versteht den KI als Garantie für die erneute Öffnung des Tores zum *iǧtihād* und im Gegensatz zum individuellen *iǧtihād* als sichere Methode. Ferner fordert es eine internationale und überkonfessionelle Praxis des kollektiven Modells des *iǧtihād*. Diese kollektive Form des *iǧtihād* kann sowohl der allgemeinen *iǧtihād*-Ausübung als auch der Kodifikation dienen. Entsprechend der o.g. Vorstellung az-Zarqās kann mehr oder weniger auch von einer Verschmelzung des *iǧmāʿ* mit dem KI gesprochen werden. Daraufhin haben beide dieselbe Beweiskraft. Darüber hinaus kann daraus ein kollektiver Entscheidungsanspruch gefolgert werden. Auf eine bestimmte *iǧtihād*-Kategorie zur Anwendung der Rechtsfindung wird indes nicht verwiesen.

3.2.20 Muḥammad aṭ-Ṭāhir ibn ʿĀšūr (1879–1973)

Der prominente tunesische Gelehrte Muḥammad aṭ-Ṭāhir ibn ʿĀšūr wurde in einer der wichtigsten islamischen Lehrinstitutionen, nämlich *az-Zaytūna*, ausgebildet. In seinem Werk *Maqāṣid aš-šarīʿa*, das erstmals im Jahre 1946 in Tunesien erschien, postuliert Ibn ʿĀšūr die Berücksichtigung der Ziele der Scharia bei der Ableitung von rechtlichen Normen. Auf diese Weise könnten die Differenzen zwischen den verschiedenen Rechtsschulen überwunden und des Fanatismus entschärft werden. In seinem Text spricht er auch die Notwendigkeit an, den *iǧtihād* zu praktizieren und kritisiert die mangelhafte *iǧtihād*-Anwendung zu seiner Zeit. Dies manifestiere sich in Fällen, deren Umstände sich in der Neuzeit im Vergleich mit der Zeit der früheren *muǧtahids* geändert hätten und in den neu auftauchenden Rechtsfällen sowie in Fragen, in denen die muslimische Gesellschaft zu einer einhelligen Bestimmung gelangen wolle. Hinsichtlich solcher Fragen würden die Muslime heutzutage der *iǧtihād*-Praxis bedürfen. Um diesen Bedarf zu decken, sollten die zeitgenössischen Rechtsgelehrten eine wissenschaftliche Akademie (*maǧmaʿ ʿilmī*) gründen, in der alle islamischen Länder und *maḏāhib* repräsentiert sein sollen. Die Mitglieder sollten die nötigen Fragen zur Diskussion stellen und die Entscheidung aufgrund einer Vereinbarung treffen. Von den Beteiligten, die von den Gelehrten gewählt würden, würden die *iǧtihād*-Kompetenz, Rechtschaffenheit und die Befolgung der Scharia verlangt werden.[283]

Ibn ʿĀšūrs Absicht ist es, das islamische Recht an die modernen Umstände anzupassen und die Kluft zwischen den *maḏāhib* zu beseitigen. In seinem Lösungsvorschlag lässt sich eine internationale und überkonfessionelle *iǧtihād*-Anwendung mithilfe eines kollektiven Entscheidungsvorgangs erkennen. Die erforderliche *iǧtihād*-Kategorie bleibt indes bis zur höchsten Stufe offen. Außerdem scheint die angestrebte Akademie eine von der Regierung unabhängige Organisation zu sein, die, ebenso wie die Wahl der Mitglieder, unter Aufsicht der Gelehrten steht. Die Mitglieder sollen die traditionellen Voraussetzungen des *iǧtihād* erfüllen.

283 Vgl. Ibn ʿĀšūr 2001, 2. Aufl., S. 407 ff.

3.2.21 ʿAlī Ḥasaballāh (gest. 1978)

Der Ägypter ʿAlī Ḥasaballāh war Professor für die islamische Scharia an der Universität Kairo und an anderen arabischen Universitäten. Eines seiner wichtigsten Werke war *Uṣūl at-tašrīʿ al-islāmī*, dessen erste Auflage im Jahre 1952 in Kairo erschien. In dieser Schrift befasst sich der Autor mit der Behandlung der Quellen des islamischen Rechtssystems. Die dritte unter diesen Quellen sei der *iǧtihād*. Ḥasaballāh unterscheidet zwischen einem individuellen *iǧtihād* (*iǧtihād fardī*) und einem KI (*iǧtihād ǧamāʿī*). Jeder *iǧtihād*-Vorgang, über dessen Ergebnisse eine Meinungsverschiedenheit unter den *muǧtahids* besteht, gelte als *iǧtihād fardī*. Hingegen werde jede *iǧtihād*-Anwendung als *iǧtihād ǧamāʿī* angesehen, bei deren Entscheidung die *muǧtahids* sich einig sind.[284]

Außerdem geht Ḥasaballāh davon aus, dass der *iǧtihād ǧamāʿī* im Vergleich mit dem *iǧmāʿ* eine realisierbarere Form repräsentiere, welche in jeder Zeit zustande kommen könne. Dennoch bilde der KI eine Art des *iǧmāʿ*, bei dem die *ūlū l-amr* (angesehene Wissenschaftler und Machthaber in der Gesellschaft) bezüglich einer Auffassung nach Meinungsaustausch und gegenseitiger Beratung einhelliger Meinung seien. Dabei sei es nicht vorausgesetzt, dass alle *ūlū l-amr* dieselbe Ansicht vertreten. Die Abweichung einer begrenzten Zahl von Gegnern wäre kein Hindernis zur Bildung dieser Art *iǧmāʿ* bzw. *iǧtihād ǧamāʿī*.[285]

Ḥasaballāhs Ausführung bietet den KI als Urform der *iǧtihād*-Praxis der islamischen Frühzeit an. Entsprechend seiner Darstellung handelt es sich um eine Art von *iǧmāʿ*. Daraufhin kann man von der Verpflichtung gegenüber der Entscheidung dieser *iǧtihād*-Methode sprechen. Allerdings wird nicht deutlich, ob eine bestimmte Rechtsschule als Vorbild bei der Normenfindung dient und um welche *iǧtihād*-Kategorie es sich in diesem Fall handelt.

3.2.22 ʿAbd al-Wahhāb Ḫallāf (1888–1956)

Der ägyptische Rechtswissenschaftler war seit 1934 Dozent und danach bis 1948 Lehrstuhlinhaber der Scharia an der Universität Kairo. Davor war er Richter (1920–1924) und später Inspektor am Scharia-Gericht in Kairo (1931–1934) sowie Mitglied der Akademie der arabischen Sprache in Kairo. In seinem Buch *Maṣādir at-tašrīʿ fī-mā lā naṣṣa fīh*, dessen erste Auflage im Jahre 1954 erschien, behandelt Ḫallāf das Normenfindungsverfahren in Bezug auf Rechtsfälle, die in den religiösen Texten keine Erwähnung finden. In diesem Kontext erläutert er den Begriff *iǧtihād bi-r-raʾy*, auf den man sich als Rechtsfindungsmethode berufen solle, wenn ein Rechtsfall nicht im Koran oder in der Sunna geregelt ist. Mit Bezugnahme auf die Frage, wer zur *iǧtihād*-Praxis berechtigt ist, hebt Ḫallāf hervor, dass das Recht auf *iǧtihād*-Anwendung lediglich einer juristischen Gruppierung zustehe. Voraussetzung sei es zudem, dass die einzelnen Mitglieder dieser Gruppen in Besitz der

284 Vgl. Ḥasaballāh 1971, 4. Aufl., S. 106 ff.
285 Ebd., S. 118–122.

erforderlichen Kompetenzen des *iǧtihād* seien. Dabei handelt es sich summarisch um: 1. die Kenntnis des Korans, insbesondere der Koranverse, die für das Recht unmittelbar relevant sind sowie der verschiedenen Koranwissenschaften; 2. die Kenntnis der Sunna, vor allem der Hadithe, die im Rechtsbereich direkte Relevanz haben, sowie der Hadithwissenschaften; 3. die Kenntnis der Konsensentscheidungen; 4. die Kenntnis des Analogieschlusses (*qiyās*) sowie der arabischen Sprache und der Ziele der Scharia; 5. die Rechtschaffenheit und Pietät des Wissenschaftlers.[286] Für Ḫallāf bildet der individuelle *iǧtihād* einen der wesentlichen Gründe für die Desorganisation der islamischen Gesetzgebung. Deshalb solle auf den individuellen *iǧtihād* verzichtet und stattdessen von einem gemeinschaftlichen *iǧtihād* (*iǧtihād bi-r-ra'y li-l-ǧamāʿa*) Gebrauch gemacht werden. Ḫallāf fügt hinzu, dass eine zum *iǧtihād* befugte „gesetzgebende" Gesellschaft (*ǧamʿiyya tašrīʿiyya*) neben der Gruppe der Rechtsgelehrten noch verschiedene Spezialisten anderer Fachgebiete wie die der Wirtschaft, des Handels und der Soziologie umschließen solle.[287]

Kennzeichnend für Ḫallāfs Stellungnahme ist also die Forderung, vom individuellen *iǧtihād* zugunsten des kollektiven abzulassen. Es stellt sich die Frage, ob diese Idee auch in der Praxis realisierbar ist. Es ist anzunehmen, dass der Verzicht auf eine individuelle Entschließung aber nicht den individuellen Rechtsfindungsprozess betrifft, anderenfalls erscheint es schwierig, diesen Gedanken zu verwirklichen. Ferner lässt sich eine legislative Rolle des KI erkennen. Die Haltung gegenüber den verschiedenen *maḏāhib* sowie die Frage der beabsichtigten *iǧtihād*-Stufe bleiben dabei offen.

3.2.23 Muḥammad Yūsuf Mūsā (1899–1963)

Der ägyptische Professor für das islamische Recht an der Universität Kairo, Muḥammad Yūsuf Mūsā, promovierte erst mal 1925 an der Azhar-Universität und später ein weiteres Mal an der Sorbonne im Jahre 1948 im Bereich der islamischen Philosophie. Er arbeitete zuvor eine Zeit lang als Scharia-Anwalt und Dozent für islamische Philosophie an der Azhar-Universität. Im letzten Kapitel über die Gegenwart und Zukunft des islamischen Rechts seines Buchs *al-Madḫal li-dirāsat al-fiqh al-islāmī* (Einführung in das Studium des islamischen Rechts) formuliert Mūsā das Ziel seines Werks, das in der Anerkennung des islamischen Rechts als Hauptquelle für die Gesetzgebung nicht nur in Ägypten, sondern in allen islamischen Ländern, besteht. Zur Verwirklichung dieses Ziels solle zunächst die gesamte islamische rechtliche Literatur auf eine neue historische rechtsvergleichende Weise untersucht werden. Dabei solle man sich nicht auf die vier sunnitischen *maḏāhib* beschränken, sondern auch andere islamische Rechtsschulen, wie die zayditische, imāmitische und ẓāhiritische, berücksichtigen. Ebenso gehöre dazu ein Rechtsvergleich zwischen

286 Zu *iǧtihād*-Kompetenzen: al-ʿUmarī 1985, 3. Aufl., S. 59 f.; Hallaq 1984, S. 5 ff.; as-Suyūṭī 2004, S. 31–44; Krawietz 2002, S. 360 f.; az-Zuḥaylī 1986, Bd. 2, S. 1043 ff. und al-Qaraḍāwī 1996, S. 17–56.

287 Vgl. Ḫallāf 1993, 6. Aufl., S. 13–17.

dem islamischen *Fiqh* und den modernen Rechtssystemen. Darüber hinaus solle der *iǧtihād* vor allem bei den neuen Fällen der Moderne, die die früheren Juristen nicht behandelten, fortgesetzt werden.[288]

In diesem Zusammenhang hebt Mūsā hervor, dass aufgrund der großen Zahl an neuen und komplexen Fragen der *iǧtihād* zu dieser Zeit nicht durch einzelne Personen durchgeführt werden könne. Hingegen solle nach dem Vorbild der Akademie für Arabische Sprache eine Akademie für Fiqh und islamische Gesetzgebung (*maǧmaʿ li-l-fiqh wa-t-tašrīʿ al-islāmī*) gegründet werden, deren Mitglieder verschiedenen islamischen Ländern angehören. Jeder Wissenschaftler könne die zur Diskussion stehenden Fragen zunächst für sich bearbeiten. Danach sollten sich alle Mitglieder einmal pro Jahr versammeln, um ihre jeweiligen Meinungen zu diskutieren und anschließend eine kollektive Entscheidung hinsichtlich dieser Fragen zu treffen. Solche kollektiven Entschlüsse seien dann für alle Muslime bindend (*mulzima*), weil sie die Beweiskraft von einem *iǧmāʿ* hätten.[289] Den Aufruf, eine Rechtsakademie zu gründen, um mit ihrer Hilfe dafür zu sorgen, dass die Scharia als Basis für die Gesetze in den islamischen Ländern fungiert, wiederholt Mūsā mehrmals in seinen Schriften. Eines der frühsten dieser Werke war *Muḥāḍarāt fī tārīḫ al-fiqh al-islāmī*, das im Jahre 1954 erschien.[290]

Diese Forderung sieht in der Schaffung jener Rechtsakademie eine praktische Methode zur Anwendung des *iǧmāʿ* in der Moderne, weil Mūsā der Meinung ist, dass die Bildung des *iǧmāʿ* als Rechtsquelle unter den von klassischen Rechtsgelehrten aufgestellten Voraussetzungen nicht möglich sei.[291] Bezüglich dieses Vorschlags lässt sich noch anmerken, dass er die Notwendigkeit der kollektiven Entscheidungsform und die Anerkennung und Gleichberechtigung aller islamischer Rechtsschulen festsetzt. Es scheint, dass er mit der angestrebten Akademie auf eine staatliche Institution hinzielt. Außerdem gibt es einen klaren Hinweis darauf, dass der *iǧtihād* auf allen Stufen bis zur höchsten Kategorie befürwortet wird.

3.2.24 Muḥammad Muṣṭafā Šalabī (gest. 1997)

Der ägyptische Professor für die Scharia an der juristischen Fakultät der Universität von Alexandria stellt in seinem Buch *al-Madḫal fī-t-taʿrīf bi-l-fiqh al-islāmī wa qawāʿid al-milkiyya wa-l-ʿuqūd fīh*, das er im Jahre 1956 verfasste, die Entwicklungsgeschichte des islamischen Rechts dar. In diesem Kontext betont Šalabī, dass die in den letzten Jahrhunderten verbreitete Praxis des *taqlīd* zum Eindringen des westlichen Gesetzes in die islamischen Länder geführt habe. Darüber hinaus zeigt Šalabī auf, dass die Mehrheit der zeitgenössischen Araber die Anerkennung des islamischen *Fiqh* als erste Quelle für die Kodifizierung anstrebe. Sie sähen darin einen ersten Schritt zur Einheit. Um die Gesetze auf Basis des islamischen Rechts

288 Vgl. Mūsā 2009, S. 213 und 220–224.
289 Vgl. al-Ḫālid 2009, S. 395.
290 Vgl. Mūsā 1954, S. 14 f.
291 Vgl. Mūsā 2009, S. 177.

festzulegen, könne ein Kodex mit Rekurs auf die verschiedenen islamischen Rechtsschulen erstellt werden. Dieser solle diejenigen Rechtsauffassungen enthalten, die an die neuen Bedingungen des modernen Lebens angepasst werden können. In Fällen, in denen man aber keine früheren Rechtsregelungen findet, die sich dazu eignen, solle man sich am KI orientieren und nicht an der individuellen *iǧtihād*-Methode, da Letztere zu potenziell falschen Entscheidungen führen könne. Die Durchführung eines solchen KI erfolge durch die Bildung eines Symposiums aus Rechtsgelehrten, die verschiedenen Rechtsschulen angehören. Hierbei solle eine Gruppe von säkularen Juristen diesem Symposium bei der Formulierung unterstützend zur Seite stehen. Vorteilhaft wäre, dieses Projekt unter einer staatlichen Schirmherrschaft durchzuführen.[292]

Dieses Denkmodell tendiert eindeutig zur Verwendung des KI für die Gesetzgebung in einer internationalen Form. Die *iǧtihād*-Klasse zur Verwirklichung des intendierten Projekts ist die höchste, nämlich die des *iǧtihād mustaqill*. Ebenso lässt dieser Vorschlag die Anerkennung der verschiedenen Rechtsschulen deutlich werden. Eine Verbindlichkeit der *iǧtihād*-Ergebnisse und eine staatliche Kontrolle bei der Durchführung des Projektes kristallisieren sich deutlich heraus.

3.2.25 Schiitische Stimmen

Ausgehend von der Tatsache, dass die Idee des KI im sunnitischen Raum entstand und sich dort bis zur Institutionalisierung in Form der Rechtsakademien entwickelte, widmet sich unsere Untersuchung hauptsächlich dem KI im Rahmen der sunnitischen Denkweise. Dies schließt indes nicht aus, dass es auch unter den Schiiten Stimmen gab und gibt, die den Gedanken des KI positiv gegenüberstehen. Jedoch erfordert die Betrachtung der schiitischen Stimmen eine Abweichung von der zeitlichen Abgrenzung der sunnitischen Fürsprecher dieser Idee.

Einer der frühesten schiitischen Propagatoren war der iranische konstitutionelle Journalist und Herausgeber Mīrzā ʿAlī Aġā Šīrāzī (gest. 1918). In der südwestlichen Stadt Buschehr veröffentlichte er ab etwa 1901 seine Zeitschrift *Muẓaffarī*. Infolge der Unruhen des Jahres 1907 und der Auslösung der konstitutionellen Revolution floh er nach Indien. Von dort fuhr er nach Kairo und später für die Wallfahrt nach Mekka. Inzwischen publizierte er im Dezember 1908/Januar 1909 von Mekka aus eine Ausgabe seiner Zeitschrift *Muẓaffarī*. Darin postuliert ʿAlī Aġā die Einheit der Muslime und die Beilegung der konfessionellen Konflikte. Die Verwirklichung dieses Ziels erfordere, dass die Gelehrten die Initiative ergreifen. Dabei solle ein internationaler Rat von *ʿulamāʾ* und Intellektuellen aus allen muslimischen Ländern gebildet werden, der „Gesellschaft der islamischen Vereinigung" genannt werde. Die Zusammenkünfte dieser Gesellschaft sollten jährlich in Mekka während der Pilgerfahrtsaison stattfinden. Diese Tagungen sollten sich hauptsächlich mit religiösen Fragen, fachlichen Themen und mit der Erstellung eines Programms für die Verein-

292 Vgl. Šalabī 1962, 2. Aufl., S. 270–275.

heitlichung der islamischen Konfessionen befassen. Von Relevanz sei, dass die in den Versammlungen gefassten Beschlüsse von den muslimischen Herrschern übernommen werden. Ein Bericht über die Tätigkeiten und Arbeitsergebnisse des Rats solle herausgegeben und den Pilgern ausgehändigt werden, damit die Ergebnisse überall verbreitet werden. Für diese Gesellschaft sollten dann allmählich mehrere Standorte eingerichtet werden.[293]

In diesem Kontext ist die oben erwähnte Vereinbarung im Jahre 1936 zwischen al-Marāġī und dem schiitischen Gelehrten az-Zanǧānī aus Naǧaf, eine wissenschaftliche Rechtsakademie zu gründen, von Bedeutung. Diese sollte sich aus Rechtsgelehrten der vier sunnitischen und der schiitischen imāmitischen Rechtsschulen zusammensetzen. Selbst wenn dieser Schritt aufgrund der Bedenken auf schiitischer Seite (ebenso gab es Skepsis vonseiten sunnitischer Akteure gegenüber diesen Annäherungsversuchen) im Hinblick auf die dahinter stehenden Absichten keinen Erfolg hatte, zeigt dies, dass die Idee des KI von der Schia nicht abgelehnt wurde, sondern es auf beiden Seiten an Vertrauen mangelte und vielleicht immer noch mangelt.[294]

Als weiteres Beispiel kann der in der Hawza von Qom ausgebildete iranische Āyatollāh Mīrzā Ḫalīl Kamare'ī (gest. 1984) angeführt werden. Im Zuge seiner Bestrebung, die islamischen *maḏāhib* zu vereinigen, schrieb er das Buch *Rābiṭat al-ʿālam al-islāmī*, das im Jahre 1972 veröffentlicht wurde. Darin schlägt er vor, eine Körperschaft bzw. Akademie zu schaffen, die aus sunnitischen und schiitischen Gelehrten aus verschiedenen muslimischen Ländern bestehe, um die aktuellen Fragen der Muslime zu behandeln und Lösungen für ihre Probleme anzubieten.[295]

> Zutritt zu diesem Komitee, das er *Maǧmaʿ* (oder auch *maǧlis*) *aš-šūrā bain al-maḏāhib* nannte, sollten ausschließlich diejenigen Gelehrten haben, die vier eng miteinander verwandte Bedingungen erfüllten: Ein jedes Mitglied sollte den Rang eines *faqīh muǧtahid* bekleiden, in der Geschichte der islamischen Welt bewandert und in den islamischen Ländern herumgekommen sein sowie über Kenntnisse auch außerhalb der Grenzen der Theologie verfügen.[296]

Ein weiterer schiitischer Akteur ist der iranische Großāyatollāh Ḥusayn ʿAlī Muntaẓirī (1922–2009), der vorgesehene *valī-ye faqīh* Nachfolger Āyatollāh Ḫumaynīs. Er wurde aber etwa zwei Monate vor dem Tod Ḫumaynīs (3. Juni 1989) entmachtet.[297]

Muntaẓirī veröffentlichte im Jahre 1999 in der iranischen politisch-gesellschaftlichen Zeitschrift *Kiyān*[298] Nr. 47 einen Artikel mit dem Titel *Bāb-i iǧtihād maftūḥ*. Dieser Artikel repräsentiert die Antwort auf einige in der modernen Zeit relevanten rechtlichen

293 Vgl. Kramer 1986, S. 47 f.
294 Vgl. Brunner 1996, S. 81 und 83 f.
295 Vgl. Brunner 1996, S. 279.
296 Brunner 1996, S. 279 f.
297 Vgl. Amirpur 2003, S. 71.
298 Kiyān wurde im November 1991 gegründet und im Januar 2001 verboten; Vgl. Amirpur 2003, S. 128.

Fragen und Problematiken mit Bezug auf den *iǧtihād* und seine Grundlagen. Diese Fragen wurden von ʿAbd al-Karīm Surūš (geb. 1945) in dem Artikel *Fiqh dar tirāzū* in der Zeitschrift Kiyān (Nr. 46 April/Mai 1999) an Muntaẓirī gestellt. An zwei Stellen seiner Antwort verweist Muntaẓirī auf den KI. Zunächst bildet der KI für ihn den adäquatesten Weg zur Überprüfung und Entwicklung des islamischen Rechtes, und zwar durch die Ausweitung der wissenschaftlichen Untersuchung und Analyse in Form von Gremien innerhalb der theologischen Lehrzentren und kulturellen Versammlungen. An anderer Stelle seines Textes präzisiert er, dass niemand allein, selbst wenn er mit viel Talent, Kreativität und Gewissenhaftigkeit ausgestattet sei, alle Grundlagen und Themen des Fiqh sowie die komplizierten modernen Fragen auf detaillierte Weise zu überprüfen vermöge. Infolgedessen bevorzugt er es, eine Fatwa-Kommission von Experten aller Rechtsbereiche zu bilden (*Laǧneh-e eftāʾ*), die in Fragen und Problemen zusammenarbeiten und sich gegenseitig beraten, um Rechtsgutachten zu erlassen. Außerdem sollten die Rechtsgutachten nicht mehr durch einzelne Gelehrte erteilt werden, sondern durch Kommissionen von Rechtsgelehrten, da die Fatwas der Kommissionen ein höheres Maß an Richtigkeit erlauben würden.[299]

Im Denken Muntaẓirīs zeigt sich ein deutlicher Vorrang des KI vor dem individuellen. Jedoch lässt er Fragen wie jene nach den angewendeten *iǧtihād*-Klassen, den beteiligten Rechtsschulen und der möglichen Festlegung einer staatlichen Schirmherrschaft, offen.

3.2.26 Eine ausländische (nicht-muslimische) Stimme

Hierbei geht es um einen der ersten Propagandisten für die Abhaltung eines internationalen islamischen Kongresses, und zwar Wilfrid Scawen Blunt (1840–1922). Zwischen 1876 und 1879 unternahmen der britische Poet und seine Frau Reisen in arabische Länder und andere Gebiete des Nahen Ostens. Dadurch gelangte Blunt zu der Überzeugung, dass eine Reformation des Islam nur unter einer arabischen Führung durchgeführt werden könne. Aus diesem Grund unterstützte er die Idee, das Kalifat vom Osmanischen Reich auf den *Ḥiǧāz* zu übertragen.[300]

Im Jahre 1882 veröffentlichte Blunt sein Buch *The Future of Islam*. In diesem Werk kritisiert er das osmanische Kalifat und unterstützt den Anspruch des Scherifs von Mekka auf das Kalifat. Dazu schlug Blunt vor, den Kalifen gemäß den klassischen rechtlichen Regeln durch einen Rat von *ʿulamāʾ*, die in Mekka zusammentreffen, zu wählen. Das sei der beste Weg trotz der potenziellen Konflikte und Probleme wegen der Abhaltung dieser Versammlung. Außerdem weist er auf die Notwendigkeit der Reform des islamischen Rechts hin, welches in bestimmten Punkten sich nicht an die modernen Lebensbedürfnisse anpassen könne.[301] In diesem Zusammenhang macht Blunt den folgenden Vorschlag:

---

299 Vgl. Muntaẓirī 2003, S. 12–16.
300 Vgl. Kramer 1986, S. 10 f.
301 Vgl. Kramer 1986, S. 15 f.

> […] Caliph of the Koreysh, chosen by the faithful and installed at Mecca, should invite the Ulema of every land to a council at the time of the pilgrimage, and there, appointing a new Mujtahed, should propound to them certain modifications of the Sheriat, as things necessary to the welfare of Islam and deducible from tradition. No point of doctrine need in any way be touched, only the law.[302]

Auffällig bei dieser Initiative ist, dass die Beteiligten an dem angestrebten Council *muǧtahid* sein sollen. Man kann auch davon ausgehen, dass die Teilnahme der verschiedenen Rechtsschulen und die Erstellung eines einheitlichen Kodexes beabsichtigt sind. Die Frage nach der angewendeten *iǧtihād*-Kategorie und nach einem gemeinschaftlichen Entscheidungsrecht bleibt indes offen.

Nennenswert ist außerdem die Bekanntschaft zwischen Blunt mit Ǧamāl ad-Dīn al-Afġānī und Muḥammad ʿAbduh, auf welche Qasim Zaman verweist. Darüber hinaus erwähnt Zaman im Rahmen seiner Darstellung der Entstehungshintergründe der *Fiqh*-Akademie in Indien den Besuch Blunts in Indien (1883–4) und seinen Aufruf zur Schaffung einer „Muhammedan University" in Hayderabad, welche außerdem als „the fountain head of orthodox opinion" fungieren sollte.[303]

3.3 Analyse der Initiativen zur Kollektivierung des *iǧtihād*

Vor dem Hintergrund der o. g. Kriterien wollen wir im Folgenden eine allgemeine Betrachtung der gesamten Aufrufe zum KI vornehmen.

Was die Ausführungsform des KI betrifft, so können bei diesen Aufforderungen im Großen und Ganzen zwei Hauptformen ausgemacht werden Bei einigen Appellen, beispielsweise von al-ʿAyyāšī, al-Būǧamʿawī und al-Ḥaǧawī, liegt das Interesse auf der Erstellung einer Normen- oder Gesetzessammlung. Dabei handelt es sich um eine zeitlich begrenzte *iǧtihād*-Anwendung bis zur Vollendung des vorgesehenen Projektes. Demgegenüber steht die Schaffung einer Kommission, eines Gremiums oder einer Rechtsakademie, welche für eine dauerhafte Gestaltung der Praxis des KI sorgt, im Fokus. Diese können legislativen Zwecken oder lediglich der Erlassung rechtlicher Gutachten dienen. Zu den Exponenten dieser Richtung gehören spätere Gelehrte, wie beispielsweise al-Bānī, Mūsā, Ibn ʿĀšūr und Šalabī.

In Bezug auf die benötigte *iǧtihād*-Stufe zur Verwirklichung jenes Vorschlags werden auch Unterschiede deutlich. Während viele lediglich die vierte Klasse, nämlich *iǧtihād tarǧīḥ*, wie bei al-ʿAyyāšī und al-Ḥaǧawī, fordern, setzen andere, wie Nursî, demgegenüber einen *iǧtihād fī-l-maḏhab* (also die dritte Stufe des *iǧtihād*) voraus. Des Weiteren gehen die Erwartungen etlicher Stimmen bis zum *iǧtihād mustaqill*. Zu den Verfechtern dieser Richtung gehören z. B al-ʿAẓm, al-Bānī, Mūsā und Šākir. In diesem Zusammenhang sollte noch erwähnt werden, dass die erforderliche

302 Blunt 1882, S. 166.
303 Vgl. Zaman 2012, S. 92 f.

iǧtihād-Stufe im Laufe der Zeit zunahm. Bei den frühen Appellen war zunächst die vierte Kategorie erforderlich. Später, vor allem seit Anfang des 20. Jahrhunderts, bedurfte es der höchsten *iǧtihād*-Stufe.

Eine ähnliche Entwicklung zeichnete sich auch bei der Wahl der zum KI als Normenfindungsquelle dienenden Rechtsschulen ab. Einige erste Forderungen bzw. kollektive Projekte, wie von al-Ḥaǧawī, stützen sich auf eine einzige Schule, nämlich die mālikitische, während andere Denkmodelle, z. B. jene der beiden Sufis al-ʿAyyāšī und al-Būǧamʿawī, die vier sunnitischen Rechtsschulen für anerkannte Quellen zur Rechtsfindung ansehen. Die Mehrheit jüngerer Akteure des 20. Jahrhunderts geht von der Anerkennung und Gleichstellung aller islamischen *maḏāhib* aus. Diese Gleichstellung bezieht sich nicht nur auf die vier bekannten sunnitischen *maḏāhib*, sondern auch auf andere Rechtsschulen, vor allem die imāmitischen, zayditischen und ẓāhiritischen sowie die ibāḍitischen Schulen. Als Vertreter dieser Auffassung gelten ʿAbduh, Riḍā, Filibeli, al-ʿAẓm, al-Bānī, Ibn ʿĀšūr, al-Marāǧī und andere.

In Hinblick auf die Haltung gegenüber der staatlichen Unterstützung oder Autorität gibt es sowohl unter früheren als auch späteren Autoren die Meinung, dass die staatliche Förderung bzw. Schirmherrschaft eine Bedingung für die Durchführung jener Art von kollektivem *iǧtihād* darstellt. Im Gegensatz dazu vertreten etliche Exponenten die Ansicht, dass die Ausführung des KI Unabhängigkeit verlangt. Zu den Verfechtern der ersten Position gehören beispielsweise al-Būǧamʿawī, al-Ḥaǧawī, al-Bānī und Nursî. Der zweite Standpunkt wurde von Intellektuellen wie ʿAbduh, Riḍā und Ibn ʿĀšūr verteidigt.

Bezüglich der Verbindlichkeit der durch den KI ermittelten Rechtsnormen lassen sich bei den o. g. Aufforderungen zwei Perspektiven unterscheiden. Während einige davon ausgehen, dass die Laien diesen Entscheidungen gegenüber verpflichtet sind, sind andere der Ansicht, dass diese keine Verbindlichkeit besitzen. Dabei soll darauf hingewiesen werden, dass die Gelehrten, die dem KI eine legislative Rolle zusprechen oder ihn dem *iǧmāʿ* gleichstellen, wie z. B. Riḍā, Šākir, Ḥasaballāh, Mūsā, Ḫallāf und as-Sanhūrī, selbstverständlich den Anspruch auf eine Verbindlichkeit der Ergebnisse erheben. Demgegenüber stehen u. a. al-ʿAyyāšī, al-Būǧamʿawī, Ibn ʿĀšūr und az-Zarqā, die mittels des KI eine Einheit zwischen den verschiedenen Rechtsschulen herbeiführen und für die Öffnung des Tores zum *iǧtihād* sorgen wollen. In den Augen dieser Seite stellen die *iǧtihād*-Ergebnisse lediglich Lehrmeinungen ohne jede Verpflichtung dar. Anzumerken ist, dass die legislative Richtung unter den späteren Intellektuellen mehr Anhänger aufweist.

Hinsichtlich der Personen, die zum KI bzw. zur kollektiven juristischen Leistung aufrufen, können zwei Kategorien unterschieden werden. Einige Vorschläge zur Anwendung des KI gehen auf Gelehrte zurück, die staatliche Positionen bekleiden, wie beispielsweise ʿAbduh – Großmufti von Ägypten – oder al-Marāǧī – Scheich der Azhar. Eine zweite Gruppe bilden die selbstständigen bzw. freien Wissenschaftler oder Akademiker, von welchen der größte Teil dieser Aufrufe ausgeht. Zu dieser Klasse gehören zahlreiche Gelehrte wie Riḍā, Nursî, Ibn ʿĀšūr, Ḫallāf und Mūsā.

Ein entscheidendes Merkmal des KI bildet die Art und Weise der Entscheidung bei einem Normenfindungsprozess, d. h. ob diese einer kollektiven oder einer individuellen Form folgt. In diesem Punkt besteht ein wesentlicher Unterschied zwischen dem individuellen *iǧtihād*, bei dem nur eine einzige Person das Recht auf Entscheidung hat und dem KI, bei dem alle Beteiligten gleichberechtigt entscheiden dürfen. Trotzdem machen nur wenige Autoren auf die Notwendigkeit einer solchen kollektiven Entscheidungsmethode aufmerksam. Als Vertreter dieser Denkweise dienen beispielsweise Ibn ʿĀšūr, as-Sanhūrī, Mūsā und az-Zarqā.

In geographischer Hinsicht finden sich in vielen islamischen Gebieten Aufrufe zum KI, auch wenn sie zeitversetzt stattfanden. Diese umfassen Marokko, den indischen Subkontinent, die Türkei, Ägypten, Syrien, Tunesien und den Iran. Nach der vorangehenden Darlegung verschiedener Appelle zum KI kann davon ausgegangen werden, dass der erste frühe Impuls für die Entstehung einer neuen kollektiven Rechtsfindungsform des *iǧtihād* aus Marokko von al-ʿAyyāšī kam und nach ihm von al-Būǧamʿawī. Eine weitere Anregung für die Idee des KI war um die Wende zum 20. Jahrhundert in verschiedenen Ländern, Ägypten (z. B. von ʿAbduh und Riḍā), die Türkei (Filibeli und Nursî) und Indien (*Dār al-iftāʾ* der Nadwat al-ʿulamāʾ und später Iqbāl) zu beobachten. In den folgenden Jahrzehnten wurde die Idee des KI vornehmlich in Ägypten unterstützt. Dort hatte sie viele Anhänger, insbesondere die Schüler ʿAbduhs.

3.3.1 Eine historische Betrachtung der Entstehung der Appelle zum kollektiven *iǧtihād*

Aus einem historischen Blickwinkel betrachtet scheinen der kritiklose *taqlīd* und die damit einhergehende Tendenz zum *maḏhab*-Fanatismus, welche beide nach der Genese und Entwicklung der verschiedenen islamischen Rechtsschulen begannen und sich mit der Zeit, insbesondere nach dem Zerfall von Bagdad (656/1258), weitgehend unter den Muslimen verbreitet hatten, der Ausganspunkt der frühsten Aufrufe zum KI zu sein. Die Rufe und Versuche einiger Gelehrten, wie z. B. von al-ʿIzz ibn ʿAbd as-Salām, Ibn Taymiyya und später ʿAbd al-Wahhāb aš-Šaʿarānī im 16. Jahrhundert, trugen keine Früchte.[304] Im 17. Jahrhundert weist al-ʿAyyāšī in seinem Reisetagebuch auf den *maḏhab*-Fanatismus als Grund für den Zwist zwischen Muslimen hin. Ebenso bildete dieser immer noch den Auslöser für den Ruf al-Būǧamʿawīs zur Anwendung des KI in den 60er Jahren des 19. Jahrhunderts.

In den folgenden Jahren, mit dem Aufkommen der Kolonialzeit, wurden viele islamische Länder von verschiedenen europäischen Staaten beherrscht. Während dieser Zeit wurden die Muslime mit neuen Lebensbedingungen und Anforderungen sowie einer Überlegenheit der westlichen Länder konfrontiert. Im Zuge dessen wurden den muslimischen Gesellschaften zahlreiche westliche Gesetze und rechtliche Normen auferlegt. Für viele muslimische Gelehrte bildete dieses Aufzwingen der westlichen Vorschriften eine große Herausforderung. Ein großer Teil von ihnen reagierte darauf mit juristischen Reformversuchen, die die Erneuerung des isla-

304 Zur Situation in der frühen Phase bis etwa zum 16. Jh. siehe Abschnitt 2.4.

mischen Rechts vorsahen, um es mit den Anforderungen der Moderne in Einklang zu bringen. Inzwischen entstanden zwei Richtungen, die sich hauptsächlich auf die Verwendung der kollektiven Form beziehen. Während die erste Richtung die Kodifizierung der islamischen Scharia vorsieht, um diese wieder anstelle der europäischen Gesetze in Kraft zu setzen, beabsichtigt die pan-islamische Richtung, die Einheit der muslimischen Völker zu erreichen. Für die Vertreter letzterer Richtung bedingt eine politische Vereinigung zunächst eine rechtliche Einheit der Muslime. Diese Denkweise verstärkte sich besonders nach der Abschaffung des osmanischen Kalifats, das als Symbol für die Einheit der Muslime betrachtet wurde. So kommt sie in den Appellen Riḍās und as-Sanhūrīs sowie anderer deutlich zum Ausdruck. Dieser Richtung kann auch al-Marāġī zugeordnet werden.

In der ersten Hälfte des 20. Jahrhunderts wurden die Versuche fortgesetzt, mit der Scharia die unterschiedlichen Lebensbereiche zu regeln und sie wieder in Kraft zu setzen. Zum einen handelt es sich dabei um die Öffnung des Tores zum *iǧtihād*, jedoch nicht im Sinne einer Ausübung durch einzelne Rechtswissenschaftler, sondern mithilfe der Anwendung der kollektiven Form des *iǧtihād*. Zum anderen teilen zu dieser Epoche einige Intellektuelle, wie Riḍā, Iqbāl und as-Sanhūrī, die Ansicht, dass es notwendig sei, den *iǧmāʿ* auf eine zeitgemäße Weise, und zwar in Form von Gremien oder Räten, durchzuführen. Dabei solle der *iǧmāʿ* in Form eines KI verwirklicht werden.

Außerdem kann die Idee des KI auch aus einer anderen Perspektive betrachtet werden, nämlich aus jener der salafitischen Bewegung, die zu jener Zeit aktiv war und bei Vielen Resonanz fand. Diese hält das Bild der muslimischen Gesellschaft in der Frühzeit des Islam, insbesondere der ersten drei Generationen, für vorbildlich. Daraufhin ist für sie die Wiederbelebung und Nachahmung des Verhaltens der Muslime zu jener Zeit wünschenswert. Aus ihrer Sicht wurde der KI als Wiederbelebung des Prinzips der *šūrā* angesehen, die in der Ära der rechtgeleiteten Kalifen, vor allem der ersten zwei Kalifen, gebräuchlich war bzw. als Nachahmung der Urform des *iǧtihād*, und zwar der kollektiven Form, die zu jener Zeit häufig Anwendung fand. In diesem Zusammenhang betrachten etliche Autoren den *iǧtihād* bzw. den *iǧmāʿ* in dieser frühen Epoche als eine Art des KI, der auf dem Beratungsprinzip basiert.

3.3.2 Auftreten des Begriffs „iǧtihād ǧamāʿī"

Aus der vorangehenden Darstellung verschiedener Aufrufe und Vorschläge zum KI ergibt sich, dass bei zahlreichen Aufrufen zum KI sowohl bei früheren, wie von al-ʿAyyāšī und al-Būǧamʿawī, als auch bei späteren, wie von as-Sanhūrī, Ibn ʿĀšūr, Nursî und Mūsā, der Begriff *iǧtihād ǧamāʿī* nicht explizit angesprochen wird. Vielmehr geht es bei ihnen hauptsächlich darum, die Art und Weise der Ausführung des KI oder den Ort, wo der KI praktiziert wird, wie z. B. in einer Kommission, einem Gremium, einem Rat, oder etwas Ähnlichem, anzuführen. Diese Ausführungsformen bzw. Ausführungsorte sind im Allgemeinen mit zwei Doktrinen verbunden, nämlich *iǧmāʿ* und/oder *šūrā*. Was den *iǧmāʿ* betrifft, so erscheinen die Vorschläge als Formen der Institutionalisierung des *iǧmāʿ*. Hierbei sprechen Riḍā und Iqbāl von einer legislativen Körperschaft (*hay'a tašrīʿiyya*) sowie al-Marāġī und az-Zanǧānī von einer islamischen wissenschaftlichen legislativen Akademie (*maǧmaʿ tašrīʿī ʿilmī islāmī*). Ähnlich benutzt Ḫallāf die Bezeichnung *ǧamʿiyya tašrīʿiyya* (legislative Gesellschaft). Außerdem richten einige Verfasser ihre Aufmerksamkeit lediglich auf die Zusammenkünfte der Rechtswissenschaftler, wie z.B. al-ʿAyyāšī, Filibeli und al-Būǧamʿawī. Bezüglich der *šūrā* schlagen zahlreiche Intellektuelle vor, rechtliche *šūrā*-Institutionen einzurichten, wie *Maǧlis šūrā li-l-iǧtihād* bei Nursî, *Laǧnat aš-šūrā aš-šarʿiyya* bei al-Bānī, *Maǧlis šūrā al-muǧtahidīn* bei as-Sanhūrī und *Maǧlis aš-šūrā bayn al-maḏāhib* bei Kamareʾī.

Darüber hinaus gibt es indes auch etliche Aufforderungen, in denen der Begriff *iǧtihād ǧamāʿī* oder ähnliche Ausdrücke erwähnt werden. Zu den Exponenten, die die Bezeichnung *iǧtihād ǧamāʿī* (KI) verwenden, gehören beispielsweise Šaltūt, Šalabī und Ḥasaballāh. In diesem Zusammenhang benutzt Šākir das Zugehörigkeitsadjektiv (*nisba*) zu „iǧtimāʿ", nämlich „iǧtimāʿī", anstatt „ǧamāʿī", welches sprachlich aus dem Verb „iǧtamaʿa" (sich versammeln oder zusammentreffen) abgeleitet wird. Diese Verwendung geht ursprünglich auf aš-Šāfiʿī zurück, der oft das Wort *iǧtamaʿa*/ *iǧtimāʿ* (versammeln/Versammlung) statt *aǧmaʿa*/ *iǧmāʿ* (in etwas übereinstimmen/ Übereinstimmung bzw. Konsens) z.B. in seinen Werken *ar-Risāla* und *Ǧimāʿ al-ʿilm* gebraucht. Diese beiden Bücher wurden von Šākir ediert. Folglich geht es dabei um den *iǧmāʿ* bzw. Konsens.[305]

Nach der Darlegung der oben erwähnten Appelle gilt die Aufforderung Rafīq al-ʿAẓms im Jahre 1910 zur Anwendung der kollektiven Form bei der Urteilsfindung und Erlassung der Rechtsgutachten, als erste eindeutige Nennung des Fachausdrucks „der kollektive *iǧtihād*". In seinem Aufruf benutzt er aber nicht die attributive Konstruktion *iǧtihād ǧamāʿī*, sondern die Genitivverbindung *iǧtihād al-ǧamāʿa* (*iǧtihād* einer Gruppe). Diese Bezeichnung *iǧtihād al-ǧamāʿa* wurde auch später von az-Zarqā gebraucht. Bei Ḫallāf findet die längere Form *iǧtihād bi-r-raʾy li-l-ǧamāʿa* Anwendung. Von der Bedeutung her entsprechen diese dem allgemeinen Bild des KI.

Demzufolge geht die vorliegende Arbeit davon aus, dass die früheste Verwendung der Bezeichnung des KI bzw. das Aufkommen des *iǧtihād ǧamāʿī* oder *iǧtihād al-ǧamāʿa* um die Wende zum 20. Jahrhundert und noch genauer auf das Jahr 1910 zu datieren ist. Darauf findet sich auch bei az-Zarqā ein Hinweis.[306]

3.3.3 Medien der Verbreitung

Als Propagandapresse zur Idee des KI kann die Zeitschrift *al-Manār* betrachtet werden. Diese Zeitschrift wurde im Jahre 1315/1898 von Rašīd Riḍā gegründet und herausgegeben. Die Herausgabe der *Manār* endete mit dem Tode Riḍās im Jahre 1354/1935. Ihr Interesse galt religiösen, gesellschaftlichen und politischen Fragen der islamischen Welt. In *al-Manār* erschienen verschiedene Aufforderungen zur

305 Vgl. aš-Šāfiʿī o.J., S. 471 f., 495 und 599; und aš-Šāfiʿī 1986, S. 50 ff. und 64 f.
306 Vgl. az-Zarqā 1998, S. 251 Fn. Nr. 1.

Anwendung der kollektiven Form des *iǧtihād*, die unterschiedlichen Intellektuellen zugeschrieben werden können, und durch welche sich diese Idee in verschiedenen islamischen Regionen verbreitete. Im Jahre 1899 veröffentlichte die Zeitschrift den Bericht ʿAbduhs über die Reform der Scharia-Gerichte, in welchem er die Schaffung einer Kommission von Gelehrten, mit dem Ziel, eine Normensammlung im Bereich der *muʿāmalāt* zu erstellen, vorschlägt. Ebenso pflegte *al-Manār* die Koranexegese *Tafsīr al-qurʾān al-ḥakīm* von ʿAbduh und Riḍā, welche als *Tafsīr al-manār* bekannt ist, zu publizieren. Im Kommentar zum Vers 4:159 äußert sich ʿAbduhs und Riḍās Vorstellung, laut welcher die Realisierung des *iǧmāʿ* in der Moderne durch Anwendung einer Art des KI möglich wird. Außerdem wurde im vierten Band der Zeitschrift im Jahre 1901 der Aufruf al-ʿAyyāšīs zur Erstellung eines einheitlichen rechtlichen Werks auf Basis der kollektiven Ermittlung durch eine Gruppe von Rechtsgelehrten abgedruckt. In diesem vierten Band wurde zudem Riḍās Auffassung, eine einheitliche Normensammlung aller islamischen *maḏāhib* basierend auf einer kollektiven Rechtsfindung verfassen zu können, veröffentlicht. Im Jahre 1910 publizierte Riḍā im 13. Band der *al-manār* den Vortrag Rafīq al-ʿAẓms über den Vergleich zwischen der individuellen und kollektiven Rechtsentscheidung, in dem al-ʿAẓm den KI sowohl beim Rechtsspruch eines Richters als auch bei der Erlassung juristischer Gutachten ausdrücklich bevorzugt.[307]

Ferner präsentierte *al-Manār* weitere Aufrufe zum KI von anonymen Intellektuellen, wie im vierten Band im Jahre 1901. In einer Debatte zwischen zwei anonymen Wissenschaftlern über die Lage des islamischen Rechts zu jener Zeit kritisiert der eine die verschiedenen islamischen Wissenschaften, wie Theologie, Rechtsmethodologie und Normenlehre, und macht sie für die Rückständigkeit der Muslime verantwortlich. Dem anderen kommt die Rolle des Verteidigers zu. In seiner Verteidigungsrede beschuldigt er die einzelnen Rechtsgelehrten für das vorherrschende Chaos bei der Rechtsfindung. Er spricht sich dafür aus, eine Gruppe von *muǧtahids*, die sich bei der Normenfindung gegenseitig beraten sollen, mit der Aufgabe zu betrauen. Der Kritiker bestätigt die Rede des Verteidigers und schlägt vor, eine wissenschaftliche Gesellschaft (*ǧamʿiyya ʿilmiyya*) bestehend aus mehreren Experten, die in der Lage sind, diese Aufgabe zu erfüllen, in Kairo zu bilden.[308]

Ein weiteres Beispiel ist der Disput (*muḥāwara*) zwischen einem Reformer (*muṣliḥ*) (mit großer Wahrscheinlichkeit war dieser Riḍā selbst) und einem Nachahmer (*muqallid*). Im Verlauf des Gesprächs argumentiert der Reformer gegen eine individuelle Rechtsfindung und Gesetzgebung. Vielmehr sollten sich die Gelehrten jener Zeit versammeln, um Normen im Lichte des Korans und der Sunna zu ermitteln. Außerdem thematisiert er sein Ziel, eine politische und juristische Einheit der Muslime herbeizuführen. Zu deren Umsetzung sollten sich die Wissenschaftler

307 Vgl. Riḍā: *al-Manār* 1899, Bd. 2, S. 577–582, 593–598 und 609–612; 1901, Bd. 4, S. 139 und 1913, Bd. 13, S. 33, 41 f. und 46.

308 Vgl. Riḍā: *al-Manār* 1901, Bd. 4, S. 135 und 460.

und *ahl al-ḥall wa-l-ʿaqd* um eine einhellige Sammlung von Rechtsnormen, die an die Moderne angepasst sind, bemühen. Diese Normen sollten dann durch den Herrscher in Kraft gesetzt werden.[309]

Daneben förderte auch die Zeitschrift *Maǧallat al-Azhar* die Idee des KI, vor allem während der Amtszeit al-Marāġīs als Rektor der Azhar. Dies erwies sich in der Veröffentlichung der Postulate von al-Marāġī, eine gemeinschaftliche Form des *iǧtihād* zu verwenden, die Vertreter verschiedener Rechtsschulen umfasst, wie z. B. bei seiner Begegnung mit den Gelehrten der Fakultät *Uṣūl ad-dīn* im Jahre 1937. Außerdem erschienen in der *Maǧalla* andere ähnliche Aufforderungen von as-Sayyid ʿAfīfī, der sogar als Schreiber in der *Maǧallat al-Azhar* tätig war. Ebenso wurden Vorstellungen vom Chefredakteur der Zeitschrift Farīd Waǧdī und von dem Richter ʿAbd as-Salām Ḏuhnī abgedruckt, die jenen von as-Sayyid ʿAfīfī gleichen. Darüber hinaus wurden die Ergebnisse der kollektiven Rechtsfindung der Fatwa-Kommission in der *Maǧalla* veröffentlicht. Später wurden auch die Aktivitäten und Forschungsergebnisse der Akademie der Azhar durch die *Maǧallat al-Azhar* bekannt gegeben.

3.3.4 Einflussreiche Personen

Die obige Darlegung der verschiedenen Postulate zur Idee des KI zeigt, dass ʿAbduh und seine Schule (Riḍā, al-Marāġī und Šaltūt) grundlegend zur Entstehung, Verbreitung und Umsetzung der Idee des KI beitrugen. Neben ihren Aufforderungen kommt ihnen auch die Einführung einiger Formen des KI zu, so die Gründung der Fatwa-Kommission und Rechtsakademie der Azhar. Gleichzeitig fungieren ihre Denkmodelle als Anregung für andere Intellektuelle. Auf ʿAbduhs und Riḍās Inspiration wurde bei der Erläuterung der Appelle von Filibeli und Iqbāl sowie as-Sanhūrī hingewiesen. Ebenso gibt es Hinweise auf Kontakte zwischen Šiblī an-Nuʿmānī, einem der Urheber der *Nadwat al-ʿulamāʾ*, und Riḍā. Von Ersterem wurde Riḍā zum Besuch der *Nadwa* und anderer islamischer Institute in Indien eingeladen. Zudem kann al-ʿAẓm dieser Gruppe zugeordnet werden.

Was al-Marāġī betrifft, so hatte er Kontakt zu schiitischen Akteuren, wie dem Imāmiten az-Zanǧānī und dem Ismāʿīliten Āġā Ḫān, denen er die Genese rechtlicher Akademien, in der die verschiedenen islamischen *maḏāhib* repräsentiert werden, vorschlug. Zudem arbeitete er an der Umsetzung einer gemeinsamen Rechtsfindung, insbesondere durch seine Einrichtung der Fatwa-Kommission in der Azhar. In Bezug auf Šaltūt zeigt sich seine entscheidende Rolle bei der Unterstützung des Prinzips des KI erstmals durch seine Beteiligung an der *Laǧnat al-fatwā* der Azhar und sein Projekt zur Reform der *ǧamāʿat kibār al-ʿulamāʾ* sowie auch dank seines Entwurfs zur Gründung einer Akademie für die wissenschaftlich-islamische Forschung. Seine wichtigste Leistung in diesem Kontext ist schließlich die Einrichtung der ersten Rechtsakademie, welche die Idee des KI umsetzt. Hierbei ist die Rede von der Akademie für islamische Untersuchungen der Azhar, die er als Scheich der Azhar im Jahre 1961 ins Leben rief.

---

309 Vgl. Riḍā: *al-Manār* 1901, Bd. 4, S. 697 f. und 866.

3.3.5 Motive für die Initiativen

In den oben dargebotenen Forderungen zum KI kommen verschiedene Hintergründe und Motive für die Genese dieser *iǧtihād*-Form zum Vorschein. Im Folgenden versuchen wir diese Hintergründe zusammenzustellen.

3.3.5.1 Kritik am Rechtsschulfanatismus

Mit der Behandlung dieser Thematik befassten sich einige Gelehrte, darunter Ibn Taymiyya, Ibn al-Qayyim und ʿAbd al-Wahhāb aš-Šaʿarānī, die im vorigen Kapitel im Zusammenhang mit ihren Vorschlägen zur Versöhnung der Kluft zwischen Anhängern der *maḏāhib* und der Gleichstellung der verschiedenen Rechtsschulen angesprochen wurden. Diese Situation verbesserte sich jedoch in den folgenden Generationen nicht erheblich, wie al-ʿAyyāšī und al-Būǧamʿawī betonen. Aus diesem Grund versuchten beide Gelehrte eine neue Lösung dafür anzubieten. Ihre Vorschläge bestehen darin, eine rechtliche Sammlung zu erstellen, welche sich auf die vier sunnitischen *maḏāhib* bezieht und auf einer Art kollektiver Normenfindungsarbeit basiert. Dadurch soll eine Einigung der *maḏāhib* begünstigt werden, die zur Entschärfung des Rechtsschulfanatismus und wiederum zur Versöhnung der Spaltung der Muslime beitragen kann.[310]

Im Zuge der Reformbewegung und der Bewertung der eigenen Kultur angesichts der Überlegenheit der westlichen Kolonie, vor allem Ende des 19. Jahrhunderts und in der ersten Hälfte des 20. Jahrhunderts, wurde die Stellung der juristischen *maḏāhib* und ihr Einfluss auf das muslimische Leben infrage gestellt.[311] Die Debatte über die *maḏāhib* vollzog sich nicht nur im arabischen Raum, sondern auch in der Türkei und später in anderen islamischen Gebieten wie Indonesien und Indien.[312] Allerdings richtet sich die Aufmerksamkeit dieser Studie, wie bereits erwähnt, hauptsächlich auf das arabische Gebiet.

Eines der frühesten Bilder dieser Diskussion im 20. Jahrhundert war das o. g. Streitgespräch bzw. *muḥāwara* zwischen einem Reformer und einem Nachahmer, welches 1900 in der Zeitschrift *al-manār* erschien.[313] Schrittweise bildeten sich drei Blöcke he-

---

310 Vgl. Die Initiativen der obengenannten Gelehrten im vorliegenden Kapitel „3.2".

311 Vgl. Ucar 2005, S. 48 und 54 f.; Peters 1980, S. 131; Rohe 2009, S. 189 und Krawietz 2002, S. 405–408.

312 Vgl. Ucar 2005, S. 105 und Hosen 2004, S. 12. Dazu Neumann 2012, S. 264.

313 Summarisch spricht sich der Reformer für die Abschaffung der *maḏāhib* aus. Für ihn sind ihre Anhänger sogar gegenüber dem Koran und der Sunna fanatisch. Somit seien sie der Hauptgrund für den Streit unter Muslimen. Durch den Rückgriff auf den Koran und die Sunna würden die Muslime sich wieder einigen und dem Weg der *salaf* folgen. Dazu plädiert der Reformer für den *iǧtihād* und negiert den *taqlīd*. Ebenso stellt er fest, dass die Gründer der *maḏāhib* selbst den *taqlīd* verboten haben. Hingegen hält der Nachahmer die Existenz der vier Rechtsschulen für nötig, wobei die Anhänger der Sufi-Orden sich an diesen *maḏāhib* anschließen sollten. Außerdem kritisiert der *muqallid* den Appell zum (absoluten) *iǧtihād*,

raus. Diese drei Richtungen bezogen und beziehen noch immer durch zahlreiche Publikationen Stellung.[314] Eine Gruppe macht den *taqlīd* und den Rechtsschulfanatismus für den Rückstand und den Streit der Muslime verantwortlich. Durch die Rückwendung auf den Koran und die Sunna als Erzquellen des Islam könne dennoch diesem Streit aus dem Weg gegangen werden.[315] Diese Gruppe wird *lā-maḏhabiyyūn* (Gegner der Verpflichtung gegenüber den Rechtsschulen) genannt und ihre Vertreter – zu denen Nūr al-Ḥusn ibn Ṣiddīq Ḫān (1862–1918), Muḥammad Sulṭān al-Maʿṣūmī al-Ḫuǧandī (1880–1960), Muḥammad Nāṣir ad-Dīn al-Albānī (1914–1999) und Muḥammad ʿĪd ʿAbbāsī (geb. 1938) gehören – werden der wahhabitischen/salafitischen Denkrichtung zugeordnet.[316] Die Exponenten dieser Richtung betonen, dass die Gründer der vier Rechtsschulen den *taqlīd* verboten haben, weshalb die Verpflichtung gegenüber einer der vier Rechtsschulen eine *bidʿa* sei.[317] Daraufhin halten es u. a. Riḍā und al-Ḫuǧandī[318] zunächst für notwendig, die Rechtsschulen, die oft in Widerspruch zu der Sunna

---

vielmehr soll die *iǧtihād*-Praxis einer der vier theoretischen Rechtsfindungsmethoden der Gründer der *maḏāhib* entsprechen. Vgl. al-Manār 1900, Bd. 3, S. 635–640, 675–683, 715–725, 795–804; 1901 Bd. 4, S. 51–60, 161–170, 205–217, 281–301, 361–371, 521–535, 567–573, 692–702, 852–866.

314 Dazu z. B. **Lā-maḏhabiyya**: Nūr al-Ḥusn ibn Ṣiddīq Ḫān: *aṭ-Ṭarīqa al-muṯlā fī-l-iršād ilā tark at-taqlīd wa ittibāʿ mā huwa al-awlā*, Beirut 2000; Muḥammad Sulṭān al-Maʿṣūmī al-Ḫuǧandī: *Hadiyyat as-Sulṭān ilā muslimī al-Yābān. Hall al-muslim mulzamm bi-ittibāʿ maḏhab muʿayyan min al-maḏāhib al-arbaʿa?!*, Kairo 1368/1949; 2. Aufl., Damaskus 1389/1970; Muḥammad ʿīd ʿAbbāsī: *Bidʿat at-taʿaṣṣub al-madhabī*, Amman/Jordanien o. J; und Ḫālid Kabīr ʿAllāl: *at-Taʿaṣṣub al-maḏhabī fī-t-tārīḫ al-islāmī*, Algerien 2008. **Maḏhabiyya:** Muḥammad Zāhid al-Kawṯarī: *al-Lā-maḏhabiyya qanṭarat al-lā-dīniyya*, Kairo 2006; Muḥammad al-Ḥāmid: *Luzūm ittibāʿ maḏāhib al-aʾimma ḥasman li–l-fawḍā ad-dīniyya*, 3. Aufl., Kairo 1398 H; *al-Iǧtihād wa-l-muǧtahidūn wa ḍarūrat al-ʿamal bi-maḏāhib al-aʾimma al-arbaʿa wa-ḫaṭar al-lā-maḏhabiyya aḍ-ḍālla.* Aleppo 1968 und *al-Lā-maḏhabiyya aḫṭar bidʿa tuhaddid aš-šarīʿa al-islāmiyya* von Muḥammad Saʿīd al-Būṭī. **Pan-islamische Strömung:** Muḥammad Abū Zahra: *Tārīḫ al-maḏāhib al-islāmiyya*, Kairo o. J.; Muṣṭafā aš-Šakʿa: *Islām bi-lā-maḏāhib*,11. Aufl., Kairo 1996; und Muḥammad Yūsuf Mūsā: *al-Madḫal li-dirāsat al-fiqh al-islāmī*, Kairo 2009.

315 Vgl. Neumann 2012, S. 86 f.; ʿAbbāsī o. J., S. 106 und 201 ff.; al-Ḫuǧandī o. J., S. 7 ff. und 17; Wild 1979, S. 675 ff.; al-Ḥaǧawī 1995., Bd. 2, S. 452 und aṭ-Ṭarābulsī 2010, S. 187.

316 Peters rechnet diese Gruppe der fundamentalistischen Tradition zu. Zu ihren Wegbereitern im 18. und 19. Jahrhundert zählt er den indischen Gelehrten Walī Allāh ad-Dihlawī, den Wahhabit Ḥamad ibn Nāṣir ibn Muʿammar (gest. 1810), aš-Šawkānī und den Gründer der Sanūsiyya Muḥammad ibn ʿAlī as-Sanūsī (1787–1859). Vgl. Peters 1980, S. 131–134. Für ähnliche Positionen in späterer Zeit: Vgl. Krawietz 2002, S. 406 ff.

317 Vgl. ʿAbbāsī o. J., S. 90; Ṣiddīq Ḫān 2000, S. 33 f. und 70 ff.; und al-Ḫuǧandī o. J., S. 8 ff. Dazu Peters 1980, S. 141 f. und Krawietz 2002, S. 406 ff.

318 Vgl. al-Ḫuǧandī o. J., S. 6 ff.; Wild 1979, S. 678 und Riḍā: *al-Manār* 1900, Bd 3., S. 640 und Bd. 4, 1901, S. 162.

stehen oder sich auf schwache Hadithe beziehen, abzuschaffen.[319] Später sprechen z.B. ʿAbbāsī und al-Albānī (auch Hasim Nahid aus der Türkei[320]) allerdings von der Vereinigung der *maḏāhib* und der Schaffung einer Einheits-*maḏhab*, um die Einheit der Muslime zu garantieren.[321] Ihre Rede über die Vereinigung der *maḏāhib* orientiert sich jedoch nur an den vier sunnitischen Rechtsschulen. Daraus resultiert ihre Kritik an den Übernahmen von außer-sunnitischen Rechtsschulen, wie den schiitischen oder ibāḍitischen.[322] Der *iǧtihād* eigne sich dafür, die parteiischen Verhältnisse und den *taqlīd* der *maḏāhib* zu zerstören. Deshalb solle sich ein *muǧtahid* direkt auf die Texte des Korans und der Sunna beziehen. Sie sprechen also vom höchsten Rang des *iǧtihād*, nämlich dem absoluten bzw. unabhängigen *iǧtihād*, bei dem ein Gelehrter seine eigenen Grundlagen der Rechtsfindungsmethode anwendet, unabhängig von den Methoden der anderen Gelehrten, wie den Gründern der vier Rechtsschulen.[323] ʿAbbāsī weist darauf hin, dass das Buch *Fiqh as-sunna* von Sayyid Sābiq als eine Umsetzung der *iǧtihād*-Theorie der *Salafiyya* gelte.[324] Er gibt indes zu, dass die *Salafiyya* (*la-maḏhabiyya*) den *iǧtihād* hinsichtlich neuer Fragen nicht praktiziert hätten. Er begründet dies damit, dass es dem *iǧtihād* in solchen Fragen noch an Erfahrung mit den modernen Systemen und Wissenschaften fehle.[325] Die Verfechter dieser Denkweise wurden von den Anhängern der anderen beiden Gruppen mit der Bezeichnung *Neo-Ẓāhiriyya* denunziert.[326] Ihnen gegenüber stehen die Traditionalisten bzw. die Vertreter der *maḏhabiyya* (Verfechter der Notwendigkeit, eine der vier Rechtsschulen zu befolgen).[327] Diese verteidigten vehement den Fortbestand der herkömmlichen Struktur der Rechtsschulen. Auffällig ist hierbei, dass die Exponenten dieser Strömung, wie Muḥammad Zāhid al-Kawṯarī (1878–1952),[328] Muḥammad al-Ḥāmid (1910–1969),[329] Aḥmad ʿIzz ad-Dīn al-Bayānūnī (1913–1975)[330] und Muḥammad Saʿīd Ramaḍān al-

319 Vgl. ʿAbbāsī o.J., S. 21 und 149; und al-Ḫuǧandī o.J., S. 8 ff. und 20 ff.

320 Vgl. Ucar 2005, S. 72.

321 Vgl. ʿAbbāsī o.J., S. 61; al-Būṭī 2005, S. 168; Wild 1979, S. 678 und Neumann 2012, S. 85.

322 Vgl. ʿAbbāsī o.J., S. 69; Wild 1979, S. 686 und Brunner 1996, S. 264 ff.

323 Vgl. Wild 1979, S. 676; ʿAbbāsī o.J., S. 13–21 und al-Ḫuǧandī o.J., S. 39–44.

324 Vgl. ʿAbbāsī o.J., S. 66 und an-Nabahānī 2007, 3. Aufl., S. 23 ff.

325 Vgl. ʿAbbāsī o.J., S. 235.

326 Vgl. al-Qaraḍāwī 1994, S. 88 f.; aṭ-Ṭarābulsī 2010, S. 187 und Neumann 2012, S. 53.

327 Dieselben Gedanken hatte eine Gruppe von Gelehrten in der Türkei um die Wende des 20. Jahrhunderts, zu denen beispielsweise Kilisli Mehmet Münir, İbnül Emin Mahmud Esad (1855–1917) und İskilipli Mehmet Atif (1876–1926) gehören. Diese wurden von Ucar als „Konservative Linie“ bezeichnet. Vgl. Ucar 2005, S. 65–73.

328 Er verfechtet die sufischen Lehren in vielen Artikeln, z.B. „Bināʾ al-masāǧid ʿalā al-qubūr wa-ṣ-ṣalāt ilay-hā“ (153–155) und „Maḥqq at-taqawwul fī masʾalat at-tawassul“ (339–355), in *Maqālāt al-Kawṯarī*, Kairo o.J.

329 Anhänger des Naqšabandiyya-Ordens.

330 Anhänger des Naqšabandiyya-Ordens und sein Vater war ein Sufi.

Būṭī (1929–2013),[331] zu den sufischen Orden tendieren.[332] Sie sprechen sich gegen die Vereinigung der Rechtsschulen bzw. das Einheits-*maḏhab* aus, da dies einen Laien bei der Wahl einschränke.[333] Darüber hinaus betonen sie die Anerkennung und Gleichwertigkeit der vier sunnitischen *maḏāhib*. Allerdings kommen die schiitischen oder ḫāriǧitischen Lehrmeinungen für sie nicht infrage. In diesem Zusammenhang betont al-Kawṯarī, einer der prominenten Vertreter dieser Richtung, dass die Gegenmeinung der Ẓāhiriten, der Schia oder der Ḫāriǧiten außer Acht gelassen werden sollte, da diese drei Gruppierungen gegenüber den Sunniten eine Minderheit bilden würden. Für ihn sei eine Annäherung zwischen Sunniten und Schiiten schwer vorstellbar.[334] Des Weiteren stellen die Verfechter der *maḏhabiyya* die Beziehung zwischen den verschiedenen Rechtsschulen auf eine andere Weise dar. Beispielsweise stellt al-Kawṯarī in seinem *Maqālāt* fest, dass die verschiedenen Rechtsschulen sich über zwei Drittel der juristischen Fragen einig seien und dass die Meinungsverschiedenheit unter ihnen nur aufgrund des Streits um das Richteramt zustande gekommen sei.[335] Außerdem pflegten sie Aussagen vieler Gelehrter, die den Rechtsschul-Fanatismus bekämpften und sich für die Toleranz der *maḏāhib* aussprechen, hervorzuheben. Hierbei werden Äußerungen von Abū Šāma, al-Muzanī und aḏ-Ḏahabī sowie insbesondere von ʿIzz

---

331 Dies zeigt sich in seinem Werk *al-Ḥikam al-ʿṬāʾiyya. šarḥ wa taḥlīl.* Sein Vater war auch ein sufischer Scheich.

332 Zu den Vorreitern dieser Richtung gehören der Mālikit Muḥammad ʿIllayš (1802–1883), der Mālikit Muṣṭafā al-Būlāqī (1800–1847) und Dāwūd ibn Sulaymān al-Baġdādī an-Naqšabandī al-Ḫālidī (1816–1882). Vgl. Peters 1980, S. 135 Fn. 10.

333 Vgl. al-Kawṯarī 2006, S. 6 ff.; al-Kawṯarī o.J., S. 132 ff.; al-Būṭī 2005, S. 121 ff. und 168 ff.; aṭ-Ṭarābulsī 2010, S. 168–174; Wild 1979, S. 675; Rohe 2009, S. 189; Ucar 2005, S. 62 und Krawietz 2002, S. 406.

334 Vgl. al-Kawṯarī o.J., S. 124–127.

335 Vgl. al-Kawṯarī o.J., S. 122 f. In seiner Widerlegung der fanatischen Fälle und Lehrmeinungen hebt aṭ-Ṭarābulsī hervor, dass diese zum Teil von nicht anerkannten Personen oder aus nicht anerkannten Büchern stammen würden, vor allem in den Spätphasen, wie das Fatwa von der Ungültigkeit der Heirat zwischen Šāfiʿiten und Ḥanafiten. Zudem stellen – laut aṭ-Ṭarābulsī – viele Fälle nur nicht anerkannte Ausnahmen dar, die im Widerspruch zur herrschenden Meinung der Gelehrten in den verschiedenen Zeiten stehen, z.B. das getrennte Verrichten des Gebetes von Anhängern verschiedener Schulen hinter ihrem eigenen Vorbeter. Außerdem sei ein Teil dieser Geschichten unwahr bzw. erfunden, wie z.B. die Geschichte über den Sultan Maḥmūd ibn Sebkütegīn (gest. 1013), der zwischen der ḥanafitischen und der šāfiʿitischen Schule sein eigenes *maḏhab* wählen wollte. Er bat daraufhin den Šāfiʿiten al-Qaffāl al-Marūzī (gest. 417 H) um Rat. Letzterer konnte ihn von der šāfiʿitischen Schule, jedoch durch einen Trick, überzeugen. Dazu verrichtete al-Qaffāl ein Gebet zunächst vor dem Sultan nach den šāfiʿitischen Voraussetzungen auf besonders schöne Weise und anschließend ein Gebet entsprechend der ḥanafitischen Weise. Allerdings führte er dieses gemäß den Ordnungen aus, die den Ḥanafiten nur in Notfällen erlaubt sind, wie z.B. zum Viertel unrein oder mit dem Leder eines Hundes bekleidet. Vgl. aṭ-Ṭarābulsī 2010, S. 50 und 207 ff.

ad-Dīn ibn ʿAbd as-Salām angeführt. Außerdem werden tolerante Fatwas fokussiert.[336] Jegliche Erneuerung oder Entwicklung des islamischen Rechts solle auf Basis der vier Schulen durchgeführt werden. Wer den *iǧtihād* praktizieren will, solle einer der vier Methoden der Gründer der *maḏāhib* folgen. Somit sprechen einige von ihnen, wie al-Ḥāmid und aṭ-Ṭarābulsī (im türkischen Raum z.B. Kilisli Mehmet Münir[337]), offen von der Unmöglichkeit, den Rang des absoluten *iǧtihād* zu erreichen.[338] Es ist nennenswert, dass diese Strömung harte Kritik an vielen *iǧtihād*-Versuchen oder *iǧtihād*-Ansprüchen äußert.[339]

Die Vertreter der dritten pan-islamischen Richtung bzw. der Modernisten,[340] darunter ʿAbduh, al-Marāġī, Muḥammad Yūsuf Mūsā, Šaltūt und Muḥammad Abū Zahra, beabsichtigen, die Scharia an die Moderne anzupassen und den Weg zur Einheit der Muslime zu ebnen. Hierfür fungiert der absolute *iǧtihād* als zentrales Mittel. Darüber hinaus wird von der Gleichwertigkeit und Anerkennung aller muslimischen Rechtsschulen gesprochen. Hierbei handelt sich nicht nur um die sunnitischen *maḏāhib*, sondern auch um die ẓāhiritische, imāmitische, zayditische und ibāḍitische Schule.[341] Sie glauben an die Annäherung zwischen allen muslimischen Konfessionen bzw. Gruppen. In diesem Kontext bevorzugen sie den Begriff *maḏhab* an der Stelle von Konfession (*ṭāʾifa*).[342] Dahinter steckt die Absicht, die engen Ver-

---

336 Zu diesem Punkt siehe Abschnitt „2.4". In diesem Zusammenhang spricht al-Būṭī von der Übereinstimmung der Rechtswissenschaftler darin, dass die Anhänger der verschiedenen *maḏāhib*, egal ob sie Ḥanafiten, Mālikiten, Šāfiʿiten oder Ḥanbaliten sind, von Genossen anderer Schule beim Gebet geleitet würden. Ebenso bestehe ein Konsens darüber, dass ein Laie irgendeiner Rechtsschule folgen dürfe, gleich ob er dieser dauerhaft folgt oder von Zeit zu Zeit Lehrmeinungen einer anderen Schule übernimmt. Dazu erwähnt al-Būṭī, dass ein Mufti gemäß einer anderen Rechtsschule außer seiner eigenen Schule Rechtsgutachten erlassen dürfe. Vgl. al-Būṭī 2005, S. 50, 80 und 105–112.

337 Vgl. Ucar 2005, S. 66.

338 Vgl. al-Ḥāmid 1398 H, 3. Aufl., S. 9–13; an-Nabahānī 2007, 3. Aufl., S. 23 ff. und aṭ-Ṭarābulsī 2010, S. 168–174. Dazu Wild 1979, S. 682.

339 Vgl. al-Kawṯarī 2006, S. 6 ff.; Ucar 2005, S. 62 und 71; aṭ-Ṭarābulsī 2010, S. 170 und 199; und Riḍā: *al-Manār* 1900, Bd 3., S. 677. Dazu Rohe 2009, S. 191. Ebenso herrschten unter den Muslimen im Süden Asiens Bedenken gegenüber der Anwendung des *iǧtihād*. Vgl. Zaman 2012, S. 76.

340 Dieser Kategorie „Reformlinie" ordnet Ucar türkische Intellektuelle jener Zeit, wie z.B. Filibeli Ahmet Hilmi, Seyyid Bey (1873–1925) und Mehmet Akif Ersoy (1873–1936), die ähnliche Ansichten vertreten, zu. Vgl. Ucar 2005, S. 74–85.

341 Vgl. Neumann 2012, S. 59 und 85 ff.; Ucar 2005, S. 58 und 77 ff.; aṭ-Ṭarābulsī 2010, S. 185 ff. und 254; Mūsā 2009, S. 220; Abū an-Naṣr 1995, S. 77; Muġniyya 1960, S. 7 f.; Rohe 2009, S. 189 und Wild 1979, S. 675 ff.

342 Ein früherer Annäherungsversuch im juristischen Bereich wurde in der ersten Hälfte des 18. Jahrhunderts von dem Schah Nadir Šāh Afšāhr (gest. 1747) durchgeführt, der von den Gelehrten abgelehnt wurde und deshalb scheiterte. Vgl. Brunner 1996, S. 20 ff.

hältnisse zwischen Sunna, Schia und Ibāḍiyya aufzuzeigen, deren Differenzen vergleichbar gering seien, wie beispielsweise zwischen Ḥanafiten und Šāfiʿiten. Mit anderen Worten unternehmen sie den Versuch, den Streit von einer theologischen auf eine juristische Ebene zu übertragen, auf welcher eine Meinungsverschiedenheit akzeptiert wird. Seit ʿAbduh riefen etliche Autoren, zu denen Muḥammad Yūsuf Mūsā, Šaltūt, Muḥammad Abū Zahra und Muṣṭafā aš-Šakʿa zählen, dazu auf, den imāmitischen, zayditischen und ibāḍitischen Rechtsschulen als Quellen neben den sunnitischen Schulen bei der Rechtsfindung zu vertrauen.[343] Dieser Strömung wird vonseiten der anderen Gruppen zum Vorwurf gemacht, dass sie von der britischen Kolonie bzw. vom Westen unterstützt werde und dass sie oft bei der *taḫayyur* Lehrmeinungen auswählen, die sich auf schwache Argumente beziehen würden.[344]

Viele Vertreter der dritten Richtung und allmählich auch Anhänger der anderen Gruppen tendierten dazu, die Idee des KI umzusetzen, um den Disput zwischen den verschiedenen Schulen zu versöhnen, indem ein dauerhaftes Gremium oder eine Akademie für Rechtsgelehrten aus allen islamischen Ländern gegründet wird, die die verschiedenen Schulen und nicht nur die sunnitische *maḏāhib* repräsentieren. Dies ist der Zusammenarbeit und der gegenseitigen Anerkennung der verschiedenen Rechtsschulen dienlich. Insbesondere in den Aufforderungen der modernen Reformer, wie Filibeli und Ibn ʿĀšūr, manifestiert sich diese Tendenz.[345]

In diesem Zusammenhang betont Hosen die Rolle des KI bei der Annäherung zwischen den Rechtsschulen. Er begründet seine Ansicht damit, „that a number of Muslim scholars from different schools and various disciplines of science could sit together to perform ijtihad collectively."[346]

3.3.5.2 Kodifikation des islamischen Rechts

Einige muslimische Autoren führen die Ansätze der Kodifizierung des islamischen Rechts auf die abbasidische Zeit, oder sogar auf die Ära der rechtgeleiteten Kalifen, zurück.[347] Der erste Versuch wird Ibn al-Muqaffaʿ (gest. 142/759) zugeschrieben, der in seinem Schreiben „Risālat aṣ-ṣaḥāba" an den Kalifen Abū Ǧaʿfar al-Manṣūr die Meinungsverschiedenheit der Juristen kritisiert und vorschlägt, eine einheitliche Kodifikation für die verschiedenen muslimischen Gebiete zu erstellen. Dieser Vorschlag fand die Zustimmung al-Manṣūrs, der später Mālik auftrug, ein rechtliches Buch auf Basis der Grundlagen der Scharia zu schreiben. Daraufhin verfasste Mālik sein *Muwaṭṭaʾ*. Als der Kalif ihm aber anbot, seine Rechtsschule bzw. sein *Muwaṭṭaʾ* als offiziellen Code in Kraft zu setzen, lehnte Mālik dies aus den zuvor erwähnten

343 Vgl. Abū Zahra 1963, S. 223, 268; Brunner 1996, S. 127, 167–174 und 218 f.; aš-Šakʿa 1996, 11. Aufl., S. 529–532 und Mūsā 2009, S. 159 und 220.
344 Vgl. ʿAbbāsī o.J., S. 70; aṭ-Ṭarābulsī 2010, S. 259 ff. und Wild 1979, S. 684.
345 Vgl. Die Aufrufe der obengenannten Gelehrten im vorliegenden Kapitel.
346 Hosen 2004, S. 6.
347 Vgl. Abū Zahra, in seinem Vorwort zum *al-Islām wa taqnīn al-aḥkām*, 1977, 2. Aufl., S. Kf.

Gründen ab. Gemäß einer anderen Überlieferung war es der Kalif Hārūn ar-Rašīd, der Mālik dieses Angebot unterbreitet hatte.[348] In diesem Kontext hebt Jokisch die Bestrebung des abbasidischen Kalifats, das islamische Recht zu kodifizieren, hervor. Hierbei nimmt er an, dass die ersten Versuche, einen Codex zu schaffen durch den Kalifen al-Manṣūr sowie sein Nachfolger al-Mahdī (reg. 775–785) unternommen wurden, welche indes misslangen. Erst unter Hārūn ar-Rašīd, so Jokisch, wurde der Plan der Kodifizierung des islamischen Rechts erfolgreich umgesetzt.[349] Diese Arbeit sei von den ḥanafitischen Meistern Muḥammad aš-Šaybānī und Abū Yūsuf gewährleistet worden: „The state jurists Shaybānī and Abū Yūsuf produced an imperial code which consisted of six parts (*Mabsūṭ, Jāmiʿ saghīr*, *Jāmiʿ kabīr, Ziyādāt, Siyar kabīr* and *Siyar saghīr*) and was called *Ẓāhir al-riwāya*."[350] Ferner kann auch das unter Awrangzīb erstellte Werk *Fatāwā ʿĀlamgīriyya* oder *Fatāwā hindiyya*, welches eine einheitliche zugängliche Rechtsquelle zum Richteramt und Rechtsgutachten in seinem Reich zum Ziel hatte, als ein Schritt in Richtung einer Kodifizierung in späterer Zeit betrachtet werden.[351]

Die Abneigung der klassischen muslimischen Rechtsgelehrten gegen die Festlegung einer bestimmten Rechtsversion im Sinne einer Kodifikation steht in Zusammenhang mit der Frage, ob ein Herrscher (*al-Ḥākim* oder *Walī al-amr*) die Befugnis dazu hat, den Richter (*al-Qāḍī*) zur Anwendung einer bestimmten Rechtsversion bzw. Rechtsschule zu verpflichten, welche der eigenen Rechtsauffassung des Richters widerspricht. Während die Ḥanafiten, einzelne Šāfiʿiten und Mālikiten dem *Ḥākim* dieses Recht einräumen, spricht sich die Mehrheit der Gelehrten dagegen aus.[352]

Die Einflussnahme der westlichen Gesetze auf die islamischen Länder seit der zweiten Hälfte des 19. Jahrhunderts und die Übernahme von europäischen Kodizes in der Gesetzgebung in diesen Ländern stellte für viele muslimische Gelehrte eine Gefahr für den Fortbestand der Scharia, vornehmlich als Rechtsquelle in der muslimischen Gesellschaft, dar. Die Verwendung des islamischen Rechts als Quelle der Gesetzgebung beschränkte sich auf das Familienrecht und andere wenige Gesetze.[353] Unter Bezugnahme auf diese neue Situation weicht die breite Masse der modernen Juristen von der alten Auffassung über die Kodifikation des islamischen Rechts ab und plädiert hingegen für die Möglichkeit einer Kodifizierung. Neben den oben erwähnten Rufern zum KI, ʿAbduh, Riḍā, Iqbāl, Šākir, al-Marāġī, as-Sanhūrī, Mūsā, Šalabī und az-Zarqā, gab es auch andere Befürworter dieser Richtung wie Abū Zahra,

348 Vgl. Madkūr 1996, 2. Aufl., S. 107 f.; Jokisch 2007, S. 82; az-Zarqā 1998, S. 317 f.; ʿAbd al-Barr 1986, 2. Aufl., S. 50 f.; Krawietz 2002, S. 81 und 402 f.; und al-Qāsim 1977, 2. Aufl., S. 239–243. Zur Stellungnahme Māliks siehe „2.4".

349 Vgl. Jokisch 2007, S. 3.

350 Jokisch 2007, S. 619.

351 Vgl. az-Zarqā 1998, S. 235 ff. und Madkūr 1996, 2. Aufl., S. 108 f.

352 Vgl. ʿAbd al-Barr 1986, 2. Aufl., S. 36–61.

353 Vgl. az-Zarqā 1998, S. 247 ff.; Kaʿbah 2007, S. 85 f.; Rohe 2009, S. 183 f. und Lemke 1980, S. 25.

ʿAlī al-Ḫafīf (gest. 1978), Mitglied der Akademie für islamische Untersuchungen der Azhar, al-Mawdūdī und der ehemalige Großmufti Ägyptens Ḥasanayn Maḫlūf (gest. 1990). Dementsprechend hat ein Richter nicht mehr die Befugnis, Bestimmungen selbst zu ermitteln. Sie beschränken den *iǧtihād* eines Richters auf die Erfassung des kodifizierten Textes und darauf, ihn entsprechend der jeweiligen Rechtsfälle in die Praxis umzusetzen.[354] Viele Autoren, wie az-Zarqā, ʿAlī al-Ḫafīf, Ḥasanayn Maḫlūf, ʿAbd al-Barr und Abū Sinna, stützen sich bei ihrer Verteidigung dieser Ansicht auf ein Prinzip, welches im Denken der modernen Rechtswissenschaftler eine besondere Rolle spielt, und zwar auf das des Allgemeinwohls (*maṣlaḥa*),[355] welches im Gegenteil zu früher der Kodifikation des islamischen Rechtes obliege.[356]

Praxisbezogen wurden sowohl einige individuelle als auch kollektive Versuche unternommen, um einen Kodex im modernen Sinne auf Basis des islamischen Rechtes zu erstellen. Ein erster Ansatz zur Kodifikation des islamischen Rechts findet sich in der Tanzimat-Epoche (1839–1876).[357] Hierbei kann als Beispiel für eine individuelle Leistung der Entwurf eines ḥanafitischen Personalstatutes des Ägypters Muḥammad Qadrī Pašā (gest. 1886),[358] des ehemaligen Justizministers, herangezogen werden. Dieser verfasste um 1875 sein Werk *al-Aḥkām aš-šarʿiyya fī l-aḥwāl aš-šaḫṣiyya ʿalā maḏhab Abī Ḥanīfa an-Nuʿmān* (Die islamisch-rechtlichen Bestimmungen zum Personalstatut nach der Rechtsschule des Abū Ḥanīfa an-Nuʿmān), das insgesamt aus 647 Artikeln besteht:

> Das Buch umfasst zwei Teile (Sg, *ǧuzʾ*), wobei der zweite Teil lediglich die Bestimmung zur gesetzlichen Erbfolge beinhaltet (Art. 581–647). Der erste Teil ist in fünf Bücher (Sg. *kitāb*) mit den Themen, Ehe, Rechte und Pflichten der Ehepartner, Kinder, Vormundschaft (sowie Beschränkung der Geschäftsfähigkeit, Schenkung, Vermächtnis) gegliedert.[359]

Diese Arbeit wurde ins Französische, Englische und schließlich von Hans-Georg Ebert[360] ins Deutsche übertragen. Obwohl dieser Gesetzentwurf niemals in die Praxis umgesetzt wurde, war er dennoch von besonderer Relevanz. Im Vorwort seines Werks beschreibt Ebert die Bedeutung dieser Kodifikation folgendermaßen:

---

354 Vgl. ʿAbd al-Barr 1986, 2. Aufl., S. 57 ff.; az-Zarqā 1998, S. 319; al-Qāsim 1977, 2. Aufl., S. L ff., 21 ff., 25 ff. und 30; und Rohe 2009, S. 184.

355 Zum *maṣlaḥa* in der Moderne: Layish 1978, S. 266 f. und 270 f.; und Rohe 2009, S. 196–202. Zum *maṣlaḥa* als klassische Rechtsquelle: Krawietz 2002, S. 224–236 und Rohe 2009, S. 66 f.

356 Vgl. az-Zarqā 1998, S. 314 und 318 f.; ʿAbd al-Barr 1986, 2. Aufl., S. 49 und 57 ff.; und al-Qāsim 1977, 2. Aufl., S. 24 ff.

357 Vgl. Hasan 2003, S. 30 f. und Rohe 2009, S. 182.

358 Zu seiner Person Ebert 2010, S. 11–15.

359 Ebert 2010, S. 17.

360 Ebert, Hans-Georg: *Die Qadrī-Pašā-Kodifikation. Islamisches Personalstatut der ḥanafitischen Rechtsschule*. Frankfurt am Main [u. a.], Lang, 2010.

> Das Werk bildete und bildet bis heute eine wichtige Quelle für Gesetze zum Personalstatut, beginnend mit dem osmanischen Familiengesetz 1917 und den beiden ägyptischen Gesetzen von 1920 und 1929. Auch heute hat die Kodifikation noch eine unmittelbare rechtsnormative Bedeutung, denn sie wird zur Ausfüllung von Gesetzeslücken – insbesondere im arabischen Maschrek, der bis ins 20. Jh. hinein Teil des Osmanischen Reiches war – genutzt.[361]

Die Entstehung dieses Werks galt als Reaktion auf die seit 1875 begonnene Erlassung verschiedener Gesetze von der ägyptischen Regierung in der Zeit von Ismāʿīl Pašā (reg. 1863–1879), die hauptsächlich auf das französische Recht referieren. Damit wollte der Verfasser die Fähigkeit der islamischen Scharia als Erzquelle eines Kodexes im modernen Sinne demonstrieren.[362]

Eine praktische Umsetzung einer Kodifikation beruhend auf der Scharia, die mittels einer kollektiven Arbeitsweise ausgeführt wurde, bildet die Erstellung der *Maǧalla ʿadliyya* bzw. des Kodexes für *muʿāmalāt*. Die *Maǧalla* wurde nach siebenjähriger Arbeit im Jahre 1876 in Kraft gesetzt. Die osmanische Regierung erließ auch 1917 ein Familiengesetzbuch, welches zudem für die späteren Ehe- und Familiengesetze in verschiedenen islamischen Ländern von Bedeutung ist.[363]

Für die zeitgenössischen Gelehrten bildeten die oben genannten Kodifikationen, vor allem die kollektiv erstellte *Maǧalla*, einen Anhaltspunkt für eine mögliche Kodifizierung des islamischen Rechts. Dabei sollen jedoch die Nachteile der *Maǧalla*, insbesondere die Anwendung eines bestimmten *maḏhab* als Quelle der Gesetzgebung, umgangen werden. Deswegen sprechen einige Gelehrte im Rahmen ihrer Bestrebung, die islamische Scharia als Hauptquelle der Kodifikation anzunehmen, von der Notwendigkeit, sich auf alle islamischen Rechtsschulen zu berufen. Ihrer Ansicht nach ist eine einzige Schule nicht dazu imstande, alle Anforderungen der modernen muslimischen Gesellschaften, wie im Fall der *Maǧalla*, zu erfüllen. Zur Bewältigung dieser Herausforderung ist eine weitgehende Praxis des *iǧtihād* erforderlich, insbesondere bezüglich der neuen Gegebenheiten und Entwicklungen z. B. im finanziellen Bereich. Die Durchführung dieses *iǧtihād*-Vorgangs soll indes angesichts der Komplexität der modernen Fragen und aufgrund von Bedenken ge-

---

361 Ebert 2010, S. 19 f. Vgl. dazu Rohe 2009, S. 182.

362 Vgl. al-Qāsim 1977, 2. Aufl., S. 245 f. und Madkūr 1996, 2. Aufl., S. 110 f. Ebenso erschien für Qadrī Pašā im Jahre 1890 ein Zivilrecht (aus 1045 Artikeln) mit dem Titel *Muršid al-ḥayrān ilā maʿrifat aḥwāl al-insān fī-l-muʿāmalāt aš-šarʿiyya ʿalā maḏhab al-imām al-ʿẓamm Abī Ḥanīfa an-Nuʿmān mulāʾiman li-ʿurf ad-diyār al-miṣriyya wa sāʾir al-umma al-islāmiyya* (Führer für den Ratlosen über Angelegenheiten des Menschen in den islamischen Rechtsgeschäften nach der Schule des ehrwürdigen Imāms Abū Ḥanīfa an-Nuʿmān in Übereinstimmung mit dem in Ägypten und anderen islamischen Gebieten existierenden Gewohnheitsrecht). Dies wird von Hans-Georg Ebert und Assem Hefny unter dem Titel Islamisches Zivilrecht der hanafitischen Lehre – Die zivilrechtliche Kodifikation des Qadrī Pašā, (Frankfurt am Main 2013) ins Deutsche übersetzt.

363 Vgl. Rohe 2009, S. 182.

genüber der *iğtihād*-Fähigkeit des Einzelnen einer neuen Art und Weise des *iğtihād* folgen. Daher riefen viele Gelehrte zur Verwendung des KI anstelle der individuellen Rechtsfindungsform bei der Kodifizierung des islamischen Rechts auf. Diese Vorstellung zeigt sich in den Rufen vieler Akteure, darunter ʿAbduh, Riḍā, Iqbāl, Šākir, al-Marāġī, as-Sanhūrī, Mūsā, Šalabī und az-Zarqā.[364]

In diesem Kontext liefern Liaquat Ali Khan und Hisham M. Ramadan folgende Erläuterung:

> To prevent interpretive abuse, error, and arbitrariness, an Islamic constitution provides an institutional structure of ijtihad under which no one person or body of persons has an exclusive monopoly to declare what is compatible with Islamic principles of law and what is not.[365]

Es bildete sich aber auch eine Opposition gegen die Kodifikation des islamischen Rechts heraus. Ein interessanter Kritikpunkt ist, dass die Kodifizierung dauerhaft verbindliche Gesetze hervorbringe, wodurch der Weg zum *iğtihād* und zur Übernahme anderer Lehrmeinungen außer der kodifizierten verschlossen sei.[366] Dieser Punkt soll im Rahmen der Analyse der Arbeitsweise der Institutionen des KI näher beleuchtet werden.

3.3.5.3 Einheit der Muslime

Eine der grundlegenden Motivationen, die hinter dem Aufkommen des KI steht, ist der Wunsch nach der Einheit unter den Muslimen. Ansätze dafür zeigen sich in den vormodernen Appellen zur Annahme der kollektiven Methode der Normenfindung, wie im Ruf von al-ʿAyyāšī sowie später von al-Būğamʿawī, die auf eine Überwindung der Kluft zwischen den Anhängern der verschiedenen Rechtsschulen hinzielten, um somit den Weg für eine Vereinigung der Muslime zu ebnen.

In der Kolonialzeit verbreitete sich zunehmend das Streben nach einer Einheit der islamischen Welt sowohl auf juristischer als auch auf politischer Ebene. In der Verbundenheit aller Muslime sahen viele muslimische Autoren die Möglichkeit, die kolonialen Mächte zu überwinden. In diesem Kontext wurde bereits in der vorliegenden Studie auf die Initiativen für die kollektive Rechtsfindung hingewiesen, welche aus dem Streben nach einer muslimischen Einheit entstanden sind, wie beispielsweise von ʿAbduh, Riḍā, ʿAbd al-ʿAzīz Ğāwīš und Mīzrā ʿAlī Āġā.[367] Zu diesem Zweck gab es auch um die Wende des 20. Jahrhunderts zahlreiche Forderungen, internationale islamische Kongresse einzuberufen, die gemeinsame Angelegenheiten der islamischen Länder erörtern sollten. Diesbezüglich publizierten viele Intellektuelle und Gelehrte, wie Ğamāl ad-Dīn al-Afġānī, ʿAbduh, ʿAbd ar-Raḥmān al-Kawākibī (gest. 1902) und al-Marāġī Artikel (z.B. in *al-Manār* und *al-ʿUrwa al-*

364 Vgl. Die Aufrufe der obengenannten Gelehrten im vorliegenden Kapitel (3.2).
365 Khan/Ramadan 2011, S. 131.
366 Vgl. Rohe 2009, S. 184 und Krawietz 2002, S. 81.
367 Vgl. die Initiativen dieser Gelehrten im vorliegenden Kapitel „3.2".

wuṯqā) und Werke, die die Abhaltung dieser internationalen Versammlungen propagieren.[368] In Verbindung damit postulierten Stimmen (wie bereits bei ʿAbduh und Riḍā erwähnt wurde) die Notwendigkeit, alle islamischen *maḏāhib* anzuerkennen. Ebenso zeigt sich in dem Vorschlag von Filibeli die angestrebte Einheit der Muslime mithilfe der Anwendung des KI. An der Praxis dieser kollektiven Art des *iǧtihād* sollen sich Vertreter aller islamischen Länder und *maḏāhib* beteiligen.[369]

Mit der Abschaffung des osmanischen Kalifates im Jahre 1924 verloren die Muslime das letzte Symbol für eine Art islamische Einheit und es verstärkte sich der Bedarf nach einer Vereinigung der Muslime unter einem neuen Kalifat oder zumindest in einer anderen ähnlichen Form. Infolgedessen wurden in verschiedenen islamischen Ländern (z. B. Indien, Indonesien, Südafrika und Ägypten) Kalifat-Komitees (*ǧamʿiyyāt al-ḫilāfa*) ins Leben gerufen. Außerdem wurden einige Werke verfasst, welche die Kalifatsfrage erörtern. Ein anschauliches Beispiel dafür ist das Werk as-Sanhūrīs *Le Califat. Son* évolution *vers une société des nations orientales.* Darin schlägt er eine Vereinigung für Oststaaten vor, um das Kalifat durch diese neue Form zu ersetzen. Dabei verweist er auf ein wesentliches Organ dieser Vereinigung, und zwar einen Rat für alle muslimischen *muǧtahids*, der es ihnen ermöglicht, sich miteinander zu beraten und Entscheidungen auf Basis einer gemeinschaftlichen Rechtsfindungsmethode (des KI) zu fassen. Ebenso kann der KI bei der Erstellung einer einheitlichen Normensammlung für alle muslimischen Gruppen eingesetzt werden. Somit kann solch eine Art von juristischer Vereinheitlichung als Schritt zu einer vollständigen muslimischen Einheit dienen. Gleichfalls unterstützt Rašīd Riḍā in seinem Buch *al-Ḫilāfa* die Reorganisation des Kalifats in einer neuen zeitgemäßen Form.[370] Allerdings gab es auch Ausnahmen. In seinem Werk *al-Islām wa uṣūl al-ḥukm*, das vor allem bei der Körperschaft der großen Gelehrten der Azhar für Empörung sorgte, weicht ʿAlī ʿAbd ar-Rāziq (gest. 1966) von der vorherrschenden Richtung ab und widerlegt die Doktrin des Kalifats.

Darüber hinaus wurden in den folgenden Jahren einige Kalifatskongresse bzw. internationale islamische Kongresse abgehalten. Als Folge der Abschaffung des Kalifats sprach sich der Scheich der Azhar, Muḥammad Abū al-Faḍl al-Ǧīzāwī (gest. 1928), am 25. März 1924 für eine Tagung der muslimischen Gelehrten aus, um die Frage des islamischen Kalifats zu besprechen. Der Kongress fand erst im Zeitraum vom 13.–19. Mai 1926 in Kairo statt. Daran nahmen 45 muslimische Gelehrte und Intellektuelle aus verschiedenen islamischen Gebieten teil. Von den Teilnehmern wurden sechs zentrale Themen diskutiert. Dabei ging es um: 1. den Gegenstand bzw. die Begriffsbestimmung des Kalifats und die Voraussetzungen für die Übernahme des Kalifatsamts bzw. die Qualifikationen des Kalifen, 2. die Notwendigkeit des Kalifats, 3. die Art der Kalifatsübernahme, 4. die Frage nach

---

368 Vgl. Schulze 1990, S. 59 f. und Riḍā: *al-Manār* 1907, Bd. 10, S. 658–682.

369 Vgl. die Initiativen dieser Gelehrten im vorliegenden Kapitel. Dazu Zaman 2012, S. 96.

370 Vgl. die Aufrufe as-Sanhūrīs und Riḍās „3.2".

der Realisierbarkeit des Kalifates unter den scharia-rechtlichen Bedingungen, 5. einen möglichen alternativen Weg, 6. die Ausführungsmaßnahmen, falls sich die Konferenz für die Notwendigkeit des Kalifats entscheidet. Zur Bearbeitung dieser Fragen bildete die Konferenz zwei Kommissionen. Die ersten drei theoretischen Fragen wurden unter normativen Aspekten von einem fachlichen Ausschuss aus juristisch interessierten Gelehrten, welcher aus drei Ḥanafiten, drei Mālikiten, drei Šāfiʿiten und einem Ḥanbaliten (als Berater) bestand, behandelt. Unter ihnen waren z.B. ʿAbd ar-Raḥmān Qurāʿa, der damalige Großmufti Ägyptens, Ḫalīl al-Ḫālidī, Präsident des Šarīʿa-Appellationsgerichts in Palästina, Ḥusayn al-Wālī, der spätere Leiter der Fatwa-Kommission der Azhar und Muḥammad Subayʿ aḏ-Ḏahabī, Meister der Ḥanbaliten Ägyptens. Diese Kommission arbeitete vom 16.–18. Mai 1926 und kam hinsichtlich der ersten Frage zu dem Schluss, dass das Kalifat die allgemeine Herrschaft sei. Diese umfasse sowohl die religiöse als auch die politische Führung, ohne eine Trennung zwischen ihnen vorzunehmen. Die unumstrittenen Voraussetzungen für das Kalifatsamt seien: Zugehörigkeit zum Islam, Volljährigkeit, Verstandeskraft, Freiheit, männliches Geschlecht, Machthaber, der sich eine Meinung bilden kann, und Führungskraft. Außerdem gebe es andere Bedingungen nach der Mehrheitsmeinung, und zwar die Kompetenz zum *iǧtihād*, die Abstammung aus dem *Qurayš*-Stamm und Rechtschaffenheit. In Bezug auf die zweite Frage ging der Ausschuss von der Notwendigkeit des Kalifats aus. Was den dritten Schwerpunkt angeht, so stellte die Kommission drei Möglichkeiten zum Besitz eines Kalifatsamtes fest: 1. die Ernennung als Nachfolger durch den vorigen Kalifen, 2. die Huldigung als Kalif durch die Leute des Lösens und Bindens und 3. ein Militärputsch durch einen Muslim, auch wenn er die aufgestellten Voraussetzungen nicht erfülle. Diese Entwürfe wurden den Delegierten der Konferenz vorgelegt und diese stimmten ihnen nach langer Diskussion zu. Zur Behandlung der letzten drei praxisbezogenen Fragen, welche die Verwirklichbarkeit des Kalifats unter den gegenwärtigen Umständen zum Thema haben, wurde ein zweites Komitee aus zwölf Mitgliedern einberufen. Jedes von ihnen fungierte als Repräsentant eines islamischen Volks. Die Untersuchung dieses Komitees ergab, dass die Realisierung des Kalifats unter den von der ersten wissenschaftlichen Kommission bestimmten Voraussetzungen in der heutigen Zeit undenkbar sei. Ferner betonte diese Kommission, dass noch weitere Tagungen veranstaltet werden sollten, um eine möglichst zeitgemäße Form des Kalifats zu entwickeln. Mit dieser Auffassung setzte sich die Vollversammlung auseinander und beschloss nach einem Meinungsaustausch und auf Vorschlag des drei Jahre später amtierenden Scheich al-Azhar, Muḥammad al-Aḥmadī aẓ-Ẓawāhirī, den Ausschussbericht umzuformulieren und die Realisierung des Kalifats als vorstellbar zu erklären. Die Muslime sollten indes noch daran arbeiten, die dazu notwendigen Maßnahmen zu ergreifen. Mit dieser Umformulierung beabsichtigte die Konferenz, den Muslimen die Hoffnung auf eine islamische Einheit nicht zu nehmen. Außer diesen zwei Ausschüssen wurde zu Beginn der Konferenzarbeiten eine Kommission aus 13 Teilnehmern zur Überprüfung der Vorschläge und der vorgelegten Studien gebildet. In den Protokollen der Konferenz finden sich jedoch keine genauen Angaben über die Aktivitäten dieser Kommission. Daher liegt es nahe, dass diese lediglich eine organisatorische Rolle einnahm.[371]

Nach der Kalifatskonferenz in Kairo wurden weitere internationale islamische Konferenzen abgehalten. Vom 7. Juni bis zum 5. Juli 1926 fand eine islamische Weltkonferenz statt, die sich hauptsächlich mit der Frage des Ḥiğāz und mit dem Umgang der Wahhabiten mit den rituellen und kultischen Traditionen der anderen Denkrichtungen befasste.[372] Fünf Jahre später lud der Mufti von Jerusalem, Muḥammad Ḥağğ Amīn al-Ḥusaynī, zu einer internationalen islamischen Konferenz ein. Diese Konferenz wurde in Jerusalem im Zeitraum vom 7. bis 17. Dezember 1931 veranstaltet. Das Hauptthema dieser Tagung war der Schutz der islamischen heiligen Stätten in Jerusalem. Daran beteiligten sich Intellektuelle, Gelehrte und Notabeln. Unter ihnen waren sieben schiitische Vertreter.[373]

Diese verschiedenen Konferenzen konnten vielleicht das Hauptziel, und zwar eine Einheit der islamischen Länder, nicht erreichen. Dennoch waren sie in der Lage, insbesondere die Kalifatskonferenz in Kairo mit mehrheitlich gelehrten Teilnehmern, ein Zusammentreffen von mehreren muslimischen Gelehrten aus verschiedenen Ländern und Angehörigen unterschiedlicher *maḏāhib* zu ermöglichen, um relevante Fragen und Probleme zu erörtern und diesbezüglich gemeinsam Entscheidungen zu treffen. Somit trugen diese Tagungen zur Entstehung eines neuen Bildes von wissenschaftlicher kollektiver Arbeit bei, nicht nur in einer provisorischen Form (wie einer Tagung oder Konferenz), sondern auch in einer dauerhaften Form (wie einer Rechtsakademie oder Gesellschaft). Diese Beobachtungen treffen vor allem auf die Konferenz in Kairo zu, die zudem als Beispiel für die Anwendung des KI fungiert. Dabei geht es vornehmlich um die gemeinschaftliche Normenfindung der fachlichen Kommission bei der Behandlung der ersten drei rechtlichen zentralen Themen der Konferenz und bei der kollektiven Entscheidungsfassung der Delegierten der Konferenz nach entsprechendem Meinungsaustausch. Gleichzeitig lässt die Zusammenarbeit der Vertreter verschiedener Rechtsschulen die Möglichkeit einer islamischen Einheit, zumindest auf rechtlicher Ebene, offen.

3.3.5.4 Anpassung der Scharia an die Moderne

Ein Kritikpunkt, den Muḥammad ʿAbduh bei den Reform- und Erneuerungsbewegungen des 18. Jahrhunderts vorbrachte, war die fehlende Anpassung an die Bedürfnisse des modernen Lebens. Demzufolge streben er und seine Schule danach, diesen Mangel zu beheben.[374] „Seit dem 19. Jahrhundert sind umfangreiche Bemühungen

---

371 Vgl. Riḍā: *al-Manār* 1926, Bd. 27, S. 208–232, 280–294, 370–377 und 449–458 und Schulze 1990, S. 74–79.

372 Zu dieser Konferenz: Schulze 1990, S. 80–86 und Kramer 1986, S. 106–122.

373 Zu dieser Konferenz: Schulze 1990, S. 94–102; Brunner 1996, S. 64–74 und Kramer 1986, 123–141.

374 Vgl. ʿAbduh 1993, Bd. 3, S. 332 und ʿImāra 1988, 2. Aufl., S. 58 f.

erkennbar, das islamische Recht an die Bedürfnisse der Zeit anzugleichen."[375] Hierbei betont Rohe, dass eine Reformbewegung nach islamischer Auffassung nicht auf eine Abschaffung der Grundlagen ziele. Damit sei vielmehr gemeint, diese Normen und Grundlagen an die jeweilige Zeit und den jeweiligen Ort anzugleichen.[376] Durch eine Neuinterpretation der islamischen Quellen mittels der Fortsetzung des *iǧtihād* wurde eine Angleichung des Rechtssystems an die Bedürfnisse der neuen Zeit angestrebt. Ebenso wird damit beabsichtigt, die Harmonie zwischen Religion und Wissenschaft vor Augen zu führen. Während in den vergangenen Jahrhunderten die Zulässigkeit des *iǧtihād* zum Teil von muslimischen Gelehrten infrage gestellt wurde, besteht unter muslimischen Gelehrten im 20. Jahrhundert, sowohl Sunniten als auch Schiiten, weitgehende Einigkeit darüber, dass der *iǧtihād* ein unabdingliches Mittel repräsentiert, um das islamische Normensystem an die zahlreichen Neuerungen des modernen Lebens anzupassen sowie Lösungen für neu auftauchende Probleme zu finden.[377] In diesem Rahmen hebt Aznan Hasan, Dozent an der International Islamic University of Malaysia, hervor:

> Both modernists and Islamists accept that the appropriate utilization of this legal mechanism will provide Islamic law with fresh interpretations that are suitable for the modern world. *Ijtihad* plays a crucial role in applying the Shari'ah to contemporary society and, to quote the words of Vikør: "Ijtihad is a prerequisite for the survival of Islam in a modern world."[378]

Aufgrund der Kompliziertheit des modernen Lebens kann solch eine Aufgabe durch einzelne Rechtswissenschaftler nicht erfüllt werden. Die Lösung wäre die Anwendung einer neuen zeitgemäßen Methode, die in der Form des KI, welcher passende juristische Normen für die modernen Rechtsfälle ermitteln kann. Diese Auffassung wurde auch von weiteren Verfassern, wie Filibeli, al-Ḥaǧawī und Ibn ʿĀšūr, vertreten.

Diese Anpassungsversuche zielen vor allem darauf ab, die Anwendbarkeit der Scharia zu sichern: „In nahezu allen – sowohl sunnitischen wie auch schiitischen – uṣūl-Büchern, die sich mit dem Thema iǧtihād befassen, wird für die iǧtihād-Methode damit argumentiert, daß [*sic*] sie die Anwendbarkeit der Scharia unabhängig von Zeit und Ort sichere."[379]

375 Rohe 2009, S. 171.

376 Vgl. Rohe 2009, S. 191.

377 Vgl. Wiederhold 1993, S. 350 f.; az-Zarqā 1998, S. 248 f.; Ucar 2005, S. 93–101; Mūsā 2009, S. 213 und 219–224; al-Ḥaǧawī 1995 Bd. 2, S. 478 f.; al-Ḫiḍr 1999, S. 12 und Rohe 2013, S. 53 und 55.

378 Hasan 2003, S. 29. Dazu S. Knut Vikør, "The Development of Ijtihad and Islamic Reform, 1750–1850" (paper presented at the Third Nordic Conference on Middle Eastern Studies: Ethnic Encounter and Culture Change, Joensuu, Finland, 19–22 June 1995). Online verfügbar: www.Hfuib.no/institute/smi/paj/vikør.html, abgerufen am 07.01.2015.

379 Poya 2003, S. 19 FN. 47.

Dies zeigt sich durch Aufrufe zur Öffnung des Tores zum *iǧtihād*, zur Erstellung einer Enzyklopädie für das islamische Recht und zur Kodifizierung des islamischen Rechts. Damit wurde und wird noch immer auf eine Anerkennung der islamischen Scharia als Quelle für die ganze Gesetzgebung und als Hauptmaßstab für die verschiedenen Aktivitäten der muslimischen Gesellschaft abgezielt. Ein neues wirksames Mittel zur Realisierung dieses Ziels bildete der KI, der für die Flexibilität und Entwicklung der Scharia sorgt. Hinweise auf diese Denkweise bzw. auf diesen Hintergrund finden sich in fast allen oben dargestellten Aufforderungen, insbesondere bei Šākir, Mūsā und Šalabī.

3.3.5.5 Institutionalisierung des *iǧmāʿ*

Im ersten Kapitel wurde bereits die Vorstellung der frühen muslimischen Gelehrten vom *iǧmāʿ* dargestellt. Für sie dient er als dritte Quelle des islamischen Rechtssystems. Die Majorität dieser Gelehrten geht von der Möglichkeit aus, den *iǧmāʿ* unter den jeweiligen Bedingungen jederzeit bilden zu können. Ob der *iǧmāʿ* sich zur Institutionalisierung eignet, wurde indes nicht diskutiert.

Im Gegensatz zur traditionellen *iǧmāʿ*-Auffassung, die sich eine Einigung der verschiedenen Lehrmeinungen der sich an verschiedenen Orten aufhaltenden *muǧtahids* zum Ziel setzt, strebt die moderne Richtung stattdessen nach einer praktisch-realisierbaren Methode. Dabei handelt es sich um die Anwendung des KI innerhalb einer *iǧmāʿ*-Institution. Dadurch kann der *iǧmāʿ* in der modernen Zeit zustande kommen. In der ersten Hälfte des 20. Jahrhunderts riefen einige Wissenschaftler, vor allem Rašīd Riḍā sowie der Jurist ʿAbd ar-Razzāq as-Sanhūrī und Muḥammad Iqbāl, zur Einrichtung einer Institution auf, wo die *muǧtahids* sich versammeln, um den verschiedenen Fragen nachzugehen und eine einmütige Entscheidung zu treffen.[380]

In diesem Zusammenhang hebt Layish die folgenden Kritikpunkte hervor:

> The application of the new *ijmāʿ*, which is opposed to orthodox doctrine, raises a series of practical problems not clearly answered by the modernists, such as the identity of the *ʿulamāʾ* participating in the *ijmāʿ*, the manner of their election, the validity of their decisions and their relations with the secular parliaments.[381]

Auf eine ähnliche Verfahrensfrage bei der Institutionalisierung des *iǧmāʿ* verweist der malaysische Forscher Aznan Hasan in seinem Aufsatz *An Introduction to Collective Ijtihad (Ijtihad Jamaʿi)*.[382] Einen Beitrag zur Beantwortung dieser Fragen kann der zweite praktische Teil dieser Untersuchung leisten. Dort soll die Struktur und die Arbeitsweise einiger Institutionen des KI als neue reale Form des *iǧmāʿ* dargelegt werden.

---

380 Vgl. as-Sanhūrī 2008, S. 75 ff.; Layish 1978, S. 265 f.; aš-Šāwī 1992, 2. Aufl., S. 189; Zaman 2012, S. 92 f. und Hasan 2003, S. 32.

381 Layish 1978, S. 266. Diese Stellungnahme zitiert Layish nach J. N. D. Anderson und N. J. Coulson, *Islamic Law in Contemporary Culture Change*, München, 1967, S. 88.

382 Vgl. Hasan 2003, S. 33. Dazu Zaman 2012, S. 93.

3.3.5.6 Garantie für die Öffnung des Tores zum *iǧtihād*

Im Rahmen der Reformbewegungen, insbesondere seit dem Ende des 19. Jahrhunderts, wurden in verschiedenen islamischen Ländern Stimmen zur erneuten Öffnung des *iǧtihād*-Tors bzw. zur Neubelebung des *iǧtihād* laut.[383] Zur Begründung der Unverzichtbarkeit einer erneuten Öffnung des *iǧtihād*-Tors beriefen sich diese Rufer üblicherweise auf die Maxime des Wandels des Fatwas aufgrund zeitlicher und räumlicher Veränderung. Demzufolge haben die Gelehrten die Aufgabe, der jeweiligen Zeit und dem jeweiligen Ort angemessene Bestimmungen durch die *iǧtihād*-Anwendung zu ermitteln. Das Prinzip vom Wandel der Bestimmung geht auf den Mālikiten al-Qarāfī sowie auf den Ḥanbaliten Ibn Qayyim zurück. Letzterer behandelt dieses Prinzip ausführlich in seinem Werk *Iʿlām al-muwaqqiʿīn ʿan Rabb al-ʿālamīn* im Kapitel *Taġayyur al-fatwā bi-ḥasab al-amkina wa-l-azmina wa-l-aḥwāl wa-n-niyyāt wa-l-ʿawāʾid* (Wandel des Fatwas aufgrund der Veränderung des Ortes, der Zeit, der Zustände, der Absichten und der Bräuche). Nach Ibn al-Qayyim spielen beim Wandel der Bestimmungen die Faktoren „Ort“ (*al-makān*), „Zeit“ (*az-zamān*), „Zustände“(*al-aḥwāl*), „Absichten“ (*an-niyyāt*) und „Bräuche“ (*al-ʿawāʾid*) eine entscheidende Rolle.[384] Ein eindeutiger Hinweis auf die Relevanz dieses Prinzips findet sich in dem o. g. osmanischen Gesetzeswerk, der *Maǧalla*. Im Art. 39 heißt es « dass sich die Bestimmungen durch den Wandel der Zeiten ändern, kann nicht geleugnet werden. ».[385] Az-Zuḥaylī betont, dass die Behauptung von der „Schließung des *iǧtihād*-Tors“ unter den zeitgenössischen Autoren keinen Platz mehr findet.[386]

---

383 Vgl. Ucar 2005, S. 97 ff.; Krawietz 2002, S. 82; Layish 1978, S. 264 f.; Wiederhold 1993, S. 335 f. und 350 f.; al-Qaraḍāwī 1994, S. 14–18 und Badry 1998, S. 601. Es gab bereits um Mitte des 18. Jahrhunderts Aufrufe zur Öffnung des Tors zum *iǧtihād*, wie von Walī Allāh ad-Dihlawī durch seine Werke, vor allem *ʿIqd al-ǧīd fī aḥkām al-iǧtihād wa-t-taqlīd* und *al-Inṣāf fī masāʾil al-ḫilāf*. Andere Aufforderungen zum *iǧtihād* in dieser Zeit sind die von Muḥammad ibn ʿAbd al-Wahhāb und aš-Šawkānī durch *al-Qawl al-mufīd fī adillat al-iǧtihād wa-t-taqlīd* und *Iršād al-fuḥūl ilā taḥqīq al-ḥaqq min ʿilm al-uṣūl*. Die *iǧtihād*-Aufforderungen dieser Epoche, vor allem der wahhābitischen Bewegung, tendieren zu einem *iǧtihād*, der sich direkt auf den Koran und die Sunna bezieht. Damit wird bezweckt, die islamische Gesellschaft von den nicht-islamischen Bräuchen (vornehmlich den sufischen) zu befreien. Zu dieser Epoche: Rudolph Peters: „Idjtihād and taqlīd in 18th and 19th century Islam“ in *Die Welt des Islams* 20 (1980) 131–145 und Rudolph Peters: „Erneuerungsbewegungen im Islam vom 18. bis zum 20. Jahrhundert und die Rolle des Islams in der neueren Geschichte: Antikolonialismus und Nationalismus“ in *Der Islam der Gegenwart*, 2005, S. 90–102.

384 Vgl. al-Marāġī 1428 H, S. 49; al-Ḥaǧawī 1995 Bd. 2, S. 478 f.; Rohe 2009, S. 168 ff. und 192 f.; an-Nimr 1987, 2. Aufl., S. 129 f.; al-ʿUmarī 1985, 3. Aufl., S. 246 f.; az-Zuḥaylī 1986, Bd. 2, S. 1116 und al-Ḫiḍr 1999, S. 12.

385 Rohe 2009, S. 171.

386 Vgl. az-Zuḥaylī 1996, S. 24.

Für viele Autoren, deren Stellungnahme zum KI im Rahmen des vorliegenden Kapitels dargelegt wurde, bildeten die potenziell falschen Ergebnisse des individuellen *iğtihād* einen der wesentlichen Gründe für die Schließung des Tores zum *iğtihād*. Häufig sprechen sie von einem Chaos bei der Normenfindung bzw. der Erlassung rechtlicher Gutachten auf Basis des individuellen *iğtihād*. Für sie liegt die einzige Gewährleistung für den Fortbestand der *iğtihād*-Praxis darin, den *iğtihād* in einer sichereren Form zu praktizieren, um Abweichungen und Missbräuche zu vermeiden. Diese neue Form, deren Ergebnisse eine größere Präzision erlauben, fand sowohl unter Wissenschaftlern als auch beim Publikum größere Anerkennung. Sie entspricht dem KI. In den bereits behandelten Aufrufen zum KI, wie z. B. von al-Bānī, Ḫallāf, az-Zarqā und Šalabī, spiegelt sich auch diese Denkweise wider. Außerdem hebt der zeitgenössische Jurist aš-Šāwī hervor, dass die Erschwernisse und die strengen Voraussetzungen der späteren Gelehrten bezüglich der *iğtihād*-Praxis zur Barriere einzelner Wissenschaftler geworden wäre und somit die Schließung des *iğtihād*-Tores herbeigeführt hätte. Dadurch ließe sich in der heutigen Zeit eine Tendenz zur Anwendung des *iğtihād* in einer kollektiven Form beobachten.[387]

387 Vgl. aš-Šāwī 1992, S. 235 und 240. Auch an-Nimr 1987, 2. Aufl., S. 180–186 und Krawietz 2002, S. 191 f.

4 Gegenstand des kollektiven *iǧtihād*

Das vorliegende Kapitel steckt sich das Ziel, den Fachausdruck *iǧtihād ǧamāʿī*, seinen Anwendungsbereich und seine Grundzüge darzustellen. Darüber hinaus soll die Legitimation und die Frage bearbeitet werden, inwiefern der KI die Meinungspluralität und *iǧtihād*-Freiheit anderen Fiqh-Institutionen und einzelnen Gelehrten gewährt.

In einem ersten Unterkapitel werden die Arten von Fragen herausgearbeitet, in denen der KI Anwendung findet bzw. die in seinen Zuständigkeitsbereich fallen. Sodann widmet sich das zweite Unterkapitel der Darlegung wesentlicher Merkmale und Grundzüge, die das Bild des KI konstituieren. Im Vordergrund stehen hierbei insbesondere Charakteristika, durch welche sich der KI von anderen Doktrinen wie dem individuellen *iǧtihād*, dem *iǧmāʿ* und der *šūrā* abgrenzt. Das folgende Unterkapitel erörtert die Grundlage der Legitimation des *iǧtihād ǧamāʿī* sowohl anhand von Veränderungen an der Konzeption relevanter Prinzipien von Intellektuellen als auch mithilfe der islamischen Rechtsquellen. Schließlich befasst sich das letzte Unterkapitel mit der Frage, ob der KI einen Pluralismus an Rechtsauffassungen zulässt oder nicht.

4.1 Der Anwendungsbereich des kollektiven *iǧtihād*

In der Schlusserklärung des Symposiums, das im Jahre 1996 in den Vereinigten Arabischen Emiraten stattfand, wird der Anwendungsbereich des KI auf rechtliche Fragen fixiert, die durch einen nicht-eindeutigen oder/und präsumtiv erwiesenen Text (Koran oder Sunna) abgedeckt werden (*laysa fīh dalīl qaṭʿī ad-dalāla wa aṯ-ṯubūt*).[388] Ebenso findet sich diese Feststellung auch in der Definition al-Ḫālids. Selbstverständlich werden darin auch diejenigen Fälle eingeschlossen, die weder im Koran noch in der Sunna behandelt werden. Dennoch sollte nicht außer Acht gelassen werden, dass diese Art von Rechtsfällen sowohl den Gegenstand des individuellen als auch des KI bilden.[389]

Außerdem versuchten viele zeitgenössische muslimische Theoretiker bestimmte Fragen und Gebiete einzugrenzen, in denen die Anwendung des KI gegenüber der individuellen Form zu präferieren ist. Im Allgemeinen gehen jene Autoren davon aus, dass hinsichtlich Fragen privater Natur, die lediglich einzelne Personen betreffen, der individuelle *iǧtihād* am adäquatesten wäre. Handle es sich aber um Rechtsfälle von allgemeiner Bedeutung, d. h. um Fragen, welche die gesamte Gesellschaft oder mehrere muslimische Gesellschaften betreffen, sollte hingegen die Anwendung des KI priorisiert werden.[390]

388 Vgl. *Nadwa* 1996, Bd. 2, S. 1080.
389 Vgl. Faraḥāt 1996, Bd. 1, 160 und al-Ḫālid 2009, S. 259.
390 Vgl. aš-Šarafī 1998, S. 107; Sānū 2006, S. 184 f. und al-Ḫālid 2009, S. 268.

Thematisch können diese allgemeinen Fragen und Rechtsfälle sich entweder an alten Rechtsfällen orientieren, die in der Vergangenheit bereits von früheren Rechtsgelehrten erörtert wurden, oder es handelt sich thematisch um einen völlig neuen rechtsfreien Fall, der aus der modernen Zeit hervorgegangen ist und somit von den klassischen *fuqahā'* keiner Untersuchung unterzogen worden ist.[391]

Daneben soll noch eine andere geographische Klassifizierung des Anwendungsbereichs des KI, die von Quṭb Muṣṭafā Sānū, Erwähnung finden. Dementsprechend unterteilt er den KI – je nach geographischer Verbreitung eines Rechtsfalls – in drei Arten:

A. **Lokal (*maḥallī*)**: Diese Art des KI widme sich den Fragen und Problemen einer einzigen Gesellschaft oder eines bestimmten Landes.

B. **Regional (*iqlīmī*)**: Hierbei gehe es um die Auseinandersetzung mit Fragen benachbarter Gesellschaften oder Länder, die unter ähnlichen Umständen leben.

C. **International (*umamī*)**: Dieser Art des KI werden Fragen zugeordnet, die für die gesamte islamische Welt signifikant sind oder Angelegenheiten, welche die ganze muslimische Umma betreffen.[392]

4.2 Charakterisierung des *iǧtihād ǧamāʿī*

Im Folgenden zielt diese Arbeit darauf hin, die Charakteristika des KI, welche in Diskursen muslimischer Theoretiker und Beobachter entworfen wurden, festzusetzen. In diesem Kontext geht es um die Haltung bzw. Abgrenzung des KI gegenüber anderen Prinzipien, und zwar dem individuellen *iǧtihād*, dem *iǧmāʿ* und der *šūrā*. Hierbei sollen sowohl Differenzen als auch Berührungspunkte zwischen dem KI und diesen Prinzipien von Interesse sein. Jedoch wurde dieser theoretische Rahmen des Begriffs KI größtenteils erst nach Entstehung einiger Institutionen des KI entwickelt. Daraufhin zielt dieses Kapitel zudem darauf ab, das Verhältnis der Auffassungen der jüngeren Theoretiker sowohl zu jenen von Ideenträger des KI – also vor der institutionellen Umsetzung des KI – als auch zu den Konzeptionen des *iǧtihād*, des *iǧmāʿ* und der *šūrā* in früherer Rechtsliteratur zu bemerken.

4.2.1 Das Verhältnis zum individuellen *iǧtihād*

Im Großen und Ganzen kann die Begriffsbestimmung des KI partiell als neue Formulierung der Definition des (individuellen) *iǧtihād* betrachtet werden, insofern als beim KI eigene Merkmale ergänzt werden.[393] Hinzu kommt, dass die beiden Formen des *iǧtihād* im Allgemeinen denselben Anwendungsbereich haben, abgesehen von dem Vorrecht des KI bei Fragen öffentlicher Art.[394] Folglich bilden die Begriffsbestim-

---

391 Vgl. al-Ḫālid 2009, S. 259 und aš-Šarafī 1998, S. 107.

392 Vgl. Sānū 2006, S. 145 ff., 163 ff. und 172 ff.

393 Siehe vorige Darstellung der verschiedenen Definitionen „3.1".

394 Siehe Unterkapitel „4.1".

mung und der Anwendungsbereich die wichtigsten Gemeinsamkeiten der beiden *iǧtihād*-Arten. Nichtsdestoweniger zeichnet sich der KI gegenüber der individuellen Form durch bestimmte Merkmale aus. Anders gesagt stellen die Eigenschaften der kollektiven Art des *iǧtihād* im Vergleich zu jenen des individuellen *iǧtihād* einen Vorteil dar, welche zur Umwandlung der individuellen *iǧtihād*-Methode in eine kollektive Form beitrugen.

4.2.1.1 Größere Wahrscheinlichkeit

Zu der Entscheidung vieler Theoretiker und Autoren, den KI dem *iǧtihād* der Einzelnen vorzuziehen, trägt maßgeblich die Annahme bei, dass der Erstgenannte eine sicherere Methode repräsentiert, insofern als er verglichen mit dem *iǧtihād fardī* der Richtigkeit und der Wahrheit näher kommt. Mit der Wahrheit oder Richtigkeit ist hier „die göttliche Bestimmung" gemeint, die allerdings verborgen ist. Die Aufgabe eines *muǧtahid* liegt nun darin zu versuchen, diese verborgene Bestimmung mittels der verschiedenen Deduktionsmethoden zu ermitteln. Mit dem KI ist die Wahrscheinlichkeit, die göttliche Weisheit oder Bestimmung zu treffen, viel höher. Ausgehend von der größeren Wahrscheinlichkeit, ein genaues und richtiges Ergebnis zu erzielen, räumen verschiedene zeitgenössische Gelehrte, beispielsweise al-Qaraḍāwī und der syrische Professor für Scharia Wahba az-Zuḥaylī, dem *iǧtihād ǧamāʿī* die Priorität vor dem individuellen *iǧtihād* ein.[395]

Aš-Šarafī begründet die Präzision des KI und seine hohe Wahrscheinlichkeit, das Richtige hervorzubringen, mit der Integration und der Interaktion zwischen den Beteiligten sowie der Teilnahme von Spezialisten anderer Fachgebiete neben den Rechtsgelehrten.[396]

In diesem Zusammenhang legt al-Qaraḍāwī das Gewicht auf die Benutzung des Prinzips der *šūrā* im Rahmen der Ausführung des KI. Er argumentiert, dass die Meinung einer Gruppe der Richtigkeit näher kommen könne als die eines Individuums, egal wie groß sein Wissen sei. Durch die Diskussion und Konsultation würden neue Aspekte einer Frage in Betrachtung gezogen werden, die von einer einzelnen Person nicht berücksichtigt werden könnten. Diese neuen Perspektiven seien die Frucht der kollektiven Arbeit, welche insbesondere von den Kalifen Abū Bakr und ʿUmar angewandt worden sei.[397] Auf ähnliche Weise hebt der Professor für islamisches Recht, Šaʿbān Muḥammad Ismāʿīl, die Rolle der *šūrā* bei der Erlangung genauer Normen mithilfe des KI hervor.[398] Ebenso gelangt ʿAbd an-Nāṣir al-ʿAṭṭār zu der Erkenntnis, dass der Meinungsaustausch, wie er sich beim KI findet, entscheidend dazu beiträgt, genauere Ergebnisse zu garantieren, verglichen mit jenen des individuellen *iǧtihād*.[399]

---

395 Vgl. al-Ḫālid 2009, S. 250 ff.
396 Vgl. aš-Šarafī 1998, S. 79 f.
397 Vgl. al-Qaraḍāwī 1996, S. 182 f.
398 Vgl. Ismāʿīl 1998, S. 27.
399 Vgl. al-ʿAṭṭār 1996, Bd. 1, S. 36.

Auch der schiitisch-iranische Gelehrte Muntaẓirī ist der Ansicht – worauf bereits hingewiesen wurde – dass die kollektive Erteilung von Rechtsgutachten in Form eines juristischen Komitees der Wahrheit viel näher kommen und gleichzeitig Fehler mit größerer Wahrscheinlichkeit vermeiden könne.[400]

4.2.1.2 Versperrung der Zugänge einer regelwidrigen *iǧtihād*-Praxis

In seiner Darlegung der Entstehung und Verbreitung der Auffassung von der Schließung des Tors zum *iǧtihād* verweist Ibn Ḫaldūn darauf, dass einige Gelehrte die Befürchtung äußerten, dass der (individuelle) *iǧtihād* von unqualifizierten oder nicht integren Personen angewandt werden könne.[401] Bereits im Kapitel über die Geschichte der Idee des KI wurde vor Augen geführt, dass einige Rufer zur kollektiven Form des *iǧtihād*, wie al-Bānī, Ḫallāf, az-Zarqā und Šalabī, davon überzeugt sind, dass die Anwendung des individuellen *iǧtihād* zu einer Konfusion bei der Normenfindung für die Erlassung rechtlicher Gutachten führe. Einzig und allein die Überführung der *iǧtihād*-Praxis in eine kollektive Form garantiere eine erneute Öffnung des Tores zum *iǧtihād* und demnach die Überwindung dieses verworrenen Zustandes.[402]

In den Augen späterer Theoretiker macht den KI vor allem seine Organisation und Verhinderung der fehlerhaften *iǧtihād*-Praxis aus, wodurch sein vorteilhafter Charakter gegenüber dem *iǧtihād fardī* zum Vorschein kommt. Hinsichtlich dieser Problematik vertreten aš-Šarafī und al-Ḫālid die Auffassung, dass der wesentliche Grund für die Schließung des *iǧtihād*-Tores in der Unordnung, die durch die Anwendung des individuellen *iǧtihād* von Unqualifizierten provoziert wurde, und im Nichtvorhandensein einer kollektiven Form des *iǧtihād* liege. Derartige Bedenken bestehen auch in der Moderne fort. Aus diesem Grund ist der Einsatz der Werber für die Fortsetzung des *iǧtihād* gefragt, indem sie Letzteren durch die Verwendung des KI organisieren und ordnen. Diese kollektive Form des *iǧtihād* könne als Schutz vor den Gefahren des individuellen *iǧtihād* dienen.[403]

In seiner Forschung spricht der Protokollchef des Symposiums des KI in der islamischen Welt in den Vereinigten Arabischen Emiraten, ʿAbd an-Nāṣir al-ʿAṭṭār, vom Bedürfnis der Wiederbelebung der Form des KI in der heutigen Zeit. Hierbei handle es sich um die Urform des *iǧtihād*, welche in der Ära des rechtgeleiteten Kalifen Anwendung gefunden habe. Zur Akzentuierung des Bedarfs eines KI zieht al-ʿAṭṭār zahlreiche Argumente heran. Unter anderem moniert er die Inkompetenz der Personen, die den individuellen *iǧtihād* praktizierten. Er verspricht sich durch die Existenz von Institutionen für die Praxis des KI eine Lösung des Problems. Hierbei sei es unerlässlich, eine Restriktion der Mitgliedschaft in solche Institutionen auf hoch qualifizierte Gelehrte, die sich durch Präzision und Ehrenhaftigkeit auszeichnen, vorzunehmen.[404]

---

400 Vgl. Muntaẓirī 2003, S. 15.
401 Siehe Abschnitt „2.1.3“.
402 Siehe Abschnitt „3.2“.
403 Vgl. aš-Šarafī 1998, S. 83–86 und al-Ḫālid 2009, S. 254 ff.
404 Vgl. al-ʿAṭṭār 1996, Bd. 1, S. 34 f.

4.2.1.3 Ein Motiv für die muslimische Einheit

Hinter der Praxis des KI steht insbesondere das Ziel, die Kluft zwischen Muslimen zu beseitigen und die Einheit der Muslime zumindest auf juristischer Ebene zu garantieren. Dieses elementare Charakteristikum zeigte sich im letzten Kapitel in der Vielzahl von Aufrufen zum KI. Der Auslöser für den Zwist und die Spaltung der Muslime, wie etliche Urheber der Appelle zum KI betonen, sei in der bisherigen individuellen Form des *iǧtihād* verankert, die häufig für Spannungen zwischen den Anhängern der verschiedenen Rechtsschulen sorgt. Demgemäß bildete dieser Zustand für Filibeli und andere einen zentralen Anstoß für die Idee des KI.[405]

Auf ähnliche Weise wurde der von einem Individuum praktizierte *iǧtihād* oftmals von gegenwärtigen Theoretikern – zumindest teilweise – für die Unruhen unter Muslimen verantwortlich gemacht. Aš-Šarafī teilt in seiner Erörterung der Relevanz des KI dieselbe Auffassung und rechtfertigt seine Stellungnahme durch Zitate von ʿAbd al-Karīm al-Ḫaṭīb, ʿAlī Ḥasaballāh und ʿAbd al-Wahhāb Ḫallāf.[406] Außerdem weist al-Ḫālid in seiner Behandlung der Bedeutung und des Zwecks des KI auf das Streben nach der Einheit der Muslime durch die Verwendung des KI hin.[407]

4.2.1.4 Anpassungsfähigkeit an die modernen Anforderungen

Für das islamische Recht stellten die zahlreichen Neuerungen und Anforderungen des modernen Lebens, insbesondere seit dem Ende des 19. Jahrhunderts, eine große Herausforderung dar. Die Komplexität und Vielfältigkeit der modernen Fragen errichteten eine weitere Barriere, um passende rechtliche Normen für all die neuen Rechtsfälle und Fragen zu ermitteln. Bei verschiedenen Beispielen der o. g. Aufrufe zum KI, wie bei Filibeli, al-Ḥaǧawī und Ibn ʿĀšūr, wird die kollektive Methode des *iǧtihād* als passender Ausweg angeboten.

Dazu machen auch viele spätere Intellektuelle auf die Schwierigkeit und Überlappung der modernen Fragen aufmerksam, deren Erfassung Kenntnisse auf verschiedenen Wissensgebieten erfordere. Daher seien einzelne Rechtswissenschaftler nicht dazu prädestiniert, adäquate Rechtsnormen zu ermitteln. In diesem Zusammenhang biete die kollektive Form des *iǧtihād*, an der sich viele Gelehrte sowie Experten anderer Fachgebiete beteiligen, durch die Beratung und den Meinungsaustausch eine bessere Möglichkeit, sich den modernen Anforderungen und komplexen Fragen anzupassen.[408]

405 Siehe Abschnitt „3.2“.
406 Vgl. aš-Šarafī 1998, S. 88 f.
407 Vgl. al-Ḫālid 2009, S. 258.
408 Vgl. al-Ḫālid 2009, S. 256 ff.; al-Qaraḍāwī 1996, S. 182 f.; aš-Šarafī 1998, S. 87 f. und al-ʿAṭṭār 1996, Bd. 1, S. 34 und 394.

4.2.1.5 Integration der *muğtahids*

Im ersten Kapitel dieser Arbeit wurde auf die weitgehende Einigkeit der klassischen Gelehrten hinsichtlich der Annahme hingewiesen, dass der unabhängige *muğtahid* (*mustaqill*) oder der absolute *muğtahid* (*muṭlaq*) – wie ihn einige Gelehrte nennen – d. h., der höchste Rang des *muğtahids*, nicht mehr existiert.[409]

Diese Vorstellung änderte sich unter den zeitgenössischen Autoren nicht sonderlich. Diese betonen die Schwierigkeit für einzelne gegenwärtige Gelehrte, die für das Erreichen der höchsten Stufe des *iğtihād* (*mustaqill* oder *muṭlaq*) erforderlichen Kompetenzen zu erfüllen. Aufgrund dessen plädieren sie für eine kollektive Methode des *iğtihād*, bei der verschiedene Rechtsgelehrte zusammenarbeiten und einander helfen. Diese Art des integrativen bzw. KI könne diese fehlende höchste *iğtihād*-Kategorie ersetzen. Hierbei werden zudem Spezialisten anderer Disziplinen integriert, mit denen sich die Rechtswissenschaftler beraten, vor allem bei Fragen, bei denen es zur Überschneidung verschiedener Wissenschaften kommt.[410]

4.2.1.6 Verhältnis zur Teilbarkeit des *iğtihād*

Im Rahmen seiner Studie, die er dem Symposium des KI in den VAE angeboten hat, kommt Professor ʿAlī Yūsuf al-Muḥammadī, Dekan der Fakultät der Scharia und islamische Studien in Katar, auf die Beziehung zwischen dem KI und der Teilbarkeit des *iğtihād* zu sprechen. Ausgehend von der Tatsache, dass die Erschließung und Bearbeitung moderner Fragen und Probleme allerlei Kenntnisse diverser Wissenschaften abverlangt, sei die Beteiligung von Experten anderer Fachgebiete neben den Rechtsgelehrten bei der Anwendung des KI unverzichtbar. Für ihn kann diese Zusammenarbeit zwischen *fuqahāʾ* und den anderen Wissenschaftlern als Verkörperung des Prinzips der Teilbarkeit des *iğtihād* angesehen werden, auch wenn dies der traditionellen Auffassung vom Teil-*iğtihād* (*tağazzuʾ al-iğtihād*) widerspreche. Entsprechend seiner Vorstellung soll das Konzept des *iğtihād* erweitert werden, um nicht nur die Arbeit der traditionellen *fuqahāʾ*, sondern auch der Experten anderer Fachgebiete einzuschließen. Gemäß diesem erweiterten Konzept des *iğtihād* könne jede Arbeit eines Wissenschaftlers aus einem beliebigen Wissensgebiet als Teil-*iğtihād* betrachtet werden.[411]

Ebenso vertreten aš-Šāwī, Ismāʿīl al-Ḫaṭīb und der indonesische Forscher (an der islamischen Staatsuniversität (UIN) Syarif Hidayatullah, Jakarta) Nadirsyah Hosen zu diesem Thema eine ähnliche Position. Für sie kann der KI als Ausweg zur *iğtihād*-Anwendung dienen, wenn einzelne Wissenschaftler nicht zum vollständigen *iğtihād* befugt sind. Dementsprechend könnten durch mehrere Wissenschaftler gemeinsam

409 Siehe Abschnitt „2.1.3".
410 Vgl. aš-Šarafī 1998, S. 90 ff.; al-Ḫālid 2009, S. 258 und Abū Layl 1996, Bd. 2, S. 970 ff.
411 Vgl. al-Muḥammadī 1996, Bd. 2, S. 1026 ff.

alle notwendigen Qualifikationen und Disziplinen des *iğtihād* abgedeckt und somit eine kollektive Rechtsfindung praktiziert werden.[412]

Allerdings vertritt Aḥmad ʿAlī Rayyān, Professor für islamisches Recht der Azhar-Universität, einen anderen Standpunkt. Er lehnt die Ansicht der Teilbarkeit des *iğtihād* ab und schlägt hingegen vor, die Aufmerksamkeit auf den KI zu richten:

> Ich neige dem Standpunkt derjenigen zu, die die Teilbarkeit des *iğtihād* nach den verschiedenen Rechtskapiteln ablehnen; denn *iğtihād* beruht auf dem Vorliegen juristischer Befähigung (*malka fiqhiyya*), wobei die Befähigung unteilbar ist, aber das, wonach gesucht werden muß [*sic*], ist der kollektive *iğtihād* (*al-iğtihād al-ğamāʿī*).[413]

4.2.2 Das Verhältnis zum *iğmāʿ*

Berührungspunkte zwischen dem KI und dem *iğmāʿ* treten zum einen in etlichen Definitionen, wie jenen von Ḥasaballāh, al-ʿAbd Ḫalīl und Sānū, in Erscheinung und zum anderen darin, dass beide Doktrinen denselben Zuständigkeitsbereich aufweisen, also die gleichen Arten von Fragen thematisieren. Der (kollektive) *iğtihād* ist jedoch zulässig, solange über eine Frage noch kein *iğmāʿ* besteht, ansonsten darf der *iğtihād* nicht mehr praktiziert werden.[414]

Weitere relevante Merkmale, die das Verhältnis zwischen dem *iğtihād ğamāʿī* und dem *iğmāʿ* ausmachen, wurden von späteren Intellektuellen und Theoretikern des KI diskutiert. Diese Charakteristika sollen im Folgenden dargestellt werden.

4.2.2.1 Praktisch-realisierbare Substitution des *iğmāʿ*

Die vorherrschende Ansicht früherer *uṣūl*-Wissenschaftler bezüglich der Realisierbarkeit des *iğmāʿ*, der die Übereinstimmung aller *muğtahids* voraussetzt,[415] findet indes nicht die gleiche Anerkennung unter modernen Intellektuellen. Eine scharfe Kritik vonseiten vieler Modernisten bzw. Reformer am *iğmāʿ* machte sich ab der Reformzeit und dem Anfang des 20. Jahrhunderts bemerkbar. Diese richtete sich insbesondere gegen die Verwirklichung des *iğmāʿ* unter den von älteren Gelehrten aufgestellten Bedingungen. Zu den frühesten Verfechtern dieser Richtung in der Moderne gehören ʿAbduh und Rašīd Riḍā. Eine in ihren Augen realisierbare Idee wäre ein Zusammentreffen einer Gruppe hervorragender Gelehrten, deren Aufgabe in der Untersuchung von Fragen sowie in der Ermittlung von Normen besteht. Die aus einem solchen Treffen resultierende Entscheidung solle sodann als Übereinstim-

412 Vgl. aš-Šāwī 1992, S. 186 und 252; al-Ḫaṭīb 1996, S. 98 f. und Hosen 2004, S. 5 f.
413 Krawietz 2002, S. 370.
414 Siehe die Definition „3.1“ und den Anwendungsbereich „4.1“.
415 Siehe Unterkapitel „2.2.1“.

mung betrachtet werden. Von der Unmöglichkeit der Realisierung des klassischen Bildes des *iǧmāʿ* sprechen auch Ḫallāf, Yūsuf Mūsā und Šaltūt.[416]

Andere Intellektuelle, wie al-Ḫuḍarī und Abū Zahra, halten die Diskussion der klassischen Gelehrten über das Zustandekommen des *iǧmāʿ*, insbesondere nach dem Zeitalter der *ṣaḥāba*, für einen spekulativen Streit. Somit beschränken sie die Möglichkeit der Verwirklichung des *iǧmāʿ* auf die Zeit der *ṣaḥāba*, als die *muǧtahids* sich an bestimmten Orten, also in Mekka und in Medina, befanden. Danach hätten sich die *muǧtahids* in der ganzen islamischen Welt zerstreut, weshalb der *iǧmāʿ* für sie seitdem nicht mehr realisierbar sei.[417] Außerdem kritisiert der pakistanische Denker Fazlur Rahman (gest. 1988) das traditionelle Bild des *iǧmāʿ* und macht in ihm eine wesentliche Ursache für die Erstarrung des islamischen Rechts ausfindig.[418]

Diese kritische Haltung zur Verwirklichung des *iǧmāʿ* wird von vielen jüngeren Theoretikern des KI geteilt – es kann sogar von einer weitgehenden Übereinstimmung gesprochen werden. Die Bildung des traditionellen rechtstheoretischen *iǧmāʿ* ist nach ihrer Vorstellung sowohl in der Gegenwart als auch in der Vergangenheit, vor allem aufgrund der großen Ausdehnung der islamischen Welt, schwer vorzustellen. Eine in der Praxis verwirklichbare Substitution des *iǧmāʿ* biete der KI, dessen Voraussetzungen zu jeder Zeit – insbesondere heutzutage – einfacher zu erfüllen seien. Auf diese Weise fülle der KI die durch den *iǧmāʿ* – als wichtige Rechtsquelle – hervorgerufene Lücke und begünstige gleichzeitig die Weiterentwicklung des islamischen Rechts.[419]

Einige Theoretiker konstatieren zudem gewisse Unterschiede zwischen dem *iǧmāʿ* im Verständnis der frühen *uṣūl*-Wissenschaftler und dem (modernen) *iǧtihād ǧamāʿī*. Allerdings zeigt sich deutlich, dass es eher um Vorteile oder Besonderheiten des KI gegenüber dem *iǧmāʿ* geht. Hierbei schlage ich eine Einteilung in folgende Aspekte vor:[420]

i. **Das Moment des Geplantseins**: Der Vorgang des KI bis zum Treffen einer Entscheidung sei geplant, d. h., die Versammlung der Gelehrten diene der Ermittlung von Rechtsnormen. Im Vergleich dazu erfordere der *iǧmāʿ* keine Planung, da in diesem Fall ein möglicher Konsens bezüglich einer Frage das Ergebnis des Zufalls sei. Auf dieser Basis werde sodann ein *iǧmāʿ* gebildet.

416 Vgl. Riḍā1328 H, Bd. 5, S. 206 ff; Ḫallāf o. J., 8. Aufl., S. 49 f; Mūsā 2009, S. 177 und Šaltūt 2001, 18. Aufl., S. 544 ff.

417 Vgl. al-Ḫuḍarī 1969, 6. Aufl., S. 285; Abū Zahra o. J., S. 202; ʿAbd ar-Rāziq o. J., S. 22 ff; Poya 2003, S. 80 f.; az-Zuḥaylī 1986, Bd. 1, S. 578 ff.; Krawietz 2002, S. 187–191 und al-Ašqar 2004, 2. Aufl., S. 128.

418 Vgl. Rohe 2009, S. 175.

419 Vgl. Ḥasaballāh 1971, 4. Aufl., S. 118 ff.; aš-Šarafī 1998, S. 80–83; al-Ḫālid 2009, S. 252 ff.; al-Barrī 1977, 5. Aufl., S. 72 ff.; Maḥmūd 1996, Bd. 1, S. 391 f. und Krawietz 2002, S. 191 f.

420 Vgl. Imām 1996, Bd. 2, S. 1044 f.; Maḥmūd 1996, Bd. 1, S. 392 ff.; al-Ḫālid 2009, S. 228–231; az-Zuḥaylī 2009, S. 9 f. und aš-Šarafī 1998, S. 77–92.

ii. **Das Moment der Anerkennung**: Die Anerkennung eines KI setze keinen Konsens aller *muǧtahids* voraus, sondern die Übereinstimmung der an einer Tagung versammelten Gelehrten. Ferner komme er auch zustande, wenn einige Beteiligte anderer Meinung sind. Mit anderen Worten genüge die Übereinstimmung der Mehrheit der Beteiligten, damit der KI anerkannt wird. Bei der Bildung des *iǧmāʿ* sei dagegen der Konsens aller *muǧtahids* erforderlich, anderenfalls werde er nicht als *iǧmāʿ* akzeptiert.
iii. **Das Moment der Interdisziplinarität**: Der *iǧtihād ǧamāʿī* erlaube sowohl Rechtsgelehrten als auch Spezialisten anderer Fachgebiete die Teilnahme, wohingegen beim *iǧmāʿ* nur Rechtswissenschaftlern die Teilnahme vorbehalten sei.
iv. **Das Moment der Organisation**: Während für die Ausführung des *iǧmāʿ* nach der Auffassung der klassischen Rechtstheoretiker keine institutionelle oder organisierte Form, wie eine Körperschaft oder Organisation, von Nöten sei, erfordere die Anwendung des KI eine Art der Organisation und Ordnung.
v. **Das Moment des Rechtsschulpluralismus**: Die Anwendung des KI könne sowohl im Rahmen einer einzigen Rechtsschule als auch im Rahmen verschiedener Schulen vollzogen werden, während beim *iǧmāʿ* keine Beschränkung auf eine bestimmte Schule vorgenommen werden dürfe, sondern alle *maḏāhib* umschlossen werden müssten.
vi. **Das Moment der Revidierungserlaubnis**: Werde hinsichtlich eines Themas ein *iǧmāʿ* gebildet, dürfe jene Thematik (im gleichen Zeitalter) keiner weiteren Untersuchung unterzogen werden. Hingegen dürfe beim KI dieselbe Frage mehrfach in derselben Ära behandelt werden.
vii. **Das Moment der Verbindlichkeit der Ergebnisse**: Während beim *iǧmāʿ* die Verbindlichkeit der Ergebnisse mit dem Zustandekommen eines Konsenses bestehe, entstehe sie beim *iǧtihād ǧamāʿī* erst dann, wenn die Ergebnisse durch den Befehlshaber bzw. Staatsführer in Kraft gesetzt werden.

4.2.2.2 Ursprüngliche Form des *iǧmāʿ* in der Frühzeit

Viele Befürworter des KI vertreten die Meinung, dass die tradierten Übereinstimmungen der Kalifenzeit dem von früheren Rechtstheoretikern beschriebenen *iǧmāʿ* nicht entsprechen. Vielmehr gehe es um die Anwendung des *iǧtihād ǧamāʿī* durch die rechtgeleiteten Kalifen. Letztere hätten für gewöhnlich die Prophetengefährten versammelt und sie um Rat gefragt, wenn ein Fall vorlag, der weder im Koran noch in der Sunna geregelt wird. Gewiss wäre es nicht allen Gefährten erlaubt gewesen, sich daran zu beteiligen, sondern lediglich den Angesehenen und Gelehrten unter ihnen. Der Konsens bestehe dann auf Basis der Entscheidung, welche von den Teilnehmern solcher Zusammenkünfte getroffen werde. Diese Auffassung wird Gelehrten wie Ḫallāf, Mūsā, Šaltūt, Ḥasaballāh, az-Zuḥaylī und anderen zugeschrieben.[421]

421 Vgl. Ḫallāf o.J., 8. Aufl., S. 49 f.; Mūsā 2009, S. 177; Šaltūt 2001, 18. Aufl., S. 544 ff.; Ḥasaballāh 1971, 4. Aufl., S. 120–123 und az-Zuḥaylī 1986, Bd. 1, S. 486 f.

In diesem Kontext präzisiert aš-Šarafī, dass solche Entscheidungen zwar zunächst aufgrund eines KI zustande kämen. Anschließend werde jenen jedoch durch die anderen Gefährten entweder durch verbale Weitergaben bzw. eine Aktion, die deren Zustimmung offenbart, Ausdruck verliehen oder aber in manchen Fällen auch mit Stillschweigen begegnet. In erstem Fall sei von einem „eindeutigen Konsens (*iǧmāʿ ṣarīḥ*)“ die Rede, während im zweiten Fall von einem „stillschweigenden Konsens (*iǧmāʿ sukūtī*)“ gesprochen werde. Deswegen ist in seinen Augen die Bezeichnung dieser Entscheidungen als KI unzutreffend. So könne lediglich von einem *iǧmāʿ* die Rede sein.[422]

Ebenso stimmt al-Ḫālid aš-Šarafīs Ansicht zumindest teilweise zu. Allerdings hätte es zu jener Zeit auch Fragen gegeben, bei denen weder einen eindeutigen noch einen stillschweigenden Konsens herbeigeführt wurde. Diese Art von Fragen werde als umstrittene Fragen kategorisiert. Hierzu würden Fragen im Bereich des Erbrechts und des Wuchers sowie die Frage der Zeitehe gehören, bei welchen Ibn ʿAbbās der Mehrheitsmeinung der *ṣaḥāba* widersprach. Nach einer anderen Überlieferung soll er jedoch später seine Äußerungen hinsichtlich des Wuchers und der Ehezeit widerrufen haben.[423]

4.2.2.3 Annahme der Minderheitsmeinung über den *ittifāq al-akṯariyya*

Bei dem Versuch, den KI auf einen rechtstheoretischen Ursprung zurückzuführen, kommen viele Autoren zu dem Schluss, dass er den *ittifāq al-akṯariyya* (Übereinstimmung der Mehrheit) am nächsten kommt oder ihr sogar völlig entspricht.[424] Dabei handelt es sich um die Wiederbelebung bzw. Annahme einer Auffassung, die in der klassisch-islamischen Rechtstheorie von wenigen Gelehrten vertreten wurde. Zu den Verfechtern des *ittifāq al-akṯariyya* als eine Art des *iǧmāʿ* gehören der Muʿtazilit Abū Ḥusayn al-Ḫayyāṭ, aṭ-Ṭabarī, Ibn Ḥanbal und Abū Bakr ar-Rāzī.[425]

Der syrische Professor für islamische Scharia, Wahba az-Zuḥaylī, bezeichnet den *iǧtihād ǧamāʿī* als eine Entscheidung, die von einer Gruppe von *muǧtahids* getroffen wird. Für ihn gleicht der KI insbesondere der Mehrheitsübereinstimmung angesichts einer Frage.[426] Muḥammad Faraḥāt, Professor für islamische Scharia an der ʿAyn Šams-Universität in Kairo und Teilnehmer an dem Symposium des KI der VAE, thematisiert in seinem Aufsatz die Schwierigkeit zu jener Zeit, welche darin besteht, dass alle *muǧtahids* eine einhellige Entscheidung treffen. Laut Faraḥāt vertreten aus diesem Grund etliche Gelehrte die Meinung, dass die Übereinstimmung der Mehrheit eine Alternative für den *iǧmāʿ* darstellen könne. Faraḥāt fügt hinzu,

---

422 Vgl. aš-Šarafī 1998, S. 103 f.

423 Vgl. al-Ḫālid 2009, S. 235.

424 Vgl. Badry 1998, S. 248; Ḫallāf o.J., 8. Aufl. S. 50; Šaltūt 2001, 18. Aufl. S. 544 ff.; aš-Šāwī 1992, 2. Aufl., S. 186 und aš-Šarafī 1998, S. 82.

425 Siehe das Unterkapitel über Konsens „2.2“.

426 Vgl. az-Zuḥaylī 1996, S. 34.

dass jene Ansicht der Anerkennung der *ittifāq al-akṯariyya* dabei helfen könnte, den *iǧmāʿ*, die beweiskräftige Rechtsquelle, zu verwirklichen und somit die muslimische Gesellschaft vor den Gefahren und der Verwirrung des individuellen *iǧtihād* zu bewahren. Diese *ittifāq al-akṯariyya* könne dann durch den KI, der im Rahmen der Rechtsakademien durchgeführt wird und dem Bild des klassischen *iǧmāʿ* nahe steht, ersetzt werden.[427] Obwohl die breite Masse der frühen *uṣūl*-Wissenschaftler *ittifāq al-akṯariyya* nicht als *iǧmāʿ* ansehen, teilt der sudanesische Professor und Mitglied der IIFA, Ḫalīfa bā-Bakr al-Ḥasan, dieselbe Meinung.[428]

Demgegenüber liefert Muḥammad Abū Fāris noch eine andere Bewertung der Relation zwischen dem KI und dem Konsens. So geht er von einer vollkommenen Gleichheit zwischen beiden Begriffen bezüglich ihrer Bildungsformen aus. Genauer gesagt geht es nicht um die Angleichung des KI an eine Form des *iǧmāʿ* (z.B. *ittifāq al-akṯariyya*), wie bei den bereits erwähnten Auffassungen, sondern um eine Identität zwischen den drei angebotenen Formen des KI mit den verschiedenen Arten des *iǧmāʿ*. Diese drei Formen des *iǧtihād ǧamāʿī* würden sich wie folgt gestalten:

a. **Die einmütige Entscheidung**: Alle *muǧtahids* und Wissenschaftler der Umma in einer Zeit versammeln sich, um eine Rechtsnorm hinsichtlich einer Frage zu ermitteln und kommen nach deren Untersuchung und wissenschaftlicher Diskussion zu einer einmütigen Entscheidung.
b. **Die Enthaltung**: Präsentiert einer der beteiligten *muǧtahids* während der Diskussion einer Frage seine Meinung mit der Bitte an die anderen Gelehrten, etwaige Einwände zu formulieren, so schweigen diese.
c. **Die Bildung einer Mehrheitsmeinung**: Die Majorität der Anwesenden spricht sich für einen Standpunkt aus, während der Rest diesem widerspricht.

Abū Fāris präzisiert in diesem Kontext, dass die erste Form der „eindeutige Konsens (*iǧmāʿ ṣarīḥ*)" sei, die zweite dem „stillschweigenden Konsens (*iǧmāʿ sukūtī*)" entspreche und die dritte als „Entscheidung der Mehrheit (*qarār al-aġlabiyya*)" gelte.[429]

In al-Ḫālids Dissertation über den KI zeichnet sich deutlich eine andere Ansicht ab. Er ist der Meinung, dass *al-iǧtihād al-ǧamāʿī* mehr dem stillschweigenden Konsens gleicht. Er zeigt auf, dass der *iǧmāʿ sukūtī* der praktischen Arbeit der Rechtsakademien entspricht. Jede Akademie treffe die Entscheidungen, über die ihre Mitglieder sich einig seien. Diese Entscheidungen würden sich an verschiedenen Orten verbreiten und es würden dabei oft einige Monate oder sogar Jahre vergehen, ohne dass eine oppositionelle Meinung geäußert wird. Dieser Ablauf könne sich mit dem *iǧmāʿ sukūtī* gleichsetzen lassen.[430] Führt man sich jedoch die Ziele des KI und die aktuelle Arbeit der Rechtsakademien vor Augen, erscheint die Kritik an dieser

---

427 Vgl. Faraḥāt 1996, Bd. 1, S. 132 f. und 146.
428 Vgl. al-Ḥasan 1996, Bd. 1, S. 605.
429 Vgl. Abū Fāris 1989, Bd. 3, S. 1010. Dazu aš-Šarafī 1998, S. 83.
430 Vgl. al-Ḫālid 2009, S. 234.

Auffassung vonseiten des Betreuers von al-Ḫālid und Mitglied verschiedener Akademien für islamisches Recht, Wahba az-Zuḥaylī, legitim.[431] So lässt sich zum einen diese Ansicht mit dem wesentlichen Ziel des KI, nämlich Präzision und Sicherheit bei Entscheidungen, nicht in Einklang bringen. Denn „das Schweigen“ bedeutet nicht zwangsweise, dass jemand einverstanden ist.[432] Vielmehr kann es in einigen Fällen, die von allgemeiner Art sind, eher negativ als positiv interpretiert werden. Zum anderen gilt die Behauptung, dass die einzelnen Rechtsakademien ihre Entscheidung aufgrund von „Einhelligkeit“ treffen, weitgehend als nicht aktuell. In vielen Fällen werden die Entscheidungen der einzelnen Akademien mehrheitlich getroffen.

Anhand der im Rahmen dieser Studie dargestellten Auffassungen zu diesem Thema und unter Bezug auf die Charakteristika und den Zweck des KI wird die Ansicht von *ittifāq al-akṯariyya* zum großen Teil als treffend angesehen, insbesondere wenn eine Entscheidung von mehreren Rechtsakademien gefasst wird und nicht nur innerhalb einer einzigen Rechtsakademie.

4.2.2.4 Synthese zwischen dem individuellen *iǧtihād* und dem *iǧmāʿ*

Ein charakteristisches Merkmal für den KI, welches von einigen Theoretikern herausgearbeitet wurde, ist sein Potenzial, einen Mittelweg zwischen dem individuellen *iǧtihād* und dem *iǧmāʿ* anzubieten.

In dieser Hinsicht kommt Maḥmūd zu dem Schluss, dass der *iǧtihād ǧamāʿī* zwar sowohl für den individuellen *iǧtihād* als auch für die Idee des *iǧmāʿ* eine Entwicklung repräsentiere, aber er nicht im Besitz aller Eigenschaften dieser beiden Prinzipien sei. Etwas optimistischer äußert sich aš-Šarafī, indem er hervorhebt, dass der KI die Aufgabe beider Doktrinen erfüllen und selbst deren Inexistenz ausgleichen könne.[433]

Ḫalīfa Bā-Bakr al-Ḥasan schlägt nicht nur vor, den KI als *ittifāq al-akṯariyya* zu betrachten, sondern sieht in ihm auch die Möglichkeit, als Synthese zwischen dem individuellen *iǧtihād* und dem *iǧmāʿ* zu fungieren. Hierbei ist die Beweiskraft das wesentliche Kriterium. So gelte der *iǧtihād ǧamāʿī* als präsumtives Argument (*ḥuǧǧa ẓanniyya*), das über dem *iǧtihād fardī*, der bloß als Lehrmeinung gelte, stehe, dennoch werde er nicht als definitives Argument (*ḥuǧǧa qaṭʿiyya*) wie der *iǧmāʿ* geschätzt.[434] Für die zweite Variante, also den KI als Synthese zwischen dem individuellen *iǧtihād* und dem *iǧmāʿ*, plädiert auch Yūsuf Maḥmūd Qāsim.[435]

---

431 Ebd., S. 234 Fn. 1.

432 Ausgenommen ist in diesem Fall die ḥanafitische Überzeugung, von der al-Ḫālid wahrscheinlich ausgeht.

433 Vgl. Maḥmūd (*Nadwa*) 1996, Bd. 2, S. 1072 und aš-Šarafī 1998, S. 81 f.

434 Vgl. al-Ḥasan (*Nadwa*) 1996, Bd. 1, S. 116 f. und 605.

435 Vgl. Qāsim (*Nadwa*) 1996, Bd. 2, S. 904.

4.2.3 Das Verhältnis zur *šūrā*

Auf die Ähnlichkeiten und Gemeinsamkeiten zwischen der *šūrā* und dem *iǧtihād*, welche auch das Verhältnis des KI zur *šūrā* bestimmen, wurde im vorigen Kapitel hingewiesen. Diese betreffen den Anwendungsbereich, die Entstehung und die Entwicklung beider Konzepte nach dem Ableben des Propheten sowie die Gleichsetzung beider Begriffe bei älteren Gelehrten wie Sufyān ibn ʿUyayna, ar-Rāzī und Ibn an-Naǧǧār.[436] Auch viele zeitgenössische Autoren teilen diese Auffassung, was in folgenden Aussagen zum Vorschein kommt: „*šūrā* ist eine Art von *iǧtihād* und das Einholen der Meinungen, um eine Entscheidung hinsichtlich eines neuen Falls zu treffen“[437], „*iǧtihād* ist eine wissenschaftliche Konsultation (*tašāwur ʿilmī*) oder ein rechtliches Gutachten“[438] und „Die *šūrā* gilt als ein *iǧtihād*“.[439] In diesem Zusammenhang spricht Badry bei der Untersuchung des Bereichs der *šūrā* von einer Verquickung von *šūrā* und *iǧtihād*.[440] Das Verhältnis zwischen beiden Termini wird durch Äußerungen anderer Gelehrten relativiert, die die kollektive Vorgehensweise beider Begriffe berücksichtigen. Sie identifizieren die *šūrā* mit dem KI bzw. begreifen sie als eine Art des *iǧtihād*.[441]

In der Reformzeit ab dem 19. Jahrhundert erhoben zahlreiche Gelehrte ihre Stimmen, indem sie die Weiterführung und Umsetzung sowohl des *šūrā*- als auch des *iǧtihād*-Gedankens forderten.[442] Eine ähnlich starke Tendenz zur Wiederbelebung und Institutionalisierung des Prinzips der *šūrā* auf juristischer Ebene manifestiert sich unter den Rufern zum KI. In vielen Appellen kommt die Absicht zum Vorschein, einen Rat oder eine Kommission zu gründen, wo sich mehrere Gelehrte versammeln, um einen KI mithilfe von Konsultation zu praktizieren. Zu diesen Aufrufen gehören diejenigen von Nursî, al-Bānī, as-Sanhūrī und Kamareʾī.

Diese Tendenz intensiviert sich unter den späteren Theoretikern des KI, die in der Anwendung des KI eine Verwirklichung der Idee der rechtlichen *šūrā* im Rahmen der Rechtsakademien sehen. Demnach konstatieren sie eine enge Verbindung und gegenseitige Beeinflussung beider Doktrinen. Dabei dient die *šūrā* nach ihrem Dafürhalten als eine dezisive Grundlage für die Praxis des KI. Dies äußert sich teilweise in ihren Begriffsbestimmungen des KI. Außerdem gilt die *šūrā*-Anwendung

436 Siehe Abschnitt „2.3.4“.

437 Tamīmī 1989, Bd. 3., S. 1220. Ähnlich: *al-Mawsūʿa al-fiqhiyya* 1992, Bd. 26, S. 281.

438 aš-Šāwī 1992, S. 223.

439 Abū Ṭālib 1989, Bd. 3, S. 1159. Dazu aš-Šāwī 1992, S. 200.

440 Vgl. Badry 1998, S. 107.

441 Vgl. al-Būṭī 1989, Bd. 2, S. 496, 500 und 626; Abū Fāris 1989, Bd. 3, S. 1006–1011 und Badry 1998, S. 513.

442 Vgl. Zur *šūrā*: aš-Šāwī 1992, S. 45 f. und Badry 1998, S. 14 ff. Zum *iǧtihād*: Ucar 2005, S. 97 ff.; Layish 1978, S. 264 f.; Wiederhold 1993, S. 335 f. und 350 f.; al-Qaraḍāwī 1994, S. 14–18 und Badry 1998, S. 601.

als Fortsetzung bzw. Wiederbelebung eines charakteristischen Elements des islamischen Lebens in der islamischen Frühzeit.[443]

In seiner Abhandlung *Fiqh aš-šūrā wa-l-istišāra* bemerkt aš-Šāwī die Relevanz der *šūrā* für den KI. Er stellt fest, dass die *šūrā* die Basis für die verschiedenen Lebensbereiche in der Epoche der ersten Kalifen gebildet hat. Aš-Šāwī geht davon aus, dass die Schließung des Tores zum *iğtihād* die Institutionalisierung und die Organisierung der *šūrā* auf rechtlicher Ebene verhindert habe. Für ihn impliziert der heutige KI die Bedeutung, dass er der juristischen *šūrā* der Organisierung und der Realisierung diene. Er bezeichnet *al-iğtihād al-ğamāʿī* als neue Version der *šūrā* im Bereich des islamischen Rechtes. Die praktische Umsetzung der Beratung könne in der heutigen Zeit in Form einer Rechtsakademie vollzogen werden, wo sich Gelehrte und andere Experten beraten. Eine andere Möglichkeit bestehe in einer per Korrespondenz geführten Konsultation der verschiedenen *muğtahids*.[444]

Auch aš-Šarafī betont die praktische Umsetzung der Idee der *šūrā* durch den KI, vor allem in der Kalifenzeit, welche als Leitbild für diese Praxis diene. Des Weiteren bestimmt er die Vorteile der Verwendung der *šūrā* im Rahmen des KI. In Anbetracht der Beratung und des Meinungsaustauschs könnten die am *iğtihād*-Prozess Beteiligten zu präziseren und somit zu repräsentativeren Ergebnissen gelangen. Ferner werde durch die Konsultation wesentlich dazu beigetragen, verschiedene Ansichten einander anzunähern und dadurch die Kluft zwischen ihnen aufzuheben.[445]

Darüber hinaus konkretisiert aš-Šāwī die Beziehung zwischen der *šūrā*, dem KI und dem *iğmāʿ*. Wenn die an der Beratung (*šūrā*) Beteiligten zu einer einzigen einmütigen Entscheidung kommen, gelte dies als *iğmāʿ*, falls jedoch nur die Mehrheit der Teilnehmer (*al-aġlabiyya* oder *al-ğumhūr*) für die getroffene Entscheidung ist, werde diese dann als KI angesehen.[446] Eine ähnliche Position wird auch von al-Ḫālid vertreten.[447]

In diesem Zusammenhang zeichnet sich deutlich ab, dass vornehmlich die heutigen Autoren den Begriff *šūrā* auf staatlicher bzw. politischer Ebene anwenden und die Termini *iğmāʿ* und *iğtihād* (*fatwā*) lediglich dem juristischen Bereich zuordnen.[448]

443 Vgl. al-Ḫālid 2009, S. 246 ff.; al-Ḫawlī 2009, S. 19; Abū Fāris 1989, Bd. 3, S. 1006; Maḥmūd 1996, Bd. 1, S. 417; Zuʿayr 1996, Bd. 2, S. 691; Abū Layl 1996, Bd. 2, S. 958 f. und Imām 1996, Bd. 2, S. 1043.

444 Vgl. aš-Šāwī 1992, S. 186 f. und 239 f.

445 Vgl. aš-Šarafī 1998, S. 77 ff.

446 Vgl. aš-Šāwī 1992, S. 78, 145 f. und 165.

447 Vgl. al-Ḫālid 2009, S. 246 f. Dazu al-Būṭī 1989, Bd. 2, S. 626.

448 Vgl. aš-Šāwī 1992, S. 163.

4.2.4 Schlussbemerkung zu den Grundzügen des kollektiven *iǧtihād*

In Anbetracht der dargestellten Charakteristika, die dem KI von den zeitgenössischen Intellektuellen zugesprochen werden, offenbart sich, dass das Bild, welches sie von ihm schaffen, im Großen und Ganzen nicht weit von jenem entfernt ist, welches die Wegbereiter und ersten Propagatoren des KI entworfen haben. Dennoch liegt der von ihnen geleistete Beitrag nun darin, dass sie den Versuch unternommen haben, den KI zu theoretisieren und zu systematisieren. Dazu sollen im Folgenden noch einige Bemerkungen angeführt werden.

Unter den Autoren besteht ein Konsens über den festgestellten Anwendungsbereich des KI. Letzterer korrespondiert gleichzeitig mit jenem des individuellen *iǧtihād*, des *iǧmāʿ* und der *šūrā*. Es geht dabei im weiteren Sinne um den Bereich, in dem das menschliche Verständnis gegenüber den heiligen Texten nach islamischer Auffassung eine Rolle spielt, und zwar bei der Inexistenz eines Textes, der den betroffenen Fall regelt, oder wenn ein Text Ambivalenzen aufweist oder nicht definitiv erwiesen ist. Außerdem sind sich die Rechtswissenschaftler darüber einig, den *iǧtihād ǧamāʿī* dem *iǧtihād fardī* vorzuziehen, falls es um Fragen allgemeiner Natur sowie um Fragen von öffentlicher Relevanz geht. Hierbei erweist es sich allerdings als problematisch, dass bei manchen Fällen die Grenzen zwischen privaten und allgemeinen Fragestellungen verschwimmen. So ist es beispielsweise möglich, dass einige Probleme, welche zunächst von privater Natur zu sein scheinen, mit der Zeit die Allgemeinheit betreffen. Aus diesem Grund wäre eine weniger strikte Abgrenzung durchaus sinnvoll. Vielmehr findet in der Praxis der KI jedoch auch in Fragen privater Natur Anwendung, die gewöhnlich die Fatwa-Gremien behandeln.

Im Zuge der vorliegenden Untersuchung soll noch auf ein weiteres relevantes Charakteristikum des KI hingewiesen werden, welches ihn vom individuellen *iǧtihād*, dem *iǧmāʿ*[449] und der *šūrā* unterscheidet. Dabei handelt es sich um das kollektive und gleichberechtigte Entscheidungsrecht aller Beteiligten am Normenermittlungsprozess. Trotz der Bedeutsamkeit dieses Unterscheidungskriteriums finden sich darauf jedoch lediglich implizite Hinweise im Zusammenhang mit dem Vorteil des KI gegenüber dem individuellen *iǧtihād*. So ist beispielsweise al-Qaraḍāwī der Ansicht, dass die kollektive Meinungsbildung im Vergleich mit der Ansicht der Einzelnen der Richtigkeit näherkommen könne, selbst wenn sich ein Individuum als außerordentlich kompetent erweist. Eine ähnliche Aussage findet sich auch bei Muntaẓirī. Angesichts dieser Vernachlässigung ist es bedeutsam, dieses Merkmal hervorzuheben. So gilt es sogar als elementarer Unterschied zwischen der *šūrā*-Praxis in der islamischen Frühzeit, die von zahlreichen Theoretikern des KI als die Urform bzw. der Ausgangspunkt der Anwendung des *iǧtihād ǧamāʿī* angenommen wird, und dem KI der modernen Zeit. In der Epoche der *ṣaḥāba* pflegten zwar die Kalifen, vor allem Abū Bakr und ʿUmar, andere Gefährten und Gelehrten, um Rat zu fragen, aber letztendlich oblag allein

449 Als Zusammenstellung von Ergebnissen mehrerer individueller *iǧtihād*-Prozesse.

dem Kalifen das Entscheidungsrecht. Demzufolge liegt hier ein individuelles Entscheidungsrecht vor. Ebenso handelt es sich bei der Konsultation eines Richters oder eines Rechtsgutachters mit anderen Rechtsgelehrten, welche von einigen klassischen Gelehrten empfohlen oder als Pflicht betrachtet wurde,[450] um ein Entscheidungsrecht des Individuums, nämlich dem des Richters oder des Rechtsgutachters. Hingegen sind die am modernen KI Beteiligten hinsichtlich des Anspruchs auf Entscheidung gleichberechtigt. In den Satzungen der Institutionen des KI wird in der Regel festgelegt, dass die Entscheidungen entweder einhellig oder mit der Stimmenmehrheit der anwesenden Mitglieder getroffen werden.[451] Aufgrund der augenscheinlichen Bedeutsamkeit dieses Charakteristikums kann es als neues Element des modernen *iǧtihād ǧamāʿī* im Vergleich mit der *šūrā* in der Kalifen-Ära betrachtet werden.

Auf zwei weitere Verfahrensunterschiede zwischen der klassischen *šūrā* der Kalifenzeit und dem modernen KI weist Aznan Hasan hin. Kennzeichnend für eine derartige Beratung sei, dass sie spontan und ohne vorherige Anordnung zustande komme. Dabei stützt er sich auf folgende Äußerung von ʿAbd al-Barr: „ […] the caliph would simply call for a meeting in the mosque whenever he faced a complicated issue that needed to be resolved; […]."[452] Dagegen solle eine Versammlung der Beteiligten an einem KI geplant sein, und zwar aufgrund einer vorherigen Einladung zu einer Tagung. Überdies sei die Anzahl der Teilnehmer an einer klassischen Konsultation nicht vorgegeben, während bei einem *iǧtihād ǧamāʿī* die Zahl der Teilnehmer festgelegt sei.[453] Weitere Differenzen zwischen beiden Konzepten konstatiert az-Zuḥaylī. Während die *šūrā* zum einen verschiedene Lebensbereiche umfasse, beschränke sich der KI lediglich auf den juristischen Bereich. Zum anderen seien die Beteiligten am KI ausschließlich *muǧtahids*. Hingegen könnten an der *šūrā* sowohl *muǧtahids* als auch andere teilnehmen.[454] Aus diesem Grund kann die Annahme von einer Identität des KI mit der klassischen Form der *šūrā* in der Zeit der ersten Kalifen nicht als völlig zutreffend angesehen werden. Selbst das gemeinsame gleichberechtigte Entscheidungsrecht des KI stellt sich als wesentlicher Unterschied gegenüber dem *iǧmāʿ* heraus, bei dem die Entscheidung durch einzelne *muǧtahids* getroffen wird.

Aus den oben dargestellten Grundzügen ergibt sich folgendes Bild des KI: Er bildet eine Verschmelzung aus drei Prinzipien, und zwar *šūrā*, *iǧtihād* und *iǧmāʿ*. Zudem enthält er Elemente aus den drei Doktrinen und weist darüber hinaus Besonderheiten bzw. Vorteile auf. Der *iǧtihād ǧamāʿī* gilt als eine Art des (normalen oder individuellen) *iǧtihād*. Er kann aber mithilfe der Beratung und des Meinungsaustausches zwischen den Teilnehmern im Vergleich mit dem individuellen *iǧtihād* zu Ergebnissen mit großer Wahrscheinlichkeit führen. Außerdem kann der KI als eine Form des *iǧmāʿ* angesehen werden. Im Vergleich mit dem *iǧmāʿ*, der den Konsens aller *muǧtahids*

450 Siehe den Abschnitt „2.3.2".

451 Siehe die Satzungen der drei ausgewählten Rechtsakademien im Textanhang.

452 Hasan 2003, S. 29.

453 Vgl. Hasan 2003, S. 29 f.

454 Vgl. az-Zuḥaylī 2009, S. 10 f.

verlangt, kann der KI, der lediglich die Übereinstimmung einer Gruppe oder sogar nur die der Mehrheit einer Gruppe bei einer Entscheidung erfordert, viel einfacher verwirklicht werden. Zudem repräsentiert der *iǧtihād ǧamāʿī* die Doktrin der *šūrā* auf rechtlichem Gebiet und setzt diese in der Moderne fort. Allerdings unterscheidet er sich von der frühen Form der (juristischen) *šūrā* dadurch, dass er das Recht auf Entscheidung allen am *iǧtihād*-Prozess teilnehmenden Personen gleichermaßen einräumt, während es bei der klassischen Form der *šūrā* einzelnen Personen vorbehalten war.

4.3 Legitimation des kollektiven *iǧtihād*

Die Legitimation des KI ergibt sich zunächst aus dem Wandel der Vorstellung vieler moderner Intellektuellen hinsichtlich der Doktrinen *iǧtihād*, *iǧmāʿ* und *šūrā*. Ebenso macht sich in der Haltung der jüngeren Autoren gegenüber den *maḏāhib*, vornehmlich seit der Wende zum 20. Jahrhundert, eine neue Denkrichtung bemerkbar. Die Modifikation der Betrachtungsweise dieser Grundsätze ebnet den Weg zur Legitimierung des KI. Im Folgenden wird intendiert, einen Überblick über die wichtigsten Veränderungen zu geben.

4.3.1 Kontinuität und Diskontinuität

An dieser Stelle soll das Bild der Prinzipien *šūrā*, *iǧtihād* und *iǧmāʿ* bei den modernen Gelehrten rekonstruiert werden. Der Diskurs dieses ersten Unterkapitels legt den Fokus auf die modernen Autoren, insbesondere der ersten Hälfte des 20. Jahrhunderts, und deren Auffassungen von jenen Grundsätzen. Dabei bezieht sich die Untersuchung hauptsächlich auf den arabischen Gelehrtenkreis, da von ihm die Doktrin des KI besonders gefördert wurde und sich zur Form der ersten existierenden Rechtsakademie entwickelte. Zudem ist die Verbreitung dieser Institutionen des KI im arabischen Raum verglichen mit anderen Gebieten deutlich größer. Die zeitliche Abgrenzung lässt sich damit begründen, dass eine leibhaftige Vorstellung von der Zeit unmittelbar vor der Entstehung der Rechtsakademien möglichst nachvollziehbar vermittelt werden soll.

4.3.1.1 Das Bild des *iǧtihād* in der Moderne

Im Gegensatz zur weitverbreiteten Behauptung von der Schließung des Tores zum *iǧtihād* unter den klassischen Gelehrten nach der Stabilisierung der Rechtsschulen, riefen allmählich immer mehr Intellektuelle der Moderne, insbesondere die Reformer Mitte des 19. Jahrhunderts, zur Öffnung des Tores zum *iǧtihād* auf. Für sie dient der *iǧtihād* als Hauptfaktor zur Erneuerung des islamischen Rechtssystems und zur Neuinterpretation der islamischen Quellen. Intendiert wurde dadurch, die Bedürfnisse der Modernität zu erfüllen sowie Religion und Wissenschaft miteinander in Einklang zu bringen.[455]

455 Vgl. Wiederhold 1993, S. 350 f.; az-Zarqā 1998, S. 248 f.; Ucar 2005, S. 93–101; Mūsā 2009, S. 213 und 219–224; al-Ḫiḍr 1999, S. 12 und Rohe 2013, S. 53 und 55.

Ebenso kommt bei diesen Autoren sukzessive ein Trend zur Institutionalisierung des *iǧtihād* und zur Zusammenarbeit vieler Rechtsgelehrten bei der Rechtsfindung zum Vorschein. Es handelt sich hierbei um eine Abweichung von der traditionellen *iǧtihād*-Methode, die bisher von einzelnen Gelehrten selbstständig praktiziert wurde. So sprechen sie sich für die Entstehung von *iǧtihād*-Institutionen aus, in denen die *muǧtahids* zusammentreffen, um Entscheidungen bezüglich verschiedener Rechtsfälle mittels des KI zu fassen. Auf diese Weise könnten die Konflikte, die häufig aus dem Praktizieren des *iǧtihād* durch einzelne Gelehrte resultieren, entschärft werden.[456]

Verbunden mit der Förderung der *iǧtihād*-Praxis in der Moderne teilt die breite Masse der modernen Gelehrten die mehrheitliche Auffassung der klassischen Gelehrten von der Teilbarkeit des *iǧtihād*, um die *iǧtihād*-Praxis zu ermöglichen bzw. zu erleichtern. Sie begründen ihre Haltung mit der Fülle an Fragen, die sich in der Moderne in allen Lebensbereichen stellen, was eine Erfassung dieser Fragen durch einzelne Gelehrte erschwere oder sogar unmöglich mache. Daraufhin befürworten viele Autoren die Möglichkeit einer Spezialisierung von Rechtswissenschaftlern auf ausschließlich ein bestimmtes juristisches Teilgebiet, wie beispielsweise Wirtschafts-, Familien- oder Strafrecht.[457] In diesem Zusammenhang sind aš-Šāwī und Hosen der Meinung, dass dabei mehrere Wissenschaftler, die gemeinsam über alle Qualifikationen zum *iǧtihād* verfügen und alle benötigten Disziplinen beherrschen, eine kollektive Rechtsfindung praktizieren könnten.[458]

4.3.1.2 Das Bild des *iǧmāʿ* in der Moderne

Ein rechtstheoretisches Element, dessen Zustandekommen dem angestrebten *iǧtihād* nur beschränkt Raum gewährt, bildet der *iǧmāʿ*. Unter Bezugnahme auf diese Tatsache äußerten viele Modernisten bzw. Reformer scharfe Kritik an der Verwirklichung des *iǧmāʿ* unter den von klassischen Gelehrten gestellten Bedingungen. Während einige von ihnen, wie al-Ḫuḍarī und Abū Zahra, die mögliche Realisierung des *iǧmāʿ* ausschließlich auf die Ära der *ṣaḥāba* beschränken, ist in den Augen anderer, darunter Rašīd Riḍā, Ḫallāf, Mūsā und Šaltūt, diese Verwirklichung überhaupt unvorstellbar.[459] Hingegen verfechten etliche konservative Autoren der Moderne die traditionelle Auffassung des *iǧmāʿ* und negieren die Angriffe der Reformlinie. Sie gehen von der Existenz des *iǧmāʿ* zu jeder Zeit aus und lehnen alle *iǧtihād*-Versuche ab, die diesen *iǧmāʿ*-Entscheidungen widersprechen. Zu dieser Gruppe gehören Muḥammad Zāhid al-Kawṯarī und der zeitgenössische aṭ-Ṭarābulsī.[460]

---

456 Vgl. Layish 1978, S. 265 und Zaman 2012, S. 76 und 92.

457 Vgl. al-Qaraḍāwī 1996, S. 61 f.; az-Zuḥaylī 1986, Bd. 2, S. 1077; an-Nimr 1987, 2. Aufl., S. 188; Krawietz 2002, S. 83 und 367 ff. und al-Ḫaṭīb 1996, S. 99.

458 Vgl. aš-Šāwī 1992, S. 186 und 252; und Hosen 2004, S. 5 f.

459 Siehe Unterkapitel 4.2.2.1.

460 Vgl. aṭ-Ṭarābulsī 2010, S. 380–386 und al-Kawṯarī o.J., S. 135 f.

Ein Charakteristikum der Konzeption des *iǧmāʿ* vieler zeitgenössischen Autoren, beispielsweise Šaltūt, Abū Zahra, Abū an-Naṣr (gest. 1981) und später al-Qaraḍāwī, ist die Betonung, dass zahlreiche klassische *iǧmāʿ*-Ansprüche nicht zutreffen. Daraufhin dürfe man bei diesen Fragen einen neuen *iǧtihād* praktizieren. So behaupte zum Beispiel der Šāfiʿit an-Nawawī den Konsens der Umma darüber, dass die Erhebung der Hände zur Gebetseröffnung (*takbīrat al-iḥrām*) empfohlen (*mustaḥabb*) sei, obwohl andere šāfiʿitische Gelehrten von einer Pflicht sprechen. In einer Überlieferung nach Mālik werde dies sogar als unerwünscht dargestellt. Darüber hinaus würde als Beispiel ein Konsens über das Verbot des Verzehrs von Pferdefleisch oder ein Konsens über die Erlaubnis des Verzehrs von Eidechsen angeführt, obgleich es durchaus Gegenmeinungen gebe.[461]

Außerdem strebt die moderne Richtung, zu der viele Propagatoren des KI gehören, nach einer Institutionalisierung des *iǧmāʿ*. Diese Tendenz trat, wie bereits erwähnt, erstmals bei ʿAbduh auf und wurde sodann von späteren Intellektuellen wie Riḍā, Iqbāl und as-Sanhūrī fortgeführt.[462] Dabei könne der *iǧmāʿ*, entsprechend der Konzeption moderner Reformer, eine entscheidende Rolle bei der Erneuerung des islamischen Rechts bzw. der Scharia übernehmen. Sie sehen im *iǧmāʿ* ein Hauptinstrument, welches das islamische Recht dazu befähigt, sich den Anforderungen des modernen Lebens anzupassen.[463]

Ebenso vertreten etliche gegenwärtige Autoren die Position, dass der aufgrund eines präsumtiven Arguments bzw. *iǧtihād* zustande gekommene *iǧmāʿ* durch einen auf einem neuen *iǧtihād* basierenden *iǧmāʿ* ersetzt werden könne.[464] Gemeinsam ist allen oben dargestellten Positionen der Modernisten der Versuch, der *iǧtihād*-Praxis größeren Raum zu gewähren.

4.3.1.3 Das Bild der (rechtlichen) *šūrā* bei den Reformern und Modernisten

In der Reformzeit seit dem 19. Jahrhundert bildete sich eine Tendenz zur Weiterführung der *šūrā* als wesentlicher Schritt auf dem Weg zur Reform, vor allem auf politischer Ebene, heraus. Somit wurde eine Anpassung des islamischen Wertesystems an die Neuerungen des modernen Lebens beabsichtigt. Viele Modernisten präsentieren die *šūrā* als islamisches Prinzip, das in Einklang mit der Idee der Demokratie stehe. Für andere ist sie eine wichtige Grundlage für die Durchführung der Scharia. Hierbei gilt diese als Reaktion auf die zunehmende Übernahme westlicher Normen. Die Gründe für die Wiederbelebung der Beratungsidee zu dieser Zeit fasst Badry in drei Punkten zusammen, nämlich Identitätskrise, Legitimationskrise und Partizipationskrise.[465]

---

461 Vgl. Šaltūt 2001, 18. Aufl., S. 67; Abū an-Naṣr 1995, S. 58 ff.; al-Qaraḍāwī 1994, S. 93 und Abū Zahra o.J. [1963?], S. 279–282.
462 Siehe ihre Gedanken zu diesem Punkt unter Abschnitt „3.2".
463 Vgl. as-Sanhūrī 2008, S. 74; Layish 1978, S. 266 und aš-Šāwī 1992, 2. Aufl., S. 189.
464 Vgl. an-Nimr 1987, S. 60 und Poya 2003, S. 80 f.
465 Vgl. aš-Šāwī 1992, S. 45 f. und Badry 1998, S. 14 ff.

Aš-Šāwī stellt fest, dass ein Konsens unter den muslimischen Gelehrten der verschiedenen Epochen – vornehmlich in der Moderne – über die Legitimation und sogar über die Notwendigkeit des *šūrā*-Prinzips herrsche.[466] Dies wird durch ihre zahlreichen Abhandlungen und Monographien über die *šūrā* bestätigt.[467]

In Hinblick auf die Frage, ob der Herrscher gegenüber der *šūrā* vor oder während der Entscheidungsfindung verpflichtet ist, ist der überwiegende Teil moderner Autoren, z.B. ʿAbduh, Šaltūt, aṭ-Ṭāhir ibn ʿĀšūr, Ḥasan al-Bannā (gest. 1949) und ʿAbd al-Wahhāb Ḫallāf, der Meinung, dass dem Herrscher die *šūrā* vorgeschrieben (*wāǧiba*) sei.[468] Bezüglich der Frage, ob die *šūrā*-Ergebnisse für die Herrscher bindend sind, übernehmen einige moderne Intellektuelle, wie Ḥasan al-Bannā, aṭ-Ṭāhir ibn ʿĀšūr und Aḥmad Muḥammad Šākir, die überwiegende Meinung der früheren Gelehrten, laut welcher die *šūrā*-Ergebnisse dem Herrscher nicht vorgeschrieben sind, sich jedoch dazu eignen, um ihn rechtzuleiten bzw. für ihn lehrreich seien (*muʿallima*). Hingegen herrscht unter den modernen Autoren die Auffassung, dass die *šūrā*-Entscheidungen für den Staatsführer verpflichtend (*mulzima*) seien. Zu den Vertretern dieser Richtung gehören ʿAbduh, Riḍā, Šaltūt, al-Marāġī und ʿAbd al-Qādir ʿAwda (gest. 1954).[469]

Die modernen Autoren widmen sich bei ihrer Auseinandersetzung mit dem *šūrā*-Begriff intensiv der Beratungsidee im politischen Bereich und wenden sich vom rechtlichen Bereich ab.[470] Stattdessen wird dabei auf den *iǧtihād* und *iǧmāʿ* hingewiesen. Aš-Šāwī macht auf den Unterschied zwischen *šūrā* auf juristischer Ebene und auf politischer sowie gesellschaftlicher Ebene aufmerksam. Während die *šūrā* im politischen und gesellschaftlichen Bereich zu einer einzigen verbindlichen endgültigen Entscheidung führen solle, sei eine *šūrā*-Entscheidung im rechtlichen Bereich nicht endgültig und es bleibe die Möglichkeit zu anderen Entscheidungen bzw. Lehrmeinungen offen, da dies ansonsten eine erneute Schließung des *iǧtihād*-Tors bewirken würde. Nach aš-Šāwī bildet dies den Grund für den Verzicht, die rechtliche *šūrā* in der modernen *šūrā*-Literatur zu behandeln. Außerdem gehöre diese Art der Beratung zum Gegenstand der *uṣūl al-fiqh*.[471] Später wird aber die Untersuchung des Beratungsprinzips erweitert, um die *šūrā* des juristischen Bereichs bzw. des KI einzuschließen. Seitdem ist eine Tendenz zur Institutionalisierung

466 Vgl. aš-Šāwī 1992, S. 76 Fn. 4 und ad-Dūrī 1974, S. 30 f. Dazu Badry 1998, S. 597.

467 Vgl. Badry 1998, S. 594 und aš-Šāwī 1992, S. 76 Fn. 4.

468 Vgl. ad-Dūrī 1974, S. 51–55; ʿAbd al-Ḫāliq 1998, S. 59 ff. Fn. 2 (S. 60); aṣ-Ṣāliḥ 1999, S. 24; Abū Fāris 1989, Bd. 2, S. 730–738; *al-Mawsūʿa al-fiqhiyya* 1992, Bd. 26, S. 279; Badry 1998, S. 22 und Abū Ṭālib 1989, Bd. 3, S. 1156 f.

469 Vgl. Abū Fāris 1989, Bd. 2, S. 771 f. und 815 f.; aṣ-Ṣāliḥ 1999, S. 106 und ʿAbd al-Ḫāliq 1998, S. 65.

470 Diese Tendenz findet ihren Anfang beispielsweise in der Auslegung der *šūrā*-Verse von ʿAbduh und Riḍā in der Koranexegese *al-Manār*. Vgl. Riḍā 1367 H, 3. Aufl., Bd. 4., S. 45 ff., 199–206.

471 Vgl. aš-Šāwī 1992, S. 105 f. und 201. Dazu Badry 1998, S. 598.

der *šūrā* auf rechtlicher Ebene zu erkennen.[472] In diesem Zusammenhang stellt aš-Šāwī fest, dass die Institutionalisierung des KI als eine Umsetzung der *šūrā*-Idee im rechtlichen Bereich gelte.[473] Außerdem sorgte die steigende Sachkompetenz und Komplexität der Moderne für eine Kooperation der Berater bzw. *ahl aš-šūrā* mit interdisziplinären Experten.[474]

4.3.1.4 Die Haltung zu den Rechtsschulen in der Moderne

Hinsichtlich der heftig diskutierten Frage über die Haltung der Rechtsschulen zueinander kristallisierten sich, wie schon zuvor erwähnt,[475] allmählich bereits um die Wende des 20. Jahrhunderts drei Lager heraus, deren Positionen mit ihren Auffassungen vom *iǧtihād* eng verbunden sind, und zwar *lā-maḏhabiyyūn* (Gegner der Verpflichtung gegenüber den Rechtsschulen), *maḏhabiyyūn* (Verfechter der Notwendigkeit, eine der vier Rechtsschulen zu befolgen) und die pan-islamische Richtung bzw. Modernisten. Ausgehend von ihren unterschiedlichen Bewertungen des historischen Verhältnisses der *maḏāhib* zueinander entwickelte jede Gruppe ihre eigene Position gegenüber den *maḏāhib*.[476] Zusammenfassend kann von einem Streit der drei Richtungen um den höchsten Rang des *iǧtihād*, nämlich den absoluten bzw. unabhängigen *iǧtihād* (*iǧtihād muṭlaq* oder *mustaqill*) gesprochen werden. Während die Verfechter der *maḏhabiyya* die Auffassung der traditionellen Gelehrten teilen und von der Unfähigkeit der zeitgenössischen Gelehrten, diese Art von *iǧtihād* zu praktizieren, sprechen, plädieren die beiden anderen Parteien für die Möglichkeit des unabhängigen *iǧtihād*. Was die Praxis anbelangt, so ist der Praxis die reformerisch-pan-islamische Richtung aktiver als die anderen beiden Gruppen, vorrangig in Bezug auf die neuen Rechtsfälle. Es manifestiert sich dennoch eine allgemeine Tendenz aller Richtungen, den Rechtsschulfanatismus zu überwinden.[477]

Ein wesentliches Charakteristikum der Beziehung der verschiedenen Rechtsschulen zueinander in dieser Phase ist die zunehmende Neigung der sunnitischen Gelehrten, vorwiegend der reformerischen und pan-islamischen Strömung, zur Annäherung mit den Schiiten im rechtlichen Bereich. Derartige Aufrufe zur Annäherung wurden unter den Schiiten positiv aufgenommen. Folglich stieg die Zahl der Anhänger der Annäherungsidee unter den Sunniten, vor allem in der Azhar, und unter der Schia, insbesondere in Naǧaf.[478] Im Gegensatz zu den früheren Annäherungsversuchen, bei denen die einzelnen Parteien, ausgehend von den Differenzen, sich gegenseitig zu widerlegen suchten, setzte sich diese neuere Annäherungstendenz zum Ziel, die Gemeinsamkeiten zu betonen. Dabei wird von etlichen Autoren her-

472 Vgl. Badry 1998, S. 528 f. Zur Institutionalisierung der juristischen *šūrā*, S. 557–563.
473 Vgl. aš-Šāwī 1992, S. 239. Sowie Badry 1998, S. 513.
474 Vgl. Badry 1998, S. 600. Dazu al-Būṭī 1989, Bd. 2, S. 556 f.
475 Siehe Abschnitt 3.3.5.1.
476 Siehe Unterkapitel „2.4".
477 Vgl. Peters 1980, S. 131–142; Wild 1979, S. 675–686 und Ucar 2005, S. 62–85.
478 Vgl. Brunner 1996, S. 24–49 und 174 f.

vorgehoben, dass die Unterschiede zwischen der imāmitischen Rechtsschule und den sunnitischen *maḏāhib* lediglich in einer begrenzten Zahl von Fragen bestehen, wie Mūsā (10 Fragen) und az-Zuḥaylī (17 Fragen) von den Sunniten und as-Sayyid al-Mūsawī (24 Fragen) und Muḥsin Amīn (5 Fragen) von den Schiiten.[479]

Erwähnenswert ist in diesem Zusammenhang die Entstehung von Konzepten wie *al-maḏāhib aṯ-ṯamāniya* (Die acht Rechtsschulen) im sunnitischen Raum. Zu den ersten Autoren, die diese Bezeichnung verwendeten, zählt Muḥammad Abū Zahra. Mit dem Begriff „die acht Rechtsschulen" sind die ḥanafitische, mālikitische, šāfiʿitische, ḥanbalitische, ẓāhiritische, imāmitische, zayditische und ibāḍitische Schulen gemeint. Die Betrachtung der acht *maḏāhib* als gleichermaßen anerkannt zeichnet sein Buch *Tārīḫ al-maḏāhib al-islāmiyya* aus.[480] In seinem Vorwort zum Werk *Naẓra tārīḫiyya fī ḥudūṯ al-maḏāhib al-arbaʿa* von Aḥmad Taymūr Pāšā benutzt Abū Zahra den Begriff *al-maḏāhib aṯ-ṯamāniya* als Bezeichnung für die o. g. acht Rechtsschulen.[481] Außerdem taucht dieser Begriff im Vorwort der *Nasser*-Enzyklopädie für das islamische Recht auf, die im Jahre 1961 vom Obersten Rat für die islamischen Angelegenheiten in Kairo begonnen wurde. Die Enzyklopädie bezieht sich auf die Rechtsauffassungen aller acht Schulen.[482] Auf einen ähnlichen Versuch der *Ǧamʿiyyat ad-dirāsāt al-islāmiyya* (Gesellschaft der islamischen Studien) in Kairo, eine Katalogisierung des islamischen Rechts unter Berücksichtigung der acht *maḏāhib* zu erstellen, weist al-Ašqar hin.[483] Zudem pflegte Yūsuf al-Qaraḍāwī den Begriff *al-maḏāhib aṯ-ṯamāniya* zu verwenden, beispielsweise in seinem Werk *al-Fiqh al-islāmī bayn al-aṣāla wa at-taǧdīd*.[484] Schließlich brachte auch die internationale Islamkonferenz im Juli 2005 in Amman durch ihre sogenannte *Risālat ʿAmmān* (Amman-Botschaft) ihre Anerkennung dieser acht *maḏāhib* zum Ausdruck. An dieser Konferenz nahmen 200 muslimische Gelehrte aus 50 Ländern teil.[485]

Außerdem zeigt sich diese tolerante Tendenz gegenüber den verschiedenen Rechtsschulen praktisch in der Einrichtung eines Lehrstuhls für vergleichende Rechtswissenschaft (*al-fiqh al-muqāran*) im Jahre 1936 an der Azhar Universität, wo die imāmitische Rechtsschule neben den vier sunnitischen *maḏāhib* untersucht wird.[486] Darüber hinaus kommt die Gleichsetzung der sunnitischen, schiitischen und ibāḍitischen Rechtsschulen in der Anwendung rechtstheoretischer Doktrinen wie *talfīq* (Kombination verschiedener Lehrmeinungen) und *taḫayyur* (Auswahl von

---

479 Vgl. Mūsā 2009, S. 159; Suwayd 1997, 2. Aufl., S. 305; Brunner 1996, S. 80 f. und 167 f.; und az-Zuḥaylī 1985, 2. Aufl., S. 45.
480 Vgl. Abū Zahra o.J., S. 223, 261 und 268.
481 Vgl. Taymūr 1990, S. 30 f.
482 Vgl. Krawietz 2002, S. 85 und Neumann 2012, S. 55 ff. Dazu Wild 1979, S. 686.
483 Vgl. al-Ašqar 1991, 3. Aufl., S. 207.
484 Vgl. al-Qaraḍāwī 1999, 2. Aufl., S. 33.
485 Vgl. http://ammanmessage.com/index.php?lang=en, abgerufen am 15.02.2015.
486 Vgl. Brunner 1996, S. 226. Dazu Krawietz 2002, S. 83 ff. und aš-Šakʿa 1996, 11. Aufl., S. 26.

Ansichten der verschiedenen Rechtsschulen) zum Vorschein.[487] Im Zuge dessen wurden in Ägypten mithilfe von *talfīq* oder *taḫayyur* einige Gesetze erlassen, die sich nicht nur auf die Lehrmeinungen sunnitischer *maḏāhib* beschränken, wie z. B. beim Gesetz Nr. 25 des Personenstands im Jahre 1929, in dem der ägyptische Gesetzgeber sich auf verschiedene Rechtsschulen, sogar nicht-sunnitische Schulen, stützt.[488] Ein weiteres Beispiel ist das Gesetz Nr. 71 des Erbrechtes im Jahre 1946, das bei der Zulässigkeit des obligatorischen Vermächtnisses (*al-Waṣiyya al-wāǧiba*) (teilweise) auf dem ibāḍitischen Recht und der ẓāhiritischen Auffassung Ibn Ḥazms beruht. *Al-Waṣiyya al-wāǧiba* wurde auch im syrischen Kodex von 1953 anerkannt.[489] Des Weiteren gab es „the recognition of wills in favour of a legal heir in the Egyptian Law of Testamentary Dispositions of 1946."[490] Sodann wurde in der Änderung des irakischen Gesetzes vom Personenstand 1963 „[...] eine Verbindung sunnitischer und schiitischer Vorschriften geschaffen, welche die schiitischen Grundsätze der Klasseneinteilung und der Repräsentation vorverstorbener Erbberechtigter durch ihre Nachkommen übernahm, was sich im Ergebnis zugunsten der in direkter Linie Verwandten und der Frauen auswirkt."[491]

Auf schiitischer Seite entwickelte sich der Begriff *al-maḏāhib al-ḫamsa* (die fünf Rechtsschulen), nämlich die vier sunnitischen Rechtsschulen und die imāmitische Schule. Dieser Terminus kommt in rechtsvergleichenden Werken vor, wie z. B. in *al-Fiqh ʿalā al-maḏāhib al-ḫamsa* (das Recht entsprechend der fünf Rechtsschulen) von Muḥammad Ǧawād Muǧniyya und *al-Maḏāhib al-islāmiyya al-ḫamsa wa-l-maḏhab al-muwaḥḥad* des zu den Drusen tendierenden libanesischen Muḥammad Suwayd. Auch auf schiitisch-offizieller Ebene finden die vier sunnitischen Rechtsschulen Anerkennung. So begann die Universität Teheran šāfiʿitische und ḥanbalitische Rechtsschulen zu unterrichten.[492] Ebenso wurde im ersten Kapitel, Art. 12 der Verfassung der Islamischen Republik Iran von 1979 (geändert 1989) die Anerkennung der vier sunnitischen Rechtsschulen und des zayditischen *maḏhab* festgelegt.[493] Außerdem wurde die *Maǧmaʿ at-taqrīb bayn al-maḏāhib al-islāmiyya* (Akademie für die Annäherung zwischen den islamischen Konfessionen) im Jahre 1990 in Teheran ins Leben gerufen.[494]

487 Vgl. Neumann 2012, S. 236 f.; Rohe 2009, S. 189 f. und Ucar 2005, S. 49 f.
488 Vgl. az-Zarqā 1998, S. 261.
489 Vgl. Madkūr 1996, 2. Aufl., S. 114; az-Zuḥaylī 1985, 2. Aufl., S. 121 ff. und Taymūr 1990, S. 32.
490 Layish 1978, S. 269.
491 Rohe 2009, S. 190. Dazu Layish 1978, S. 269.
492 Vgl. Brunner 1996, S. 224.
493 Online verfügbar: http://cmir.ir/ar/images/dostoor%20iran.pdf, abgerufen am 16.02.2015.
494 http://www.taghrib.org/pages/tex2.php?tid=45, abgerufen am 16.02.2015.

4.3.2 Legitimation auf Basis der Rechtsquellen

Außer den oben dargelegten Änderungen an der Betrachtung grundlegender Rechtsprinzipien finden sich bei den gegenwärtigen Theoretikern die Legitimierung des KI hauptsächlich anhand von Koranversen, Hadithen und insbesondere durch die Praxis verschiedener Formen des KI im Laufe der islamischen Geschichte, im Sinne eines Konsenses über die Legitimation dieser Art von *iğtihād*.

1. **Koran**: Was den Koran betrifft, so beziehen sich sowohl die früheren Wegbereiter der Idee des KI, wie beispielsweise Nursî, al-Bānī und az-Zarqā,[495] als auch die jüngeren Theoretiker, z. B. Šaʿbān Ismāʿīl, Abū Layl, Abū al-Ağfān, aš-Šarafī, az-Zuḥaylī, Hosen und al-Ḫālid,[496] in erster Linie auf die *šūrā*-Verse (3:159 und 42:38). Darin sei die eindeutige Forderung enthalten, eine kollektive Beratung in unterschiedlichen Lebensbereichen, darunter im juristischen Bereich in Form des KI, anzuwenden. Daher betonen al-Ḫālid und Sānū, dass diese beiden Verse ausschlaggebend für die Legitimation des KI seien.[497] Daneben werden weitere Koranstellen von einzelnen Autoren als Argument für die Anwendung des KI angeführt. Šaʿbān Ismāʿīl akzentuiert, dass der Koran sich an Muslime als Gruppe (im Sinne der Forderung nach einer kollektiven Arbeit) in allen Lebensangelegenheiten richte, vor allem hinsichtlich (der Verwendung) des *iğtihād* und „des Gebietes des Rechten und der Untersagung des Verwerflichen" (*al-amr bi-l-maʿrūf wa-n-nahī ʿan al-munkar*), wie z. B. 4:59, 3:110, 3:104 und 59:2.[498] Auf die gleichen Koranstellen weisen auch al-Barrī und Abū Layl hin.[499]
2. **Sunna**: Viele Autoren, wie Šaʿbān Ismāʿīl, Abū Layl, aš-Šarafī, al-Barrī, al-Ḫālid, Ẓufr ʿĀlim an-Nadwī und Hosen, begründen die Legitimierung des KI mit einem Hadith, in dem ʿAlī ibn Abī Ṭālib den Propheten nach der Vorgehensweise fragte, wenn ein (Rechts-)Fall eintritt, der weder im Koran noch in der Sunna behandelt wird. Der Prophet antwortete, er solle in diesem Fall gläubige Gelehrte oder – nach anderer Überlieferung – Fromme um sich versammeln, die sich miteinander beraten und er solle nicht nach dem Urteil eines Einzelnen entscheiden (*iğmaʿū lah al-ʿālimīn*, oder *al-ʿābidīn, min al-muʾminīn fa-iğʿalūh šūrā baynakum wa-lā taqḍū fīh bi-raʾy wāḥid*).[500] Angesichts des Inhalts könnte dieser Hadith als überzeugende Rechtfertigung für die Legitimation des KI betrachtet werden. Allerdings gilt der Authentizitätsgrad dieses Hadith als gering (*ḍaʿīf*). Trotzdem halten

495 Siehe ihre Forderungen unter Abschnitt „ 3.2".
496 Vgl. Ismāʿīl 1998, S. 22; Abū Layl 1996, Bd. 2, S. 959; Abū al-Ağfān 1996, Bd. 1, S. 502; aš-Šarafī 1998, S. 49; az-Zuḥaylī 2009, S. 7; Hosen 2004, S. 6 und al-Ḫālid 2009, S. 72 f.
497 Vgl. al-Ḫālid 2009, S. 73 und Sānū 2006, S. 126.
498 Vgl. Ismāʿīl 1998, S. 21 f.
499 Vgl. Abū Layl 1996, Bd. 2, S. 959 f. und al-Barrī 1977, 5. Aufl., S. 76.
500 Vgl. Ismāʿīl 1998, S. 23; Abū Layl 1996, Bd. 2, S. 960; aš-Šarafī 1998, S. 50; al-Ḫālid 2009, S. 74; Hosen 2004, S. 6 f.; al-Barrī 1977, 5. Aufl., S. 76; Ẓufr ʿĀlim an-Nadwī 2011, S. 109 und az-Zuḥaylī 2009, S. 7.

einige Theoretiker diese Tradition für glaubwürdig. Sie sehen die Bedeutung dieser Überlieferung entweder durch Koranverse, welche die Anwendung der *šūrā* fordern, oder durch prophetische Aussagen oder Handlungen bekräftigt.[501] Entgegen dieser Einschätzung kritisiert Sānū die Argumentation mithilfe dieses Hadith, welchen Ibn Ḥazm sogar als erfunden (*mawḍūʿ*) betrachtet.[502] Darüber hinaus führt Ismāʿīl noch die Äußerung Abū Hurayras an: „Ich habe niemanden gekannt, der seine Gefährten häufiger konsultiert hat als der Gesandte Gottes." (*mā raʾayt aḥadan akṯar mušāwara li-aṣḥābih min rasūl Allāh*).[503] Neben den Aussagen des Propheten werden häufig auch einige praktische Fälle, in denen der Prophet eine Art des KI übte, herangezogen. Im Zuge dessen werden gewöhnlich die Fragen der „Gefangenen der Badr-Schlacht" und des „*aḏān* (Gebetsruf)" exemplarisch vorgebracht. Diese beiden Fälle haben nach islamischen hadithwissenschaftlichen Regeln eine höhere Authentizität. Der erste Hadith wurde von Muslim (Nr. 1763), at-Tirmiḏī (Nr. 3081) und Abū Dāwūd (Nr. 2690) tradiert und der zweite Hadith von al-Buḫārī (Nr. 579), Muslim (Nr. 377), at-Tirmiḏī (Nr. 190), an-Nasāʾī (Nr. 626) und Ibn Māǧa (Nr. 707) überliefert.[504]

3. **Praxis**: Ein weiteres Argument für die Legitimität des KI bildet die praktische Verwendung des KI in verschiedenen Epochen der islamischen Geschichte.

So gehen zahlreiche Autoren – sowohl von den ersten Ideenträgern (wie Ḫallāf, Mūsā, Šaltūt, Ḥasaballāh und az-Zarqā)[505] als auch von den späteren Theoretikern (wie Šaʿbān Ismāʿīl, Abū Layl, aš-Šarafī, az-Zuḥaylī, Sānū und al-Ḫālid)[506] – davon aus, dass der KI bereits in der Frühzeit des Islam Anwendung gefunden habe, selbst wenn er mit anderen Begriffen, wie *šūrā* oder *iǧmāʿ* (die sogenannte implizierte Praxis), bezeichnet wurde. Insbesondere nach dem Tode des Propheten, in der Zeit der ersten zwei Kalifen Abū Bakr und ʿUmar, sei die Praxis dieser *iǧtihād*-Form von großer Relevanz gewesen. Zahlreiche Autoren betrachten diese Phase sogar als Blütezeit der Anwendung des KI.[507] Hierfür werden viele Beispielsfälle, wie die Wahl des ersten Nachfolgers des Propheten, Abū Bakr, nach einer Meinungsverschiedenheit zwischen den Auswanderern (*al-muhāǧirūn*) und den Helfern (*al-anṣār*), als Beleg dieser Art des *iǧtihād* zitiert.[508] Ebenso bildet *al-masʾala al-muštaraka* oder

---

501 Vgl. Ismāʿīl 1998, S. 23 Fn. 1; al-Ḫālid 2009, S. 74 und Ḥasaballāh 1971, 4. Aufl., S. 108.

502 Vgl. Sānū 2006, S. 128 f.

503 Vgl. Ismāʿīl 1998, S. 23.

504 Vgl. Ismāʿīl 1998, S. 73–79; Abū Layl 1996, Bd. 2, S. 961 f.; Sānū 2006, S. 90–94 und al-Ḫālid 2009, S. 130 f. Zu beiden Beispielen siehe „2.3.2".

505 Siehe Ihre Forderungen unter Abschnitt „3.2".

506 Vgl. Ismāʿīl 1998, S. 24 f.; Abū Layl 1996, Bd. 2, S. 961 f.; aš-Šarafī 1998, S. 49 ff.; Sānū 2006, S. 88 ff.; az-Zuḥaylī 2009, S. 7 und al-Ḫālid 2009, S. 75 ff.

507 Vgl. Ismāʿīl 1998, S. 24 f.; Abū al-Aǧfān 1996, Bd. 1, S. 502 f.; Abū Layl 1996, Bd. 2, S. 963 ff.; Sānū 2006, S. 94 ff.; az-Zuḥaylī 2009, S. 7 ff.; Ẓufr ʿĀlim an-Nadwī 2011, S. 110 und al-Ḫālid 2009, S. 135 ff.

508 Vgl. Ismāʿīl 1998, S. 88; Abū Layl 1996, Bd. 2, S. 964 f. und al-Ḫālid 2009, S. 138.

al-ḥağariyya einen weiteren Fall. Dabei geht es um den Erbfall einer verstorbenen Ehefrau, bei welchem der Ehemann, die Mutter sowie die halbbürtigen Geschwister mütterlicherseits und vollbürtigen Geschwister diese überleben. Ausgehend von den Regeln des Erbrechts findet eine Aufteilung des Erbes auf die koranischen Erben bzw. Quotenerben „aṣḥāb al-furūḍ" (in diesem Fall: Ehemann, Mutter, halbbürtigen Geschwister mütterlicherseits) statt. Im Falle einer Restsumme erhalten diese die verbleibenden agnatischen Erben „ʿaṣaba" (in diesem Fall: die vollbürtigen Geschwister). Dementsprechend gestalten sich die Erbteile folgendermaßen: die Hälfte des Erbes erhält der Ehemann, ein Sechstel die Mutter und ein Drittel die halbbürtigen Geschwister mütterlicherseits. Demgemäß würden die Quotenerben den ganzen Nachlass erschöpfen und die *ʿaṣaba* bzw. die vollbürtigen Geschwister vom Erbe ausschließen. In diesem Kontext hebt Šaʿbān Ismāʿīl hervor, dass die Prophetengefährten hinsichtlich dieser Frage einen KI praktizierten und zu zwei unterschiedlichen Auffassungen gekommen seien. Während ʿAlī, Ibn Masʿūd, Ibn ʿAbbās, Abū Mūsā al-Ašʿarī und Ubay ibn Kaʿb die vollbürtigen Geschwister vom Erbe ausschließen, lassen ʿUmar, ʿUṯmān und Zayd ibn Ṯābit die halbbürtigen und vollbürtigen Geschwister das Drittel des Erbteils miteinander teilen.[509] Ein weiteres Beispiel betrifft den Fall der *ḥadd*-Strafe, die für den Genuss von Wein (*ḫamr*) verhängt wird.[510]

In der folgenden Phase, während der Regierungszeit der Umayyaden (661–750), wird die Ansicht geteilt, dass sich die Anwendung der kollektiven Form des *iğtihād* allmählich auf eine begrenzte regionale Form beschränkte. Ein völliger Verzicht auf den KI bzw. den *iğtihād* auf Basis der *šūrā* fand allerdings nicht statt. Diese Annahme wird von vielen Autoren mit der Verfahrensweise von ʿUmar ibn ʿAbd al-ʿAzīz (680–720), dem späteren umayyadischen Kalifen, begründet, welcher diese während seiner Zeit als Gouverneur der Medina anzuwenden pflegte. Er ließ um sich zehn Rechtsgelehrte versammeln,[511] um sich mit ihnen über verschiedene Probleme zu beraten.[512]

---

509 Vgl. Ismāʿīl 1998, S. 89 f. Zu dieser Frage: Ebert, Hans-Georg: *Das Erbrecht arabischer Länder*, 2004, S. 111 f. und Juynboll, Theodor Willem Jan: *Handbuch des islamischen Gesetzes*, 1910, S. 254 f. Im ersten Jahr seines Kalifats fällte ʿUmar sein Urteil gemäß der ersten Auffassung und erst im zweiten Jahr vertrat ʿUmar die zweite Ansicht.

510 Vgl. Abū Layl 1996, Bd. 2, S. 966. Zu diesem Fall siehe „2.3.2".

511 Laut vielen Autoren sind diese zehn Rechtsgelehrten die Folgenden: ʿUrwa ibn az-Zubayr (gest. 713), Abū Bakr ibn ʿAbd ar-Raḥmān (gest. 713), ʿUbayd Allāh ibn ʿAbdallāh ibn ʿUtba (gest. 717), Ḫāriğa ibn Zayd (gest. 718), ʿAbdallāh ibn ʿAbdallāh ibnʿUmar (gest. 724), Sālim ibn ʿAbdallāh ibn ʿUmar (gest. 725), Sulaymān ibn Yasār (gest. 726), al-Qāsim ibn Muḥammad (gest. 728), Abū Bakr ibn Sulaymān und ʿAbdallāh ibn ʿĀmir (gest. 736).

512 Vgl. Abū Layl 1996, Bd. 2, S. 967 f.; Sānū 2006, S. 100 ff.; al-Ḫālid 2009, S. 145 f.; aš-Šarafī 1998, S. 50 f.; al-Barrī 1977, 5. Aufl., S. 77; Ismāʿīl 1998, S. 25 f. und Ẓufr ʿĀlim an-Nadwī 2011, S. 110.

Des Weiteren sprechen etliche Theoretiker vom Fortbestand einer Art des KI nach der Entstehung der *maḏāhib*, auch wenn es sich dabei um eine eingeschränkte Form handle. Hierbei nehmen sie Bezug auf den *iǧtihād*, welcher innerhalb der einzelnen Rechtsschulen ausgeübt wurde. In diesem Zusammenhang wird insbesondere die ḥanafitische Rechtsschule hervorgehoben. Die Aufmerksamkeit der Theoretiker liegt dabei auf Abū Ḥanīfas Vorgehensweise bei der Ermittlung von Rechtsnormen. Letzterer habe für gewöhnlich die Rechtsfälle mit seinen Schülern – beispielsweise Abū Yūsuf und Muḥammad – besprochen und anschließend die rechtlichen Bestimmungen mithilfe der Konsultation und des Meinungsaustausches mit ihnen getroffen.[513] Eine ähnliche Verfahrensweise wird auch dem Imām Mālik oder den Gelehrten der mālikitischen Schule zugeschrieben.[514]

Unter der Regierung der Umayyaden in Andalusien (756–1031) entwickelte sich eine Kollektivierungsform der Rechtsprechung, welche unter der Führung von einem obersten Richter *Qāḍī al-ǧamāʿa* (wörtl. Richter der Gemeinschaft) steht. Letzterer war aber ausschließlich für die Hauptstadt Cordoba zuständig. Zur Beratung stand dem *Qāḍī al-ǧamāʿa*, sowie anderen Verwaltungsämtern wie dem Erbschaftsverwalter, ein „maǧlis aš-šūrā" (Beratungsrat) zur Verfügung, welcher sich aus einer Gruppe von äußerst kompetenten und integren Rechtsgelehrten zusammensetzte. Letztere wurden *mušāwirūn* (Pl. von *mušāwir*, also Berater) genannt (der Inhaber dieser Stelle kann auch als *muftī* bezeichnet werden). Zurecht betont Müller die strikte Einhaltung der mālikitischen Rechtsauffassung durch die Einrichtung dieser Art von bindender *šūrā* bei der Urteilsfindung: „Äußeres Kennzeichen der verstärkten Einbindung der Cordobeser Gerichtsbarkeit in die *šarīʿa*-Auslegung dieser Rechtsschule dürfte die Einführung der verbindlichen Konsultation in Form der *šūrā* sein."[515]

In vielen Fällen erfolgte die Amtseinführung durch den Befehlshaber auf Vorschlag des Richters.[516] Ein Kandidat für die Position des *mušāwir* (*ḫiṭat aš-šūrā*) sollte reich an Kenntnissen sein und mit den zentralen Werken der mālikitischen Schule wie *al-Muwaṭṭaʾ* von Mālik, *al-Mudawwana* von Saḥnūn ibn Saʿīd (gest. 854) und *al-Muḫtaṣar* von Ibn al-Ḥāǧib, vertraut sein. Um die Qualitäten eines Kandidaten festzustellen, musste dieser zunächst einen Prüfungsprozess durchlaufen bzw. bestimmte Kurse – die sogenannten *maǧālis al-muḏākara* – bestehen. Ferner wurde noch vom *Qāḍī al-ǧamāʿa* und anderen Rechtsgelehrten ein mündliches Gutachten über den Kandidaten erstellt, welches dem Staatsführer vorgetragen wurde. Wenn der Kandidat als ausreichend qualifiziert befunden wurde, wurde dieser vom Kalifen oder dem Emir eingesetzt. Darüber hinaus bestand auch die Möglichkeit, dass die

513 Vgl. Abū Layl 1996, Bd. 2, S. 968; Sānū 2006, S. 103 ff.; al-Ḫālid 2009, S. 148 f. und Ismāʿīl 1998, S. 112 ff. Dazu Abū Zahra o. J., S. 337 f.; Ẓufr ʿĀlim an-Nadwī 2011, S. 110 f. und aš-Šāwī 1992, S. 225.

514 Vgl. Ismāʿīl 1998, S. 114 und Abū Layl 1996, Bd. 2, S. 968 f.

515 Müller 1999, S. 151.

516 Vgl. Müller 1999, S. 151 f.

mušāwirūn zu Beratern des Kalifen oder des Emirs gewählt wurden. Unter der Herrschaft von ʿAbd ar-Raḥmān ad-Dāḫil (reg. 756–788) gab es drei Mitglieder des *maǧlis aš-šūrā*. Im Laufe der Zeit bis zur Regentschaft von ʿAbd ar-Raḥmān an-Nāṣir (reg. 912–961) wurde eine Zahl von 16 *mušāwir* erreicht.[517]

Den *mušāwirūn* oblag die Aufgabe, die verschiedenen Gerichtsprozesse, zu denen der *Qāḍī al-ǧamāʿa* sie befragte, zu untersuchen und diesbezüglich ein Rechtsgutachten zu erteilen bzw. ein Urteil vorzuschlagen. Im Falle des Meinungsstreits der *mušāwirūn* konnte der Richter entweder weiter um Rat fragen oder sich für eine der vertretenen Rechtsauffassungen entscheiden. War der Richter indes kein *muǧtahid*, sollte er sich der Ansicht der *mušāwirūn* anschließen. Wenn es aber unter den *mušāwirūn* eine Meinungsverschiedenheit gab, sollte dieser Richter der Ansicht des Rechtsgelehrten, der über das breiteste Wissen verfügte, folgen oder gemäß der *Mudawwana* sich der Mehrheitsmeinung anschließen. Selbst wenn der Richter ein *muǧtahid* war, hatte die Ansicht des *maǧlis aš-šūrā* einen großen Einfluss auf sein Urteil bzw. bezog er sie in seine Urteilsfällung mit ein. Zum einen hatten *mušāwirūn* den Anspruch, mit dem *Qāḍī* bei der Urteilsfindung zu disputieren. Zum anderen konnte der heftige Streit zwischen ihnen und dem Obersten Richter zur Absetzung des *Qāḍī* führen. Ein berühmtes Beispiel ist die Entlassung des Obersten *Qāḍī* Yaḥyā ibn Muʿammar (gest. 229 H). Letzterer hatte eine heftige Auseinandersetzung mit den *mušāwirūn*, vor allem mit Yaḥyā ibn Yaḥyā al-Layṯī (gest. 234/848), weil der Richter ihren Auffassungen und Ratschlägen nur wenig Beachtung schenkte.[518] Zum anderen konnte der *Qāḍī* in einigen Fällen bestimmte Mitglieder vom Beratungsgremium ausschließen. Laut Müller war das Verhältnis zwischen den beiden Seiten von der persönlichen Autorität und dem Einfluss auf den Herrscher abhängig.[519]

In seinem Buch *Dīwān al-aḥkām al-kubrā* sammelt Abū al-Iṣbaġ ʿĪsā ibn Sahl (gest. 486/1093) alle Rechtsfälle, mit denen er während seiner Arbeit im Rechtswesen konfrontiert wurde. Er war zunächst Schriftführer des Richters Abū Zayd ibn al-Ḥašāʾ (von 450/1058 bis 456/1064) in Toledo und arbeitete als Protokollführer bei dem *Qāḍī* Muḥammad ibn Aḥmad ibn Manẓūr in Cordoba, bevor er *mušāwir* wurde und schließlich zum Richter avancierte. In zahlreichen beschriebenen Fällen erwähnt er die Auffassungen der *mušāwirūn* und ihre Diskussion mit dem Richter.[520]

Eine ähnliche Tradition bildete sich fortan im 8./14. Jahrhundert in Nordafrika heraus. Auf diese Entwicklung weist auch David Powers hin:

---

517 Vgl. al-Ḫalaf 2003, Bd. 1, S. 795–830; M. Ḫallāf 1992, S. 321–380 und al-Ḫālid 2009, S. 153–156. Hingegen ist Müller der Überzeugung, dass die Anzahl der *mušāwirūn* zu einem bestimmten Zeitpunkt sich nicht feststellen lässt. Vgl. Müller 1999, S. 152 Fußnote Nr. 288.

518 Vgl. al-Ḫalaf 2003, Bd. 1, S. 284 f.; Müller 1999, S. 153 und M. Ḫallāf 1992, S. 313.

519 Vgl. Müller 1999, S. 154.

520 Abū al-Iṣbaġ ʿĪsā ibn Sahl: *Dīwān al-aḥkām al-kubrā.* Kairo, Dār al-Ḥadīṯ, 1428/2007.

> In the Islamic West, two or three *muftīs* typically were attached to each qāḍī-court as advisors, although in difficult, unusual, or politically sensitive cases, a qāḍī might supplement the authority of his personal advisors by soliciting a *fatwā* from a distinguished local *muftī* or one living elsewhere.[521]

Für viele muslimische Autoren dient dieser Beratungsrat als anschauliche Verkörperung des Prinzips des KI in *Andalus* in einer Zeit, in welcher die Anwendung dieses Prinzips im Osten der islamischen Welt deutlich eingeschränkt gewesen sei.[522]

Zahlreiche spätere Theoretiker, darunter aš-Šarafī, Abū Layl und Sānū, vertreten die Auffassung, dass die Praxis des KI seit der Etablierung der Rechtsschulen, mit Ausnahme der andalusischen Beratungsräte, eine Stagnation erlebt habe. Seitdem mache sich die Tendenz zur Anwendung des individuellen *iǧtihād* bemerkbar und verstärke damit die Abneigung gegen den KI. Dieser Zustand sei bis zu den ersten Aufrufen zur Wiederbelebung des KI in der modernen Zeit bestehen geblieben.[523]

Den langfristigen Verzicht auf die Verwendung und Entwicklung des KI begründet aš-Šāwī mit der Skepsis der Gelehrten, die eine Manipulation und einen Missbrauch der Institutionen des KI durch die Herrscher befürchtet hätten. Eine andere Rechtfertigung gründet auf den Bedenken, dass sich jene Einrichtungen des KI in eine Art theokratische Autorität wandeln könnten.[524] Laut aš-Šarafī liegt der Grund dafür im Glauben, dass diese *iǧtihād*-Form überflüssig sei oder aber in der Furcht vor einer möglichen Behinderung der individuellen Kreativität durch diese kollektive Form. Ferner vermutet aš-Šarafī hinter der ablehnenden Haltung gegenüber dem KI auch die Herrscher als Ursache, welche der Entstehung dieser Art von *iǧtihād*-Institutionen entgegengewirkt hätte, um mögliche gegnerische Richtungen der Regierung einzudämmen.[525]

Darüber hinaus beziehen sich die innerislamischen Diskurse über die Geschichte der Praxis des KI auf die vormoderne Zeit. Hierbei thematisieren einige Schriften die Wiederaufnahme der kollektiven Arbeitsformen in jener Epoche vor allem durch zwei juristische Werke bzw. Normenkataloge, die eine Kollektivierung der Normenfindung und -formulierung im islamischen Recht darstellen sollten. Es geht hier um *Fatāwā hindiyya* oder *ʿālamgīriyya* unter dem Moghulherrscher Awrangzīb ʿĀlamgīr und die *Maǧalla ʿadliyya* aus dem Osmanischen Reich.

al-Fatāwā al-hindiyya

Einen frühen Versuch, eine islamisch-rechtliche Schrift mithilfe einer gemeinschaftlichen Arbeitsform anzufertigen, unternahm der Großmogul von Indien Muḥammad Awrangzīb ʿĀlamgīr (1618–1707). In Verbindung mit seinem Ziel, die Scharia in der

521 Powers 1994, S. 332 f.
522 Vgl. Abū Layl 1996, Bd. 2, S. 969; Abū al-Aǧfān 1996, Bd. 1, S. 519 ff.; al-Ḫālid 2009, S. 153 ff.; aš-Šarafī 1998, S. 51; al-Barrī 1977, 5. Aufl., S. 77 und Ḫallāf o.J., S. 50.
523 Vgl. aš-Šarafī 1998, S. 52; Abū Layl 1996, Bd. 2, S. 969 und Sānū 2006, S. 104 f.
524 Vgl. aš-Šāwī 1992, S. 190, 240 und 244.
525 Vgl. aš-Šarafī 1998, S. 53.

Gesellschaft zu verankern, gab Awrangzīb den Auftrag, eine einheitliche und zugängliche Rechtsquelle auf Basis der in Indien verbreiteten ḥanafitischen Rechtsschule zu erstellen, auf die sich sowohl Richter als auch Rechtsgutachter in ihrer Arbeit stützen könnten. In diesem Zusammenhang betraute Awrangzīb im Jahre 1662 ein Komitee bzw. einen Rat von vierzig hervorragenden indischen Gelehrten (*maǧlis al-fuqahāʾ*) unter der Leitung von Niẓām Burhān Būrī mit dem Auftrag, eine Fatwa-Sammlung gemäß der ḥanafitischen Rechtsschule anzufertigen. Das Projekt beabsichtigte, die dominierende Meinung der ḥanafitischen Schule auf den verschiedenen Rechtsgebieten auszuwählen. Die Ergebnisse wurden in einem mehrbändigen Werk unter dem Namen *al-Fatāwā al-ʿālamgīriyya* oder *al-Fatāwā al-hindiyya* veröffentlicht.[526]

Maǧalla ʿadliyya

Einen weiteren Schritt zur Kodifizierung des islamischen Rechts unternahm das Osmanische Reich. Während der Periode der Tanzimat (1839–1876) erließ das Osmanische Reich einige Gesetze, die hauptsächlich auf westlichen Codes basieren. Anlässlich des zunehmenden Außenhandels des Osmanischen Reichs im 19. Jahrhundert, dessen Geschäfte besondere Vorschriften erforderten, erließ das Reich ein Handelsgesetz (1850 und überarbeitet es 1860). Außerdem hatte die osmanische Regierung zu diesem Zweck (gemischte) Handelsgerichte gegründet. Im Falle von Fragen bzw. Prozessen, die durch das Handelsgesetz nicht eingeordnet werden konnten, sollte auf das Grundgesetz, nämlich die Rechtsnormen der ḥanafitischen Schule, referiert werden. Allerdings kam eine Problematik zum Vorschein, die darin bestand, dass die Richter dieser Gerichte mit der Ermittlung der scharia-rechtlichen Normen nicht vertraut waren, vornehmlich im Falle der ḥanafitischen Schule, die durch eine interne Pluralität von Rechtsauffassungen gekennzeichnet ist. So entstand der Bedarf an einer leicht zugänglichen Sammlung der *muʿāmalāt* (zwischenmenschliche Rechtsverhältnisse) in Form eines Zivilgesetzbuches. Zeitgleich äußerte eine Gruppe von Gelehrten unter Leitung von Ahmed Cevdet Pascha ihre Unzufriedenheit gegenüber der zunehmenden Neigung der Regierung, die westliche Ideologie zu übernehmen, und schlug die Abfassung dieses Gesetzbuches mit islamischem Inhalt vor. Daraufhin entschied die osmanische Regierung im Jahre 1869, eine Kommission von sieben Juristen unter der Führung des Justizministers Ahmed Cevdet Pascha zu bilden, mit dem Ziel, einen Kodex zu den *muʿāmalāt* auszuarbeiten. Die Arbeit daran erstreckte sich über sieben Jahre und die Gesetzessammlung, die aus 1851 Paragraphen besteht, wurde im Jahre 1876 unter dem Titel *Maǧalla ʿadliyya* in Kraft gesetzt.[527]

> Inhaltlich verkörpert die *Maǧalla* in großen Teilen die herrschende Meinung innerhalb der hanafitischen Rechtsschule, wobei in einigen Fällen auf die Bedürfnisse des Zeitalters Rücksicht genommen wurde und deswegen auch Mindermeinungen, Rechtspositionen anderer Rechtsschulen oder Gewohnheitsrechtliches Aufnahme fanden.[528]

---

526 Vgl. az-Zarqā 1998, S. 236 f.; Niẓām 2000, Bd. 1, S. 3 f. und Rohe 2009, S. 74.
527 Vgl. az-Zarqā 1998, S. 238 f.; Hasan 2003, S. 30 f. und Krawietz 2002, S. 81.
528 Krawietz 2002, S. 81.

Hierbei gilt die *Maǧalla* als Umwandlungsansatz in eine kollektive Kodifikation: "In the process, a key dimension of interpretive authority passed from the hands of individual jurists, including muftis, to the collective bodies of national legislatures".[529]

Diese beiden Fälle wurden indes unterschiedlich betrachtet. In diesem Kontext unterscheidet Kamāl ad-Dīn Imām zwischen der *tadwīn ǧamāʿī* (wie *al-Fatāwā hindiyya* und *Maǧalla ʿadliyya*) und dem KI. Für ihn ist die erste Form eine gemeinsame Fixierung oder Erstellung einer Normensammlung, welche sich ausschließlich innerhalb einer einzigen Rechtsschule bewegt, während der KI mehr Raum zur Ermittlung von Rechtsnormen biete. Ein weiterer Unterschied liegt laut Imām darin, dass *tadwīn ǧamāʿī* sich ausschließlich mit vormals behandelten Fragen befasst. Hingegen lege der KI den Fokus vor allem auf neu auftauchende Angelegenheiten.[530] Auch die Rechtsenzyklopädie *Mawsūʿa fiqhiyya* aus Kuwait bezeichnet *al-Fatāwā hindiyya* und *Maǧalla ʿadliyya* sowie diese gesamte Art der Rechtsenzyklopädien als *tadwīn ǧamāʿī*.[531] Demgegenüber ist al-Ḫālid der Ansicht, dass beide Werke als KI in begrenzter und spezieller Form betrachtet werden könnten. Die Begrenztheit begründet al-Ḫālid damit, dass die Arbeit in beiden Werken grundsätzlich in Form einer niedrigen Stufe des *iǧtihād* erfolge, nämlich *tarǧīḥ* oder in einigen Fragen *taḫrīǧ*. Die Bewertung der *Fatāwā hindiyya* und *Maǧalla* als spezielle Form des KI ergibt sich, so al-Ḫālid, daraus, dass die *iǧtihād*-Arbeit sich hauptsächlich auf die ḥanafitische Schule beschränke, selbst wenn die *Maǧalla* in etlichen Fällen von der ḥanafitischen Rechtsschule abweiche.[532] Hierbei hebt Aznan Hasan hervor, dass die Arbeit der *Maǧalla*-Kommission einen Ausgangspunkt für die Entwicklung des KI als neue *iǧtihād*-Methode bilde, auch wenn die Idee des KI damals noch nicht entwickelt worden sei.[533]

Es ist anzumerken, dass alle vorgeschlagene Kollektivierungsformen – mit Ausnahme der kollektiven Vorgehensweise von Abū Ḥanīfa mit seinen Schülern zur Ermittlung rechtlicher Normen – immer mit der Unterstützung des Staats verbunden waren. Dies betrifft zunächst die Einführung und die Förderung dieser *iǧtihād*-Form durch den Propheten als Staatsführer, die Fürsprache der rechtgeleiteten Kalifen des *iǧtihād* auf Basis der Beratung und die spätere Fortsetzung dieser Art des *iǧtihād* durch ʿUmar ibn ʿAbd al-ʿAzīz als Gouverneur der Medina sowie die umayyadische Herrschaft in Andalusien. Die Verbindung mit der staatlichen Förderung zeigte sich auch in jüngeren Zeiten, wie bei der Erstellung der *Fatāwā ʿālamgīriyya* und der *Maǧalla ʿadliyya*. Dieses in der Geschichte augenscheinliche Verhältnis wird noch bei der Analyse der Rechtsakademien des KI im folgenden Teil dieser Arbeit deutlich werden.

529 Masud, Messick und Powers 1996, S. 27.

530 Vgl. Imām 1996, Bd. 2., S. 1046.

531 Vgl. *al-Mawsūʿa al-fiqhiyya* 1992, Bd. 1, S. 51.

532 Vgl. al-Ḫālid 2009, S. 166–170.

533 Vgl. Hasan 2003, S. 31.

4.3.3 Schlussbemerkung zur Legitimation des kollektiven *iǧtihād*

Aus der obigen Darlegung der verschiedenen Grundlagen zur Legitimierung der Anwendung des KI resultiert, dass die von modernen Gelehrten veränderte Konzeption der Prinzipien *iǧtihād*, *iǧmāʿ* und *šūrā*, sowie ihre Position gegenüber den verschiedenen Rechtsschulen eine wesentliche Rolle dabei spielte, die Akzeptanz der Idee des KI zu verbreiten. Zunächst setzten sie sich dafür ein, die Gesellschaft von der Fortsetzung und Öffnung des Tores zum *iǧtihād* zu überzeugen. Dazu präsentierten sie den *iǧtihād* als unabdingliche und effektive Methode, welche es dem islamischen Normensystem ermöglicht, sich an die zahlreichen Neuerungen der modernen Gesellschaft anzupassen und Lösungen für neu auftauchende Probleme zu finden. Außerdem bot die Tendenz der modernen Autoren zur Institutionalisierung und Teilbarkeit des *iǧtihād* gute Voraussetzungen sowohl für die Praxis des (individuellen) *iǧtihād* als auch für die kollektive Teilnahme am *iǧtihād*-Prozess.

Ebenso half die zunehmende Aversion gegen die Verwirklichung des *iǧmāʿ* unter den traditionellen Bedingungen dabei, die Barriere für die Anwendung des (kollektiven) *iǧtihād* zu beseitigen. Damit ist eine große Zahl von angeblichen *iǧmāʿ*-Entscheidungen gemeint, welche in der klassischen Rechtsliteratur verbreitet wurde. Derartige Entscheidungen halten viele jüngere Intellektuelle jedoch für unzutreffend. Auf diese Art und Weise gewährten sie einerseits der Anwendung des (kollektiven) *iǧtihād* größeren Raum. Dies betrifft nicht nur die neu auftretenden Rechtsfälle, sondern auch viele alte umstrittene Fragen oder jene, über die irrtümlicherweise, nach der Auffassung der modernen Autoren, ein Konsens bestand. Andererseits konnten sie damit die *iǧmāʿ*-Behauptungen entkräften, welche die traditionellen Gelehrten gegen viele Gegenmeinungen bzw. *iǧtihād*-Versuche stets hervorhoben. Somit haben die modernen Gelehrten die Möglichkeit, aus einem größeren Spektrum an Ansichten auszuwählen und Auffassungen zu übernehmen, welche von unzutreffenden *iǧmāʿ*-Beschlüssen abweichen. Darüber hinaus kann die Auffassung einer möglichen Realisierung des *iǧmāʿ* in Form des KI nicht nur zur Stützung des KI auf den *iǧmāʿ* beitragen, sondern auch dazu, dass der KI die Stelle des *iǧmāʿ* als dritte Rechtsquelle einnimmt oder zumindest eine ähnliche Autorität erlangt. Infolgedessen und begünstigt durch die Tendenz zur Institutionalisierung des *iǧmāʿ* kann ein Beitrag dazu geleistet werden, dass der KI in den Bereich der Kodifikation und Gesetzgebung integriert wird.

Außerdem unterstützt die enge Verbindung mit der (rechtlichen) *šūrā* die Verwurzelung des KI. Die modernen islamischen Denker präsentieren den KI als Verkörperung bzw. Wiederbelebung der *šūrā*, eines der wichtigsten islamischen Prinzipien, das häufig in den ersten drei Jahrhunderten der islamischen Geschichte, welche als Ära der frommen Vorfahren (*as-salaf aṣ-ṣāliḥ*) bezeichnet wird, zum Einsatz kam. Folglich werden die Lebensprinzipien und die Praxis dieser Epoche von vielen Muslimen als vorbildlich angesehen.

Ein weiterer günstiger Faktor für den KI ist die gleiche Anerkennung von sunnitischen und nicht-sunnitischen *maḏāhib*, weil dadurch aus einer größeren Auswahl an Bestimmungen und Auffassungen der verschiedenen Rechtsschulen jene ausgewählt wird, die sich als zu den neuen Umständen am geeignetsten erweist. Gleichzeitig ermöglicht dies dem KI, Sympathisanten außerhalb der sunnitischen Strömung für sich zu gewinnen.

Was die Legitimation des KI basierend auf den Rechtsquellen angeht, so sprechen sich die Koranverse 4:59, 3:110, 3:104 und 59:2 allgemein für Zusammenarbeit und Solidarität aus. Diese Verse können mehr oder weniger auf verschiedene Lebensbereiche bezogen werden, darunter auf die juristischen Fragen bzw. die Normenermittlung. Allerdings können diese nicht als direkter Hinweis auf den KI gedeutet werden. Von größerer Aussagekraft sind die zwei *šūrā*-Verse (3:159 und 42:38). Als definitiver Beweis für die Legitimation des KI können jedoch auch diese nicht fungieren. Für die Legitimierung des KI dienen vornehmlich die vorgebrachten praktischen Fälle als die elementarste Basis. Viele Verfechter des KI stützen sich maßgeblich auf diese kollektiven *šūrā*-Fälle, vor allem jene in der prophetischen Epoche – deren Überlieferungen eine höhere Glaubwürdigkeit als die der anderen Hadithe besitzen[534]– und in der Zeit der rechtgeleiteten Kalifen, um zu beweisen, dass der KI die Urform in der Musterzeit darstellt. Auf die Unterschiede zwischen diesen Fällen und dem modernen KI wurde bereits zuvor hingewiesen. Der wesentliche Unterschied besteht im Entscheidungsrecht. Während es sich beim modernen *iǧtihād ǧamāʿī* um ein kollektives Entscheidungsrecht aller beteiligten Gelehrten handelt, wurde dieses Recht in den früheren Fällen einer einzigen Person, nämlich dem Propheten oder dem Kalifen, eingeräumt.

4.4 Meinungspluralismus und *iǧtihād*-Freiheit

Thomas Bauer betrachtet das islamische Recht als Beispiel für kulturelle Ambiguität, welche durch die gleichzeitige Existenz verschiedener und sogar gegensätzlicher Diskurse gekennzeichnet ist. Dennoch haben diese „jeweils gleichzeitig innerhalb des Subsystems normsetzende Kraft."[535] Ein elementares Charakteristikum für diese Beurteilung sei die Akzeptanz und Gültigkeit unterschiedlicher Deutungen der religiösen Texte, auf die sich das islamische Recht grundsätzlich stützt. Daraus ergibt sich folgende Schlussfolgerung: „Angesichts dieser Grundlagen erscheint die Meinungsverschiedenheit nicht mehr als Übel, das vermieden werden soll, sondern als Bestandteil des Systems".[536] Nach Bauer konnte dieses System die Sicherheit des Rechts in der islamischen Welt über viele Jahrhunderte

534 Es gibt indes, wie zuvor erwähnt, einen Meinungsstreit unter muslimischen Gelehrten darüber, ob dem Propheten die Anwendung des *iǧtihād* oder der *šūrā* im rechtlichen Bereich erlaubt war. Vgl. al-Māwardī 1994, Bd. 16, S. 48 und al-Ǧaṣṣāṣ 1992, Bd. 2, S. 330. Zur Frage über den *iǧtihād* des Propheten in rechtlichen bzw. religiösen Angelegenheiten: Poya 2003, S. 52–55; al-Āmidī 2003, Bd. 4, S. 398–407; az-Zarkašī 1992, 2. Aufl., Bd. 6, S. 214–219 und aš-Šawkānī 2000, Bd. 2, S. 1046–1049.

535 Bauer 2011, S. 42.

536 Bauer 2011, S. 45. Dazu Poya 2003, S. 11 ff.

hinweg gewährleisten. In der Moderne habe sich hingegen die Tendenz zu einer totalitären Haltung entwickelt, entsprechend welcher nur eine einzige Deutung Gültigkeit besitze.[537]

Der Hauptgrund, der hinter der Diversität und Pluralität der Rechtsauffassungen in der klassischen Zeit steht, ist der *iǧtihād*, welcher den Gelehrten das Recht zugesteht, eine Gegenmeinung zu vertreten. Dieses Prinzip gilt heute wie auch damals als Garantie für Meinungspluralismus im islamischen Recht. Die in der vormodernen Zeit verbreitete Auffassung von der Schließung des Tors zum *iǧtihād* sollte diese *iǧtihād*-Freiheit einschränken.[538]

Unter Berücksichtigung dieser Tatsache ist die Aufforderung zur Fortsetzung der *iǧtihād*-Praxis als ein wesentliches Ziel der Anhänger des KI zu verstehen. Überdies bildete die kollektive Form des *iǧtihād* für viele ihrer Wegbereiter, wie al-Bānī, Ḫallāf, az-Zarqā und Šalabī, eine Sicherheit für die Fortsetzung des *iǧtihād* auf eine Art und Weise, welche die potenziellen Gefahren des individuellen *iǧtihād* zu vermeiden oder zumindest zu vermindern ermöglicht.[539] Somit konnte der KI einen entscheidenden Beitrag zur erneuten Öffnung des Tors zum *iǧtihād* als Weg zu pluralistischen Rechtsauffassungen und Interpretationen leisten. Diese Tatsache war eine der wichtigsten Motivationen hinter vielen Aufrufen zum KI und zeigte sich deutlich im ersten Beschluss der Azhar-Akademie, als erste Institution dieser Art von Gremien des KI. Darüber hinaus stellen die Verfechter des KI fest, dass die Ergebnisse des KI verglichen mit jenen des individuellen sicherer und genauer sind. Ferner fordern einige Autoren, wie al-Bānī, Ḫallāf, az-Zarqā und Šalabī, zur Distanzierung vom individuellen *iǧtihād* und stattdessen zu einer Hinwendung zur kollektiven Form auf.[540]

Hierbei stellt sich die Frage, ob der KI den Gelehrten die individuelle Freiheit, den *iǧtihād* zu praktizieren sowie ihre Meinungsfreiheit entzieht bzw. einschränkt oder nicht. Mit anderen Worten, ist es möglich, dass der KI, der als Ausweg aus der Totalität und als Instrument zur Wiederbelebung des *iǧtihād* gilt, nun selbst wieder die Schließung des Tors zum *iǧtihād* zur Folge hat oder zumindest das Recht auf *iǧtihād* auf eine Gruppe, und zwar die Mitglieder der Gremien des KI, beschränkt?

Der vorliegende Abschnitt geht dieser Fragen in zweierlei Hinsicht auf den Grund, nämlich einerseits der Frage, inwieweit ein interner Meinungspluralismus und *iǧtihād*-Freiheit, d. h. innerhalb der Institutionen des KI, gewährleistet ist und andererseits der Frage, in welchem Maße externer Meinungspluralismus und *iǧtihād*-Freiheit gegenüber anderen Institutionen und einzelnen Gelehrten möglich ist.

537 Vgl. Bauer 2011, S. 45 und 52 und Hallaq 2001, S. 125 f.
538 Vgl. Poya 2003, S. 123 f. und Hallaq 2001, S. 125.
539 Siehe das Unterkapitel „3.3.5.6".
540 Siehe das Unterkapitel „3.3.5.6".

4.4.1 Der externe Meinungspluralismus und *iǧtihād*-Freiheit

Unter diesem Punkt wird die Frage thematisiert werden, inwieweit der KI für Meinungspluralismus und *iǧtihād* -Freiheit förderlich ist. Anders gesagt geht es darum, ob der KI abweichende Ansichten oder Gegenmeinungen von anderen Fiqh-Institutionen oder individuellen Gelehrten zulässt oder nicht. Die Auseinandersetzung der muslimischen Autoren mit dieser Problematik manifestiert sich hauptsächlich in ihren Diskursen über die *ḥuǧǧiyya* des KI. Darüber hinaus spielt die Auffassung einiger Autoren, dass mithilfe des KI – verglichen mit dem Individuellen – genauere Ergebnisse hervorgebracht werden können, für diese Diskussion eine elementare Rolle.

4.4.1.1 *Ḥuǧǧiyyat* des kollektiven *iǧtihād* (Bindungswirkung)

Mit dem Begriff „*ḥuǧǧiyya*" wird die Frage nach der Beweiskraft des KI zusammengefasst. Hierbei geht es um die Beurteilung des Verbindlichkeitsgrads der Rechtsnormen, die durch den KI erlassen werden, sowohl für Gelehrte, die nicht am *iǧtihād*-Prozess beteiligt waren, als auch für die Öffentlichkeit. Für die Auseinandersetzung mit diesem Themenbereich ist es unabdingbar, vorab auf den Verbindlichkeitsgrad des (individuellen) *iǧtihād* und des *iǧmāʿ* einzugehen.

In Bezug auf die Ergebnisse des (individuellen) *iǧtihād* besteht sowohl unter den älteren als auch modernen Autoren ein Konsens darüber, dass die mittels des *iǧtihād* ermittelten Normen nicht bindend seien. Die *iǧtihād*-Ergebnisse gelten als Rechtsgutachten oder Lehrmeinungen. Somit bleibt die Möglichkeit für weitere *iǧtihād*-Aktivitäten offen, was wiederum bedeutet, dass sich noch abweichende Auffassungen herausbilden können. Was die Laien betrifft, so stehe ihnen die Auswahl zwischen den Resultaten der verschiedenen *iǧtihād*-Arbeiten bzw. Fatwas offen. Fällt jedoch ein Richter ein Urteil basierend auf einem *iǧtihād*, sei dieses für den betroffenen Laien verbindlich.[541] Dies betrifft die zwischenmenschlichen Rechtsverhältnisse (*muʿāmalāt*), die den Gegenstand des Richteramtes bilden. Hingegen sei ein Laie im Bereich der *ʿibādāt* (die den Gottesdienst betreffenden Fragen) zur Einhaltung einer *iǧtihād*-Entscheidung nicht verpflichtet. Es sollte noch darauf hingewiesen werden, dass jeder *muǧtahid* die Ergebnisse seines eigenen *iǧtihād* einzuhalten hat. Darüber besteht eine Art Konsens in der *uṣūl*-Literatur.[542]

Was den *iǧmāʿ* angeht, so herrscht die Ansicht, ihn als definitives Argument (*ḥuǧǧa qaṭʿiyya*) zu betrachten. Wenn ein Konsens über eine Frage zustande kommt, dürften keine weiteren *iǧtihād*-Versuche unternommen werden und eine Gegenmeinung werde nicht berücksichtigt. Dementsprechend seien die Laien dazu ver-

541 Vgl. Ibn al-Qayyim 1423 H, Bd. 2, S. 73; al-Āmidī 2003, Bd. 4, S. 245 f; Ḥasaballāh 1971, 4. Aufl., S. 105 f.; *al-Mawsūʿa al-fiqhiyya* 1995, Bd. 32, S. 21 und al-ʿUmarī 1986, 3. Aufl., S. 47.

542 Vgl. al-Ġazālī 1997, Bd. 2, S. 457; Ibn al-Ḥāǧib 2006, Bd. 1, S. 234 f.und aš-Šarafī 1998, S. 93.

pflichtet, den *iǧmāʿ*-Entscheidungen in ihren Alltagsfragen bzw. *ʿibādāt* Folge zu leisten.[543] Ferner müsse ein Richter, nach traditioneller juristischer Auffassung, als *muǧtahid* jene *iǧmāʿ*-Beschlüsse bei seiner Urteilsfällung berücksichtigen. Folglich ist solch eine Entscheidung für beide Prozessparteien verbindlich.[544]

Der wesentliche Unterschied zwischen beiden Doktrinen liegt zum einen in der Eröffnung oder dem Ausschluss der Möglichkeit einer weiteren *iǧtihād*-Praxis seitens der Rechtsgelehrten. Zum anderen bildet die Verbindlichkeit der ermittelten Entscheidungen für die Laien eine weitere Differenz. Erwähnenswert ist zudem die unterschiedliche Auswirkung beider Prinzipien auf die Legislative bzw. den Urteilsspruch eines Richters. Während Letzterer zu den *iǧtihād*-Resultaten nicht verpflichtet ist, muss er die *iǧmāʿ*-Entscheidungen einhalten.

Hinsichtlich der Festlegung eines Verbindlichkeitsgrades oder der Autorität des KI besteht unter den Theoretikern und Autoren keine Einigkeit. In diesem Kontext lassen sich die verschiedenen Meinungen in drei Positionen untergliedern, die jeweils von einer anderen Konzeption des KI abhängen.

Die erste Gruppe findet im KI einen in der Praxis verwirklichbaren Ersatz für den traditionellen *iǧmāʿ* – dessen Bildung unmöglich sei – als dritte Rechtsquelle. Für sie existieren zwei Formen des *iǧmāʿ*. Die erste Form bestehe im Konsens aller *muǧtahids* der Umma in ihrer Gänze. Diese Art beziehe sich nur auf eine begrenzte Anzahl von Fragen, welche die grundlegenden Kenntnisse der Religion (*al-maʿlūm min ad-dīn bi-ḍ-ḍarūra*) betreffen. Diese Form des *iǧmāʿ* diene als definitives Argument und sei zeitlos bindend. Die zweite Form des *iǧmāʿ* sei eine Übereinstimmung, die nicht durch alle *muǧtahids* zustande komme. Hierbei handle es sich um einen Typus des *iǧmāʿ*, der in jeder Zeit realisiert werden könne. Allerdings habe er lediglich eine zeitgebundene Autorität, d.h. seine Gültigkeit sei auf eine bestimmte Dauer (und in einigen Fällen auch auf einen bestimmten Ort) begrenzt und könne später durch eine neue Übereinkunft substituiert werden. Diese Form entspreche dem KI. Außerdem betrachten die Vertreter dieser Auffassung die überlieferten *iǧmāʿ*-Entscheidungen – mit wenigen Ausnahmen – im Grunde als *iǧtihād ǧamāʿī*. Daher könne dem KI auch der verbindliche Charakter des *iǧmāʿ* zugesprochen werden. Ebenso könne diese kollektive Art des *iǧtihād* bei der Gesetzgebung den Platz des alten *iǧmāʿ* einnehmen. Zu den Verfechtern dieser Richtung gehören beispielsweise Riḍā, Iqbāl, Šaltūt, Ḥasaballāh, al-Barrī, al-Qāsim und Abū Fāris.[545] Aus diesem Grund legt Abū Fāris fest, dass die Resultate des KI für die Gegner bzw. für diejenigen, die nicht am Vorgang des KI beteiligt waren, verbindlich seien, solange es um Fragen öffentlicher Natur geht.

543 Vgl. az-Zuḥaylī 1986, Bd. 1, S. 538 f. und 549 f.; al-Barrī 1977, 5. Aufl., S. 70 ff.
544 Vgl. *al-Mawsūʿa al-fiqhiyya* 1995, Bd. 32, S. 239 und Schneider 1990, S. 99.
545 Vgl. Riḍā 1328 H, Bd. 5, S. 187, 201 und 211; Zaman 2012, S. 53; Šaltūt 1985, 13. Aufl., S. 542–546; al-Barrī 1977, 5. Aufl., S. 75 f.; Ḥasaballāh 1971, 4. Aufl., S. 119 f.; al-Qāsim 1996, Bd. 2, S. 913–916 und Abū Fāris 1989, Bd. 3, S. 1010 ff. Dazu Krawietz 2002, S. 189.

Falls jedoch individuelle Angelegenheiten betroffen sind, sei einer Meinungsverschiedenheit nichts entgegenzusetzen.[546] Im Vergleich dazu diskutiert Sānū die Verkörperung des *iǧmāʿ* durch den KI aus einer anderen Perspektive. Wie oben erwähnt, unterteilt er die Anwendung des KI in die Bereiche national, regional und international. Er fordert, dass an der Praxis des KI auf nationaler Ebene alle in einem Land lebenden *muǧtahids* durch jedes beliebige Kommunikationsmittel direkt am *iǧtihād*-Vorgang teilnehmen sollten. Die regionalen und internationalen Institutionen des KI sollten aus Vertretern der nationalen Institutionen bestehen. Falls die beteiligten *muǧtahids* eine einhellige Entscheidung treffen, gelte diese als *iǧmāʿ*, habe eine definitive Beweiskraft und sei sowohl für *muǧtahids* als auch für Laien verbindlich. Wenn sie jedoch zu zwei verschiedenen Meinungen kommen, gäbe es zwei Möglichkeiten. Schadet die Gültigkeit beider Positionen dem Gemeinwohl der Gesellschaft (*maṣlaḥa*), so solle das Urteil der Mehrheit bevorzugt werden; anderenfalls stehe einer Anerkennung beider Auffassungen nichts im Wege.[547] Fragen, wie jene, wem das Recht zu urteilen zusteht und welches Verfahren das Gemeinwohl der Gesellschaft berücksichtigt, lässt Sānū offen.

Einen Schritt weiter gehen diejenigen, die eine größere Effektivität der Arbeitsresultate der Akademien anstreben. Für sie ist eine Verbindlichkeit der Beschlüsse der Institutionen des KI – es geht hier hauptsächlich um die IIFA – unabdingbar[548] und sie sprechen sich dafür aus, jene Arbeitsresultate möglicherweise als Quelle für die Gesetzgebung zu verwenden.[549] Einige Verfechter dieser Richtung relativieren ihren Standpunkt dadurch, dass sie die Verbindlichkeit auf Entscheidungen bzw. Rechtsauffassungen beschränken, die einstimmig von den verschiedenen Rechtsakademien getroffen worden sind. Falls aber die Akademien zu unterschiedlichen Entscheidungen kommen, solle eine Konferenz stattfinden, an der Vertreter der Rechtsakademien sich beteiligen sollten, um diese umstrittene Frage erneut zu untersuchen. Werde eine Übereinkunft herbeigeführt, solle die getroffene Entscheidung als verbindlich angesehen werden. Ansonsten entscheide sich jede Gesellschaft für die Meinung, welche ihrem Gemeinwohl entspricht.[550] Eine andere Möglichkeit, um sich von dem Meinungsstreit der Rechtsakademien zu distanzieren, bietet das syrische Mitglied der IIFA, ʿAbd al-Laṭīf al-Farfūr, an. Für ihn soll in einem solchen Fall die Auffassung der IIFA als ausschlaggebend betrachtet werden, sofern diese von den Mitgliedern einmütig getroffen wurde. Sei hingegen diese Entscheidung nur mehrheitlich gefasst worden, so werde diese Meinung mit den Ansichten der anderen Rechtsakademien gleichgestellt. Die Autorität der IIFA begründet al-Farfūr dadurch, dass in dieser Akademie die verschiedenen islamischen Länder und *maḏāhib* vertreten seien. Zur

546 Vgl. Abū Fāris 1989, Bd. 3, S. 1010.
547 Vgl. Sānū 2006, S. 55 ff. und 131–141.
548 Vgl. al-Ḫālid 2009, S. 404 ff.; al-Qāsim 1996, Bd. 2, S. 915 f. und Abū Fāris 1989, Bd. 3, S. 1010 ff.
549 Vgl. Bā-Buhūn 2006, S. 216; Faraḥāt 1996, Bd. 1, S. 134 und 168; und *Nadwa* 1996, Bd. 2, S. 1080.
550 Vgl. aš-Šāḏilī 1996, Bd. 2, S. 898 f. Ähnlich auch Sānū 2006, S. 55 ff. und 131–141.

Verwirklichung dieser Vorstellung fordert al-Farfūr, dass alle Rechtsakademien der OIC untergeordnet werden sollten.[551] Die Bindung an die Resolutionen der IIFA wurde auch von dem Experten der Akademie, dem saudischen Muḥammad aṣ-Ṣāliḥ, bejaht.[552]

Entsprechend der zweiten Position repräsentiert der KI keine Form des *iǧmāʿ*, sondern ein eigenständiges rechtstheoretisches Konzept. Dieses habe eine präsumtive Beweiskraft, während der *iǧmāʿ* eine definitive habe. Für die Befürworter dieser Ansicht steht die Beweisfähigkeit des *iǧtihād ǧamāʿī* auf einer Mittelstufe, welche zwar höher als die des *iǧtihād fardī*, aber niedriger als die des *iǧmāʿ* sei. Infolgedessen gehen sie davon aus, dass die Ergebnisse des KI weder für die an ihm nicht beteiligten Gelehrten noch für Laien eine Verbindlichkeit haben. Auf diese Weise wollen sie weitere *iǧtihād*-Versuche ermöglichen bzw. für Gegenmeinungen offen sein. Eine Bindung an die Entscheidung des KI könne lediglich durch Erlassung einer Verordnung von der Staatsführung herbeigeführt werden. Eine andere Möglichkeit bestünde darin, die Öffentlichkeit über die Ergebnisse des KI abstimmen zu lassen. Diese Auffassung wird von vielen Autoren wie z. B. az-Zuḥaylī, aš-Šarafī, aš-Šāwī, Bā Bakr al-Ḥasan, al-ʿAṭṭār und al-Ḫālid vertreten.[553] Laut Maḥmūd Qāsim bilden der individuelle *iǧtihād*, der KI und der Konsens drei unterschiedliche Stufen der Festlegung einer Scharia-Bestimmung. Anfänglich werde der *iǧtihād* durch einzelne Gelehrte praktiziert, und wenn mehrere Muǧtahids dieselbe Auffassung vertreten, komme ein KI zustande. Falls auch noch die übrigen *muǧtahids* die gleiche Ansicht vertreten, werde ein Konsens gebildet.[554]

Bei der dritten Klassifizierung des KI wird entweder eindeutig auf eine Gleichstellung des KI mit der individuellen Form des *iǧtihād* hingewiesen oder diese impliziert. In diesem Kontext akzentuiert Kamāl ad-Dīn Imām, dass der KI nichts anderes als eine Beratung auf juristischer Ebene sei. Obwohl die Fehlbarkeit des KI im Vergleich zum *iǧtihād fardī* geringer sei, seien beide Methoden hinsichtlich der *ḥuǧǧiyya* gleich. Außerdem betont er, dass die Resultate des KI bloß als eine Lehrmeinung oder ein Rechtsgutachten und nicht als eine Art von Kodifikation gelten sollten.[555] Aus der Darstellung Abū Layls über die Beweisfähigkeit der kollektiven Form des *iǧtihād* kristallisiert sich eine ähnliche Vorstellung heraus. Für ihn dient der KI als Methode zur Normenfindung. Führt eine mithilfe des KI ermittelte Bestimmung eine Einigkeit aller *muǧtahids* herbei, werde diese als eindeutiger (oder stillschweigender) *iǧmāʿ* angesehen und verfüge infolgedessen über eine definitive Beweisfähigkeit und Verbindlichkeit. Falls indes unter den *muǧtahids* keine Einstimmigkeit herrscht, hält Abū Layl diese nicht für bindend. Außerdem hätten die nicht

551 Vgl. al-Farfūr 2012, S. 37 ff.

552 Vgl. aṣ-Ṣāliḥ 2012, S. 48.

553 Vgl. az-Zuḥaylī 2009, S. 9 f., aš-Šarafī 1998, S. 104 ff., aš-Šāwī 1992, S. 189 ff. und 242; al-Ḫālid 2009, S. 236–239 und Hasan 2003, S. 35 f.

554 Vgl. Qāsim 1996, Bd. 2, S. 904.

555 Vgl. Imām 1996, Bd. 2, S. 1043–1047.

am *iǧtihād*-Prozess beteiligten Rechtswissenschaftler den Anspruch darauf, einen weiteren *iǧtihād* zu praktizieren und zu anderen Entscheidungen zu kommen.[556]

Bei der Festlegung des Verbindlichkeitsgrades des *iǧtihād ǧamāʿī* spiegelt sich noch einmal das Verschwimmen der Identität dieses Prinzips im Denken vieler Theoretiker wider, indem sie den KI mit dem Konsens oder dem individuellen *iǧtihād* gleichsetzen oder diese zumindest als vergleichbar halten. Die Mehrheit der ersten Wegbereiter – wie Riḍā, Iqbāl und Šaltūt – spricht vom KI als eine Substitution des unrealisierbaren klassischen *iǧmāʿ* und von der Absicht, ihm eine mit jener des *iǧmāʿ* vergleichbaren Autorität einzuräumen, die jedoch im Vergleich mit dem *iǧmāʿ* zeitlich (und räumlich) gebunden sei. Somit lassen sich beide Termini miteinander verquicken, obwohl es, wie bereits erwähnt, viele Unterschiede zwischen beiden Doktrinen gibt.[557] Die Aussage, dass die Ergebnisse des KI verbindlich seien, schließt für die Mehrheit der Gelehrten das Tor zum *iǧtihād*. Somit bleibt es lediglich für eine begrenzte Zahl von Gelehrten, und zwar für die Angehörigen der Institutionen des KI, offen und führt folglich zu einer Einschränkung des Meinungspluralismus. Außerdem verstößt diese Vorstellung gegen ein wesentliches Charakteristikum des KI im Vergleich mit dem *iǧmāʿ*, nämlich gegen das Moment der Revidierungserlaubnis.

Hingegen setzen wenige Autoren wie Imām und Abū Layl die Beweisfähigkeit des KI mit der des *iǧtihād fardī* gleich. Dadurch verlieren die oben dargestellten Vorteile,[558] welche es dem KI ermöglichen, eine höhere Beweiskraft zu erreichen, ihre Bedeutung. Ebenso lässt diese Auffassung die kollektive und interdisziplinäre Arbeit, auf welcher die Ermittlung einer Rechtsnorm durch den *iǧtihād ǧamāʿī* beruht, sinnlos erscheinen.

Realistischer ist hingegen der dritte Standpunkt, welcher ihn als eigenständiges Prinzip betrachtet und den Differenzen zwischen dem KI, dem *iǧmāʿ* und dem individuellen *iǧtihād* Rechnung trägt. Dementsprechend steht die Beweiskraft des *iǧtihād ǧamāʿī* auf einer Mittelstufe, welche zwar höher als die des individuellen *iǧtihād*, jedoch niedriger als jene des *iǧmāʿ* ist. Auf diese Art und Weise besteht keine zwingende Verbindlichkeit für die anderen Gelehrten und Fiqh-Institutionen – wie im Falle des *iǧmāʿ* – und das Tor für weitere *iǧtihād*-Versuche oder Gegenmeinungen bleibt offen.

4.4.1.2 Die Auffassung einer größeren Wahrscheinlichkeit des kollektiven *iǧtihād*

Ein wichtiger Ausgangspunkt, mit welchem viele Verfechter des KI die Anwendung dieser *iǧtihād*-Form rechtfertigen, ist, dass die auf Letzterem basierenden Ergebnisse gegenüber jenen einzelner Gelehrten „*aqrab ilā aṣ-ṣawāb*" (der Richtigkeit näherstehen) oder „*akṯar diqqa*" (adäquater) sind.[559] Den beanspruchten höheren

556 Vgl. Abū Layl 1996, Bd. 2, S. 990 ff.
557 Siehe Unterkapitel „4.2.2".
558 Siehe Unterkapitel „4.2.1".
559 Siehe Unterkapitel „4.2.2".

Wahrscheinlichkeitsgrad der Ergebnisse des KI begründen die Verfechter dieser Auffassung damit, dass die Entscheidungen beim KI aufgrund einer gemeinsamen Konsultation und eines Meinungsaustauschs der am *iǧtihād* Beteiligten getroffen werden. Dieses Verfahren ermögliche eine Überprüfung und Weiterentwicklung der einzelnen Ansichten.[560] Ebenso dient die Interdisziplinarität des KI, der durch die Interaktion zwischen Rechtsgelehrten und Spezialisten anderer Fachgebiete charakterisiert ist, der Ermittlung von Ergebnissen mit einem höheren Wahrscheinlichkeitsgrad. Auch Mohammed Ghaly führt die interdisziplinäre Arbeit innerhalb der Institutionen des KI als Grund für deren Genauigkeit an:

> This is mainly because of the collective interpretation practiced within these institutions where authoritative religious scholars from different Muslim countries, trends, and ethnic backgrounds work together with prominent Muslim scientists.[561]

Ein gegenteiliger Standpunkt wird von Zakī Badawī (gest. 2006) vertreten. Badawī kritisiert die häufige Praxis des KI, obwohl Letzterer nur in sehr begrenztem Maße in der islamischen Frühgeschichte Anwendung gefunden hätte. Für ihn liegt das Problem darin, dass der KI größere Präzision gegenüber den anderen (individuellen) Ansichten beanspruche. Demgegenüber stehe jedoch der individuelle *iǧtihād* dem Geist des (älteren) Fiqh näher und erlaube den Meinungspluralismus sowie das Führen von Debatten.[562] „This demands a degree of humility on the part of scholars in the tradition of Imam al-Shāfiʿī who said: ‚My opinion is right with the possibility of being wrong, whereas my colleague's opinion is wrong with the possibility of being right.'"[563] Dies impliziert, dass dieser Anspruch in Widerspruch zu der Auffassung steht, dass jeder *muǧtahid* das Richtige trifft „*kull muǧtahid muṣīb*".

Hier stellt sich die Frage, ob die von Verfechtern des KI vorgeschlagene Rangordnung der Ansichten eine Einschränkung der Meinungsverschiedenheit zur Folge haben kann. Im Folgenden soll dieser Frage sowohl im Zusammenhang mit dem islamischen Recht – vor allem im Lichte der Annahme *kull muǧtahid muṣīb* – als auch mit der Praxis der Institutionen des KI nachgegangen werden. Wie bereits erwähnt, stimmen der These „Jeder *muǧtahid* hat Recht" viele Gelehrte zu, auch wenn es dennoch einige Gegner gibt.[564] Trotz gewisser Gegenstimmen in der frühen Phase, war eine freie Praxis des *iǧtihād* möglich, auch wenn in den Augen der Opposition nur ein Gelehrter das richtige Urteil treffen kann. Somit besteht für die Gegenseite (*muḫaṭṭiʾa*) die Problematik nicht im Recht, den *iǧtihād* zu praktizieren, sondern darin, bedingt durch die unterschiedlichen *iǧtihād*-Prozesse, zum richtigen Ergebnis zu gelangen. Anders gesagt kann durch die Existenz oder Fortsetzung der

---

560 Vgl. aš-Šarafī 1998, S. 79 f.; al-Qaraḍāwī 1996, S. 182 f.; Ismāʿīl 1998, S. 27; al-ʿAṭṭār 1996, Bd. 1, S. 36.

561 Ghaly 2010, S. 33.

562 Vgl. Malik: The AMSS (UK) Fifth Annual Conference 2004, S. 145 und ʿAlwānī 2010, 2. Aufl. S. xi (Badawīs Vorwort zur ersten Auflage des Werks 2003).

563 ʿAlwānī 2010, 2. Aufl. S. xi (Badawīs Vorwort zur ersten Auflage des Werks 2003).

564 Siehe den *Taṣwīb-taḫṭiʾa*-Debatte (2.1.5).

taḫṭiʾa-Auffassung die *iǧtihād*-Freiheit nicht in Mitleidenschaft gezogen werden.[565] Gleichzeitig bedeutet die *taṣwīb*-Position nicht, dass von der Überlegenheit der eigenen Meinung gegenüber den anderen ausgegangen werden kann. Jeder Vertreter der *taṣwīb* (oder jeder Rechtsgelehrte) jener früheren Phase war Anhänger einer bestimmten Rechtsschule und sprach sich für eine größere Wahrscheinlichkeit der eigenen Rechtsauffassung gegenüber den anderen aus.[566] Beispielsweise widerlegt der Šāfiʿit al-Ġazālī, einer der Vertreter der *taṣwīb* in seinem *al-Manḫūl min taʿlīqāt al-uṣūl*, wie in einem vorigen Kapitel erwähnt, die ḥanafitischen Rechtsauffassungen und hebt die Überlegenheit der šāfiʿitischen Schule hervor. Ein anderer Verfechter der *taṣwīb*-Theorie ist der Schüler von Abū Ḥanīfa, Muḥammad aš-Šaybānī, der Streitgespräche mit aš-Šāfiʿī, als Schüler Māliks, führte, mit dem Ziel, die Prädomination der ḥanafitischen Schule gegenüber der mālikitischen aufzuzeigen.[567] Ferner akzentuierte Abū al-Ḥusayn al-Baṣrī – ein Vertreter der *taṣwīb*-Ansicht, dass die *muṣawwiba* die von einem Konsens abweichenden Ansichten zurückweisen.[568]

Der durch die Anwendungsfreiheit des *iǧtihād* entstehende rechtliche Meinungspluralismus, der sich insbesondere durch die Auffassung „*kull muǧtahid muṣīb*" manifestiert, wird im islamischen Rechtssystem zwar einerseits unterstützt, aber andererseits wird er auch vom islamischen Rechtssystem kontrolliert bzw. relativiert. Das Hauptinstrument dieser Relativierung bildet die Abwägung der verschiedenen Ansichten (*tarǧīḥ*), um herauszufinden, welche von ihnen „the soundest or the weightiest" ist bzw. mit größerer Wahrscheinlichkeit zutrifft. Der *tarǧīḥ*-Mechanismus kommt in der Literatur der Rechtspraxis (*furūʿ al-fiqh*) durch unterschiedliche Termini, vor allem die Ableitungen der Wurzel *ṣ.ḥ.ḥ*: *ṣaḥīḥ* (gesund) und *aṣaḥḥ* (gesunder) zum Ausdruck.[569] So formuliert al-Māwardī in seinem Buch *al-Iqnāʿ* die vorherrschende Meinung innerhalb der šāfiʿitischen Rechtsschule: „Damit entstand eine relativ hohe Rechtssicherheit, die die Rechtsprechung vorhersagbar machte [...]".[570] In Schriften der diversen Schulen zeigen sich verschiedene Begriffe, welche die Bevorzugung einer Ansicht gegenüber den anderen ausdrücken, darunter *rāǧiḥ*, *ẓāhir*, *awǧah*, *ašbah*, *ṣawāb* und *maḏhab*.[571]

Der Zuverlässigkeitsgrad des durch *iǧtihād* erlangten Wissens und die Beweiskraft der *iǧtihād*-Ergebnisse ergeben sich im islamischen Recht aus der Zuverlässigkeit und Eindeutigkeit der Textbelege. Stützt sich eine Frage auf einen definitiv erwiesenen Text, so handelt es sich um sicheres Wissen. Da der *iǧtihād* Anwendung findet, wenn nur ein präsumtiv erwiesener Textbelegt oder kein Text zur Verfügung

565 Vgl. Bauer 2011, S. 177; al-Ḫuḍarī 1969, 6. Aufl., S. 378; Krawietz 2002, S. 351 ff. al-ʿUmarī 1985, 3. Aufl., S. 163 und az-Zuḥaylī 1986, Bd. 2, S. 1098.

566 Vgl. aṭ-Ṭūfī 1998, Bd. 3, S. 686.

567 Vgl. Abū Ḥātim ar-Rāzī 2003, S. 119–125.

568 Vgl. Abū al-Ḥusayn al-Baṣrī 1965, Bd. 2, S. 527 ff.

569 Vgl. Hallaq 2001, S. 125 ff. und 133 ff. und Bauer 2011, S. 165, 171 und 173. Dazu Poya 2003, S. 123 f.

570 Bauer 2011, S. 179.

571 Vgl. Hallaq 2001, S. 152 (Ausführliche Darstellung S. 152–164).

steht, bezeichnet man die *iǧtihād*-Ergebnisse in solchen Fällen als *ẓann*. Doch kann durch einen Konsens, als eine Kombination mehrerer *ẓann*-Ergebnisse, der *ẓann*-Grad zu einem sicheren Wissen werden und somit dieselbe Autorität wie ein definitiv erwiesener Text haben. Die Determination dieses Konsenses erfolgt durch die Erhebung der Meinungen einzelner Rechtsgelehrten, welche Hallaq „inductive corroboration"[572] nennt. Im Falle der Übereinstimmung aller Ansichten kommt ein *iǧmāʿ* zustande.[573] Auf ähnliche Weise wird *raʾy al-ǧumhūr* oder *raʾy al-akṯar* (die durch die Mehrheit der Rechtsgelehrten vertreten wird) als ein relevantes *tarǧīḥ*-Kriterium angesehen. Diese Mehrheit wird auch durch eine „inductive corroboration" der Meinungen einzelner Gelehrten bestimmt. Diese herausgefilterte Position wird in der Regel, verglichen mit anderen Ansichten, von einer Mehrheit verfochten und zeichnet sich ihnen gegenüber durch eine größere Wahrscheinlichkeit aus.[574] Somit wird der Meinung der Mehrheit (*raʾy al-ǧumhūr*), welche mit dem Konsens als ein definitives Argument nicht gleichzusetzen ist, Vorrang gewährt. In seinem Werk *al-Istiḏkār* betont der Mālikit Ibn ʿAbd al-Barr (gest. 1071) die Überlegenheit der *raʾy al-ǧumhūr* gegenüber den anderen Auffassungen. Die Mehrheitsmeinung hinsichtlich einer Frage zeichne sich durch größere Zuverlässigkeit und höhere Wahrscheinlichkeit aus. Deshalb solle jeder Rechtsgelehrte, der die betroffene Frage untersuchen und beurteilen will, *raʾy al-ǧumhūr* reflektieren, bevor er eine gegensätzliche Entscheidung trifft.[575] Schon früher sprach sich ʾAbū az-Zinād (gest. etwa 747) dafür aus, im Falle einer Meinungsverschiedenheit der Mehrheitsmeinung zu folgen.[576] Die Neigung, sich dieser anzuschließen und als Maßstab bei der Abwägung verschiedener Rechtsauffassungen zu betrachten, zeigt sich bei Gelehrten unterschiedlicher Schulen, z. B. an-Nawawī, Ibn aṣ-Ṣalāḥ (von Šāfiʿiten), der Ḥanbalit ʿAlāʾ ad-Dīn al-Mardāwī (gest. 885/1480) und der Mālikit al-Ḥaṭṭāb (gest. 954/1547).[577]

Trotzdem wird die mehrheitlich vertretene Ansicht nicht als allgemeingültig betrachtet und es darf weiterhin auch eine abweichende Meinung vertreten werden. Mit anderen Worten besteht das Recht der anderen Gelehrten auf *iǧtihād* noch immer fort.[578] Hierbei stützt sich Ibn Taymiyya auf die heiligen Texte als Beurteilungsmaßstab. Laut Ibn Taymiyya kann die Fehlbarkeit einer von der *raʾy al-ǧumhūr*

572 Laut Hallaq bildete dieses „inductive corroboration" ein grundlegendes Merkmal des islamischen Rechtsdenkens, sowohl in der *tarǧīḥ*-Theorie als auch in anderen Rechtsbereichen. Ausführlich zu diesem Begriff, siehe: Hallaq, Wael B.: "On Inductive Corroboration, Probability and Certainty in Sunnic Legal Thought," in Nicholas L. Heer, Hrsg., Islamic Law and Jurisprudence: Studies in Honor of Farhat J. Ziadeh (Seattle and London: University of Washington Press, 1990), S. 3–31. Nachdruck in Hallaq, Law and Legal Theory in Classical and Medieval Islam.

573 Vgl. Ḥanafī 2005, Bd. 2, S. 194 und Hallaq 2001, S. 127 f. und 143.

574 Vgl. Hallaq 2001, S. 143 und Bauer 2011, S. 173 f. und 179.

575 Vgl. Ibn ʿAbd al-Barr 2000, Bd. 5, S. 306.

576 Vgl. Sāʿī 2007, 2. Aufl., S. 15.

577 Vgl. Hallaq 2001, S. 143 f. Fn. 77.

578 Vgl. Bauer 2011, S. 173 f.

abweichenden Meinung festgestellt werden, indem diese durch Bezugnahme auf den Koran und die Sunna beurteilt werde. Dies bedeute aber nicht, dass *raʾy al-ǧumhūr* immer die richtige Entscheidung sei. In einigen Fällen kann die Position von Einzelnen der Richtigkeit im Vergleich mit der Mehrheitsmeinung näherkommen, vorausgesetzt, dass diese sich auf einen Textbeleg stütze.[579]

Vor der Folie der Bewertung der *raʾy al-ǧumhūr* oder *ar-raʾy al-aṣaḥḥ*, welche durch eine größere Zuverlässigkeit und höhere Wahrscheinlichkeit charakterisiert ist, kann auch die Argumentation der Verfechter des KI verstanden werden, welche die höhere Adäquatheit der Ergebnisse des KI gegenüber jenen des individuellen hervorheben. Somit entfernen sie sich kaum von der Tradition des islamischen Rechts, solange den anderen Gelehrten dadurch – wie im Falle der *raʾy al-ǧumhūr* oder *al-aṣaḥḥ* – das Recht auf *iǧtihād* nicht entzogen wird. In Hinblick auf die Begründung der größeren Wahrscheinlichkeit des KI mit der vorausgehenden Konsultation folgen sie auch der Aufforderung vieler früheren Gelehrten, dass der Mufti oder Richter sich mit anderen Rechtsgelehrten beraten soll. In diesem Zusammenhang verlangt aš-Šāfiʿī vom *muǧtahid* zudem, auch andere Ansichten anzuhören. Dieser Meinungsaustausch ermögliche es dem *muǧtahid*, entweder seinen eigenen Blickwinkel zu erweitern und dadurch eine neue Sichtweise zu entwickeln oder aber in der Richtigkeit seiner Meinung bestärkt zu werden.[580]

Auf einen interessanten Unterschied zwischen den Formen *ṣaḥīḥ* und *aṣaḥḥ* weist Hallaq hin:

> Claiming *ṣaḥīḥ* status for an opinion necessarily implies that the competing opinion or opinions are not *ṣaḥīḥ*, but rather *ḍaʿīf*, *fāsid*, *shādhdh*, or *gharīb*. But declaring an opinion *aṣaḥḥ* means that the competing opinions are *ṣaḥīḥ*, no less.[581]

In Bezug auf den KI lässt sich anmerken, dass die Vertreter der Fiqh-Gremien oder Verfechter des KI hinsichtlich der Arbeitsergebnisse dieser Gremien sich der komparativen Bezeichnungen „*aqrab ilā aṣ-ṣawāb*" oder „akṯar *diqqa*" bedienen. Verglichen mit dem Begriff „*aṣaḥḥ*" können „*aqrab ilā aṣ-ṣawāb*" oder „akṯar *diqqa*" nicht unbedingt implizieren, dass andere Auffassungen weniger als *daqīq* (adäquat) oder *qarīb ilā aṣ-ṣawāb* (der Richtigkeit nahestehende) betrachtet werden können und somit „*kull muǧtahid muṣīb*" weiterhin seine Gültigkeit behält. Vielmehr kann der KI in diesem Zusammenhang als eine neue *tarǧīḥ*-Methode verstanden werden.

Diese Schlussfolgerung wird dadurch bestätigt, dass kollektive Entscheidungen nicht unwiderlegbar und unfehlbar sind. Vielmehr können diese durch andere kollektive oder individuelle Entscheidungen modifiziert oder angefochten werden.[582] In einem vorigen Kapitel wurde auf ein kennzeichnendes Merkmal

579 Vgl. Ibn Taymiyya 2000, Bd. 1, S. 593 f.
580 Vgl. aš-Šāfiʿī o.J., S. 510.
581 Hallaq 2001, S. 138.
582 Vgl. Atighetchi 2007, S. 8.

des KI hingewiesen, nämlich die Revidierungsmöglichkeit seiner Ergebnisse.[583] Dieser Überzeugung schließen sich auch einige Verfechter des KI an. So findet Abū Layl, der die Beweisfähigkeit des KI mit der des *iǧtihād fardī* gleichstellt, in der Kollektivform eine Methode, um die Möglichkeit der Fehlerhaftigkeit der *iǧtihād*-Ergebnisse zu verringern und somit die Wahrscheinlichkeit zu erhöhen, die richtige Entscheidung zu treffen. Dennoch bedeute dies nicht, dass auf den individuellen *iǧtihād* verzichtet oder die Praxis des *iǧtihād* auf die Institutionen des KI beschränkt werden soll.[584] In diesem Kontext konstatiert al-Būṭī, dass die ermittelten Bestimmungen aufgrund der Kollektivform des *iǧtihād* einen höheren Wahrscheinlichkeitsgrad erlangen. Jedoch seien diese nicht definitiv, d. h., dass der weiteren *iǧtihād*-Praxis bzw. Gegenmeinungen nichts im Wege stehe.[585] Im Rahmen seiner Untersuchung der Fragestellungen der islamischen Bioethik betont Dariusch Atighetchi, dass die von Rechtsakademien kollektiv getroffenen Entscheidungen immer durch andere – sowohl kollektive als auch individuelle Beschlüsse – widerlegt werden können:

> The substantial value of "opinion" of each pronouncement expressed both by individual doctors of the Law and by meetings, academies, etc. of jurists and experts on all the new problems requiring answers that are clear as well as coherent with the principles of Islam. Each of these positions can always be potentially challenged by other meetings or by other jurists.[586]

Demgegenüber gehört zu den hinter der Entstehung des KI stehenden Motivationen, die regelwidrige *iǧtihād*-Praxis einzudämmen bzw. die durch den individuellen *iǧtihād* provozierte Konfusion bei der Normenfindung für die Erlassung rechtlicher Gutachten zu vermeiden (wie z. B. bei Aufrufen von al-Bānī, Ḫallāf und Šalabī).[587] Diese Denkweise impliziert eine Art der Zentralisierung der *iǧtihād*-Praxis bzw. der Fatwa-Erstellung und kommt auch im späteren Diskurs über die Autorität der IIFA als Instanz im islamischen Recht für die islamische Welt zum Vorschein. Ebenso zeigt sich in den bereits dargestellten Auffassungen einiger Vorreiter der Idee des KI als auch etlicher jüngerer Autoren und Mitglieder der Rechtsakademien, die von der Verbindlichkeit der Ergebnisse des KI ausgehen, die Tendenz einer Zentralisierung der Fiqh-Praxis. Die Vertreter der beiden anderen Standpunkte sind dieser Entwicklung gegenüber jedoch eher abgeneigt.[588] Ferner wurden diese Zentralisierungsversuche von mehreren Autoren und Beobachtern kritisiert. Diese unterstreichen, dass die Entscheidungen der Rechtsakademien nicht bindend sein sollten, damit die *iǧtihād*-Freiheit nicht eingeschränkt bzw. das *iǧtihād*-Recht nicht nur den

583 Siehe das Verhältnis des KI zum *iǧmāʿ* (4.2.2).
584 Vgl. Abū Layl 1996, Bd. 2, S. 958 ff. und 971.
585 Vgl. al-Būṭī 1996, Bd. 2, S. 633 und 635.
586 Atighetchi 2007, S. 9. Dazu Stokke 2014, S. 18. In Bezug auf ECFR siehe Caeiro 2010, S. 347.
587 Zu diesem Punkt: Siehe Kapitel 4.2.1.2.
588 Siehe die drei Auflassungen unter dem Punkt (4.4.1.1) dieses Abschnitts.

Rechtsakademien eingeräumt werde.[589] Überdies äußern sie Bedenken gegen die Möglichkeit, dass die Institutionen des KI sich zu einer Legislative oder zu *iǧmāʿ*-Institutionen transformieren könnten. In diesem Kontext bestätigt aš-Šāwī, dass die Behauptung einer Verbindlichkeit der Entscheidungen der Rechtsakademien gegen die Prinzipien der Scharia verstoße.[590] Diese Art von Versuchen zur Zentralisierung der Fatwa-Erteilung durch Schaffung von Fatwa-Körperschaften ist nach Caeiro jedoch wenig erfolgversprechend:

> Attempting, without ever succeeding, to centralize the production of fatwas and avoid the "fatwa wars" recurrently played out in the media, the institutionalization of collegial fatwa bodies such as the ECFR and, more recently, the International Union of Muslim Scholars has been a typical response by the 'ulama' to this modern perplexity.[591]

In der Praxis existieren nach wie vor Studien einzelner Autoren über gegenwärtige Fragen, z.B. aus dem finanziellen und medizinischen Bereich. In diesen Werken werden die Ansichten der Institutionen des KI neben jenen einzelner Individuen bearbeitet. Teils werden von den Autoren jene der Rechtsakademien bevorzugt und teils weichen die Autoren davon ab. Ferner können die Rechtsauffassungen der Institutionen des KI, wie oben erwähnt, durch Ansichten einzelner Gelehrten revidiert werden.[592] In seinem Aufsatz über das menschliche Klonen aus Sicht der muslimischen Gelehrten stellt Ghaly fest:

> In the midst of the untold number of fatwas and ethical standpoints of modern individual Muslim religious scholars, the bioethical positions adopted by the Islamic international religioscientific institutions such as IOMS and IIFA remain the most representative and most influential.[593]

Diese Revidierungsmöglichkeit spiegelt sich auch darin wider, dass immer wieder dieselbe Frage, die bereits von einer Organisation des KI behandelt und beantwortet wurde, später erneut von anderen Rechtsakademien oder Fiqh-Institutionen untersucht wurde. Folglich stellt die beanspruchte größere Genauigkeit für weitere *iǧtihād*-Versuche kein Hindernis dar. Anders gesagt repräsentiert in solchen Fällen die bereits getroffene Entscheidung für andere Institutionen keine Verbindlichkeit. Vielmehr treffen diese Institutionen oft unterschiedliche Entscheidungen hinsicht-

---

589 Vgl. aš-Šāwī 1992, 2. Aufl., S. 190 ff.; Abū Layl 1996, Bd. 2, S. 990 ff. und Zaman 2012, S. 93.

590 Vgl. aš-Šāwī 1992, 2. Aufl., S. 762. Dazu Krawietz 2002, S. 371 f.

591 Caeiro 2010, S. 437.

592 Z. B. Markaz at-tamayyuz al-baḥṯī fī fiqh al-qaḍāyā al-muʿāṣira: *al-Mawsūʿa al-muyassara fī fiqh al-qaḍāyā al-muʿāṣira*, Riad 2014; ʿUmar Sulaymān al-Ašqar [u. a]: Dirāsāt fiqhiyya *fī qaḍāyā ṭibiyya muʿāṣira*, Amman 2001 und ʿAṭiyya ʿAdlān ʿAṭiyya Ramaḍān: *Mawsūʿa al-qawāʿid al-fiqhiyya al-Munaẓẓama li-l-muʿāmalāt al-māliyya al-islāmiyya*, Alexandria 2007.

593 Ghaly 2010, S. 32 f.

lich derselben Frage. So weichen einige Beschlüsse des ECFR von jenen anderer Fiqh-Akademien innerhalb der islamischen Welt ab, wie z. B. in einigen Fragen, wie der Rechtmäßigkeit des Kaufes eines Wohnhauses durch einen verzinsten Kredit im Westen (Resolutionsnr. 7:4/2), der Zulässigkeit der kommerziellen Versicherungsordnung (Resolutionsnr. 25:6/7) und der Erlaubnis, von Milchbanken Gebrauch zu machen (Resolutionsnr. 48:12/3), wie wir in einem späteren Kapitel sehen werden. Ab und an kommen die Fiqh-Institutionen der islamischen Welt selbst bezüglich derselben Thematik zu diversen Überzeugungen, beispielsweise hinsichtlich der im Jahre 2002 von der Akademie der Azhar als zulässig erklärten Bankgeschäfte mit Zinsen (Resolutionsnr. 146) und der Bestimmung des Beginns eines Mondmonats.[594] Auch Bano verweist auf den Meinungspluralismus innerhalb der Scharia Councils, welche eine Form des KI repräsentieren:

> Yet rather than embodying a singular set of shared cultural and religious norms the Shariah Councils in this study were imbued with different interpretations of Islamic legal principles and differing power relations revealing internal contestation, conflict and change among and between them.[595]

4.4.2 Der interne Meinungspluralismus und *iǧtihād*-Freiheit

Unter diesem Punkt wird die Frage behandelt werden, ob die einzelnen Mitglieder innerhalb der Institutionen des KI die Freiheit zum *iǧtihād* und zur Vertretung abweichender Meinungen genießen oder nicht. Prinzipiell enthält das Konzept des KI, wie im Unterkapitel über die Charakterisierung des KI dargestellt wurde,[596] gewisse Elemente, welche den Meinungspluralismus unter den am *iǧtihād*-Prozess Beteiligten fördern können. Zu diesen Elementen gehört insbesondere das gleichberechtigte Entscheidungsrecht der einzelnen Teilnehmer am *iǧtihād*, was die Freiheit des individuellen *iǧtihād* und Meinungsverschiedenheit ermöglicht. Bei der institutionellen Umsetzung des KI manifestiert sich diese Eigenschaft in der Festlegung der verschiedenen Institutionen des KI, dass ihre Entscheidungen mehrheitlich getroffen werden müssen. Auf diese Weise bleibt für Gegenmeinungen Raum. In den Satzungen vieler Institutionen wurde das Recht einzelner Mitglieder festgelegt, ihren Einwand oder ihre gegensätzlichen Ansichten zu registrieren. In der Praxis zeigt sich dies in den Abstimmungsprozessen diverser Fiqh-Institutionen, in denen die meisten Beschlüsse mehrheitlich verabschiedet werden.[597] Überdies wird in einigen Organisationen, wie der Fiqh-Akademie der MWL und der indischen Fiqh-Akademie, auch die Gegenmeinung individueller Mitglieder veröffentlicht, z. B. sprach sich Muṣṭafā az-Zarqā, Mitglied der Fiqh-Akademie der MWL, entgegen der Entscheidung seiner Akademie für die Zulässigkeit der kommerziellen Versicherung

594 Siehe Modus Operandi (6.3.4).
595 Bano 2007, S. 14.
596 Siehe Unterkapitel „4.2".
597 Vgl. bspw. Modus Operandi (6.3.4).

aus. In ihrem Beschluss hat die Fiqh-Akademie der MWL sowohl die mehrheitliche Auffassung als auch die abweichende Meinung az-Zarqās präsentiert.[598]

Allerdings kam es bisweilen zu Spannungen zwischen Fiqh-Institutionen und ihren Mitgliedern, was die Veröffentlichung der von der mehrheitlichen Entscheidung abweichenden Standpunkte betrifft. Ein Beispiel dafür bietet die Frage des Kaufs eines Wohnhauses mithilfe eines verzinsten Kredits. Dieses Geschäft hat der ECFR mehrheitlich für legitim erklärt (Resolutionsnr. 7:2/4). In diesem Zusammenhang haben die Mitglieder des ECFR, Muḥammad al-Barāzī und Suhayb Ḥasan, ihre Gegenmeinung zu dieser Resolution in der Zeitung aš-Šarq al-awsaṭ publiziert.[599] In seiner Satzung räumt der ECFR ein, dass der Vertreter einer abweichenden Meinung dazu berechtigt sei, seinen Standpunkt in das Protokoll der Tagung aufnehmen zu lassen. Die Gegenmeinung wird indes nicht veröffentlicht. Wenn der Opponent dennoch seine Ansicht publizieren will, kann er dies eigenständig unter seinem Namen tun, jedoch ohne dabei auf seinen Status als Mitglied des Councils hinzuweisen.[600] Laut Art. 7 der Verfahrensordnung des ECFR darf ein Mitglied seine Gegenmeinung nur auf Erlaubnis des Councils veröffentlichen.

Einen ähnlichen Fall repräsentiert der Beschluss der IIFA bezüglich des *tawarruq* (ein Kaufvertrag, bei dem sich die Zahlung des Käufers für den gekauften Gegenstand verzögert. Der Käufer verkauft in diesem Fall das gekaufte Objekt wieder an eine dritte Person für sofortiges Bargeld zu einem oftmals niedrigeren Preis) und *tawarruq munaẓẓam* (ein Kaufvertrag, bei dem eine Bank ein Objekt zugunsten eines Kunden mit einer verzögerten Zahlung kauft. Im Falle eines solchen Geschäfts ist die Bank selbst dafür zuständig, das Objekt zugunsten des Kunden für sofortiges Bargeld zu einem niedrigeren Preis zu verkaufen). Während die erste Form als zulässig betrachtet wurde, erklärte die IIFA im April 2009 *tawarruq munaẓẓam* mehrheitlich für verboten. Der malaysische Experte der Akademie, Niẓām al-Yaʿqūbī, hat diese Entscheidung später scharf kritisiert und sich für die Zulässigkeit dieses Geschäfts *tawarruq munaẓẓam* ausgesprochen.[601] In seinem Aufsatz, der auch auf der Webseite der IIFA erschien, beabsichtigte der Leiter der Forschungsabteilung, Aḥmad ʿAbd al-ʿAlīm, die Kritik al-Yaʿqūbīs zu widerlegen.[602]

In diesem Kontext lenkt Eich die Aufmerksamkeit darauf, dass das Dokumentieren von abweichenden Ansichten innerhalb der Institutionen des KI nach den

---

598 Vgl. *Qarārāt al-maǧmaʿ al-fiqhī al-islāmī* 2004, 2. Aufl., S. 33–45. (nachfolgend: Akademie der MWL 2004).

599 Vgl. al-Qaraḍāwī 2001, S. 179 ff. Daze Caeiro, Alexander: The social construction of Shari'a: Bank interest, Home purchase, an Islamic norm in the west. Die Welt des Islams, 2004, Vol. 44 (3), S. 351–375.

600 Vgl. Art. 34 und 45 der Satzung des ECFR im Textanhang.

601 Vgl. http://www.aleqt.com/2010/07/25/article_422297.html, abgerufen am 21.08.2015.

602 Vgl. http://www.fiqhacademy.org.sa/akhbar/27%AD10%AD2010.htm, abgerufen am 21.08.2015.

1980er Jahren keine Anwendung mehr fand. Dennoch vertritt Stokke die Meinung, dass der Interpretationspluralismus dadurch nicht verhindert, sondern lediglich reduziert wurde.

> „ Whereas during the 1980s it was not uncommon for final recommendations or resolutions of the IOMS or IFAs to document dissenting views expressed at the respective conferences, this practice was later abandoned". [...] Nevertheless, the pluralism within interpreting "Islam" is not gone, but represented as lessened.[603]

Ghaly hebt die Meinungspluralität innerhalb der Fiqh-Institutionen und die Rolle der Diskussion zur Vereinigung der unterschiedlichen Ansichten hervor:

> Another important element of the collective ijtihad is its ability to combine diversity on one hand and unification on the other. The diversity is shown by the different and sometimes contradicting opinions expressed in the conference papers submitted by religious scholars. Intensive discussions take place among religious scholars and scientists during each conference in order to eventually forge the various opinions into a unified bioethical standpoint upon which the participants agree.[604]

Außerdem zeigt die Analyse der Arbeitsweise von den drei ausgewählten Rechtsakademien – sowie anderer *iğtihād*-Institutionen – dass ihre Ausübung des KI sich grundsätzlich auf die Ergebnisse des individuellen *iğtihād* von den einzelnen Mitgliedern stützt. Daraus ergibt sich, dass die Praxis des KI zumindest innerhalb seiner Gremien nicht auf die individuelle Form des *iğtihād* verzichtet.[605]

603 Stokke 2014, S. 18.
604 Ghaly 2010, S. 9 f.
605 Ausführlich zu diesem Punkt: Siehe Unterkapitel „6.3".

5 Der kollektive *iǧtihād* in der Praxis

Das Aufkommen der Idee des KI führte im gegenwärtigen islamischen Recht nicht nur auf theoretischer Ebene einen Wandel herbei. Insbesondere in seiner Praxis entfaltet dieser Wandel in der Moderne noch immer seine Wirkung. Im Gegenteil zur bisher praktizierten Normenfindung durch individuelle Rechtsgelehrten erfährt der Vorschlag, die Normenfindung in eine Kollektivform umzuwandeln, insbesondere um die Wende zum 20. Jahrhundert zunehmend Unterstützung. Die Normenfindungsvorgänge auf kollektiver Ebene wurden zunächst in Form einer gemeinsamen Fatwa-Erteilung im Rahmen nationaler Institutionen durchgeführt. In der zweiten Hälfte des 20. Jahrhunderts wurden Versuche unternommen, diese kollektive Fiqh- bzw. *iǧtihād*-Praxis innerhalb internationaler Institutionen umzusetzen. So entstanden sukzessive einige transnationale Fiqh-Akademien, die sich hauptsächlich innerhalb der islamischen Welt finden. Daneben wurden allmählich auch einige nationale Rechtsakademien in diversen islamischen Ländern ins Leben gerufen.

In einer späteren Entwicklungsphase erfolgte die Institutionalisierung des KI außerdem in weiteren Institutionstypen, deren Anwendungsspektrum jedoch begrenzt ist. Hierzu gehören Fatwa-Gremien, Scharia-Boards und Scharia Councils, die als Spezial- oder Nebenformen des KI bezeichnet werden, da jede dieser Institutionen sich grundsätzlich auf ein bestimmtes Rechtsgebiet, wie Alltagsfragen, familiäre, finanzielle oder medizinische Angelegenheiten, spezialisiert.

Der vorliegende zweite Teil dieser Studie beschäftigt sich mit diesen verschiedenen Umsetzungsformen und der Institutionalisierung der Idee des KI in der Gegenwart. Dazu gehören verschiedene neu entstandene islamrechtliche Institutionen, deren Arbeitsmethoden bei der Normenermittlung auf gemeinschaftliche Vorgänge zurückgreifen. Die Realisierung wurde durch zahlreiche Appelle zur Idee des KI, welche in einem vorherigen Kapitel dieser Arbeit dargestellt wurden,[606] eingeleitet. Diese Aufrufe stießen auf gute Resonanz und konnten somit einen entscheidenden Beitrag zur Genese der gegenwärtigen Institutionen des KI leisten.

Die Institutionen des KI können basierend auf diversen Dichotomien bzw. Kriterien unterteilt werden, zu welchen die Folgenden gehören: national vs. transnational; offiziell vs. inoffiziell, innerhalb vs. außerhalb der islamischen Welt und die Bandbreite ihres Arbeitsfelds. Das Spektrum des Arbeitsfelds gilt in dieser Studie als das grundsätzliche Unterscheidungskriterium zwischen den unterschiedlichen Institutionalisierungsformen des KI. Dadurch sollen Unternehmungen des KI, welche sich mit Fragen allgemeiner Natur aus verschiedenen Themenfeldern befassen, von jenen, die sich grundsätzlich auf ein bestimmtes Rechtsgebiet, wie Alltagsfragen, familiäre, finanzielle oder medizinische Angelegenheiten spezialisieren,

606 Diese Aufrufe wurden ausführlich unter „3.2" dargestellt.

unterschieden werden. Zudem soll eine Typologie aufgrund einer geographischen Kategorisierung vorgenommen werden: Innerhalb der islamischen Welt vs. in der Diaspora bzw. Institutionen des Minderheitenrechts. Ferner soll der Zusammensetzung der Institutionen des KI bei ihrer gegenseitigen Abgrenzung Rechnung getragen werden. Es geht dabei um die Frage, ob alle Mitglieder aus einem einzigen Land oder aus mehreren Ländern stammen. Dementsprechend kann zwischen nationalen und übernationalen Institutionen unterschieden werden. All diese Differenzierungskriterien sollen bei der nachfolgenden Klassifizierung der diversen Gremien des KI berücksichtigt werden.

5.1 Transnationale *iǧtihād*-Institutionen der islamischen Welt

Bei diesem Typ geht es um die grundsätzliche Form der institutionellen Umsetzung des *iǧtihād ǧamāʿī*, nämlich die Rechtsakademien (*maǧāmiʿ fiqhiyya* von sing. *maǧmaʿ fiqhī*). Der Begriff *maǧmaʿ* bezeichnet etymologisch entweder den Ort, wo einige Leute zusammentreffen oder jene Personen, die an einer Versammlung teilnehmen. Ebenso bedeutet er eine Institution, die an der Entwicklung der Sprache, der Wissenschaften, der Künste oder Ähnlichem arbeitet.[607] In der zweiten Hälfte des 19. Jahrhunderts wurde er zu *maǧmaʿ ʿilmī*, als technischer Begriff für die Akademie der Wissenschaft, und zu *maǧmaʿ al-luġa*, die eine Akademie der (arabischen) Sprache bedeutet, weiterentwickelt. Damals entstanden diese Akademien in Verbindung mit der arabischen Renaissance (*nahḍa*) und waren zu Beginn privater Natur. Die fortschreitende Modernisierung der Gesellschaft und die neu auftauchenden Probleme stellten eine Herausforderung für die klassische arabische Sprache dar. Einerseits gaben sie neue Impulse für ihre weitere Entwicklung. Andererseits bedeuteten sie eine Krise für die fixierten Formen der klassischen Sprache. Das Problem, wie man das Arabische weiterentwickeln kann, ohne das Hocharabische als einen wesentlichen Teil der arabischen Kultur zurückzulassen, diente als Ausgangspunkt für die Gründung der Sprachakademien. Während der zweiten Hälfte des 19. Jahrhunderts und bis in die ersten zwei Dekaden des 20. Jahrhunderts wurden mehrere private kurzlebige Akademien gegründet. Die erste offizielle Sprachakademie wurde in Syrien (Damaskus) 1919 eröffnet. Anschließend wurde im Jahre 1932 die offizielle Sprachakademie in Ägypten ins Leben gerufen. Allmählich wurden weitere sprachliche und wissenschaftliche Akademien in verschiedenen islamischen Ländern eingerichtet.[608]

Für die Scharia-Gelehrten stellten in erster Linie die raschen Veränderungen und die Komplexität des modernen Lebens eine Herausforderung dar. Demzufolge verlief der Aufruf zur Reform der Sprache parallel zu jenen Aufrufen zu einer religiösen

607 Vgl. *al-Muʿǧam al-wasīṭ* 2004, 4. Aufl., S. 136.
608 Vgl. Waardenburg in *EI²*, Bd. V, S. 1090a-1094b.

Reform.[609] Letztere betraf insbesondere das islamische Rechtssystem. Um Antworten auf die wachsenden Herausforderungen der modernen Entwicklungen zu geben, entwickelte sich ein kollektiver Trend im islamischen Recht.[610] So fanden sich zahlreiche Forderungen zur Kollektivierung der Rechtsfindung und -praxis. Von den Aufrufern zur Idee des KI wurden verschiedene Formen zur Institutionalisierung des KI, wie *maǧlis* „Rat“ (wie bei Said Nursî), *laǧna* „Kommission“ (wie bei Saʿīd al-Bānī und Muḥammad Šākir), *ǧamʿiyya* „Gesellschaft“ (wie bei ʿAbd al-Wahhāb Ḫallāf) oder Ähnliches vorgeschlagen. Dazu gehört auch eine *maǧmaʿ* „Akademie“, von welcher bei Rašīd Riḍā und as-Sanhūrī die Rede war. Insbesondere nach der Entstehung der Sprachakademien wurden immer häufiger „Akademien“ – auch wenn sie unterschiedlich bezeichnet wurden – als institutionelle Umsetzungsform des KI entworfen. Zu den ersten Förderern dieser Akademien zählen: aṭ-Ṭāhir ibn ʿĀšūr *maǧmaʿ ʿilmī* (eine wissenschaftliche Akademie), al-Marāġī und ʿAbd al-Karīm az-Zanǧānī *maǧmaʿ tašrīʿī* (eine legislative Akademie), Maḥmūd Šaltūt *maǧmaʿ baḥṯ ʿilmī islāmī* (eine Akademie für islamische wissenschaftliche Untersuchung), Muḥammad Yūsuf Mūsā *maǧmaʿ li-l-fiqh wa-t-tašrīʿ al-islāmī* (eine Akademie für *Fiqh* und islamische Gesetzgebung), Muṣṭafā az-Zarqā *maǧmaʿ fiqhī* (eine Rechtsakademie) und as-Sayyid ʿAfīfī *maǧmaʿ tašrīʿī malakī* (eine königliche Rechtsakademie).[611] Infolgedessen wurde die Bezeichnung *maǧmaʿ fiqhī* bei der Einrichtung der Institutionen des KI bevorzugt.

Das Wort *fiqhī* ist sprachlich ein Zugehörigkeitsadjektiv (*nisba*) zu *fiqh* und heißt „rechtlich“ oder „juristisch“. Als Terminus technicus bedeutet der Begriff *maǧmaʿ fiqhī* eine rechtliche Institution, die ein Versammlungsort für Gruppen von Gelehrten verschiedener Fachgebiete bildet, um Rechtsnormen für relevante Fragen auf Basis des KI abzuleiten.[612]

Ausgehend von zahlreichen Aufrufen, schon um die Mitte des 19. Jahrhunderts aus diversen islamischen Ländern zur Idee des KI,[613] entwickelte sich eine zunehmende Neigung zur Institutionalisierung des *iǧtihād* in Form von Gremien, in denen mehrere Gelehrte verschiedener Fachgebiete zusammenarbeiten und den *iǧtihād* auf gemeinschaftliche Weise vollziehen. Die institutionelle Umsetzung drückt sich in Form von *iǧtihād*-Institutionen auf unterschiedlichen Ebenen aus. Die erste Ausprägung der *maǧmaʿ fiqhī* sind die transnationalen Fiqh-Akademien. Als Motivation für die Genese dieser Art von Gremien kann historisch gesehen das Streben nach einer muslimischen Einheit, welches sich zunehmend während der Kolonialzeit abzeichnete, betrachtet werden. Zu diesem Zweck gab es auch um die Wende zum 20. Jahrhundert zahlreiche Forderungen, internationale islamische Kongresse einzuberufen, die gemeinsame Angelegenheiten der islamischen Länder erörtern

609 Vgl. Waardenburg in *EI²*, Bd. V, S. 1090a.

610 Vgl. Stokke 2014, S. 18.

611 Siehe die entsprechenden Aufrufe im Unterkapitel „3.2“.

612 Vgl. Ḥusayn 2012, S. 5 f.; aš-Šarafī 1998, S. 125 Fn. 1 und az-Zuḥaylī 2012, S. 3.

613 Siehe die verschiedenen Initiativen im Unterkapitel „3.2“.

sollten. Diesbezüglich publizierten viele Intellektuelle und Gelehrte, wie Ǧamāl ad-Dīn al-Afġānī (gest. 1897), ʿAbduh (gest. 1905), ʿAbd ar-Raḥmān al-Kawākibī (gest. 1902) und al-Marāġī Artikel (z.B. in *al-Manār* und *al-ʿUrwa al-wuṯqā*) und Werke, welche die Abhaltung jener internationalen Versammlungen propagieren. Ein weiterer Auslöser dieser Tendenz bildete die Abschaffung des Osmanischen Kalifats im Jahre 1924, welches das letzte Symbol für eine Art islamische Einheit darstellte. Daraufhin gab es viele Stimmen, welche forderten, die Muslime unter einem neuen Kalifat oder zumindest auf eine ähnliche Weise zu vereinigen. Hierfür wurden einige Kalifat-Komitees (*ǧamʿiyyāt al-ḫilāfa*) ins Leben gerufen. Außerdem wurden zahlreiche Werke verfasst, welche die Kalifatsfrage erörtern. Darüber hinaus fanden in den folgenden Jahren etliche Kalifatskongresse bzw. internationale islamische Kongresse, wie der in Kairo im Jahre 1926 abgehaltene Kongress, statt.[614]

In der Praxis wird an der angestrebten Einheit durch eine zeitgemäße Form, nämlich die internationalen Organisationen, an welchen sich verschiedene islamische Länder beteiligen, gearbeitet. Im juristischen Bereich riefen viele Gelehrte und Intellektuelle aus diversen islamischen Ländern, wie z.B. Filibeli Ahmet Hilmi (gest. 1914), Said Nursî (gest. 1960), aṭ-Ṭāhir ibn ʿĀšūr (gest. 1973), Muṣṭafā az-Zarqā (gest. 1999), ʿAbd ar-Razzāq as-Sanhūrī (gest. 1971), Yūsuf Mūsā (gest. 1963) und Mīrzā Ḫalīl Kamareʾī (gest. 1984), zur Schaffung von internationalen Fiqh-Akademien auf. In diesen Institutionen sollen sich mehrere ausgesuchte muslimische Rechtsgelehrte sowie Spezialisten anderer Fachgebiete aus verschiedenen islamischen Ländern und Rechtsschulen gemeinsam mit Problemen, welchen die Muslime in der Gegenwart begegnen, befassen und diesbezüglich neue Rechtsnormen erstellen.[615]

Eine erste Umgestaltung der transnational-KI-Institutionen zeichnete sich im Jahre 1961 in Form der Akademie für islamische Untersuchung der Azhar in Kairo ab. Ebenso wurde von der *Muslim World League* (MWL) im Jahre 1978 eine internationale Fiqh-Akademie ins Leben gerufen. 1983 gründete die *Organisation of Islamic Cooperation* eine weitere internationale Rechtsakademie. Diese übernationalen Gremien können weiterhin in zwei Kategorien aufgegliedert werden, und zwar überstaatliche (transnationale *iǧtihād*-Praxis und Arbeitsführung) und internationale (übernationale *iǧtihād*-Praxis, aber unter der Führung eines einzigen Staates) Fiqh-Akademien.

5.1.1 Überstaatlich-kollektive *iǧtihād*-Institutionen der islamischen Welt

Bei diesem Typus geht es um eine Institution des KI, an der mehrere Staaten das Recht auf Repräsentation haben und deren Direktion nicht völlig in der Hand eines einzigen Staats liegt. Ganz im Gegenteil werden die Führungspositionen von Vertretern diverser Länder übernommen. Die einzige existierende Institution dieser Art ist die IIFA.

---

614 Siehe das Unterkapitel „3.3.5.3".

615 Siehe die entsprechenden Aufrufe im Unterkapitel „3.2".

Maǧmaʿ al-fiqh al-islāmī ad-dawlī (die internationale islamische Fiqh-Akademie)

Die Rechtsakademie der OIC bildet die größte überstaatliche Rechtsakademie der islamischen Welt mit einer Mitgliedschaft von knapp 50 Ländern. Der Sitz der Akademie befindet sich in Jedda/Saudi-Arabien.

Der Anstoß zur Schaffung dieser Fiqh-Akademie wurde vom saudischen König Ḫālid ibn ʿAbd al-ʿAzīz Āl Saʿūd (gest. 1982) während der dritten Gipfelkonferenz der OIC, die in Mekka vom 25. bis 28. Januar 1981 stattfand, gegeben. Während dieser forderte er die Bildung einer Rechtsakademie, die muslimische Rechtsgelehrte und Intellektuelle aus unterschiedlichen Ländern umfasst, mit dem Ziel, gegenwärtige Problematiken zu untersuchen und Lösungen dafür anzubieten. Infolge der im Juni 1983 in Mekka abgehaltenen Gründungskonferenz wurde die Entstehung der Akademie offiziell erklärt.

Die Aufgaben und Ziele der Akademie umfassen die Verwirklichung einer intellektuellen Konvergenz zwischen Muslimen, die Förderung des KI, die Annäherung zwischen den *fuqahāʾ* der verschiedenen islamischen *maḏāhib*, die Klärung der Haltung der Scharia gegenüber den allgemeinen Fragen sowie die Erteilung von Rechtsgutachten für die muslimischen Minderheiten.

Die Hauptmitglieder der Akademie sind sowohl offizielle Vertreter der Mitgliedsstaaten der OIC als auch von der Akademie ausgewählte Mitglieder. Zu der zweiten Gruppe gehören Mitglieder, die aus islamischen Ländern stammen, die nicht Teil der OIC sind, Vertreter der muslimischen Minderheiten oder der islamischen Organisationen. Beide Gruppen sind stimmberechtigt. Die Akademie hat die folgenden Organe: Den Rat der Akademie, die Fachabteilungen, das Vorstandsgremium und das Generalsekretariat.

Die Hauptaktivität der Akademie repräsentieren die Tagungen bzw. Konferenzen, welche die Akademie fast jährlich abhält und an denen sich alle Mitglieder der Akademie beteiligen, um Themen diverser Lebensbereiche zu diskutieren und diesbezüglich Entscheidungen zu treffen. Außerdem geht die Akademie anderen Aktivitäten nach, wie der Abhaltung von fachlichen Symposien und der Durchführung von wissenschaftlichen Projekten. Die Untersuchung dieser Akademie stellt ebenso den Gegenstand des nächsten Teils dar.

5.1.2 International-kollektive *iǧtihād*-Institutionen der islamischen Welt

Dabei handelt es sich um *iǧtihād*-Institutionen, welche Mitglieder aus verschiedenen Ländern haben. Die Wahl dieser Mitglieder und die Führung dieser Organisation steht aber nur einem einzigen Land zu, nämlich jenem, in welchem sich der Hauptsitz befindet. Als Beispiele für diese Kategorie können die Akademien der Azhar und der MWL aufgeführt werden.

5.1.2.1 *Maǧmaʿ al-buḥūṯ al-islāmiyya* (Die Akademie für islamische Untersuchungen)

Die Akademie der Azhar gilt für viele Autoren, vor allem für die arabischen unter ihnen, als erste Institution, welche den KI in der islamischen Welt anwendete. Gleichzeitig bildet sie die erste Unternehmung einer internationalen Institution des KI. Die Akademie ist eine Umwandlung der im Jahre 1911 gegründeten „Körperschaft der großen Gelehrten von al-Azhar" (*Hay'at kibār al-ʿulamāʾ bi-l-Azhar*) in ein neues Gremium mit noch erheblich größerer internationaler Ausstrahlung. Letzteres gehört auch zur Azhar in Kairo und wurde im Jahre 1961 im Rahmen des Gesetzes Nr. 103, das die Reorganisation der Azhar und ihrer Organe regelt, ins Leben gerufen. Dieses Gesetz wird als *Qānūn taṭwīr al-Azhar* (Entwicklungsgesetz der Azhar) bezeichnet.

Zu den Zielen der Akademie gehören beispielsweise die Erneuerung der islamischen Kultur und die Befreiung des islamischen Kulturerbes von fremden schädlichen Elementen sowie die Bekämpfung des *maḏhab*-Fanatismus. Hinzu kommt die Beurteilung der neu auftretenden Fragestellungen in den unterschiedlichen Bereichen aus Sicht der Scharia.

Heutzutage setzt sich die Akademie aus 37 Mitgliedern, darunter 24 Ägypter und 13 Mitglieder anderer Nationen, zusammen. Die Akademie besteht aus dem (permanenten) Rat der Akademie, der die ägyptischen Mitglieder umfasst und der Konferenz, der alle Mitglieder der Akademie angehören, sowie dem Generalsekretariat. Die Akademie verfügt über 13 Hauptausschüsse, die die verschiedenen Untersuchungsgebiete der Akademie abdeckt. Die fachlichen Arbeitsergebnisse und Studien dieser Kommissionen werden dem Rat der Akademie vorgelegt. Darüber hinaus unterliegt der Akademie die im Jahre 1935 eingerichtete Fatwa-Kommission der Azhar.

Die inländischen Mitglieder des Rats der Akademie versammeln sich einmal pro Monat, um Entscheidungen basierend auf den Arbeitsresultaten der Fachkommissionen zu fassen. Überdies veranstaltet die Akademie internationale Konferenzen, an denen – neben den Mitgliedern der Akademie – Gelehrte und Intellektuelle zahlreicher islamischer Länder teilnehmen.

Diese Akademie, ihre Struktur und Arbeitsweise werden im nächsten Teil dieser Arbeit einer ausführlichen Analyse unterzogen werden.

5.1.2.2 *Maǧmaʿ al-fiqh al-islāmī* (Die islamische Fiqh-Akademie der islamischen Weltliga)

Die islamische Weltliga gilt als größte überstaatliche Nichtregierungsorganisation der islamischen Welt, welche im Jahre 1962 mit Hauptsitz in Mekka/Saudi-Arabien ins Leben gerufen wurde. Die MWL wurde anlässlich der Resolution der Allgemeinen Islamischen Konferenz gegründet, welche am 18. Mai 1962 in Mekka stattfand. Der damalige Kronprinz Fayṣal ibn ʿAbd al-ʿAzīz (König: 1964–1975) wird als Initiator und Gründungsvater der MWL angesehen. Die MWL wird maßgeblich von

Saudi-Arabien finanziert und gesteuert. In diesem Kontext betonen einige Autoren und Beobachter, wie Schulze, Wrogemann und Grundmann, dass die Islamische Weltliga im Zuge der Konkurrenz zwischen dem arabisch-nationalistischen Ägypten unter Nasser und dem wahhabitischen Saudi-Arabien eingerichtet wurde.[616] Die Leitthemen bzw. Arbeitsbereiche der MWL, laut ihrer Charta, sind: *daʿwa* (Aufruf zum Islam), *fatāwā/fiqh* (Fatwa-Erteilung/Fiqh-Praxis), *uḫūwa* (Zusammengehörigkeitsgefühl bzw. Solidarität) und *waḥda* (muslimische Einheit).[617] Zu den wesentlichen Zielen der MWL, gemäß ihrer Webseite, gehören die Präsentation und Propagierung des wahren Islambilds, Stärkung der Solidarität weltweit, darunter der Muslime in der Diaspora, die Arbeit an der Lösung der Probleme, welchen die islamische Welt begegnet sowie die Förderung des interkulturellen Dialogs.[618] Die Intentionen der MWL spiegeln sich in der Einrichtung eines weltweiten Arbeitsnetzwerks wider, „das Bildungs- und Kulturarbeit sowie humanitäre Hilfe und Gesundheitsprojekte miteinander verbindet".[619]

Entstehung: Die Gründung einer internationalen Fiqh-Akademie (al-*Maǧmaʿ al-fiqhī al-islāmī*) der MWL wurde nach langen Vorarbeiten ab etwa 1964 erst im Jahre 1977/1978 verwirklicht. Die Initiative für eine wissenschaftliche Institution, welche die Aufgabe hat, neu auftauchende Fragestellungen und Probleme aus Sicht der Scharia zu beurteilen, geht auf das Generalsekretariat der MWL im Jahre 1964 zurück. Das Generalsekretariat legte diesen Entwurf der 2. Allgemeinen Islam-Konferenz der Liga aus dem Jahre 1965 vor. Dementsprechend beschloss diese Konferenz, eine islamische Fiqh-Akademie, welche hochrangige Gelehrten und Rechtswissenschaftler aus der ganzen islamischen Welt zur Erfüllung dieser Aufgabe umfasst, zu gründen (Beschluss II/4/b). Im darauffolgenden Jahr setzte der konstituierende Rat der MWL eine 7-köpfige Kommission ein, um dieses Projekt auszuarbeiten. Erst 1973/1974 beschäftigte sich die Liga erneut mit der Gründung der Akademie. Daraufhin wurde in der 15. Sitzung des konstituierenden Rats ein Ausschuss der islamischen Rechtsakademie aus 10 Mitgliedern gebildet. Dieser Ausschuss legte während der 19. Sitzung des konstituierenden Rats (1977) die endgültige Form des Akademieprojekts und die Grundordnung der Akademie vor. Im Jahre 1978 nahm die Akademie sodann ihre Arbeit auf.[620]

Einige Verantwortlichen der Akademie der MWL, wie der ehemalige Generalsekretär der MWL und Vizepräsident der Akademie, ʿAbd Allāh ʿUmar Naṣīf (Amtszeit 1983–1994) und Ṭalāl ʿUmar Bā-Faqīh, Generalsekretär der Akademie (Amtszeit 1984–1992), betonten, dass der Auslöser für die Gründung der Fiqh-Akademie auf das Bedürfnis zurückzuführen sei, bei der Behandlung gegenwärtiger Fragen einen

616 Vgl. Schulze 1990, S. 181 ff.; Wrogemann 2006, S. 169 und Grundmann 2005, S. 76 f.

617 Vgl. Schulze 1990, S. 216.

618 Vgl. http://themwl.org/GLOBAL/ar/node/1286, abgerufen am 25.08.2016.

619 Grundmann 2005, S. 77.

620 Vgl. Schulze 1990, S. 292 ff. und *at-Taʿrīf bi-l-maǧmaʿ al-fiqhī al-islāmī bi-Makka al-mukarrama* 2006, 3. Aufl., S. 10–13. Online abrufbar: http://www.themwl.org/Profile/Figh/Difinition.pdf, abgerufen am 27.08.2016.

KI zu praktizieren.[621] Laut ihrer Satzung ist die islamische Fiqh-Akademie eine Tochtergesellschaft der MWL, welche über eine unabhängige Rechtspersönlichkeit verfügt und deren Hauptsitz in Mekka liegt. Die Akademie setzt sich aus einer Gruppe von ausgewählten muslimischen Rechtswissenschaftlern und Gelehrten zusammen. Diese sind damit beauftragt, die Probleme der muslimischen Umma zu erforschen und diesbezüglich aus dem Koran und der Sunna Rechtsnormen zu ermitteln.[622]

Ziele und Mittel: Die Grundordnung der Akademie formuliert die folgenden Ziele:[623]

a) Die neu aufkommenden Fragestellungen und Probleme, welchen die Muslime weltweit begegnen, mithilfe der anerkannten Rechtsquellen zu untersuchen und diesbezüglich islamrechtliche Normen zu erteilen.
b) Die Überlegenheit der islamischen Jurisprudenz gegenüber den positiven Rechtssystemen sowie die Fähigkeit der Scharia, Probleme zu lösen und die Lebensanforderungen jedes Zeitalters und jedes Orts zu erfüllen, aufzuzeigen.
c) Das islamrechtswissenschaftliche Erbe zu verbreiten, seine Begriffe zu erklären und dieses Erbe in moderner Sprache und modernem Stil und zu formulieren.
d) Die Forschung auf den Gebieten der islamischen Jurisprudenz zu fördern.
e) Die Fatwas und Lehrmeinungen der angesehenen Gelehrten der zuverlässigen Rechtsakademien hinsichtlich der neuen Problematiken zu sammeln und diese unter dem muslimischen Publikum zu verbreiten.
f) Die gegen die Bestimmungen der Scharia erhobenen Einwände zu widerlegen.

Zur Verwirklichung ihrer Ziele bedient sich die Akademie folgender Mittel:

1) Der Einrichtung eines Informationszentrums, um die zu untersuchenden Probleme der muslimischen Welt zu verfolgen.
2) Der Erstellung eines islamrechtlichen Lexikons, um dadurch die Begriffe der islamischen Rechtswissenschaft in der Theorie und in der Praxis zu erleichtern.
3) Der Herausgabe einer Zeitschrift für islamrechtliche Studien, die die Untersuchungen, Diskussionen und Beschlüsse der Akademie vermittelt und in verschiedene Sprachen übersetzt.
4) Der Zusammenarbeit sowie des wissenschaftlichen und intellektuellen Austauschs zwischen der Akademie und den wissenschaftlichen Einrichtungen sowie ähnlichen Zentren in der gesamten islamischen Welt.

---

621 Vgl. *Maǧallat maǧmaʿ al-fiqh al-islāmī*, 1. Ausgabe, 5. Aufl., 2003, S. 23 und 27. Dazu auch ʿAbd Allāh ʿAbd al-Muḥsin at-Turkī, Generalsekretär der MWL (Amtszeit 2000–2016) und der aktuelle Generalsekretär der Akademie Ṣāliḥ ibn Zābin al-Marzūqī (seit 1999): Siehe Akademie der MWL 2004, 2. Aufl., S. 8 und 14.

622 Vgl. Die Satzung der Akademie Art. 2 und 3. Online abrufbar: http://www.themwl.org/Profile/Figh/Nizam.pdf, abgerufen am 25.08.2016.

623 Vgl. Satzung der Akademie Art. 4 und 5 und http://ar.themwl.org/node/11, abgerufen am 27.08.2016.

5) Der Abhaltung von wissenschaftlichen Tagungen zu aktuellen Themen und der Beauftragung von Forschern und Spezialisten, sich damit auseinanderzusetzen.
6) Der Arbeit an der Übersetzung der Entscheidungen, Empfehlungen und Studien und der Veröffentlichung dieser durch alle zu Verfügung stehenden Möglichkeiten, einschließlich des Internets, Satelliten-TV und der Zeitungen.

Struktur: Die Akademie besteht aus drei Organen:

1. **Dem Akademierat**: Dieser umfasst neben dem Präsidenten – der gleichzeitig der saudische Grand-Mufti ist – dem Vizepräsidenten – der auch der Generalsekretär der MWL ist – und dem Generalsekretär 27 Mitglieder: 23 Rechtsgelehrten, zwei Koranwissenschaftler und zwei Hadith-Wissenschaftler. Bei Bedarf kann die Zahl der Mitglieder erhöht werden. Diese Mitglieder werden vom konstituierenden Rat auf Vorschlag des Generalsekretärs der MWL ernannt. Die Mitgliedschaft ist zunächst auf 4 Jahre begrenzt und kann auf Beschluss des konstituierenden Rats verlängert werden.[624] Die aktuellen Mitglieder stammen aus verschiedenen islamischen Ländern, vornehmlich aus Saudi-Arabien. Unter ihnen sind zudem Vertreter muslimischer Minderheiten. Einige der Mitglieder sind auch in anderen Rechtsakademien Mitglied, wie in jener der OIC, der Azhar, der indischen Fiqh-Akademie, des ECFR und im Assembly of Muslim Jurists of America (AMJA).[625] Hinsichtlich der Zusammenstellung der Mitglieder lässt sich eine Dominanz der wahhabitisch-salafitischen Denkrichtung konstatieren.[626]
2. **Dem Generalsekretariat**: Dieses bildet das exekutive Organ der Akademie und wird vom Generalsekretär geleitet, dessen Amtszeit vier Jahre dauert und verlängerbar ist.[627]
3. **Der permanenten wissenschaftlichen Kommission**: Diese soll sich mindestens aus fünf und höchstens aus fünfzehn Mitgliedern zusammensetzen, deren Arbeitszeit für zwei Jahre vorgesehen und erneuerbar ist. Zu den Hauptaufgaben der wissenschaftlichen Kommission gehören: zu den Themen, welche der Akademierat, Generalsekretär der MWL oder der Sekretär der Akademie den Mitgliedern der Kommission übertragen, Stellung zu nehmen; Themen zur Untersuchung vorzuschlagen; Gelehrten und Forscher für die Anfertigung von Studien vorzuschlagen; die Fachtagungen zu organisieren sowie einen Arbeitsplan der Akademie zu entwerfen.[628] Die erstmalige Bildung dieser Kommission erfolgte im Jahre 1999 und umfasste neun Mitglieder, die auf Scharia und islamische Ökonomie spezialisiert waren.[629]

---

624 Vgl. Satzung der Akademie Art. 7.
625 Vgl. http://ar.themwl.org/node/11, abgerufen am 25.08.2016.
626 Vgl. Zaman 2012, S. 94 und Schulze 1990, S. 217 und 234.
627 Vgl. Satzung der Akademie Art. 13.
628 Vgl. Satzung der Akademie Art. 14.
629 Vgl. *at-Taʿrīf bi-l-maǧmaʿ al-fiqhī al-islāmī bi-Makka al-mukarrama* 2006, 3. Aufl., S. 17.

Fachliche Aktivität und Arbeitsweise: Die grundsätzliche Aktivität bildet die Fachtagung, die alle zwei Jahre im Hauptsitz stattfindet und in jeder Sitzungsperiode diverse Themen untersucht, zu welchen die Teilnehmer Scharia-Bestimmungen bzw. Beschlüsse treffen. Eine Tagung gilt als gültig, wenn mehr als die Hälfte der Mitglieder anwesend ist. Die Entscheidungen der Tagungen werden einstimmig oder mehrheitlich gefasst. Im Falle der Stimmengleichheit soll die betroffene Frage wieder zur Diskussion gestellt werden. Wenn die beiden Auffassungen immer noch gleich vertreten werden, gilt die Stimme des Präsidenten als entscheidend. Am Ende eines Beschlusses werden die Namen der Teilnehmer der Tagung aufgelistet. Während die Befürworter des Beschlusses ihre Unterschrift neben ihren Namen setzen, ist es den Vertretern der Gegenmeinung erlaubt, hervorzuheben, dass sie dagegen sind und ihre Meinung zu fixieren.[630] Die Akademie hat bis zum Jahre 2015 zweiundzwanzig Tagungen abgehalten, in denen die Organisation über 145 Themen – z.B. theologische, familienrechtliche, medizinische und finanzielle Fragen – bearbeitete und diesbezüglich Resolutionen verabschiedete. In diesem Kontext stellt ʿAbd Allāh ʿAbd al-Muḥsin at-Turkī, Generalsekretär der MWL (Amtszeit 2000–2016), fest, dass der Vorzug der Resolutionen bzw. der von der Akademie ermittelten Rechtsnormen gegenüber der anderen Rechtsliteratur darin begründet sei, dass die Akademie ihre Resolutionen auf Grundlage des KI gefasst hat. Diese Beschlüsse seien Arbeitsergebnisse mehrerer Gelehrten und Spezialisten aus diversen Wissensgebieten aus verschiedenen Ländern und Kulturen. Ebenso erklärt der aktuelle Generalsekretär der Akademie Ṣāliḥ ibn Zābin al-Marzūqī (seit 1999), dass die Akademie den KI verkörpert, da sich mehrere Gelehrte zu untersuchenden Fragen miteinander beraten.[631]

Al-Ittiḥād al-ʿālamī li-ʿulamāʾ al-muslimīn (International Union of Muslim Scholars -IUMS)?

Die im Jahre 2004 von ihrem Präsidenten Yūsuf al-Qaraḍāwī gegründete Union vereint mehrere muslimische Gelehrten aus verschiedenen Ländern und Vertreter muslimischer Minderheiten. Die IMUS hat zudem den omanischen Großmufti, Aḥmad al-Ḫailī, als Stellvertreter des Präsidenten und Vertreter der ibāḍitischen Richtung. Zuvor hatte die Union auch einen schiitischen Vizepräsidenten und schiitische Vertreter.[632] Aufgrund dessen könnte davon ausgegangen werden, dass es sich hierbei um ein Gremium des KI handelt.[633] Eine Überprüfung der Aktivitäten der IMUS verglichen mit anderen Gremien des KI zeigt hingegen, dass dies nicht der Fall ist.

Weder auf ihrer offiziellen Webseite noch in ihrer Charta gibt es einen Hinweis darauf, dass die IMUS den KI praktiziert. Außerdem bezeichnet sich diese Organisation als *ittiḥād* (Union oder Bund) und nicht als *maǧmaʿ* oder *maǧlis*, was bei den

---

630 Vgl. Satzung der Akademie Art. 11 und *at-Taʿrīf bi-l-maǧmaʿ al-fiqhī al-islāmī* 2006, 3. Aufl., S. 16 f.

631 Vgl. Akademie der MWL 2004, 2. Aufl., S. 8 und 14.

632 Vgl. http://iumsonline.org/en/, abgerufen am 11.04.2016.

633 Z. B. zählt Zaman IMUS zu den Institutionen des KI: Siehe Zaman 2012.

Institutionen des KI normalerweise der Fall ist. Überdies bestätigt die IMUS, dass sie sich von anderen islamischen Institutionen, wie den Fiqh-Akademien der Azhar, der OIC und der MWL unterscheidet, da Letztere sich auf den akademischen und wissenschaftlichen Bereich spezialisieren.[634] In der Praxis manifestiert sich der KI auch nicht in den Aktivitäten der IMUS. Auf der arabischen Webseite finden sich Fatwas, welche alle ohne Ausnahme von einzelnen Gelehrten erstellt wurden. Die meisten Fatwas stammen von al-Qaraḍāwī und dem Generalsekretär der IMUS ʿAlī al-Qaradāġī sowie wenige Fatwas von dem ehemaligen Vizepräsidenten der Union, ʿAbd Allāh Maḥfūẓ ibn Bayyah. Die IMUS übt weder ähnliche Aktivitäten wie die Institutionen des KI aus, wie die Abhaltung von Fachtagungen, an denen mehrere Gelehrte und Fachexperten an der Ermittlung islamrechtlicher Normen bezüglich gottesdienstlicher, familiärer, medizinischer oder finanzieller Fragen zusammenarbeiten, noch erstellt sie islamrechtliche Produkte, wie kollektive Fatwas und *Qarārāt* (Beschlüsse). Hingegen gibt die IMUS lediglich *Bayānāt* (Pressemitteilungen) ab, die in der Regel politische Ereignisse und Fragestellungen, wie z. B. die Situation in Syrien, den Konflikt in Jemen und insbesondere die Palästina-Frage, betreffen.[635] Daraus lässt sich folgern, dass die IMUS keine islamrechtliche Arbeit ausübt, sondern lediglich daran arbeitet, kollektive Stellungnahmen muslimischer Gelehrte zu politischen Ereignissen abzugeben. Somit kann die IMUS nicht in die Gremien des KI eingeordnet werden.

5.2 National-kollektive *iǧtihād*-Institutionen der islamischen Welt

Dieser Typ der Gremien des KI findet sich in letzten Jahrzehnten vermehrt in verschiedenen islamischen Ländern. Die Mitglieder solcher Institutionen stammen aus einem einzigen Land, welche den KI auf einer nationalen Ebene praktizieren, um die Fragestellungen und Probleme einer bestimmten muslimischen Gesellschaft zu behandeln und diese aus einer islamrechtlichen Sicht zu beurteilen. Diese Institutionen werden oft auch als *maǧmaʿ* oder selten als *maǧlis* (Rat) bezeichnet. Zu ihnen zählen beispielsweise die Rechtsakademie im Sudan, die irakische Rechtsakademie und Majelis Ulama Indonesia (MUI).

5.2.1 *Maǧmaʿ fiqh al-islāmī – as-Sūdān* (Die islamische Fiqh-Akademie im Sudan)

Entstehung: Diese Akademie wurde infolge des Gesetzes „*Maǧmaʿ fiqh al-islāmī*" aus dem Jahre 1998 gegründet. Dementsprechend gilt die Akademie als unabhängige wissenschaftliche Forschungsinstitution, deren Hauptsitz in Khartum liegt und welche dem Präsidentenbüro der sudanischen Republik angehört. Die Absicht der

634 Vgl. http://iumsonline.org/en/iums123/introductionen/, abgerufen am 11.04.2016.
635 Vgl. http://iumsonline.org/en/iums123/press-releases/?tag=press, abgerufen am 07.03.2017.

Akademie ist es, den KI zu untersuchen und die Präsidentschaft in islamrechtlichen Fragen zu beraten. Dieses Gremium ersetzte den ehemaligen Fatwa-Rat, der nach der offiziellen Webseite der Akademie im Jahre 1982[636] eingerichtet wurde und aus 17 sudanischen Gelehrten und Fachexperten bestand. Die Hauptaufgabe dieses Fatwa-Rates war die Erteilung von Rechtsgutachten zu Fragen, die vom Publikum oder von Behörden an den Rat gerichtet wurden. Während seines Bestehens hat dieser Rat ungefähr 165 Fatwas erstellt.[637] Somit gilt die neu gebildete Akademie gleichzeitig als das offizielle Fatwa-Amt im Sudan, das sowohl von staatlichen Behörden als auch vom Publikum Fatwa-Anfragen erhält.[638]

Ziele und Methoden: Die sudanische Rechtsakademie verfolgt unterschiedliche Ziele. Dazu gehört die Arbeit an der Anwendbarkeit der Scharia und daran, die Lücke in der islamrechtlichen Beurteilung zu schließen. Dieses Streben hatte die Wiederbelebung der Pflicht des „*iǧtihād*" zur Folge, vor allem des kollektiven, um islamrechtliche Normen abzuleiten. Hinzu kommt die Ermittlung von Rechtsnormen aus den religiösen Texten, welche sich mit den aktuellen Umständen im Sudan vereinbaren lassen. Ein weiterer Teil ihres Aufgabenbereichs stellt die Pflege des Studiums des islamischen Rechts sowie die rechtmäßige Beurteilung von neuen Fragen der angewandten Naturwissenschaften dar. Die Akademie bedient sich unterschiedlicher Mittel zur Erfüllung ihrer Ziele, wie z. B. der Entwicklung und Festlegung von fachlichen Grundsätzen und Mitteln zur Erteilung von Fatwas und Empfehlungen, der Anfertigung von Forschungen und Studien zu den untersuchenden Fragen, der Förderung der wissenschaftlichen Erforschung von Vorfällen in Kooperation mit Universitäten, Forschungszentren und anderen Rechtsakademien im In- und Ausland; der Einberufung von Konferenzen und Fachtagungen, der Veröffentlichung von Zeitschriften, Studien sowie Fatwas und Resolutionen der Akademie sowie der Vertretung des Sudans in den internationalen Konferenzen und Fiqh-Akademien.[639]

Struktur und fachliche Arbeit: In ihren Studien über die sudanische Rechtsakademie stellen die Verfasser aš-Šarīf und Ḫālid fest, dass die Akademie zum damaligen Zeitpunkt (2011) 48 Mitglieder, darunter Rechtsgelehrte und Spezialisten der Geistes- und Naturwissenschaften, umfasst.[640] Gemäß der Webseite der Akademie besteht diese jedoch lediglich aus zwanzig Mitgliedern, zu welchen auch zwei Frauen zählen. Die Mitglieder der Akademie werden vom Präsidenten der Republik alle vier Jahre eingestellt. Die Führung der Akademie übernimmt der Präsident, der als der Groß-Mufti des Lands gilt. Der aktuelle Präsident ist ʿIṣām ad-Dīn al-Bašīr, der auch in anderen Fiqh-Akademien wie der Fiqh-Akademie der

636 Laut Ḫalīfa Bā-Bakr al-Ḥasan wurde der Rat im Jahre 1979 gegründet. Vgl. al-Ḥasan (*Nadwa*) 1996, Bd. 1, S. 609.

637 Vgl. al-Ḥasan (*Nadwa*) 1996, Bd. 1, S. 609 f.

638 Vgl. Aš-Šarīf/Ḫālid 2011, S. 203 und http://aoif.gov.sd/au/857, abgerufen am 15.12.2016.

639 Vgl. Aš-Šarīf/Ḫālid 2011, S. 204 ff. und http://aoif.gov.sd/au/857, abgerufen am 15.12.2016.

640 Vgl. Aš-Šarīf/Ḫālid 2011, S. 205.

MWL und ECFR Mitglied ist. Neben dem Präsidenten, seinem Stellvertreter und dem Generalsekretär hat die Akademie ein exekutives Organ. Letzteres besteht aus dem Generalsekretariat, dem Sekretariat für wissenschaftliche Angelegenheiten, der Personalabteilung und anderen Verwaltungsorganen. Die islamrechtlichen Aufgaben der Akademie werden von sieben fachlichen Abteilungen übernommen: die Abteilung für die Grundlagen und Methodologie, die sich der Entwicklung von methodologischen Prinzipien widmet, welche die Erfüllung der Ziele der Scharia ermöglichen sollen; das Department für das islamische Familienrecht, das mithilfe des KI Verhaltensnormen im Bereich der familiären Angelegenheiten zu ermitteln und diesbezüglich Fatwas zu erteilen beabsichtigt; die Abteilung für Rechts- und Verfassungsfragen, die Ratschläge in dieser Art von Fragen gibt; die Abteilung für finanzielle und wirtschaftliche Angelegenheiten, welche eine Partizipation an der Bearbeitung von finanziellen Fragen anstrebt; das Department für angewandte Naturwissenschaften, das eine Stellungnahme bezüglich der durch die Entwicklung der Naturwissenschaften entstehenden Fragestellungen aus Sicht der Scharia abgibt; die Abteilung für gesellschaftliche und kulturelle Angelegenheiten, welche zur Aufgabe hat, die gesellschaftlichen Bräuche zu untersuchen, um die schlechten zu bekämpfen und die nützlichen zu fördern; und die allgemeine Fatwa-Abteilung. Zu den Funktionen der letzteren Abteilung gehören die Untersuchung und islamrechtliche Beurteilung von rechtsfreien Fragen; die Erstellung von Rechtsgutachten in Bezug auf Fragen vonseiten staatlicher Behörden, damit diese ein islamkonformes Arbeiten garantieren können sowie die Kontaktpflege mit anderen Gelehrten, um einen KI durchführen zu können.[641]

Die Verfahrensverordnung der Akademie legt die folgende Vorgehensweise bei der Fatwa-Erteilung fest:

1. Die empfangenen Fatwa-Anfragen sollen durch ein zuständiges Organ registriert werden.
2. Dem Generalsekretär soll ein offizieller Antrag vorgelegt werden. Dementsprechend wählt er bei seiner Entscheidung zwischen folgenden Möglichkeiten:
   a) Die Anfrage an die zuständige Abteilung der Akademie zu richten;
   b) Einen Forscher oder eine Forschungsgruppe mit der Untersuchung der Frage und einem Fatwa-Entwurf zu beauftragen;
   c) Die Anfrage zurückzuweisen, wenn die betroffene Frage bereits vor Gericht gebracht oder beantwortet wurde und die aktuelle Anfrage kein neues Element enthält.
3. Nach Anfertigung des Fatwa-Entwurfs wird dieser dem Generalsekretär vorgelegt, damit er folgende Beschlüsse trifft:
   i. Die Versammlung der Leiter der verschiedenen Abteilungen, um den Fatwa-Entwurf zu überprüfen und dem endgültigen Fatwa zuzustimmen.

641 Vgl. http://aoif.gov.sd/au/12, abgerufen am 15.12.2016.

ii. Die Einberufung des Akademierats im Falle von komplizierten Fragen, um diese zu überprüfen und zu beurteilen.
iii. Die Erstellung des Fatwas im Namen der Akademie, sobald alle nötigen Schritte erledigt wurden.

4. Das erstellte Fatwa wird schriftlich an den Fragenden geschickt.
5. Die ausgearbeiteten Fatwas und die damit verbundenen Unterlagen werden im Original beim Generalsekretär archiviert. Andere Kopien werden im Sekretariat der wissenschaftlichen Angelegenheiten und der zuständigen Abteilung sowie beim Statistik-Organ aufgehoben.[642]

Aktivitäten: Zu den Aktivitäten der Akademie gehören die Organisation von wissenschaftlichen Konferenzen und Fachtagungen, in denen diverse Arbeitspapiere und Studien vorgelegt werden. Im Rahmen der ersten Konferenz wurde die Rolle des KI bei der Bearbeitung von gegenwärtigen Problematiken diskutiert. An diesen Konferenzen nehmen oft ausländische Gelehrte teil. Ebenso wohnt die Akademie verschiedenen ausländischen Tagungen bei. Außerdem hat die Akademie zahlreiche Rechtsgutachten bezüglich der an sie gerichteten Fatwa-Anfragen erteilt und publiziert eine eigene Fachzeitschrift sowie andere wissenschaftliche Reihen.[643]

5.2.2 Majelis Ulama Indonesia (MUI)

Der Majelis Ulama Indonesia (Gelehrten-Rat von Indonesien) gehört neben dem Nahdlatul Ulama und Muhammadiyah zu den drei größten islamischen Organisationen in Indonesien. Zwar gab es auch eine gewisse Anzahl an örtlichen *ʿUlamāʾ*-Räten, wie jene in West-Java (gegründet 1958), Aceh (1965), West-Sumatra (1966) und Süd-Sulawesi (ca. 1970), welche dem MUI vorausgingen, die jedoch mit anderen Aufgaben betraut waren. Die Idee, einen *ʿUlamāʾ*-Rat, dem die Funktion der Fatwa-Erteilung zugewiesen wird, zu gründen, wurde zuerst während einer Konferenz im Zentrum für indonesische islamische *Daʿwa* (Pusat Dakwah Islam Indonesien) im Zeitraum vom 30. September bis 4. Oktober 1970 formuliert. Diese Initiative gründete auf einem Arbeitspapier, das dieser Konferenz von Professor Ibrahim Hosen vorgelegt wurde. Darin zitiert er die Resolution der ersten Konferenz der Akademie für islamische Untersuchungen 1964 in Kairo, welche die Notwendigkeit und Signifikanz des KI hervorhebt. Diese Idee wurde aber von einigen Teilnehmern abgelehnt. Ein weiteres Mal wurde die Schaffung dieses nationalen Gelehrten-Rats am 26.–29. November 1974 im Rahmen eines Nationalen Workshops für islamische Prediger, der auch vom Zentrum für indonesische islamische *Daʿwa* organisiert wurde, postuliert und positiv aufgefasst. Anschließend betonte der indonesische Präsident Suharto (reg. 1967–1998) im Mai 1975 anlässlich eines Treffens mit den Vorständen

642 Vgl. Aš-Šarīf/Ḫālid 2011, S. 211.

643 Vgl. http://aoif.gov.sd/au/category/%D8%A7%D9%84%D9%85%D9%86%D8%A7%D8%B4%D8%B7-%D8%A7%D9%84%D8%B9%D9%84%D9%85%D9%8A%D8%A9, abgerufen am 15.12.2016.

des Rates für indonesische Moscheen seine Unterstützung dieser Neuerung. Die Einrichtung des MUI erfolgte sodann am 26. Juli 1976 mit Hauptsitz in Jakarta. Daneben hat er auch Niederlassungen in einigen Provinzen und Bezirken. Der MUI gilt als eine halbstaatliche/halboffizielle Organisation und wird von der Regierung finanziert. Was die Mitglieder des MUI betrifft, so belaufen sich diese auf insgesamt 300, welche die verschiedenen Rechts- und Denkschulen repräsentieren. Zudem sind seine Mitglieder Scharia-Gelehrte und Intellektuelle verschiedener muslimischer Organisationen, darunter der beiden größten Nahdlatul Ulama und der Muhammadiyah, sowie Beamten und Experten anderer Fachgebiete. Nichtsdestoweniger sind die Nahdlatul Ulama und Muhammadiyah den Entscheidungen, Fatwas und Empfehlungen des MUI gegenüber nicht verpflichtet. Obwohl die Regierung auch Meinungen anderer islamischer Organisationen berücksichtigt, tendiert sie dazu, sich ausschließlich der Meinung des MUI zu unterwerfen bzw. sich auf diese zu berufen, da der MUI Vertreter aller islamischen Organisationen umfasst. Ebenso hat der MUI später Spezialisten anderer Wissensgebiete, wie Anhänger des 1989 gegründeten Instituts für Lebensmittel-, Medikations- und Kosmetikforschung (LPPOM) und der im Jahre 1991 eingerichteten islamischen Bank, Bank Muamalat Indonesien (BMI), aufgenommen.[644] Darüber hinaus sind Frauen im MUI – verglichen mit anderen ähnlichen Organisationen – verhältnismäßig gut repräsentiert.[645]

Der MUI setzt sich aus zwölf Kommissionen zusammen, die die verschiedenen Arbeitsbereiche des MUI abdecken: (1) Fatwa-Kommission, (2) Kommission der islamischen Bruderschaft, (3) Kommission der *Daʿwa* und Gemeinschaftsentwicklung, (4) Kommission für Bildung und Kultur, (5) Kommission für Wirtschaft und Finanzen, (6) Kommission für Information und Kommunikation, (7) Kommission für Frauen, Jugend und Familie, (8) Kommission für Recht und Verordnungen, (9) Kommission für Forschung und Entwicklung, (10) Kommission für interreligiöse Harmonie, (11) Kommission für die Entwicklung islamischer Künste, (12) Kommission für auswärtige Beziehungen und internationale Zusammenarbeit. Neben den Vorsitzenden und dem Sekretariat hat jede Kommission, ausgenommen die Fatwa-Kommission, die 42 Mitglieder hat, sechs Mitglieder.[646]

Der MUI übernimmt fünf Funktionen bzw. Rollen: Er fungiert (1) als Erbe der Aufgaben des Propheten, (2) als Rechtsgutachter (Mufti) für die muslimische Gemeinschaft, (3) als Mentor und Diener der Gemeinde, (4) als Agent für Reform und Erneuerung und (5) als Vorbild, welches das Gute gebietet und das Verwerfliche verbietet. Die zentrale Aufgabe des MUI, wie die Verteilung der Mitglieder auf Kommissionen demonstriert, besteht darin sowohl für die muslimische Gemeinde als auch für die staatlichen Behörden rechtliche Gutachten zu erstellen. Die vom MUI erteilten Fatwas bewegen sich in zahlreichen Themenfeldern, die von ritueller

644 Vgl. Ichwan 2005, S. 47 ff. und Hosen 2004, S. 149 ff.

645 Vgl. Hosen 2004, S. 156 f.

646 Vgl. http://mui.or.index.php/2009/05/08/komisi-komisi-mui/, abgerufen am 10.03.2017.

Reinheit, über Glaubensfragen bis hin zu wirtschaftlichen und politischen Fragestellungen reichen. Die Arbeitsergebnisse werden in der offiziellen Zeitschrift des Gremiums *Mimbar Ulama* veröffentlicht. Außerdem werden die Fatwas zusammengestellt und veröffentlicht. Die erste Veröffentlichung erfolgte 1984 durch den Verlag *Pustaka Panjimas*. Hinsichtlich der Arbeitsweise rekurriert der MUI bei der Erteilung seiner Fatwas auf eine kollektive Vorgehensweise. Durch die offizielle Verwendung des Begriffs „Kollektiver *iǧtihād*" im Jahre 1986 äußerte sich der MUI explizit zu seiner Arbeitsmethode bei der Fatwa-Erteilung. Trotzdem stellt Hosen fest, dass der MUI bereits seit seiner Gründung 1975 den KI praktiziere. Hierbei solle der MUI keiner bestimmten Rechtsschule folgen, sondern sich den verschiedenen Schulen gegenüber gleichermaßen offen zeigen und bei der Auswahl und Bewertung der Rechtsauffassung sollen lediglich die Authentizität und Argumentation einer Ansicht sowie das Gemeinwohl der Gesellschaft entscheidend sein. Allerdings ordnet Hosen den KI des MUL in die Kategorie *iǧtihād taḫrīǧ*, *tarǧīḥ* oder ein *futyā* ein. Der nationale MUI verkündete offiziell, dass die Fatwas der nationalen MUI und jene der regionalen MUIs in der islamischen Jurisprudenz und sozialen Praxis den gleichen Status haben: ein Fatwa des nationalen MUI kann nicht ein Fatwa des provinziellen MUI ungültig machen.[647] Allerdings sollte ein Fatwa in Einklang mit den vom MUI aufgestellten Richtlinien für die Fatwa-Erteilung stehen. Dementsprechend soll sich ein Fatwa auf den Koran und auf Hadithe berufen und nicht den Interessen der Gemeinschaft widersprechen. Falls eine Frage nicht in einer Rechtsquelle behandelt wurde, sollte ein Fatwa nicht gegen einen Konsens, gesunden Analogieschluss oder andere Rechtsprinzipien verstoßen.[648]

Zwischen 1975 und 1985 wurden die Fatwas des MUI unmittelbar im Anschluss an das Treffen des Fatwa-Komitees erteilt und von dem Vorsitzenden und dem Sekretär des Ausschusses unterzeichnet. Seitdem ist dieser Prozess jedoch komplizierter geworden. Wenn die Fatwa-Kommission eine Frage diskutiert und diesbezüglich ein Fatwa entwirft, informiert der Vorsitzende und der Sekretär des Ausschusses den Generalvorsitzenden des MUI schriftlich darüber. Anschließend treffen sich alle Vorsitzenden des MUI (einschließlich des Vorsitzenden des Fatwa-Komitees), um den Fatwa-Entwurf zu besprechen. Falls sie das Fatwa billigen, wird dieses mit den Unterschriften des Generalvorsitzenden und Generalsekretärs des MUI sowie des Vorsitzenden des Fatwa-Komitees versehen. Wenn der Generalvorsitzende ablehnt, das Fatwa zu unterzeichnen, wird dieses zur Überarbeitung an das Fatwa-Komitee zurückgegeben.[649] In der Regel tagen die Mitglieder des Fatwa-Komitees, wenn sie eine Fatwa-Anfrage erhalten, um diese zu diskutieren und aus Sicht der Scharia zu beurteilen. Es ist jedoch auch möglich, dass sie die Frage an eine niedrigere (d.h. regionale oder provinzielle) Institution richten, wenn es bei der Frage nur um lokale Probleme, die nicht das ganze Land oder mehrere Providenzen betreffen, geht. Somit

647 Vgl. Hosen 2004, S. 159.
648 Vgl. Ichwan 2005, S. 50 ff.
649 Vgl. Hosen 2004, S. 168.

fällt eine solche Frage in die Zuständigkeit eines regionalen MUI. Die Themen der Fatwas des MUI (zwischen 1975 und 1998) lassen sich in vier Bereiche unterteilen: Riten und Gottesdienst (19 Fatwas), Glaubenslehrsätze (8), soziale Probleme (über 20) sowie Wissenschaft und Technik (über 10). Es gibt keine formalen Erklärungen des MUI, welche verdeutlichen, ob es obligatorisch ist oder nicht, sich an seine Fatwas zu halten.[650] Die Sitzungen der Fatwa-Komitees werden in der Regel samstags abgehalten und vom Vorsitzenden eröffnet; ihnen wohnen die Mitglieder des Komitees sowie einige Mitglieder des Zentralausschusses des MUI bei. Der Ausschusssekretär verteilt die Fragen und die Entwürfe der Antworten, die von einer spezifischen Gruppe vorbereitet wurden (einschließlich Kopien aller notwendigen Referenzen). Daraufhin präzisiert der Vorsitzende die betreffende Frage und präsentiert seinen Standpunkt zu dem Thema. Die sich anschließende Darlegung der Meinung der anwesenden Mitglieder mündet in eine Debatte. Dabei analysieren einige die Texte aus der Fiqh-Literatur, die entweder von der Spezialgruppe oder von ihnen selbst vorbereitet werden, während andere sich bemühen, gegen die Meinung des Vorsitzenden zu argumentieren. Manchmal ist mehr als ein Treffen erforderlich, bis die Antwort auf ein Fatwa gefunden ist.[651]

Der MUI hält bei der Fatwa-Erteilung an einer bestimmten Arbeitsmethodologie fest. Dementsprechend stützt sich die Normenfindung auf die anerkannten Rechtsquellen Koran, Sunna, Konsens und Analogieschluss. Hierbei sollen die Mitglieder des Fatwa-Komitees ihre Entscheidung hinsichtlich der zu untersuchenden Frage auf eine kollektive Weise treffen. Bei der Ermittlung einer rechtlichen Norm soll das folgende Vorgehen befolgt werden:

1. Durchsicht und Überprüfung der Ansichten und Argumentation von diversen Rechtsschulen und angesehenen Gelehrten bezüglich der betreffenden Frage.
2. Die Rechtsauffassungen der Gelehrten sollen mit ihrem genauen Inhalt dargestellt werden.
3. Im Falle einer Meinungsverschiedenheit zwischen den angesehenen Gelehrten soll ein Harmonisierungsversuch dieser Ansichten basierend auf Gemeinsamkeiten unternommen werden. Ansonsten solle man die unterschiedlichen Meinungen abwägen und sich für eine entscheiden.
4. Wenn es sich dabei aber um eine rechtsfreie Fragestellung handelt, soll ein KI gemäß einer der *iǧtihād*-Methoden *bayānī, taʿlīlī* (*qiyāsī, istiḥsānī, ilḥāqī*), *istiṣlāḥī* und *sadd aḏ-ḏarāʾiʿ* etc. durchgeführt werden.
5. Bei der Erteilung eines Fatwas sollen die Ziele der Scharia und das Gemeinwohl der Gesellschaft berücksichtigt werden.[652]

Obwohl der MUI in der Ordnung seiner Arbeitsmethodologie proklamiert, für alle Rechtsschulen offen zu sein, stellt ʿIfat al-Umniyya Ismāʿīl fest, dass der MUI oft

650 Vgl. Hosen 2004, S. 171 ff.
651 Vgl. Hosen 2004, S. 176.
652 Vgl. Ismāʿīl 2016, S. 507.

die šāfiʿitische Schule bevorzugt. Außer den Sitzungen des Fatwa-Komitees gibt es auch die nationale Versammlung und die allgemeine Gelehrten-Versammlung, welche alle fünf Jahre stattfindet und an welcher alle Mitglieder des zentralen MUI und der regionalen Standorte sowie andere Gelehrte, Intellektuelle und Fachleute teilnehmen (etwa 1000 Teilnehmer).[653]

5.3 Kollektive *iǧtihād*-Institutionen für minderheitenrechtliche Fragestellungen

Unter diese Kategorie lassen sich Institutionen des KI zusammenfassen, welche sich außerhalb der islamischen Welt oder außerhalb der mehrheitlich muslimischen Länder befinden. Mithilfe des KI beabsichtigen diese Körperschaften, sich mit religiösen und ethischen Problemen und Fragestellungen der Muslime in der Diaspora bzw. der muslimischen Minderheiten zu befassen und dafür Lösungen anzubieten. Oft haben diese Gremien auch einen transnationalen Charakter – wie der ECFR, FCNA und AMJA – in dem Sinne, dass sie Mitglieder aus verschiedenen Ländern aufnehmen. Allerdings spezialisieren sie sich auf das Gebiet des muslimischen Minderheitenrechts. In der Regel werden diese Einrichtungen entweder *maǧmaʿ* oder *maǧlis* benannt. Zu diesen Institutionen gehören der ECFR, FCNA, die Islamic Fiqh Academy of India und AMJA.

5.3.1 European Council for Fatwa and Research (*al-Maǧlis al-urūbbī li-l-iftāʾ wa-l-buḥūṯ*)

Der „European Council for Fatwa and Research“ (ECFR) wurde im Jahre 1997 in Irland eingerichtet. Die Gründung des ECFR geht auf eine Initiative der „Federation of Islamic Organizations in Europe (FIOE) zurück. Der Council versteht sich als Institution, welche sich mit den Fragen der muslimischen Minderheiten in Europa auseinandersetzt.

Der ECFR strebt verschiedene Ziele an, darunter die Annäherung zwischen den muslimischen Gelehrten in Europa und die Arbeit an der Vereinigung ihrer Positionen in Hinblick auf die Fragen der muslimischen Minderheiten. Zu seinen zentralen Aufgaben zählt der ECFR kollektive Fatwas hinsichtlich der Probleme der Muslime in Europa, welche deren Integration in die europäischen Gesellschaften in Einklang mit den Vorschriften der Scharia ermöglichen, zu erstellen.

Zum großen Teil sind die Mitglieder des ECFR im Westen ansässig, aber viele Mitglieder leben auch innerhalb der islamischen Welt. Derzeit hat der ECFR 34 Mitglieder unter der Führung von Yūsuf al-Qaraḍāwī. Dem Council werden einige permanente sowie temporäre Spezialistenausschüsse zugeordnet, insbesondere drei Fatwa-Kommissionen in Frankreich, England und Deutschland. Vom ECFR wird mindestens einmal jährlich eine Konferenz einberufen, welche sich mit der Untersuchung verschiedener religiöser, ethischer und sozialer Fragestellungen und

653 Vgl. Ismāʿīl 2016, S. 508.

Probleme der Muslime in der Diaspora befasst. Als Beispiel für die Institutionen des KI außerhalb der islamischen Welt strebt der nachfolgende Teil eine detaillierte Analyse des Councils an.

5.3.2 The Fiqh Council of North America (FCNA)

Entstehung: Der Fiqh-Rat von Nordamerika definiert sich selbst als eine Non-Profit-Organisation und unabhängige wissenschaftliche Fachkörperschaft. Der FCNA hat seinen Ursprung im Komitee für religiöse Angelegenheiten der damaligen *Muslim Students Association* (MSA) der Vereinigten Staaten und Kanadas in den frühen 1960er Jahren. Die Hauptaufgabe der MSA lag in der Determination der Anfänge der Mondmonate Ramaḍān und Šawwāl. Aus diesem Komitee für religiöse Angelegenheiten entwickelte sich im Jahre 1980 das Fiqh Committee of the Islamic Society of North America (ISNA). Die Hauptfunktion dieses Fiqh-Komitees entsprach jener des MSA. Infolge zunehmender Bedürfnisse der muslimischen Gemeinschaft und komplexer Probleme, mit welchen sich die Muslime konfrontiert sahen, wurde „the Fiqh Council" im Jahre 1986 (nach DeLorenzo vollzog sich diese Reorganisation am 10. März 1988) in „the Fiqh Council of North America" umgewandelt. Der neu gebildete FCNA zeichnet sich durch eine Ausweitung seiner Funktionen aus und fungiert darüber hinaus als Ratgeber für unterschiedliche Zielgruppen. So setzt sich der FCNA mit Fragen auseinander, die an ihn sowohl von muslimischen und nicht-muslimischen Individuen als auch von Organisationen gerichtet werden.[654]

Mitgliedschaft: Zu den Bedingungen für eine Mitgliedschaft im FCNA gehören ein akademischer Abschluss, Vertrautheit mit der arabischen Sprache, die Notwendigkeit, frei von politischen Obliegenheiten zu sein, Offenheit gegenüber den Ansichten der verschiedenen Rechtsschulen und der Nachweis eines mindestens fünfjährigen Aufenthalts in Nordamerika.[655] Der FCNA umfasst derzeit 19 Mitglieder aus den USA und Kanada, darunter zwei Frauen, und zwar Zainab Alwani und Deina Abdelkader. Das exekutive Komitee des Rates besteht aus acht Mitgliedern unter der Führung von Muzammil Sediqis. Von den Mitgliedern werden alle vier sunnitischen Rechtsschulen vertreten. Außerdem wird die Zwölferschia bzw. die imāmitische Rechtsschule durch einen Gelehrten, und zwar Hassan Qazwini, repräsentiert.[656]

Ziele: Die Ziele des FCNA, wie diese in seinem Statut dargelegt werden, sind die Folgenden:

1. to consider, from a Shariʿa perspective, and offer advice on specific undertakings, transactions, contracts, projects, or proposals, guaranteeing thereby that the dealings of American Muslims fall within the parameters of what is permitted, in ethical or legal sense, by the Shariʿa;

---

654 Vgl. DeLorenzo 2000, S. 68 f. und http://www.fiqhcouncil.org/sites/default/files/FCNABrochure.pdf, abgerufen am 12.10.2016.

655 Vgl. DeLorenzo 2000, S. 69.

656 Vgl. http://www.fiqhcouncil.org/node/13, abgerufen am 12.10.2016.

2. to consider issues of relevance to the community and give, from a Shariʿa perspective, advice and guidelines for policy, procedure, and practice. Such advice may take the form of position papers, fabada, research papers, sample forms for legal agreements, or whatever else is deemed effective;
3. to consult, on issues requiring specialized knowledge and experience, with professionals or subject specialists;
4. to establish and maintain working relationships with Shariʿa experts worldwide, including muftis, university professors, researchers, Shariʿa courts justices, and member of national and international fiqh councils and academies;
5. to assist local and national organizations in the resolution of conflicts;
6. to advise in the appointment of arbiters, and review arbitration proceedings and decisions for their consistency with Islamic legal principles;
7. to commission research on relevant Islamic legal;
8. to maintain and develop a comprehensive Shariʿa library;
9. to anticipate and serve the particular needs of women and of minority groups in the community: youth, prisoners, recent converts, etc.;
10. to develop a fiqh for Muslims living in non-Muslim societies.[657]

Aktivitäten: Der FCNA organisiert seine allgemeine Konferenz mindestens einmal pro Jahr. Das exekutive Komitee trifft sich normalerweise jedes Vierteljahr und seine Mitglieder kommunizieren regelmäßig per E-Mail oder mittels Telefonkonferenzen miteinander. Einige seiner Mitglieder trugen dazu bei, eine neue Ära islamrechtlicher Diskussionen zum Minderheitenrecht zu initiieren. Ferner setzen sich andere für das Führen islamrechtlicher Diskussionen zu relevanten Fragen durch Seminare, Fachtagungen und Konferenzen ein. Der FCNA zeigt sich gleichzeitig in der Publikation zu verschiedenen juristischen Fragen engagiert. Überdies empfängt der FCNA Fatwa-Anfragen sowie Meinungsäußerungen per E-Mail, Telefon oder auf seiner Webseite. Der FCNA bietet unterschiedliche Dienste, wie Schlichtung, Beratung, Ausbildung in diversen islamischen Bildungsfeldern sowie Fatwa-Dienste an und setzt sich für die Einberufung von Fachtagungen und Symposien ein. Hierbei kooperiert er mit ökumenischen Gremien.[658]

Methodologische Grundlage und Arbeitsverfahren: Der Rat bezweckt, die Muslime in Nordamerika durch die Verbreitung von authentischem islamischem Wissen und gesunder islamrechtlicher Normen rechtzuleiten und ihnen das Leben entsprechend islamischer Prinzipien in der säkularen, nicht-muslimischen Gesellschaft Nordamerikas zu erleichtern. Hierzu arbeiten die Mitglieder des Gremiums an der Lösung von islamrechtlichen Problematiken unter Berücksichtigung der Ziele der Scharia und dem Gemeinwohl der Gesellschaft. Methodologisch versucht der FCNA, die unterschiedlichen Rechtsauffassungen und exegetischen Textinterpretationen zu harmonisieren, mit dem Ziel, die diversen muslimischen Positionen

657 DeLorenzo 2000, S. 69 f.

658 Vgl. http://www.fiqhcouncil.org/sites/default/files/FCNABrochure.pdf, abgerufen 12.10.2016.

zu vereinigen und kollektive Normen hinsichtlich des muslimischen Lebens in Nordamerika zu erstellen. Bei der Ermittlung von Rechtsnormen stützt sich der FCNA auf die im klassischen islamischen Recht unumstrittenen Rechtsquellen, nämlich Koran, Sunna, Konsens und Analogieschluss. Außerdem werden andere sekundäre bzw. umstrittene Rechtsquellen, wie *istiḥsān, maṣlaḥa mursala, ʿurf* und *sadd aḏ-ḏarāʾiʿ* sowie die o. g. Quellen in Übereinstimmung mit den anerkannten Normen der islamischen Rechtsprechung angewandt. Hierbei schenkt der FCNA den *maqāṣid aš-šarīʿa* besondere Aufmerksamkeit. Bei der Ableitung rechtlicher Normen bilde die Anerkennung der neuen Lebensanforderungen das Grundprinzip des FCNA. Ebenso weist der Rat darauf hin, dass er in diesem Zusammenhang die unterschiedlichen Meinungen anderer Gelehrten und Fiqh-Institutionen berücksichtigt und von diesen profitiert.[659]

Was die Arbeitsverfahren betrifft, so werden die Anfragen vom FCNA auf eine kollektive Weise untersucht und beantwortet. Hierbei legt der Rat seine Konzentration vor allem auf rechtsfreie bzw. neue Fragen. Ferner konsultiert er bei seiner Arbeit Fachexperten anderer Wissensgebiete, z. B. arbeitete der FCNA in Bezug auf die Frage nach der Sichtung der Mondsichel und der Bestimmung der Anfänge der Mondmonate mit einer Gruppe von Astronomen zusammen. Die Entscheidungen des FCNA können entweder einstimmig oder mit Zweidrittelmehrheit der anwesenden Mitglieder gefasst werden. Gegenmeinungen dürfen in Anwesenheit des Rates geäußert werden.[660]

5.3.3 Islamic Fiqh Academy India (IFA)

Entstehung: Als Motivation für die Entwicklung dieser Institution erwähnt die Akademie den wissenschaftlichen Fortschritt, die zunehmenden Anforderungen und Probleme des modernen Lebens sowie die Komplexität der modernen wirtschaftlichen und medizinischen Fragen auf eine Weise, dass der einzelne Gelehrte bzw. der individuelle *iǧtihād* solche Problematiken aus Sicht der Scharia nicht mehr beurteilen kann. Somit entstand das Bedürfnis nach einer kollektiven Denkarbeit mittels der Kooperation zwischen Scharia-Gelehrten und Spezialisten anderer Wissensgebiete. Um diese Bedürfnisse zu befriedigen, wurde die IFA Ende 1988 ins Leben gerufen.[661] In diesem Zusammenhang deutet Zaman den politischen Kontext der Schaffung der IFA an. Für ihn sei zum Teil als Reaktion auf den Aufstieg des Hindu-Nationalismus, der die Muslime nicht als Teil der indischen Gesellschaft betrachtet entstanden.[662] Im Jahre 1990 wurde die IFA als gemeinnützige Stiftung

---

659 Vgl. http://www.fiqhcouncil.org/sites/default/files/FCNABrochure.pdf, abgerufen am 10.10.2016 und DeLorenzo 2000, S. 71.

660 Vgl. DeLorenzo 2000, S. 70 f. und http://www.fiqhcouncil.org/sites/default/files/FCNABrochure.pdf, abgerufen 12.03.2016.

661 Vgl. http://www.ifa-india.org/arabic.php?do=home&pageid=arabic_introduction, abgerufen am 15.10.2016.

662 Vgl. Zaman 2012, S. 101 ff.

registriert. Federführend für die Entstehung der Akademie war Qadi Mujahid al-Islam Qasimi (gest. 2002), welcher der Gründer und erste Generalsekretär war und sie bis zu seinem Tod führte. Die Akademie ist eine registrierte NGO, die seither als forschungsorientierte Organisation arbeitet.[663]

Ziele: Die IFA hat die folgenden Ziele:

1. To find solutions for the contemporary problems brought up by the developments and changes in social, political, economic, industrial and technological spheres of life, in the light of the guidelines provided by the Quran and Sunnah and deliberations and interpretations of the companions of the Prophet and other pious classical jurists and scholars.
2. To make collective efforts to find out solutions to the contemporary problems or those problems of past which demand rethinking and research in the changing circumstances in line with the principles and methodology of Fiqh.
3. To conduct research projects on interpretation of the sources, principles, methodology, paradigms and other theoretical concepts of the Islamic Fiqh and their application in the present times.
4. To conduct contemporary interpretation of the Islamic Fiqh.
5. To publish the works of eminent savants and authentic Islamic institutions in the contemporary idiom and style as the common academic and juristic legacy.
6. To promote coordination between all Juristic and Research Institutions to examine the judicial verdicts vis-à-vis the interpretation and application of Islamic Law in India and abroad.
7. To prepare an index on different topics relating to the Islamic Jurisprudence.
8. To collect, edit and publish the verdicts (both published and unpublished) of the Eminent savants and intuitions as the common academic & juristic legacy in the Contemporary idioms & style, in order to preserve it for the benefit to the future generations.
9. To organize seminars, symposiums, conferences and study teams, establish academic and research institutions aiming at the fulfilment of objectives, according to our resources.
10. To appraise the misunderstandings and misinterpretations of different sections of the Society concerning the Islamic Jurisprudence and bring forth the true perspective of Islam.
11. To prepare literature consisting of the solution to new issues and challenges faced by Islam in contemporary idiom and style.
12. To direct potentials of the emerging Muslim scholars to knowledge and research creating favourable atmosphere of knowledge and scholarship by encouraging them and to make attempts to bring Islamic Scholars possessing sound knowledge and research base and intellectuals together.

663 Vgl. A Brief Report: Islamic Fiqh Academy – Year 1989–2014, S. 7 (Online verfügbar: http://www.ifa-india.org/english.php?do=home&pageid=IFA_introduction, abgerufen am 15.10.2016) und Zaman 2012, S. 96 f.

13. To arrange necessary facilities of the contemporary education for the brilliant and intelligent graduates of Islamic Madaris and of the religious and juristic education for the scholars of universities aiming at the preparation of a new generation well versed both in religious and modern sciences.
14. To create awareness of utilizing the Academic and Fiqhi repertoires of different schools.
15. In reference to the aforesaid aims and objectives, to organize seminars, symposia, make study teams, organize training and juristic workshops, establish academic, educational and research institutions and to accomplish, subject to our resources, what is appropriate and beneficial in order to achieve the respective aims and objectives.[664]

Zaman konstatiert in der Arbeit der IFA das Streben nach einem KI, auch wenn dies nicht explizit erwähnt wird: „The aspiration to collective ijtihad, although not explicitly mentioned among the formal objectives of the Fiqh Academy, is very much part of the discourse of the academy's scholars."[665] An anderer Stelle betont Zaman, dass die IFA dazu aufgerufen habe, neue rechtliche Fragen durch den KI zu lösen.[666]

Struktur: Die IFA setzt sich aus diversen Einheiten bzw. Abteilungen zusammen. Dazu zählen die Folgenden: 1 – Abteilung für islamrechtliche Theoretisierung und Authentisierung; 2 – Abteilung für Übersetzung, Untersuchung und Studium; 3 – Abteilung für Ausbildung von Nachwuchskräften; 4 – Abteilung für religiöse Seelsorge und Fatwa-Erteilung; 5 – Abteilung für das Erbe der Rechtswissenschaft; 6 – Abteilung für Symposien und Werkstätte; 7 – Abteilung für Presse- und Öffentlichkeitsarbeit; 8 – Abteilung für Folgemaßnahmen, Koordination und Planung; 9 – Abteilung für Verwaltung und Durchführung. Die administrative und organisatorische Struktur der IFA lässt sich in drei spezielle Ebenen unterteilen: A – Die dreiköpfige Kommission der Supervisors; B – Die exekutive Kommission, die neun Mitglieder hat; C – Die konstituierende Körperschaft, welche aus siebzehn Mitgliedern besteht. Ferner vereint sie zahlreiche Ehrenmitglieder, die alle aus arabischen Ländern stammen, darunter bekannte Namen und Mitglieder anderer Rechtsakademien der islamischen Welt, wie al-Qaraḍāwī, Wahba az-Zuḥaylī und ʿAbd Allāh ibn Bayyah.[667]

Aktivitäten: Die IFA veranstaltet jährlich ein Fiqh-Seminar, das in der Regel 3–4 Tage dauert. In diesem bearbeitet die Akademie unterschiedliche Themenfelder, wie gottesdienstliche, gesellschaftliche, finanzielle und medizinische Fragestellungen. Dieses Treffen steht auch ausländischen Gelehrten offen. Die erste Tagung der IFA fand vom 1.–3. April 1989 in Neu-Delhi statt und war in Kooperation mit dem Institute of Objektive Studies (I.O.S). An dieser Tagung nahmen 300 Gelehrte, darunter Abū

664 A Brief Report: Islamic Fiqh Academy – Year 1989–2014, S. 8 f. Dazu auch Zaman 2012, S. 97 f.

665 Zaman 2012, S. 98.

666 Vgl. Ebd., S. 99.

667 Vgl. http://www.ifa-india.org/arabic.php?do=home&pageid=arabic_structure, abgerufen am 15.10.2016.

al-Ḥasan an-Nadwī, Ṭāhā Ǧabir ʿAlwānī und Mujahid al-Islam Qasimi, und Fachexperten anderer Wissensbereiche teil. In der Sitzung wurden 58 Arbeitspapiere vorgelegt, welche drei Hauptfragen thematisierten: Mietsicherheit bzw. Kaution (21 Arbeitspapiere), Organtransplantation (18) und Geburtenkontrolle (19). Das letzte Fiqh-Seminar der Akademie, nämlich das 26., fand vom 4.–6. März 2017 statt. Die Teilnehmer untersuchten die folgenden Thematiken: Die Vorteile verschiedener Regierungsschemata; Umweltschutz und seine Probleme; Gold und Silber-Geschäft; der Verkauf von Land und bestehende Gesetze: Im Lichte der islamischen Jurisprudenz. In diesen Fiqh-Seminaren hat die Akademie bisher etwa 145 Themen behandelt. Außerdem organisierte die IFA viele islamrechtliche Werkstätten. Die erste Werkstatt fand im Zeitraum vom 21. bis 25. Dezember 2003 statt. Bemerkenswert ist, dass über die Hälfte dieser Werkstätten die Ziele der Scharia (*Maqāṣid aš-šarīʿa*) thematisierte. Das islamische Minderheitenrecht war das Thema der siebten Werkstatt vom 27.–30. Juni 2007. Zudem arbeitet die IFA mit anderen akademischen und Fiqh-Institutionen weltweit zusammen. Sie legt besonderes Augenmerk auf die Kooperation mit Institutionen, die in Ländern und Gebieten mit einer auffallend hohen muslimischen Minderheit, wie den USA und Europa, tätig sind und sich mit Fragen der Minderheiten befassen.[668]

Arbeitsverfahren: In ihrem Bericht über die Arbeit der IFA zwischen 1989 und bis zum Jahre 2004 erklärt die Akademie, dass sie diese fachlichen Seminare mit dem Ziel organisierte, den KI als Arbeitsmethode zu fördern. In Hinblick auf ihre Arbeitsmethodologie verdeutlicht die IFA, dass sie – ausgehend vom Ziel der Einheit der muslimischen Umma – mit Gelehrten aller Rechts- und Denkschulen zusammenarbeitet.[669] Die Akademie orientiert sich an folgendem Arbeitsverfahren: Die Auswahl der zu untersuchenden Themen erfolgt basierend auf einer Umfrage unter Gelehrten und anderen Experten, die an den Fiqh-Seminaren teilnehmen und zum Akademierat gehören. Anschließend werden die vorgeschlagenen Themen von der exekutiven Kommission, welche die in den Seminaren zu behandelnden Themen wählt und klassifiziert, wobei die Vielfältigkeit und Neuartigkeit der Fragen berücksichtigt werden soll. Nachdem das Generalsekretariat die Fragestellungen und die Gesichtspunkte jedes Forschungsthemas festgelegt hat, werden diese an Gelehrten und Spezialisten anderer Fachgebiete, je nach Frage, im In- und Ausland geschickt, damit diese Studien zu den ausgewählten Themen erstellen. Nach der Ausarbeitung und Zusammenfassung der Ergebnisse der angefertigten Studien, deren Zahl sich durchschnittlich auf 100 (einige Male auf etwa 150–200) beläuft, werden diese sowie die fachlichen Meinungen von wissenschaftlichen Experten den Teilnehmern am Seminar zugeschickt. Im Anschluss daran wählt die Akademie für jedes untersuchte Thema einen Referenten bzw. Berichterstatter aus, der die Arbeitsergebnisse aller

668 Vgl. http://www.ifa-india.org/english.php?do=home&pageid=Fiqhi_Seminar, abgerufen am 17.10.2016.

669 Trotzdem hebt Zaman hervor, dass die IFA von den Ḥanafiten, unter ihnen vornehmlich Deobandis, die auch Führungspositionen in der IFA übernahmen, dominiert werde. Vgl. Zaman 2012, S. 98.

erstellten Studien über sein Thema in der Tagung der IFA darlegt. Diese Präsentation mündet in eine Diskussion aller teilnehmenden Gelehrten und Fachleute. Danach werden Formulierungskommissionen gebildet, welche die Empfehlung bzw. Entscheidung der Sitzung entwerfen. Zum Abschluss werden nach den Diskussionen die islamrechtlichen Beurteilungen getroffen. Diese können einstimmig oder mehrheitlich gefasst werden. In letzterem Fall solle auf die Gegenmeinung und ihre Verfechter hingewiesen werden. Wenn zu einer Frage zwei Meinungen gleichermaßen vertretet werden, sollten beide Standpunkte und der Vertreter jeder Richtung im Beschluss erwähnt werden[670]

Unter Berücksichtigung der besonderen Entwicklung des *iǧtihād*-Konzepts und der Institutionalisierung des *iǧtihād* in Südasien sowie in Bezugnahme auf den politischen Kontext, in dem die IFA ins Leben gerufen wurde, betrachtet Zaman die Arbeit der IFA als eine Affirmation der kollektiven Autorität der ʿulamāʾ und den *iǧtihād* als Mittel dieser Autorität. Hierbei habe die Sprache des gegenwärtigen *iǧtihād* eine ähnliche Funktion wie der *taqlīd* in der Vergangenheit und der *iǧtihād* sei somit eine rhetorische Strategie der muslimischen Gelehrten, um ihre kollektive Autorität zurückgewinnen zu können:[671] „The rhetorical language of ijtihad is itself a crucial means for the ʿulama' to regain some measure of order in their legal tradition and to reclaim their collective authority."[672]

Zamans Beurteilung des KI in Form der IFA, welche grundsätzlich sowohl in politischer als auch in rechtswissenschaftlicher Hinsicht insbesondere von seinem indischen Kontext geprägt ist, kann jedoch nicht verallgemeinert und auf alle anderen Institutionen des KI bezogen werden. Das Streben nach der Zurückgewinnung der *ʿulamāʾ*-Autorität als zentrales Ziel der kollektiven Form des *iǧtihād*, die Zaman vorschlägt, kann indes nicht als allgemeingültig angenommen werden. Dies zeigt sich darin, dass die Aufrufe nicht nur von religiösen Gelehrten ausgingen. Vielmehr gehören zu den Ideenträgern des KI auch andere Gruppen, darunter säkulare Juristen (as-Sanhūrī), ein konstitutioneller Journalist (Mīzrā ʿAlī Aġā Šīrāzī), Intellektuelle (Iqbāl, Filibeli), ein britischer Poet (Wilfrid Scawen Blunt), der Intellektuelle und Herausgeber ʿAbd al-ʿAzīz Ǧāwīš. Zudem war Rafīq al-ʿAẓm, der den Begriff „KI" erstmals verwendet hat, Historiker und Schriftsteller. Für diese Wegbereiter bildete der KI ein Reforminstrument und fungierte keineswegs als Stütze für die *ʿulamāʾ*-Autorität.[673] Im Gegensatz zu Zamans Ansicht erkennt Ghaly, dass die religiösen Gelehrten durch die Praxis des KI, der sich durch die Beteiligung von Intellektuellen und Spezialisten anderer Wissensgebiete auszeichnet, auf einen wichtigen Teil ihrer Autorität zugunsten der säkularen Wissenschaftler verzichtet haben:

670 Vgl. http://www.ifa-india.org/arabic.php?do=home&pageid=arabic_introduction, abgerufen am 16.10.2016 und A Brief Report: Islamic Fiqh Academy – Year 1989–2014, S. 11 ff.

671 Vgl. Zaman 2012, S. 101–104.

672 Zaman 2012, S. 105.

673 Siehe die diversen Anrufe unter Kapitel 3.2.

The collective *ijtihād* practiced in these institutions has not yet received due attention from modern researchers. In this type of *ijtihād*, an important part of the religious authority of Muslim scholars has been waived for the sake of the scientists. As we shall see, religious scholars base many of their conclusions first on information provided by the scientists, and only thereafter do they look into the sources of Islam, the Qur'ān and Sunna. Additionally, the way these scholars approach the textual references in the sources is highly influenced by information provided by the scientists.[674]

Eine ähnliche Tendenz findet sich in Stokkes Darstellung der Entwicklung der kollektiven Fiqh-Institutionen:

In these collective bodies, the *ulama* gather across the field of law-schools together with experts of the "secular" sciences [...] the basic curriculum of *ulama* could not keep up: The non-*ulama* contribute with several fields of complementary knowledge.[675]

Daneben gibt es auch andere Autoren, die die Arbeitsergebnisse der Gremien des KI positiv aufgenommen haben, auf welche in einem späteren Unterkapitel eingegangen wird.[676]

5.3.4 The Assembly of Muslim Jurists of America (*Maǧmaʿ fuqahāʾ aš-šarīʿa*)

Entstehung: The Assembly of Muslim Jurists of America (AMJA) ist eine unabhängige, gemeinnützige Organisation mit steuerfreiem Status. Der AMJA setzt sich aus einer ausgewählten Gruppe von Scharia-Gelehrten und anderen Fachexperten zusammen, deren Intention es ist, hinsichtlich Fragen, die sich für die Muslime in den USA stellen, Scharia-Bestimmungen zu ermitteln. Laut seiner Webseite wurde der AMJA als Reaktion auf das wachsende Bedürfnis nach einer islamrechtlichen Institution, die sich auf die Fragestellungen der Muslime im Westen spezialisiert, gegründet.[677] Dieses Gremium wurde am 21. Februar 2002 im US-Bundesstaat Maryland ins Leben gerufen. Offiziell wurde es durch die Abhaltung der Gründungskonferenz im Oktober 2002 initiiert. Der Sitz des Assembly liegt in Sacramento in Kalifornien.[678]

Ziele: Laut dem fünften Artikel der AMJA-Satzung setzt sich das Gremium für die Verwirklichung der folgenden Ziele ein:

a) Zu den sich für Muslime stellenden Fragen Fatwas zu erstellen und islamrechtliche Resolutionen zu verabschieden.

674 Ghaly 2010, S. 9.

675 Stokke 2014, S. 18. Dazu Atighetchi 2007, S. 8.

676 Siehe Unterkapitel über die Rezeption der KI-Institutionen 6.4.1.

677 Vgl. http://www.amjaonline.org/en/about-amja, abgerufen am 07.03.2017.

678 Vgl. AMJA: Buch der 2. Sitzungsperiode 2004, S. 131. Online abrufbar: http://www.amjaonline.org/en/conferences/annual-convention-new/96-amja-annual-convention-issues-facing-the-muslim-family-in-the-west-2004-in-denmark, abgerufen am 07.03.2017.

b) Untersuchungen und Studien zu den an den AMJA gerichteten gegenwärtigen Fragen anzufertigen.
c) Informationen, die über den Islam und das islamische Erbe in den Medien veröffentlicht werden, zu verfolgen. Sodann sollen diese bewertet werden, um das Nützliche davon zu übernehmen und das Falsche zu widerlegen.
d) Die neu auftauchenden sozialen und ökonomischen Probleme zu untersuchen und diese aus Sicht des islamischen Rechts zu beurteilen.
e) Die Aufgabe der scharia-rechtlichen Zensur in Bezug auf die Geschäfte der Firmen und Institutionen, die diese beim AMJA beantragen, zu übernehmen.
f) Kurse für Imame und Direktoren von islamischen Zentren in verschiedenen Rechtsbereichen, wie in familiären und finanziellen Fragen, abzuhalten.
g) Eine Anleitung für den Aufruf zum Weg Gottes mit Weisheit und schöner Ermahnung, insbesondere innerhalb der westlichen Gesellschaften und in den anderen Gesellschaften im Allgemeinen, zu entwerfen.
h) Die Zusammenarbeit zwischen dem AMJA und den anderen Rechtsakademien zu fördern, um eine Art universellen Konsens über verbindliche Normen und Prinzipien herbeizuführen.
i) Den Prozess des KI, an dem sich Gelehrte und Experten relevanter Fachgebiete für die in der Diaspora lebenden Muslime beteiligen, zu organisieren und eine integrierte Fatwa-Methodologie, welche sich durch wissenschaftliche Neutralität und präzise Formulierung und ideologische Unparteilichkeit sowie die Berücksichtigung der gegenwärtigen Umstände kennzeichnet, zu entwickeln.
j) Die Aktivitäten der von muslimischen Gemeinden in den westlichen Ländern eingerichteten Schlichtungsausschüsse und der Scharia-Schiedsgerichte zu unterstützen und deren Entscheidungen und Empfehlungen zu überprüfen, die diese dem AMJA vorlegen.
k) Islamische Alternativen und Lösungen hinsichtlich der gegenwärtigen Fragen anzubieten sowie die Umsetzung dieser Lösungen zu unterstützen.
l) Die Einwände, Kritikpunkte und Anmerkungen, welche gegen Scharia-Bestimmungen erhoben werden oder diese abwerten, zu widerlegen.
m) Eine Scharia-Autorität in den USA zu etablieren, und zwar durch die Beurteilung von Problemen allgemeiner oder privater Natur, mit welchen sich die islamische Gemeinde in den USA konfrontiert sieht, sowie Verhaltensweisen, die gegen Scharia-Bestimmungen verstoßen, zu thematisieren und zu verbessern.
n) Anstrengungen zu unternehmen, Zustimmung und Anerkennung von Verfassungs- und Justizbehörden in USA zu erlangen, um ein islamisches Gericht einzuführen.
o) Die Frage der Staatsbürgerschaft für Muslime im Westen aus Sicht der Scharia zu behandeln sowie die neue Generation der Muslime zu richtigen Konzepten, welche das Verhältnis zwischen der (westlichen) Staatsbürgerschaft und der wahrhaftigen und aufrichtigen Zugehörigkeit zum Islam regeln, zu erziehen und die Staatsbürgerschaft im Westen mit dem Herkunftsland von Urvätern und Vätern zu verbinden.

p) An der Schaffung eines AMJA-Fonds für Zakat und eines Fonds für soziale Solidarität zu arbeiten und die Anerkennung dieses als islamische Dienstleistungsinstitution von den zuständigen Behörden zu erhalten.[679]

Mitgliedschaft und Zusammensetzung: Das Gremium besteht aus einem Vorstandskreis, der den Präsidenten, seinen Stellvertreter und den Generalsekretär einschließt, einer permanenten Fatwa-Kommission und den übrigen Mitgliedern. Der Vorsitzende des Gremiums ist der ägyptische Gelehrte Ḥusayn Ḥāmid Ḥasan, welcher Mitglied von vielen Scharia-Boards islamischer Banken und Rechtsakademien ist. Der AMJA hat 41 Mitglieder, die auf der ganzen Welt verbreitet sind. Diese Mitglieder des Gremiums stehen mittels internationaler Kommunikationstechnologien, einschließlich E-Mail-Verkehr und Austausch über die AMJA-Website, miteinander in Kontakt. Neben den Mitgliedern verfügt der AMJA über 47 Experten, welche größtenteils Imame von Moscheen verschiedener amerikanischer Städte sind. Die permanente Fatwa-Kommission der Akademie soll mindestens aus fünf Mitgliedern bestehen und ihre Fatwas bzw. Entscheidungen sollen mehrheitlich getroffen werden. Derzeit hat diese Kommission acht Anhänger, die alle in Amerika leben. Zu den Voraussetzungen der Mitgliedschaft des AMJA gehört es, dass ein Mitglied Professor in Fiqh, in der islamischen Rechtstheorie oder in einer Disziplin der islamischen Wissenschaften ist. Zudem wird Vertrautheit mit dem Arabischen in Wort und Schrift vorausgesetzt.[680]

Fachliche Aktivitäten: Die AMJA hält jedes Jahr oder alle zwei Jahre eine Konferenz ab, die sich auf Basis von wissenschaftlichen Beiträgen und Diskussionen mit verschiedenen Fragen, welche die Muslime im Westen im Allgemeinen und in Amerika im Besonderen betreffen, auseinandersetzt. Dabei fassen die Beteiligten an diesen Versammlungen ihre Entscheidung entweder einhellig oder aufgrund der Mehrheitsmeinung. Laut der Satzung (Artikel 13) hat ein Opponent das Recht, dass seine gegenteilige Anschauung aufgenommen und im Zusammenhang mit der betreffenden Entscheidung auf diese hingewiesen wird. Falls es eine große Zahl an Gegnern gibt, selbst wenn diese keine Mehrheit bildet, solle die Entscheidung über diese Frage auf die folgende Versammlung vertagt werden. Dadurch unternehme das Gremium den Versuch, neue Herausforderungen für Muslime in der amerikanischen Gesellschaft zu bewältigen.

In der Vergangenheit wurden folgende Themen diskutiert: Fragen der muslimischen Familie im Westen (2004 in Dänemark); Finanzielle Investitionen im Islam (2005 in Nigeria); Eine Studie der islamischen Finanzinstitute, die in den Vereinigten Staaten tätig sind (2006 in Ägypten); Jobs und Berufe zwischen Zulässigkeit und Verbot (2007 in Bahrain); Zeitgenössische Fragen der Jugend im Westen (2009 in Kanada); Schiedsgericht: seine Richtlinien und Verfahren in der Scharia (2010 in Kuwait); Lebensmittel und Medikamente in nicht-muslimischen

679 Vgl. AMJA: Buch der 2. Sitzungsperiode 2004, S. 244 f.

680 Vgl. https://www.amjaonline.org/ar/about-amja, abgerufen am 07.03.2017 und AMJA: Buch der 2. Sitzungsperiode 2004, S. 248 f.

Ländern (2012 in Kuwait) und Jüngste Fragen der muslimischen Frau außerhalb der muslimischen Länder (2014 in Kuwait).[681]

5.4 Spezial-Gremien für kollektiven *iǧtihād*

5.4.1 Spezial-Gremien für Fatwa/Alltagsfragen

Diese Fatwa-Gremien gelten als die erste existierende Umsetzungsform des KI und sind heutzutage in zahlreichen islamischen Ländern weit verbreitet. Unter dem Wort *fatwā* versteht den Rat, welchen Gutachter (*muftī*) auf eine Frage des Fatwa-Suchenden (*mustaftī*) erteilt. Die Fatwa-Erteilung (*iftāʾ*) meint also die Aufklärung und Mitteilung scharia-rechtlicher Bestimmungen über Rechtsfälle. Obwohl *iftāʾ* und *iǧtihād* die Ermittlung rechtlicher Normen beabsichtigen, gibt es zwischen beiden Begriffen einige graduelle Unterschiede. Während die *iftāʾ* nur Rechtsfälle untersucht, die sich in Wirklichkeit ereignet haben und über die der Fatwa-Suchende ein juristisches Gutachten anfordert, erforscht der *iǧtihād* sowohl faktische als auch hypothetische Fälle, selbst wenn nach der rechtlichen Bestimmung für solche Rechtsfälle nicht gefragt wird.[682] Außerdem behandelt der *iǧtihād* Fragen, deren Textbelege präsumtiv erwiesen oder mehrdeutig sind (*masāʾil ẓanniyya*) oder keinen Textbeleg haben, hingegen beschäftigt sich die *iftāʾ* mit Fragen, deren Textbelege präsumtiv oder definitiv erwiesen, mehrdeutig oder eindeutig sind, sowie mit jenen, die keine Textbelege haben. Darüber hinaus beendet ein Gelehrter den *iǧtihād*-Vorgang, sobald er selbst die juristische Entscheidung getroffen hat. Im Gegensatz dazu gilt die *iftāʾ* erst dann als abgeschlossen, wenn der Mufti dem Fragenden das Rechtsgutachten mitteilt.[683]

Die Erlassung von Rechtsgutachten (Fatwas) fand seit dem Aufkommen des Islam Anwendung. Der erste Mufti des Islam war der Prophet Muḥammad selbst. Außerdem pflegten auch einige Prophetengefährten zu dessen Zeit Fatwas zu erlassen. Nach dem Tode des Propheten tauchten viele neue Fälle auf, welche die Erlassung von organisatorischen Rechtsnormen bedingten. Diese Aufgabe wurde von Gefährten des Propheten, vor allem den Kalifen übernommen. Ibn al-Qayyim schätzt die mit Fatwa-Erteilung bekannten Gefährten – in unterschiedlichem Maße – auf über 130 Personen. Zu den Gefährten, die oftmals Fatwas erstellten, gehören ʿUmar, ʿAlī, Ibn Masʿūd und ʿĀʾiša. Gegen Ende des 1./7. Jahrhunderts wendeten sich die Fatwa-Fragenden an einzelne private Rechtsgelehrte der verschiedenen Schulen. Diese Vorgehensweise blieb bis in die moderne Zeit unverändert.[684] Außerdem

681 Vgl. http://www.amjaonline.org/en/conferences/annual-convention-new, abgerufen am 07.03.2017 und AMJA: Buch der 2. Sitzungsperiode 2004, S. 251.

682 Vgl. Abū Zahra 1959, S. 401; Krawietz 2002, S. 354 f. und az-Zuḥaylī 1986, Bd. 2, S. 1067.

683 Vgl. *al-Mawsūʿa al-fiqhiyya* 1995, Bd. 32, S. 21.

684 Vgl. Motzki 1994, S. 10–14 und 18 ff.; al-Kindī 2008, S. 32–42; Riyāḍ 1996, S. 35–75; al-Qāsimī 1986, S. 31–44; Ibrāhīm 2007, S. 105–144 und al-Ašqar 2004, S. 71–88.

„ernannten die Herrscher schon früh führende Persönlichkeiten zu offiziellen Ratgebern in den verschiedenen Zentren des islamischen Herrschaftsgebietes, um den steigenden Bedarf an islamischer Beratung unter der Bevölkerung zu befriedigen und zu kanalisieren."[685]

In der Moderne, die durch rasante Veränderungen und eine Komplexität der verschiedenen Lebensbereiche gekennzeichnet ist, erlebte das Fatwa-Wesen zwei wesentliche Änderungen. Die erste Neuerung war die Institutionalisierung der Fatwa-Erlassung in Form von (offiziellen) Fatwa-Ämtern (*dār iftāʾ*). Diese Tendenz entwickelte sich im Laufe des 19. Jahrhunderts unter dem Osmanischen Reich. Ab 1241/1826 begann die Umwandlung der Position des Scheichülislams zu einer offiziellen Einrichtung, die *Bāb-i Ma<u>sh</u>ī<u>kh</u>at* bezeichnet wurde.[686] In den folgenden Jahren wurden einige offizielle Ämter eingerichtet, wie das ägyptische Fatwa-Amt, das 1895 gegründet wurde und das jordanische Fatwa-Amt, welches im Jahre 1921 ins Leben gerufen wurde sowie das (inoffizielle) *dār iftāʾ*, welches von *Nadwat al-ʿUlamāʾ* 1893 in Indien gegründet wurde. In der Frühzeit des Islam wurde der Fatwa-Vorgang demgegenüber normalerweise in der Moschee oder im Hause des Muftis vollzogen. Die zweite Entwicklung besteht in der Umwandlung der individuellen Form der Fatwa-Erlassung in eine kollektive Form. Im Laufe der islamischen Geschichte wurden die Fatwas in der Regel durch individuelle Gelehrte angefertigt. Es gab nur sehr wenige Ausnahmen, insbesondere in Wissenschaftler-Familien, wenn zwei Muftis oder mehr miteinander verwandt waren. Ein interessantes Beispiel dafür ist die Familie des ḥanafitischen Gelehrten Muḥammad ibn Aḥmad as-Samarqandī (gest. ca. 540/1145). Dieser erstellte mit seiner Tochter, der Rechtswissenschaftlerin Fāṭima (gest. 581/1185), vor ihrer Heirat Fatwas, die sie gemeinsam unterschrieben. Nach ihrer Heirat setzte zusätzlich auch ihr Mann (der berühmte ḥanafitische Gelehrte ʿAlāʾ ad-Dīn al-Kāsānī) seine Unterschrift unter die Fatwas.[687] Im 20. Jahrhundert bildete die Schaffung von Fachausschüssen, welche kollektive Fatwas erteilen, eine bedeutende organisatorische Entwicklung des Fatwa-Wesens und trug Schritt für Schritt zur Etablierung der kollektiven Arbeitsweise als Hauptform der Fatwa-Erteilung in verschiedenen islamischen Ländern bei.[688] Diese „fatwa-giving committees exercise a novel form of collective ijtihad".[689] Ein essentieller Grund für die Einrichtung von kollektiven Fatwa-Institutionen waren die Herausforderungen, denen sich moderne islamische Gesellschaften stellen müssen: „Various Muslim scholars stressed the essential nature of collective *iftāʾ*, due to the magnitude of the challenges facing modern Islamic societies."[690]

685 Motzki 1994, S. 19 f.
686 Vgl. Lewis in *EI²*, Bd. I, S. 837 f.
687 Vgl. Kaḥḥāla 1959, Bd. 4, S. 94 f.
688 Vgl. Masud, Messick und Powers 1996, S. 27 f. und Al Atawneh 2010, S. 6 f.
689 Masud, Messick und Powers 1996, S. 30.
690 Al Atawneh 2010, S. 7. Zur kollektiven Fatwa-Praxis siehe Masud, Messick und Powers 1996, S. 8–15, 26–32 und Skovgaard-Petersen 1997, S. 284 ff.

Zu Beginn wurden von sozio-religiösen Vereinigungen spezielle Abteilungen geschaffen, in denen Fatwas von Experten gemeinsam formuliert werden, wie *Lajnah Bahth al-Masā'il* der NU (1926) – abgesehen von der Frage, inwieweit ihre Arbeit dem (kollektiven) *iğtihād* entspricht – oder Majelis Tarjih der Muhammadiyah (1928) sowie das im Jahre 1935 in der Azhar gegründete *lağnat al-fatwā* (Fatwa-Komitee). Später wurden innerhalb vieler offizieller Fatwa-Ämter Fatwa-Kommissionen bzw. Fatwa-Räte eingerichtet, welche eine kollektive Methodik der Fatwa-Erlassung anwenden, wie in Malaysia (1968), Kuwait (1969), Saudi-Arabien (1971), Jordanien (1973) und im Sudan (1979). Diese Fatwa-Gremien bestehen aus verschiedenen Rechtsgelehrten, die oft unterschiedliche Rechtsschulen repräsentieren. Außerdem verfügen sie über Experten anderer Disziplinen, wie Wirtschaft oder Medizin, welche zur Beratung bei entsprechenden fachspezifischen Fragen herangezogen werden.

Bevor nun einige Beispiele für Fatwa-Gremien dargestellt werden, soll noch zwischen Fatwa-Gremien und Rechtsakademien differenziert werden. Diese Abgrenzung basiert sowohl auf der hierarchischen Struktur als auch auf dem Arbeitsinteresse. In der Regel bildet *lağnat fatwā* (Fatwa-Kommission) oder *mağlis iftā'* (Fatwa-Rat) – selten *hay'a* (Körperschaft) – heutzutage ein Hauptorgan der offiziellen Fatwa-Ämter, welches sich auf kollektive Weise mit der Bearbeitung und Beantwortung der an das Fatwa-Amt gerichteten Fragen befasst und oft vom Großmufti des Landes geleitet wird. Hingegen sind die Rechtsakademien meistens keine staatlichen Institutionen und unterliegen mit wenigen Ausnahmen (wie die Fiqh-Akademie der MWL) nicht der Führung des Großmuftis. Vielmehr ist Letzter lediglich ein Mitglied dieser Institutionen, die von anderen Gelehrten geführt werden (wie der Akademie der Azhar oder IIFA). Überdies haben die Rechtsakademien üblicherweise ein Fatwa-Gremium als Unterorgan, das die alltäglichen Fragen beantwortet und nur im Falle einer komplizierten Frage die Antwort der Akademie überlässt.

Eine weitere wesentliche Differenz zwischen Rechtsakademien und Fatwa-Gremien liegt in der Weite des Arbeitsfelds. Während Fatwa-Gremien einen begrenzten Arbeitsbereich haben, nämlich hauptsächlich Alltagsfragen und die Fragen privater Natur, behandeln die Rechtsakademien dagegen ein breiteres Spektrum an Themenbereichen und auch Alltagsfragen. Außerdem haben beide Umsetzungsformen unterschiedliche Arbeitsmotivationen und -methoden. Die Fatwa-Gremien bearbeiten ausschließlich Fragen, die an sie gerichtet wurden und deren Antworten nicht unbedingt aus einer Forschungsarbeit abgeleitet werden können. Demgegenüber behandeln die Fiqh-Akademien vor allem Fragen, die von besonderem Forschungsinteresse, z.B. aufgrund ihrer Aktualität, sind. Ihre Arbeitsergebnisse basieren grundsätzlich auf der Forschungsarbeit der Mitglieder. Mit anderen Worten stehen sich hierbei die theorieorientierte Arbeit der Rechtsakademien und die praxisbezogene Arbeitsform der Fatwa-Gremien gegenüber. Beiden Institutionsformen eigen sind die gemeinsame Bearbeitung, Diskussion und kollektive Entscheidungsmethode ihrer Mitglieder, welche die Hauptelemente des KI repräsentieren.

Im Folgenden werden einige Beispiele dieser Institutionen präsentiert werden.

5.4.1.1 Nahdlatul Ulama

Die Nahdlatul Ulama (NU),[691] die am 31. Januar 1926 ins Leben gerufen wurde, gilt als größte muslimische Organisation in Indonesien.[692] In seinem Aufsatz „Nahdlatul Ulama and Collective *Ijtihad*" stellt der indonesische Forscher Nadirsyah Hosen fest, dass die Gelehrten der NU den KI seit der Gründung der Organisation im Jahre 1926 praktizierten. Obwohl die Gelehrten dieser Organisation erst später im Jahre 1998 die Anwendung dieser Form des *iǧtihād* offiziell anerkannten, akzentuiert Hosen, dass die Mitglieder der Nahdlatul Ulama bereits 70 Jahre zuvor einen „collective *Ijtihad*" ausübten.[693] In diesem Zusammenhang weist er auf Folgendes hin:

> In practice, before issuing a fatwa (legal opinion), *'ulama* of the Nahdlatul Ulama hold a meeting, attended also by other scholars from differing backgrounds. They discuss the subject, and at the conclusion of the meeting, a *fatwa* is issued by the organisation.[694]

Die Annahme einer kollektiven Arbeit innerhalb der NU wird durch die Einrichtung der Forschungskommission „*Lajnah Bahth al-Masāʾil* (LBM)" verstärkt, welche ein untergeordnetes Organ der NU bildet. Klausel 7, Art. 16 der organisatorischen Charta der NU lautet: „The *Lajnah Bahth al-Masāʾil* (LBM) has the duty to compile, discuss, and solve problems that are *mawqūf* and *wāqiʿa* and that are in immediate need of legal certainty."[695] Laut Rifyal Kaʿbah sind mit *mawqūf* unschlüssige Rechtsfälle gemeint, welchen es an jeglichen rechtlichen Vorschriften bzw. Hinweisen fehlt, während es sich bei *wāqiʿa* um Fragen handelt, welche sich durch die heutigen Gegebenheiten herauskristallisieren. Kaʿbah berichtet, dass das LBM diese Aufgabe seit dem ersten NU-Kongress (*Muktamar*) im Jahre 1926 in Surabaya wahrgenommen habe und das *Lajnah* in 80 Jahren etwa 40 Mal stattgefunden habe.[696] Demgegenüber stellen die Gelehrten dieser Organisation selbst fest, dass sie den *iǧtihād* nicht praktizieren (können): „KH. Ilyas Ruchiyat, *Rais Am* of the NU 1994–1999, who leads Cipasung *pesantren* in West Java, confirms that the NU is only *Muqallid*, rather than *Mujtahid*".[697]

Die Verfahrensweise der Mitglieder der NU bei der Erstellung der Fatwas kommt durch ihre Antworten auf die am ersten Kongress der NU (1926) gestellten Fragen bezüglich ihrer Methodik zum Vorschein. Sie erklären, dass sie sich bei ihrer Arbeit auf die šāfiʿitische Rechtsschule berufen und die anderen drei sunnitischen *maḏāhib*

---

691 Zu Nahdlatul Ulama: Mitsuo Nakamura, Shalahudin Kafrawi: Art. „Nahdlatul Ulama" in John L. Esposito (ed.): The Oxford Encyclopedia of the Islamic World. 6 Bde. Oxford 2009. Bd. IV, S. 206a–212a. Robin Bush: Nahdlatul Ulama and the Struggle for Power within Islam and Politics in Indonesia. Singapur 2009.

692 Vgl. Kaʿbah 2007, S. 95 und Hosen 2004, S. 8 Fn. 11.

693 Vgl. Hosen 2004, S. 8.

694 Hosen 2004, S. 8.

695 Kaʿbah 2007, S. 96.

696 Vgl. Kaʿbah 2007, S. 96.

697 Hosen 2004, S. 12.

aber dennoch für rechtmäßig halten würden. Im Falle der Meinungsverschiedenheit unter den šāfiʿitischen *fuqahāʾ* lassen sich Präferenzen bei der Entscheidung in nachstehender Abfolge ausmachen: **Erstens**: Die gemeinsamen einhelligen Ansichten an-Nawawīs und ar-Rāfiʿīs. **Zweitens**: Falls Letztere unterschiedliche Auffassungen vertreten, werde ausschließlich auf die Meinungen an-Nawawīs Bezug genommen. **Drittens**: Anschließend würden die Ansichten von ar-Rāfiʿī berücksichtigt. **Viertens**: Die Mehrheitsmeinung der Šāfiʿiten. **Fünftens**: Die Auffassung der Rechtsgelehrten, die über mehr Wissen als die anderen verfügen würden. **An letzter Stelle**: Die Meinung des Wissenschaftlers, welcher frommer oder demütiger im Vergleich mit den anderen šāfiʿitischen Gegnern sei. Diese Reihenfolge sei jedoch nicht von der NU entwickelt worden, sondern gehe ursprünglich auf das Werk *Iʿānat aṭ-ṭālibīn* des šāfiʿitischen Gelehrten ad-Dimyāṭī (gest. 1310 H) zurück.[698] Bis in die 90er Jahre des 20. Jahrhunderts bestanden diese Grundsätze bei der Erlassung rechtlicher Gutachten fort. Sodann wurden peu à peu Versuche unternommen, die Methodik weiterzuentwickeln. Beim Kongress im Jahre 1992 gab die Organisation ein neues rechtliches System für das Fassen von Beschlüssen bekannt und zwar das „*Sistem Pengambilan Keptusan Hukum*". Das Verfahren wurde folgendermaßen formuliert: In Fällen, die durch einen definitiven Text (*naṣṣ*) mit einer eindeutigen Interpretation geregelt seien, sollte diese übernommen werden. Wenn eine Frage durch einen mehrdeutigen Text behandelt werde, so solle ein kollektiver Beschluss (*taqrīr ǧamāʿī*) erfolgen, um dadurch diejenige Auffassung bzw. Auslegungsmöglichkeit auszuwählen, die am angemessensten erscheint. Handle es sich jedoch um Rechtsfälle, die in keinem *naṣṣ* diskutiert werden, so solle ein Analogieschluss zu einem ähnlichen Fall, welcher bereits in der islamischen Scharia behandelt wurde, gezogen werden. Falls auch auf diese Weise keine Bestimmung ermittelt werden könne, so werde dazu geraten, durch gemeinsame Deduktion (*istinbāṭ ǧamāʿī*) mittels der Methodik des (šāfiʿitischen) *maḏhab* eine Antwort abzuleiten.[699]

In der Praxis behielt die alte Methode in den folgenden Jahren noch ihre Gültigkeit und die Gelehrten trafen basierend auf der früheren Klassifizierung der šāfiʿitischen Gelehrten des *Iʿānat aṭ-ṭālibīn* weiterhin eine Auswahl zwischen den unterschiedlichen vorhandenen Auffassungen, ohne Rücksicht auf die Beweiskraft einer Ansicht. Demgemäß bezeichneten sich die Mitglieder der NU immer noch als *muqallids* und nicht als *muǧtahids*.[700]

Trotz der Erklärung der Gelehrten der NU, sie seien nicht zum *iǧtihād* befähigt, betont Hosen, dass die NU seit ihrer Entstehung den KI praktizierte. Er geht davon aus, dass ihre Erlassung von Fatwas einen Teil-*iǧtihād* verkörpere. In seinen Augen sollten die Gelehrten der NU dabei einer kollektiven Vorgehensweise der Normenfindung folgen. In diesem Kontext präzisiert Hosen, dass die Spezialisierung der einzelnen Mitglieder der NU auf verschiedene Wissensgebiete, beispielsweise

698 Vgl. Hosen 2004, S. 12. Vgl. ad-Dimyāṭī 2013, S. 19.
699 Vgl. Kaʿbah 2007, S. 96 f. und Hosen 2004, S. 13 ff.
700 Vgl. Hosen 2004, S. 15 und Kaʿbah 2007, S. 98.

Sprachwissenschaft, Hadithwissenschaft und Rechtswissenschaft (laut einer Liste im Jahre 1983), es ihnen erlaube, die erforderlichen Voraussetzungen zur Praxis des gemeinsamen *iǧtihād* zu erfüllen. Bei seiner Argumentation beruft er sich außerdem auf die Aussage von Aziz Masyhuri, nach welcher die Mitglieder der NU die niedrigste Stufe des *iǧtihād* ausüben.[701]

Die Auseinandersetzung mit der Darlegung der Arbeitsweise der NU führt zu den folgenden Ergebnissen:

1. Der Vergleich des Prozederes der NU zur Erlassung von rechtlichen Gutachten anhand der verschiedenen Stufen des *iǧtihād* zeigt, dass die Arbeit der NU den vier unumstrittenen (ersten) Rängen des *iǧtihād* nicht entspricht.[702] Die NU bezieht sich in ihrer Ermittlung von Rechtsnormen weder direkt auf den Koran oder auf die Sunna noch verfügt sie über eigenständige rechtstheoretische Grundlagen für die Deduktion, weswegen sie nicht der ersten Klasse des *iǧtihād* (*mustaqill*) angehört. Hinzu kommt, dass die Gelehrten der NU bei der Ableitung von rechtspraktischen Normen nicht unabhängig sind, sondern sich auf die älteren Bestimmungen der šāfiʿitischen Schule stützen und somit auch nicht dem zweiten *iǧtihād*-Rang (*muṭlaq muntasib*) entsprechen. Außerdem macht Hosen darauf aufmerksam, dass sie im Falle von neuen Rechtsangelegenheiten keinen Analogieschluss praktizieren,[703] woraus resultiert, dass ihre Arbeitsweise auch nicht der dritten *iǧtihād*-Stufe (*iǧtihād fī-l-maḏhab*) gerecht wird. Aufgrund der Auswahlkriterien, die ausschließlich auf dem übernommenen Bewertungssystem der šāfiʿitischen *fuqahāʾ* beruhen, kann die Verfahrensweise der NU nicht als *iǧtihād tarǧīḥ* (Abwägung), die vierte Klasse des *iǧtihād*, angesehen werden. Dabei handelt es sich um die Abwägung der verschiedenen Argumente und Auffassungen und die Auswahl der zutreffendsten unter ihnen aufgrund der Beweiskraft. Die fehlende Abwägung auf Basis der Beweiskraft bei der Ermittlung eines Fatwas der NU bildet letztendlich den Kritikpunkt gegenüber der NU, was Hosen an verschiedenen Stellen seines Textes anmerkt.[704] Stattdessen lässt sich die Arbeitsweise der NU mit einer umstrittenen niedrigeren Kategorie, nämlich der fünften, in Verbindung bringen. Grundlegend sind bei dieser Kategorie lediglich, dass man eine Rechtsschulmethodik beherrscht und ihre Grundlagen weitergibt. Kennzeichnend für einen Forscher dieser Art des „*iǧtihād*" ist, dass seine Argumentation und seine Fähigkeit zum Analogieschluss defizitär sind. Dies führt dazu, dass dieses Niveau von vielen Autoren nicht als eine *iǧtihād*-Form akzeptiert wird. Die Auseinandersetzung mit der šāfiʿitischen Schule, welche die NU befolgt, macht diesen Standpunkt nachvollziehbar. An-Nawawī kritisiert, dass die Anhänger dieser Stufe bei der Fatwa-Erstellung lediglich auf bereits behandelte Fälle ihrer

701 Vgl. Hosen 2004, S. 12, 16 und 18.
702 Siehe Abschnitt „2.1.2".
703 Vgl. Hosen 2004, S. 15.
704 Vgl. Hosen 2004, S. 9, 13, 15, und 25.

Rechtsschule rekurrieren.[705] Ferner wird diese beanspruchte Kategorie unter den Kategorien des *iǧtihād* bei as-Subkī in seinem Werk *Ǧamʿ al-ǧawāmiʿ*, einem der prominenten Bücher der šāfiʿitischen Schule, nicht erwähnt. Die letzte *iǧtihād*-Klasse bei ihm ist die Abwägung der verschiedenen Rechtsauffassungen.[706] Dieselbe Position kristallisiert sich auch in Ǧalāl ad-Dīn al-Maḥallīs Kommentar zum *Ǧamʿ al-ǧawāmiʿ* heraus.[707] Noch expliziter formuliert es as-Suyūṭī indem er feststellt, dass die Anhänger dieser Kategorie, also der fünften, keine Art von *iǧtihād* praktizieren (*laysa mina al-iǧtihād fī šayʾ*).[708] Ebenso betrachtet az-Zarkašī die Fähigkeit des Abwägens der verschiedenen Rechtsauffassungen (*tarǧīḥ*), die dem vierten *iǧtihād*-Rang entspricht, als die niedrigste *iǧtihād*-Klasse und als diejenige, unter der nur die Stufe der Laien (*al-ʿāmmī*) stehe.[709] Des Weiteren bezeichnen moderne Intellektuelle, wie Abū Zahra, al-ʿUmarī und az-Zuḥaylī, diese Gruppe als *muqallidūn*.[710] Daraus resultiert unweigerlich die Frage, welche Vorteile die gemeinsame Arbeit und Beratung der NU-Mitglieder bringen könnte, solange sie die Auffassungen früherer šāfiʿitischer Gelehrter entsprechend einem festgelegten Auswahlverfahren übernehmen und weder eigene Entscheidungen treffen noch verschiedene Ansichten aufgrund ihrer Beweiskraft abwägen. Dabei gleicht die kollektive Entscheidung der individuellen. Diese Arbeitsweise steht daher dem *taqlīd* näher als dem *iǧtihād*.

2. Die Vorgehensweise der NU kann außerdem als Ausarbeitung der von der sufischen Strömung, vor allem von aš-Šaʿarānī, eingenommenen Haltung gegenüber dem *iǧtihād* und der Autorität der vier sunnitischen *maḏāhib* in Form einer kollektiven Arbeit betrachtet werden.[711] Dies lässt sich durch die Angehörigkeit der NU zur sufischen Richtung[712] und ihre Zurückhaltung hinsichtlich der Anwendung des *iǧtihād* begründen.[713] Jene Vorstellung wurde von sufischen klassischen Gelehrten, insbesondere von aš-Šaʿarānī, entwickelt. In seinem *Iʿānat aṭ-ṭālibīn* – welches die zentrale Grundlage der NU repräsentiert – vertritt ad-Dimyāṭī eine ähnliche Ansicht. Die Verbundenheit der NU mit diesen Auffassungen manifestiert sich in ihrer Bezugnahme auf die rechtlichen Werke ohne Berücksichtigung des Korans oder der Sunna und in der kritiklosen Übernahme

705 Vgl. an-Nawawī 1980, Bd. 1, S. 77.
706 Vgl. as-Subkī 2003, 2. Aufl., S. 119.
707 Vgl. al-Maḥallī 2005, Bd. 2, S. 384.
708 Vgl. as-Suyūṭī 2000, Bd. 2, S. 400.
709 Vgl. az-Zarkašī 2000, Bd. 2, S. 208.
710 Vgl. Abū Zahra o. J, S. 397; al-ʿUmarī 1985, 3. Aufl., S. 193 und az-Zuḥaylī 1986, Bd. 2, S. 1081.
711 Zu Auffassungen aš-Šaʿarānīs siehe Abschnitt „2.4".
712 Vgl. Nakamura/Kafrawi 2009, S. 207.
713 Zur Stellung der sufischen Richtung zum *iǧtihād* und *maḏhab*-Wesen in der Moderne siehe Abschnitt „3.3.5.1".

jedweder šāfiʿitischer Rechtsregelungen, als ob diese unfehlbar seien.[714] Noer stellt fest, dass die NU den *taqlīd* für eine *wāǧib* (Pflicht) hält.[715] K. H. Mahfudz Siddiq (1906–1944), Vorsitzender des Exekutivrates der NU (1937–1942), der selbst ein Buch über *iǧtihād* und *taqlīd* verfasste, deutet an, dass die NU nur die vier Gründer der Rechtsschulen als echte *muǧtahids mustaqill* anerkennt und deshalb die anderen *ʿulamāʾ* als *muqallidūn* einstuft. Außerdem verweist er darauf, dass die in der juristischen Literatur ermittelten Rechtsnormen sich auf den Koran beziehen würden. Infolgedessen hält Siddiq es nicht für legitim, diesen prominenten Gelehrten vorzuwerfen, ihre Meinungen nicht aus dem Buch Allahs abgeleitet zu haben.[716] Darüber hinaus beharren die Mitglieder der NU darauf, sich selbst als *muqallidūn* zu bezeichnen und vermeiden es, sich Begriffen wie *iǧtihād*, *qiyās* oder *istinbāṭ* (Deduktion; erst ab 1992 gebräuchlich) zu bedienen.[717] Wie vorausgehend bei der Behandlung der Auffassungen aš-Šaʿarānīs erwähnt wurde, verhindern derartige Vorstellungen die Entstehung einer Art des *iǧtihād* – so auch im Fall der NU.

3. Überdies kann die gemeinsame Arbeitsweise der NU nicht allein als Begründung für die Bezeichnung ihrer Aktivitäten als *iǧtihād ǧamāʿī* herangezogen werden. So genügt eine kollektive Suche nach einer Rechtsnorm bestimmter Gelehrten gemäß einer gewissen Reihenfolge nicht, um von einer Art des (kollektiven) *iǧtihād* sprechen zu können. In diesem Fall handelt es sich eher um eine Form des kollektiven *taqlīd*.
4. Ein letzter Punkt betrifft die Auffassung Hosens sowie aš-Šāwīs,[718] laut welcher die Kompetenz zum *iǧtihād* nicht von jedem Einzelnen für sich erfüllt werden darf, sondern vielmehr von allen Beteiligten gemeinsam in Form eines Teil-*iǧtihād*. Genauer gesagt geht es darum, dass jeder Teilnehmer auf einem anderen Wissensgebiet spezialisiert ist und somit von den Teilnehmern insgesamt alle erforderlichen Wissenschaften abgedeckt werden können. Unter Bezugnahme auf die überwiegende Vorstellung von der Teilbarkeit des *iǧtihād* in rechtstheoretischer Literatur manifestiert sich jedoch ein deutlicher Kontrast. Entsprechend dieses Verständnisses ist die Fähigkeit zum *iǧtihād* eine Prämisse für die Praxis eines Teil-*iǧtihād*. Demnach sollte sich ein Teil-*muǧtahid* in mindestens einem Rechtsgebiet auskennen und gleichzeitig darin auch die Kompetenzen für den *iǧtihād* besitzen.[719] Daraus resultiert, dass die Zusammenarbeit verschiedener Gelehrter gemäß der Ansicht der klassischen *uṣūl*-Wissenschaftler nur dann als Form des Teil-*iǧtihād* akzeptiert werden kann, wenn jeder der Beteiligten zum

---

714 Vgl. aš-Šaʿarānī 1989, Bd. 1, S. 65, 74 f., 79, 84 f., 181 ff.,194 f. und 246 ff.; Nakamura/Kafrawi 2009, S. 207 und Hosen 2004, S. 9–13.

715 Vgl. Noer 1978, S. 233.

716 Vgl. Noer 1978, S. 233 und Hosen 2004, S. 10. Siehe die ähnliche Auffassung bei aš-Šaʿarānī unter „2.4“.

717 Vgl. Hosen 2004, S. 15.

718 Vgl. aš-Šāwī 1992, S. 186 und 252; und Hosen 2004, S. 5 f.

719 Zu diesem Punkt siehe „2.1.4“.

iǧtihād qualifiziert ist und zumindest mit einem Rechtsgebiet vertraut ist. Besser gesagt geht es hierbei um eine Aufteilung der Rechtsgebiete und nicht um eine Aufteilung der Qualifikationen oder der erforderlichen Kenntnisse.

Deshalb geht die vorliegende Studie davon aus, dass die Aktivitäten der NU nicht als KI angesehen werden können, sondern nur als ein gemeinsames Entscheidungsverfahren. Erst seit 1992, mit der Einführung der *istinbāṭ ǧamāʿī* (die kollektive Rechtsfindung) und der Auswahl der Argumente der NU mithilfe der Beweiskraft,[720] kann zumindest theoretisch von der Existenz des KI innerhalb der NU gesprochen werden.

5.4.1.2 Majelis Tarjih der Muhammadiyah

Die Muhammadiyah gilt als eine der bedeutendsten religiös-sozialen Organisationen in Indonesien. Diese wurde am 18. November 1912 von Kijahi Hadji Ahmad Dahlan (1869–1923) in Yogyakarta ins Leben gerufen. Bezeichnend für die Muhammadiyah ist ihr Rückgriff auf den Koran und die Sunna. Dadurch soll eine Neuinterpretation religiöser Auffassungen herbeigeführt werden, um sie in Einklang mit ihrer ursprünglichen Reinheit – wie diese im Koran und in der Sunna dargelegt wird – zu bringen. Darüber hinaus offenbart sich in ihrem Ansatz zur Reform und in ihrer Beschäftigung mit dem *iǧtihād* eine deutliche Verbundenheit mit der Lehre des modernistischen Ägypters Muḥammad ʿAbduh. In den folgenden Jahrzehnten entwickelte sich diese Bewegung weiter und verbreitete sich rasch in verschiedenen indonesischen Städten. In der Anfangsphase war die Erlassung von Rechtsgutachten und die Untersuchung von religiösen Fragen die Aufgabe der Leitung der Muhammadiyah. Infolge der Ausdehnung ihrer Aktivitäten und der Erweiterung ihres Unternehmensnetzwerks gelangte man zu der Entscheidung, die stetig zunehmende Arbeit der Führung aufzuteilen. Auf Empfehlung von K. H. Mas Mansur, dem späteren Vorsitzenden des *Majelis Tarjih* ab 1928, beschloss der 16. Kongress der Muhammadiyah, welcher im Jahre 1927 in Pekalongan stattfand, den *Majelis Tarjih* (wörtl. Rat für die Abwägung) zu gründen. Sodann wurde der *Majelis Tarjih* offiziell 1928 eingerichtet.[721]

Der Name dieser Körperschaft erlebte im Laufe der Zeit einige Veränderungen. Im Jahre 1971 wurde er in *Lajnah Tarjih* (Komitee der Abwägung) umgewandelt und 1995 schließlich in „Majelis Tarjih dan Pengembangan Pemikiran Islam“ (Rat für *tarǧīḥ* und Entwicklung des islamischen Denkens).[722] Dem *Majelis* obliegen verschiedene Aufgaben. Zu diesen zählen die Erlassung von Fatwas und das Fällen von Urteilen (*aḥkām*), insbesondere hinsichtlich Fragen, über die in der muslimischen Gemeinschaft Meinungsverschiedenheit herrscht. Dabei geht es nicht nur um rituelle oder religiöse Themen, sondern auch um gesellschaftliche und allgemeine

720 Vgl. Kaʿbah 2007, S. 98.
721 Vgl. Noer 1978, S. 73–76; Anwar 2005, S. 28–31 und 33 f. und Beck 2001, S. 281–285.
722 Vgl. Anwar 2005, S. 34.

Fragestellungen. Außerdem befasst sich dieses Gremium mit der Verbesserung der allgemeinen Qualität der Theologie und der Formulierung der ideologischen Grundlagen der Muhammadiyah.[723] Der *Majelis Tarjih* verfügt über einen zentralen, regionalen und bezirklichen Vorstand. Diese Struktur spiegelt sich im Autoritätsgrad der Rechtsentscheidungen wider. Dementsprechend kommt den Entscheidungen, die von einem niedrigeren *tarjih*-Board getroffen werden, eine geringere Autorität zu als jenen der höheren und dürfen somit auch den Beschlüssen des höheren Boards nicht widersprechen. Vom *Majelis Tarjih* des Central Board (Pimpinan Pusat) werden zwei Arten von islamischen Normen mit unterschiedlichem Verbindlichkeitsgrad erteilt, nämlich *tarjih*-Entscheidungen und Fatwa-Anfertigungen. Die *tarjih*-Entscheidungen werden von den durch den *Majelis Tarjih* organisierten nationalen *tarjih*-Konferenzen getroffen und anschließend über das Central Board offiziell verkündet. An allen Konferenzen nehmen nicht nur die Mitglieder der Muhammadiyah-Bewegung teil, sondern es werden auch Wissenschaftler und Intellektuelle, welche nicht der Muhammadiyah angehören, eingeladen. Darüber hinaus sollen sowohl männliche als auch weibliche *ʿulamāʾ* teilnehmen. Die Entscheidungen dieser Konferenzen bilden die offizielle Position der Organisation im Allgemeinen und sind sowohl für die Muhammadiyah als Institution als auch für die einzelnen Mitglieder verbindlich. Was die Fatwas betrifft, so sind sie hingegen weder für die Muhammadiyah noch für den Fragesteller bindend. Ferner existiert eine informelle Art von *tarjih*-Produkten namens *Wacana tarjih* (*tarjih*-Diskurs). Diese Diskurse bieten lediglich Ideen oder Lehrmeinungen über aktuelle Themen an.[724]

Obwohl dieses Gremium *tarjih* heißt, beschränkt sich seine Arbeit nicht auf die Abwägung verschiedener Rechtsauffassungen im Hinblick auf eine Frage, um die stärkste unter ihnen auszuwählen, sondern umfasst nach und nach die folgenden anderen *iǧtihād*-Methoden:

1. *Iǧtihād bayānī*: Diese Art des *iǧtihād* wird verwendet, wenn ein definitiver Text als Rechtsquelle verfügbar ist, dessen Bedeutung aber nicht sehr klar oder mehrdeutig ist. In letzterem Fall soll eine „Abwägung" (*tarǧīḥ*) durchgeführt werden.; 2. *Iǧtihād qiyāsī*: Dabei wird versucht, eine im Koran oder in der Sunna schon festgelegte Regelung eines Falls auf einen erstmals auftretenden Rechtsfall zu übertragen, der weder im Koran noch in der Sunna geregelt wird, sofern die beiden Fälle dieselbe Causa haben.; 3. *Iǧtihād istiṣlāḥī*: Hier geht es um eine Frage, die weder selbst noch ein vergleichbarer Fall mit demselben Rechtsgrund in einem religiösen Text behandelt wird. In diesem Fall wird nach dem Gemeinwohl der Gesellschaft entschieden. Die Verfahrensweise des Rates zeichnet sich, laut Rifyal Kaʿbah, durch eine „collective deliberation of legal experts" und durch Deduktion vom Koran und von der Sunna (*istinbāṭ*) aus.[725] Bei der Erteilung der Fatwas verfolgt der *Majelis Tarjih* folgende Arbeitsmethode: Die über die Zeit-

723 Vgl. Noer 1978, S. 80 f.; Anwar 2005, S. 34 und Kaʿbah 2007, S. 90.
724 Vgl. Anwar 2005, S. 34–38.
725 Vgl. Kaʿbah 2007, S. 91 f.

schrift der Muhammadiyah „Suara Muhammadiyah“ oder direkt an den *Majelis* gerichteten Anfragen werden kopiert und an einzelne Mitglieder verschickt, damit diese Fatwa-Entwürfe erstellen, die anschließend zu einem festgelegten Zeitpunkt diskutiert werden. An dem geplanten Termin diskutieren die Teilnehmer das relevante Fatwa und falls es nötig ist, nehmen sie Änderungen vor, bevor sie die endgültige Version des Fatwas an die Redaktion der Zeitschrift „Suara Muhammadiyah“ zur Veröffentlichung senden. In diesem Kontext weist Anwar darauf hin, dass die Mitglieder üblicherweise informelle Treffen zur Diskussion der Entwürfe von Fatwas im Wechsel in ihren Häusern oder in einem Restaurant vereinbaren.[726]

Während der kollektive Charakter des Verfahrens des *Majelis Tarjih* deutlich in der Diskussion und Entscheidung über einen Fatwa-Entwurf zum Vorschein kommt, gibt es bei der Erstellung der Fatwa-Entwürfe keinen Hinweis darauf. Vielmehr geht es hierbei um eine Leistung einzelner Mitglieder des *Majelis*. Anders ausgedrückt steht das Ziel im Zentrum, sich die Zustimmung der Teilnehmer des *Majelis Tarjih* zu den Ergebnissen eines *iǧtihād* einzuholen, während einzelne Mitarbeiter des *tarǧīḥ*-Rats den eigentlichen Prozess des *iǧtihād* durchführen. Diese Arbeitsweise bestätigt Anwar, der jetzige Führer des *Majelis Tarjih*, in seiner Beschreibung des Erstellungsvorgangs des Fatwas über die Einstellung einer Frau als Direktorin eines Krankenhauses der Muhammadiyah.

> As usual, one of the Council members was asked to prepare a draft *fatwā*. Then, at a later meeting, the draft was discussed by staff members and the proposed arguments were scrutinized. Shortly after reaching an agreement, the members formulated the final *fatwā*, and the draft was sent to *Suara Muhammadiyah*, as well as to the Council of Tarjih of the Surakarta Regional Board.[727]

Die Anwendungsweise des *iǧtihād* der Muhammadiyah beschreibt Fauzan Saleh auf ähnliche Weise wie folgt: „*Ijtihād* from their perspective consists of rational interpretation of the Qur'ānic texts and the Ḥadīth by individuals.“[728]

Des Weiteren ist anzumerken, dass die vom *Majelis Tarjih* verwendete *iǧtihād*-Stufe schrittweise erhöht wurde. Anfangs stützte man sich auf die vierte Klasse, nämlich den *tarǧīḥ*, und ging schließlich zu höheren Kategorien des *iǧtihād* über, darunter die Anwendung des *Iǧtihād qiyāsī* (Analogieschluss), der erstmals durch den Kongress von 1954/55 appliziert wurde. Trotz dieser Bestrebung des Rates des *tarǧīḥ*, höhere *iǧtihād*-Kategorien anzuwenden, macht Rifyal Kaʿbah auf die lückenhaften Kenntnisse der *muǧtahids* innerhalb des Rates sowie auf eine mangelnde Vertrautheit mit dem Arabischen seiner Mitglieder aufmerksam. Zudem thematisiert er die organisatorischen und administrativen Probleme des *Majelis Tarjih*.[729]

---

726 Vgl. Anwar 2005, S. 36.
727 Anwar 2005, S. 42.
728 Saleh 2001, S. 85.
729 Vgl. Kaʿbah 2007, S. 94 f.

5.4.1.3 Die Fatwa-Kommission der Azhar (*Laǧnat al-fatwā bi-l-Azhar*)

Angesichts des großen Ansehens, das die Azhar in der Öffentlichkeit genießt, richteten viele Laien ihre Fatwa-Anfragen an den Scheich der Azhar. Für die Beantwortung dieser Fragen hatten die Rektoren der Azhar wegen ihrer Beschäftigung mit vielen wissenschaftlichen und administrativen Aufgaben lediglich begrenzte Zeit. Mit der Zunahme ihrer Aufgaben wurde die Beantwortung dieser Fatwa-Anträge den Meistern der vier Rechtsschulen in der Azhar überlassen. Diese erteilten Fatwas gemäß ihrer jeweiligen Rechtsschule. Die Lage blieb bis zum Rektorat al-Marāǧīs unverändert. Während seiner ersten Amtszeit als Scheich der Azhar von 1928 bis 1929 entwarf der Schüler ʿAbduhs, Muṣṭafā al-Marāǧī, einen Plan für eine Bildungsreform der Azhar. In diesem Plan kam al-Marāǧīs ablehnende Haltung gegenüber den späteren Gelehrten zum Vorschein, die sich auf frühere Lehrmeinungen (*taqlīd*) stützen, ohne nach der Praxis eines neuen *iǧtihād* zu streben. Dieses Verhalten führe zum Rückzug aus dem modernen Leben sowie der heutigen Gesellschaft. Außerdem betont er die Notwendigkeit, die verschiedenen *maḏāhib* ohne Rechtsschulfanatismus zu lehren.[730]

Im Rahmen seiner Reform richtete er im Jahre 1928 die Abteilung für Predigt und Rechtleitung (*Qism al-waʿẓ wa-l-iršād*) ein. Diese Abteilung veröffentlichte ab 1930 unter dem Nachfolger al-Marāǧīs (al-Aḥmadī aẓ-Ẓawāhirī 1878–1944) die Zeitschrift „Nūr al-Islām", um die Botschaft der Azhar in größeren Teilen der Bevölkerung zu verbreiten. Am Anfang der zweiten Ausgabe fand sich eine Kolumne mit dem Titel *„Fatāwā wa aḥkām"*, welche sich mit der Beantwortung von rechtlichen Anfragen (*Fatāwā*), welche die Leser an die Zeitschrift richten, befasst. Der Rechtsratgeber war in der Regel ein einzelner *Muftī*. In einigen Fällen handelte es sich um zwei oder mehr. Im Allgemeinen erfolgten die Antworten gemäß einem einzigen ausgewählten *maḏhab*.[731] In seiner Rede bei seiner zweiten Ernennung zum Scheich der Azhar im Jahre 1935 präsentierte al-Marāǧī vier Erwartungen, die die Muslime in die Azhar setzen. Die vierte Erwartung an die Arbeit der Azhar bestehe darin, sich aus dem Streit um den *Maḏhab*-Fanatismus herauszuhalten und den Zwist zwischen den muslimischen Gruppierungen beizulegen.[732]

In Verbindung mit diesen Reformplänen gründete al-Marāǧī wenige Monate nach dem Antritt seiner neuen Amtszeit, am 11. August 1935, die Fatwā-Kommission der Azhar. Letztere bestand außer dem Leiter aus elf prominenten Gelehrten der Azhar. Drei Mitglieder gehörten der ḥanafitischen Rechtsschule, drei der mālikitischen und weitere drei der šāfiʿitischen, sowie zwei der ḥanbalitischen Schule an. Unter den Mitgliedern der *Laǧna* befand sich häufig der Großmufti Ägyptens. Das Besondere an dieser Kommission war, dass die Beteiligten den Auftrag erhielten, Antworten auf juristische Fragen, die sie aus Ägypten und anderen Gebieten der islamischen

730 Vgl. al-Bahī 1964, S. 265 f. und *Maǧmaʿ al-buḥūṯ al-islāmiyya. tārīḫuh wa taṭawwuruh* 1983, S. 149.

731 Vgl. Skovgaard-Petersen 1997, S. 151 f. und Lemke 1980, S. 109.

732 Vgl. Ḫafāǧī 1988, Bd. 1, 2. Aufl., S. 270–273.

Welt erhielten, gemeinschaftlich und nicht mehr individuell zu liefern. Um dieser Aufgabe gerecht zu werden, versammelten sich die Vertreter dieses Ausschusses regelmäßig, um die jeweiligen Fragen intensiv zu untersuchen und schließlich ein kollektives Rechtsgutachten zu erlassen. Es fanden vier Treffen wöchentlich statt, wovon jedes in der Regel mehrere Stunden dauerte. Daraus ergibt sich ein Jahresdurchschnitt von 350 Fatwas der Kommission. Bei der Beantwortung können sie, falls dies gewünscht wird, einer bestimmten Rechtsschule folgen, ansonsten können sie ihre Fatwas unter Berücksichtigung verschiedener Schulen, auch über die vier bekannten Rechtsschulen hinaus, erstellen. Im Falle der neuen Rechtsfälle, die von den früheren Rechtswissenschaftlern nicht behandelt wurden, ermitteln sie die Antwort mittels des Korans, der Sunna oder des Analogieschlusses unter Berücksichtigung des Allgemeinwohls (*al-maṣlaḥa*). Damit korrespondiert diese Verfahrensweise den Vorstellungen al-Marāġīs vom KI. So ist er der Auffassung, dass bei Fragen, die schon in der frühen Rechtsliteratur beantwortet wurden, eine Auswahl (*taḫayyur*) der zur heutigen Zeit passenden Rechtsauffassung zwischen den verschiedenen Rechtsschulen vorgenommen werden sollte. Wenn es sich bei dem Fall indes um einen neuen handle, solle ein neuer *iǧtihād*-Vorgang durchgeführt werden. Sowohl *taḫayyur* als auch der neue *iǧtihād* sollen von einer Gruppe von Gelehrten der verschiedenen Schulen ausgeübt werden. Entsprechend dieser Methode waren für die Behandlung eines Falls oft mehrere Zusammenkünfte erforderlich. Nach gemeinsamer Untersuchung und gegenseitigem Meinungsaustausch treffen die Beteiligten eine kollektive Entscheidung (*ra'y ǧamāʿī*).[733]

Hier stellt sich nun die Frage, aus welchen Gründen dieses Fatwa-Komitee überhaupt gebildet wurde, obgleich bereits ein Fatwa-Amt (*Dār al-iftā'*) existiert. In dieser Studie wird die Hypothese aufgestellt, dass dieses Fatwa-Komitee im Zeichen der von al-Marāġī geplanten Durchführung seines Reformprogramms steht. Hierbei geht es um die Etablierung einer neuen Form der Fatwa-Erteilung, nämlich aufgrund des KI, welche das *Dār al-iftā'* damals noch nicht anbot.[734] Diese neue Art steht in Einklang mit den Reformvorschlägen al-Marāġīs. Hinter dieser Kommission steht al-Marāġīs Versuch, eine der von ihm in seiner Rede erklärten Erwartungen der Öffentlichkeit an die Azhar, nämlich die Kluft zwischen den verschiedenen islamischen Schulen zu überwinden, zu erfüllen. Im Zuge dessen intendierte er, der Gesellschaft ein praktisches Exempel für die Anerkennung und Gleichsetzung der verschiedenen *maḏāhib*, und zwar durch die Erstellung kollektiver Rechtsnormen auf Basis des KI, zu liefern und somit diese Vorgehensweise in der Azhar zu verankern. Bei dieser Form sollten alle *maḏāhib* repräsentiert sein und miteinander kooperieren. Auf diese

733 Vgl. Ḫafāǧī 1988, Bd. 2, 2. Aufl., S. 130 f.; Baraka 1996, Bd. 1, S. 217 und Skovgaard-Petersen 1997, S. 150 f.

734 Erst unter dem Staatsmufti ʿAlī Ǧumʿa (von 2003 bis 2013) wurde im *Dār al-iftā'* eine Fatwa-Kommission (*amānat al-fatwā*), welche den KI bei der Erstellung von Rechtsgutachten anwendet, eingerichtet. Vgl. http://dar-alifta.org.eg/AR/aboutdar.aspx?ID=102#, abgerufen am 15.04.2015.

Art und Weise kann ein Beitrag zur Überwindung des *maḏhab*-Fanatismus und zur Einheit der Muslime geleistet werden. Für al-Marāġī bildete diese angestrebte Entwicklung einen Grundgedanken, welchen er in seiner Denkschrift formulierte und für den er sich während seiner ganzen Amtszeit einsetzte.[735] Des Weiteren spiegelt dieser Grundsatz die Bereitschaft wider „[...] – sich mit den Alltagsproblemen der Gläubigen auseinanderzusetzen – [...], die al-Marāġī mit der Berufung der Kommission offensichtlich hatte stärken wollen. Daß [*sic*] er hier eine Aufgabe für die Azhar sah, hatte er bereits in der Denkschrift von 1928 erklärt."[736] Diese kollektive Erstellung von juristischen Normen der *laǧna* kontrastiert mit jener vom *Dār al-iftāʾ*, bei dem für die Erlassung der Fatwas eine einzelne Person (der Großmufti) zuständig war. In diesem Zusammenhang stellt Skovgaard-Petersen fest:

> By the mid-1930s two parallel fatwa-institutions were thus in existence: one depending on one person – the State Mufti – and one *madhhab*, the Hanafi; the other a collective organ, giving fatwas according to the *madhhab* of the *mustaftī* and publishing them in the *Majallat al-Azhar*.[737]

Maǧallat al-Azhar ist seit dem Jahr 1935 der neue Name für die Zeitschrift *Nūr al-Islām*. Neben al-Marāġīs Bestrebungen sollten zudem die Aufforderungen Rašīd Riḍās, ein Fatwa-Komitee in der Azhar zu gründen, nicht außer Acht gelassen werden. Seine Aufforderung von 1928 wiederholte Riḍā im Jahre 1931 während eines Streits mit dem Rechtsgutachter der *Maǧallat Nūr al-Islam*, Yūsuf ad-Diǧwī, der (individuelle) Fatwas gegen die Wahhabiten erstellte.[738] Riḍās Appelle sind für al-Marāġīs Schaffung dieses Komitees durchaus von Relevanz, insofern sie beide ʿAbduhs Schüler waren und dementsprechend weitgehend die gleiche Denkschule vertraten, insbesondere hinsichtlich der Reform der Azhar. Diese Tatsache lässt irgendeine Art von Gedankenaustausch bzw. gegenseitiger Beeinflussung durchaus plausibel erscheinen.

Nach der Schaffung der Akademie für islamische Untersuchungen der Azhar 1961 wurde die Fatwa-Kommission der Akademie untergeordnet. Sie gehört nun zum „Assistenz-Sekretariat für *Daʿwa* und religiöse Medien" der Akademie.

Gegenwärtige Arbeitsweise der Kommission: Heutzutage findet diese Kommission täglich, außer freitags, in der Azhar-Moschee statt. Die *Laǧna* besteht – außer dem Leiter – aus acht Mitgliedern und zwei weiteren Mitgliedern, die für die Dokumentation und digitale Speicherung der Fatwas zuständig sind.[739] In der

---

735 Vgl. sein Aufruf zur Kollektivierung des *iǧtihād* unter Unterkapitel „3.2".

736 Lemke 1980, S. 111.

737 Skovgaard-Petersen 1997, S. 154.

738 Zu beiden Aufforderungen siehe „3.2". Dazu vgl. Skovgaard-Petersen 1997, S. 152 f.

739 Nach einem Gespräch mit dem Leiter der Kommission am 17.02.2015. Im Juli 2015 wurde die Zahl der Mitglieder dieser Kommission auf 60 Gelehrte der Azhar erhöht. Vgl. Kamāl, Ḥusnī: Ḥiwār: „ad-Duktūr ʿAbd al-Hādī Zāriʿ munassiq laǧnat al-fatwā bi-l-Azhar li-l-Ahrām: Sitūn ʿāliman azhariyyan yuwāǧihūn taḍārub al-fatāwā", http://www.ahram.org.eg/NewsQ/414263.aspx (Veröffentlicht am 14. Juli 2015), abgerufen am 27.08.2015.

Kommission werden die vier sunnitischen Rechtsschulen vertreten. Der jetzige Leiter, Saʿīd ʿĀmir, hebt hervor, dass die Kommission bei der Fatwa-Erteilung ein kollektives Rechtsfindungsverfahren anwendet. Nach Angaben des Ausschussleiters sieht der aktuelle Arbeitsmechanismus der *Lağna* folgendermaßen aus:

Bei der Ausarbeitung eines Rechtsfalls gilt es zunächst die Quellentexte und Indizien ausfindig zu machen, welche in Verbindung mit dem vorliegenden Fall stehen. Anschließend arbeitet das Komitee an der Überprüfung der Indizien, indem es intensive Reflexionen darüber anstellt. Falls die Frage von den früheren *fuqahāʾ* bearbeitet wurde, werden die Meinungen der verschiedenen Rechtsschulen untersucht. Nach der Darlegung der diversen Rechtsauffassungen entscheidet sich die *Lağna* für die angemessenste Ansicht, die am besten den Ansprüchen der gegenwärtigen gesellschaftlichen Umstände gerecht wird. Es kann auch sein, dass die Kommission keine alte Auffassung der klassischen Rechtsschulen auswählt, sondern eine neue präferiert, welche mehr mit den heutigen Lebensbedingungen in Einklang steht. Wenn die erforschte Frage neu ist und nicht in der klassischen *fiqh*-Literatur geregelt wurde, übernimmt die *Lağna* die Entscheidung der Akademie der Azhar über die zu untersuchende Frage. Falls aber dieses Thema von der Akademie noch nicht behandelt wurde, sucht die *Lağna* bei anderen Rechtsakademien, welche die entsprechende Frage thematisiert haben, Hilfe. Ansonsten orientiert sie sich an den Hinweisen aus den Quellentexten oder gegebenenfalls an den Schriften einzelner Gelehrter zu diesem Rechtsfall. Erst dann wird eine Antwort auf die Fatwa-Anfrage formuliert.

Bei der Entscheidung, egal ob es sich dabei um eine neue oder bereits in der früheren *fiqh*-Literatur bearbeitete Frage handelt, bildet das Anpassungsvermögen an die gegenwärtigen Lebensbedingungen ein entscheidendes Kriterium. Außerdem werden die Entscheidungen der Kommission vor dem Hintergrund wesentlicher Rechtsmaximen getroffen, wie beispielsweise *darʾ al-mafāsid muqaddam ʿalā ğalb al-manāfiʿ* (Die Schadensvermeidung hat Priorität vor dem möglichen Nutzen), *lā ḍarar wa lā ḍirār* (Weder sich selbst noch den anderen darf Schaden zugefügt werden) und *yassirū wa lā tuʿassirū* (Die Dinge sollen immer möglichst erleichtert und nicht schwieriger gemacht werden). Bei einer Entscheidung bezieht sich die *Lağna* hauptsächlich auf die vier sunnitischen Rechtsschulen. Möglicherweise geht die *Lağna* auch darüber hinaus und entscheidet sich für eine nicht-sunnitische Rechtsauffassung, solange diese gemäßigt ist und sich weder dem Koran noch der Sunna widersetzt.[740]

Das Fatwa-Komitee der Azhar nimmt Fragen vom Publikum, islamischen Zentren im Ausland und von ägyptischen Gerichten oder anderen Behörden – in Bezug auf Fälle des Familien- und Erbrechts – entgegen. Außerdem befasst es sich mit relevanten gesellschaftlichen Themen. Die gestellten Fatwa-Anfragen betreffen vornehmlich den Gottesdienst (z. B. das Gebet, die Zakat, das Fasten oder die Wallfahrt)

740 Ein Interview mit dem Leiter der *Lağna* am 17.02.2015. Auf die gestellten Fragen wurden von der *Lağna* am 23.02.2015 schriftliche Antworten erstellt.

sowie familien- und erbrechtliche Fragen. Weiterhin gehört es zum Aufgabenbereich der *Lağna* neue Konvertiten offiziell zu Muslimen zu erklären, indem sie diesbezüglich Zertifikate ausstellt.[741]

Die Arbeitsweise der *Lağnat al-fatwā* der Azhar und der anderen Fatwa-Kommissionen im Allgemeinen zeigen die Realisierung der Idee des KI auf. Diese beschäftigen sich mit verschiedenen Rechtsgebieten, aber hauptsächlich mit den Alltagsfragen der muslimischen Laien, wobei es größtenteils um alte Fragen geht, d. h., dass diese bereits in der frühen Rechtsliteratur behandelt wurden. Im Vergleich mit den Rechtsakademien, wie wir später sehen werden, ist ihr Anwendungsbereich relativ begrenzt. Darüber hinaus wurden einige Fatwa-Kommissionen den Rechtsakademien untergeordnet. Demzufolge soll in dieser Studie unter Bezugnahme auf die Doktrin der Teilbarkeit des *iğtihād* diese Art des KI als kollektiver Teil-*iğtihād* bezeichnet werden.

5.4.1.4 Die Körperschaft der großen Gelehrten (*Hay'at kibār al-ʿulamā'*) in Saudi-Arabien

Die Institutionalisierung der *iftā'* in Saudi-Arabien begann in den 1950er Jahren. Im Jahre 1374/1955 wurde die erste Fatwa-Institution unter dem König Saʿūd ibn ʿAbd al-ʿAzīz (reg. 1953–1964) mit dem Namen *Dār al-iftā' wa-l-išrāf ʿalā aš-šu'ūn ad-dīniyya* ins Leben gerufen. Der damalige Mufti war Muḥammad ibn Ibrāhīm Āl Šayḫ, der bereits 1953 als erster offizieller Groß-Mufti Saudi-Arabiens vom König ʿAbd al-ʿAzīz ibn Saʿūd (gest. 1953) eingestellt wurde. Die Arbeit im *Dār al-iftā'* stützte sich auf eine einzelne Person, nämlich den Mufti. Bei der Neubildung der Regierung 1962 hat Fayṣal ibn ʿAbd al-ʿAzīz (König: 1964–1975), damals noch Prinz und Premierminister, ein 10-Punkte-Reformprogramm formuliert. Unter dem vierten Punkt dieses Programms spricht er von der Schaffung eines Fatwa-Rats, der aus 20 kompetenten Rechtsgelehrten bestehen soll. Dieser Rat soll Fragen von staatlichen Behörden und vom Publikum beantworten. Die Einrichtung des Rates erfolgte indes erst im Jahre 1971, nachdem Fayṣal König wurde, durch die Gründung der *Hay'at kibār al-ʿulamā'* „Körperschaft der Groß-Gelehrten (KGG)", welche die Rolle der Fatwa-Erteilung in Saudi-Arabien einnahm.[742]

Die KGG ist ein staatliches Amt, dessen Sitz sich in der saudischen Hauptstadt Riad befindet und die höchste religiöse Autorität des Lands bildet. Es wurde am 29. August 1391/1971 aufgrund des königlichen Dekrets 137/1 des Königs Fayṣal ibn ʿAbd al-ʿAzīz eingerichtet. Gemäß dem Dekret besteht diese Körperschaft aus saudischen Scharia-Gelehrten, welche durch einen königlichen Beschluss nominiert werden. Bei Bedarf können aber ebenso basierend auf einer königlichen Verordnung ausländische Gelehrte aufgenommen werden, solange diese salafitisch sind. Das Dekret überträgt den Mitgliedern zwei Aufgaben: Fragen,

---

741 Vgl. *Mağmaʿ al-buḥūṯ al-islāmiyya. tārīḫuh wa taṭawwuruh* 1983, S. 150.
742 Vgl. Al Atawneh 2010, S. 8 ff. und 33 f.

welche an diese vom König (oder von offiziellen Ämtern) gerichtet werden, aus Sicht der Scharia zu beurteilen und den König in allgemeinen religiösen und rechtlichen Fragen, die von der Körperschaft untersucht wurden, zu beraten. Die erste Formation der KGG bestand aus 17 Mitgliedern unter der Führung von Ibrāhīm ibn Muḥammad Āl Šayḫ (Amtszeit 1971–1975). Die regelmäßige Versammlung der KGG findet alle sechs Monate im Hauptsitz statt. In Sonderfällen können die Tagungen aber auch außerhalb von Riad veranstaltet werden. Für die Behandlung von relevanten aktuellen Fragen können zudem Sondersitzungen stattfinden. Damit eine Versammlung rechtmäßig ist, ist die Anwesenheit von mindestens zwei Dritteln der Mitglieder Voraussetzung. Die letzte Sitzung der KGG, die 84. Sitzung, fand am 25. Januar 2017 statt.[743] In jedem veröffentlichten Fatwa bzw. Beschluss betont die KGG, dass ihre Entscheidung aufgrund von Forschung, Diskussion und Meinungsaustausch zwischen den Mitgliedern getroffen wurde. Ebenso wird erwähnt, ob diese Entscheidung einmütig oder mehrheitlich zustande kam.[744] In einigen Fällen wurden Beschlüsse der KGG nach der Zustimmung des Königs in Kraft gesetzt. Beispielsweise trat die Resolutionsnr. 26 der KGG vom 26. September 1974 hinsichtlich der Eheauflösung seitens der Frau *ḫulʿ* aufgrund des königlichen Dekretes 6895 am 13. März 1975 als Gesetz in Kraft.[745] Die verabschiedeten Resolutionen der KGG bearbeiten diverse Themenbereiche, wie rituale, familienrechtliche, gesellschaftliche, finanzielle und theologische Fragestellungen. In einem siebenbändigen Band veröffentlichte die KGG ihre Studien und Beschlüsse zu 54 Thematiken, welche das Gremium im Zeitraum von 1971 bis 1999 getroffen hat. Diese greifen unterschiedliche Themengebiete auf, insbesondere den Gottesdienst (vor allem in Bezug auf die Pilgerfahrt) und die finanziellen Angelegenheiten (wie Versicherung und Bankgeschäfte).[746]

Laut dem Artikel 4 des Dekrets 137/1 sollen einige von den Mitgliedern der KGG ausgewählt werden, welche ein Unterorgan der Körperschaft, nämlich ein ständiges Komitee für Untersuchungen und Fatwa-Erteilung (*Laǧna dāʾima li–l-buḥūṯ al-ʿilmiyya wa-l-iftāʾ*) bilden. Die Aufgabe dieses Komitees besteht darin, Studien und Untersuchungen, die anschließend von der KGG diskutiert werden, anzufertigen. Dem Komitee werden für die Erstellung von Untersuchungen Forscher zur Seite gestellt. Außerdem sind die Mitglieder dieses Komitees damit beauftragt, Fatwa-Anfragen des Publikums (oder sogar offizieller Behörden) in theologischen, gottesdienstlichen und zwischenmenschlichen Angelegenheiten zu beantworten. Im Falle von Fatwa-Anfragen allgemeiner Natur sollen diese an die Mitglieder der KGG weitergegeben werden. Das Komitee erhält die Anfragen per Post, Fax oder über die

743 Vgl. http://ssa.gov.sa/68842, abgerufen am 15.02.2017.

744 Vgl. http://www.alifta.net/Fatawa/FatawaChapters.aspx?languagename=ar&View=tree&NodeID=1&PageNo=1&BookID=1, abgerufen am 15.02.2017.

745 Vgl. Al Atawneh 2010, S. 21 (Fn. 19).

746 Online verfügbar: http://www.alifta.net/Fatawa/FatawaChapters.aspx?languagename=ar&View=tree&NodeID=1&PageNo=1&BookID=1, abgerufen am 15.02.2017.

Zeitschrift *Maǧallat al-buḥūṯ al-islāmiyya*. Ebenso kann der Fragende das Komitee telefonisch kontaktieren. Dieses wird vom allgemeinen Vorsitz für wissenschaftliche Untersuchungen und der Fatwa-Erteilung (*ar-Riyāsa al-ʿāmma li–l-buḥūṯ al-ʿilmiyya wa-l-iftāʾ*) verwaltet.[747] Eine Rechtsnorm bzw. Entscheidung des Komitees gilt als gültig, wenn die jeweilige Frage von mindestens drei Mitgliedern untersucht und der Entscheidung von einer absoluten Mehrheit der Mitglieder zugestimmt und anschließend von ihnen unterschrieben wurde. Im Falle einer Stimmengleichheit ist die Stimme des Präsidenten ausschlaggebend. Die Gegenmeinungen und deren Argumentation werden indes registriert und es wird auch im veröffentlichten Fatwa darauf hingewiesen. Bei der Behandlung von wirtschaftlichen, gesellschaftlichen und kommerziellen Thematiken sollen, nach der Ausführungsordnung der Körperschaft, ein Fachexperte oder mehrere aus diesen Bereichen an den Versammlungen des Komitees teilnehmen, ohne dabei stimmberechtigt zu sein. Die erste Formation des Komitees umfasst vier Mitglieder mit Ibrāhīm ibn Muḥammad Āl Šayḫ als Leiter. Die Mitglieder des Komitees treffen sich drei Mal wöchentlich, um ihre Aufgaben zu erfüllen. Die Arbeitsergebnisse der KGG und des Fatwa-Komitees der Untersuchungen, Beschlüsse und Fatwas werden in der vom allgemeinen Vorsitz für wissenschaftliche Untersuchungen und der Fatwa-Erteilung gegründeten Zeitschrift *Maǧallat al-buḥūṯ al-islāmiyya*, deren ersten Ausgabe im Jahre 1975 erschien, publiziert.[748] Auf der offiziellen Webseite finden sich 2276 Fatwas, welche das ständige Komitee bereits erteilt hat. Diese sind hauptsächlich Antworten auf Alltagsfragen und thematisieren gottesdienstliche, theologische, familienrechtliche und zwischenmenschliche Angelegenheiten.[749]

Was die Zugehörigkeit der Mitglieder der KGG anbelangt, lässt sich konstatieren, dass ausschließlich Anhänger der ḥanbalitischen Schule vertreten waren. Nach der Neubildung der KGG gehören dieser erstmals einzelne Vertreter der anderen sunnitischen Rechtsschulen an, nämlich der Ḥanafiyya, Mālikiyya und Šāfiʿiyya. Die überwiegende Mehrheit der Mitglieder ist dennoch weiterhin ḥanbalitisch.[750] Die heutige Zusammensetzung der KGG wurde am 2. Dezember 2016 auf Basis einer königlichen Verordnung festgelegt. Diese sieht 21 Mitglieder unter Führung des saudischen Groß-Muftis, ʿAbd al-ʿAzīz ibn ʿAbd Allāh Āl Šayḫ (seit 1999), vor. Das ständige Komitee besteht derzeit aus fünf Mitgliedern, darunter der Groß-Mufti,

---

747 Vgl. http://www.ssa.gov.sa/%D8%A7%D9%84%D9%84%D8%AC%D9%86%D8%A9-%D8%A7%D9%84%D8%AF%D8%A7%D8%A6%D9%85%D8%A9-%D9%84%D9%84%D9%81%D8%AA%D9%88%D9%89/, abgerufen am 15.02.2017.

748 Vgl. al-Ḫālid 2009, S. 344 ff.; Mīǧā (Nadwa) 1996, S. 290 f. und al-Muṭlaq (Nadwa) 1996, S. 302–307.

749 Vgl. http://www.alifta.net/Fatawa/fatawaAlph.aspx?languagename=ar&section=3, abgerufen am 20.02.2017.

750 Vgl. http://www.aleqt.com/2009/02/15/article_196270.html und http://archive.aawsat.com/details.asp?section=4&article=507131&issueno=11037#.WN0IkTuLSM8, abgerufen am 20.02.2017.

welcher das Komitee auch leitet.[751] Für die Administration und Organisation der Arbeit innerhalb der KGG sowie für die Verbindung zwischen der KGG und dem ständigen Fatwa-Komitee ist das Generalsekretariat, welches vom Generalsekretär geleitet wird, verantwortlich.[752]

Die Praxis des KI zeigt sich sowohl in der Arbeit der KGG als auch des ständigen Komitees in Form der kollektiven Entscheidungsweise – einhellig oder mehrheitlich – basierend auf der Diskussion und des Meinungsaustauschs zwischen den Mitgliedern sowie in der Teilnahme von Fachexperten anderer Wissensgebiete am *iǧtihād*-Prozess in beiden Gremien.

5.4.2 Spezial-Gremien für finanzielle Angelegenheiten: Scharia-Boards

Die zweite spezielle Kategorie, welche der Realisierung des Konzeptes des gemeinschaftlichen *iǧtihād* dient, konzentriert sich auf ein spezifisches Gebiet des islamischen Rechts, und zwar den finanziellen Bereich (Bankgeschäfte). Dabei geht es um die Anwendung des KI durch die Scharia-Boards der islamischen Banken. Diese Art von Banken kam in der zweiten Hälfte des 20. Jahrhunderts auf. Schon seit den 40er Jahren des vorigen Jahrhunderts widmeten sich viele muslimische Intellektuelle der Konzeption eines zinslosen Bankwesens, das gemäß den Vorschriften der islamischen Scharia arbeitet. Ein erster Versuch zur Errichtung einer zinslosen Bank wurde in der ägyptischen Kleinstadt *Mīt-Ġamr* unternommen. Dort wurde im Jahre 1963 eine Art Sparkasse gegründet und anschließend wurden einige Filialen dieser Bank eröffnet. Trotz der kurzen Zeit dieses Experimentes, bis ins Jahr 1967, bildete es den Ausgangspunkt für die Schaffung vieler islamischer Banken in den folgenden Jahren. In der zweiten Konferenz der islamischen Außenminister in Karachi (Pakistan) im Jahre 1970 schlug eine ägyptisch-pakistanische Delegation vor, einen internationalen islamischen Bankenverbund zu schaffen. In diesem Zusammenhang trat auch zum ersten Mal die Bezeichnung „islamische Bank" auf. Ägypten wurde beauftragt, einen Entwurf bzw. eine Studie zu diesem Projekt anzufertigen. Die ägyptische Studie über dieses Thema wurde im Jahre 1972 vollendet und bei der folgenden islamischen Außenministerkonferenz zur Diskussion gestellt. Diese Studie, welche zum großen Teil auf dem Experiment von *Mīt-Ġamr* beruht, ebnete für die Gründung vieler islamischer Banken in den folgenden Jahren den Weg, wie z.B. der Islamic Bank Dubai im März 1975, der Islamic Development Bank (IDB) am 20. Oktober 1975 in Jedda/Saudi-Arabien, der Faysal-Bank in Ägypten und der Faysal-Bank im Sudan im Jahre 1977.[753] „Nach dem Bericht des am 21. Aug. 1977

---

751 Vgl. http://www.ssa.gov.sa/, abgerufen am 15.02.2017.

752 Vgl. Al Atawneh 2010, S. 17.

753 Vgl. Ipektchi 1997, S. 35–40; Bergmann 2008, S. 44 ff.; Noor-Ebad 1988, S. 89 ff.; Chahin 2000, S. 33–37; Elnaggar 1990, S. 13–18; al-ʿAliyāt 2006, S. 11 f. und Šabīr 2007, 6. Aufl., S. 256–263.

errichteten Verbandes islamischer Banken wurden bis zum Jahre 1980 sieben islamische Banken in verschiedenen Ländern gegründet und weitere fünfzehn Anträge zur Errichtung solcher Banken gestellt."[754]

In den folgenden Jahrzehnten vermehrten sich solche Banken und verbreiteten sich in zahlreichen islamischen Ländern und sogar außerhalb der islamischen Welt. Nach einem Bericht der Union of Arab Banks gibt es heutzutage (2014) über 700 islamische Finanzinstitutionen, die ihren Sitz in 60 verschiedenen Ländern haben. Die Hälfte von ihnen befinden sich in arabischen Ländern, vor allem in den Golfstaaten mit 250 Unternehmen. Laut diesem Bericht beläuft sich die Zahl der Kunden der islamischen Banken auf 38 Millionen in der ganzen Welt.[755]

Der Begriff „Islamische Bank" bezeichnet eine Finanzinstitution, welche bei ihren Geschäften, Investitionstätigkeiten und ihrer Verwaltung die Prinzipien der Scharia berücksichtigt. Darüber hinaus sollte sie einen Beitrag zur sozialen und wirtschaftlichen Entwicklung der muslimischen Gesellschaft leisten.[756] Obwohl das Islamic Banking mit den konventionellen Banken in verschiedenen Geschäften und Dienstleistungen übereinstimmen, unterscheiden sich die islamischen Banken durch einige Charakteristika und Ziele von ihnen. Eine wesentliche Eigenschaft ist das Beteiligungsprinzip (*al-mušāraka*), d. h. die Beteiligung sowohl am Gewinn als auch am Verlust. Die Festlegung eines bestimmten Zinses im Voraus gilt als *ribā* (Wucher) und ist deshalb verboten. Ferner zielt das Islamic Banking darauf ab, eine sozialökonomische Entwicklungsrolle einzunehmen und dem Interesse der Gesellschaft zu dienen, wie z. B. durch die Förderung von Entwicklungsunternehmen und die Gewährung von zinslosem Darlehen. Dazu sollten Moral und Gerechtigkeit zentrale Leitgedanken sein und der Gewinn nicht auf Kosten der niedrigeren Gesellschaftsschichten sein. Ein weiteres Merkmal für die Arbeit der islamischen Banken ist, dass sie der Kontrolle der Scharia-Boards (*Hayʾāt ar-raqāba aš-šarʿiyya*), außer der finanziellen und administrativen Kontrolle, die bei den herkömmlichen Banken ausgeübt wird, unterliegen.[757] Inwieweit diese Konzepte in der Praxis auch umgesetzt werden, gehört allerdings nicht zum Untersuchungsgegenstand dieser Arbeit.

In Bezug auf die Zensur bildet die Einhaltung der Bestimmungen der Scharia das entscheidende Kriterium des Islamic Banking. Die Verwirklichung dieses Prinzips wird üblicherweise durch die Kontrolle der Arbeit der Bank durch ein *Hayʾat ar-raqāba aš-šarʿiyya* (Scharia-Board) sichergestellt. Ein Scharia-Board bildet die höchste Autorität im Islamic Banking. Die Accounting and Auditing Organization for Islamic Financial Institutions (AAOIFI) definiert „Scharia-Board" als eine

754 Noor-Ebad 1988, S. 91.

755 Vgl. UAB: „Taṭawurāt at-tamwīl wa-ṣ-ṣayrafa al-islāmiyya ḥawl al-ʿālam", http://www.uabonline.org/en/magazine/158315851575158715751578/1578159116081585157515781575160415781605/6100/0, abgerufen am 26.03.2015.

756 Vgl. Ipektchi 1997, S. 28 f.; al-ʿAliyāt 2006, S. 9 und Elnaggar 1990, S. 38 f.

757 Vgl. Šabīr 2007, 6. Aufl., S. 360 ff.; Ipektchi 1997, S. 31–35; al-ʿAliyāt 2006, S. 26 ff. und Elnaggar 1990, S. 39–49.

autonome Körperschaft von Spezialisten auf dem Gebiet der finanziellen Rechtsverhältnisse. Es sei dabei auch möglich, dass eines der Mitglieder kein Rechtswissenschaftler ist. Es solle dennoch ein Experte im islamischen Finanzsystem sein und über Grundkenntnisse in den *muʿāmalāt* verfügen. Dieses Gremium ist damit beauftragt, die Tätigkeiten einer Institution rechtzuleiten und Aufsicht zu führen, dass eine Institution die Vorschriften der Scharia einhält. Die Fatwas und Entscheidungen dieses Gremiums sind bindend.[758]

Bei der Legitimation dieser Art von Gremien stützen sich die Theoretiker auf verschiedene Koranverse und Hadithe, welche normalerweise die Basis für die Rechtmäßigkeit des Prinzips *„al-amr bi-l-maʿrūf wa-n-nahī ʿan al-munkar* (das Gebieten des Rechten und die Untersagung des Verwerflichen)" bilden. Hierbei geht es um Verse wie 3:104 „Aus euch soll eine Gemeinschaft (von Leuten) werden, die zum Guten aufrufen, gebieten, was recht ist, und verbieten, was verwerflich ist. Denen wird es wohl ergehen." sowie 3:110, 9:71 und den Hadith „Derjenige, der etwas Verwerfliches sieht, der soll dies durch eine Tat ändern. Kann er dies nicht, dann durch eine Aussage. Falls ihm das auch nicht möglich ist, soll er es mit seinem Herzen zurückweisen." Bezogen darauf gilt bei Bankgeschäften die Orientierung an der Scharia als *maʿrūf* und eine Missachtung der Scharia als *munkar*. Im Bereich der Finanzen und des Handels wird dieses Prinzip durch *ḥisba*[759] realisiert. Gemeint ist damit die Aufsicht der Aktivitäten der Märkte, um dafür zu sorgen, dass die Vorschriften der Scharia eingehalten werden.[760]

Von den Regeln der islamischen Rechtswissenschaft her verwirklicht die Arbeit der modernen Scharia-Boards größtenteils traditionelle Doktrinen – sowohl *iftāʾ* als auch *ḥisba*. Die Rolle der Scharia-Boards weicht aber von beiden Prinzipien in verschiedener Hinsicht ab. Diese Gremien übernehmen die Rolle des Muftis innerhalb einer islamischen Bank oder einer Finanzinstitution. Sie antworten auf die Fragen der Bankverwaltung hinsichtlich der verschiedenen Aktivitäten der Institution. Manchmal richten die Kunden der Bank auch Fragen an die Boards, die diesbezüglich Fatwas auf eine kollektive Art und Weise erteilen. Die Fatwas bzw. Beschlüsse der Scharia-Boards unterscheiden sich hingegen von den traditionellen Fatwas dadurch, dass sie für die Bankverwaltung verbindlich sind. Was die *ḥisba* anbelangt, so übt ein Scharia-Gremium im Islamic Banking eine ähnliche Funktion aus wie die eines *Muḥtasib* (ein Zensor bzw. Inspektor, der die Einhaltung der Scharia-Regeln im Marktverhalten kontrolliert). Die Rolle eines Scharia-Boards unterscheidet sich

758 Vgl. *Maʿāyīr al-muḥāsaba wa-l-murāǧaʿa wa-ḍ-ḍawābiṭ li–l-muʾassasāt al-māliyya al-islāmiyya* 2007, S. 4.

759 Zum Begriff *Ḥisba*: *The Encyclopedia of Islam*. New Edition. Brill, Leiden 1965–1971, Band 3, S. 485 ff.; Ahmad Chabin: *Ḥisba, arts and craft in Islam*, Wiesbaden, Harrassowitz, 2009 und Jörn Thielmann: *Nasr Hamid Abu Zaid und die wiedergefundene Hisba. Scharia und Qanun im heutigen Ägypten*. Ergon-Verlag, Würzburg 2003.

760 Vgl. aṣ-Ṣalāḥīn 2005, S. 248 ff.; Ḥammād 2004; S. 18 ff.; al-Farfūr 2012, S. 19 und al-ʿAliyāt 2006, S. 56 f.

jedoch insofern als dort keine Staatsbeamten tätig sind und zudem seine Aufgaben über die Kontrolle der Einhaltung der Scharia-Regeln hinausgehen.[761]

Die Überwachungsfunktionen des Boards beziehen sich auf den kompletten Ablauf eines Bankgeschäfts. Zu diesen Aufgaben gehören:

1) Die Überprüfung, ob die Entwürfe der Verträge, der Geschäftsabschlüsse und der Verfahrensordnung einer Bank mit den Grundsätzen der islamischen Scharia übereinstimmen.
2) Die Untersuchung und Überwachung der schon durchgeführten Bankgeschäfte, um sicherzustellen, dass die Umsetzung mit den Entscheidungen des scharia-rechtlichen Zensurrats kompatibel ist.
3) Die Betreuung und Weiterbildung des Bankpersonals über die scharia-rechtlichen Normen bei finanziellen Fragen.
4) Das Anbieten einiger in Übereinstimmung mit der Scharia stehenden Alternativen zu den herkömmlichen Bankprodukten.
5) Die Vorlage eines Berichts bei der Generalversammlung der Bank über die Übereinstimmung der Bankgeschäfte mit den Vorschriften der Scharia.
6) Das Marketing der islamischen Finanzen durch Veröffentlichungen und durch ihre Teilnahme an Konferenzen.[762]

Um eine bestmögliche Erfüllung dieser Aufgabe garantieren zu können, fordert die AAOIFI, dass die Scharia-Boards bzw. der scharia-rechtliche Aufsichtsrat vom Vorstand der Bank unabhängig sein solle. Die Boards sollten direkt von der Mitgliederversammlung eingestellt werden.[763] In der Praxis missachten einige Institutionen diese Vorbedingung, indem sie die Scharia-Boards bzw. den scharia-rechtlichen Berater dem Bankvorstand unterordnen, wie z.B. *Dar Al-Maal Al Islami Trust* in der Schweiz und die islamische Bank Jordaniens.[764] Nach der AAOIFI solle ein Scharia-Board zumindest aus drei Mitgliedern bestehen, zu denen jedoch weder die Bankdirektion noch die Bank-Aktionäre gehören sollten. Das Board habe das Recht, den Rat von Spezialisten anderer Fachgebiete einzuholen. Einer oder mehrere der Mitglieder oder auch jemand außerhalb des Gremiums solle die Funktion des scharia-rechtlichen Beobachters (*murāqib šarʿī*) ausüben.[765]

Neben den spezifischen Boards, die innerhalb der Banken vorhanden sind, gibt es noch eine andere Form des scharia-zensorischen Gremiums, und zwar die der allgemeinen Zentralzensur. Der erste Versuch zur Schaffung einer Dachorganisation der Scharia-Boards des Islamic Banking wurde im Jahre 1982 unternommen. Diese

761 Vgl. aṣ-Ṣalāḥīn 2005, S. 252 ff. und al-ʿAliyāt 2006, S. 61 f.
762 Vgl. aṣ-Ṣalāḥīn 2005, S. 248 ff.; Ḥammād 2011, S. 7 ff.; Bergmann 2008, S. 40 ff. und al-ʿAliyāt 2006, S. 92 ff.
763 Vgl. *Maʿāyīr al-muḥāsaba wa-l-murāǧaʿa wa-ḍ-ḍawābiṭ li-l-muʾassasāt al-māliyya al-islāmiyya* 2007, S. 4.
764 Vgl. aṣ-Ṣalāḥīn 2005, S. 259 f. und al-ʿAliyāt 2006, S. 72 f.
765 Vgl. *Maʿāyīr al-muḥāsaba wa-l-murāǧaʿa wa-ḍ-ḍawābiṭ li-l-muʾassasāt al-māliyya al-islāmiyya* 2007, S. 4 f.

umfasste 20 Mitglieder, die nur zur Hälfte Beteiligte der Scharia-Boards waren. Später wurde diese Organisation allerdings wieder aufgelöst. Die Zentralzensuren können entweder national oder international sein. Zur ersten Kategorie gehört das oberste Scharia-Gremium, welches die Vereinigten Arabischen Emirate im Jahre 1985 ins Leben rief und aus religiösen Rechtsgelehrten, Juristen und Bankfachmännern besteht. Dieses Gremium hat den Auftrag, die verschiedenen islamischen Geldinstitute im Land hinsichtlich ihrer Einhaltung der Scharia zu kontrollieren. Im Sudan wurde 1992 ein zentrales Scharia-Board, das alle sudanischen Banken zensiert, gegründet. Als Beispiel für eine internationale Institution kann die oberste Zensurbehörde des General Council for Islamic Banks And Financial Institution (CIBAFI) angeführt werden. Dieser Council hat 116 Mitglieder aus 66 Ländern. Die Ziele der obersten Zentral-Boards gestalten sich wie folgt:

(1) Die Auseinandersetzung mit den Fatwas, die von den inneren spezifischen Scharia-Boards erstellt wurden, um die unterschiedlichen Fatwas zu vereinen.
(2) Die Supervision der Aktivitäten der unter der Dachorganisation untergeordneten Banken, um die Übereinstimmung ihrer Geschäfte mit den Regeln der Scharia zu überprüfen.
(3) Die Beantwortung der Fragen der verschiedenen Mitglieder bzw. Banken.
(4) Die Behandlung der neu auftauchenden finanziellen Fragen.

Ein interessanter Aspekt bezüglich des Verhältnisses der Scharia-Boards zu anderen Körperschaften des KI ist, dass viele Gelehrten es für notwendig halten, dass die Scharia-Boards bei ihrer Arbeit auf Resolutionen der Rechtsakademien, als höhere Institutionen des KI, zurückgreifen.[766]

Beispiel: Scharia-Board der Dubai Islamic Bank

Um der Umsetzung der theoretischen Konzeption der scharia-rechtlichen Boards in der Praxis auf den Grund zu gehen, wird im Folgenden die Struktur und Arbeitsweise eines Scharia-Boards illustriert werden. Als Beispiel soll hierbei die erste islamische Bank der Welt fungieren, nämlich die islamische Bank Dubai, welche im März 1975 als eine Art Aktiengesellschaft dank der Bemühungen von Saʿīd Āl Lūtāh ins Leben gerufen wurde.[767]

Eines der wesentlichen Organe der Bank ist die Körperschaft des Fatwas und der scharia-rechtlichen Zensur (*Hay'at al-fatwā wa-r-raqāba aš-šarʿiyya*), die aus Spezialisten im Bereich der Scharia besteht. Diese verfügen auch über allgemeine Grundkenntnisse auf dem Gebiet der Finanzsysteme, der Rechtsdisziplinen und des traditionellen Bankwesens. Diese Körperschaft hat die Autorität über den Verwaltungsrat der Bank und ihre Mitglieder werden von der Generalversammlung eingestellt. Die Fatwas und Entscheidungen dieser *Hay'a* sind bindend für alle Bankorgane und Angestellten. Beim Treffen ihrer Entscheidungen bedient sich

766 Vgl. Abū Ġudda 2011, S. 20; an-Našmī 2011, S. 53 und Ḥammād 2004, S. 100.
767 Vgl. Noor-Ebad 1988, S. 100 f. und al-Ḫālid 2009, S. 351 f.

das Board einer kollektiven Methode. Einzelne Mitglieder dürfen allein keine autonomen Entscheidungen treffen oder Fatwa erteilen. Bei der Rechtsfindung stützt sich die Körperschaft auf die anerkannten islamischen Rechtsquellen und auf die Rechtsauslegungen der Prophetengefährten und der folgenden Generation sowie auf die Auffassungen der verschiedenen Rechtsschulen. Von den diversen Ansichten wählt die Körperschaft die zutreffendste auf Basis der Beweiskraft und des Interesses der Gesellschaft aus, ohne sich dabei auf eine bestimmte Rechtsschule zu beschränken. Laut der Durchführungsverordnung findet die Tagung des Gremiums einmal monatlich statt, sowie nach Bedarf. Nur wenn die Mehrheit der Mitglieder an einer Versammlung teilnimmt, hat diese als solche Gültigkeit. Die Entscheidungen werden mit der Stimmenmehrheit der Anwesenden gefasst. Im Falle der Stimmengleichheit ist die Stimme des Leiters für die Entscheidung ausschlaggebend. Der Leiter des Gremiums hat den Anspruch, Experten anderer Fachgebiete, sowohl Mitarbeiter der Bank oder von außerhalb, zu den Sitzungen einzuladen, deren Stimmen bei der Abstimmung jedoch keine Gültigkeit haben. Die Aufgabe dieser Körperschaft besteht darin, sich der Frage zu widmen, inwieweit sich die Tätigkeiten der Bank an den Normen der islamischen Scharia orientieren. In diesem Kontext übernimmt das Scharia Board zudem folgende Funktionen:

1) Die Erteilung von Fatwas und das Aussprechen von Empfehlungen hinsichtlich der an das Board gestellten Fragen.
2) Die Überprüfung, ob die Verträge, die Geschäftsabschlüsse und die Geschäftsordnung der Bank die Grundlagen der Scharia befolgen.
3) Die Teilnahme an der Generalversammlung durch einen Vertreter und das Vorlegen eines jährlichen Berichts.
4) Es legt dem Bankvorstand einen Bericht über die eventuellen Verstöße der Bankgeschäfte gegen die scharia-rechtlichen Grundsätze vor.
5) Die Betreuung der Bankangestellten hinsichtlich der Scharia-Regeln im Bereich der Finanzen.
6) Die Auseinandersetzung mit den neu auftauchenden finanziellen Fragen.
7) Die Zertifizierung der Investitionsformate, Einlagengeschäfte und Finanzierungsformen, die vom Vorstand und Exekutionsorgan vorgeschlagen wurden.[768]

Unter der Aufsicht des Scharia-Gremiums ist eine Gruppe von Scharia-Prüfern (*mudaqqiqūn šarʿiyyūn*) damit betraut, darauf ein Auge zu haben, dass alle Banktransaktionen mit den scharia-rechtlichen Grundsätzen übereinstimmen. Der Artikel 76 der Geschäftsordnung der Bank legt die Einstellung eines scharia-rechtlichen Beobachters (*murāqib šarʿī*) fest. Letzterer fungiert als Vermittler zwischen dem Vorstand und dem Scharia-Board und ist als Sekretär und Protokollführer des Scharia-Boards tätig. Ferner beaufsichtigt er die Durchführung der Entscheidungen des Boards vonseiten der verschiedenen Bankorgane. Darüber hinaus zielt das Scharia-Board der Dubai Islamic Bank darauf ab, Kontakte zu Scharia-Boards anderer Banken,

768 Vgl. al-ʿAliyāt 2006, S. 140 ff. und al-Ḫālid 2009, S. 353 ff.

Finanzinstitutionen und wissenschaftlicher Institute sowie zu Experten auf dem Gebiet der Scharia, des Rechts und der Wirtschaft zu knüpfen.[769] Im Jahre 2005 veröffentlichte das Scharia-Board der Dubai Islamic Bank eine vierbändige Sammlung für seine Fatwas.

Verhältnis zum kollektiven *iǧtihād*

Die Verbindung zum KI manifestiert sich bei den Scharia Boards in ihr Funktion, Fatwas zu erteilen, nicht aber bezüglich ihrer anderen Aufgaben, wie der Überwachung bzw. Betreuung der Bankangestellten. Ihre Anwendung des KI ist durch eine Entscheidungsweise bzw. die Fatwa-Erteilung charakterisiert, welche auf einer kollektiven Methode basiert und aufgrund einer Stimmenmehrheit zustande kommt. Somit sind die einzelnen Mitglieder nicht dazu berechtigt, Entscheidungen alleine zu treffen oder Fatwas zu erteilen. Durch ihre Urteilsfällung (*tarǧīḥ*) auf Basis der Beweiskraft und des Interesses der Gesellschaft repräsentiert die fachliche Arbeit der Scharia-Boards eine anerkannte Kategorie des *iǧtihād*. Zu den Kriterien des KI, welche diese Gremien erfüllen, gehören die Aufgeschlossenheit gegenüber den diversen Rechtsschulen sowie die Teilnahme von Experten anderer Fachgebiete.

Des Weiteren rekurrierten einige Repräsentanten dieser Körperschaften auf den KI. Im Vorwort der Fatwa-Sammlung, welches das Scharia-Board der saudischen *Rāǧḥī*-Bank 2010 veröffentlichte, hebt Ṣāliḥ al-Luḥaydān, der Sekretär des Bords, die Rolle der Scharia-Boards bei der Entwicklung des islamischen Rechts im Bereich der Finanzen hervor. Diese manifestiere sich in ihren gemeinsamen Beschlüssen und Fatwas, die sich auf eingehende Studien und den KI von Komponenten Rechtsgelehrten und Wirtschaftswissenschaftlern stützen.[770] In seiner Studie, die der zweiten Islamischen Finanzkonferenz „Islamic Banking" 2011 in Doha vorgelegt wurde, betont das Mitglied des Scharia-Bord des „Arbah capital" und des AMJA, Yūsuf aš-Šubaylī, dass die Fatwas der Scharia-Boards sich durch einen Rekurs auf den KI auszeichnen und dadurch anerkannter seien.[771] Ebenso unterstreicht Nazīh Ḥammād, Experte der IIFA und Berater einiger islamischer Finanzinstitutionen, in seiner Studie für dieselbe Konferenz die positive Auswirkung der Beteiligung Wirtschafts- und Finanzexperten auf den KI im Rahmen der Scharia-Boards.[772]

Vor dieser Folie und im Rahmen der in dieser Studie aufgestellten Kriterien für den KI kann die Arbeit der Scharia-Boards eine Form des *iǧtihād ǧamāʿī* betrachtet werden. Dennoch begrenzt diese sich ausschließlich auf den Bereich der Finanzfragen. Deshalb kann diese Arbeit auch unter Berücksichtigung der klassischen Auffassung von der Teilbarkeit des *iǧtihād* als kollektiver Teil-*iǧtihād* bezeichnet werden.

---

769 Vgl. al-ʿAliyāt 2006, S. 142 f. und al-Ḫālid 2009, S. 353 und 355.
770 Vgl. *Qarārāt al-hay'a aš-šarʿiyya bi-maṣrif ar-rāǧḥī*. Bd. 1, 2010, S. 5.
771 Vgl. aš-Šubaylī 2011, S. 94.
772 Vgl. Ḥammād 2011, S. 8.

5.4.3 Spezial-Gremien für familiäre Angelegenheiten: Scharia Councils

Die kollektiven Fiqh-Aktivitäten finden sich nicht nur in den islamischen Ländern, sondern auch außerhalb der islamischen Welt bzw. unter den als Minderheit lebenden Muslimen im Westen. So haben sich dort einige islamrechtliche Gremien herausgebildet, welche sich mit religiösen und ethischen Problemen und Fragestellungen der muslimischen Minderheiten befassen und dafür Lösungen anzubieten beabsichtigen. In diesem Kontext haben die Muslime in der Diaspora ein alternatives Streitschlichtungsverfahren (*alternative dispute resolution* (ADR)), vornehmlich bezüglich der Familienstreitigkeiten, in Übereinstimmung mit den Prinzipien der Scharia entwickelt. Diese Aufgabe übernehmen Scharia Councils.

Vorweg soll noch darauf hingewiesen werden, dass das Ziel bei der Untersuchung der Scharia Councils nicht darin besteht, den gesellschaftlichen Hintergrund darzustellen, das Machtverhältnis zum Landesgesetz zu erörtern oder ihre Arbeit empirisch oder sozialwissenschaftlich zu untersuchen. Diese Forschungsaspekte wurden bereits in vielen Studien abgedeckt.[773] Vielmehr gilt das Interesse dieser Studie der Frage, inwiefern die islamrechtliche Arbeit der Scharia Councils als Art des KI betrachtet werden kann bzw. darum, das Verhältnis der Scharia Councils zum KI zu beleuchten. Zu diesem Zweck soll zunächst das Augenmerk auf der Legitimation der Gremien des ARD außerhalb der islamischen Welt liegen, welche in der klassischen Rechtsliteratur verwurzelt ist. Alsdann sollen die Scharia Councils in Großbritannien anhand eines Beispiels dargestellt werden. Letztendlich kommen wir zu einer Beurteilung der Arbeit dieser Gremien im Lichte des *iǧtihād ǧamāʿī*.

Die Legitimation in der islamischen Rechtsgeschichte

Im islamischen Recht spielt die Existenz eines muslimischen Richteramtes oder einer Form des Schiedswesens eine wesentliche Rolle für die Verwirklichung vieler islamischer Normen, die das muslimische Leben, hauptsächlich im Bereich der familienrechtlichen Fragen, regeln. Mangelt es an solch einem Amt, kann dies die rechtliche Unordnung des muslimischen Lebens zur Folge haben. Ausgehend von dieser Tatsache suchten die früheren *fuqahāʾ* der verschiedenen Rechtsschulen nach einem Ersatz für dieses Wesen, wenn die Muslime unter nicht-islamischer Herrschaft oder als Minderheit leben. Für solch einen Fall bieten die Mālikiten als Alternative das Prinzip der Gemeinschaft der (rechtschaffenen) Muslime (*ǧamāʿat*

---

773 Z. B: Bowen, John R.: *On British Islam: religion, law, and everyday practice in Shariʿa councils.* Princeton; Oxford, Princeton University Press, [2016]; Warraich, S: *Migrant South Asian Muslims and Family Laws in England: An Unending Conflict,* (Unpublished MA Thesis, University of Warwick), 2001; Bano, S, 'Islamic Family Arbitration, Justice and Human Rights in Britain', in: *Law, Social Justice & Global Development Journal (LGD),* 1, 2007 und Shah-Kazemi, Sonia Nûrîn: *Untying the Knot: Muslim Women, Divorce and the Shariah.* (London: The Nuffield Foundation), 2001.

al-muslimīn) an, wodurch das islamische Richteramt substituiert werden kann.[774] Auslöser für die Entwicklung dieses Prinzips innerhalb der mālikitischen Schule im Westen der islamischen Welt, wie beispielsweise in Andalusien und Marokko, ist die Erfahrung des Untergangs einiger islamischer Regionen unter nicht-muslimischer Herrschaft. In der Rechtspraxis fand dieses Prinzip bei den Mālikiten vor allem in familienrechtlichen Fragen Anwendung, wie im Falle eines vermissten Ehemanns (*al-mafqūd*). Diesbezüglich legten die Mālikiten fest, dass die Frau eines Vermissten sich um einen Prozess bei einem (muslimischen) *Qāḍī* bemühen solle, um die Ehe aufheben zu lassen. Wenn es aber keinen (muslimischen) Richter in ihrer Nähe gibt, oder sie sich unter nicht-islamischer Herrschaft befindet, so solle dieser Fall der informellen *ǧamāʿat al-muslimīn* aufgetragen werden. Einer der berühmten Vertreter dieser Auffassung ist der Mālikit Ḫalīl ibn Isḥāq (gest. 776/1374) in seinem *Muḫtaṣar*.[775] Auch die Kommentatoren seines Werks schließen sich dieser Meinung an.[776] In seiner Fatwa-Sammlung *al-Miʿyār al-muʿrib* stellt der Mālikit al-Wanšarīsī (gest. 914/1508) über 6000 Gutachten bekannter Gelehrten aus Andalusien, Marokko und Tunesien dar. Diese Fatwas behandeln die Probleme und Umstände der muslimischen Gesellschaft in diesem westlichen Teil der islamischen Welt zwischen dem Ende des 4./10. Jahrs. und dem 10./16. Jh. Diese Zeit war durch die Unterwerfung vieler muslimischer Gebiete, vor allem in Andalusien, unter eine nicht-muslimische Regentschaft geprägt. Auf Fragen von Muslimen verschiedener Regionen, die von nicht-muslimischen Mächten regiert werden, liefern mālikitische Gelehrte, wie Aḥmad ibn Naṣr ad-Dāwūdī (gest. 402/1012), Abū al-Ḥasan al-Qābisī (gest. 403/1012), Abū ʿImrān al-Fāsī (gest. 430/1039) und al-Māzarī (gest. 536/1142) Antworten. Bei ihren Rechtsgutachten stellen die Muftis fest, dass die Gemeinschaft redlicher (muslimischer) Gelehrten eine (informelle) Rolle des Richteramtes übernehmen solle, um zur Umsetzung der islamischen Rechtsnormen beizutragen.[777]

Ebenso beschäftigten sich einige Šāfiʿiten mit diesem Thema in Form einer hypothetischen Frage. Einer der ersten Gelehrten, der diese Thematik behandelte, ist der Šāfiʿit Imām al-Ḥaramayn al-Ǧuwaynī. In seinem Buch *Ġiyāṯ al-umam* widmet sich ein Kapitel der Verwendbarkeit der islamischen Normen im Falle der Auflösung der islamischen Herrschaft. In diesem Zusammenhang hebt al-Ǧuwaynī hervor, dass in diesem Fall die Erfüllung dieser Aufgabe auf die *ʿulamāʾ* übertragen werden solle. Die *ʿulamāʾ* sollten dann einen von ihnen wählen, der die Rolle des *Qāḍī* übernehme.[778] Ebenso orientiert sich der Šāfiʿit al-Māwardī in seinem Werk *Adab al-qāḍī* an diesem Standpunkt. Außerdem billigt Ibn Ḥaǧar al-Haytamī (gest. 973/1565) in seiner Fatwa-Sammlung *al-Fatāwā al-kubrā*, welche die Gutachten verschiedener

---

774 Vgl. Khir 2007, S. 79 und Ibn Bayyah 2012, S. 341 f.

775 Vgl. Ḫalīl 1981, S. 158.

776 Vgl. Ibn Bayyah 2012, S. 342 f.

777 Vgl. al-Wanšarīsī 1981, Bd. 10, S. 102 f., 107 ff und 135; Khir 2007, S. 85 f. und Ibn Bayyah 2012, S. 345 f.

778 Vgl. al-Ǧuwaynī 1401 H, 2. Aufl., S. 391 ff. und Khir 2007, S. 80 f.

Šāfiʿiten enthält, die Auffassung früherer Gelehrten der Šāfiʿiten.[779] Analog zu dieser Vorstellung dürfen *ahl al-ḥall wa al-ʿaqd* einen qualifizierten *faqīh* wählen, der beim Fehlen eines muslimischen Herrschers oder Richters dessen Aufgabe übernehmen solle. Dieses Prinzip wurde später als *Wilāyat al-ʿulamāʾ* bekannt. Dafür sprechen sich auch ḥanafitische Rechtswissenschaftler, wie Ibn al-Humām und Ibn ʿĀbidīn (gest. 1836) sowie der Ḥanbalit Abū Yaʿlā al-Farrāʾ (gest. 458/1065) aus.[780]

Ansätze zur Realisierung des Prinzips *ǧamāʿat al-muslimīn al-ʿudūl* in der Moderne

Unter der britischen Kolonialherrschaft wurden die indischen Muslime mit einer ähnlichen Situation konfrontiert. In diesem Kontext wurde das muslimische Rechtssystem im Jahre 1862 abgeschafft und es wurden keine muslimischen Richter mehr eingestellt. Unter diesen Umständen versuchten indische muslimische Gelehrte einen Ausweg oder eine andere Möglichkeit für die Anwendung der islamischen Rechtsnormen zu finden.[781] Einer der Aktivisten in diesem Zusammenhang war Ašraf ʿAlī Thānwī. In seiner Abhandlung *al-Ḥīla an-nāǧiza* fordert er die Schaffung einer Kommission von rechtschaffenen Muslimen (*ǧamāʿat al-muslimīn al-ʿudūl*), welche mindestens aus drei Mitgliedern besteht und die Rolle des Richters in zivilrechtlichen Streitigkeiten übernehmen kann. Diese solle sowohl religiöse Gelehrte als auch Machthaber ebenso wie andere Wissenschaftler umfassen. Falls aber in der Umgebung keine religiösen Gelehrten verfügbar sind, haben die Mitglieder der Kommission die Aufgabe, die *ʿulamāʾ* und Muftis aus anderen Orten zu kontaktieren und ihrem Rat zu folgen. Es ist anzunehmen, dass dieser Vorschlag bei zahlreichen indischen Gelehrten Anerkennung fand, insbesondere unter den Deobandis, und schließlich in die Praxis umgesetzt wurde. Es lassen sich allerdings leider keine genauen Angaben über die Verbreitung, die Existenzdauer solcher Einrichtungen oder über ihre Verfahrensweise ausfindig machen.[782] In diesem Kontext macht Fareeha Khan folgende Anmerkung:

> Legal councils established at Deoband and in other institutions implement Thānawi's use of the *jamāʿat al-muslimīn* in order to replace the authority of the secular courts in matters of personal law, though they are resorted to on a voluntary basis, since the Indian government to this day has rejected every proposal to establish a separate jurisdiction for Muslim personal law cases.[783]

Auch spätere juristische Aktivitäten in Indien und im Ausland wurden von den Ideen Thānwīs, die er im *al-Ḥīla an-nāǧiza* darstellte, beeinflusst. In den folgenden Jahren nach der Veröffentlichung des Werks setzte sich die *Jamiat Ulema-I-Hind*

---

779 Wie Abū al-Ḥasan aṣ-Ṣabḥī (gest. 1303), Alī as-Samhūdī (gest. 1505) und Ibn Ẓahīra (gest. 1414).

780 Vgl. Khir 2007, S. 83 ff.; al-Bastawī 2011, S. 141 f. und Ibn Bayyah 2012, S. 347.

781 Vgl. al-Bastawī 2011, S. 137 ff.

782 Vgl. Zaman 2002, S. 31; al-Bastawī 2011, S. 144 f. und Khan 2008, S. 77 f.

783 Khan 2008, S. 204.

(Organisation der indischen islamischen Gelehrten), die im Jahre 1919 gegen die Auflösung des osmanischen Kalifats gegründet wurde, für eine staatlich-praktische Umsetzung dieser Idee ein und förderte den Ansatz Thānwīs durch eine strategische Vorgehensweise. Infolgedessen forderte sie die Briten dazu auf – auf Empfehlung Thānwīs in *al-Ḥīla an-nāǧiza* – muslimische Richter zu ernennen, welche die Scheidungsfälle der Muslime behandeln, die Apostasie der Ehefrau als Grund für das Aufheben der Ehe als ungültig zu erklären und die Frau bei der Auflösung der Ehe ihrerseits zu unterstützen. Diese Bemühungen trugen zur Verabschiedung des Gesetzes „The Dissolution of Muslim Marriages Act" von 1939 (DMMA) bei. Mit einer einzigen Ausnahme, die die Ernennung muslimischer Richter betrifft, wurden die Empfehlungen Thānwīs in diesem Gesetz übernommen.[784] Außerdem wurde in späteren Jahrzehnten, etwa im Jahre 1970, im Rahmen der *Jamiat Ulema-I-Hind* eine Abteilung für die juristischen Forschungen (*idārat al-mabāḥiṯ al-fiqhiyya*), welche sich mit der Behandlung der Rechtsfälle auf kollektive Weise auseinandersetzt, geschaffen.[785]

Darüber hinaus steht auch die Arbeit des All India Muslim Personal Law Board (AIMPLB), welches im Jahre 1973 als Protest gegen die Abschaffung des Gesetzes der islamischen Scharia von 1937 eingerichtet wurde, unter dem Einfluss von *al-Ḥīla an-nāǧiza*. Diese Organisation schloss sich an die Deobandi-Bewegung an und umfasst Beteiligte aus unterschiedlichen theologischen und rechtlichen Schulen.[786] Bei der Auseinandersetzung mit den rechtlichen Fragen, vor allem den Scheidungsfällen, folgen die Mitglieder einem kollektiven Verfahren, das Fareeha Khan folgendermaßen beschreibt:

> [...] its use of such extra-judicial entities to adjudicate cases of faskh, and [...] they act as a composite board and not simply on the authority of a single scholar, are both aspects of the Board that directly follow the precedent set by Thānawi in his collaborative work on *al-Ḥīla al-Nājiza* [...].[787]

In Bezug auf die Scharia Councils betont Bustami Khir in seinem Aufsatz *Who applies Islamic law in non-muslim countries*, dass die Entstehung der Scharia Councils in Großbritannien auf das Prinzip der *ǧamāʿat al-muslimīn* zurückgeht.[788] Ebenso stellt der ehemalige mauretanische Justizminister und Mitglied der IIFA in Jedda, Ibn Bayyah, in seinem Buch über das muslimische Minderheitenrecht *Ṣināʿat al-fatwā wa fiqh al-aqalliyyāt* fest, dass die Arbeit dieser Institutionen in Großbritannien und Kanada sich auf das Prinzip der Substitution des Richteramts durch *ǧamāʿat al-muslimīn* unter nicht-islamischer Herrschaft stützt.[789] Interessanterweise ver-

784 Vgl. Zaman 2002, S. 30; Khan 2008, S. 202 f. und al-Bastawī 2011, S. 146 f.
785 Vgl. Ẓufr ʿĀlim an-Nadwī 2011, S. 112.
786 Vgl. Khan 2008, S. 205 f.; al-Bastawī 2011, S. 148 f.
787 Khan 2008, S. 205 f.
788 Vgl. Khir 2007, S. 89 f.
789 Vgl. Ibn Bayyah 2012, S. 351 f.

weist Fareeha Khan auf den augenscheinlichen Einfluss der Gedanken des *al-Ḥīla an-nāǧiza* auf die ausländischen Institutionen für muslimische Minderheiten im Westen. Dabei handle es sich um zahlreiche „*Sharī'ah councils*" in Großbritannien und in den USA.[790] Die Legitimation der Tätigkeit des Muslim Law (Shariah) Council UK (MLSC) im islamischen Recht beruht laut dem ehemaligen Präsidenten Dr. Badawī a auf der Idee der *ǧamāʿat al-muslimīn*:

> The Sharia tells us that if a group of Muslims exists in a country, in a society, which is not Muslim, they must do two things. First, they must find someone from among them to be their leader. Second, they must find from among themselves some knowledgeable people who will help them resolve their disputes in accordance with Sharia. This second injunction we took up in 1978.[791]

Ebenso verweist Ṣuhayb Ḥasan auf zahlreiche Rechtsmeinungen klassischer *fuqahāʾ* der verschiedenen Rechtsschulen, die die Schaffung eines Ersatz-Schiedsorgans aus muslimischen Gelehrten befürworten, wenn sich die Muslime unter nicht-islamischer Herrschaft befinden. Ferner weist er auf *al-Ḥīla an-nāǧiza* und die darin angebotenen Lösungen Thānwīs hin, die als Vorbild für die Arbeit des Islamic Sharia Councils dienen.[792]

Shah-Kazemi führt eine weitere islamrechtliche Legitimationsbasis für die Schaffung von Scharia Councils, und zwar das Prinzip des *maṣlaḥa* (Gemeinwohl). Hierbei erklärt Shah-Kazemi die verschiedenen Funktionen des MLSC im Lichte einiger Hauptziele der Scharia (darunter Schutz der Religion, des Lebens und der Nachkommenschaft).[793]

> On this basis, the MLSC is able not only to act as a *Qadi* would in resolving disputes regarding the dissolution of marriage contracts, but it is also able to perform the advisory role that the *Qadi* offers by mediating in intrafamilial and intra-community conflicts, as well as give opinions about formal rules governing the validity of such legal procedures as marriages and divorces.[794]

Sharia Councils in Großbritannien

Die Zahl der Muslime im Vereinigten Königreich wird auf etwa drei Millionen geschätzt. Somit gilt der Islam als zweitgrößte Religion im Land. Die meisten dort lebenden Muslime stammen aus südasiatischen Ländern, vor allem aus Pakistan, Bangladesch und Indien. Die Einwanderung der Muslime nach Großbritannien vollzog sich im 19. Jahrhundert. Noch im 17./18. Jahrhundert gab es dort kaum muslimische Bürger. Nach dem Zweiten Weltkrieg kam es aus diversen Gründen zu einer verstärkten Migrationswelle von Muslimen nach Großbritannien. In den

---

790 Vgl. Khan 2008, S. 209 f.
791 Badawi 1995, S. 77.
792 Vgl. Hasan 2004, S. 5.
793 Vgl. Shah-Kazemi 2001, S. 9.
794 Shah-Kazemi 2001, S. 9 f.

1950er und 1960er Jahren waren es vor allem arbeitssuchende Migranten aus Südasien. Sodann kam es in den 70er Jahren des 20. Jahrhunderts zu Auswanderungen bedingt durch die politische Situation in den jeweiligen muslimischen Ländern. Darüber hinaus hat der Prozess der Familienzusammenführung maßgeblich zur Schaffung einer größeren muslimischen Gemeinde in Großbritannien beigetragen. Die aufeinanderfolgenden Wellen muslimischer Einwanderung gepaart mit einer zunehmenden Zahl von nachkommenden Familienmitgliedern, haben die Rekonstruktion des muslimischen Lebensstils, basierend auf der eigenen muslimischen Familientradition auf der einen Seite und dem britischen Umfeld auf der anderen Seite, beeinflusst. Die wachsende Familienmigration in den 1970er Jahren führte Änderungen in der islamischen Infrastruktur in Großbritannien herbei. In diesem Zusammenhang erhoben muslimische Familien hinsichtlich ihrer Familienangelegenheiten Forderungen an die lokalen britischen Institutionen. Diese betrafen die Aufnahme von islamischen Inhalten in die religiösen Lehrpläne, halal-Lebensmittel und muslimische Friedhöfe.[795]

Zudem verlangten ab den 1970er Jahren Muslime eine offizielle Anerkennung des islamischen Familienrechts und forderten, dieses in die offizielle Rechtsstruktur zu integrieren. Diese Forderung wurde vom Staat jedoch abgelehnt, da er folgende Absicht verfolgte: „to confine all residents of England to English law even where this conflicts with people's personal and religious law".[796] In diesem Zusammenhang betont Warraich, dass eine rigide Anwendung des Englischen Familiengesetzes einen der wesentlichen Faktoren darstelle, welcher die Entstehung dieser Körperschaften bedingt hat.[797] Aufgrund dieser Reaktion vonseiten des Staates blieben auf der einen Seite einige familienrechtliche Probleme muslimischer Familien ungelöst:

> [...] disputes which reach the courts often appear in a twisted form. Solicitors and barristers involved may not be aware of the Muslim dimension in a particular case, or may be inadvertently or purposely misled about the full extent of the problem. Frequently, thus, it becomes difficult for judges to ascertain the full facts and to reach an adequate verdict.[798]

Auf der anderen Seite vermieden es Muslime oftmals, sich im Falle von Konflikten, welche zwischen dem Englischen und dem muslimischen Recht stehen, sich an englische Gerichte zu wenden. Ein bekanntes Beispiel für diese praktischen Probleme sind die „*limping marriages*". Davon ist die Rede, wenn eine muslimische Frau den Wunsch hegt, sich scheiden zu lassen und die Scheidung bereits von einem säkularen Gericht vollzogen wurde. Analog zu den islamischen Rechtsnormen ist diese

795 Vgl. Bowen 2016, S. 10 ff. und 17 und Pearl and Menski 1998, 3. Aufl., S. 59 f.

796 Pearl and Menski 1998, 3. Aufl., S. 74 (zitiert nach Berkovits 1988, S. 104). Dazu Bano 2007, S. 5 f.

797 Vgl. Bano 2007, S. 13.

798 Pearl and Menski 1998, 3. Aufl., S. 77.

Scheidung ungültig, solange der Ehemann dieser nicht zustimmt. Falls die Frau erneut heiraten will, tritt eine Situation der *chained spouses/limping marriages* ein. Zudem gibt es im islamischen Recht auch andere Regeln für die Annullierung der Ehe vonseiten der Frau.[799]

Die Antwort der Muslime auf die Zurückweisung der Anerkennung der islamischen Familienprinzipien erfolgte in zweifacher Weise, welche eine Harmonie zwischen islamischen und englischen Rechtssystemen zu garantieren beabsichtigte und gleichzeitig eine Wiederbelebung von ähnlichen älteren Rechtsformen, insbesondere aus Südasien, bedeutete. Hierbei geht es einerseits um eine individuellere Form, die sogenannte „*Angrezi shariat*" und andererseits um ein komplexes informelles Netzwerk muslimischer Streitbeilegungskommissionen „Informal Muslim dispute settlement processes".[800]

Unter der zweiten kollektiven Form des „dispute settlement" lassen sich die Scharia Councils zuordnen. Die Entstehungsgeschichte der Sharia Councils in Großbritannien kann auf eine Reihe sozialer, kultureller und politischer Entwicklungen seit den 1970er Jahren zurückgeführt werden. Hierbei lenkt Bano die Aufmerksamkeit auf eine enge Beziehung zwischen Moscheen und Scharia Councils, die deutlich die Bedingungen, unter welchen diese Mechanismen des ADR entstanden sind, zeigt und die Typen dieser Councils geprägt hat. Vor der Einrichtung dieser Körperschaften übernahmen einzelne Imame der Moscheen die Arbeit der Scharia Councils und sorgten für spirituelle und religiöse Führung im Bereich des muslimischen Familiengesetzes, einschließlich der Regelung von Ehestreitigkeiten und der Ausstellung von muslimischen Scheidungsurkunden. Später wurden in vielen Fällen Scharia Councils unter der Schirmherrschaft einer Moschee – durch den Imam – geschaffen oder standen zumindest in engem Kontakt zu einer Moschee und waren somit mit den jeweiligen Zielen verbunden. Überdies sind die meisten Scharia Councils nach wie vor in Moscheen ansässig und Imame werden weiterhin als religiöse Gelehrte in diese Gremien aufgenommen.[801]

Die Councils bestehen in der Regel aus mehreren Mitgliedern, welche diverse Rechts- und sogar Denkschulen vertreten. Im Wesentlichen hat ein Scharia Council drei Hauptfunktionen: Mediation und Versöhnung, Ausstellung von Scheidungsurkunden und Erstellung von Rechtsgutachten über Angelegenheiten im Bereich des muslimischen Familienrechts und der Sitten für die muslimische Gemeinschaft, Anwälte und Gerichtshöfe. Innerhalb dieses gemeinschaftlichen Rahmens der Streitbeilegung intendieren die Scharia Councils, das muslimische Leben zu organisieren und islamische Gesetzesprinzipien innerhalb nicht-muslimischer Gesellschaften zu bewahren.[802] Ihre Arbeitsweise ist dabei „very practice-focused,

799 Vgl. Pearl and Menski 1998, 3. Aufl., S. 72 und 77 f.
800 Vgl. Pearl and Menski 1998, 3. Aufl., S. 72 ff.
801 Vgl. Bano 2007, S. 10 f.
802 Vgl. Bano 2007, S. 10.

designed to solve difficult social and legal problems which may and do arise as a result of the application of English law to British Muslims."[803]

Selbstredend stellt sich die Frage, auf welche Weise die Übernahme der Rolle des Schiedsrichters bei der Ehescheidung durch die Scharia Councils gerechtfertigt wird, obgleich diese Aufgabe bereits von den staatlichen britischen Gerichten übernommen wird. Ṣuhayb Ḥasan, Mitglied des European Council for Fatwa and Research und aktueller Sekretär des 1982 gegründeten Islamic Sharia Council, liefert folgende Begründung: Im Ausland werde die muslimische Ehe sowohl in einer Moschee bzw. in einem islamischen Zentrum als auch beim Standesamt geschlossen. Genauso, wie bei der Auflösung einer standesamtlichen Ehe, die von einem staatlichen Gericht durchgeführt werde, solle auch die islamische Ehe durch eine ähnliche islamische Institution aufgelöst werden. Außerdem gebe es viele Muslime, die nicht standesamtlich heiraten und sich ausschließlich auf die islamische Ehe beschränken. Im Falle der Eheauflösung bräuchten sie dann eine islamische Institution, die diese ausführen kann. Hinzu komme, dass viele Muslime, die nach Großbritannien kommen, ihre Ehe bereits in ihren eigenen Ländern, wie Pakistan oder Ägypten, geschlossen haben. Obwohl sie ihre Ehe auch durch britische Gerichte auflösen könnten, bevorzugen es einige dies auf islamische Weise zu tun.[804]

Die Idee, einen Scharia Council zu gründen, um familiäre Probleme gemäß der Scharia zu lösen, wurde von diversen muslimischen Gruppen und Denkrichtungen gebilligt. Dazu gehören auch die Schiiten und Wahhabiten.[805] Nach einem Bericht des BBC verlassen sich immer mehr Muslime in Großbritannien – trotz des Protests einiger frauenrechtlicher Gesellschaften – auf diese Scharia Councils bei der Lösung ihrer familiären, finanziellen und kommerziellen Fragen. Zudem wurde in jenem Bericht ein Beispiel für die Fälle, die die Scharia Councils behandeln, gegeben. Dabei ging es um eine Frau, die ihre Ehe auflösen will, da ihr Mann Kontakt zu anderen Frauen hat und die Lebenshaltungskosten der Kinder nicht tragen will. Laut einem Vertreter des *Islamic Sharia Council* werden durchschnittlich 200 bis 300 solcher Fälle pro Monat behandelt. Aufgrund der zunehmenden Nachfrage bei Muslimen wurden inzwischen zusätzliche Councils eingerichtet. Nach Angaben des *Civitas Institut* gab es im Jahre 2009 in London 85 Scharia Councils. Diese Councils gelten als informell (sie wurden als wohltätige Organisationen registriert) und haben keine rechtlichen Befugnisse. Darüber hinaus können ihnen keine Sanktionen auferlegt werden und sie beschäftigen sich ausschließlich mit zivilrechtlichen Fällen. Allerdings wird den Scharia Councils aufgrund ihrer Aktivitäten von einigen frauenrechtlichen Gesellschaften eine diskriminierende Haltung gegenüber Frauen vorgeworfen.[806]

---

803 Pearl and Menski 1998, 3. Aufl., S. 77.

804 Vgl. Hasan 2004, S. 2 f.

805 Vgl. Badawi 1995, S. 78.

806 Vgl. Talwar, Divya: „Iqbāl mutazāyid li-muslimī Birīṭānyā ʿalā maǧālis aš-šarīʿa", http://www.bbc.co.uk/arabic/worldnews/2012/01/120115_british_muslims_sharia.shtml (veröffentlicht am 16. Januar 2012), abgerufen am 24.12.2014.

In diesem Zusammenhang nimmt Poulter eine Mittlerposition ein. Er spricht sich für die Förderung dieser Scharia Councils aus, aber nur unter der Bedingung, dass diese die Rechte der Frauen schützen und die Menschenrechte nicht verletzen:

> While Poulter [...] has also argued that the state should encourage settlement of family disputes between Muslims by mediation, conciliation and arbitration through some kind of tribunal such as Islamic Sharia Council, he seeks [...] to make such agreement conditional on safeguards to protect the rights of women and to monitor the maintenance of human rights standards.[807]

Beispiel: Muslim Law (Shariah) Council UK (MLSC)

Der MLSC ist der zweitgrößte Scharia Council in England. Infolge des Anliegens einer muslimischen Frau, eine islamische Scheidung einzureichen, nachdem sie bereits durch ein säkulares Gericht geschieden worden war, rief der ägyptische Gelehrte Dr. Zakī Badawī (gest. 2006), Direktor des islamischen Kulturzentrums und der Zentral-Moschee in London, mit einer kleinen Gruppe von Imamen im Jahre 1978 einen „Sharia court" ins Leben, um der Frau zu helfen.[808] Allerdings handle es sich hierbei – laut Badawī – nicht um einen Einzelfall, sondern um ein häufig auftretendes Problem:

> A common problem was that you get a woman seeking a divorce in the courts and obtaining it. She becomes therefore eligible for marriage in accordance with the civil law, but her husband has not given her a *talaq* which is the prerogative of the husband within an ordinary contract of marriage so that the woman becomes unmarried according to the civil law but still married according to the Sharia law. The man could remarry according to the civil law and according to Sharia law as well [...] He leaves the woman hanging there, unable to remarry.[809]

Die offizielle Gründung des Muslim Law (Shariah) Council UK folgte im Jahre 1985 während einer Konferenz vom 19. bis 20. Oktober, an der 250 Imame, muslimische Gelehrte und Vertreter der Moscheen sowie muslimische Organisationen teilnahmen. Die erste Formation des MLSC umfasste Vertreter unterschiedlicher Denkrichtungen, wie Barelwis, Deobandis und Schiiten, sowie Rechtsanwälte. Bald haben sich indes die Deobandis vom Council distanziert.[810]

Beim Council werden von Institutionen, Organisationen und Einzelpersonen Gutachten zu sozialen, theologischen, kulturellen, politischen und akademischen Fragen angefordert. Er befasst sich mit Problemen und Streitigkeiten, denen die muslimische Minderheit in Großbritannien begegnet und beabsichtigt, diese entsprechend der islamischen Scharia zu lösen. Dabei wird auch das säkulare Recht des jeweiligen Landes berücksichtigt, so z.B. wenn eine Frau bereits von einem

807 Pearl and Menski 1998, 3. Aufl., S. 80. (Zitiert nach Poulter 1995, S. 84 ff.).
808 Vgl. Keshavjee 2013, S. 81 und Badawi 1995, S. 77.
809 Badawi 1995, S. 77.
810 Vgl. Bowen 2016, S. 62.

säkularen Gericht geschieden wurde und darüber hinaus eine islamische Scheidung wünscht. Nach Angaben des Councils steht er auch den *Solicitors* und anderen rechtlichen Einrichtungen und Behörden bei familienrechtlichen Fragen beratend zur Seite.[811] Die Hauptaufgabe des Rates besteht darin, Ehepartner mit Eheproblemen zu beraten und Hilfe anzubieten sowie Resolutionen der Ehescheidung auf Antrag einer der muslimischen Ehepartner, welcher eine islamische Scheidung verlangt, zu verabschieden. In diesem Zusammenhang versteht sich der Council nicht als parallel existierendes Justizwesen, sondern als alternativer Mechanismus zur Durchführung einer islamischen Scheidung, welche durch das englische Rechtssystem nicht geregelt ist. „The Council maintains a policy of avoiding conflict between the law of the land and Islamic law in its deliberation."[812] Zudem werden an den Council Fragen hinsichtlich der islamischen Erbschaft und der Aufteilung des Erbes gerichtet.[813]

Der MLSC besteht zurzeit aus 21 Mitgliedern, darunter Imame, Gelehrte und säkulare Rechtsanwälte. Im Council werden die vier sunnitischen Rechtsschulen sowie die imāmitische Schule repräsentiert. Diese behandeln Anfragen zu sozialen und familiären Themen und formulieren diesbezüglich islamische Stellungnahmen und Fatwas auf der Grundlage von Diskussion und Konsultation.[814] Laut dem MLSC behandelt der Council jährlich etwa 350 Fälle.[815] Die überwiegende Mehrheit der Fälle betrifft eheliche Streitigkeiten. Hierbei geht es am häufigsten um Frauen, die die Auflösung ihrer Eheverträge anstreben, weil ihre Ehemänner ihnen aus diversen Gründen keine islamische Scheidung gewähren. Es handelte sich hierbei sowohl um Frauen, die ihre Ehe nur islamisch geschlossen hatten, als auch um solche, die sowohl islamisch als auch standesamtlich geheiratet hatten und beabsichtigten, ihre Ehe auf islamische Weise entweder vor oder nach dem zivilrechtlichen Scheidungsverfahren oder parallel dazu aufzulösen. Es gibt jedoch einige Fälle, in denen sich auch Männer an den MLSC wendeten, um Streitigkeiten nach der Scheidung in Bezug auf die gemeinsamen Kinder oder finanzielle Angelegenheiten zu lösen. Ferner suchen auch Einzelpersonen den Rat des MLSC zu formalen Verfahrensregeln, die die Gültigkeit einer Ehe oder einer Scheidung bestimmen.[816] Bei der Bearbeitung der Fälle legt das MLSC-Gremium großen Wert auf die Dokumentation. Nach der Diskussion mit den Parteien beschäftigt sich das Panel mit der Überprüfung der Unterlagen, Protokolle und Informationen zu dem Rechtsfall. Anschließend beraten sich die Mitglieder der MLSC-Kommission. Kommt das Gremium dadurch zu einem Konsens, formuliert der Leiter des MLSC den Beschluss und teilt ihn den betroffenen Parteien mit. Dabei gewährleisten die Rechtsanwälte, dass die vom Gremium

---

811 Vgl. http://www.shariahcouncil.org/about-us/, abgerufen am 25.12.2014 und Badawi 1995, S. 77 f.

812 http://www.shariahcouncil.org/our-vision-and-policy/, abgerufen am 25.12.2014.

813 Vgl. Badawi 1995, S. 79 f.

814 Vgl. http://www.shariahcouncil.org/about-us/, abgerufen am 25.12.2014. Dazu Shah-Kazemi 2001, S. 10.

815 Vgl. Keshavjee 2013, S. 3.

816 Vgl. Shah-Kazemi 2001, S. 10 f.

getroffene Resolution mit dem englischen Gesetz vereinbar ist. Das Quorum der Mitglieder kommt mindestens vierteljährlich zusammen. Für ein Quorum werden mindestens vier Mitglieder benötigt. Das Gremium bearbeitet hunderte Fälle aus Großbritannien, teils aus Westeuropa und anderen Teilen Europas. Bei seiner Arbeit zeigt sich der Council gegenüber den verschiedenen Rechtsschulen – den sunnitischen und schiitischen – gleichermaßen offen.[817] Die Antwort wird zwar entsprechend der Rechtsschule des Fragenden gegeben, jedoch wird dieser gleichzeitig auch über die Auffassungen der anderen Schulen informiert und es wird ihm nahegelegt, auch diese zu berücksichtigen.[818]

In ihrer Studie über die Arbeit des MLSC bearbeitet Shah-Kazemi Stichproben von 287 Prozessakten von Frauen, die sich in der Zeit von 1985 bis 1995 an den MLSC richteten. Ebenso führt sie ausführliche Interviews mit 21 Frauen, deren Fälle im Jahr 1999 und 2000 behandelt wurden. Am Ende der Studie bestätigt Shah-Kazemi "All the women's experiences of the MLSC were very positive in terms of confidentiality"[819] und kommt zu folgendem Schluss:

> „It is evident from the range of ideas, emotions and demands expressed by the women in this study that such organisations as the MLSC can serve to empower those Muslim women who make their demands within the framework of the *Sharīʿa*."[820]

Verhältnis zum kollektiven *iǧtihād*

Die Überprüfung des Arbeitsverfahrens des MLSC unter Berücksichtigung der in der vorliegenden Studie aufgestellten Kriterien[821] für den KI zeigt, dass viele charakteristische Elemente des KI in der Arbeitsweise dieser Körperschaften ihren Ausdruck finden. Es handelt sie dabei um die gemeinsame Erörterung und Konsultation der Mitglieder sowie die anschließende kollektive Entscheidungsweise über die untersuchten Fragen. Dazu gehört auch die Beteiligung von Vertretern diverser Rechtsschulen und säkularen Juristen an diesen Gremien. In der Praxis liefern viele Fälle, welche Shah-Kazemi in ihrer Untersuchung der Arbeit des MLSC anführt, gemeinsame Variablen bezüglich der Erörterung und Entscheidungsmethode der Mitglieder, z. B. im Fall Nr. 7767 betont der MLSC in einem Brief an den Fragenden, dass die endgültige Entscheidung aufgrund der Mehrheitsmeinung der Mitglieder getroffen werden wird. Ein Hinweis auf eine vorausgehende Diskussion und eine kollektive Beurteilung zeigt sich auch im Fall Nr. 7052.[822]

Diese Beurteilungskriterien beziehen sich nicht nur auf den MLSC, sondern auch auf andere Scharia Councils, vor allem den Islamic Shariʿa Council (ISC). Bowen

817 Vgl. Keshavjee 2013, S. 2 und 96 f.
818 Vgl. Badawi 1995, S. 78.
819 Shah-Kazemi 2001, S. 69.
820 Ebd., S. 64.
821 Siehe die Begriffsbestimmung des kollektiven *iǧtihād* „3.1".
822 Vgl. Shah-Kazemi 2001, S. 40 ff. Andere Fälle: Siehe S. 44 f.

betont, dass beide Councils auf sehr ähnliche Weise arbeiten.[823] Ebenso weist er auf die kollektive Beurteilungsverfahren des ISC hin: „The council changes procedures as their members develop consensus around a particular issue."[824] Außerdem stellt er das Untersuchungsverfahren des ISC anhand vieler behandelter Rechtsfälle dar. Diese veranschaulichen, dass die Entscheidungen des Councils aufgrund der Diskussion seiner Mitglieder und somit auf eine kollektive Weise – meistens mehrheitlich – getroffen wurden.[825] Ferner macht Bano in einer empirischen Untersuchung über die Scharia Councils darauf aufmerksam, dass sich unter den verschiedenen Councils ähnliche Ansätze bei der Lösung von Ehestreitigkeiten beobachten lassen.[826] In seinem Artikel *Muslim Alternative Dispute Resolution and Neo-Ijtihad* in England bewertet der türkische Intellektuelle Ihsan Yilamz die Arbeit der Scharia Councils folgendermaßen:

> Neo-*ijtihad* in England has five important aspects. First, it is exercised in a non-Muslim environment. Second, it is unofficial and not recognized by the state but tolerated to a certain extent. Third, new hybrid Muslim laws have been dynamically created in practical life situations. Fourth, the traditional Muslim laws are not disregarded or disrespected but re-interpreted. Thus, neo-*ijtihad* in England is neither modernist nor reformist but *tajdidi*. Fifth, *ijtihad* committees but not individuals exercise *ijtihad*.[827]

Der Betrachtung der Arbeit des MLSC als Einführung von „*ijtihad* committees" wurde ebenfalls von Mohamed M. Keshavjee zugestimmt.[828]

Überdies kann die Entwicklung der Scharia Councils aus einem rechtstheoretischen Blickwinkel als Umwandlung von einem individuellen zu einem KI betrachtet werden, da die gleichen Aufgaben dieser Gremien davor von individuellen Imamen übernommen wurden: „In this study, three Shariah Councils had been established under auspices of a mosque by the Imam. Prior to this establishment, individual Imams undertook the work of the Shariah Council [...]".[829]

Allerdings beschränkt sich das Arbeitsgebiet der Councils grundsätzlich auf Familienangelegenheiten im Gegensatz zu den Rechtsakademien, welche sich mit Fragen verschiedener Rechtsbereiche befassen. Dementsprechend und in Bezugnahme auf das Prinzip der Teilbarkeit des *iǧtihād* kann die Arbeit der Scharia Councils in die Kategorie des „kollektiven Teil-*iǧtihād*" eingeordnet werden.

823 Vgl. Bowen 2016, S. 85.
824 Bowen 2016, S. 83.
825 Z. B. Bowen 2016, S. 68, 84 f., 96 f.
826 Vgl. Bano 2007, S. 14 ff.
827 Yilmaz 2003, S. 134.
828 Vgl. Keshavjee 2013, S. 100.
829 Bano 2007, S. 11.

5.4.4 Spezial-Gremien für medizinische Fragestellungen

In diesem Fall handelt es sich um Institutionen des KI, die sich auf das Gebiet der medizinischen Fragen spezialisieren. Die einzige Institution dieser Kategorie ist die Islamic Organization for Medical Sciences (IOMS).

Beispiel: *al-Munaẓẓama al-islāmiyya li–l-ʿlūm aṭ-ṭibbiyya* (IOMS)

Entstehung: Der Präsident der Islamischen Organisation für medizinische Wissenschaften, ʿAbd ar-Raḥmān al-ʿAwaḍī, erklärte, dass die Schaffung dieser Organisation auf den Ideen beruhe, die zu einer Zeit aufkamen, als die islamische Welt mit den Vorbereitungen für Die Feier des fünfzehnten Hidschra-Jahrhunderts im Jahre 1981 beschäftigt war und als das islamische Erwachen seinen Höhepunkt fand. Der Auslöser dieser Idee war zum einen der Versuch, die Aufmerksamkeit künftiger Generationen auf die Tradition der islamischen Medizin, als wichtiger Teil des islamischen Kulturerbes, zu lenken und diese zum Gegenstand eines sorgfältigen Studiums zu machen. Zum anderen sollte der große Fortschritt und die Innovationen im Bereich der Medizin, vor allem in der Gentechnik, im 20. Jahrhundert eine Herausforderung darstellen. Allerdings setzten sich mit diesen Entwicklungen einzelne Gelehrte auseinander. Daraus entstand das Bedürfnis nach einer Organisation, welche diese Fragen auf eine gemeinsame institutionelle Weise diskutiert. Die IOMS wurde aufgrund des Gesetzes 19 des Jahres 1984 in Kuwait gegründet. Die Schaffung der IOMS wurde von der Weltgesundheitsorganisation (WHO), der OIC und dem kuwaitischen Staat unterstützt.[830]

Ziele: Nach der Satzung des Gremiums hat die Organisation die folgenden Ziele:

1. To survive the doctrines of the Islamic Religion relating to the treatment of and protection against various physical and psychological ailments. The Organization also aims to revive Islamic heritage in the domain through a re-reading of researches and studies carried out by the pioneer Muslim physicians in the light of modern technological advances in an attempt to find scientifically based applications of these studies for the service of mankind.
2. To encourage research workers in the field of Islamic medical sciences and concert medical and juristic viewpoints with a view to reach a common ground on controversial medical and legal issues in the application of recent medical findings and providing alternative drugs and methods of treatment to those prohibited in Islam.
3. To co-operate with national and international organizations and societies adopting the same-purpose of IOMS and help them propagate their vocation in the best possible way, and to encourage the formation of new centres and societies with similar aims, doing whatever is necessary to get them join the IOMS.
4. To establish health centres for the needy Muslims in the world.

830 Vgl. Fischer 2012, S. 85 f. und http://islamset.net/ioms/index.html, abgerufen am 5.08.2016.

5. For enlightening the young Muslim generation, to seek and link the educational programmes, particularly in the field of Medicine, to the Islamic heritage and values upon which Islamic civilization, teachings and tolerant Jurisprudence (Sharia) have been based.
6. To unify, publish and propagate scientific terms and Islamic moral concepts for the medical professions.
7. To coordinate efforts exerted in the field of health services in the Islamic World.[831]

Mitgliedschaft und Struktur: Die Mitglieder des IOMS sind Rechtsgelehrte, Mediziner und Funktionäre, die größtenteils aus dem Nahen und Mittleren Osten stammen.[832] Diese lassen sich drei Kategorien zuordnen:

1. Ehrenmitglieder: Diese sind bemerkenswerte muslimische Persönlichkeiten, die vom Kuratorium wegen ihres potentiellen Nutzens für die Organisation oder wegen herausragender Leistungen, die sie für die Organisation erbracht haben, aufgenommen werden.
2. Aktive Mitglieder:
   a) Individuen und Institutionen aus dem Land des Hauptsitzes, welche Anstrengungen für die Organisation unternahmen oder Geld für die Aktivitäten der IOMS beisteuerten.
   b) Muslimische Persönlichkeiten weltweit, die sich für die islamische Medizin interessieren.
   c) Vertreter der medizinischen Gesellschaften oder Zentren aus der ganzen Welt, die sich der IOMS anschließen.
3. Assoziationen: Vertreter von medizinischen Gesellschaften oder Zentren oder von anderen Institutionen, die sich mit der islamischen Medizin beschäftigen und nicht den oben genannten Kategorien zuzuordnen sind.[833]

Die IOMS besteht aus drei Organen: dem Kuratorium, dem Exekutivausschuss und dem Generalsekretariat. Das Kuratorium besteht aus maximal 25 Mitgliedern. Die Amtszeit der Mitglieder dauert vier Jahre, die mehrmals verlängert werden kann. Zu den Hauptaufgaben des Kuratoriums gehört die Erstellung von Arbeitsplänen und Umsetzungsprogrammen, welche der Erfüllung der Zwecke des IOMS dienlich sind. Das Kuratorium soll mindestens zweimal jährlich einberufen werden. Die Beschlüsse werden mit Stimmenmehrheit angenommen. Im Falle einer Stimmengleichheit ist die Stimme des Präsidenten entscheidend. Der Exekutivausschuss wird aus dem Präsidenten und drei Mitgliedern des Kuratoriums gebildet, die vom Vorstand für eine erneuerbare 4-jährige Amtszeit gewählt werden. Dieser ist damit beauftragt, den Arbeitsablauf der Organisation zu verfolgen und in diesem Zusammenhang die notwendigen Maßnahmen zu ergreifen. Im Falle von dringenden Angelegenheiten trifft er selbst die notwendigen Entscheidungen. Das Generalsekretariat

831 http://islamset.net/ioms/index.html, abgerufen am 05.08.2016.
832 Vgl. Fischer 2012, S. 86.
833 Vgl. http://islamset.net/ioms/index.html, abgerufen am 05.08.2016.

ist dafür verantwortlich, die Beschlüsse und Empfehlungen des Kuratoriums und des Exekutiv-Ausschusses umzusetzen sowie die vom Kuratorium angeforderten Studien anzufertigen.[834]

Aktivitäten: Die IOMS hält vor Ort sowohl internationale Konferenzen als auch Seminare ab. Hierbei kooperiert die Organisation mit internationalen, regionalen und lokalen Gremien und Organisationen. Die mehrtägigen internationalen Konferenzen über die islamische Medizin, die oft außerhalb von Kuwait, vornehmlich in Ägypten, veranstaltet werden und eine grundsätzliche Aktivität der IOMS bilden, zielen, laut der Webseite der Organisation, darauf ab, die Idee der Wiederbelebung der islamischen medizinischen Tradition in den Ländern, die diese Konferenzen organisieren, zu verbreiten. Ein weiterer Zweck dieser Versammlungen ist die Erörterung gegenwärtiger medizinischer Probleme und Fragestellungen durch die Scharia-Gelehrten in Zusammenarbeit mit Spezialisten aus der Medizin, Jurisprudenz und den Geisteswissenschaften. Obwohl die offizielle Gründung der IOMS erst im Jahre 1984 erfolgte, fand die erste internationale Konferenz über die islamische Medizin bereits vom 12. bis 16. Januar 1981 statt. Die Forschungsarbeit dieser Konferenz konzentrierte sich auf das Thema der islamischen Medizin mit besonderem Schwerpunkt auf ihrer Definition und der Frage, wie die Medizin vom Islam aus betrachtet wird. Erwähnenswert ist, dass im Rahmen dieser Konferenz ein Projekt für einen Kodex der islamischen medizinischen Ethik entworfen wurde.[835] Der Inhalt des Projekts waren folgende Punkte: die Definition der Ärzteschaft, die Arzt-Arzt Beziehung, die Arzt-Patienten-Beziehung, die Einhaltung der beruflichen Schweigepflicht, die Pflichten des Arztes während des Krieges, die Heiligkeit des menschlichen Lebens, die Verantwortung des Arztes, der Arzt und die Gesellschaft, die Einstellung des Arztes zur wissenschaftlichen Forschung und deren modernen Erkenntnisse, die medizinische Ausbildung sowie der von Ärzten abgelegte Eid. Die zweite internationale Konferenz (29. März – 2. April 1982) in Kuweit bearbeitete Themen, die sich auf die Bedeutung spiritueller und religiöser Aspekte in der medizinischen Behandlung beziehen, den Beitrag der muslimischen Wissenschaftler zur Entwicklung von Anatomie und Chirurgie, den Einfluss des Islam auf verschiedene Zivilisationen und Pioniere der islamischen Medizin wie Ibn an-Nafīs und Abū al-Qāsim az-Zahrāwī. Die letzte internationale Konferenz der IOMS fand im Zeitraum vom 19. bis 22. Dezember 2016 statt und hatte „Die gesundheitlichen Rechte und Pflichten der Kranken und ihrer Verwandten aus islamischer Sicht" zum Thema.[836]

834 Vgl. http://islamset.net/ioms/index.html, abgerufen am 05.08.2016.

835 Zur 1. Konferenz, Inhalt und Analyse dieses Kodexes sowie des Kodexes vom Jahre 2004: Ole Martin Bøe Stokke: The Construction of Modern Islamic Authority – Analyzing the medical ethics of the Islamic Organization for Medical Sciences. The University of Oslo, Masterarbeit, 2014. Online Verfügbar: https://www.duo.uio.no/bitstream/handle/10852/41451/The-Construction-of-Modern-Islamic-Authority.pdf?sequence=9&isAllowed=y, abgerufen am 5.08.2016.

836 Vgl. http://islamset.net/ioms/globe/index.html, abgerufen am 5.08.2016.

Ebenso organisiert die IOMS die lokale Seminarreihe „Der Islam und gegenwärtige medizinische Fragestellungen“, die im Sitz der Organisation in Kuwait stattfindet und in der Regel nur einen Tag dauert. Diese befasst sich mit verschiedenen biomedizinischen und medizinischen Fragestellungen. An ihr nehmen Scharia-Gelehrte und Spezialisten der Medizinwissenschaften, Jurisprudenz und Geisteswissenschaften teil, welche die zur Debatte stehende Frage erörtern, Meinungen miteinander austauschen und diese aus islamrechtlicher Sicht beurteilen. Das erste Seminar über die menschliche Fortpflanzung im Islam fand am 24. Mai 1983 statt. Am 15. Januar 1985 wurde das zweite Seminar abgehalten, welches das menschliche Leben, seinen Anfang und sein Ende im Verständnis des Islam zum Thema hatte. Ein wichtiges Seminar über Transplantation folgte am 23. Oktober 1989.[837]

In ihrer Arbeitsweise stützt sich die IOMS auf einen kollektiven interdisziplinären *iǧtihād*. Diese Annahme bestätigt Stokke in seiner Analyse der zwei von der Organisation erstellten Kodexe der islamischen medizinischen Ethik (IME):

> However, producing such IME has been within an interdisciplinary field of collective reasoning, complementing Islamic "law" and ethics with medical anthropology, social and natural sciences. During the course of the 23 years from 1981 to 2004 the IOMS (or an early incarnation of it) produced through such collective reasoning two charters, or Codes, of IME pertaining to the practice and behavior of medical professionals.[838]

---

837 Vgl. http://islamset.net/arabic/aioms/index.html, abgerufen am 5.08.2016. Ausführliche Darstellung der 1., 2., 3. und 6. Seminare: Fischer 2012, S. 86–100.

838 Stokke 2014, S. 5.

6 Analyse der Institutionen des kollektiven *iǧtihād*

Dieses Kapitel verfolgt das Ziel, die Organisation und fachliche Arbeit der Institutionen des KI anhand relevanter Beispiele für solche Institutionen innerhalb und außerhalb der islamischen Welt zu analysieren und kritisch zu betrachten. Hierbei liegt der Fokus dieser Studie auf der Untersuchung und Analyse der Strukturen, Ziele, Aktivitäten und Arbeitsweisen dreier ausgewählter Rechtsakademien, welche die Hauptform zur praktischen Umsetzung des *iǧtihād ǧamāʿī* präsentieren. Zu diesem Zweck werde ich mich sowohl auf Primärtexte dieser Akademien als auch auf Sekundärliteratur über sie stützen. Außerdem werden Interviews mit den Repräsentanten dieser Akademien herangezogen werden. Dabei sollen auf der einen Seite zwei Rechtsakademien innerhalb der islamischen Welt untersucht werden. Die erste Institution ist „Die Akademie für islamische Untersuchungen" der Azhar, die die älteste Institution des KI in Form einer Rechtsakademie darstellt und für viele muslimischen Autoren sogar die erste Form der Institutionalisierung des KI überhaupt bildet. Somit dienten ihre fachliche Vorgehensweise und ihr Abstimmungsverfahren, vornehmlich in ihren internationalen Konferenzen, als Muster für die nach ihr gegründeten Rechtsakademien und wurden mehr oder weniger von diesen Fiqh-Akademien übernommen. Das zweite Beispiel dieser Art ist „IIFA". Diese bildet die größte Rechtsakademie der islamischen Welt mit einer Mitgliedschaft von knapp 50 Ländern und bietet somit das einzige Beispiel für eine überstaatliche Institution dieser Art sowohl hinsichtlich der Zusammensetzung der Mitglieder als auch der Verwaltung der Akademie. Auf der anderen Seite soll die Aufmerksamkeit auch auf eine Rechtsakademie außerhalb der islamischen Welt gerichtet werden, und zwar den „ECFR". Die Wahl des ECFR erklärt sich daraus, dass er die einzige bekannte Rechtsakademie ist, die sich mit den Fragen der Muslime in Europa und darunter in Deutschland beschäftigt.

Die vorgesehene eingehende Analyse erfordert zunächst eine Präsentation der drei ausgewählten Gremien. Das erste Unterkapitel bietet einen Überblick über die Struktur und Organisation sowie die Aktivitäten der genannten Rechtsakademien auf Basis ihrer eigenen inneren Ordnungen, wie ihrer Satzungen und Durchführungsverordnungen, an. Anders gesagt soll es hierbei in erster Linie um eine Art Selbstrepräsentation ihrer eigenen Ansprüche gehen. Diese bildet die Grundlage für die spätere Analyse und bietet einige Vergleichsmöglichkeiten, denen sich das sich anschließende Unterkapitel widmen wird.

Hierbei sollen die Struktur, die normwissenschaftliche Arbeit und die verschiedenen Arbeitsergebnisse der drei Institutionen einer Analyse untergezogen werden. Diese Analyse wird in drei Etappen durchgeführt werden. Zunächst gilt es, eine kontrastive Kategorisierung der Struktur und des Aufbaus der drei Akademien vorzunehmen. Sodann folgt eine Analyse der Arbeitsweise und der -ergebnisse der einzelnen Rechtsakademien aus normwissenschaftlicher Sicht, die in eine kritische Betrachtung der Organisation sowie der Vorgehensweise der Akademien münden soll. Somit handelt es sich um eine Fremddarstellung der Akademien sowohl basierend auf Vorstellungen anderer Intellektueller und Autoren als auch anhand eigener Beobachtungen, welche persönlichen Konversationen mit den Mitgliedern während meines Besuchs der drei Akademien entspringen.

6.1 Präsentation der drei ausgewählten Rechtsakademien

6.1.1 Die Akademie für islamische Untersuchungen (*Maǧmaʿ al-buḥūṯ al-islāmiyya*)

6.1.1.1 Entstehungshintergrund

Die Genese der *Maǧmaʿ al-buḥūṯ al-islāmiyya* geht auf eine ältere Institution der Azhar zurück, nämlich die *Hayʾat kibār al-ʿulamāʾ bi-l-Azhar* (Körperschaft der großen Gelehrten der Azhar), welche auf Basis des Gesetzes Nr. 10 im Jahre 1911 eingerichtet wurde. Ihr Name wurde 1936 in *Ǧamāʿat kibār al-ʿulamāʾ* geändert. Dieses Gremium gilt als Vorstufe für die Entstehung der Akademie und bestand aus 30 führenden Gelehrten der Azhar, die sich auf die Fachgebiete Rechts- und Hadithwissenschaft, Koranexegese, Sprachwissenschaften, islamische Glaubenslehre, islamische Geschichte und die Biographie des Propheten spezialisieren sowie die vier sunnitischen Rechtsschulen, je nach Anzahl der Anhänger der verschiedenen *maḏāhib* innerhalb der Azhar, repräsentieren. Dementsprechend ergab sich eine Aufgliederung in 11 ḥanafitische, 9 mālikitische, 9 šāfiʿitische sowie einen ḥanbalitischen Gelehrten. Für jeden Gelehrten wurde ein Lehrstuhl festgelegt. Dieser Rat bildete die höchste fachwissenschaftliche Autorität der Azhar und wurde vom Scheich der Azhar geleitet. Zu den Mitgliedern gehörten der Vizerektor und die Oberhäupter der vier Rechtsschulen, aus deren Mitte der Scheich der Azhar gewählt wurde. Das Ziel des Gremiums war das Abhalten von Fortbildungslehrgängen in den o. g. Fächern, welche den traditionellen Bildungsmethoden der Azhar folgen. Diese Fortbildungen wurden von den Mitgliedern dieser Körperschaft geleitet. Damit wurde das Ausbilden hoch qualifizierter Wissenschaftler bezweckt. Darüber hinaus hatten die Mitglieder der *Hayʾa* die Aufgabe, Forschungen auf diesen Fachgebieten anzustellen. Des Weiteren wurde der Körperschaft auferlegt, einen Plan für die Predigt und religiöse Führung zu erstellen und die zuständige Behörde davon zu informieren.[839] Ferner zielte dieser Rat darauf ab, als eine Vertrauensbasis im Bereich der religiösen Fragen angesehen zu werden. Dabei setzte sich die Körperschaft mit gesellschaftlichen Fragen wie der privaten Stiftung auseinander und erstellte diesbezüglich Fatwas. In Anbetracht dessen ist die Vereinigung der vier Rechtsschulen innerhalb der Körperschaft bemerkenswert, „ […] not only in the traditional Azhari

839 Vgl. al-Maġribī 2012, S. 67–80 und Lemke 1980, S. 129–133.

sense that all four of them were taught alongside and recognized one another, but to the extent that the *madhāhib* were cooperating and actually giving fatwas and making decisions jointly."[840]

Wahrscheinlich konnte aber die Körperschaft die großen Erwartungen und Hoffnungen, die in sie gesetzt wurden, nicht erfüllen. Deswegen wurde sowohl außerhalb als auch innerhalb der Azhar Kritik gegen die Leistungsfähigkeit des Gremiums laut. Der wesentliche Kritikpunkt, der an die Körperschaft herangetragen wurde, bestand darin, dass sie die aktuellen Lebensumstände und Alltagsprobleme ausblenden würde und sich stattdessen mit irrelevanten Fragen beschäftige, wie den Eigenschaften, die das Wasser für die rituelle Waschung haben sollte.[841]

Die Kritik fand innerhalb des Gremiums durch das neu aufgenommene Mitglied, Maḥmūd Šaltūt, ihren Weg. In der Sitzung des Rates vom 5. November 1941 präsentierte Šaltūt seine Reformvorschläge. Diese bestehen in der Schaffung eines permanenten wissenschaftlichen Gremiums der *Ǧamāʿa* (*Maktab ʿilmī dāʾim*), das die folgenden Funktionen haben soll:

(1) Die Religionen im Allgemeinen und den Islam im Besonderen gegen die gegenwärtigen Angriffe mittels einer modernen Forschungsmethodologie zu verteidigen.
(2) Bezüglich der umstrittenen Neuerungen zu untersuchen, ob diese in Einklang mit dem Islam stehen, oder nicht sowie Grundlagen aufzustellen, um entscheiden zu können, was als *bidʿa* (nicht den ursprünglichen islamischen Normen entsprechende Neuerung) gilt und was nicht.
(3) Ein Buch zu verfassen, welches die in den gebräuchlichen Korankommentaren vorkommenden jüdischen Traditionen und Überlieferungen (*isrāʾīliyyāt*) erläutert, die der Logik zuwiderlaufen und nicht durch authentische Überlieferungswege tradiert wurden.
(4) Rechtsgutachten auf Fatwa-Anfragen zu erteilen, die von Muslimen aus der ganzen Welt an das Azharrektorat gerichtet werden.
(5) Die neu entstandenen Fragen zu den zwischenmenschlichen Rechtsverhältnissen aus Sicht der Scharia zu erforschen.
(6) Die Arbeit der Predigt und der religiösen Führung zu ordnen sowie Kontakt mit den zuständigen Behörden, wie dem Ministerium für soziale Angelegenheiten und den islamischen Gesellschaften, aufzunehmen.
(7) Nützliche klassische Werke in den diversen Wissenschaften zu suchen, um diese in einer wissenschaftlich geeigneten Form herauszugeben.
(8) Die Zeitschrift der Azhar (*Maǧallat al-Azhar*) zu beaufsichtigen und zu lenken, um dafür zu sorgen, dass diese ihre Leistungen im Dienste der islamischen geistigen Bewegung erbringt.[842]

840 Skovgaard-Petersen 1997, S. 154.
841 Vgl. Lemke 1980, S. 134 Fn. 3 und Ḫafāǧī 1987, Bd. 2, 2. Aufl., S. 231–235.
842 Vgl. Lemke 1980, S. 135–140 und ʿAbd ar-Raḥmān 1997, Bd. 4, S. 44.

Es macht sich bemerkbar, dass sich diese Vorschläge im Allgemeinen auf die Gedanken ʿAbduhs und al-Marāġīs, insbesondere auf deren Denkschrift zur Reform der Azhar (1928) stützen. Gegenüber dieser Kritik bzw. diesen Reformvorschlägen zeigte sich die Körperschaft offen und bildete daraufhin einen Ausschuss, um diese Vorschläge zu prüfen. Es manifestierte sich eine allgemeine Befürwortung dieser Empfehlungen, insbesondere vom Leiter der Untersuchungskommission, ʿAbd al-Maǧīd Salīm. Demnach wurde diese Idee im Rahmen der *Ǧamāʿa* in den nächsten Jahren zu einer wissenschaftlichen Scharia-Akademie (*Maǧmaʿ ʿilmī šarʿī*) entwickelt. Im Jahre 1946 wurde während des Rektorates der Azhar von Muṣṭafā ʿAbd ar-Rāziq (1945–1947) noch einmal eine Kommission gebildet, um diese Vorschläge zu überdenken. In ihrem Bericht wandelte die Kommission den Vorschlag in eine Scharia-Akademie um, welche den Namen des damaligen ägyptischen Königs Fārūq (reg. 1936–1952) trug (*Maǧmaʿ Fārūq al-awwal li-š-šarīʿa al-islāmiyya*). Laut dem Ausschuss diente das Aufkommen von neuen Rechtsfällen, Denkrichtungen und schädlichen sozialen Strömungen, welche Behandlungs-, Aufklärungs- sowie Erklärungsbedarf beim Publikum hätten, als Ansatzpunkt für die Schaffung dieser Akademie. Außerdem habe die Gesellschaft Bedarf an Erkenntnissen, die es ihr ermöglichen, sich aus Konflikten herauszuhalten und zwischen dem, was als *bidʿa* angesehen wird und was nicht, zu entscheiden sowie an einer Koranauslegung, welche frei von schwachen Überlieferungen ist, festzuhalten. Zur Verwirklichung der Akademie solle eine Gruppe der *Ǧamāʿa*-Mitglieder eingesetzt werden, die als Basis dafür dienen solle. Folglich sollte diese Akademie ähnliche Aufgaben wie das vorgeschlagene *Maktab ʿilmī* von Šaltūt haben.[843] Trotz allem „führte die Arbeit der Kommission zu keinem unmittelbaren Ergebnis".[844]

Dennoch beharrte Šaltūt auf der Realisierung seines Projekts. Eine günstige Gelegenheit, um sein Projekt voranzutreiben, bot sich ihm, als er führende Ämter in der Azhar bekleidete. Zudem verhalfen ihm die veränderten politischen Verhältnisse nach der Revolution von 1952 unter den Freien Offizieren bei der Umsetzung seines Projekts. Die reformerische Richtung, der sich Šaltūt anschloss, erschien „ [...] a good match for a new regime looking for support and legitimation, since they had been calling for an Azhar reform for decades, and had been criticizing the lifestyle and docile attitude of the King Fārūq."[845] Außerdem stand das Vorhaben Šaltūts in Übereinstimmung mit den Ambitionen der Auslandspolitik des Nasser Regimes.[846] Während seines Prorektorats der Azhar im Jahre 1957 führte er seine Bemühungen in diesem Kontext weiter. Er sprach mit dem Staatsminister für Angelegenheiten der Präsidentschaft (*Wazīr ad-dawla li-šuʾūn riʾāsat al-ǧumhūriyya*) ʿAlī Ṣabrī, dem späteren Premierminister Ägyptens, (gest. 1991) über seinen Vorschlag, eine Akademie für islamisch-wissenschaftliche Forschung (*Maǧmaʿ baḥṯ ʿilmī islāmī*) zu gründen. Diese solle muslimische Gelehrte unterschiedlicher *maḏāhib* aus verschiedenen

843 Vgl. al-Maġribī 2012, S. 359–362 und Lemke 1980, S. 141 f.
844 Lemke 1980, S. 142.
845 Skovgaard-Petersen 1997, S. 182.
846 Vgl. Skovgaard-Petersen 1997, S. 182 ff. und Lemke 1980, S. 163.

islamischen Ländern umfassen. Anschließend legte er im August 1958 dem Staatsminister eine amtliche Darstellung seines Vorschlags vor, in der er die Botschaft der Azhar und die Motive für die Schaffung dieser Akademie erläuterte. Eine Zusage des Ministers erhielt Šaltūt am 3. September 1958. Im Oktober 1958 wurde Šaltūt Scheich der Azhar und begann sofort mit den offiziellen Maßnahmen, um sein angestrebtes Projekt zu realisieren. Im November 1958 schickte der neue Rektor der Azhar dem Staatsminister für die Angelegenheiten der Azhar (*Wazīr ad-dawla li-šu'ūn al-Azhar*), Kamāl ad-Dīn Rifʿat, den Gesetzesentwurf für die Gründung der vorgeschlagenen Akademie sowie einen amtlichen Bericht über die Ziele des Projektes, welches die Beziehung zwischen Ägypten und den anderen islamischen Ländern vorantreiben sollte. Im Jahre 1961 wurde das Gesetz Nr. 103 erlassen, welches die Reorganisation der Azhar und deren Institutionen vorsah. Gemäß diesem Gesetz wurde Šaltūts Projekt in Form der Akademie für islamische Untersuchungen (*Maǧmaʿ al-buḥūṯ al-islāmiyya*) der Azhar verwirklicht.[847]

6.1.1.2 Ziele und Aufgaben

Das Gesetz der Reorganisation der Azhar überträgt der Akademie die folgenden Aufgaben:

(1) Sich mit der Untersuchung der islamischen Studien zu befassen.
(2) Sich für die Erneuerung der islamischen Kultur einzusetzen.
(3) Die islamische Kultur von fremden Elementen zu befreien, die sich in sie eingeschlichen haben.
(4) Den *maḏhab*-Fanatismus zu bekämpfen.
(5) Die neu auftretenden geistigen, gesellschaftlichen oder theologischen Probleme zu untersuchen und darüber eine Meinung abzugeben.
(6) Die Aktivitäten der Predigt und der religiösen Führung zu ordnen.

Darüber hinaus hat die Akademie den Auftrag, die Azhar-Universität bei der Ordnung und Betreuung der postgradualen Studiengänge der islamischen Studien, des Magister-Studiums und der Promotion und soll deren Abschlussprüfungen unterstützen.[848]

Ferner überträgt die Ausführungsordnung der Akademie die Aufgabe, alles, was über den Islam veröffentlicht wird, zu verfolgen, um das Nützliche davon zu übernehmen und das Falsche zu widerlegen. Außerdem arbeitet die Akademie an der Herausgabe des islamischen Literaturerbes.[849] Bemerkenswert ist, dass diese Aufgaben der Akademie mit den o. g. Vorschlägen Šaltūts zur Reform der Körperschaft der Groß-Gelehrten der Azhar im Jahre 1941 nahezu identisch sind.

---

847 Vgl. ʿAbd ar-Raḥmān 1997, Bd. 4, S. 44 ff.

848 Vgl. Art. 15 des Gesetzes Nr. 103 von 1961. Für die gesamten Artikel dieses Gesetzes siehe Textanhang I.

849 Vgl. Art. 4 der Ausführungsverordnung. Für die gesamten Artikel der Ausführungsverordnung siehe Textanhang II.

6.1.1.3 Mitgliedschaft

> Die Akademie für islamische Untersuchungen besteht aus fünfzig Mitgliedern, die zu den großen muslimischen Gelehrten zählen und alle islamischen Rechtsschulen repräsentieren sollen. Unter ihnen dürfen bis zu 20 ausländische Mitglieder sein.[850]

Hingegen zeigen die folgenden Angaben, dass die Zahl der Mitglieder der Akademie wahrscheinlich weder in der Vergangenheit noch in der Gegenwart einmal 50 betrug. Die Betrachtung verschiedener jährlicher Konferenzen, an denen sowohl die ägyptischen und ausländischen Mitglieder als auch andere Gelehrte als Gäste teilnehmen, war die Anzahl der Mitglieder immer weniger als 50. In der zweiten Konferenz 1965 war die Zahl der beteiligten Mitglieder 26 (unter ihnen 7 Nicht-Ägypter), in der siebten Konferenz 1972 waren es 30 Mitglieder (unter ihnen 7 Ausländer) und in der dreizehnten Konferenz 2009 nahmen 31 Mitglieder (unter ihnen 7 Ausländer) teil. Entsprechend neuester Angaben (28. Februar 2015) beträgt die Zahl der Mitglieder der Akademie 37 (24 Ägypter und 13 Ausländer), wobei die ausländischen Mitglieder hauptsächlich aus arabischen Ländern stammen.[851]

> Für die Mitgliedschaft des Gremiums gelten die folgenden Voraussetzungen:
> 1) Ein Mindestalter von 40 Jahren.
> 2) Sich durch Frömmigkeit in der Vergangenheit und Gegenwart auszuzeichnen.
> 3) Entweder über einen der höheren wissenschaftlichen Abschlüsse der Azhar oder anderer Universitäten oder einen Abschluss der Institute zu verfügen, die sich mit islamischen Studien befassen.
> 4) Entweder herausragende wissenschaftliche Produktion auf dem Gebiet der islamischen Studien vollbracht oder zumindest eine fünfjährige Tätigkeit als Hochschuldozent für islamische Studien ausgeübt zu haben oder aber in einem der islambezogenen Ämter der Rechtsprechung, Fatwa-Erstellung oder Gesetzgebung für mindestens fünf Jahre tätig gewesen zu sein.[852]

In der ersten Formation der Akademie wurden die Mitglieder vom Scheich der Azhar, welcher den Vorsitz der Akademie innehat, ausgewählt.[853] Fortan wurde die Aufnahme der Mitglieder auf Basis einer Wahl festgelegt. Die Nominierung der Mitglieder erfolgt durch die Empfehlung zweier Mitglieder. Zur Aufnahme in das Gremium benötigt ein Kandidat die absolute Mehrheit der anwesenden Mitglieder.[854] Die einheimischen Mitglieder sind in hauptamtliche und nebenamtliche Mitglieder unterteilt. Der Akademierat wählt zumindest die Hälfte der Mitglieder aus, die bis

---

850 Art. 16 des Gesetzes Nr. 103 von 1961.

851 http://magmaa.azhar.eg/en-us/%D8%A7%D9%84%D9%85%D8%AC%D9%85%D8%B9/%D8%A3%D8%B9%D8%B6%D8%A7%D8%A1-%D8%A7%D9%84%D9%85%D8%AC%D9%85%D8%B9, abgerufen am 28.02.2015. Dazu Schulze 1990, S. 236.

852 Art. 17 des Gesetzes Nr. 103 von 1961.

853 Vgl. Art. 18 des Gesetzes Nr. 103 von 1961.

854 Vgl. Art. 31 des Gesetzes Nr. 103 von 1961.

zu einer bestimmten Frist hauptamtlich für die Aktivitäten der Akademie tätig sind. Bei Bedarf kann diese verlängert werden. Ebenfalls kann der Akademierat aus einem guten Grund ihre Arbeit frühzeitig beenden.[855] Ein hauptamtliches Mitglied ist damit beauftragt, Berichte über seine Forschungsergebnisse dem Akademierat vorzulegen und es darf in dieser Zeit keine andere Tätigkeit außerhalb der Akademie ausüben.[856] Die nebenamtlichen Mitglieder nehmen an den Akademietagungen, den Aktivitäten der Akademieausschüsse und der Arbeitsgruppen teil. Dazu werden sie vom Akademierat mit der Anfertigung von Studien über bestimmte Themen beauftragt.[857]

Nach der Nominierung zweier Mitglieder der Akademie wählt die Konferenz der Akademie – mittels einer absoluten Mehrheit – korrespondierende Mitglieder aus, die zur Erfüllung bestimmter Ziele beitragen können. Diese können aus Ägypten oder einem anderen Land stammen.[858] Diese Mitglieder werden von dem Rat der Akademie mit der Anfertigung einiger Untersuchungen oder anderer Aufgaben bis zu einem festgelegten Termin betraut.[859] Überdies kann auf Vorschlag der Konferenz der Akademie ein ehemaliges Mitglied oder ein Gelehrter, der dem Islam große Dienste erwiesen hat, mit einer Ehrenmitgliedschaft ausgezeichnet werden.[860]

Ein Mitglied wird in den folgenden Fällen aus der Akademie ausgeschlossen:

a) Falls ein Mitglied zu einer Strafe verurteilt wird, die seine Ehre und Rechtschaffenheit verletzt.
b) Wenn ein Mitglied etwas begeht, was gegen die Voraussetzungen einer Mitgliedschaft spricht, wie wenn es ein Zerrbild vom Islam gibt oder eine grundlegende Lehre des Islams verleugnet oder aber wenn es sich unschicklich oder unmoralisch verhält. In diesem Fall soll der Ausschluss aufgrund einer begründeten Entscheidung von zwei Dritteln der Mitglieder getroffen werden.
c) Wenn ein Mitglied seine Aufgaben aus gesundheitlichen Gründen oder aus anderen zwingenden Gründen nicht mehr erfüllen kann. In diesem Fall wird die Mitgliedschaft mit der Zustimmung der Akademie aufgrund eines präsidialen Erlasses entzogen.
d) Falls das Mitglied zurücktritt und sein Rücktritt angenommen wird oder wenn es aufgrund der Abwesenheit an den Sitzungen der Akademie gemäß der Ausführungsverordnungen entlassen wurde.[861]

Interessanterweise wird der Scheich der Azhar in der Regel aus den Mitgliedern der Akademie ausgewählt oder wenn dies nicht der Fall ist, soll er zumindest die Voraussetzungen für eine Mitgliedschaft an der Akademie erfüllen. Der Kandidat wird dann vom ägyptischen Präsidenten eingestellt. Falls der Eingestellte nicht

855 Vgl. Art. 19 des Gesetzes Nr. 103 von 1961 und Ausführungsverordnung Art. 8.
856 Vgl. Art. 9 der Ausführungsverordnung.
857 Vgl. Art. 10 der Ausführungsverordnung.
858 Art. 26 des Gesetzes Nr. 103 von 1961.
859 Vgl. Art. 12 der Ausführungsverordnung.
860 Art. 27 des Gesetzes Nr. 103 von 1961.
861 Art. 30 des Gesetzes Nr. 103 von 1961.

Mitglied der Akademie war, wird er nach der Übernahme des Rektorates der Azhar als Mitglied der Akademie aufgenommen. Dieselben Regeln werden auch bei der Ernennung des Prorektors der Azhar angewandt.[862]

6.1.1.4 Die Organisationsstruktur

Die Akademie setzt sich aus den folgenden Organen zusammen:

a) Dem (permanenten) Rat der Akademie (*maǧlis al-maǧmaʿ*), der aus dem Vorsitzenden, den ägyptischen hauptamtlichen und nebenamtlichen Mitgliedern und dem Generalsekretär besteht.
b) Der Konferenz (*muʾtamar al-maǧmaʿ*), die aus allen Mitgliedern der Akademie besteht.
c) Dem Generalsekretariat (*al-amāna al-ʿāmma*).[863]

6.1.1.4.1 Maǧlis al-maǧmaʿ

Der Akademierat tagt einmal pro Monat. Für die Rechtmäßigkeit einer Tagung ist die Anwesenheit der Mehrheit der Mitglieder erforderlich.[864] Dieser Rat wird vom Scheich der Azhar geleitet, der die Sitzungen abhält, die Tagesordnung der Sitzungen genehmigt und die Diskussionen führt.[865] Zu den Aufgaben des Rates gehört es, phasenweise Arbeitspläne für die verschiedenen Akademieausschüsse zu entwerfen, deren Arbeitsberichte zu diskutieren und alle neu auftauchenden Fragen zu erforschen und zu erörtern sowie Vorbereitungen für die Konferenzen zu treffen.[866] Die Tagung des Rates erstreckt sich über ein Jahr. Die Tätigkeiten des Akademierats und seiner Kommissionen pausieren während der Monaten Juli und August.[867]

Weitere Arbeitsregeln stellen die Art. 45–52 der Ausführungsverordnung dar.[868]

Die Teilnehmer des Rates sind auf ihren Wunsch hin in 13 Hauptausschüsse aufgeteilt, die die verschiedenen Untersuchungsgebiete der Akademie abdecken:

1. **Kommission für die Untersuchungen des Korans (*Laǧnat buḥūṯ al-Qurʾān*):** Sie befasst sich mit dem Koran aus verschiedenen Perspektiven und mit dem, was er für das moderne Leben leisten kann. Außerdem widmet sie sich der Widerlegung der Diffamierungen und Einwände gegen den Koran.
2. **Kommission für die Untersuchungen der Sunna (*Laǧnat buḥūṯ as-Sunna*)**: Sie hat die Aufgabe, die Enzyklopädie der Sunna zu überprüfen und

862 Vgl. *Maǧallat al-Azhar* (55) 1983, S. 102.
863 Art. 20 des Gesetzes Nr. 103 von 1961.
864 Vgl. Art. 21 des Gesetzes Nr. 103 von 1961.
865 Vgl. Art. 5 der Ausführungsverordnung.
866 Vgl. Art. 52 der Ausführungsverordnung.
867 Vgl. Art. 45 der Ausführungsverordnung.
868 Siehe Textanhang II.

die alten Handschriften der Sunna zu edieren. Darüber hinaus arbeiten die Mitglieder dieser Kommission daran, die Verleumdungen der Sunna aufzuklären sowie die Behandlung gegenwärtiger Fragen im Lichte der Sunna herauszugeben.

3. **Kommission für die juristischen Untersuchungen (*Lağnat al-buḥūṯ al-fiqhiyya*)**: Dieses Komitee befasst sich mit der Behandlung rechtlicher Fragen, die an die Akademie gerichtet werden. Die Ergebnisse werden beim Akademierat eingereicht. Ebenso beschäftigt sich diese Kommission mit der Untersuchung neuer rechtlicher Themen, die vorher nicht bearbeitet wurden.
4. **Kommission für (islamische) Dogmatik und Philosophie (*Lağnat al-ʿaqīda wa-l-falsafa*)**: Zum Ziel hat diese Arbeitsgruppe, alles, was über den islamischen Glauben veröffentlicht wird, zu beobachten und zu überprüfen sowie die falschen Denkrichtungen zu entkräften. Ferner wird die Herausgabe von Handschriften intendiert, die für den islamischen Glauben förderlich sind.
5. **Kommission für die Präsentation des Islam (*Lağnat at-taʿrīf bi-l-Islām*)**: Dieser Arbeitskreis ist damit beauftragt, nützliche klassische Werke über das Gedankengut des Islam für die Veröffentlichung auszuwählen und zweckmäßige Themen zu bestimmen, die untersucht werden sollen. Außerdem soll die Arbeit der Kommission im Dienste des interreligiösen Dialogs gefördert werden.
6. **Komitee für die Wiederbelebung des islamischen Kulturerbes (*Lağnat iḥyāʾ at-turāṯ*)**, welches sich mit der Edition ausgewählter Werke des islamischen Erbes und mit der Herausgabe von Büchern beschäftigt, die für die heutige Zeit relevant sind.
7. **Kommission für Erziehung und Bildung (*Lağnat at-tarbiya wa-t-taʿlīm*)**: Sie arbeitet an der Entwicklung eines Bildungssystems an der Azhar, welches sich von jeder Art des Fanatismus distanziert.
8. **Kooperationsausschuss zwischen der Akademie und der Azhar-Universität (*Lağnat at-taʿāwun bayna al-mağmaʿ wa-l-ğāmiʿa*)**: Dieser Ausschuss befasst sich mit der Förderung des postgradualen Studiums an der Azhar-Universität.
9. **Ausschuss für die Jerusalem-Frage, *ğihād* und muslimische Minderheiten (*Lağnat al-Quds wa-l-ğihād wa-l-aqalliyyāt al-islāmiyya*)**: Diese Kommission setzt sich für die Vereinigung der arabischen islamischen Front hinsichtlich dieser Frage und für das Studium der für die Palästina-Frage relevanten Themen ein. Außerdem verleiht sie durch ihre Unterstützung auch den muslimischen Minderheiten eine Stimme.
10. **Komitee für Arbeitsentwicklung (*Lağnat al-mutābaʿa*)**: Dieses Komitee arbeitet am Vorantreiben der Forschungsarbeit anderer Kommissionen.
11. **Planungskomitee (*Lağnat at-taḫṭīṭ*)**: Dieses Komitee beobachtet die Durchführung der in den Konferenzen gefassten Entscheidungen und deren Rezeption im In- und Ausland. Seine Beobachtungen trägt es dem Leiter der Akademie vor. Darüber hinaus trifft es die Vorbereitungen für die Abhaltung der Konferenzen der Akademie.

12. **Kommission für interreligiösen Dialog (*Laǧnat al-ḥiwār bayna al-adyān*).**
13. **Ausschuss für die wissenschaftlichen Wunder im Koran und in der Sunna (*Laǧnat al-iʿǧāz al-ʿilmī fī-l-Qurʾān wa-s-Sunna*)**: Seine Aufgabe liegt darin, Konvergenzen zwischen dem Koran und der Sunna mit neuen wissenschaftlichen Entdeckungen ausfindig zu machen und diese aufzuzeigen.[869]

Diese Hauptausschüsse werden zu Beginn jeder Sitzungsperiode gebildet und für jeden Ausschuss werden ein Sprecher und dessen Stellvertreter ausgewählt. Die Teilnehmer jeder Kommission tagen mindestens einmal pro Monat.[870]

6.1.1.4.2 Muʾtamar al-maǧmaʿ

Die Konferenz der Akademie umfasst neben den Stammmitgliedern (sowohl Ägyptern als auch Nicht-Ägyptern), die Ehrenmitglieder und die korrespondierten Mitglieder. Außerdem ist der Präsident dazu befugt, andere prominente ägyptische oder ausländische Wissenschaftler und Denker zur Teilnahme an der Konferenz einzuladen. Die Konferenz findet normalerweise einmal im Jahr für vier Wochen im 11. Monat des islamischen Jahres, *Ḏū-l-qaʿda*, statt. Unter Umständen kann dazu eine außerordentliche Sitzung der Konferenz auf Vorschlag vom Scheich al-Azhar organisiert werden. In beiden Fällen ist die Anwesenheit der Mehrheit der Mitglieder erforderlich, von denen ein Viertel der nicht-ägyptischen Mitglieder anwesend sein soll.[871]

6.1.1.4.3 al-Amāna al-ʿāmma

Das Generalsekretariat wird von dem Direktor des „Sekretariats für Kultur und die islamischen Studienmissionen" geleitet, sofern er die laut Art. 17 festgelegten Voraussetzungen der Mitgliedschaft erfüllt. Auf Zustimmung des Azharrektorats wird dieser einberufen. Somit gilt der Generalsekretär als Mitglied der Akademie, solange er diese Position innehat.[872] Zu den Aufgaben des Generalsekretärs gehört es, die Protokollführung der Tagungen in einem speziellen Register zu beaufsichtigen und das Protokoll vom Präsidenten der Akademie unterschreiben zu lassen. Außerdem pflegt der Generalsekretär, die zur Behandlung gestellten Themen auf die Ausschüsse zu übertragen sowie den Mitgliedern und Ausschüssen die getroffenen Beschlüsse mitzuteilen. Des Weiteren arbeitet das Generalsekretariat an der Durchführung der Akademiebeschlüsse und der Empfehlungen der Ausschüsse sowie an

---

869 Vgl. *Maǧmaʿ al-buḥūṯ al-islāmiyya. Qarārātuh wa tawṣiyyātuh* 2008, Bd. 1, S. 46–51. (nachfolgend: Akademie der Azhar).

870 Vgl. Art. 25 und 26 Ausführungsverordnung.

871 Vgl. Art. 22 des Gesetzes Nr. 103 von 1961 und Art. 35–37 der Ausführungsverordnung.

872 Vgl. Art. 23 des Gesetzes Nr. 103 von 1961.

dem Abfassen eines Jahresberichts über die Aktivitäten der Akademie, welchen er dem Präsidenten der Akademie vorzulegen hat.[873]

Dem Generalsekretariat sind verschiedene Körperschaften untergeordnet:

1. **Das Amt des Generalsekretärs**: Dieser pflegt den Kontakt der Akademie mit anderen Institutionen im In- und Ausland und koordiniert die Arbeit zwischen den Akademieorganen.
2. **Die allgemeine Verwaltung der Angelegenheiten des Rates der Akademie und seiner Ausschüsse**: Diese Verwaltung dient als Bindeglied zwischen dem Rat, den Mitgliedern und den Verwaltungsorganen. Dazu organisiert sie die Tagungen der Akademie und registriert die Protokolle der Sitzungen und die Berichte des Rates und der Ausschüsse.
3. **Das Assistenz-Sekretariat für Angelegenheiten der Studienmissionen**: Dieses Amt arbeitet daran, den Kontakt zwischen der Azhar und dem Ausland herzustellen. Dieser erfolgt durch die Entsendung von Delegationen von azharitischen Gelehrten ins Ausland, um dort *Daʿwa* und religiöse Seelsorge zu praktizieren sowie um an den Universitäten zu unterrichten. Des Weiteren empfängt die Azhar-Universität zahlreiche Studenten aus verschiedenen islamischen Ländern.
4. **Das Assistenz-Sekretariat für *Daʿwa* und religiöse Medien**: Diese Abteilung beschäftigt sich mit den Arbeiten der religiösen Führung und der Seelsorge innerhalb Ägyptens. Zu dieser Körperschaft gehört das Fatwa-Komitee der Azhar, an welches jährlich tausende Fatwa-Anfragen gerichtet werden und welches mehrere Standorte in Ägypten hat.
5. **Das Assistenz-Sekretariat für Kultur**: Dieses Amt hat zur Aufgabe, den Koran herauszugeben. Ebenso umfasst es eine Kommission von Spezialisten, die sich mit der Überprüfung der Koran-Exemplare beschäftigt, welche andere Institutionen im In- und Ausland veröffentlichen wollen. Ebenso pflegt diese Abteilung die religiösen Publikationen zu zensieren. Ferner hat sie die Aufsicht über die Azhar-Magazine.
6. **Die Generaldirektion für Publikationen**: Diese Sektion veröffentlicht eine wissenschaftliche Reihe, die verschiedene Bereiche der islamischen Kultur behandelt. Im Rahmen dieser Reihe wurden über 200 Werke herausgegeben.
7. **Die Abteilung für Finanz- und Verwaltungsangelegenheiten**: Diese Abteilung übernimmt die finanziellen Aufgaben der Akademie.
8. **Die azharitische Bibliothek**: Der Bibliotheksbestand umfasst etwa 150.000 Werke. Hierzu zählen sowohl Bücher als auch Handschriften aus diversen arabischen und islamischen Wissenschaften.[874]

873 Vgl. Art. 6 und 7 Ausführungsverordnung der Akademie.
874 Vgl. Akademie der Azhar 2008, Bd. 1, S. 54–62.

6.1.1.5 Aktivitäten und Produkte der Akademie

Zu den wichtigsten Tätigkeiten der Akademie gehört die Abhaltung von internationalen Konferenzen, an denen neben den Mitgliedern der Akademie Gelehrte und Intellektuelle zahlreicher islamischer Länder teilnehmen. Die Akademie organisierte bis dato vierzehn Konferenzen, die alle in Kairo stattfanden. Die erste Konferenz wurde am 7. März 1964 während eines Zeitraums von vier Wochen abgehalten und es beteiligten sich daran über 40 Staaten. Die letzte Tagung wurde im Zeitraum vom 27.–28. Februar 2010 abgehalten. Auf Basis kollektiver Arbeit fassten die Teilnehmer an diesen Tagungen Beschlüsse hinsichtlich unterschiedlicher Fragestellungen. Die an der jeweiligen Konferenz vorgelegten Studien wurden in einem separaten Band veröffentlicht und zudem teilweise auch als englische Version herausgegeben, z. B. die ersten zwei Konferenzen. Außerdem wurde im Jahre 2008 von der Akademie eine Zusammenstellung der Entscheidungen der ersten zwölf Konferenzen der Akademie mit dem Titel *Qarārāt wa tawṣiyyāt mu'tamarāt maǧmaʿ al-buḥūṯ al-islāmiyya* (Beschlüsse und Empfehlungen der Konferenzen der Akademie für islamische Untersuchungen) veröffentlicht.[875]

Zudem veranstaltet die Akademie monatliche Sitzungen des Rates, an denen sich lediglich die ägyptischen Mitglieder beteiligen. Die von den Akademieausschüssen erstellten Studien, welche sich auf eine kollektive Rechtsfindungsmethode stützen, werden in Ratsversammlungen diskutiert und beraten und es werden diesbezüglich gemeinschaftliche Beschlüsse getroffen. In einem dreibändigen Werk werden 318 Entscheidungen der Ratsversammlungen der Akademie unter dem Titel *Maǧmaʿ al-buḥūṯ al-islāmiyya. Qarārātuh wa tawṣiyyātuh fī māḍīh wa ḥāḍirih* (Die Akademie für islamische Untersuchungen. Ihre Beschlüsse und Empfehlungen in der Vergangenheit und der Gegenwart) herausgegeben.[876]

Ferner führte bzw. führt die Akademie einige wissenschaftliche Projekte durch. Dazu gehört beispielsweise die zehnbändige Koranexegese *at-Tafsīr al-wasīṭ* (die mittlere Koranauslegung). Diese wurde von einer Spezialisten-Kommission der Akademie erstellt. Dieses Projekt geht eigentlich auf eine Empfehlung der vierten Konferenz der Akademie zurück.[877] Des Weiteren beabsichtigte die Akademie, ein Werk über die Lesarten und Sammlung des Korans und ein enzyklopädisches Lexikon des Korans zu erstellen. Ebenso plante die Kommission für die Forschungen der Sunna – auf Empfehlung der dritten Konferenz[878]– sich mit der Anfertigung einer katalogisierten Enzyklopädie der prophetischen Hadithe (*Mawsūʿa mufahrasa li-l-aḥādīṯ an-nabawiyya*) und mit der Sammlung und der Untersuchung der Hadithe,

875 Vgl. *Qarārāt wa tawṣiyyāt mu'tamarāt maǧmaʿ al-buḥūṯ al-islāmiyya* 2008 und ein Interview mit der Leitung der „Allgemeinen Verwaltung der Angelegenheiten des Rates der Akademie und seiner Ausschüsse" am 16.02.2015. Dazu auch vgl. Jomier 1980, S. 96 f. Zum Inhalt der ersten acht Konferenzen: vgl. Jomier 1980, S. 95–148.

876 Vgl. Akademie der Azhar, Bd. 1–3., 2008–2011.

877 Vgl. *Qarārāt wa tawṣiyyāt mu'tamarāt maǧmaʿ al-buḥūṯ al-islāmiyya* 2008, S. 57.

878 Vgl. *Qarārāt wa tawṣiyyāt mu'tamarāt maǧmaʿ al-buḥūṯ al-islāmiyya* 2008, S. 42.

die vermutlich umgedeutet werden sollten (*yuẓann anna ẓāhirahā ġayr murād*), zu befassen. Außerdem zielt die Akademie auf die Erstellung einer Enzyklopädie über den Islam.[879]

Zusätzlich arbeitet die Akademie an der Edition zahlreicher klassischer Werke des islamischen Kulturerbes. Diese veröffentlichen sie innerhalb ihrer Reihe der islamischen Untersuchungen (*Silsilat al-buḥūṯ al-islāmiyya*). Zu den edierten Werken gehören z. B. die fünfundzwanzigbändige Hadithsammlung *Ǧamʿ al-ǧawāmiʿ* von as-Suyūṭī, *Šarḥ as-sunna* von al-Ḥusayn ibn Masʿūd al-Baġawī (gest. 1122) und *Badāʾiʿ aṣ-ṣanāʾiʿ* von ʿAlāʾ ad-Dīn al-Kāsānī.[880]

6.1.1.6 Arbeitsmechanismus der Akademie

6.1.1.6.1 Richtlinien der Arbeit

Im Rahmen der ersten Konferenz, die 1964 in Kairo stattfand, beschloss die Akademie, dass der Koran und die Sunna als die Hauptquellen der scharia-rechtlichen Normen anzusehen sind. Außerdem wurde entschieden, dass jeder zum *iǧtihād* berechtigt ist, solange er die festgelegten Voraussetzungen zum *iǧtihād* erfüllt und sein *iǧtihād* im (erlaubten) Bereich der *iǧtihād*-Anwendung liegt. Die Konferenz legte drei Rechtsfindungsmethoden bzw. -stufen fest. Bei einer ersten Methode wird die passende Bestimmung bzw. Auffassung der verschiedenen Rechtsschulen ausgewählt (*taḫayyur*), welche die Interessen der Gesellschaft berücksichtigen und die neu aufkommenden Anforderungen erfüllen kann. Falls diese nicht vorhanden ist, bedient man sich der zweiten Methode, nämlich der des KI auf Basis der Rechtsfindungsregeln (einer) der Rechtsschulen (*iǧtihād ǧamāʿī maḏhabī*). Führt auch diese Methode zu keiner Lösung, wird ein absoluter KI (*iǧtihād ǧamāʿī muṭlaq*), als dritte Möglichkeit, angewendet. Des Weiteren wurde darauf hingewiesen, dass die Akademie die Durchführung der beiden Formen des KI regelt, damit diese bei Bedarf praktiziert werden können.[881]

Durch die Feststellung des Korans und der Sunna als grundsätzliche Rechtsquellen erklärt die Akademie ausdrücklich, dass das Tor des *iǧtihād* immer noch offen ist und dass Koran und Sunna den Maßstab der Rechtmäßigkeit einer Ansicht bilden. Somit soll der Weg der Überprüfung der früheren Auffassungen der Rechtsschulen offen sein. Dies soll aber keinen Verzicht auf die Arbeitsergebnisse der Rechtsschulen bedeuten. Auf diese wird bei der *taḫayyur* rekurriert. Hierbei stellt die Akademie das Prinzip *maṣlaḥa* als Hauptkriterium der Auswahl auf. Hinzu kommt die Anerkennung der Rechtsschulen durch die Akademie nicht nur im rechtspraktischen Bereich, sondern auch in jenem der Rechtstheorie, und zwar durch die Bezugnahme auf *iǧtihād ǧamāʿī maḏhabī*, falls es keine passende alte Rechtsauffassung gibt oder

---

879 Vgl. *Maǧmaʿ al-buḥūṯ al-islāmiyya. Tārīḫuh wa taṭawwuruh* 1983, S. 179 f. und 186 f.

880 Vgl. *Maǧmaʿ al-buḥūṯ al-islāmiyya. Tārīḫuh wa taṭawwuruh* 1983, S. 181.

881 Vgl. *al-Muʾtamar al-awwal li-maǧmaʿ al-buḥūṯ al-islāmiyya* 1964, S. 394.

die betroffene Frage nicht von den Rechtsschulen geregelt wurde. Trotzdem hält sich die Akademie den Ausweg aus dem Rechtsschul-Wesen offen und erlaubt sich den *iǧtihād muṭlaq* zu praktizieren. Bei diesen verschiedenen Arbeitsstufen stützt sie sich nicht wie in der Vergangenheit auf den *iǧtihād* der einzelnen Gelehrten, sondern auf eine kollektive Arbeitsmethode, nämlich den KI.

6.1.1.6.2 Feststellung der behandelten Themen

Das Generalsekretariat der Akademie pflegt die Themen und Fragen auszuwählen, mit denen sich die Akademie in einer Sitzungsperiode befasst. Dabei geht es um aktuelle Fragen oder Probleme allgemeiner Natur. Diese umfassen verschiedene Arten von Themen, wie juristische, theologische, gesellschaftliche und sogar politische sowohl auf nationaler als auch auf internationaler Ebene.[882] Außerdem erörtert die Akademie Fragen, die an sie von offiziellen Behörden (z. B. die Frage des Justizministeriums nach der *Bahāʾī*-Religion am 26. April 2006),[883] nicht-staatlichen Organisationen (z. B. die Frage der SAIB-Bank nach den festgelegten Bankzinsen)[884] oder Einzelnen (z. B. die Bitte einiger Muslime aus Uganda, Informationsbroschüren über den Islam zu erstellen)[885] gerichtet werden. Nach der Bildung der Ausschüsse zu Beginn der Sitzungsperiode können deren Mitglieder Themen zur Untersuchung vorschlagen. Das Generalsekretariat legt dem Akademierat einen Bericht über die Vorschläge vor.[886] Während der Tagungen des Rates ist der Leiter der Akademie autorisiert, eine Frage, welche nicht auf der Agenda steht, zur Diskussion zu stellen. Dazu kann auf Antrag von zehn Mitgliedern hin, entweder während einer Tagung oder vor Abhaltung einer Versammlung des Akademierates, ein Thema zur Behandlung vorgeschlagen werden. Anschließend wird dieser Vorschlag dem Akademierat vorgelegt, um darüber zu entscheiden.[887]

6.1.1.6.3 Vorgehensweise

Die Arbeit der Akademie erfolgt in drei Etappen. Zunächst werden Forschungsarbeiten innerhalb der verschiedenen Kommissionen, die einmal monatlich tagen, angefertigt. Vom Generalsekretariat werden die Ausschüsse mit der Untersuchung

882 Interview mit der Leitung der „Allgemeinen Verwaltung der Angelegenheiten des Rates der Akademie und seiner Ausschüsse“ am 16.02.2015.

883 Diesbezüglich ist der Resolutionsnr. 191, der darauf deutet, dass diese weder dem Islam angehört noch als Himmelsreligion angesehen wird, ausschlaggebend. Vgl. Akademie der Azhar 2008, Bd. 2, S. 294 f.

884 In diesem Kontext ist der Resolutionsnr. 146 relevant. Vgl. Akademie der Azhar 2008, Bd. 2, S. 223 ff.

885 Diesbezüglich ist der Resolutionsnr. 28 entscheidend. Dieser Vorschlag wurde von der Akademie angenommen. Vgl. Akademie der Azhar 2008, Bd. 1, S. 94.

886 Vgl. Art. 27 der Ausführungsverordnung.

887 Vgl. Art. 16 und 17 der Ausführungsverordnung.

zahlreicher Themen, je nach ihrem Fachgebiet, beauftragt.[888] Für die Gesetzlichkeit einer Ausschusszusammenkunft ist die Anwesenheit von mindestens drei Mitgliedern die Voraussetzung. Eine Tagung der Kommissionen dauert in der Regel zwei Stunden. Die Beschlüsse der Kommissionen werden mit der Stimmenmehrheit der Anwesenden gefasst und im Falle der Stimmengleichheit ist die Meinung des Sprechers ausschlaggebend. Ein Arbeitsbericht jeder Kommission wird vom Sprecher abgefasst und dem Generalsekretariat vorgelegt. Auf Empfehlung eines Ausschusses kann eine Arbeitsgruppe aus einigen Mitgliedern, (Religions-)Gelehrten und Experten anderer Fachgebiete, mit der Zustimmung des Rates, zur Untersuchung eines bestimmten Themas gebildet werden.[889] Zudem ist der Akademierat dazu befugt, ein Mitglied oder mehrere Mitglieder mit der Anfertigung einer Untersuchung zu beauftragen sowie sich bei Spezialisten anderer Fachgebiete Unterstützung zu holen.[890] Wenn nötig, kann der Rat zeitweilige Kommissionen oder Arbeitsgruppen bestehend aus den Mitgliedern oder anderen Forschern zur Erfüllung bestimmter Aufgaben einrichten. Nach der Beendigung ihrer Arbeit legen diese Komitees dem Rat einen Arbeitsbericht vor.[891]

Anschließend werden die Forschungsergebnisse der Ausschüsse bzw. anderer Arbeitsgruppen beim Akademierat eingereicht. Der Akademierat versammelt sich mindestens einmal monatlich an einem bereits festgelegten Termin in der Regel im Hauptsitz in Kairo. Möglicherweise kann diese Versammlung auch an einem anderen Ort, aufgrund einer Entscheidung des Rates oder des Präsidenten der Akademie, abgehalten werden. Spätestens eine Woche vor dem Tagungstermin werden den Mitgliedern mit der Einladung zur Teilnahme an einer normalen Akademieversammlung die Agenda, die Studien und Denkschriften über die geplanten Untersuchungsthemen zugesandt. Die Anwesenheit der Mehrheit der Mitglieder stellt eine Bedingung für die Gesetzlichkeit der Tagung dar. Die Beschlüsse des Rates werden mit der Stimmenmehrheit der Anwesenden gefasst. Im Falle der Stimmengleichheit ist die Stimme des Präsidenten entscheidend. Üblicherweise wird die Abstimmung mündlich durchgeführt, es sei denn, der Rat verlangt eine geheime Abstimmung oder eine andere Methode. Darüber hinaus kann der Scheich der Azhar, als Leiter des Rates, Änderungen an der Beschlussformulierung vornehmen, wenn der Akademierat diesen zustimmt.[892] Die Sitzungen des Rates und seiner Komitees sind der Öffentlichkeit nicht zugänglich, außer wenn der Akademierat sich für eine öffentliche Sitzung entscheidet. Die Mitglieder sind dazu verpflichtet, die Beschlüsse des Akademierates anzuerkennen. So ist es ihnen untersagt, sowohl die Diskussionen und Meinungsstreitigkeiten des Rates offenzulegen als auch die Beschlüsse oder Mitglieder der Akademie in den Medien anzuzweifeln oder zu

888 Vgl. Art. 6 der Ausführungsverordnung.
889 Vgl. Art. 30, 32 und 33 der Ausführungsverordnung.
890 Vgl. Art. 11 der Ausführungsverordnung.
891 Vgl. Art. 28 und 29 der Ausführungsverordnung.
892 Vgl. Art. 13–21 Ausführungsverordnung.

kritisieren. Falls ein Beschluss in Abwesenheit eines Mitgliedes gefasst wurde, hat dieses das Recht, innerhalb von zwei Wochen einen begründeten Antrag auf Überprüfung der getroffenen Entscheidung einzureichen.[893]

Spätestens im vierten Monat der Sitzungsperiode schlägt die „Kommission der Planung" ein Thema für die nächste Konferenz vor und entwirft eine Agenda dieser Tagung. Dieser Entwurf wird dem Akademierat zur Genehmigung vorgelegt. Nach der Zustimmung des Rates überträgt das Generalsekretariat den Mitgliedern und anderen Forschern die Aufgabe, die benötigten Studien zu verfassen. Die angefertigten Untersuchungen sollen dem Generalsekretariat vorgelegt werden, welches diese an den „Ausschuss der Planung" zur Überprüfung und Bewertung weitergibt. Außerdem ist die Planungskommission autorisiert, bestimmte Forscher zur Erstellung oder Ergänzung einiger Studien vorzuschlagen. Der Arbeitsauftrag wird von dem Akademieleiter genehmigt. Schließlich wird im 11. Monat der Sitzungsperiode die Vollversammlung der Akademie für vier Wochen[894] abgehalten. Die Sitzungen der Konferenz finden unter Ausschluss der Öffentlichkeit statt, außer der Eröffnungs- und der Abschlussveranstaltung.[895]

Die Konferenz vollzieht sich in zwei Hauptteilen. Der erste Teil dauert nur einige Tage und ist weitestgehend den Delegierten und eingeladenen Gelehrten offen. Der zweite Teil besteht aus einigen Sitzungen, die sich über zwei oder drei Wochen erstrecken und an denen nur die permanenten Mitglieder der Akademie, sowohl Ägypter als auch Nicht-Ägypter, teilnehmen.[896] Diese Aufteilung in zwei Phasen betrifft die ersten neun Konferenzen der Akademie, also bis ins Jahr 1983.[897] Im ersten Teil dieser Konferenzen pflegt die Akademie vornehmlich aktuelle politische oder gesellschaftliche Probleme[898] zu behandeln. Dieser Teil endet mit der Verabschiedung von Resolutionen und Empfehlungen hinsichtlich der betroffenen Themen. Zu Beginn der Sitzungen des zweiten Teils legt der Generalsekretär einen Bericht über die Umsetzung der Beschlüsse der letzten Konferenz und über die Arbeit der Organe der Akademie im vorangehenden Jahr vor. Anschließend hält die Konferenz eine Verfahrenssitzung ab. Diese umfasst die Arbeitsaufteilung auf die verschiedenen Ausschüsse der Konferenz, die Ernennung der Sprecher der Kommissionen und die Auswahl einiger Teilnehmer, die mit der Formulierung des Abschlussberichts und der Erstellung der Konferenzbeschlüsse beauftragt sind.[899] Anschließend beginnen die fachwissenschaftlichen Sitzungen, in denen die geplanten Themen und Fragen

---

893 Vgl. Art. 46, 47 und 48 Ausführungsverordnung.

894 Dabei geht es um die ersten Konferenzen der Akademie. Während der letzten Konferenzen, vor allem ab der 10. Konferenz, dauern die Versammlungen nur wenige Tage (2 bis 6 Tage).

895 Vgl. Art. 35 und 42–44 der Ausführungsverordnung.

896 Vgl. Jomier 1980, S. 97.

897 Ab der 10. Konferenz bestehen die Tagungen aus einem einzigen Teil.

898 Für Beispiele und die verschiedenen Themen-Kategorien siehe die Analyse dieser Akademie „6.3.1.1".

899 Vgl. Art. 38–40 der Ausführungsverordnung.

der Konferenz bearbeitet werden. In dieser Sitzungsreihe präsentieren die Mitglieder ihre Forschungsarbeiten. Im Anschluss an die Darlegung aller Studien der verschiedenen Konferenzfragen diskutieren und beraten sich die Mitglieder über die Themen der Tagung. Nach der Vereinbarung und der Anfertigung der endgültigen Formulierung wird am letzten Tag der Konferenz die Beschlusserklärung, welche die Resolutionen und Empfehlungen dieser Tagung beinhaltet, vorgetragen.[900] Die Beschlüsse und die Forschungsergebnisse der Ausschüsse, Arbeitsgruppen und der Konferenz werden in der wissenschaftlichen Zeitschrift der Akademie veröffentlicht.[901]

6.1.2 Die internationale islamische Fiqh-Akademie (*Maǧmaʿ al-fiqh al-islāmī ad-dawlī*)

Die überarbeitete Satzung der Akademie definiert die Akademie als wissenschaftliches Unterorgan der OIC, das eine eigene Rechtsperson bildet und dessen Hauptsitz sich in Jedda/Saudi-Arabien befindet. Die Aufgabe der Akademie besteht darin, in voller Unabhängigkeit und auf Basis des Korans und der Sunna, scharia-rechtliche Bestimmungen für die für Muslime relevanten Fragen zu ermitteln. Dabei repräsentiert das Arabische die zugelassene Sprache der Akademie.[902] Allerdings verstößt die Festlegung des Arabischen als die Sprache der Akademie gegen Art. 38 der Charta der OIC, welcher das Arabische, Englische und Französische zu den drei amtlichen Sprachen der Organisation erklärt, insbesondere aufgrund der Feststellung in der neuen Ausführungsordnung, laut welcher sich die Akademie den Vorschriften und Ordnungen der OIC unterordnet.[903]

6.1.2.1 Entstehungshintergrund

Die Organisation für Islamische Zusammenarbeit (ehemals Organisation der Islamischen Konferenz) ist die größte zwischenstaatliche Organisation der islamischen Welt, in welcher 57 Staaten aus vier Kontinenten Mitglied sind. Diese Organisation wurde im Jahre 1969 ins Leben gerufen. Als Folge der Brandstiftung in der *Aqṣā*-Moschee (am 21. August 1969), der dritten heiligen Gebetsstätte des Islam, wurden die islamischen Länder von Saudi-Arabien und Marokko zu einer Gipfelkonferenz im Zeitraum vom 22. bis zum 25. September 1969 in der marokkanischen Hauptstadt Rabat eingeladen. Im darauffolgenden Jahr fand in Jedda die erste islamische Kon-

900 Vgl. die Darstellung der verschiedenen Konferenzen in: *Qarārāt wa tawṣiyyāt muʾtamarāt maǧmaʿ al-buḥūṯ al-islāmiyya* 2008.

901 Vgl. Art. 52 der Ausführungsverordnung.

902 Vgl. Art. 2 der neuen Satzung. Für die gesamten Artikel der alten und neuen Satzung der Akademie siehe Textanhang III.

903 Vgl. Art. 2/3 der neuen Satzung.

ferenz der Außenminister statt, in der die Schaffung eines dauerhaften Sekretariats der Organisation in Jedda beschlossen wurde.[904]

Die Organisation beabsichtigt, die Solidarität zwischen den islamischen Ländern im politischen, wirtschaftlichen, kulturellen sowie im sozialen Bereich zu fördern.[905] Mit der Errichtung der OIC wurde insbesondere bezweckt, „der Einheit der islamischen Welt einen Schritt näher zu kommen".[906] Eine Gefahr für die Verwirklichung der muslimischen Einheit im juristischen Bereich stellten die unterschiedlichen Rechtsauslegungen, ein und dieselbe Frage betreffend, der einzelnen Rechtsschulen dar. Dadurch wurde auch das Streben nach der Anwendbarkeit der Scharia zusätzlich erschwert. Außerdem bestand die Notwendigkeit einer Überarbeitung des Kanons des islamischen Rechts, um den modernen Anforderungen gerecht werden zu können. Um diesen Problemen entgegenzuwirken, entwickelte die OIC ein Suborgan, die „Internationale Akademie für das islamische Recht".[907] In diesem Kontext wurde vom saudischen König Ḫālid ibn ʿAbd al-ʿAzīz Āl Saʿūd (gest. 1982) die Initiative ergriffen. Letzterer rief die muslimische Umma und die Gelehrten dazu auf, den *iǧtihād* bei neu auftauchenden Fragen zu praktizieren, um die zahlreichen Anforderungen des gegenwärtigen Lebens erfüllen und die aufkommenden Probleme lösen zu können. Im Zuge dessen forderte er, eine internationale Rechtsakademie zu bilden, die muslimische Rechtsgelehrte und Intellektuelle umfasst. Dieser Vorschlag wurde von den Teilnehmern an der dritten Gipfelkonferenz der OIC, die in Mekka vom 25. und 28. Januar 1981 stattfand, mit Beifall aufgenommen. Die Resolutionsnr. 8/3-C, (IS) der dritten Gipfelkonferenz lautet:

1. To establish an Islamic Fiqh Academy whose membership shall consist of Ulemas, religious scholars and intellectuals in various cultural, scientific, social and economic disciplines from various parts of the Islamic world to study problems of contemporary life and to engage in original effective Ijtihad with a view to providing solutions, derived from Islamic tradition and taking into account Developments of Islamic thought, for these problems;
2. To request the Secretary General of the Organization, in consultation with Rabita Al Alam Al Islami, to take necessary steps to elaborate a statute for this Academy and to submit it to the next Islamic Conference of Foreign Ministers for approval and subsequent implementation.[908]

Das Generalsekretariat der OIC beauftragte sodann eine Kommission von Experten, eine Satzung für die geplante Akademie zu konzipieren. Die Mitglieder der Kommission versammelten sich erstmals im Mai 1981 und erstellten eine vorübergehende

904 Vgl. Reissner 2005, 5. Aufl., S. 747 und https://www.oic-oci.org/page/?p_id=52&p_ref=26&lan=en, abgerufen am 25.04.2015.
905 Vgl. al-Ḫālid 2009, S. 299.
906 Reissner 2005, 5. Aufl., S. 748.
907 Vgl. Heine 1985, S. 499 f. und Khan 2001, S. 247.
908 http://ww1.oic-oci.org/english/conf/is/3/3rd-is-sum(cultural).htm#08, abgerufen am 25.04.2015.

Satzung, welche während der 12. Konferenz der Außenminister der OIC (Bagdad/ Irak 1.–5. Juni 1981) präsentiert wurde. Die Konferenz schlug vor, die Satzung unter den Mitgliedsländern in Umlauf zu bringen, damit diese binnen vier Monaten ihre Meinung dazu äußern können. Anschließend sollte das Gremium noch einmal in einer erweiterten Form tagen, sodass alle Mitgliedsstaaten teilnehmen konnten, um eine endgültige Version des Satzungsprojekts anzufertigen. Dieser Entwurf wurde der 13. Islamischen Konferenz der Außenminister (Niger Republik vom 22.–26. August 1982) vorgelegt, welche diesem zustimmte. Darüber hinaus erteilte die Konferenz dem Generalsekretariat die Aufgabe, die Kommentare und Vorschläge der Mitgliedsländer für den Entwurf der Satzung der Gründungskonferenz, die sobald wie möglich stattfinden sollte, weiterzugeben. Diese Gründungskonferenz fand im Zeitraum von 7. bis 9. Juni 1983 in Mekka statt. Einige der Vorschläge wurden dabei akzeptiert, weshalb Änderungen an der Satzung vorgenommen werden mussten. Durch diese Gründungskonferenz wurde die internationale Akademie für das islamische Recht offiziell ins Leben gerufen.[909]

Eine Überarbeitung der ersten Satzung wurde am 21. Juni 2006 von der 33. Islamischen Konferenz der Außenminister in Baku (Aserbaidschan) erlassen. Diese geht auf die Forderung des saudischen Königs ʿAbdallāh ibn ʿAbd al-ʿAzīz (gest. 2015) bei der dritten Sonder-Gipfelkonferenz im Dezember 2005 in Mekka zur Reform der IIFA zurück. Dadurch sollte die Akademie eine juristische Autorität in der islamischen Welt erlangen.[910] Demgemäß wurde auch eine neue Ausführungsordnung im Jahre 2007 vom Generalsekretär der OIC genehmigt und in Kraft gesetzt.

6.1.2.2 Ziele der Akademie

Die erste Satzung von 1984 legt in Art. 4 die Ziele der Akademie folgendermaßen fest:

a) Die Verwirklichung der islamischen Einheit sowohl theoretisch als auch praktisch durch die Einhaltung der Prinzipien der Scharia bei individuellen, gesellschaftlichen und internationalen Verhaltensweisen.
b) Die Stärkung der Verbundenheit der islamischen Gemeinschaft mit dem islamischen Glauben sowie die Untersuchung und die Praxis des *iǧtihād* hinsichtlich der gegenwärtigen Probleme, um auf der islamischen Scharia basierende Lösungen herauszuarbeiten.[911]

---

909 Vgl. aš-Šāwī 1992, 2. Aufl., S. 752 f. und Khan 2001, S. 248. Dazu http://ww1.oic-oci.org/english/conf/fm/12/12%20icfm-cultural-en.htm#RESOLUTION NO. 16/12-C und http://ww1.oic-oci.org/english/conf/fm/13/13%20icfm-cultural-en.htm#RESOLUTION NO. 20/13-C, abgerufen am 25.04.2015.

910 Vgl. Art. 2 der neuen Ausführungsordnung. Für die gesamten Artikel der alten und neuen Ausführungsverordnung der Akademie siehe Textanhang IV. Während eines persönlichen Besuchs der Akademie wurde mir mitgeteilt, dass die Akademie zurzeit plant, eine neue Revision zu erlassen.

911 Art. 4 der ersten Satzung.

Die revidierte Satzung von 2006, die die Ziele in Art. 3 behandelt, erweitert die Aufgaben und Ziele der Akademie um zwölf weitere und hebt dabei die Pflicht hervor, diese Aufgaben in völliger Unabhängigkeit von den Mitgliedsstaaten zu erfüllen. Dabei geht es summarisch um:

I. Die Verwirklichung einer intellektuellen Konvergenz zwischen Muslimen.
II. Die Förderung des kollektiven *iǧtihād*.
III. Die Koordination der verschiedenen Fatwa-Institutionen der islamischen Welt.
IV. Die Bekämpfung des *maḏhab*-Fanatismus und des Religionsextremismus.
V. Die Widerlegung der gegen die Grundlagen der Religion verstoßenden Fatwas.
VI. Die Leistung eines Beitrags zur Anpassung der Kodifikationen und Rechtssysteme an die Normen der Scharia.
VII. Das Aufbringen des Interesses für die islamische Jurisprudenz.
VIII. Die Anerkennung der Akademie als allgemeine Instanz im Bereich des islamischen Rechts.
IX. Die Erteilung von Rechtsgutachten für die muslimischen Minderheiten.
X. Die Annäherung zwischen den *fuqahā'* der verschiedenen islamischen *maḏāhib*.
XI. Klärung der scharia-rechtlichen Haltung gegenüber den allgemeinen Fragen.
XII. Die Arbeit an der Erneuerung des islamischen Rechts.[912]

Zur Erfüllung der festgelegten Ziele bediente man sich bestimmter Mittel. Dazu gehören die Erstellung eines Lexikons für rechtswissenschaftliche Begriffe und einer umfassenden Enzyklopädie der islamischen Rechtswissenschaft, die Kooperation mit den bestehenden rechtlichen Akademien, die Kodifizierung des islamischen Rechts, die Förderung der rechtlichen Forschung über die gegenwärtig aufkommenden Fragen, die Schaffung von Forschungszentren für die islamischen Studien, die Veröffentlichung der Forschungsergebnisse der Akademie und die Arbeit an der Wiederbelebung des Erbes der islamischen Rechtsliteratur.[913]

6.1.2.3 Mitgliedschaft

Die Akademie umfasst Rechtsgelehrte (*fuqahā'*), Wissenschaftler und Intellektuelle verschiedener Bereiche des islamischen Wissens.[914]

> Ein Mitglied der Akademie muss folgende Anforderungen erfüllen:
> 1) Die Einhaltung der islamischen Religion sowohl im Glauben als auch in seiner Verhaltensweise.
> 2) Es muss über umfangreiche und tiefgründige Kenntnisse in den islamischen Wissenschaften im Allgemeinen und insbesondere in der islamischen Scharia bzw. der islamischen Rechtswissenschaft verfügen sowie die aktuelle Lage der islamischen Welt erfassen können.

912 Vgl. Art. 3 der revidierten Satzung.
913 Vgl. Art. 5 der ersten Satzung und Art. 4 der neuen Satzung.
914 Vgl. Art. 6 der Satzung.

3) Das Mitglied darf nicht zu einer ehrverletzenden Strafe verurteilt worden sein.
4) Die Vertrautheit mit der arabischen Sprache.[915]

Außerdem setzt die neue Satzung eine fünfte Kompetenz voraus:

5) Die Verteidigung der Fragen, Kultur und Zivilisation der islamischen Nation und die Arbeit daran, die Umma zu stärken und zur Bewahrung ihrer materiellen und moralischen Rechte beizutragen.[916]

Die Akademie hat zwei Arten von Hauptmitgliedern bzw. Aktivmitgliedern, welche Stimmrecht haben, und zwar die offiziellen Vertreter der Mitgliedsstaaten der OIC und die ernannten Mitglieder (*Aʿḍāʾ muʿayyanūn*). Erstere werden von ihren eigenen Ländern ernannt. Auf Beschluss des Akademierates können weitere Mitglieder desselben Staats nominiert werden. Die andere Kategorie der Hauptmitglieder bzw. die nicht offiziellen Vertreter werden von der Akademie ausgewählt und mithilfe einer Entscheidung mit einer Zweidrittelmehrheit der anwesenden Mitglieder aufgenommen. Diese sind Gelehrte und *fuqahāʾ* der nicht an der OIC beteiligten islamischen Ländern, der muslimischen Minderheiten oder der islamischen Organisationen und erfüllen die nötigen Kompetenzen für die Mitgliedschaft. Diese Möglichkeit besteht allerdings nur unter der Bedingung, dass lediglich ein einziges Mitglied von jeder Minderheit oder Organisation ernannt wird und dass die Zahl dieser Mitglieder ein Drittel[917] der Zahl der an der OIC beteiligten Mitglieder nicht überschreitet. Außerdem ist die Akademie dazu bevollmächtigt, korrespondierte Mitglieder aufzunehmen, die zur Erfüllung der gesetzten Ziele beitragen können. Auf Stimmabgabe haben Letztere jedoch keinen Anspruch.[918]

Nach der neuen Satzung soll die Akademie bei der Ernennung der Mitglieder berücksichtigen, dass die verschiedenen Rechtsschulen vertreten sind. Dabei ist das Vorstandsgremium dazu befugt, den Austausch eines aktiven Mitglieds auf begründete Anfrage beim Generalsekretär der OIC hin zu verlangen.[919] Die Mitgliedschaft eines Mitglieds endet durch dessen Rücktritt oder Tod oder aufgrund von gesundheitlichen Einschränkungen. Der Ausschluss eines Mitglieds der Akademie wird in folgenden Fällen vorgenommen:

(1) Wenn ein Mitglied eine oder mehrere der o. g. Voraussetzungen laut Art. 5/2 dieser Satzung nicht mehr erfüllen kann.
(2) Falls ein Mitglied bei drei[920] unmittelbar aufeinanderfolgenden Tagungen ohne berechtigten Grund abwesend war.

915 Art. 9 der ersten Satzung.
916 Art. 5/2 der aktuellen Satzung.
917 Gemäß der alten Satzung ein Viertel.
918 Vgl. Art. 7 und 8 der ersten Satzung und Art. 5 der neuen Satzung.
919 Vgl. Art. 5/7 und 5/10 der neuen Satzung.
920 Bei der alten Satzung nur zwei.

(3) Wenn ein Mitglied etwas tut oder eine Meinung äußert oder veröffentlicht, welche zur Schwächung der islamischen Position hinsichtlich einer Frage von allgemeiner Natur führt, ohne dass es sich dafür entschuldigt und seine Meinung weder aus eigenen Stücken noch auf Aufforderung des Vorstandsgremiums hin ändert.[921]
(4) Wenn ein Viertel der Mitglieder sich darüber einig ist, dass ein Mitglied unqualifiziert ist.[922]

In solchen Fällen wird das Land, aus welchem das Mitglied stammt, darüber informiert, um seinen Vertreter zu ersetzen. Der Ausschluss eines Mitglieds wird aufgrund einer Entscheidung mit einer Zweidrittelmehrheit der anwesenden Mitglieder vorgenommen.[923]

6.1.2.4 Organe der Akademie

Die Akademie besteht aus dem Rat (*al-Maǧlis*), den Fachabteilungen (*aš-Šuʿab al-mutaḫaṣṣiṣa*), dem Vorstandsgremium (*Hayʾat al-maktab*) und dem Generalsekretariat (*al-Amāna al-ʿāmma*).[924]

6.1.2.4.1 Der Akademierat

Der Rat umfasst alle Aktivmitglieder der Akademie, die in der ersten Versammlung der Sitzungsperiode einen von ihnen zum Präsidenten und drei zu den Stellvertretern wählen. Bei der Auswahl der Stellvertreter soll die geografische Verteilung der islamischen Länder berücksichtigt werden. Die Mitgliedschaftsperiode des Präsidenten und der Stellvertreter dauert drei Jahre (und ist verlängerbar). Die Tagung des Rates findet einmal im Jahr aufgrund einer schriftlichen Einladung des Generalsekretariats statt. Falls nötig, können auf Antrag eines Viertels der Aktivmitglieder, des Generalsekretärs der OIC, des Generalsekretärs der Rechtsakademie oder basierend auf einem Beschluss des Vorstandsgremiums Sondersitzungen veranstaltet werden, um bestimmte akute Themen zu besprechen. Eine Ratssitzung gilt als rechtmäßig unter der Voraussetzung, dass die absolute Mehrheit der Hauptmitglieder anwesend ist. Die Entscheidungen und Empfehlungen des Rates werden entweder einhellig oder mit der Stimmenmehrheit der anwesenden Mitglieder getroffen, außer in einigen Sonderfällen, in denen eine besondere Art von Mehrheit Voraussetzung ist. Bei Stimmengleichheit ist die Stimme des Präsidenten entscheidend. Die Versammlungen des Rates werden vom Präsidenten der Akademie oder, unter Umständen, von einem Stellvertreter geleitet. Zur Teilnahme an den Sitzungen können Vertreter anderer Rechtsakademien oder Fiqh-Organisationen, mit denen die Akademie kooperiert, eingeladen werden, ohne

921 Diesen Fall gab es bei der alten Satzung nicht.
922 Art. 6 der neuen Satzung.
923 Vgl. Art. 6 der neuen Satzung.
924 Vgl. Art. 11 der ersten Satzung und Art. 7 der aktuellen Satzung.

dass diese ein Stimmrecht haben. Dabei wird der Generalsekretär der Akademie mit den Sekretariatsaufgaben der Tagungen beauftragt.[925]

Der Akademierat hat verschiedene fachliche und administrative Aufgaben. Zu der ersten Kategorie gehören z. B. die Verabschiedung von Resolutionen hinsichtlich der untersuchten Themen und die Diskussion der juristischen Untersuchungen und Studien. Unter die administrativen Aufgaben fallen beispielsweise die Ernennung der Mitglieder außer jenen, die von den jeweiligen Ländern eingestellt sind, die Aufnahme von korrespondierten Mitgliedern und Experten, die Genehmigung der Organisationsstruktur der Akademie, die Wahl von sechs Mitgliedern des Vorstandsgremiums und die Erlassung der Ausführungsverordnung.[926]

6.1.2.4.2 Fachabteilungen der Akademie

Die Aktivmitglieder und Experten der Akademie werden auf eigenen schriftlichen Auftrag in unterschiedliche Fachabteilungen aufgeteilt, welche weiterhin Unterausschüsse haben, die die entsprechenden Ziele der Akademie umsetzen. Diese Abteilungen sind die folgenden:

a) Planungsabteilung *(Šuʿbat at-taḫṭīṭ)*

Sie bereitet die Arbeit der anderen Abteilungen durch Katalogisierung der relevanten Werke der islamischen Studien sowohl der früheren als auch der neuen Literatur, insbesondere im Bereich des islamischen Rechts, vor. Außerdem beobachtet diese Arbeitsgruppe die Entwicklung der relevanten sozialen und wirtschaftlichen Fragen und Probleme sowie die öffentlichen Angelegenheiten, um sodann diese Probleme im Lichte des islamischen Rechts zu bearbeiten und für sie Lösungen zu finden. Infolgedessen entwickelt die Abteilung einen Entwurf des Gesamtaktionsplans für die Studien- und Forschungsarbeiten sowie für Übersetzungsarbeiten und Arbeiten, die zur Veröffentlichung bestimmt sind. Dazu spielt sie eine Rolle bei der Entwicklung einer Forschungsmethodologie. Darüber hinaus übernimmt sie die Planung der Seminare und Tagungen, welche der Arbeit der Akademie dienen. Ebenso ist diese Abteilung für die Kontaktaufnahme und Kooperation mit anderen Akademien und Forschungszentren zuständig.[927]

b) Studien- und Forschungsabteilung (*Šuʿbat ad-dirāsa wa-l-baḥṯ*)

Im Lichte der Vorschläge der Planungsabteilung erforscht diese Sektion verschiedene Fragen. Sie kann jedoch weitere Themen zur Untersuchung anbieten. Die Abteilung leistet durch ihre Forschungen und Studien zum wissenschaftlichen Periodikum der Akademie einen Beitrag. Weiterhin trägt sie zu den Forschungsprojekten bei und

925 Vgl. Art. 12–14 der ersten Satzung und Art. 8 der neuen Satzung.

926 Vgl. Art. 15 der ersten Satzung und Art. 9 der neuen Satzung. Zu den gesamten Aufgaben des Akademierats siehe Textanhang III.

927 Vgl. die erste Ausführungsordnung Art. 15–21.

bewertet die von Forschern oder wissenschaftlichen Institutionen der Akademie angebotenen Projekte. Zudem befasst sie sich mit der Erstellung einer rechtlichen Enzyklopädie. In diesem Zusammenhang beruft sie sich auf bereits bestehende ähnliche Projekte. Ferner beschäftigt sich diese Sektion mit der Edition juristischer Werke.[928]

c) Fatwa-Sektion (*Šuʿbat al-fatwā*)

Diese Abteilung hat den Auftrag, die Fatwa-Anfragen von allgemeiner Natur zu untersuchen und Fatwa-Entwürfe zu erarbeiten, die dann in Akademietagungen genehmigt und erlassen werden können. Bei Bedarf kann die Sektion Hilfe bzw. den Rat bei Experten anderer Fachgebiete suchen. Außerdem beabsichtigt diese Sektion, die einschlägige Fatwa-Literatur der verschiedenen Rechtsschulen herauszugeben.[929]

Entsprechend der neuen Satzung (Art. 10/2) wird die Fatwa-Abteilung vom Präsidenten der Akademie geleitet und der Generalsekretär der Akademie nimmt die Position seines Stellvertreters ein. Außerdem schließt diese Abteilung die Vertreter anderer Haupt-Rechtsakademien, die in der Akademie repräsentiert sind, mit ein.

d) Sektion der Annäherung zwischen (den Anhängern der) Lehrrichtungen (*Šuʿbat at-taqrīb bayna [atbāʿ] al-maḏāhib*)

Zum Ziel hat diese Abteilung, die notwendigen Schritte zur Anfertigung einer umfassenden Studie über das islamische Recht, dessen Quellen, Entstehung, Entwicklungsphasen und *maḏāhib*, zu gewährleisten. In Kooperation mit der Fatwa-Sektion intendiert diese Abteilung bei der Edition der Fatwa-Literatur eine Annäherung zwischen den Rechtsauffassungen der verschiedenen *maḏāhib* durch den Vergleich und die Abwägung der unterschiedlichen Ansichten herbeizuführen. Darüber hinaus verfasst die Abteilung Studien zur Literatur des rechtlichen Meinungsstreits (*ḫilāf*). Dabei pflegt sie, die Ursachen der Meinungsverschiedenheiten aufzuzeigen. Überdies befasst sie sich mit den einhelligen Grundlagen der verschiedenen Imame, die die Annäherung fördern.[930]

e) Abteilung für Übersetzung und Veröffentlichung (*Šuʿbat at-tarǧama wa-n-našr*)

Mithilfe der Planungsabteilung beobachtet diese Sektion alles, was über den Islam in verschiedenen Sprachen publiziert wird und schlägt vor, was davon ins Arabische übersetzt und was verbreitet oder kommentiert werden soll. Ebenso legt sie fest, welche Werke aus dem Arabischen in eine andere Sprache übersetzt werden sollen. Des Weiteren trägt die Abteilung zur Herausgabe eines wissenschaftlichen Bulletins bei.[931]

---

928 Vgl. die erste Ausführungsverordnung Art. 22–30.
929 Vgl. Art. 31–40 der ersten Ausführungsverordnung.
930 Vgl. Art. 41–44 der ersten Ausführungsverordnung.
931 Vgl. Art. 45–50 der ersten Ausführungsverordnung.

In der neuen Satzung wurden noch zwei weitere Abteilungen hinzugefügt, und zwar die Abteilung für Enzyklopädien und Wörterbücher sowie die Abteilung für vergleichende Gesetzgebung. Gemäß der neuen Ausführungsordnung erfolgt die Bildung dieser Abteilungen innerhalb von zwei Tagen nach Beginn der alljährlichen Tagung. Diese Sektionen werden alle drei Jahre neu gebildet. Bei Bedarf kann der Rat der Akademie weitere Ausschüsse konstituieren. Für jede Sektion setzt der Rat einen Leiter und Berichterstatter ein. Ersterer führt die Versammlungen der Abteilung, die in dessen Abwesenheit von Letzterem geleitet werden. Für die Rechtmäßigkeit eines Treffens der Ausschüsse wird die Anwesenheit der Mehrheit der Mitglieder vorausgesetzt. Die Entscheidungen der Ausschüsse werden mit der Mehrheit der Stimmen der Anwesenden gefasst.[932]

6.1.2.4.3 Vorstandsgremium der Akademie

Das Vorstandsgremium der Akademie, welches alle drei Jahre neu gebildet wird, setzt sich aus dem Generalsekretär der OIC, der als Vorsitzender agiert, dem Präsidenten der IIFA, als sein Stellvertreter, dem Generalsekretär der IIFA und sechs Mitgliedern, die aus den Aktivmitgliedern gewählt werden, zusammen. Der Generalsekretär der IIFA übernimmt die Aufgabe des Protokollanten. Im Falle der Abwesenheit des Generalsekretärs der OIC und des Präsidenten der IIFA wird eines der Mitglieder für die Leitung der Sitzung ausgewählt.[933]

Zu den Aufgaben des Präsidiums bzw. Vorstandsgremiums gehören beispielsweise die Genehmigung des Entwurfs der Agenda, die vom Generalsekretariat zusammengestellt wurde, die Überprüfung, ob die von den jeweiligen Ländern ernannten Kandidaten die Voraussetzung einer Mitgliedschaft erfüllen und die Erstellung eines Haushaltsentwurfs der IIFA.[934]

6.1.2.4.4 Das Generalsekretariat

Das Generalsekretariat übernimmt die Verwaltungsarbeit und kümmert sich um die finanziellen Angelegenheiten der IIFA und deren Ausschüsse. Zudem archiviert es die Unterlagen und Dokumente der IIFA und deren Organe sowie protokolliert die Akademiesitzungen. Darüber hinaus liegt es in seiner Pflicht, die Beschlüsse der IIFA auszuführen und diese den Mitgliedern bekannt zu geben.[935]

Der Generalsekretär: Er ist der Leiter der Angestellten des Generalsekretariats. Er ist ein Hauptmitglied der Akademie und wird vom Generalsekretär der OIC für eine Amtszeit von vier Jahren – die einmal erneuert werden kann – eingesetzt. Dennoch kann der Generalsekretär der OIC mit der Zustimmung des Rates der Außenminister der OIC die Amtszeit des Generalsekretärs der Akademie für weitere Perioden verlängern.

932 Art. 13 der neuen Ausführungsverordnung.
933 Vgl. Art. 17 der alten Satzung und Art. 11 der neuen Satzung.
934 Vgl. Art. 11 der neuen Satzung. Zu den gesamten Aufgaben des Vorstandsgremiums siehe Textanhang III.
935 Vgl. Art. 21 der neuen Satzung und Art. 12 der neuen Satzung.

Im Rahmen seiner Direktion und Organisation des Generalsekretariats hat der Generalsekretär verschiedene administrative Aufgaben wie Koordination und Organisation der jährlichen Konferenz der Akademie, Initiierung der Haushaltsplanung und der Jahresschlussabrechnung der Akademie und Einberufung der Foren und Fachtagungen. Außerdem ist er der Sprecher und Vertreter der Akademie bei den anderen Institutionen. Ebenso obliegen ihm wissenschaftliche Funktionen wie die Bearbeitung der juristischen und geistigen Fragen, die von der OIC oder von anderen islamischen Institutionen an ihn gerichtet werden. Sodann gibt er sein Urteil darüber ab, um dieses dem Rat der Akademie vorzulegen. Zudem gibt er – nach der Beratung mit den Mitgliedern des Vorstandsgremiums – in dringenden Fällen Erklärungen ab und erstellt Rechtsgutachten.[936]

6.1.2.4.5 Präsident der Akademie

Wie oben erwähnt, werden in der ersten Versammlung der IIFA aus den Mitgliedern ein Präsident und drei Stellvertreter gewählt. Falls der Posten einer der Stellvertreter frei wird, wählt der Präsident ein anderes Mitglied an dessen Stelle bis zum Ende der Amtszeit. Dem Präsidenten der IIFA werden folgende Funktionen zugeschrieben:

a) Die Leitung der Sitzungen der Akademie.
b) Die Aufrechterhaltung der Ordnung innerhalb des Rates.
c) Die Organisation der Teilnahme von Besuchern an den öffentlichen Sitzungen des Rates.
d) Bei Abwesenheit des Präsidenten kann er seine Befugnisse – in Kooperation mit dem Generalsekretär der Akademie – auf einen Stellvertreter übertragen, falls die Sitzung im Hauptsitz stattfindet.[937]

6.1.2.5 Aktivitäten der IIFA

a) Die (jährlichen) Tagungen bzw. Konferenzen

Dem Artikel 2 der neuen Satzung entsprechend werden die jährlichen Tagungen der Akademie in Jedda abgehalten. Diese können auch in anderen islamischen Ländern – auf Beschluss des Generalsekretärs der Akademie in Koordination mit dem Präsidenten – veranstaltet werden.

Insgesamt hat die Akademie bis zu diesem Zeitpunkt (2016) 22 Konferenzen abgehalten. Die erste Konferenz fand im Zeitraum vom 19.–22. November 1984 in Mekka statt. Diese Tagung setzte sich mit der Satzung der Akademie auseinander und befasste sich mit der Erarbeitung eines Arbeitsplans der Akademie. Die letzte Tagung wurde vom 22. bis zum 25. März 2015 in Kuwait veranstaltet. Zu Beginn der jährlichen Versammlungen werden der Akademierat und die Fachabteilungen gebil-

---

936 Vgl. Art. 13 der neuen Satzung. Zu den gesamten Aufgaben des Generalsekretariats siehe Textanhang III.

937 Art. 11 der neuen Ausführungsverordnung.

det und währenddessen behandeln die Mitglieder der Akademie zahlreiche Themen, die soziale, medizinische, finanzielle und andere Fragen sowie den Gottesdienst betreffenden Angelegenheiten umfassen. Diesbezüglich wurden gemeinschaftliche Entscheidungen (*qarārāt*) getroffen, wobei inzwischen 216 zustande gekommen sind. Diese Entscheidungen wurden auch zum Teil in andere Sprachen, darunter Englisch, Französisch und Türkisch, übersetzt. Sowohl die Beschlüsse als auch die Forschungsstudien werden in der Zeitschrift der Akademie veröffentlicht.[938]

b) Fachliche Symposien

Darüber hinaus veranstaltet die Akademie einige Fachtagungen über verschiedene Themen, insbesondere über wirtschaftliche und medizinische Fragen. Zum Ziel haben diese Symposien, sich intensiv mit einer Frage auseinanderzusetzen, um ihre Arbeitsergebnisse der folgenden Konferenz der Akademie vorzulegen. Solche Fachtagungen kommen meistens infolge eines Auftrags bzw. einer Resolution der Vollversammlung der Akademie zustande. Anlass dieser Fachtagungen sind oftmals Fragestellungen, deren Entscheidung wegen des Bedarfs an weiteren Untersuchungen aufgeschoben wurde. An diesen Foren nehmen sowohl *fuqahā'* als auch Spezialisten anderer Fachbereiche – je nach Fragen – teil und legen ihre Studien vor, die für die Diskussion des festgelegten Themas von Relevanz sind. Bis heute wurden über 20 Symposien organisiert. Das erste Forum fand im Zeitraum vom 16.–19. August 1987 in Kooperation mit der Islamic Development Bank in Jedda zum Thema der Anlagepapiere statt. Das letzte Symposium wurde zwischen dem 1. und 3. Dezember 2014 in Jedda abgehalten und thematisierte die kooperative Versicherung.[939]

c) Wissenschaftliche Projekte

Ferner führt die Akademie eine Reihe von wissenschaftlichen Projekten auf dem Gebiet des islamischen Rechts durch. Diese werden oft in Kooperation mit anderen wissenschaftlichen Institutionen realisiert. Eines der wichtigsten Projekte der Akademie, welches erst kürzlich fertiggestellt wurde, ist die Enzyklopädie der Rechtsmaximen (*Maʿlamat al-qawāʿid al-fiqhiyya*). Dieses Projekt intendierte eine umfassende Sammlung von Rechtsmaximen der verschiedenen Rechtsschulen, sowohl Haupt- als auch Nebenmaximen, die alphabetisch sortiert sind. Dazu existiert das Projekt „Enzyklopädie des wirtschaftsbezogenen *Fiqh*“ (*Mawsūʿat al-fiqh al-iqtiṣādī*). Hierbei geht es um eine Enzyklopädie der islamischen Rechtswissenschaft, die sich sowohl mit den früheren als auch mit den neuen ökonomischen Rechtsfragen und den diesbezüglichen Bestimmungen auseinandersetzt. Ein weiteres Projekt ist das Lexikon

938 Vgl. *Qarārāt wa tawṣiyyāt muʾtamarāt maǧmaʿ al-fiqh al-islāmī ad-dawlī* 2011, S. 43–53 (nachfolgend: IIFA 2011) und http://www.iifa-aifi.org/cs, abgerufen am 15.05.2015.

939 Vgl. IIFA 2011, S. 54–58.

der rechtlichen Begriffe (*Muʿǧam al-muṣṭalaḥāt al-fiqhiyya*), wobei es sich um ein allgemeines juristisches Lexikon handelt, in welchem die jeweiligen Begriffe gemäß den verschiedenen Lehrrichtungen dargestellt werden. Zu den Projekten der Akademie gehört auch „Die Regulierung und Gesetzgebung (Kodifikation) der islamischen Mitgliedsstaaten" (*at-Tanẓīm wa-t-tašrīʿ [al-qānūn] al-islāmī li-d-duwal al-aʿḍāʾ*).[940]

d) Veröffentlichungen

Des Weiteren widmet sich die Akademie dem Edieren einiger Werke des islamischen Erbes, vor allem im Bereich der Rechtswissenschaft und der Theologie. Hierzu gehören beispielsweise *ʿIqd al-ǧawāhir aṯ-ṯamīna fī maḏhab ʿālim al-Madīna* von ʿAbdallāh ibn Šās (gest. 616 H), *as-Siyāsa aš-šarʿiyya fī iṣlāḥ ar-rāʿī wa-r-raʿiyya* und *Ǧāmiʿ al-masāʾil* von Ibn Taymiyya.

Ebenso publiziert die Akademie einige Bücher, vornehmlich der Mitglieder der Akademie, wie z. B. *al-Madḫal al-mufaṣṣal ilā fiqh al-imām Aḥmad ibn Ḥanbal* des ehemaligen Präsidenten der Akademie Bakr ibn ʿAbdallāh Abū Zayd, *al-Biṭāqāt al-bankiyya* des Mitgliedes der Akademie ʿAbd al-Wahhāb Abū Sulaymān und *Bayna ʿilmay uṣūl al-fiqh wa-l-maqāṣid* des ehemaligen Generalsekretärs der Akademie Muḥammad al-Ḥabīb ibn Ḫūǧa.

Ferner veröffentlicht die Akademie eine eigene Zeitschrift (*Maǧallat maǧmaʿ al-fiqh al-islāmī ad-dawlī*), welche nach den Konferenzen erscheint. Darin werden die Untersuchungen zu den bei den Tagungen behandelten Fragen und die jeweils dazu geführten Diskussionen der Mitglieder abgedruckt. Außerdem werden darin die verabschiedeten Resolutionen und Empfehlungen sowie die Erklärungen der Akademie bekannt gegeben. Bis jetzt wurden die Arbeitsergebnisse von 19 Konferenzen veröffentlicht. Die erste Ausgabe der Zeitschrift erschien im Jahre 1986 und die letzte im Jahre 2009. Ebenfalls wurde eine elektronische Version dieser Fachzeitschrift, welche 16 Ausgaben umfasst, herausgegeben.[941]

e) Forum des islamischen Denkens (Muntadā al-fikr al-islāmī)

Aufgrund der zunehmenden Konfrontation mit neuen Fragen beschloss der ehemalige Generalsekretär der Akademie Muḥammad al-Ḥabīb ibn Ḫūǧa am 26. September 2004 die Einrichtung des Forums des islamischen Denkens. Im Rahmen dieses Forums werden wissenschaftliche Treffen veranstaltet. Hierbei wird jeweils ein Wissenschaftler, sei es ein Mitglied der Akademie oder nicht, mit der Anfertigung einer Studie über ein bestimmtes Thema beauftragt, welche dann in einer Fachtagung von religiösen Gelehrten und Spezialisten anderer Fachgebiete debattiert wird. Bisherige Themen waren beispielsweise „Die islamischen Banken zwischen der Vorstellung der

---

940 Vgl. IIFA 2011, S. 73 f. und http://www.iifa-aifi.org/%d8%a7%d9%84%d9%85%d8%b4%d8%a7%d8%b1%d9%8a%d8%b9-%d8%a7%d9%84%d8%b9%d9%84%d9%85%d9%8a%d8%a9, abgerufen am 15.05.2015.

941 Vgl. IIFA 2011, S. 63–71.

Begründer und dem aktuellen Bild" (10. Mai 2005), „Die Erneuerung im islamischen Denken" (31. Januar 2006) und „Die Rechte der Frau im Islam" (27. Februar 2007).[942]

Es sollte berücksichtigt werden, dass viele Aktivitäten der Akademie in Kooperation mit anderen wissenschaftlichen Institutionen und Organisationen durchgeführt werden. Dabei handelt es sich um Ministerien für religiöse Angelegenheiten, Rechtsakademien, Universitäten, fachliche Forschungszentren und finanzielle Organisationen. Als Beispiele dafür lassen sich die Islamic Development Bank der OIC, die Islamische Organisation für Bildung, Wissenschaft und Kultur (ISESCO), die Islamische Organisation für medizinische Wissenschaften und das islamische Wirtschaftsforschungszentrum der König ʿAbd al-ʿAzīz-Universität in Jedda anführen.[943]

6.1.2.6 Finanzierung

Laut § 16 des Art. 29 der Charta der Organisation werden die OIC und ihre Unterorgane durch die einzelnen Mitgliedsländer je nach Volkseinkommen finanziert. Zu diesen Unterorganen der OIC gehört die IIFA. Das Budget und der Finanzbericht der Akademie, als untergeordnetes Organ der OIC, werden vom Außenministerrat der OIC genehmigt (§ 5 Art. 10 der Charta). Gemäß Art. 15 der neuen Satzung hat die IIFA ein separates Budget, welches sich aus den Beiträgen der Mitgliedsstaaten der OIC zusammensetzt. Außerdem verfügt die IIFA über andere Finanzierungsquellen, und zwar den Erlös aus dem Verkauf ihrer Veröffentlichungen, Spenden und die Gewinne aus ihren Investitionen. Die Mitgliedsstaaten können zudem außer ihren Beiträgen zusätzliche Spenden tätigen. Beispielsweise lässt sich hierfür das Projekt *Maʿlamat al-qawāʿid al-fiqhiyya* anführen, welches durch die Spendengelder der Vereinigten Arabischen Emirate gefördert wurde. Nach Art. 23 der alten Satzung ist der Etat der IIFA vom Haushaltsplan des Generalsekretariats der OIC unabhängig. Das Anfangsbudget der Akademie belief sich auf 2.274.060 Dollar.[944]

6.1.2.7 Der Arbeitsmechanismus der Akademietagungen

6.1.2.7.1 Richtlinien der Arbeit

Nach Abschluss der ersten Konferenz fasste die Akademie einige Beschlüsse, die die Richtlinien für das Forschungsverfahren der von der Akademie zu behandelnden Fragen festlegen. Diese Richtlinien sind die folgenden:

(1) Die Rechtsfindung soll auf beweiskräftigen Scharia-Quellen beruhen. So sollen die ermittelten Rechtsnormen auch die anerkannten Ziele der Scharia verwirklichen und eine Erleichterung und Abschwächung oder Aufhebung der Restriktionen im Rahmen der allgemeinen Regeln der Scharia anstreben.

942 Vgl. IIFA 2011, S. 59 ff.
943 Vgl. IIFA 2011, S. 74 f.
944 Vgl. den 6. Beschluss der Gründungsversammlung. Zeitschrift der IIFA 1986, 1. Ausgabe, S. 55 f.

(2) Die Forschungsergebnisse der Rechtsschulen, die sich auf authentische Quellen berufen, sollen berücksichtigt werden.
(3) Die Forschungsarbeit soll realitätsbezogen sein und sich nach den folgenden Maßstäben richten. Zunächst soll ein *iǧtihād* praktiziert werden, der auf islamischen Grundlagen basiert und die scharia-rechtlichen Ziele und Interessen berücksichtigt. Zugleich sind die Forschenden dazu verpflichtet, die Methodologie der vergleichenden Rechtswissenschaft einzuhalten und im Falle eines Meinungsstreits Objektivität und Toleranz zu demonstrieren, indem sie die Entscheidung durch eine Stimmenmehrheit fällen. Ferner sollen den Rechtsauffassungen und Studien authentische Beweise der islamischen Quellen zugrunde liegen und sie sollen durch Hadithe und Zitate entsprechend der festgelegten Regeln belegt werden.[945]

Darüber hinaus definiert die Akademie den Begriff Fatwa in ihrer Arbeit als die von der Akademie getroffenen Auffassungen über die gegenwärtigen Probleme der islamischen Gemeinschaft. Es geht dabei folglich um die Behandlung von Fragen allgemeiner Natur.[946]

Bei diesen Richtlinien werden zwei Hauptmerkmale deutlich. Auf der einen Seite referiert die Akademie bei ihrer Arbeit auf die Auffassungen der früheren Schulen und schließt sich nicht der Richtung an, die auf die Ergebnisse der Rechtsschulen gänzlich verzichtet. Hiermit ist vor allem die salafitisch-wahhabitische Strömung gemeint, wie in einem vorigen Kapitel dargestellt wurde. Dabei beschränkt sie sich aber nicht auf eine bestimmte Schule, sondern betreibt eine Art rechtsvergleichende Arbeit, was mit einer gleichwertigen Betrachtung der verschiedenen Schulen einhergeht. Als Hauptkriterium bei ihrer Auswahl dienen die Beweiskraft der bevorzugten Auffassung und die Authentizität ihrer Quelle. Hierbei dienen der Akademie für den Fall der Anwendung des *iǧtihād tarǧīḥ* die „Ziele der Scharia" als Orientierungshilfe, die besonders im letzten Jahrhundert von nordafrikanischen mālikitischen Gelehrten, wie aṭ-Ṭāhir ibn ʿĀšūr und ʿAllāl al-Fāsī (gest. 1974), hervorgehoben wurde. Auf der anderen Seite fällt auf, dass an keiner Stelle von einem absoluten *iǧtihād* die Rede ist. Dennoch bietet die Prämisse, sich beim *iǧtihād* an den *Zielen der Scharia* zu orientieren, Raum für die Anwendung des *iǧtihād*. Außerdem spiegelt die Entscheidung entsprechend der „Stimmenmehrheit" in einer Kontroverse die Schätzung des gemeinschaftlichen Entscheidungsrechts, welches als wesentliches Charakteristikum des KI gilt, wider. Im Großen und Ganzen stehen diese Ansätze der traditionellen Richtung näher als der salafitischen.[947]

945 Vgl. http://www.iifa-aifi.org/rr/d1sa, abgerufen am 15.05.2015.
946 Vgl. http://www.iifa-aifi.org/rr/d1sa, abgerufen am 15.05.2015.
947 Siehe die verschiedenen Positionen unter Punkt „3.3.5.1".

6.1.2.7.2 Arbeitsvorbereitungen

Die Grundlage der Informationen unter diesem Abschnitt sind persönliche Gespräche, die ich mit dem Stellvertreter des Generalsekretariats, ʿĀdil Qūta, am 14.12.2015 und mit dem Leiter der Forschungsabteilung, Aḥmad ʿAbd al-ʿAlīm, am 17.12.2015 im Sitz der Akademie geführt habe.

Vor der alljährlichen Tagung nimmt die Akademie die Vorschläge von Gelehrten und Spezialisten – sowohl innerhalb der Akademie als auch von außerhalb – für relevante Fragen, welche in ihrer Versammlung behandelt werden sollten, entgegen. Anschließend werden die vorgeschlagenen Themen vom Generalsekretariat nach Relevanz und Priorität geordnet. Nichtsdestoweniger darf das Generalsekretariat auch weitere wichtige Themen hinzufügen. Schließlich wird das Arbeitsprogramm dem Vorstandsgremium zur Genehmigung vorgelegt. Letzteres kann einige Modifikationen daran vornehmen. Das Programm umschließt für gewöhnlich Fragen aus verschiedenen Lebensbereichen, die aus aktuellen Notwendigkeiten hervorgehen. Dabei werden die dringenden Fragestellungen priorisiert behandelt. In den ersten Jahren der Tagungen der Akademie war es in der Praxis üblich, dass die Mitglieder und Experten der Akademie selbst eines der vorgeschlagenen Themen auswählten, für welches bei den Forschern ein allgemeines Interesse bestand. Die Verteilung der Themen wurde aber danach vom Generalsekretariat koordiniert, damit alle zur Bearbeitung stehenden Materien abgedeckt werden. Nun sieht das Arbeitsverfahren folgendermaßen aus: Das Generalsekretariat legt den Gegenstand, die Fragestellungen und die Gesichtspunkte jedes Forschungsthemas fest und stellt einige Regeln auf, welche beim Verfassen der Forschungen eingehalten werden sollen. Demnach beauftragt es eine Gruppe von Mitgliedern und Experten, die sowohl aus Rechtsgelehrten als auch aus Spezialisten anderer Wissensgebiete, wie z. B. Medizin oder Wirtschaft (je nach Frage), besteht, mit der Erstellung fachlicher Studien über das jeweilige Thema. Für die Anfertigung der Forschungen wird eine Frist festgelegt.

Nach der Ausarbeitung der Forschungsarbeiten und der Bereitstellung der Arbeitsergebnisse der einzelnen Forscher (oder Foren) werden diese vom Generalsekretariat überprüft, um sicherzustellen, dass die Forschungsrichtlinien eingehalten werden und keine Plagiate vorliegen. Als nächstes bestimmt das Generalsekretariat aus jeder Forschungsgruppe einen Referenten, der die Arbeitsergebnisse seiner Gruppe in der alljährlichen Tagung präsentiert. Außerdem lässt es die angefertigten Untersuchungen sowie die Ergebnisse der eventuell bereits organisierten Foren oder Fachtagungen über diese Themen den gesamten Mitgliedern und Experten eine gewisse Zeit vor der Einberufung der Konferenz zukommen.

6.1.2.7.3 Ablauf jährlicher Konferenzen[948]

Die jährlichen Konferenzen der Akademie können entweder im Hauptsitz oder in einem islamischen Gastland stattfinden.[949] Diese Tagung dauert in der Regel vier oder fünf Tage. Entsprechend dem Art. 7 der Ausführungsverordnung sind die Akademiesitzungen, mit Ausnahme der Eröffnungs-, Empfangs- und Gedenkveranstaltungen, der Öffentlichkeit nicht zugänglich. Der Rat kann jedoch beschließen, die Tagungen öffentlich abzuhalten.

An der Eröffnungsveranstaltung nehmen offizielle Personen des Gastlands teil. Nach der Eröffnungsrede finden zwei Verfahrenssitzungen statt. In der ersten Sitzung werden die neuen Mitglieder aufgenommen und die Konferenzagenda sowie der Etat erörtert. Die zweite Verfahrenssitzung sieht die Wahl eines allgemeinen Protokollführers der Akademietagung und einer Hauptformulierungskommission vor. Nachher folgen die wissenschaftlichen Tagungen. Zur Behandlung jeder einzelnen Thematik wird eine Sitzung – manchmal auch mehrere Sitzungen – eingeplant, welche in der Regel zwei Stunden dauert und für die bereits ein Berichterstatter (*ʿāriḍ*) und ein Schriftführer (*muqarrir*) ausgewählt wurden. Zu Beginn fasst der Berichterstatter die Untersuchungen und Arbeitsergebnisse aller Forscher, die dasselbe Thema behandelt haben, zusammen. Dafür ist etwa eine halbe Stunde vorgesehen. Später debattieren alle Mitglieder und Experten der Akademie über die Thematik. Davor wird jedoch den Forschern, die sich mit der Problematik auseinandergesetzt haben, zunächst das Wort erteilt, damit sie die Möglichkeit haben, gegebenenfalls Erklärungen oder Ergänzungen zu liefern. Zum Abschluss jeder Sitzung wird eine Unterkommission gebildet, welche sowohl Forschende zu diesem Thema als auch andere Mitglieder umfasst, um einen Entscheidungsentwurf zu erstellen. Auf diese Art und Weise werden die diversen Fragen in spezifischen aufeinanderfolgenden Sitzungen behandelt und Entwürfe für einen Beschluss erstellt.

Die Entwürfe werden dann dem allgemeinen Formulierungskomitee vorgelegt, welches zu Beginn der Tagung konstituiert wurde. Letzteres besteht aus dem allgemeinen Protokollführer, der diese Kommission leitet, und den Protokollführern der Subkommissionen sowie aus weiteren Aktivmitgliedern und Spezialisten. Die allgemeine Formulierungsgruppe hat den Auftrag, die Resolutionsentwürfe, die von den Unterkommissionen entworfen wurden, zu überprüfen und hat zudem das Recht, diese umzuformulieren. Nach der Überprüfung werden alle Entscheidungsentwürfe dem Akademierat vorgelegt. Es folgen ein Meinungsaustausch und eine Konsultation, die schließlich in eine Abstimmung über die behandelten Fragen münden. Die Entscheidungen können entweder durch Einstimmigkeit oder mit

948 Ein persönliches Gespräch mit dem Assistenten des Generalsekretariats, ʿĀdil Qūta, am 14.12.2015 und mit dem Leiter der Forschungsabteilung, Aḥmad ʿAbd al-ʿAlīm, am 17.12.2015. Vgl. auch Mīğā 1996, Bd. 1, S. 276; Bā-Buhūn 2006, S. 120 f.; al-Karnaz 2008, S. 109 f. und az-Zuḥaylī 2012, S. 454 f.

949 Zur Aufteilung der Organisation dieser Tagungen unter den verschiedenen Mitgliedsländern siehe den Abschnitt „Repräsentativität" im Kapitel „6.4".

der Stimmenmehrheit der anwesenden Mitglieder gefasst werden. Dabei haben die Experten aber kein Stimmrecht. Bei einigen Fragen kommen die Mitglieder zu keiner endgültigen Entscheidung. Ist dies der Fall, wird die Entscheidung auf die nächste Konferenz vertagt, um sich noch tiefgründiger mit der Frage zu befassen, oder die Mitglieder empfehlen die jeweilige Frage im Rahmen einer Fachtagung erneut zu untersuchen. In der Abschlusssitzung wird eine Schlusserklärung vom Generalsekretär vorgetragen und es werden die getroffenen Entscheidungen vom allgemeinen Protokollführer den Anwesenden präsentiert. Diese können gegebenenfalls Einwände vorbringen oder einen schriftlichen Antrag auf Modifikation einer Entscheidung stellen. Damit kommt die Arbeit der Konferenz zum Ende. Eine endgültige Fassung der Resolutionen wird schließlich in der Zeitschrift der IIFA abgedruckt.

6.1.3 European Council for Fatwa and Research (*al-Maǧlis al-urūbbī li-l-iftāʾ wa-l-buḥūṯ*)

Das folgende Unterkapitel widmet sich einem Beispiel für Institutionen des KI, die sich außerhalb der islamischen Welt befinden. Es geht dabei nicht – wie bei den obigen Beispielen – um eine Rechtsakademie, die sich der Untersuchung allgemeiner Fragen, welche die ganze muslimische Gemeinde betreffen, hingibt, sondern um eine Institution, welche sich mit der Behandlung von Fragen und Problemen der muslimischen Minderheiten in Europa befasst. Mit anderen Worten bietet dieser Abschnitt ein Beispiel für die Umsetzung des KI auf einem spezifischen Fachgebiet, nämlich dem des Minderheitenrechts. Um diese Differenz gegenüber anderen Akademien zu artikulieren, haben sich die Gründer dieser Einrichtung statt für die Bezeichnung „Akademie" (*maǧmaʿ*), die sich in der Regel mit den verschiedenen Rechtsgebieten und Fragen, die die ganze islamische Welt betreffen, auseinandersetzt, für „Council" (*maǧlis*) entschieden, welcher aufgrund seiner Spezialisierung auf ein bestimmtes Rechtsgebiet treffender zu sein scheint. Diese Überzeugung betont Yūsuf al-Qaraḍāwī, der Präsident dieser Institution. Er sieht im Terminus „Council" weder einen Konkurrenten noch einen Ersatz für die großen Rechtsakademien innerhalb der islamischen Welt, wie die *Akademie der islamischen Untersuchungen* der Azhar oder die *IIFA* in Jedda, sondern vielmehr eine Ergänzung der Arbeit dieser Rechtsakademien. Der Council verstehe sich als Fachkommission, welche sich mit dem islamischen Minderheitenrecht (*Fiqh al-aqalliyyāt*) befasse.[950] Hierbei handelt es sich um die Institution „European Council for Fatwa and Research" (ECFR) in Irland.

950 Vgl. *al-Qarārāt wa-l-fatāwā aṣ-ṣādira ʿan al-maǧlis al-urūbbī li-l-iftāʾ wa-l-buḥūṯ* 2013, S. 7. (nachfolgend: ECFR 2013).

6.1.3.1 Entstehungshintergrund

Schon vor einigen Jahrhunderten lebten Muslime in Europa. Neben der indigenen muslimischen Bevölkerung einiger europäischer Länder wie zum Teil in Russland, Albanien und Bosnien und Herzegowina, lässt sich aus verschiedenen Gründen ab der zweiten Hälfte des 20. Jahrhunderts eine verstärkte Migrationswelle von Muslimen nach Europa beobachten. Mit der zunehmenden Zahl an Muslimen in nicht-islamischen Ländern standen die muslimischen Gelehrten vor einer immer größeren Herausforderung. Die Situation erschwerte sich dadurch, dass ein Teil der muslimischen Migranten sich von den religiösen Vorschriften abgewandt hatte. Darüber hinaus bestand bei der zweiten Generation muslimischer Migranten, die im Westen aufgewachsen sind, die Schwierigkeit, dass sie nur wenig mit den islamischen Lebensbedingungen in islamisch geprägten Ländern in Berührung gekommen sind. Aufgrund dieser Umstände bildete und bildet Westeuropa für die verschiedenen islamischen Denkrichtungen „[...] a new and open field, without previous established (Muslim) authority structures [...]“.[951] Eine erste Gruppe „[...] emphasized the commitment to an Islamic territory to fully practice one's religion, and reiterated this through a number of fatwas“.[952] Zudem ergriffen auch Gelehrte einer anderen Richtung die Initiative. Um sich über diese neue Situation zu beraten und nach Möglichkeit zu einer Lösung der neu aufkommenden Fragen zu gelangen, organisierten die Vertreter dieser Richtung zahlreiche Tagungen. So versammelte sich beispielsweise vom 13. bis 15. Juli 1992 in Frankreich eine Gruppe von Gelehrten, darunter viele spätere Mitglieder des *European Council for Fatwa und Research*, um die Frage der „Muslime im Westen“ zu diskutieren. Diese Versammlung wurde durch die *Union des Organisations Islamiques de France* abgehalten. Letztere vertreten die Auffassung, dass die Vorstellung der klassischen Rechtsliteratur die Anforderungen der gegenwärtigen muslimischen Minderheiten nicht erfüllen kann. Daraufhin zielten sie auf eine Entwicklung und Aktualisierung des islamischen Rechts hinsichtlich der minderheitenrechtlichen Fragen ab. Die Rechtfertigung bzw. die Notwendigkeit der geplanten Erneuerung des islamischen Minderheitenrechts begründet der Präsident des *European Council for Fatwa and Research*, Yūsuf al-Qaraḍāwī, durch die rechtstheoretische Doktrin vom Wandel der Fatwas aufgrund der Änderung des Ortes. Damit ist eine Anpassung der Rechtsnormen an einen anderen Ort gemeint, nämlich eine nicht-islamische Gesellschaft zu leisten, wo die muslimischen Minderheiten unter vielen von islamischen Regeln divergierenden Umständen leben. Dabei handelt es sich nicht nur um die Frage nach der Legitimität des Lebens muslimischer Gruppen unter einer nicht-islamischen Regierung von Sicht der Scharia, sondern auch darum, einen Lebensstil für muslimische Minderheiten im Westen zu entwickeln, der die islamischen Normen berücksichtigt und zugleich möglichst in Einklang mit den Gesetzen der Gastländer steht.[953]

951 Larsen 2011, S. 140.

952 Caeiro 2011, S. 122.

953 Vgl. Caeiro 2011, S. 121 f.; ECFR 2013, S. 7 f. und Larsen 2011, S. 140 ff.

„One answer was the institutionalization of fatwa (*iftaʿ* [*sic*]) in collegial body symbolizing the consensus (*ijmaʿ*) of Muslim scholars."[954] Nach einem Vorbereitungsseminar im Jahre 1994 wurde im März 1997 der European Council for Fatwa and Research ins Leben gerufen, dessen Gründung durch eine Initiative der „Federation of Islamic Organizations in Europe (FIOE)"[955] zustande kam. Hinter der Bildung dieser Institution stehen auch die Anstrengungen von al-Qaraḍāwī und Fayṣal Mawlawī, die die Führung des Councils übernahmen. In seiner Eröffnungsrede des Councils hebt der Präsident der FIOE, Aḥmad Rāwī, die Defizite damaliger muslimischer Prediger, Imame und Gelehrten hervor. So mangle es ihnen an Erfahrung mit dem Leben der europäischen Gesellschaften, an Kenntnissen der jeweiligen lokalen Sprachen und an kommunikativen Fähigkeiten. Dies habe bei ihren Fatwas zahlreiche Widersprüche und offensichtliche Differenzen zur Folge. Insofern repräsentiere der ECFR ein Übergangsstadium, um diese vorherrschende Lücke zu füllen, bis in Europa qualifizierte Muftis ausgebildet worden seien.[956]

Die Gründungsversammlung des Rates fand vom 29.–30. März 1997 in London statt. Dort trafen über 15 Gelehrte auf Einladung der FIOE zusammen, die den Entwurf der Satzung des ECFR verabschiedeten. Der Council versteht sich als eine islamische unabhängige Fachkörperschaft, die aus einer Gruppe von Gelehrten und Spezialisten besteht. Der Hauptsitz der Organisation liegt derzeit in der irischen Hauptstadt Dublin, aber er kann in jedes andere europäische Land mittels einer Genehmigung der absoluten Mehrheit der Mitglieder verlegt werden.[957]

6.1.3.2 Ziele und Aufgaben

Der Council setzt sich die folgenden Ziele:

1) Eine Annäherung zwischen den in Europa ansässigen muslimischen Gelehrten herbeizuführen und eine Vereinigung ihrer Rechtsauffassungen hinsichtlich der relevanten juristischen Fragen.
2) Die Erteilung kollektiver Fatwas, welche die Bedürfnisse der Muslime in Europa erfüllen, deren Probleme lösen und deren Interaktion mit den europäischen Gesellschaften im Lichte der Vorschriften und Ziele der Scharia regeln.
3) Die Erstellung von juristischen Forschungen und Studien, die die in europäischen Gesellschaften neu auftretenden Probleme der Muslime gemäß der Scharia und dem Gemeinwohl der muslimischen Gemeinde behandeln.

954 Caeiro 2011, S. 122.

955 Eine Dachorganisation zahlreicher muslimischer Organisationen und Institutionen in Europa, die im Jahre 1989 gegründet wurde. Die Organisation wird als Sympathisant der Muslimbrüder betrachtet.

956 Vgl. Caeiro 2011, S. 122 f.

957 Vgl. Art. 1 und 3 der Satzung siehe Textanhang V.

4) Die Rechtleitung von Muslimen in Europa im Allgemeinen und der neuen (bzw. *ṣaḥwa-*) Generation in erster Linie durch die Verbreitung der wahren islamischen Prinzipien und der rechtmäßigen Fatwas.[958]

Nach al-Qaraḍāwī besteht die Aufgabe des Rates darin, die Fatwas im Westen möglichst zu vereinheitlichen, um die Auseinandersetzungen und Verlegenheit diesbezüglich tunlichst zu vermeiden. Dieses Ziel könne durch Beratung, die gemeinsame Untersuchung und den KI, der heutzutage eine Pflicht und Notwendigkeit darstelle, verwirklicht werden. Außerdem beabsichtige der ECFR, eine anerkannte religiöse Autorität bei den europäischen Behörden zu werden. Davon könne auch die muslimische Minderheit profitieren, da sich dadurch auch ihre Lage verbessern würde.[959] Ebenso weist Rāwī in seiner Eröffnungsrede darauf hin, dass die Gelehrten des ECFR den Auftrag haben, die Muslime in Europa in ihren gesellschaftlichen Beziehungen und anderen Lebensbereichen zu beraten und rechtzuleiten, sowie ihnen bei der Lösung ihrer Alltagsprobleme beratend zur Seite zu stehen, sie zu vertreten und ihre Bestrebungen auf institutioneller Ebene fortzuführen. „Only in this way can we pretend to truly integrate Muslims in Europe, rooting the culture of social peace and the necessity of civil security in the society to which they belong."[960]

Zur Realisierung seiner Vorsätze bedient sich der Rat verschiedener Hilfsmittel und Grundsätze, wie z. B. der Bildung von Spezialisten-Ausschüssen, der Verwendung von authentischer Rechtsliteratur, der Berücksichtigung der Arbeitsergebnisse anderer Rechtsakademien und der Veranstaltung von Foren über rechtliche Fragen.[961]

6.1.3.3 Mitgliedschaft

Ein Mitglied des Rates soll die folgenden Qualifikationen bzw. Bedingungen erfüllen:

1) Es soll über einen juristischen akademischen Abschluss oder eine Lizenz von einem (anerkannten) Gelehrten sowie über Arabischkenntnisse verfügen.
2) Es soll sich durch ein moralisch gutes Verhalten und das Einhalten der islamischen Normen und Etiketten auszeichnen.
3) Es soll einen Wohnsitz in Europa haben oder das islamische Minderheitenrecht (im Westen) als seinen Forschungsschwerpunkt haben.
4) Es soll über juristische Fachkenntnisse und Kenntnisse der aktuellen Situation (im Westen) verfügen.
5) Der Mitgliedschaft muss von der absoluten Mehrheit der Mitglieder zugestimmt werden.[962]

---

958 Art. 4 der Satzung siehe Textanhang V.
959 Vgl. ECFR 2013, S. 7.
960 Caeiro 2011, S. 123.
961 Eine ausführliche Auflistung der Hilfsmittel: Satzung Art. 5–11. Für die gesamten Artikel der Satzung des ECFR siehe Textanhang V.
962 Art. 12 der Satzung.

Eine Beteiligung von Gelehrten, die die obenstehenden Voraussetzungen erfüllen, aber nicht in Europa ansässig sind, ist nur unter der Bedingung möglich, dass ihre Zahl nicht mehr als 25 % der Mitglieder beträgt.[963]

Die Nominierung für die Mitgliedschaft kann entweder auf Empfehlung von drei Mitgliedern des Rates oder von drei bekannten vertrauenswürdigen Gelehrten erfolgen. Der Kandidat wird dann aufgenommen, wenn er durch eine geheime Abstimmung die Mehrheit der Stimmen der Mitglieder erhält.[964] Bei der Auswahl der Mitglieder soll berücksichtigt werden, dass die europäischen Länder mit einer höheren Zahl an Muslimen und die verschiedenen Rechtsschulen repräsentiert sind.[965] Die Mitglieder erhalten für ihre Teilnahme am Council kein Gehalt. Der Rat übernimmt aber Transfer- und Aufenthaltskosten eines Mitgliedes, die bei der Teilnahme an einer Tagung des Councils entstehen.[966] Stand 2016 besteht der Council aus 34 Mitgliedern unter der Führung von Yūsuf al-Qaraḍāwī.

Außer den Hauptmitgliedern kann der Council, falls nötig, einige Beobachter – vorrangig aus den europäischen Ländern – aufnehmen, welche an den Versammlungen des Rates auf ihre eigenen Kosten und ohne Stimmrecht teilnehmen. Unter Umständen lädt der Rat einige Berater, Experten oder sogar Übersetzer, falls unbedingt nötig, zur Teilnahme an seinen Tagungen ein. Diese dürfen sich an den Diskussionen beteiligen, verfügen aber über kein Stimmrecht.[967]

Die Mitgliedschaft endet mit dem Tod des Mitglieds oder in folgenden Fällen aufgrund einer von zwei Dritteln der Mitglieder begründeten Entscheidung:

1. Wenn ein Mitglied eine der oben erwähnten Voraussetzungen nicht mehr erfüllen kann.
2. Falls das Mitglied bei drei aufeinanderfolgenden Sitzungen, ohne triftigen Grund, abwesend war.
3. Wenn das Mitglied aus gesundheitlichen Gründen oder einer sonstigen Einschränkung nicht mehr in der Lage ist, seine Aufgaben zu erfüllen.
4. Im Falle eines Rücktritts.[968]

6.1.3.4 Die Organisationsstruktur

Der ECFR besteht aus zwei Hauptorganen:

963 Vgl. ECFR 2013, S. 18.
964 Vgl. Art. 4 der Verfahrensverordnung und Art. 17 der Satzung. Für die gesamten Artikel der Verfahrensverordnung des ECFR siehe Textanhang VI.
965 Vgl. Art. 15 und 16 der Satzung.
966 Vgl. Art. 7 der Verfahrensordnung.
967 Vgl. Art. 13 der Satzung.
968 Art. 14 der Satzung.

6.1.3.4.1 al-Hay'a al-ʿāmma (die Plenarsitzung)

Dieses Organ umfasst alle Mitglieder des ECFR, welche unter sich den Präsidenten und seine Stellvertreter für drei Jahre aufgrund einer absoluten Mehrheit wählen. Diese können mehrmals wiedergewählt werden. Der Präsident ist der Verantwortliche für den Council und der Vorgesetzte seiner Aktivitäten. Im Falle einer Vakanz wird die Stelle vom Vizepräsidenten ersetzt, bis die Mitglieder des Rats zusammenkommen und einen neuen Leiter wählen. Auf eine begründete Entscheidung hin, der von der absoluten Mehrheit der Mitglieder zugestimmt wird, kann der Präsident oder sein Stellvertreter abgesetzt werden. Zu den Aufgaben des Präsidenten gehören: die Einberufung regelmäßiger Tagungen sowie Sondertagungen des Rates, die Leitung der Ratsversammlungen, die Genehmigung der durch den Council erstellten Fatwas, die Beauftragung des Vizepräsidenten oder des Generalsekretärs mit bestimmten Aufgaben sowie die Vertretung des Rates bei ähnlichen Institutionen. Wenn der Präsident abwesend ist, übernimmt sein Stellvertreter diese Aufgaben.[969]

Von den Mitgliedern des Rates werden permanente oder temporäre Spezialistenausschüsse konstituiert. Die permanenten Kommissionen sind die Folgenden:

a) **Kommission für Forschungen, Studien, Übersetzung und Herausgabe (*Lağnat al-buḥūṯ wa-d-dirāsāt wa-t-tarğama wa-n-našr*)**: Diese Kommission stellt eine wissenschaftliche Methodologie fest, welcher sie in ihrer Arbeit folgt und nach der sie die zu untersuchenden Themen klassifiziert. Das Komitee beschäftigt sich mit der Anfertigung von fachlichen Studien und Untersuchungen, deren Ergebnisse in der wissenschaftlichen Zeitschrift des Rates publiziert werden. Außerdem veranstaltet die Kommission fachliche Foren und Tagungen. Zu den Aufgaben dieses Ausschusses gehört auch die Beaufsichtigung der Fachzeitschrift des Councils. Darüber hinaus veröffentlicht sie von einigen Arbeitsergebnissen und Fatwas des Rates Übersetzungen in wichtigen europäischen Sprachen.[970]
b) **Fatwa-Ausschuss (*Lağnat al-iftā'*)**: Diese Sektion entwickelt einen eigenen Arbeitsplan, der es ihr ermöglicht, das islamische Recht der Öffentlichkeit zugänglich zu machen und Rechtsgutachten hinsichtlich verschiedener Fragen zu erstellen. Außerdem konstituiert sie ein Verzeichnis der notwendigen Rechtsliteratur im Bereich der Fatwas und der Richterschaft. Ebenso sammelt diese Abteilung die von diversen Rechtsakademien erteilten Fatwas, um davon in ihrer Arbeit zu profitieren. Des Weiteren arbeitet die Sektion Entwürfe rechtlicher Gutachten auf dem Gebiet des Minderheitenrechts aus, welchen dann vor Erlassung vom Council zugestimmt werden muss. Falls nötigt, kann die Sektion Experten anderer Fachgebiete um Rat bitten. Die von der Abteilung erstellten Forschungsergebnisse werden in ihrem Periodikum veröffentlicht. Dazu

969 Vgl. Art. 18–23 der Satzung.
970 Vgl. Art. 8 der Verfahrensverordnung.

beabsichtigt der Ausschuss, ein vereinfachtes Lexikon rechtswissenschaftlicher Terminologie, das der Rat benötigt, um seine Ziele zu erreichen, anzufertigen.[971]

Angesichts der großen zeitlichen Abstände zwischen den regulären Sitzungen des Councils und der vorwiegenden Bearbeitung komplizierter und allgemeiner Fragen, beschloss der ECFR in seiner zweiten allgemeinen Versammlung in Dublin vom 9.–11. Mai 1998 zwei Unterausschüsse für die Erteilung der Fatwas in Frankreich (*Dār al-Fatwā* der Union des Organisation Islamiques de France) und Großbritannien (in der großen Moschee in Leeds) einzurichten, die die häufigsten Alltagsfragen der Muslime in Europa behandeln. Seitdem haben beide Kommissionen ihre Tätigkeit aufgenommen.[972] Im März 2016 wurde der „Fatwa-Ausschuss" des ECFR in Deutschland ins Leben gerufen.[973]

c) **Planungsabteilung (*Laǧnat at-taḫṭīṭ*)**: Diese Sektion zielt darauf ab, eine Liste der wichtigsten sozialen, finanziellen und politischen Fragen und Probleme der Muslime in Europa anzulegen, um diese gemäß der Scharia zu bearbeiten. In Koordination mit dem Ausschuss für Forschung und Studien erstellt diese Kommission einen Zeitplan für die vom Council vorgesehenen Seminare und Tagungen, egal ob diese vom Rat selbstständig oder in Zusammenarbeit mit anderen wissenschaftlichen Institutionen oder Universitäten veranstaltet werden.[974]
d) **Ausschuss des Dialogs (*Laǧnat al-ḥiwār*)**: Dieser Ausschuss hat seinen Sitz in Frankreich und strebt den Dialog mit den religiösen Institutionen und den anderen Einrichtungen innerhalb der Europäischen Union an. Außerdem nimmt diese Kommission Kontakt mit Gremien sowohl innerhalb als auch außerhalb der islamischen Welt auf, die an diesem Thema interessiert sind.[975]

6.1.3.4.2 al-Amāna al-ʿāmma (das Generalsekretariat)

Das Generalsekretariat besteht aus dem Generalsekretär, einem Sekretär und einem Finanzbeamten. Der Generalsekretär, der vom Präsidenten nominiert und infolge der Zustimmung der absoluten Mehrheit der Mitglieder für drei Jahre eingestellt wird, gilt als Exekutive für alle Tätigkeiten des Rates. Diese Position kann von derselben Person mehrmals eingenommen werden. Neben der Erfüllung der Voraussetzungen für eine Mitgliedschaft, soll er im Land des Hauptsitzes des ECFR ansässig sein, um

971 Vgl. Art. 8 der Verfahrensverordnung.
972 Vgl. http://e-cfr.org/new/%D9%85%D8%AB%D8%A7%D9%84-%D8%B9%D9%84%D9%89-%D8%B5%D9%81%D8%AD%D8%A9/, abgerufen am 30.07.2015.
973 Zum Ausschuss: http://www.fatawa.de/, abgerufen am 01.08.2016.
974 Vgl. Art. 8 der Verfahrensverordnung.
975 Vgl. http://e-cfr.org/new/%D9%85%D8%AB%D8%A7%D9%84-%D8%B9%D9%84%D9%89-%D8%B5%D9%81%D8%AD%D8%A9/%D8%A7%D9%84%D9%84%D8%AC%D8%A7%D9%86-%D8%A7%D9%84%D9%81%D8%B1%D8%B9%D9%8A%D8%A9-%D8%A7%D9%84%D8%AA%D8%A7%D8%A8%D8%B9%D8%A9/, abgerufen am 30.07.2015.

sich den Aufgaben des Generalsekretariats besonders intensiv widmen zu können. Zu seinen Aufgaben gehören beispielsweise das Vorlegen eines Arbeitsberichtes bei der Ratstagung über die Tätigkeiten des Rats während der vorigen Sitzungsperiode, die Erstellung der Tagesordnung in Absprache mit dem Präsidenten, die Einladung der Mitglieder, Berater, Experten und Übersetzer zur Teilnahme an den Tagungen und die Kontaktaufnahme mit den Rechtsakademien und wissenschaftlichen Institutionen.[976]

6.1.3.5 Aktivitäten des ECFR

Die Hauptaktivität des Councils bildet seine Konferenz, die mindestens einmal jährlich einberufen wird. Darin werden die dem Rat vorgelegten Studien zu Themen, die für die Muslime in Europa relevant sind, diskutiert. Ebenso pflegen die Tagungen Antworten auf die an den ECFR gerichteten Fatwa-Anfragen, deren Behandlung eine kollektive Arbeit erfordert, zu liefern.

Die Zahl der vom ECFR bis jetzt einberufenen Tagungen beträgt 25. Die erste Vollversammlung des Councils wurde in der Zeit vom 28.–30. August 1997 in der Hauptstadt Bosnien und Herzegowinas, Sarajevo, abgehalten. Die letzte Sitzung fand in Istanbul im Zeitraum vom 16.–20. Oktober 2015 statt. Zu den Arbeitsergebnissen des Councils gehören *qarārāt* und *Fatāwā*. In 25 Tagungen verabschiedete der Rat 120 Resolutionen und erließ 143 Rechtsgutachten. Daneben erteilt der ECFR im Anschluss an die jeweilige Tagung einige Empfehlungen (*tawṣiyyāt*). Oft geht es in diesem Zusammenhang um Ratschläge für die in Europa lebenden Muslime oder für die europäischen Behörden, die eine positive Interaktion und ein gegenseitiges Verständnis anstreben. Hinzu kommen einige Erklärungen (*bayānāt*) des Councils zu allgemeinen Fragen, die für die Muslime im Allgemeinen von Relevanz sind, wie beispielsweise die Karikaturen-Debatte oder die Kopftuch-Debatte in Frankreich.[977]

6.1.3.6 Finanzierung

Die Finanzierung des ECFR wird auf unterschiedlichen Wegen gewährleistet. Dazu gehören Spenden, Nachlässe, Gelder von Stiftungen und Abonnements.[978] Besondere Förderung erfährt der Council durch die Wohltätigkeitsstiftung des Emirs Dubai, Muḥammad ibn Rāšid Āl Maktūm, welcher *The Islamic Cultural Centre of Ireland* (ICCI) am 16. November 1996 in Clonskeagh gründete. Im Zusammenhang mit dieser Förderung stand auch die Verlegung des Sitzes des Councils ab der zweiten Tagung 1998 in die neu gebauten Einrichtungen des ICCI.[979]

976 Eine ausführliche Darstellung der Aufgaben des Generalsekretärs: Paragraph 6 der Satzung.

977 Vgl. http://e-cfr.org/new/category/%D8%A7%D9%84%D8%AF%D9%88%D8%B1%D8%A7%D8%AA-%D9%88%D8%A7%D9%84%D9%86%D8%AF%D9%88%D8%A7%D8%AA/, abgerufen am, abgerufen am 30.07.2015.

978 Vgl. Art. 41 der Satzung.

979 Vgl. Khan 2013, S. 225 und Caeiro 2011, S. 123.

6.1.3.7 Der Arbeitsmechanismus des ECFR

6.1.3.7.1 Richtlinien der Arbeit

In seiner Satzung bestimmt der ECFR die Rechtsquellen und Richtlinien, um ein Fatwa zu erstellen. Der Rat stützt sich in diesem Zusammenhang zunächst auf die anerkannten Quellen der Scharia, und zwar den Koran, die Sunna, den Konsens und den Analogieschluss. Hinzu kommen die umstrittenen Rechtsquellen, nämlich *istiḥsān* (Billigkeitserwägung), *maṣlaḥa mursala* (ein Interesse, das entsprechend der Scharia weder legal noch illegal ist oder von der Scharia nicht geregelt ist), *sadd aḏ-ḏarāʾiʿ* (das Verwehren aller Mittel, die zu etwas Verbotenem oder Schädlichem führen), *istiṣḥāb* (die Annahme des Fortgeltens einer früheren Rechtslage), *ʿurf* (das Gewohnheitsrecht), *maḏhab aṣ-ṣaḥābī* (die Rechtsauffassung eines Prophetengefährten) und *šarʿ man qablanā* (die Übernahme einer Rechtsnorm einer früheren Religion [gemeint ist vor allem das Christentum oder das Judentum]). Die Anwendung dieser Prinzipien wird unter den von angesehenen Gelehrten aufgestellten Voraussetzungen vorgenommen, insbesondere wenn es um ein Gemeinwohl geht. Bei der Ableitung der Bestimmungen bezieht sich der Council nicht nur auf Rechtsauffassungen der vier sunnitischen Rechtsschulen, sondern auch auf andere *maḏāhib*. Die entscheidenden Kriterien für die Auswahl einer Ansicht sind die Stichhaltigkeit der Argumentation und die Berücksichtigung des Gemeinwohls. Bei der Fatwa-Erteilung sollte auf eine richtige Argumentation, die Zuschreibung von autorisierten Quellen, die Kenntnis der aktuellen Situation sowie eine mögliche Erleichterung Wert gelegt werden. Darüber hinaus sollten die Ziele der Scharia berücksichtigt und die verbotenen Rechtskniffe (*ḥiyal*), die sich diesen Absichten widersetzen, vermieden werden.[980]

In diesen Regeln der Rechtsfindung manifestiert sich sowohl in rechtstheoretischen als auch in rechtspraktischen Fragen eine Tendenz zur Anwendung der gesamten Rechtsliteratur der verschiedenen Rechtsschulen. Auf theoretischer Ebene zeigt sich diese Neigung in der Übernahme von Prinzipien verschiedener Schulen, wie *istiḥsān*, der eine wesentliche Rolle in der ḥanafitischen Schule spielt sowie der Prinzipien *maṣlaḥa mursala* und *sadd aḏ-ḏarāʾiʿ*, welche für die mālikitische Schule charakteristisch sind und von den Ḥanbaliten anerkannt werden. Was die rechtspraktischen Fragen betrifft, so spricht sich der ECFR für die Bezugnahme auf die Rechtsauffassung der jeweiligen Schulen aus. Außerdem spiegelt der Rekurs auf das Prinzip *maḏhab aṣ-ṣaḥābī*[981] die Absicht des ECFR wider, bei der Auswahl einer Rechtsauffassung über jene Ansichten der Rechtsschulen hinauszugehen und sich auch auf Lehrmeinungen aus der Zeit vor der Entstehung der Rechtsschulen zu berufen. Dadurch erweitert der ECFR seinen Auswahlbereich.

980 Vgl. Art. 30–33 der Satzung.

981 Zu den verschiedenen Rechtsquellen siehe Krawietz 2002, S. 87–326.

Obwohl die Anwendung des *iǧtihād* nicht explizit erwähnt wird, deutet die Bestrebung des ECFR, diverse *iǧtihād*-Methoden, wie *qiyās*, *istiḥsān*, *istiṣḥāb*, *ʿurf* und *maṣlaḥa mursala*, zu verwenden, seine Tendenz an, der Anwendung des *iǧtihād* größeren Raum zu gewähren.

6.1.3.7.2 Versammlungsregelung

Auf Einladung des Generalsekretärs findet die reguläre Sitzung des ECFR – mindestens einmal pro Jahr – entweder im Hauptsitz des Councils oder an einem anderen Ort statt. Drei Monate zuvor muss er die Mitglieder über den genauen Termin, die Dauer und den Ort sowie die Agenda der Tagung informieren. Außerdem sendet er ihnen die verfügbaren Studien über die Themen der Tagung zu. Unter Umständen kann im Auftrag des Präsidenten oder auf Wunsch eines Drittels der Mitglieder eine außerordentliche Sitzung veranstaltet werden. Für die Rechtmäßigkeit einer Versammlung ist die Präsenz von mehr als 50 % der gesamten Mitglieder des ECFR erforderlich.[982]

Mit Ausnahme der Eröffnungs- und Schlusssitzung sind die Tagungen grundsätzlich nur für die regulären Mitglieder, Experten und die Beobachter zugänglich, es sei denn, dass vom Rat für die Öffentlichkeit zugängliche Sitzungen beschlossen werden. In den Zusammenkünften können nur die in der Tagungsordnung angeführten Studien und Forschungen erörtert werden. Eine Änderung an der Agenda kann erst nach Einwilligung der Versammlung vorgenommen werden. Am Ende jeder einzelnen Sitzung fasst das Generalsekretariat ein Protokoll der Diskussionen und Arbeitsergebnisse ab, welches zu Beginn der folgenden Sitzung vorgetragen wird. Gibt es diesbezüglich vonseiten der Mitglieder nichts einzuwenden, wird zum nächsten Thema der Agenda übergegangen. Am Ende der Tagung bildet der Council einen Ausschuss aus mindestens drei Mitgliedern, welche die Ergebnisse festhalten sollen.[983]

Was die Regelung der Fatwa-Erteilung angeht, so wird diese im Namen des Councils erteilt – wenn möglich einstimmig oder mit Zweidrittelmehrheit der anwesenden Mitglieder. Wird diese nicht erreicht, darf weder der Präsident noch ein anderes Mitglied ein Fatwa im Namen des Rates erlassen. Ein Mitglied, welches eine Gegenmeinung vertritt oder sich für eine Stimmenthaltung entscheidet, hat das Recht darauf, seinen Standpunkt ins Protokoll der Tagung aufnehmen zu lassen. Die Gegenmeinung wird indes nicht veröffentlicht.[984] Die Fatwas des ECFR werden abgesehen davon, ob sie in völliger Einstimmigkeit oder nur mit der Mehrheit der Stimmen erteilt wurden, kundgegeben.[985]

---

982 Vgl. Paragraph 8 der Satzung.
983 Vgl. Art. 5 der Verfahrensverordnung.
984 Vgl. Art. 34 und 45 der Satzung.
985 Vgl. Art. 5 der Verfahrensverordnung.

6.1.3.7.3 Tagungsablauf

Die Arbeit der Vollversammlungen des ECFR besteht im Allgemeinen aus zwei Teilen. Der erste Hauptteil widmet sich der Behandlung des Schwerpunktthemas der Tagung und seiner Themenbereiche. Dieses Hauptthema und die damit verbundenen Gesichtspunkte werden bereits zuvor vom Generalsekretariat des Rates bestimmt. In der Regel werden dabei minderheitenrechtliche Probleme allgemeiner Natur ausgewählt. Zu den entsprechenden Teilfragen werden von den Mitgliedern Abhandlungen verfasst. Hinsichtlich der verschiedenen Teilfragen werden Resolutionen mittels eines kollektiven Verfahrens verabschiedet. Der zweite Teil der Versammlung befasst sich mit den an den Council gerichteten Fatwa-Anfragen. Die Fragen, die das muslimische Minderheitenrecht betreffen, werden an das Generalsekretariat geschickt. Diese können auch von Mitgliedern, Imamen der Moscheen in Europa oder sogar von den an den Tagungen anwesenden Beobachtern gestellt werden. Anschließend werden diese Fragen vom Generalsekretariat überprüft und kategorisiert. Einfache Fragen werden direkt beantwortet, wohingegen die Beantwortung komplexerer Fragestellungen, deren Untersuchung eine kollektive Arbeit erfordert, auf die Tagungen des Rates verschoben wird.[986]

Im Folgenden soll der Ablauf einer spezifischen Tagung dargestellt werden, wobei ich mich hauptsächlich auf meine eigenen Erfahrungen als Beobachter während der 25. Tagung des Councils im Zeitraum vom 06.–10. Oktober 2015 in Istanbul stützen werde. Diese Tagung hatte als Überthematik die Koexistenz von Muslimen und Nicht-Muslimen in Europa. Die Eröffnungssitzung der jährlichen Vollversammlung des ECFR begann – wie auch die übrigen Sitzungen – mit einer Koranrezitation. Anschließend folgte eine persönliche Begrüßung der Teilnehmer durch den Generalsekretär, den Stellvertreter des Präsidenten des Councils im Auftrag von Letzterem und den Vertreter des Gastlands. Am folgenden Tag wurde der erste Teil der Tagung mit den fachlichen Sitzungen initiiert. Im Durchschnitt dauerte jede dieser Sitzungen zwischen 1,5 und 2 Stunden und die Mitglieder übernahmen im Wechsel die Leitung. In jeder Sitzung wurde eine Teilfrage der Hauptthematik behandelt. Hierzu hielten verschiedene Forscher einen Vortrag über ihre wissenschaftlichen Arbeiten, welcher in eine Diskussion aller Beteiligten mündete. Während der Sitzungen wurde vom Generalsekretär Protokoll geführt. Sodann wurden diese Protokolle dem allgemeinen Formulierungskomitee vorgelegt, welches die Aufgabe hat, einen Entwurf für die Resolutionen anzufertigen. Im Anschluss an die Reihe der fachlichen Sitzungen fand eine Verfahrenssitzung statt, die ausschließlich den Stammmitgliedern offenstand und sich mit administrativen Angelegenheiten und Arbeitsberichten der verschiedenen Kommissionen des ECFR befasste.

In der darauffolgenden Sitzung stand das zweite Produkt des ECFR, die Beantwortung der Fatwa-Anfragen, im Zentrum des Interesses. Die im Laufe des Jahres beim Generalsekretariat des Councils eingegangenen Fragen wurden den einzelnen Mitgliedern bereits zuvor zugeschickt, damit sie ihre Antwort dazu formulieren.

---

986 Vgl. Caeiro 2011, S. 129; Schlabach 2009, S. 71 und Schweizer 2008, S. 35 f.

Während der Sitzung präsentierte daraufhin jedes der Mitglieder seine Auffassung zu diesen Fragen und diskutierte diese mit den anderen Teilnehmern. Hinter diesen Diskussionen stand die Intention, Verbesserungsvorschläge und Modifikationen hinsichtlich des Inhaltes und der Formulierungen für die Fatwas zu den diversen Fragen zu artikulieren, um so möglichst mannigfaltige Perspektiven der Mitglieder zu berücksichtigen bzw. einzuschließen.

Am vorletzten Tag war eine „Entscheidungssitzung" vorgesehen, in welcher die verschiedenen Entwürfe der Resolutionen und die Fatwa-Entwürfe nach den vorgenommenen Modifikationen erneut vorgetragen wurden, um zu einer endgültigen Entscheidung darüber zu gelangen. Hierbei wurden erneut Vorschläge – insbesondere zur Formulierung, aber teilweise auch zum Inhalt – gemacht, wobei es dann dem Generalsekretär oblag, eine endgültige Fassung der Resolutionen und Fatwas herbeizuführen. Der letzte Tag war dem Vortragen der Beschlusserklärung, welche die Resolutionen und Fatwas dieser Tagung beinhaltete, reserviert.

6.2 Kontrastive Analyse der Struktur

Im Zuge dieses Abschnittes soll eine Analyse und ein Vergleich der verschiedenen Akademien unter folgenden Gesichtspunkten durchgeführt werden: die Motivation und die Zielsetzung der Entstehung, die Zusammenstellung der Mitglieder und der Aufbau der Akademien.

Die Struktur der drei Rechtsakademien wird einer komparativen Analyse unterzogen werden. Diese Art der Bewertung der verschiedenen Akademien resultiert aus den zahlreichen Gemeinsamkeiten der Struktur der drei Institutionen. Auf diese Weise können einerseits Wiederholungen bei der Darstellung der drei Akademien vermieden werden. Andererseits erlaubt diese gegenüberstellende Untersuchung, Analogien, Differenzen sowie Berührungspunkte zwischen den drei Akademien ausfindig zu machen und vor Augen zu führen. Ein anderer Grund für diese Art von Analyse liegt darin, dass die Basis dafür, d. h., die Entstehungsziele, -gründe, die Regeln der Mitgliedschaft und Zusammensetzung der drei Rechtsakademien, im vorigen Kapitel bereits dargestellt wurden. Daraufhin hat das vorliegende Unterkapitel lediglich die Aufgabe, diese Elemente mittels einer Kontrastierung zu bewerten und zu vergleichen.

6.2.1 Genese und Zielsetzung

Führt man sich die Entstehungsgründe der drei ausgewählten Akademien vor Augen, kristallisieren sich differente Ansatzpunkte heraus. Bei der Untersuchung der Akademie für islamische Untersuchungen der Azhar zeigt sich, dass hinter der Entstehung dieser Institution des KI ein langjähriger Aufruf vieler Gelehrter, vor allem von ʿAbduh und seinen Schülern, steht. Die Initiative wurde jedoch erst seitens des Staates nach der damaligen politischen Neuordnung des Landes ergriffen. Dabei wurde die Intention der Gelehrten bzw. der Azhar an das Interesse der damaligen neuen Regierung assimiliert.[987] An dieser Stelle soll auf die Ansicht einiger Urheber, wie ʿAbduh und Riḍā, verwiesen werden, laut derer diese Institution vom Staat unabhängig sein sollte. Was den Auslöser für die Genese der IIFA betrifft, so ist hierbei einer offiziellen Aufforderung des Königs Ḫālid ibn ʿAbd al-ʿAzīz, welche unter den Gelehrten auf Anerkennung stieß, große Bedeutung beizumessen. In diesem Kontext ist anzumerken, dass die Schaffung der bestehenden Institutionen des KI innerhalb der islamischen Welt von staatlicher Unterstützung abhängig war. Eine mögliche Erklärung für diese Abhängigkeit besteht darin, dass die als Urform betrachtete Praxis des KI, nämlich die *šūrā*-Praxis, wie bereits erwähnt, von den Herrschern organisiert wurde.[988] Was den European Council for Fatwa and Research, als eine Institution des KI außerhalb der islamischen Welt, betrifft, so waren für dessen Entstehung die Bemühungen sowohl von Gelehrten, und zwar von al-Qaraḍāwī und Mawlawī, als auch einer Nichtregierungsorganisation, nämlich der Federation of Islamic Organizations in Europe, federführend. In diesem Zusammenhang hebt der ehemalige syrische Großmufti Muḥammad Saʿīd Ramaḍān al-Būṭī hervor, „[...] that the ECFR was set up to fulfill the political aspirations of its members by appeasing Western authorities (ECFR 2008: 3)."[989]

Bei kontrastiver Gegenüberstellung der Zielsetzung der drei Institutionen lassen sich einige Differenzen erkennen. In diesen spiegeln sich zum großen Teil die Interessen der jeweiligen Dachorganisation wider. Zu den Zielen der Akademie der Azhar gehören neben der Auseinandersetzung mit den neu auftretenden gesellschaftlichen oder theologischen Fragen Untersuchungen in verschiedenen islamwissenschaftlichen Bereichen, die Erneuerung der islamischen Kultur und Missionarsaktivitäten. Die enorme Bandbreite an Aufgaben der Akademie kann als Folge der bereits dargelegten Reformvorschläge der Azhar von al-Marāġī sowie der Vorschläge Šaltūts, die Körperschaft der großen Gelehrten der Azhar zu reformieren, verstanden werden. Zu den Hauptabsichten der internationalen Rechtsakademie gehört die Förderung der islamischen Einheit auf theoretischer und praktischer Ebene sowie die Gewährleistung einer Annäherung zwischen den verschiedenen islamischen *maḏāhib* und einer intellektuellen Konvergenz zwischen Muslimen im Rahmen der Scharia. Darin manifestiert sich die Verbindung der Akademie mit der Oberorganisation der OIC, deren Anspruch es ist, die Einheit der islamischen Länder und die Solidarität zwischen ihnen in unterschiedlichen Lebensbereichen sicherzustellen. In diesem Kontext kann auch der Zweck der IIFA, als Unterorgan der größten islamisch-politischen Organisation, eine allgemeine und universale *Fiqh*-Autorität zu werden, verstanden werden. In Hinblick auf den European Council for Fatwa und Research steht im Zentrum seines Interesses, die Muslime in Europa zu vertreten. Dies steht in Einklang mit den Absichten der Federation of Islamic Organizations in Europe, welche die Schaffung des Councils initiiert hat.

---

987 Vgl. Skovgaard-Petersen 1997, S. 182 ff. und Lemke 1980, S. 163.

988 Dieser Punkt wird unter Abschnitt „6.4" ausführlicher behandelt.

989 Khan 2013, S. 226.

Allerdings haben alle drei Institutionen in ihrem Institutionalisierungsprozess sowohl implizit als auch explizit auf den KI Bezug genommen, auch wenn ihre Durchführung des KI, wie wir bei der Analyse ihrer Arbeitsweise sehen werden, nicht in gleichem Maßen erfolgte. Obgleich der Begriff des KI weder in der Satzung noch der Ausführungsordnung der Forschungsakademie der Azhar erwähnt wird,[990] liefern viele Artikel beider Ordnungen der Akademie die nötigen Komponenten zur Praxis des KI, wie die Behandlung der neuen gesellschaftlichen und rechtlichen Fragen, und die Teilnahme mehrerer Gelehrten, welche die diversen islamischen Rechtsschulen repräsentieren sowie Entscheidungen, welche auf einem kollektiven Abstimmungsprozess der Akademie – sei es einstimmig oder mehrheitlich – beruhen.[991] Des Weiteren erwähnt die Akademie den KI explizit in ihrer ersten internationalen Konferenz im Jahre 1964. In seiner Studie über den *iǧtihād* weist al-Fāḍil ibn ʿĀšūr auf den Vorschlag seines Vaters hin, den *iǧtihād* in der Gegenwart in Form einer Rechtsakademie umzusetzen. Anschließend wurden unter den Mitgliedern der *iǧtihād* und seine gegenwärtige Rolle diskutiert. In Zuge dessen vertraten einige Mitglieder die Auffassung, dass eine Öffnung des Tors zum *iǧtihād* unumgänglich sei und entwickelten basierend darauf die Idee des KI. In diesem Kontext schlug der jordanische Vertreter, ʿAbd al-Ḥamīd as-Sāʾiḥ, vor, den *iǧtihād* in einer Kollektivform (*iǧtihād ǧamāʿī*) umzusetzen. An dieser Form sollten sich Vertreter aller muslimischen Länder beteiligen, um eine möglichst erfolgreiche Durchführung zu gewährleisten. Dieser Vorschlag wurde von vielen Mitgliedern aus verschiedenen Ländern unterstützt, z. B. aus dem Sudan, Tunesien und Afghanistan. Infolgedessen hob die Akademie im Rahmen der Resolutionen dieser ersten Konferenz das Recht jedes qualifizierten Gelehrten auf den *iǧtihād* hervor und legte die Anwendung des KI als Arbeitsmethode fest.[992] Ebenso betonte der Scheich der Azhar und Präsident der Akademie in seiner Eröffnungsrede der 2. Konferenz, dass die überstaatliche Teilnahme an der Akademie eine Kollektivierung des *iǧtihād* sicherstelle.[993]

In Bezug auf den ECFR zeigt sich die Bezugnahme auf den KI ausdrücklich in dem von ihm festgelegten zweiten Ziel seiner Satzung. Hierbei setzt er die kollektive Normenfindung als Methode zur Behandlung der minderheitenrechtlichen Fragen fest.[994] In seinem Vorwort, welches erst mal in der ersten Fatwa-Sammlung 1999 erschien, stellte der Präsident des Gremiums, al-Qaraḍāwī, den KI als Arbeitsmethode des ECFR bei der Fatwa-Erteilung fest.[995]

Was die IIFA betrifft, so geht die Verbindung zum KI aus der o. g. Resolutionsnr. 8/3-C, (IS) der dritten Gipfelkonferenz der OIC 1981 hervor. Während dieser Konferenz wurde die Schaffung dieser Akademie als internationale *Fiqh*-Institution

---

990 Vgl. Textanhang I und II.

991 Vgl. Art. 15 und 16 der Satzung sowie Art. 4 und 19 der Ausführungsverordnung.

992 Vgl. *Maǧallat al-Azhar* (35) 1964, S. 951 f.; 996 f. und 1028.

993 Vgl. *Maǧallat al-Azhar* (37) 1965, S. 9.

994 Art. 4 der Satzung siehe Textanhang V.

995 Vgl. ECFR 2013, S. 7. Eine englische Übersetzung dieses Vorworts findet sich bei Caeiro 2011 als Textanhang.

entschieden, in der mehrere Gelehrten und Spezialisten anderer Fachgebiete aus den diversen islamischen Ländern an der Lösung gegenwärtiger Probleme anhand eines effektiven *iǧtihād* arbeiten. Das Bild der vorgesehenen Akademie in dieser Resolution verkörpert die von vielen Ideenträgern, wie az-Zarqā, Ibn ʿĀšūr, Yūsuf Mūsā und Šaltūt, die vorgeschlagene Form zur Institutionalisierung des KI.[996] Ebenso manifestieren sich in ihr die dargelegte Definition des KI.[997]

Im Eröffnungswort des Königs Fahd ibn ʿAbd al-ʿAzīz während der Gründungsversammlung im Jahre 1983 wurde die Schaffung dieser Rechtsakademie damit gerechtfertigt, dass es durch sie möglich sei, die gegenwärtigen Probleme, welchen der individuelle *iǧtihād* nicht gerecht werden könne, durch eine kollektive Arbeit verschiedener Gelehrten in Form einer internationalen Akademie zu lösen.[998] Dazu gibt es weitere Äußerungen von Verantwortlichen der Akademie, bei welchen der Begriff „*iǧtihād ǧamāʿī*" verwendet wurde: In seinem Vorwort der ersten Ausgabe der Zeitschrift der Akademie von 1986 stellt der Generalsekretär der Akademie, Muḥammad al-Ḥabīb ibn al-Ḫūǧa, fest, dass die Akademie bei ihrer Behandlung von Fragen während der letzten zwei Jahre einem KI folgte und setzt am Ende des Vorworts die Förderung der islamrechtlichen Studien und des KI als eines der Ziele der Akademie fest.[999] Auch in seiner Eröffnungsrede der zweiten Tagung hebt der Generalsekretär den KI als Arbeitsmethode der Akademie hervor und verbietet somit den Fanatismus für eine bestimmte Rechtsschule oder Ansicht.[1000] In seiner Rede bei der Eröffnung dieser zweiten Tagung definiert auch ʿAbd as-Salām al-ʿAbbādī, der spätere Generalsekretär, als Vertreter der Mitglieder, die Akademie als Institution des KI, welche sich mit den neuen gegenwärtigen Problemen und Fragestellungen befasst.[1001] Ferner hat die Akademie in ihrer revidierten Satzung „die Förderung des KI" als Ziel festgelegt.[1002]

Im Gegenteil zur Akademie der Azhar wird sowohl bei der IIFA als auch beim ECFR die Bezugnahme auf den KI in ihrer Selbstdarstellung im Zusammenhang mit den fixierten Zielen deutlicher hervorgehoben. Trotzdem zeigt sich der KI als Arbeitsmethode bei der Akademie der Azhar in mehreren Formen verglichen mit den anderen beiden. Dies kommt in der gemeinsamen Vorgehensweise der Fachkommissionen, den monatlichen Sitzungen des Rates, den jährlichen Konferenzen und sogar in der Arbeit der Fatwa-Kommission der Azhar zum Vorschein. Demgegenüber beschränkt sich die Verwendung des KI bei den anderen Akademien grundsätzlich auf die Arbeit im Rahmen der jährlichen Tagungen. Im folgenden Unterkapitel wird der Frage nachgegangen werden, inwieweit die Idee des KI in der Arbeit der Rechtsakademien berücksichtigt wird. Ferner soll die tatsächliche Umsetzung dieser Idee in den Akademien analysiert und bewertet werden.

---

996 Siehe die entsprechenden Anrufe unter Kapitel 3.2.
997 Siehe die Begriffsbestimmung 3.1.
998 Vgl. Zeitschrift der IIFA 1986, 1. Ausgabe, S. 25 und 27 f.
999 Vgl. Zeitschrift der IIFA 1986, 1. Ausgabe, S. 9 und 11.
1000 Vgl. Zeitschrift der IIFA 1986, 2. Ausgabe, Bd. 1, S. 37.
1001 Vgl. Zeitschrift der IIFA 1986, 2. Ausgabe, Bd. 1, S. 56.
1002 Vgl. Art. 3 der revidierten Satzung.

Als gemeinsames Ziel der drei Organisationen lässt sich das Lösen der gegenwärtigen Probleme der muslimischen Gesellschaften im Lichte des islamischen Rechts identifizieren, wobei die Anwendung des KI selbstverständlich ist. Es sollte noch darauf hingewiesen werden, dass bei den Rechtsakademien der Azhar und der OIC diejenigen Punkte in der Zielsetzung genannt werden, die in dieser Studie bereits als Motive für die Entstehung der kollektiven Form des *iǧtihād* erwähnt wurden, nämlich die Bekämpfung des *maḏhab*-Fanatismus und die Vereinigung der islamischen Welt.[1003] Erstere Bestrebung wird unter den Zielen der *Maǧmaʿ al-buḥūṯ al-islāmiyya* aufgelistet und wurde später von der IIFA in der revidierten Satzung unter dem Punkt „Zwecke der Akademie" aufgenommen. Ebenso steckt sich die IIFA die muslimische Einheit zum Ziel. Diesbezüglich äußert sich der syrische Forscher al-Ḫālid kritisch und weist darauf hin, dass dieses Ziel bis zum heutigen Tage im Grunde nicht umgesetzt wurde – was auch der Wirklichkeit entspricht.[1004] Bemerkenswert ist die Absicht des ECFR, mithilfe der Entwicklung eines islamischen anpassungsfähigen Minderheitenrechts einen Beitrag zur Integration der Muslime in westlichen Gesellschaften Europas leisten zu können. In seiner Anwendung auf Fragen in nicht-islamischen Gesellschaften kann ein neues Ziel des KI gesehen werden. Auf diesen Gesichtspunkt wird an späterer Stelle im Zusammenhang mit der Analyse der Arbeitsmethode des Councils noch einmal Bezug genommen werden.

6.2.2 Personelle Zusammensetzung

Im Folgenden wird der Fokus der Analyse auf zwei Aspekten liegen. Zunächst werden die Voraussetzungen der Mitgliedschaft bzw. die Kriterien bei der Auswahl der Mitglieder der Rechtsakademien geklärt werden und sodann soll die Ernennungsweise der Mitglieder dieser Institutionen herausgearbeitet werden.

Aus der Überprüfung der Beitrittsvoraussetzungen der drei Organisationen ergibt sich, dass sich, ähnlich wie bei den klassischen Qualifikationen eines *muǧtahid*, im Allgemeinen drei gemeinsame Kriterien ausmachen lassen, nämlich die wissenschaftliche Kompetenz, die Rechtschaffenheit und die Kenntnis der aktuellen Situation. Die letzten beiden Qualifikationen sind bei allen Akademien verpflichtend und haben ihre Wurzeln in den Voraussetzungen der klassischen Gelehrten für die *iǧtihād*-Praxis.[1005] Lediglich hinsichtlich des ersten Kriteriums besteht zwischen den drei Akademien ein Unterschied. Bezüglich der wissenschaftlichen Fähigkeit kann konstatiert werden, dass die Akademien bei den erforderlichen Kenntnissen für die *iǧtihād*-Praxis im Vergleich zu den von den klassischen Gelehrten aufgestellten Bedingungen eine Änderung vorgenommen haben. Während damals Wissen in

1003 Siehe Unterkapitel „3.3.5.1".

1004 Vgl. al-Ḫālid 2009, S. 324.

1005 Zu diesen Voraussetzungen bzw. Qualifikationen des *iǧtihād* siehe aš-Šāfiʿī o. J, S. 509 ff.; al-Āmidī 2003, Bd. 4, S. 198 f.; az-Zarkašī 1992, Bd. 6, 2. Aufl., S. 199 ff.; aš-Šawkānī 2000, Bd. 2, S. 1027–1934; ad-Dihlawī 1995, 20–24; Hallaq 1984, S. 5 ff.; as-Suyūṭī 2004, S. 31–44 und Krawietz 2002, S. 360 f.

Koran-, Hadith-, *uṣūl-* und arabischen Sprachwissenschaften sowie die Kenntnis von Konsensentscheidungen und der Ziele der Scharia vorausgesetzt wurde, genügt für die Aufnahme in die drei Akademien ein akademischer Abschluss bzw. ein Nachweis darüber, im Besitz der notwendigen Fachkenntnisse zu sein. Dadurch wird die Mitgliedschaft in den Institutionen des KI erleichtert. Gleichzeitig wird diese Kompetenz von den drei Akademien auf unterschiedliche Weise formuliert.

Die Akademie für islamische Untersuchungen verlangt einen akademischen Abschluss der islamischen Studien und herausragende wissenschaftliche Arbeiten auf dem Gebiet der islamischen Studien oder einen Nachweis über fünfjährige Arbeitserfahrung als Hochschuldozent für islamische Studien oder in einem islambezogenen Amt der Rechtsprechung, Fatwa-Erstellung oder Gesetzgebung. Diese Aufnahmevoraussetzungen wurden von der Satzung der Körperschaft der großen Gelehrten der Azhar übernommen. Erstaunlicherweise setzt die Azhar-Akademie ein Mindestalter von 40 Jahren voraus. Darin folgt die Akademie erneut der Körperschaft der großen Gelehrten, die für eine mögliche Mitgliedschaft ein Mindestalter von 45 Jahren festsetzte.[1006]

Die IIFA spricht von dem Besitz umfangreicher und tiefgründiger Kenntnisse in den islamischen Wissenschaften im Allgemeinen und insbesondere in der islamischen Scharia bzw. der islamischen Rechtswissenschaft.[1007] Hieran lässt sich kritisieren, dass der erforderliche Wissensstandard nur sehr vage und unzulänglich definiert wird. Diese Unbestimmtheit eröffnet auch Personen ohne akademischen Grad die Möglichkeit, sich an der Arbeit der Akademie zu beteiligen, was in der Realität inzwischen manchmal der Fall ist. Zwar können solche Mitglieder – auch ohne akademischen Abschluss – durch die Tradition der islamischen Wissenschaften für die Tätigkeit prädestiniert sein, jedoch birgt dies auch die Gefahr, dass Personen eine Beteiligung ermöglicht wird, die fachlich nicht die erforderlichen Kompetenzen mit sich bringen. Aufgrund dessen stellt sich die Frage, welche bereits im Rahmen der von den früheren Gelehrten für die *iǧtihād*-Praxis aufgestellten Qualifikationen aufkam, welches Maß an erforderlichen Kompetenzen in den Wissenschaften ausreichend ist und wer darüber entscheidet, ob eine Person diese erfüllt oder nicht. In diesem Kontext könnte die Tatsache, dass die Akademie entweder dem Vorstandsgremium oder einem Viertel der Mitglieder die Berechtigung erteilt, ein Mitglied auszuschließen, falls dessen Unfähigkeit festgestellt wird, als Vorsichtsmaßnahme interpretiert werden bzw. als Lösung für die fehlenden Voraussetzungen der *iǧtihād*-Praxis. Um solche Vorkommnisse zu vermeiden, wäre es sicher sinnvoller, einen höheren akademischen Grad (und praktische Erfahrung) zur Bedingung für eine Mitgliedschaft zu machen, wie es auch die Akademie der Azhar praktiziert.

Was den European Council for Fatwa und Research betrifft, so vereint diese Institution die vorangehenden Bedingungen einer Mitgliedschaft der beiden anderen

1006 Vgl. al-Maġribī 2012, S. 67–80.

1007 Der Anlass für diese Regelung ist in einigen kleinen islamischen Ländern möglicherweise ein Mangel an Vertretern mit einem hohen akademischen Grad.

Akademien. Ein Mitglied soll entweder einen juristischen akademischen Abschluss oder eine Lizenz (*iğāza*) von einem (anerkannten) Gelehrten haben. Diese Regelung könnte damit gerechtfertigt werden, dass es nicht genügend muslimische Gelehrte mit einem höheren akademischen Abschluss im Bereich der islamischen Studien gibt, die in Europa ansässig sind und an der Arbeit des Councils mitwirken wollen oder können. Hervorzuheben ist diesbezüglich, dass die meisten Mitglieder des ECFR mit Doktortitel außerhalb Europas ansässig sind. Eine weitere wichtige Vorbedingung für die Teilnahme ist die Beherrschung des Arabischen, da einige Mitglieder aus nicht-arabischen Ländern stammen. Diese Voraussetzung wird aus demselben Grund auch von der IIFA genannt. Die Kenntnis der arabischen Sprache gehört auch zu den für den *iǧtihād* erforderlichen Kompetenzen. Nicht zu vernachlässigen ist zudem die Forderung des ECFR, dass die Mehrheit der Mitglieder in Europa ansässig sein sollte. Der Vorteil besteht darin, dass sie dadurch eine höhere Sensibilität für die Lebensbedingungen in den westlichen Gesellschaften mitbringen.

In diesem Zusammenhang erhebt Muḥammad Nāṣir al-Albānī (gest. 1999), einer der berühmtesten Gegner der aktuellen Umsetzung des KI, gegen die Anhänger des KI den Vorwurf, dass sie für die Praxis des *iǧtihād* nicht kompetent genug seien. Ein wesentlicher Grund für diese Kritik ist, dass diese Rechtsgelehrten die Hadithwissenschaften nicht ausreichend beherrschen würden. Ein weiterer Kritikpunkt an den Institutionen des KI ist die von al-Albānī befürchtete Teilnahme der Nicht-Sunniten, wie Schiiten, Ibāḍiten und anderen, die die Bestimmungen der Scharia an die westliche Kultur anpassen wollen.[1008] Ebenso akzentuiert aṣ-Ṣābūnī im Symposium (*Nadwa*) des *iǧtihād ǧamāʿī* in den Vereinigten Arabischen Emiraten, dass viele Mitglieder der Rechtsakademien die Qualifikationen der *iǧtihād*-Praxis nicht erfüllen könnten.[1009] Darüber hinaus schlagen einige Autoren, wie as-Sanhūrī, Kamāl ad-Dīn Imām und Quṭb Sānū vor, eine Akademie oder einen Lehrstuhl für die *iǧtihād*-Ausbildung einzurichten, wo ein angehender Wissenschaftler alle für die *iǧtihād*-Praxis benötigten Wissenschaften erlernt. Dadurch seien die Absolventen für die Teilnahme an den KI-Institutionen qualifiziert.[1010] Weiterhin werden die Auswahlkriterien für eine Mitgliedschaft in diesen Akademien von einigen Mitgliedern der drei Rechtsakademien infrage gestellt. Einige Beispiele werden in einem späteren Abschnitt über die Schwierigkeiten und Hindernisse der Arbeit in den Rechtsakademien dargestellt werden.

Ein weiterer diskussionswürdiger Einwand in diesem Zusammenhang betrifft die Ernennungsweise der Mitglieder der Akademien, vor allem bei der IIFA. Der ägyptische Jurist Tawfīq aš-Šāwī (gest. 2009) übt harte Kritik an der Nominierungsregel der IIFA. Aš-Šāwī ist der Auffassung, dass die Entsendung und Nominierung der Mitglieder der Akademie durch ihre Länder gegen die Unabhängigkeit der Akademie verstoße. Er vertritt die Ansicht, dass die Auswahl der Mitglieder der Rechtsakademien

1008 Vgl. al-Albānī 2002, Bd. 10, S. 441–445.
1009 Vgl. aṣ-Ṣābūnī 1996, Bd. 1, S. 421.
1010 Vgl. Imām 1996, Bd. 2, S. 1064 ff. und Sānū 2006, S. 253 ff.

von der Gesellschaft bzw. der Nation und nicht von der Regierung bestimmt werden müsse.[1011] Außerdem weist al-Ḫālid darauf hin, dass die Ernennung der Mitglieder dieser Akademie in den meisten Fällen aufgrund der politischen Loyalität erfolge.[1012] Auch andere Autoren und Beobachter äußern dieselben Bedenken einer potenziellen Beeinflussung der Entscheidungen.[1013] In Verbindung mit seiner erwünschten Institution des KI akzentuiert das Mitglied der IIFA, Quṭb Sānū, dass die Nominierung von Mitgliedern aufgrund ihrer Qualifikation und Befähigung zum *iǧtihād* erfolgen sollte und nicht wegen der Loyalität des Kandidaten gegenüber der Regierung. Außerdem fordert Sānū die drei großen Rechtsakademien, nämlich die Forschungsakademie der Azhar, die IIFA und die Fiqh-Akademie der MWL, dazu auf, ihre Aufgaben und Ernennungsregeln für Mitglieder zu überprüfen.[1014] Noch deutlicher kritisiert al-Qaraḍāwī, Mitglied IIFA, dass die Rechtsakademien viele angesehene Gelehrte nicht als Mitglieder aufnehmen.[1015] Außerdem glaubt al-Qaraḍāwī, dass einige Mitglieder von ihren Staaten aufgrund einer verwandtschaftlichen oder engeren Beziehung mit dem zuständigen Minister oder Herrscher ernannt würden.[1016]

6.2.3 Struktur

Die Darstellung der ausgewählten Rechtsakademien zeigt, dass ihre Struktur sich im Allgemeinen aus drei Grundbestandteilen zusammensetzt. Als erster Grundstein lässt sich das Leitungsorgan anführen, welches ein Präsident oder ein Vorstandsgremium übernimmt. Hervorzuheben sind hierbei die weitgehenden Rechte des Präsidenten der Forschungsakademie der Azhar, die sich möglicherweise daraus ergeben, dass er gleichzeitig die Position des Šayḫ al-Azhar innehat. Diese Befugnisse gehen über die Leitung der Tagungen der Akademie hinaus und betreffen beispielsweise die Festsetzung des Termins der monatlichen Sitzungen – selbst während des Pausenzustandes im Juli und August – und der jährlichen Konferenz sowie des Ortes der monatlichen Tagungen (Art. 14 und 45 der Ausführungsverordnung) und der Fachkommissionen, die oft im Sitz des Azhar-Amts (*Mašyaḫat al-Azhar*) stattfinden.[1017] Hinzu kommen die Änderungen an der Agenda der monatlichen Ver-

---

1011 Vgl. aš-Šāwī 1992, S. 196, 230 und 754 f.

1012 Vgl. al-Ḫālid 2009, S. 440.

1013 Vgl. aṣ-Ṣābūnī 1996, Bd. 1, S. 421 und aš-Šarafī 1998, S. 140.

1014 Vgl. Sānū 2006, S. 263, 276 und 294.

1015 Vgl. Qaraḍāwī 1997, 5. Aufl., S. 129 Fn. 1.

1016 In seiner Sendung *aš-Šarīʿa wa-l-ḥayāt* auf *al-Jazeera* am 12.01.2003; Im Text: *al-Fiqh al-islāmī fī muwāǧahat at-taṭawur*: http://www.aljazeera.net/programs/religionandlife/2004/6/3/%D8%A7%D9%84%D9%81%D9%82%D9%87-%D8%A7%D9%84%D8%A5%D8%B3%D9%84%D8%A7%D9%85%D9%8A-%D9%81%D9%8A-%D9%85%D9%88%D8%A7%D8%AC%D9%87%D8%A9-%D8%A7%D9%84%D8%AA%D8%B7%D9%88%D8%B1#L3, abgerufen am 15.01.2016.

1017 Laut den Angaben der zuständigen Angestellten der allgemeinen Verwaltung der Angelegenheiten des Rates der Akademie und seiner Ausschüsse am 16.02.2015.

sammlungen (Art. 16 der Ausführungsverordnung), welche der Präsident vornimmt. Ferner ist er dazu befugt, die Struktur der Fachausschüsse (Art. 23 der Ausführungsverordnung) umzugestalten und er allein ist der Sprecher der (monatlichen) Akademie- und Ausschussversammlungen (Art. 46 der Ausführungsverordnung). Diese übersteigerte Autorität des Scheichs der Azhar über die Akademie verstößt zum einen gegen die Vorstellung von einer gemeinschaftlichen Verantwortung und Arbeit innerhalb einer Institution des KI. Zum anderen ruft sie aber auch Bedenken hinsichtlich eines potenziell negativen Einflusses auf die Arbeit der Akademie hervor. In diesem Rahmen stellt der ehemalige Generalsekretär der Akademie, ʿAbd al-Fattāḥ Baraka (Amtszeit 1986–1989), fest, dass der Scheich der Azhar praktisch willkürlich darüber entscheiden könne, ob die monatlichen Tagungen und die jährliche Konferenz stattfinden, sodass der innere Ablauf der fachlichen Komitees und Arbeitsgruppen gestört werde und infolgedessen eine Verschlechterung der Arbeitsergebnisse eine logische Konsequenz sei.[1018]

Im Gegensatz dazu hat der Präsident der IIFA – der von den Mitgliedern gewählt wird – eine zweitrangige Rolle, die ausschließlich in der Leitung der Konferenzen besteht. Die eigentliche Führung übernimmt das achtköpfige Vorstandsgremium, welches sich aus sechs gewählten Mitgliedern und zwei Teilnehmern von Amtswegen, nämlich dem Generalsekretär der OIC und dem Generalsekretär der Akademie, zusammensetzt. Die Aufnahme des Generalsekretärs der OIC in das Gremium bestätigt allerdings das Abhängigkeitsverhältnis der Akademie von der OIC, insbesondere unter Berücksichtigung der Tatsache, dass der Generalsekretär der OIC den Generalsekretär der Akademie unter den Mitgliedern bestimmt und einsetzt. Im Vergleich mit der Akademie der Azhar erscheint diese Leitungsform trotzdem zweckmäßiger. Hinsichtlich der Führung des ECFR ist anzumerken, dass der Präsident durch Wahlen ernannt wird und aufgrund mehrheitlicher Entscheidung seines Amtes enthoben werden kann, wodurch die Autorität des Präsidenten bei Entscheidungen auf ein gemäßigtes Ausmaß begrenzt wird.

Der zweite Bestandteil ist die Exekutive der Akademie, und zwar das Generalsekretariat. Es übernimmt dabei nicht nur eine administrative Rolle, sondern kümmert sich auch um fachliche Aufgaben. Daher macht es durchaus Sinn, dass die Rechtsakademien vom Generalsekretär verlangen, die fachlichen Qualifikationen der Mitgliedschaft erfüllen zu können. Diese Position kann einen starken Einfluss auf die Entwicklung der Akademie ausüben. Anders gesagt gilt dieses Amt als Motor aller Unternehmungen dieser Organisationen oder sollte es zumindest sein. Der Generalsekretär ist im Sitz der Institutionen ständig anwesend und beaufsichtigt die Tätigkeiten. Demzufolge wäre es zweckmäßig, dem Generalsekretär seiner Position entsprechende Befugnisse zu erteilen und ihn durch Wahlen einzusetzen. Somit könnte der Entwicklungsprozess der Arbeitsmethodologie dieser Institutionen vorangetrieben werden. Bedauerlicherweise wird der Generalsekretär in der Akademie der Azhar und in der IIFA von den Dachorganisationen eingesetzt, worin sich eine

1018 Vgl. Baraka 1996, Bd. 1, S. 204.

Abhängigkeit der Akademien von diesen Dachverbänden manifestiert und zudem eine Restriktion der Stellung des Generalsekretärs herbeigeführt wird. Diese Vorstellung betont der ehemalige Generalsekretär der Azhar-Akademie ʿAbd al-Fattāḥ Baraka in seiner Studie über seine Akademie. Er stellt fest, dass die Unterordnung des Generalsekretärs unter die Autorität des Scheichs der Azhar die Arbeitsbefugnisse des Ersteren einschränke und sich negativ auf die Aktivitäten der Akademie auswirke.[1019] Demgegenüber erwecken die Befugnisse des Generalsekretärs der OIC dennoch den Eindruck, ausgewogen zu sein. Die Situation im ECFR scheint in Anbetracht der Satzung angemessener zu sein. So wird der Generalsekretär vom Präsidenten nominiert und erst mit der Zustimmung der absoluten Mehrheit der Mitglieder eingestellt. Trotzdem vermutet Khan, dass mittels der finanziellen Unterstützung durch die Wohltätigkeitsstiftung von Muḥammad ibn Rāšid Āl Maktūm die Organisation beeinflusst werde, so z. B. im Fall der Bestimmung des aktuellen Generalsekretärs Ḥusayn Ḥalāwa. Letzterer sei kurz vor Übernahme des Generalsekretariats des ECFR als Vorbeter der Moschee des ICCI in Clonskeagh eingesetzt worden.[1020]

Das dritte Element bildet die fachliche Praxis, welche durch die Kommissionen einer Institution repräsentiert wird. Aus der Formation der Fachausschüsse der drei Rechtsakademien geht hervor, dass diese drei Arbeitsbereiche abdecken: den Fatwa-, Forschungs- und Planungsbereich. Die Fatwa-Sektion bildet das Bindeglied zwischen den Rechtsakademien und der Gesellschaft. Dadurch stehen die Akademien, im Gegensatz zu ihrer Vollversammlung, die in langen Intervallen stattfindet, in direktem und ständigem Kontakt mit dem Publikum und kommen mit dessen Alltagsfragen in Berührung. Neben den Tagungen der Akademien bilden die Fatwa-Kommissionen den praktischen Teil des Arbeitsmechanismus dieser Organisationen.

Die theoretischen Aufgaben werden von der Forschungsabteilung der Institutionen übernommen. Diese Sektion erstellt grundsätzlich Studien auf juristischem Gebiet, in denen sich die Mitglieder zum einen mit Rechtsfragen auseinandersetzen und versuchen, dafür Normen zu ermitteln. Zum anderen wird damit beabsichtigt, einen Beitrag zur Entwicklung des islamischen Rechts zu leisten. Erwähnenswert ist, dass der Forschungsbereich der Akademie für die islamischen Untersuchungen der Azhar nicht nur auf das rechtliche Fachgebiet limitiert ist. Die Akademie hat verschiedene Forschungsausschüsse, welche unterschiedliche Fachbereiche wie Koran, Sunna und Dogmatik untersuchen.

Der dritte Arbeitsbereich ist die Planung. Diese Abteilung organisiert den fachlichen Arbeitsprozess der Akademien und beaufsichtigt einerseits die Arbeit der Fachausschüsse und verbindet andererseits diese Kommissionen mit der Administration.

1019 Vgl. Baraka 1996, Bd. 1, S. 204.

1020 Vgl. Khan 2013, S. 225.

Außer diesen drei Abteilungen hat jede Akademie noch andere Kommissionen, die an der Erfüllung der Arbeiten und Ziele der jeweiligen Akademie mitwirken. Dies kommt vor allem in der Struktur der Forschungsakademie der Azhar zum Ausdruck. Eines der wichtigen Ziele der Akademie, entsprechend ihres Statutes, besteht darin, das Interesse am islamischen Kulturerbe zu wecken und dieses wiederzubeleben. Zu diesem Zweck wurde die „Kommission für die Wiederbelebung des islamischen Kulturerbes" ins Leben gerufen. Zudem zeigt die Akademie der Azhar missionarische Ambitionen im In- und Ausland. In diesem Kontext widmet sich das *Assistenz-Sekretariat für Daʿwa und religiöse Medien* den inländischen Angelegenheiten und die *Kommission für die Präsentation des Islam* ist für die internationale Missionierung zuständig. Darüber hinaus hat die Akademie auch die Aufsicht über die Lehrpläne der Azhar-Universität, vornehmlich hinsichtlich des postgradualen Studiums. Zur Erfüllung dieser Aufgabe existieren die Ausschüsse *Kooperationsausschuss zwischen der Akademie und der Azhar Universität* und *Kommission für Erziehung und Bildung*. Diese drei Arbeitsbereiche hat die Akademie von der Körperschaft der großen Gelehrten der Azhar übernommen. Interessant ist noch der *Ausschuss für die Jerusalem-Frage, ǧihād und muslimische Minderheiten*. Einerseits kommt darin der von der Akademie beanspruchte internationale Charakter zum Vorschein und andererseits zeigt sich in ihm das Interesse der Akademie an gewissen politischen Fragen, vor allem hinsichtlich des arabisch-israelischen Konflikts, welches sich insbesondere in den ersten Tagungen der Akademie explizit zeigte und selbst nach dem Abschluss des Friedensabkommens zwischen Ägypten und Israel im Jahre 1978 fortbestand.[1021] Alsdann weist Jomier darauf hin, dass nach 1967 die Mächte, die Israel unterstützten, namentlich stigmatisiert worden seien.[1022] Die Beschäftigung mit Fragen, die die muslimischen Minderheiten betreffen, gehört nicht zu den ursprünglichen Zielen der Akademie. Die Gründung einer Sektion für muslimische Minderheiten gilt als Reaktion auf die Fragen einiger Minderheiten an die Akademie im Rahmen der 7. und 8. Konferenz (1972 und 1977). Später kam es zum Zusammenschluss dieser Sektion mit der Kommission der Palästinafrage.

Was die IIFA angeht, so ist sie durch die *Sektion der Annäherung zwischen den Lehrrichtungen* gekennzeichnet, welche in Einklang mit dem Anspruch der Akademie und der OIC steht, die ganze islamische Welt und alle islamischen *maḏāhib* zu vertreten. Ebenso wird durch sie dem Hauptziel der Akademie, eine islamische Einheit zu begünstigen, Rechnung getragen. Überdies hat die Akademie eine *Abteilung für Übersetzung und Veröffentlichung*, welche dem beanspruchten internationalen Bild der Akademie entspricht. Darüber hinaus verkörpert die Einrichtung der beiden neuen Abteilungen für die Enzyklopädien und Wörterbücher und für vergleichende Gesetzgebung die zwei wichtigsten Mittel zur Ver-

1021 Vgl. Skovgaard-Petersen 1997, S. 187 f.
1022 Jomier 1980, S. 97. Zu einer ausführlichen Darstellung des Inhaltes der ersten acht Tagungen: Jomier 1980, S. 95–148.

wirklichung der Ziele der Akademie, und zwar die Erlassung von umfassenden Fiqh-Enzyklopädien und das Entwerfen von musterbildlichen Gesetzesprojekten, die die verschiedenen Rechtsschulen berücksichtigen.[1023] In Verbindung mit dem Streben des European Council for Fatwa und Research, die Interessen der Muslime in Europa zu repräsentieren, kann die Schaffung des *Ausschusses des Dialogs* verstanden werden.

Die Fachzeitschriften der Rechtsakademien dienen als Sprachrohr und werden von ihnen dazu genutzt, ihre Fatwas und Resolutionen sowie die Studien ihrer Mitglieder oder Forscher zu veröffentlichen. Die Arbeitsergebnisse des ECFR und der IIFA sind außerdem über ihr Online-Portal zugänglich. Darüber hinaus pflegen die drei Institutionen in unregelmäßigen Abständen Zusammenstellungen ihrer Arbeitsergebnisse herauszugeben.

6.3 Analyse der Arbeitsweise

Dieser Abschnitt nimmt eine fachliche normative Analyse der Arbeit der drei Institutionen vor und wird sich dabei insbesondere auf den Prozess der Rechtsfindung fokussieren. Die drei Gremien werden unter Berücksichtigung der folgenden zwei Gesichtspunkte betrachtet werden: die Kategorisierung der untersuchten Fragen und die fachliche Methodologie der Bearbeitung der Rechtsfälle. Unter dem ersten Punkt „Themenkatalog" werden die verschiedenen Fragen nach ihren Fachgebieten klassifiziert. Dadurch zeigt sich, welche Themenbereiche in das Interessengebiet der jeweiligen Akademie gehören und welche Bereiche sie vernachlässigt. Außerdem wird sich dieses Unterkapitel auch mit dem Verfahren der Themenauswahl der einzelnen Akademien auseinandersetzen.

Der zweite Punkt „Arbeitsverfahren aus normwissenschaftlicher Sicht" befasst sich mit den Arbeitsmethoden der Akademien sowohl hinsichtlich alter Fragen, die bereits von den Rechtsschulen untersucht worden sind, als auch neuer gegenwärtiger Fragen, die von früheren Gelehrten nicht geregelt wurden. Bei der Betrachtung der Behandlungsweise der alten Themen sollen die folgenden relevanten Fragen beantwortet werden: Inwieweit werden diese Fragen mithilfe der alten Auffassungen der Rechtsschulen behandelt? Werden in diesem Fall bestimmte Rechtsschulen bevorzugt? Wird auch bezüglich dieser alten Fragen manchmal ein neuer *iǧtihād* praktiziert? Und was sind die Kriterien für die Wahl einer alten Rechtsmeinung? In Hinblick auf die neuen Thematiken sind folgende Fragen von Interesse: Wie werden die neuen bzw. rechtsfreien Fragen bearbeitet? In welcher Relation steht der Rückgriff der einzelnen Akademien auf die Rechtsauffassungen der Rechtsschulen zur Anwendung des *iǧtihād*? Welche rechtsmethodologischen Prinzipien dienen der jeweiligen Akademie bei der Bearbeitung? Und welcher *iǧtihād*-Klasse entspricht die Arbeit der jeweiligen Institution?

1023 Siehe Art. 4 der neuen Satzung (Textanhang III).

Ein letztes Unterkapitel widmet sich den Arbeitsprozessen der Rechtsakademien, die anhand einiger Beispielsfälle dargelegt und analysiert werden sollen. Dort werden drei Fälle aus zentralen Themenbereichen der Arbeit der Akademien, und zwar dem Gottesdienst sowie dem medizinischen und finanziellen Bereich, als Beispiele illustriert werden.

Es soll noch darauf hingewiesen werden, dass es dabei um eine separate Analyse der Arbeitsweise der Akademien geht. Für eine Analyse der normenwissenschaftlichen Arbeitsmechanismen, der rechtstheoretischen Grundlagen sowie rechtspraktischen Fälle jeder Institution scheint diese separate Analyse sinnvoll zu sein, weil jede Akademie eigene Arbeitsverfahren, -prioritäten und -ergebnisse hat. Dies bietet die Möglichkeit, die Arbeit jeder Institution ausführlicher darzulegen und zu bewerten.

Ein anderer Grund für diese Art der Darlegung liegt darin, dass die methodologischen Vorgehensweisen bei der Behandlung der Fragen durch diese Institutionen in ihren Satzungen oder Verfahrensordnungen größtenteils nicht erwähnt werden. In diesen werden lediglich allgemeine fachliche Richtlinien der Untersuchung aufgestellt. Diese Verfahren werden in diesem Unterkapitel mittels eigener Beobachtungen der Arbeitsprozesse und der Resultate der drei Akademien sowie mithilfe der Gespräche mit den Mitgliedern dieser Akademie dargelegt werden. Demzufolge ist es konstruktiv, diese Arbeitsmechanismen mittels einer unabhängigen Analyse der einzelnen Institutionen zu behandeln.

6.3.1 Analyse der Akademie für islamische Untersuchungen der Azhar

6.3.1.1 Themenkatalog

Die Arbeitsergebnisse der Akademie der Azhar werden, wie oben erwähnt, entweder in den „jährlichen" internationalen Konferenzen oder in den monatlichen Sitzungen der Akademie präsentiert. Im Rahmen der bisher 14 Konferenzen der Akademie wurden etwa 90 Entscheidungen getroffen. Außerdem hat die Akademie in ihren monatlichen Tagungen hunderte Resolutionen verabschiedet. Ihr dreibändiges Werk, welches die Beschlüsse und Fatwas der Akademie nur bis zum Ende der Tagung von 2010 beinhaltet, enthält eine Sammlung von 318 Entscheidungen der Ratsversammlungen der Akademie. Diese bilden allerdings lediglich einen Teil der Arbeitsergebnisse der Akademie. Die insgesamt über 400 veröffentlichten Resolutionen lassen sich in verschiedene Bereiche einordnen, die die folgenden sind:[1024]

1024 Zu den Resolutionen der ersten zwölf Konferenzen der Akademie siehe *Qarārāt wa tawṣiyyāt muʾtamarāt maǧmaʿ al-buḥūṯ al-islāmiyya*, 2008. Zu den Entscheidungen der monatlichen Sitzungen der Akademie bis 2010 siehe Akademie der Azhar, Bd. 1–3., 2008–2011.

a) **Administrative Angelegenheiten**: Eine große Anzahl der Beschlüsse (116) betrifft die Organisation und Administration der Akademie. Dabei geht es z.B. um die Formation der Kommissionen zu Beginn der jeweiligen Sitzungsperiode (z.B., Resolutionsnr. 13: im Jahre 1970), die Ernennung neuer Mitglieder (z.B. Resolutionsnr. 208:2006) oder um die Regelung der Arbeit der Organe der Akademie (z.B. Resolutionsnr. 9:1969).
b) **Muslimisch-politische und minderheitliche Fragen**: Ein Schwerpunkt der Akademie stellt auch die Palästinafrage dar. Darüber hinaus lag das Interesse auch auf Themen wie den Problemen der Muslime in Kaschmir (Resolutionsnr. 56:1994), den Aggressionen gegen den Kosovo (Resolutionsnr. 94:1999), dem Krieg im Irak (9. Konferenz im Jahre 1983) und dem Brand des islamischen Zentrums in Stockholm (Resolutionsnr. 183:2005). Mehr als 50 Resolutionen befassen sich mit derartigen Themen.
c) **Gesellschaftliche Probleme**: 27 Entscheidungen und Empfehlungen der Akademie behandeln gesellschaftliche Probleme und Fragen, wie z.B. die Familienplanung (2. Konferenz im Jahre 1965), die Erziehung der Jugend (2. Konferenz im Jahre 1965), die Rolle der Religion beim Schutz der Jugendlichen vor Kriminalität (5. Konferenz im Jahre 1970) und Haltung des Islam gegenüber dem individuellen und kollektiven Sklaventum (2. Konferenz im Jahre 1965).
d) **Finanzielle Fragen**: 26 Resolutionen behandeln diese Art von Fragen, wie das private Eigentum (1. Konferenz im Jahre 1964), die Finanzressourcen im Islam (1. Konferenz im Jahre 1964), die Bankgeschäfte und die Bankzinsen (2. Konferenz im Jahre 1965), die Formen der Versicherung (2. Konferenz im Jahre 1965) und das Urteil der Scharia über die Investmentzertifikate (Resolutionsnr. 129:2001).
e) **Glaubenslehren**: Zu diesem Themenbereich gehören 29 *qarār*, beispielsweise die Haltung gegenüber der *Bahāʾī*-Religion (10. Konferenz im Jahre 1985), die Haltung gegenüber der Aḥmadiyya (Resolutionsnr. 215:2007), der Dialog der Religionen (Resolutionsnr. 188:2006), die Bekämpfung der intellektuellen Invasion (8. Konferenz im Jahre 1977) und die Verteidigung des Propheten (Resolutionsnr. 178:2005).
f) **Medizinische Fragestellungen**: In diesem Bereich lassen sich 15 Entscheidungen und Fatwas ausmachen, die Themen wie Implantation und Transplantation (Resolutionsnr. 69:1997), die Euthanasie (Resolutionsnr. 54:1993), das therapeutische Klonen (Resolutionsnr. 171:2005), die künstliche Befruchtung (Resolutionsnr. 281:2009) und die Stammzellentransplantation (Resolutionsnr. 286:2009), betreffen.
g) **Rechtstheoretische Fragen**: Hierbei handelt es sich um etwa 10 Beschlüsse, z.B. Koran und Sunna als Hauptquelle des Rechts und der KI (1. Konferenz im Jahre 1964), wer ist qualifiziert zur Fatwa-Erteilung (Resolutionsnr. 30:1986), der *iǧtihād* in den neuen Transaktionen und die Kodifizierung der Scharia (7. Konferenz im Jahre 1972).
h) **Gottesdienst (*ʿibādāt*)**: Die Akademie hat ca. 40 Entscheidungen hinsichtlich des Gottesdienstes getroffen. Beispiele hierfür sind die Feststellung der Monatsanfänge im Mondkalender (3. Konferenz im Jahre 1966), die Opfertiere bei der

Wallfahrt (3. Konferenz im Jahre 1966), die Voraussetzungen, die ein Vorbeter (*Imām*) erfüllen muss (Resolutionsnr. 103:1999), die Lesarten des Korans (6. Konferenz im Jahre 1971), die Zeit für das Auswerfen der Kieselsteine bei der Pilgerfahrt (*ramī al-ǧamarāt*) (Resolutionsnr. 158:2004) und Vereinheitlichung des Gebetsrufs der verschiedenen Moscheen in einer Stadt (Resolutionsnr. 159:2004).

i) **Familienrechtliche Fragen:** 12 Resolutionen der Akademie untersuchen familienrechtliche Themen, beispielsweise die Ehescheidung (2. Konferenz im Jahre 1965), die Polygamie (2. Konferenz im Jahre 1965), die Beurteilung der verschiedenen Formen der Ehe (Resolutionsnr. 218:2007), die Ehe eines Menschen mit geistiger Behinderung (Resolutionsnr. 243:2008) und das Sorgerecht (Resolutionsnr. 228:2007).

j) **Legislative Angelegenheiten:** Die Akademie wird vom Parlament, Justizministerium oder von anderen Behörden oftmals damit beauftragt, zu überprüfen, ob die Gesetzesentwürfe – insbesondere im Bereich des Personenstands – die Vorschriften der Scharia einhalten (ca. 30 Fälle). Ein Beispiel hierfür ist ein Personenstandsgesetz, welches die Akademie in der Tagung des Rates vom 27. Januar 1976 behandelte und sodann den Resolutionsnr. 25 fasste. Ein weiteres Beispiel ist der Gesetzesentwurf zur Implantation und Transplantation, dessen Überprüfung auf die Mitglieder der Akademie vom Gesundheitsministerium und Parlament (1997) übertragen wurde. Die Annahme, mit einigen Modifikationen, erfolgte durch den Resolutionsnr. 70.[1025]

Des Weiteren verabschiedete die Akademie einige Resolutionen (mehr als 10), welche die Herausgabe etlicher Werke – von denen oben bereits einige Beispiele erwähnt wurden – des islamischen Kulturerbes verschiedener Wissensgebiete fordern.

Eine besondere Aufgabe, die das Thema in vielen Beschlüssen (etwa 30) der Akademie bildet, ist die Überprüfung, ob die (religiösen) Druckschriften oder Medienprodukte den islamischen Grundlagen entsprechen. Hierbei kommt es vor, dass die Akademie einige Bücher oder Medienprodukte, wie das Buch „*Rabb az-zamān*“ (Resolutionsnr. 75:1997) und das Werk „*Muḥammad nabī ar-raḥma*“[1026] (Resolutionsnr. 193:2006), aufgrund ihres Inhalts verbietet. Ebenso untersagte die Akademie die Verkörperung der Charaktere von Gottesgesandten oder Prophetengefährten in Filmen und Serien (Resolutionsnr. 20:1972 und Nr. 301:2010). Die von der Akademie über diese Werke erstellten Prüfungsberichte, welche die Argumente der Entscheidung darstellen, werden aber nicht veröffentlicht, sondern lediglich an die zuständigen Behörden gerichtet. Diese Rolle der Zensur hat die Akademie von der früheren Körperschaft der großen Gelehrten der Azhar übernommen. Außerdem

---

1025 Vgl. Akademie der Azhar 2008, Bd. 1, S. 94 und 137. Andere Beispiele: Die Beschlüsse 121, 138, 139, 143 und 144; Bd. 2, S. 197, 215 und 218 ff.

1026 Dieses Buch wurde zuvor vom Verlag der Azhar mit einem Vorwort des Scheichs der Azhar und des Generalsekretärs der Forschungsakademie veröffentlicht. Anschließend wurde es von der Akademie verboten.

wird diese Aufgabe durch das Gesetz Nr. 103 des Jahres 1961, welches die Akademie bzw. die Azhar zur höchsten islamischen Autorität in Ägypten erklärt, bekräftigt.[1027]

Überdies bildet die Forschungsakademie der Azhar die höchste Autorität der Fatwa-Erteilung in Ägypten. Wie bereits erwähnt, wurde die Fatwa-Kommission der Azhar nach der Reorganisation der Azhar im Jahre 1961 zu einem Unterorgan der *Maǧmaʿ al-buḥūṯ*. Laut dem Leiter der *Laǧna* ist die Fatwa-Kommission bei der Fatwa-Erteilung an die Beschlüsse der Akademie zu denselben Fragen gebunden.[1028] Im Gegensatz dazu sah das Verhältnis der Akademie der Azhar zum staatlichen Fatwa-Amt zumindest zu Beginn anders aus. Der Grußmufti Ägyptens wird aufgrund seiner Stellung in der Akademie als Mitglied aufgenommen, d.h. er kann immer seine Meinung bzw. die Ansicht des Fatwa-Amtes hinsichtlich der verschiedenen Fragen äußern und die anderen Mitglieder davon überzeugen, wenn die Frage nicht bereits vom Fatwa-Amt untersucht worden ist. Bezüglich der Fragen, welche das Fatwa-Amt bereits behandelt hat, zeigt sich in den Resolutionen der Akademie eine Gleichstellung der beiden Institutionen. In diesem Fall wird die Auffassung des Fatwa-Amtes übernommen oder auf eine Bearbeitung des Themas vollkommen verzichtet. Laut der 71. Entscheidung der Akademie wurde das Thema Lebensversicherung aus dem Arbeitsplan der Sitzung vom 26. Juni 1997 gestrichen, da das Fatwa-Amt bereits ein Rechtsgutachten in Bezug auf diese Frage erlassen hatte. Außerdem bestätige diese Entscheidung, dass die von dem *Dār al-iftāʾ* bearbeiteten Fragen nicht erneut von der Akademie untersucht werden sollten und die Beschlüsse der Akademie eine Zustimmung des Fatwa-Amtes implizieren würden, da der Großmufti ein Mitglied der Akademie sei.[1029] Expliziter wird dies im Resolutionsnr. 120:2001 formuliert, der von der gegenseitigen Verpflichtung beider Institutionen gegenüber den jeweiligen Entscheidungen spricht. So übernahm die Akademie die Meinung des amtlichen Muftis (Naṣr Farīd Wāṣil 1996–2002) bezüglich der Frage nach der Schätzung der Zakat an Investmentzertifikaten (Resolutionsnr. 129:2001).[1030] Hieraus lassen sich zwei grundlegende Schlüsse ziehen: Zum einen stellt die Akademie ihre Resolutionen, die auf Basis eines KI verabschiedet werden, mit den Rechtsgutachten des Fatwa-Amtes, welche damals immer noch aus einem individuellen *iǧtihād* resultierten, gleich. Zum anderen wurden diese drei Entscheidungen während der Amtszeit desselben Muftis, Naṣr Farīd Wāṣil, getroffen. Innerhalb der Amtszeit von ʿAlī Ǧumʿa (2003–2013) entwickelte sich eine neue Tendenz. In ihrem Resolutionsnr. 207 (2. Juni 2007) weist die Akademie in Verbindung mit der Konfusion der Fatwa-Erteilung in den ägyptischen Medien darauf hin, dass das Fatwa-Amt die offizielle Behörde sei, welches für die Fatwa-Erlassung

1027 Zu der zensorischen Rolle der Akademie siehe: Bernard Botiveau: „Penser, dire, interdire. Logiques et enjeux de la censure des écrits en Égypte“ in Égypte/Monde arabe, Première série, 14 | 1993 und Richard Jacquemond: „Quelques débats récents autour de la censure“, Égypte/Monde arabe, Première série, 20 | 1994.

1028 Ein Interview mit dem Leiter der *Laǧna* am 17.02.2015.

1029 Vgl. Akademie der Azhar 2008, Bd. 1, S. 140 f.

1030 Vgl. Akademie der Azhar 2008, Bd. 2, S. 196 und 202.

verantwortlich ist und niemand den Anspruch auf Revision seiner Rechtsgutachten habe, außer der Akademie selbst. Dieses Recht der Akademie – die höchste Autorität im Bereich der islamischen Angelegenheiten in Ägypten zu sein – geht auf das Gesetz der Reorganisation der Azhar Nr. 103 vom Jahre 1961 zurück. Erwähnenswert ist, dass dieser Beschluss auf Antrag von dem damaligen Großmufti Ägyptens gefasst wurde.[1031] Dieses Überprüfungsrecht gegenüber dem Mufti hat die Akademie in der Praxis durch ihre Resolutionsnr. 221 im Jahre 2007 festgelegt.[1032]

Das Verzeichnis der veröffentlichten Resolutionen der Akademie weist eine große Anzahl von administrativen und organisatorischen Entscheidungen auf, welche jenen administrativen Beschlüssen der ehemaligen Körperschaft der Großgelehrten der Azhar ähneln. Hier stellt sich die Frage nach dem Grund für die Entscheidung, diese Beschlüsse zu publizieren, insbesondere, wenn man sich vor Augen führt, dass andere Beschlüsse zu juristischen, theologischen oder gesellschaftlichen Thematiken nicht veröffentlicht wurden, obgleich sie für den Leser scheinbar von größerem Interesse gewesen wären. Ebenso ist die Zahl der politischen und minderheitsrechtlichen Fragen relativ groß im Vergleich mit anderen Fragen, die z. B. rechtstheoretische oder medizinische Problematiken betreffen. Diese augenscheinliche Fokussierung der Forschungsakademie auf jene Arten von Fragen gründet vor allem in dem von ihr beanspruchten internationalen Charakter. Aufgrund dessen driftet sie von ihren Hauptaufgaben teilweise ab.

Auch wenn die Beschäftigung der Akademie mit anderen fachlichen Themenbereichen mehr oder weniger ausgewogen erscheint, lässt sich eine Vernachlässigung von rechtstheoretischen Fragen erkennen. In diesem geringen Interesse für den Bereich der Rechtstheorie spiegelt sich eine Zurückhaltung der Akademie wider, die in der älteren Rechtsliteratur etablierten theoretischen Grundlagen im Lichte der gegenwärtigen Umstände zu überprüfen bzw. einen neuen *iǧtihād* in der Rechtstheorie zu praktizieren. Auch scheint die Zahl der untersuchten familienrechtlichen Fragen unter Berücksichtigung der vielen gesellschaftlichen Veränderungen in den letzten Jahrzehnten relativ gering. Diesbezüglich soll dennoch darauf aufmerksam gemacht werden, dass die Zahl der familienrechtlichen Fragen sich jedoch unter Berücksichtigung der im Rahmen der Gesetzgebungsfragen behandelten familienrechtlichen Fälle auf über 20 Fragen erhöht. Im Vergleich zu der großen Anzahl der neu auftauchenden medizinischen Fragen seit der Entstehung der Akademie überrascht die geringe Zahl von 15 untersuchten Fragen im Bereich der Medizin.

Die Betrachtung der Themenwahl der Akademie zeigt, dass die ersten zehn Konferenzen der Akademie keine bestimmte Thematik oder kein bestimmtes Themenfeld abdeckten, sondern sich mit allerlei Fragen unterschiedlicher Fachgebiete auseinandersetzten. Trotzdem kristallisiert sich in den ersten zwei Vollversammlungen ein besonderes Interesse für finanzielle Fragestellungen heraus. Dies stellt eine logische Konsequenz der damaligen Idee dar, Banken zu gründen, deren Ge-

1031 Vgl. Akademie der Azhar 2008, Bd. 2, S. 309 f.
1032 Vgl. Akademie der Azhar 2008, Bd. 2, S. 329 f.

schäfte sich an die islamischen Rechtsnormen halten. Besondere Förderung und Anerkennung fand diese Idee Ende der 50er und Anfang der 60er Jahre des 20. Jahrhunderts insbesondere in Ägypten. In den folgenden Konferenzen kann hingegen nicht von einer klaren Planung der Themenwahl oder einer bestimmten Arbeitspriorisierung gesprochen werden. Seit der 11. Konferenz hat jede jährliche Tagung ein bestimmtes Hauptthema zum Gegenstand, z. B. die Lage der Muslime nach dem 11. September in der 12. Konferenz und die Transplantation in der 13. Konferenz. Was die monatliche Sitzung der Akademie angeht, so zeichnet sich eine genauere Organisation ab. Am Anfang jeder Sitzungsperiode wird, wie bereits erwähnt, ein Arbeitsplan mit den Themen, welche jede fachliche Kommission untersuchen will, ausgearbeitet.

6.3.1.2 Arbeitsverfahren aus normwissenschaftlicher Sicht

In ihrer ersten Konferenz stellte die Akademie allgemeine Regeln für die fachliche Arbeit auf. Damit sind die Fixierung des Korans und der Sunna als Erzquellen der Deduktion von rechtlichen Normen sowie *taḫayyur*, *iǧtihād ǧamāʿī maḏhabī* und *iǧtihād ǧamāʿī muṭlaq* als drei Methoden bzw. Stufen der Rechtsfindung gemeint. Während die Akademie für die Auswahl aus den verschiedenen Rechtsauffassungen (*taḫayyur*) ein Hauptkriterium, nämlich die Berücksichtigung der Interessen der Gesellschaft und der neuen Lebensbedingungen, festgelegt hat, hat sie kein genaues Umsetzungsverfahren des *iǧtihād ǧamāʿī maḏhabī* oder des *iǧtihād ǧamāʿī muṭlaq* definiert. Nachfolgend wird der Versuch unternommen werden, diese Regeln anhand der mit einer Vielzahl von Mitgliedern der Akademie geführten Gespräche und basierend auf der Betrachtung der Arbeitsergebnisse der Akademie vor Augen zu führen.

In diesem Zusammenhang ist es zunächst unabdingbar, die Arbeitsschritte der Akademie der Azhar bzw. ihrer Mitglieder bei der Erstellung der Entscheidungen in groben Zügen darzulegen. Anschließend soll eine fachliche Analyse der von der Akademie erstellten Rechtsnormen vorgenommen werden. Die Überprüfung des Arbeitsmechanismus dieser Akademie – und auch der anderen zwei Institutionen – zeigt, dass die individuelle Untersuchung der Fragen durch einzelne Mitglieder oder Forscher die Basis für die spätere gemeinsame Diskussion und Beratung sowie für die kollektive Entscheidung der Mitglieder der Akademie bildet. Genauer gesagt beruht der KI der Akademie auf dem individuellen *iǧtihād* einzelner Forscher. In diesem Kontext besteht laut ʿAlī Ǧumʿa, Mitglied der Akademie, die Aufgabe eines einzelnen Forschers beim Rechtsfindungsverfahren in der Anpassung der religiösen allgemeinen Texte (Koran und Sunna) an die aktuellen Umstände der spezifischen Fälle. Dies erfordere eine genaue Erfassung sowohl des Textes als auch der aktuellen Situation und kreative Imagination sowie die Berücksichtigung der erwarteten Folgen einer Bestimmung, des Gemeinwohls und der Ziele der Scharia. Allerdings solle diese Aufgabe in der Regel von einzelnen *muǧtahids* erfüllt werden. Aufgrund der Komplexität der gegenwärtigen Lebensumstände, deren Erschließung unterschiedliche Kenntnisse erfordere, finde ein Übergang zum KI statt.[1033]

Im Allgemeinen bestehe der *iǧtihād*-Prozess aus vier Phasen: Die erste Phase widme sich der Erfassung der allgemeinen Rahmenbedingungen der zu behandelnden Frage (*at-taṣwīr*) und der Feststellung des Inhaltes, zentraler Elemente und Begriffe. Anschließend sollen nicht-relevante Elemente und Bilder außer Acht gelassen werden und eine Konzentration auf die Kernproblematik stattfinden (*taḥrīr maḥall an-nizāʿ*). Insbesondere bei neuen Fragen würden außerdem Spezialisten anderer Fachgebiete, ja nach Frage, beauftragt werden, Studien bzw. fachliche Beschreibungen der zu behandelnden Frage vorzulegen. Diese fachlichen Studien anderer Wissensgebiete leisten einen entscheidenden Beitrag zu einer genauen Vorstellung des zur Untersuchung stehenden Falls und gehören zu den Hauptkriterien des KI. In einem zweiten Schritt werde versucht, die zu untersuchende Frage mithilfe des ermittelten Bildes einem Rechtskapitel zuzuordnen (*takyīf*). Anschließend solle mittels einer Rechtsquelle (Koran, Sunna, Konsens, Analogieschluss oder der umstrittenen Quellen wie Gemeinwohl, Gewohnheitsrecht oder Billigkeitserwägungsprinzip), einer allgemeinen Rechtsmaxime, einer Analogie zu einer entsprechend geregelten Frage (*taḫrīǧ*) oder der Ziele der Scharia eine Bestimmung abgeleitet werden. In der letzten Phase gehe es darum, die aktuellen Umstände, die Zeit, den Ort und die Gewohnheiten der Gesellschaft in Betracht zu ziehen und die ermittelte Rechtsnorm daran anzugleichen (*tanzīl*). Über die Ergebnisse der individuellen Rechtsfindung – welche sich aber oft auf gemeinsamen *taṣwīr* sowohl von religiösen Gelehrten als auch von Fachexperten stütze – diskutieren dann die Mitglieder der Akademie und tauschen ihre Meinung darüber aus. Zum Schluss werden die Resolutionen auf Basis eines kollektiven Verfahrens verabschiedet.[1034]

Anhand einer methodologischen Analyse der Entscheidungen und Rechtsgutachten der Akademie der Azhar wird bezweckt, die Arbeitsmechanismen der Akademie zu relativieren. Bei einer normativen Analyse der gesamten Arbeitsergebnisse der Azhar-Akademie begegnet man jedoch einigen Schwierigkeiten. Zum einen betrifft eine große Anzahl der Resolutionen der Akademie andere Fachbereiche als den juristischen Bereich, wie z. B. die Resolutionen zu administrativen und organisatorischen Angelegenheiten, zu politischen und missionarischen Fragen sowie zu zensorischen Entscheidungen. Zum anderen gehört es zur Tradition der Akademie, die Sitzungsprotokolle, die die Diskussionen und das Entscheidungsverfahren enthalten, geheim zu halten.[1035] Eine Ausnahme bildeten die Diskussionen der ersten und zweiten Konferenzen, die in der Zeitschrift der Azhar publiziert wurden. Auf

1033 Ein persönliches Interview mit ihm am 02.03.2015.

1034 Anhand von Gesprächen mit einigen Mitgliedern und Repräsentanten der drei Akademien, insbesondere ʿAlī Ǧumʿa am 02.03.2015, ʿAlī al-Qaradāġī am 08.10.2015 und Aḥmad ʿAbd al-ʿAlīm am 17.12.2015 sowie mit dem Leiter der Fatwa-Kommission der Azhar am 17.02.2015.

1035 Vgl. die Resolutionsnr. 104 im Jahre 1999.

diese Weise bleiben einem einige relevante Hintergrundinformationen zu den Entscheidungen verwehrt. Daraufhin wird im Folgenden der Versuch unternommen werden, einen günstigen Teil dieser Produkte anhand der von der Akademie veröffentlichten Beschlüsse, insbesondere im Bereich der rechtspraktischen Fragen, zu analysieren und zu systematisieren. Aus der Überprüfung von 93 Fragen, welche verschiedenen Rechtsgebieten zuzuordnen sind, ergeben sich einige zentrale Merkmale der Methodologie der Akademie.[1036]

Bei den alten Fragen, deren Zahl sich auf 27 Rechtsfälle beläuft, wurde oftmals eine Auswertung der Meinungen der verschiedenen Rechtsschulen (*tarǧīḥ*) – manchmal außerhalb der vier sunnitischen Rechtsschulen – vorgenommen, um eine von ihnen auszuwählen (*taḫayyur*). Das erste ausschlaggebende Kriterium ist die Mehrheitsmeinung (*ra'y al-ǧumhūr*). In über 60 % (17 Fragen) der alten Fragen der bearbeiteten Beispielsfälle wurde die vorherrschende Rechtsauffassung bevorzugt, z. B. bei der Verpflichtung sowohl der rechtsfähigen als auch der unmündigen Personen zum Entrichten der Zakat (2. Konferenz im Jahre 1965), die Zulassung der Vereinheitlichung des Gebetsrufs der verschiedenen Moscheen in einer Stadt (Resolutionsnr. 159:2004) und bei der Rechtmäßigkeit der Ehescheidung in Abwesenheit von Zeugen (Resolutionsnr. 252:2008). Bei den zehn alten Fällen, bei denen die Akademie die Meinung der Minderheit übernahm, hat sie sich sieben Mal für die ḥanafitische Auffassung entschieden und folgte bei den übrigen drei Fragen der mālikitischen Rechtsschule. Ein wesentliches Kriterium bei der Auswahl, vornehmlich wenn es keine überwiegende Meinung gibt, ist die Berücksichtigung der Interessen der Gesellschaft und der neuen Lebensumstände oder die Tendenz zur Erleichterung z. B. hinsichtlich der Wartezeit der Frau bei einem vermissten Ehemann. In diesem Fall wurde der Meinung der Mālikiten gegenüber der bereits geltenden Ansicht der Ḥanafiten den Vorrang erteilt. Demgemäß soll die Frau jetzt lediglich ein Jahr warten (Resolutionsnr. 143:2002). Beispiele für die Übernahme der ḥanafitischen Ansichten sind das Entrichten der Almosen des Fastenbrechens mit Geld (Resolutionsnr. 118:2000) und die Verlängerung der Zeit des Auswerfens der Kieselsteine (*ramī al-ǧamarāt*), um die Stunden des Vormittags einzuschließen (Resolutionsnr. 158:2004).

Im Hinblick auf die rechtsfreien Fragen, die völlig neu sind oder neue Elemente aufweisen, bedienen sich die Mitglieder der Akademie verschiedener Methoden des *iǧtihād*. Dabei handelt es sich um 66 Fragen. Hieran zeigt sich, dass sich die Akademie bei ihrer Untersuchung an erster Stelle eine Deduktion mithilfe der Quellentexte (*istinbāṭ*) oder des Analogieschlusses (*qiyās*) durchführt, wobei *istinbāṭ* und *qiyās* zwei unterschiedliche Praktiken bezeichnen. Unter *istinbāṭ* versteht man eine Deduktion rechtlicher Normen aus den Quellentexten (Koran und Sunna). Demgegenüber bedeutet *qiyās* die Beurteilung eines rechtsfreien Falles in Analogie zu einem von den Texten geregelten Fall, solange beide Fälle dieselbe Causa haben.

1036 Dabei stützt sich die Durchsicht der Ansichten der verschiedenen Rechtsschulen hauptsächlich auf *al-Mawsūʿa al-fiqhiyya* (die Fiqh-Enzyklopädie Kuwaits).

Dies trifft auf 23 Fragen zu, wie z. B. im Falle der Zulässigkeit der kooperativen Versicherung (*at-Ta'mīn at-taʿāwunī*) aufgrund des Koranverses 5:2 (2. Konferenz im Jahre 1965), der Verweigerung eines Fatwas, welches die Impfung gegen Kinderlähmung verbietet, auf Basis einiger Hadithe, die die Suche nach der Heilung fordern (Resolutionsnr. 168:2005) und der Erlaubnis des Geldwechsels aufgrund eines Hadith, der die Zulassung des Handels thematisiert, solange es um zwei verschiedene Gattungen geht (Resolutionsnr. 203:2006). Falls *istinbāṭ* oder *qiyās* nicht möglich ist, beruft sich die Akademie bei der Rechtsfindung auf *taḫrīǧ*, eine Rechtsmaxime oder *maqāṣid aš-šarīʿa*. Dies ist in 43 Fragen der Fall. 14 von ihnen wurden mittels der Analogie zu ähnlichen alten Rechtsfällen (*taḫrīǧ*) bearbeitet, z. B. die Untersagung der Verrechnung der Zakat mit den Steuern in Analogie zum Verbot der Verrechnung der Zakat mit dem *Maks* gemäß der überwiegenden Meinung der früheren Gelehrten (2. Konferenz im Jahre 1965), die Zulassung der Familienplanung in Analogie zur Erlaubnis von *ʿazl* (Geschlechtsverkehr ohne Samenerguss) nach Vereinbarung der Ehepartner laut der herrschenden Auffassung (2. Konferenz im Jahre 1965) und die Schätzung der Zakat an Investmentzertifikaten auf 2,5 % sowohl von der Höhe des Kapitals als auch vom Gewinn in Analogie zur *Zakat al-muqāraḍa* (eine Form der Kapitalanlage) laut den Mālikiten (Resolutionsnr. 129:2001). 12 Fälle wurden auf Basis des Prinzips des Allgemeinwohls (*al-maṣlaḥa*) behandelt, wie im Falle des Verbots von nicht registrierten Ehen, da solche die Rechte der Frau verletzen würden (Resolutionsnr. 218:2007), der Erlaubnis des therapeutischen Klonens zugunsten der Kranken (Resolutionsnr. 171:2005) und der Zulassung der Stammzellentransplantation aufgrund eines erwarteten Heilungserfolges (Resolutionsnr. 286:2009). Zwölf weitere Fälle wurden mittels der Rechtsmaximen bearbeitet, wie die Erlaubnis der Organtransplantation von einem Toten aufgrund der Maxime *aḍ-ḍarar al-ašadd yuzāl bi-ḍ-ḍarar al-aḫaff* (Das Verursachen eines geringfügigen Schadens, um einen größeren Schaden zu vermeiden) (Resolutionsnr. 69:1997), die Zulassung der endgültigen Sterilisation, wenn eine Schwangerschaft bei der Frau nicht therapierbare Schäden provoziert, und zwar auf Basis der Maxime *aḍ-ḍarūrāt tubīḥ al-maḥẓūrāt* (Die Notwendigkeit erlaubt das Verbotene) (Resolutionsnr. 54:1993) und die Erlaubnis der Investition in Software und Informationssysteme aufgrund der Maxime *al-aṣl fī-l-ašyā' al-ibāḥa* (Im Grundsatz sind alle Handlungen erlaubt, sofern es kein Argument für ein Verbot gibt) (Resolutionsnr. 145:2002). Die rechtlichen Normen der übrigen fünf Rechtsfälle referieren auf die Ziele der Scharia, beispielsweise das Verbot der Transplantation von Genitalien (Resolutionsnr. 69:1997) und das Verbot der Leihmutterschaft (Resolutionsnr. 123:2001). Diese beiden Entscheidungen liegen in der von der Scharia geforderten Erhaltung der Nachkommenschaft (*ḥifẓ an-nasl*) begründet. Von den 93 Entscheidungen stützen sich insgesamt 41 Resolutionen auf alte Ansichten der verschiedenen Rechtsschulen (24 auf eine Mehrheitsmeinung und 17 auf die Ansicht der Minderheit: 9 auf die ḥanafitische Schule, 5 auf die mālikitische Schule und drei auf Minderheitsmeinungen von Vertretern diverser Schulen) sowohl durch *taḫayyur* als auch durch *taḫrīǧ*. Die übrigen 52 Fragen wurden im Allgemeinen durch einen (neuen) *iǧtihād* untersucht.

Aus obiger Analyse geht deutlich hervor, dass sich die Akademie der Azhar bei der Untersuchung der Fälle, welche dieselben oder vergleichbare Thematiken vormals in der früheren Rechtsliteratur behandelt wurden, ausschließlich auf die Meinungen der Rechtsschulen stützt. Dabei liegt die Aufgabe der *ʿulamāʾ* der Akademie bei diesen Fragen darin, die verschiedenen Rechtsauffassungen zu bewerten und eine Auswahl zu treffen. Dies entspricht der vierten Klasse des *iǧtihād*, nämlich dem *iǧtihād tarǧīḥ*. Was die Bearbeitung der neuen rechtsfreien Fragen angeht, so lässt sich das Vorgehen der Akademie in verschiedene Kategorien einteilen. Diese schwanken vor allem zwischen dem *iǧtihād muntasib* und dem *iǧtihād at-taḫrīǧ*, d.h. zwischen der zweiten und dritten Stufe des *iǧtihād*. Dennoch kann die Anwendung des ersten *iǧtihād*-Rangs von der Akademie nicht völlig ausgeschlossen werden. ʿAlī Ǧumʿa konstatiert hingegen, dass die Rechtsakademien keine Bestimmung direkt von den Rechtsquellen ableiten können.[1037] Ebenso äußert Jomier Kritik gegen die Arbeitsweise und die Entscheidungen der Akademie der Azhar. Er hält die Rechtsauffassungen der Akademie verglichen mit den reformerischen Ideen Rašīd Riḍās für zurückhaltend bzw. konservativ. Die gemäßigten *iǧtihād*-Versuche von Rašīd Riḍā – wie z.B. seine Ansicht bezüglich der Mehrehe – oder von Maḥmūd Šaltūt, so Jomier, finden sich in der Arbeit der Akademie nicht mehr. Stattdessen folge die Akademie den in der Gesellschaft etablierten Traditionen.[1038] Überdies schließt sich Skovgaard-Petersen der Auffassung Jomiers an.[1039]

Die Betrachtung der Resolutionen als konservativ im Sinne, dass die Akademien bei der Normenermittlung sich auf ältere Auffassungen der Rechtsschulen entweder durch Abwägung und Übernahme rekurrieren oder Analogien zu diesen ziehen, kann im Licht der Resultate der vorliegenden Studie teilweise bestätigt werden. Aus der Analyse der Ergebnisse geht hervor, dass die Akademie der Azhar sich grundsätzlich bei den alten Fragen auf die früheren Auffassungen der Rechtsschulen stützt. Selbst bei neuen Fragen rekurriert sie teilweise (in einem Fünftel der Fälle) auf Ansichten der *maḏāhib*. Aus rechtswissenschaftlicher Sicht bzw. unter Berücksichtigung der klassischen *iǧtihād*-Klassen kann diese Arbeit, wie oben dargelegt wurde, als Art des *iǧtihād* betrachtet werden. Jedoch schließt dies nicht aus, dass die Akademie, wie bereits erwähnt, in etlichen Fällen auch einen neuen *iǧtihād* praktiziert.

Bemerkenswert bei den Resolutionen der Forschungsakademie der Azhar ist die Berücksichtigung und Anerkennung der fachlichen Erkenntnisse anderer Wissensgebiete, insbesondere jener der Medizin. Diese Einstellung manifestiert sich in Fragen wie der Annahme des medizinischen Verständnisses der Zerstörung des Gehirnstamms als Hauptmerkmal des Todes, d.h. eine Vernachlässigung der Definitionen der traditionellen Gelehrten für den Tod (13. Konferenz im Jahre 2009), die Bewertung der weiblichen Beschneidung als „ungesunde Gewohnheit" auf-

1037 Vgl. Ǧumʿa 2004, S. 45.
1038 Vgl. Jomier 1980, S. 99 f.
1039 Vgl. Skovgaard-Petersen 1997, S. 188.

grund der von Medizinern festgestellten schädlichen Auswirkung der Beschneidung auf die Frau (Resolutionsnr. 224 und 237) und der Zulassung des therapeutischen Klonens (Resolutionsnr. 171). Andere Beispiele sind die Beschlüsse Nr. 54, 235 und 243. Ebenso wurde der Ansicht der Astronomen hinsichtlich der Feststellung der Anfänge der Mondmonate Rechnung getragen (Resolutionsnr. 42:1991).

Darüber hinaus zeigt der Überblick über die Resolutionen, dass die Akademie bezüglich einiger Fragen Bestimmungen erstellte, welche den Anschein erwecken, widersprüchlich zu sein oder bezüglich derer die Akademie ihre Meinung geändert hat. Als Beispiel dafür kann die Bestimmung in Bezug auf Bankzinsen angeführt werden. Während die zweite Konferenz im Jahre 1965 diese als illegitim bewertete, erlaubte die Akademieversammlung am 31. Oktober 2002 (Resolutionsnr. 146) Bankgeschäfte mit Zinsen. Auch im Falle der weiblichen Beschneidung vollzog sich ein Meinungswandel. So erklärt die Resolutionsnr. 60 im Jahre 1994 die weibliche Beschneidung als zulässig und ein Verbot für illegitim. Demgegenüber spricht sich die Resolutionsnr. 224 des Jahres 2007 dagegen aus und bezeichnet die weibliche Beschneidung als schlechte Gewohnheit, die zudem durch keine islamische Rechtsquelle erlaubt würde. Ein drittes Beispiel bietet die Frage der Abtreibung einer vergewaltigten Frau. Während die Akademie im Jahre 1998 (Resolutionsnr. 84) einer vergewaltigten Frau die Abtreibung nur vor dem Ende des vierten Schwangerschaftsmonats[1040] gewährt, formuliert die Resolutionsnr. 235 im Jahre 2007 diese Voraussetzung nicht.

Abschließend soll noch kurz auf die Charakteristika der Formulierung der Resolutionen und Fatwas dieser Akademie eingegangen werden. Entsprechende Antworten werden in der Regel in kurzer Form ohne die typische islamisch-rechtliche Argumentation formuliert und beschränken sich auf die Erklärung, ob der untersuchte Fall der Scharia entspricht oder nicht. Ein Grund dafür könnte darin liegen, dass viele Resolutionen Antworten auf Fragen sowohl von offiziellen Behörden als auch von Nichtregierungsorganisationen sind, welche hauptsächlich über die Rechtsnorm informieren wollen, ohne dabei besonderen Wert auf die Argumentation zu legen. Außerdem wird der behandelte Rechtsfall oft nicht präzise dargestellt, sondern lediglich in einem kurzen Titel zusammengefasst. Darauf folgt die Darstellung der Ansicht der Akademie. Diese Art und Weise von Antworten sind eher für ein Fatwa-Gremium typisch, welches die Antwort an einen Laien – also den Fragenden – richtet. Im Falle einer Rechtsakademie, die öfter Probleme allgemeiner Natur thematisiert und sich durch eine interdisziplinäre Arbeit bzw. einen KI auszeichnet, sind mehr Daten und eine ausführlichere Argumentation zu erwarten. Allerdings war dies nur bei sehr wenigen Fragen zu beobachten, bei denen es die Akademie für sinnvoll hielt, etwas ausführlichere Antworten zu liefern und ihre Meinung dazu zu akzentuieren.

1040 Nach der islamischen Auffassung – auf Basis eines Hadith – wird dem Embryo der Geist nach den ersten 120 Tagen geschenkt.

6.3.2 Analyse der internationalen islamischen Fiqh-Akademie

6.3.2.1 Themenkatalog

Von der Akademie wurden bis zur 22. Tagung 216 gemeinschaftliche Entscheidungen (*qarārāt*) getroffen. Die Akademie bearbeitete unterschiedliche Themenbereiche, welche sich in die folgenden Kategorien untergliedern lassen:[1041]

a) **Finanzielle Fragen**: Die Akademie widmet sich intensiv der Untersuchung der entsprechenden Fragen in diesem Bereich (66). Zu den behandelten Themen gehören die verschiedenen Arten der Versicherung (Beschlüsse Nr. 9:2/9, Nr. 124:13/6 und Nr. 149:16/7), die Immobilienfinanzierung (Resolutionsnr. 50:6/1), der Ratenkauf (Resolutionsnr. 51:6/2), die Finanzmärkte (Resolutionsnr. 59:6/10), der Devisenmarkt (Resolutionsnr. 75:8/6), die Kreditkarten (Resolutionsnr. 78:8/9), die Wartungsverträge (Resolutionsnr. 103:11/6), die Bankeinlagen (Resolutionsnr. 86:9/3) und die Probleme der islamischen Banken (Resolutionsnr. 76:8/7).
b) **Medizinische Fragen**: Unter dieser Kategorie lassen sich ca. 20 Fragen zusammenfassen, z.B. das Retortenbaby (Resolutionsnr. 16:3/4), die Milchbanken (Resolutionsnr. 6:2/6), die Reanimationsausrüstung (Resolutionsnr. 17:3/5), die Implantation und Transplantation (Resolutionsnr. 26:4/1), Implantation von Genitalien (Resolutionsnr. 57:6/8), Implantation von Gehirnzellen (Resolutionsnr. 54:6/5), AIDS (Resolutionsnr. 90:9/7), das Klonen von Menschen (Resolutionsnr. 94:10/2) und die plastische Chirurgie (Resolutionsnr. 173:18/11).
c) **Theologische Fragen**: Dazu gehören 17 Fragen, wie die Auseinandersetzung mit der Aḥmadiyya (Resolutionsnr. 4:2/4) und der *Bahāʾī*-Religion (Resolutionsnr. 34:4/9), dem Laizismus (Resolutionsnr. 99:11/2), der geistigen Invasion (Resolutionsnr. 69:7/7) und *at-takfīr* (Anklage wegen Unglaubens) unter Muslimen (Resolutionsnr. 208:22/4).
d) **Die den Gottesdienst betreffenden Fragen** (15 Beschlüsse): z.B. die Feststellung der Monatsanfänge im Mondkalender (Resolutionsnr. 18:3/6), die zur Ungültigkeit des Fastens führenden Medikamente (Resolutionsnr. 93:10/1) und die Diabetiker und das Fasten im Ramadan (Resolutionsnr. 183:19/9).
e) **Gesellschaftlich-kulturelle Fragen**: 17 Fragen, wie z.B. die Rolle der Frau bei der Entwicklung der islamischen Gesellschaft (Resolutionsnr. 114:12/8), die Menschenrechte im Islam (Resolutionsnr. 126:13/8), die Rechte und Pflichten der Frau im Islam (Resolutionsnr. 169:18/7), die familiäre Gewalt (Resolutionsnr. 180:19/6), die Bestimmung der Führungspositionen von Frauen (Resolutionsnr. 211:22/7 und die Rechte von Menschen mit Behinderung im islamischen Recht (Resolutionsnr. 213:22/9).

1041 Eine Zusammenstellung der Resolutionen der Tagungen 2–19: IIFA 2011. Alle Resolutionen sind auch online über das Portal der Akademie verfügbar: http://www.iifa-aifi.org/cs, abgerufen am 07.01.2016.

f) **Rechtstheoretische Fragen**: Diese umfassen ca. 10 Fragen, wie die Regeln und Voraussetzungen der Fatwa-Erteilung (Resolutionsnr. 153:17/2), die von der Scharia nicht geregelten Interessen (*maṣāliḥ mursala*) (Resolutionsnr. 141:15/7), das Prinzip von *sadd aḏ-ḏarāʾiʿ* (Das Verwehren aller Mittel, die zu etwas Verbotenem oder Schädlichem führen) (Resolutionsnr. 92:9/9), das Gewohnheitsrecht (Resolutionsnr. 47:5/9) und die Regeln der in Notfällen geltenden Erlaubnisse (*Ruḫaṣ šarʿiyya*) (Resolutionsnr. 70:8/1).

g) **Fragen, welche die politischen und internationalen Beziehungen betreffen**: (7 Resolutionen) z.B. die aus islamischer Sicht international geltenden Rechte (Resolutionsnr. 68:7/6), die Palästinafrage (Resolutionsnr. 118:12/12), die neue Weltordnung und die Globalisierung (Resolutionsnr. 134:14/8) und die internationale Beziehung eines islamischen Staats und dessen Verhältnis zu den internationalen Konventionen (Resolutionsnr. 160:17/9).

Außerdem gibt es eine geringe Zahl von Fragen, welche zu anderen Fachbereichen gehören. Dabei geht es um vier Resolutionen, die sich mit Themen des Essens und Trinkens beschäftigen, beispielsweise das islamische Schlachten und das importierte Fleisch (Resolutionsnr. 95:10/3) und die Schlachtung mittels des Elektroschocks (Resolutionsnr. 201:21/7). Ebenso haben fünf Beschlüsse das Strafrecht zum Gegenstand, z.B. die Todesstrafe nach islamischer Auffassung (Resolutionsnr. 192:20/7) und Verkehrsunfälle (Resolutionsnr. 71:8/2). Hinzu kommen vier Entscheidungen, welche minderheitenrechtliche Angelegenheiten behandeln, z.B. der Umgang mit muslimischen Minderheiten (Resolutionsnr. 151:16/9) und die Harmonisierung von islamischen Prinzipien und den Anforderungen der Staatsbürgerschaft der Muslime außerhalb der islamischen Länder (Resolutionsnr. 155:17/4).

Darüber hinaus können etwa elf Beschlüsse der Akademie unter der Kategorie „Organisation" zusammengefasst werden. Hierbei handelt es sich um Resolutionen hinsichtlich wissenschaftlicher Projekte oder um administrative Angelegenheiten, wie beispielsweise das Projekt der Enzyklopädie der Rechtsmaximen (*Maʿlamat al-qawāʿid al-fiqhiyya*) (Resolutionsnr. 37:4/11) und das Projekt „die wirtschaftliche Fiqh-Enzyklopädie" (*Mawsūʿat al-fiqh al-iqtiṣādī*) (Resolutionsnr. 36:4/10).

Nach Betrachtung der Themenbereiche der von der Akademie gefassten Resolutionen lassen sich verschiedene Punkte festhalten. Besonders frappierend ist die große Zahl an aufgeschobenen Entscheidungen, nämlich rund 40 Fälle. Hierbei handelt es sich um Fragen, bei denen die Mitglieder zu keiner Entscheidung kommen konnten. In solchen Fällen beschließt der Rat der Akademie, die Beurteilung auf die nächste bzw. eine spätere Sitzung zu verschieben, um inzwischen über die Frage weitere Reflexionen anstellen zu können. Zu diesem Zweck wird oft eine Fachtagung zur Behandlung von aufgeschobenen Themen abgehalten. Diese Auffälligkeit zeigte sich in einem Gespräch mit dem Vize-Generalsekretär und den Verantwortlichen der verschiedenen Abteilungen während meines Besuchs der Akademie. Während der Konversation mit ihnen und in den Diskussionen der Mitglieder, welchen ich beiwohnte, kristallisierten sich zwei Hauptgründe heraus, die zum Aufschub der Entscheidung angesichts einer Frage führen können. Zunächst passiert es oftmals, dass die in Bezug auf eine Frage angebotenen Studien und Untersuchungen, sowohl von Scharia-Gelehrten als auch von Experten anderer Fachgebiete, die Problematik nicht von allen Seiten beleuchten bzw. keine klare Vorstellung zu dieser Frage vermitteln können. Überdies liegt ein Aufschub aber auch darin begründet, dass sich unter den Mitgliedern zwei oder mehrere Positionen herausbilden und jede ungefähr gleich stark vertreten ist. In solch einem Fall bevorzugt der Rat der Akademie bzw. der Leiter der Sitzung es, die Entscheidung zu vertagen und die Zeit zu nutzen, um zwischenzeitlich tiefgründige Untersuchungen zu unternehmen, welchen ihnen ermöglichen, zu einer einhelligen oder zumindest mehrheitlichen Entscheidung zu gelangen. Letztendlich wird jedoch ein Aufschub durch eine Abstimmung beschlossen. Es kommt vor, dass bis zur endgültigen Beurteilung einer Frage mehrere Tagungen vergehen. Trotzdem halten die Verantwortlichen der Akademie diese Verschiebungen für die Arbeitsmethode der Akademie von Vorteil und erkennen darin zudem ein Verantwortungsbewusstsein der Mitglieder. Auf diese Weise werde der Untersuchung einer Frage ausreichend Zeit eingeräumt, wodurch sie aus verschiedenen Blickwinkeln betrachtet werden könne. Infolgedessen präferiert es die Akademie, für die Entscheidung einer Frage mehr Zeit aufzubringen und diese mit großer Sicherheit zu beantworten, anstatt eine Entscheidung voreilig und ohne die nötigen Untersuchungen zu treffen.[1042]

Die obige Darstellung der Themenkategorisierung weist eine intensive Beschäftigung der Akademie mit Transaktionen bzw. finanziellen Fragen auf. Dabei geht es nicht nur um die o. g. 66 Fragen, sondern auch um etwa zwei Drittel (26) der verschobenen Resolutionen, welche Transaktionen betreffen. Anhand der in der Akademie geführten persönlichen Gespräche lässt sich der Fokus auf finanzielle Fragen zum einen dadurch erklären, dass ihre Gründungszeit mit der Entwicklungsphase der islamischen Finanzinstitutionen bzw. islamischen Banken und der Entwicklung deren Geschäfte zusammenfiel. Folglich stand die Akademie vor der Herausforderung, auf die neuen Gegebenheiten des islamisch-wirtschaftlichen Systems reagieren zu müssen. Zum anderen richteten viele islamische finanzielle Organisationen, vor allem die Islamische Entwicklungsbank der OIC, Fragen an die Akademie. Dies erforderte eine intensive Befassung der Akademie mit den vielen Finanzgeschäften dieser Institutionen, um deren Anforderungen erfüllen zu können.[1043]

Hingegen schenkt die Akademie anderen Themenbereichen wie den rechtstheoretischen Fragen oder dem Minderheitenrecht weniger Aufmerksamkeit, obwohl die Akademie in ihrer neuen Satzung die Beratung der muslimischen Minderheiten als eine ihrer Aufgaben festgelegt hat. Ebenso ist auffällig, dass die Akademie die Untersuchung von Alltagsfragen oder familienrechtlichen Angelegenheiten vernachlässigt. In einem Gespräch mit dem Leiter der Fatwa-Sektion der Akademie, ʿAbd

1042 Ein persönliches Gespräch mit dem Stellvertreter des Generalsekretärs, ʿĀdil Qūta, am 14.12.2015 und mit dem Leiter der Forschungsabteilung, Aḥmad ʿAbd al-ʿAlīm, am 17.12.2015.

1043 Insbesondere ein Gespräch mit dem Leiter der Forschungsabteilung, Aḥmad ʿAbd al-ʿAlīm, am 17.12.2015.

al-Qāhir Qamar, wies dieser darauf hin, dass die Akademie jene Art von Fragen, die vom Ort und der Situation eines Fragenden abhängig sind, den Fatwa-Ämtern des jeweiligen Landes überlasse.[1044]

Zur Auswahl der Themen, die die Akademie in ihren jährlichen Konferenzen behandelt, wendet die Akademie eine Methode an, welche in der ersten Sitzung der Akademie bestimmt wurde. Zu Beginn des Auswahlverfahrens führte die Akademie zunächst eine Umfrage bei ihren Mitgliedern sowie bei anderen Gelehrten und islamischen Institutionen durch, um herauszufinden, welche Fragen von der Akademie untersucht werden sollen. Die zahlreichen vorgeschlagenen Themen wurden von der Planungssektion im Zeitraum vom 12.–15. Mai 1985 überprüft, kategorisiert und nach Prioritäten geordnet. Die Vorschläge umfassten verschiedene Themenbereiche, wie z. B. allgemeine soziale Themen, medizinische Fragen, Handelsfragen, finanzielle Fragen und rechtstheoretische Fragen. Die vorgeschlagenen Themen wurden zum großen Teil in den nächsten Versammlungen der Akademie behandelt, vornehmlich finanzielle Fragen wie die Bürgschaft, Schuldenverschreibungen, festverzinsliche Anlagepapiere, die Zakat der Schulden, der Wucherzins und medizinische Themen wie beispielsweise Retortenbaby, Milchbanken und Reanimationsausrüstung. Die Planungsabteilung überließ den Mitgliedern der Forschungssektion das Studium der theoretischen Fragen, während die rechtspraktischen Fragen den Teilnehmern an der Fatwa-Abteilung übertragen wurden. Diese Art und Weise der Themenauswahl und Festlegung der Prioritäten bei der Untersuchung werden noch bis heute vor Beginn jeder jährlichen Sitzung durchgeführt. Zurzeit wird die Organisierung der Umfrage und Überprüfungsaufgabe vom Generalsekretariat übernommen.[1045]

Außerdem befasst sich die Akademie mit den an sie von der OIC oder ihren Unterorganen gerichteten Anfragen. Der ersten Kategorie ist die Resolutionsnr. 2/5-C (IS) der 5. Gipfelkonferenz 1987 zuzuordnen: „Requests the Academy to express its views as regards the – destructive creeds that are in contradiction with the teachings of the Holy Quran and the pure Sunna of the Prophet (Peace be Upon Him)“.[1046] Infolgedessen setzte sich die Akademie in ihrer vierten Tagung im Jahre 1988, welche in Jedda stattfand, mit der *Bahāʾī*-Religion auseinander. Die Akademie bewertet den Glauben an die *Bahāʾī*-Gedanken als Abfall vom Islam.[1047] Ein Organ der OIC ist die Islamic Development Bank, welche ihre Anfragen hinsichtlich verschiedener Bankgeschäfte an die Mitglieder der Akademie richtete. Diese beantwortete die Rechtsakademien im Rahmen ihrer dritten Sitzung.[1048]

1044 In einem persönlichen Gespräch mit ʿAbd al-Qāhir Qamar, dem Leiter der Fatwa-Abteilung der Akademie, am 15.12.2015 und auf Basis einer Studie Qamars über das Arbeitsverfahren der Akademie, 2007, S. 20.

1045 Vgl. *Maǧallat maǧmaʿ al-fiqh al-islāmī ad-dawlī* 1986, 1. Ausgabe, S. 209–237.

1046 http://ww1.oic-oci.org/english/conf/is/5/5th-is-sum(cultural).htm#02, abgerufen am 13.01.2016.

1047 Vgl. Resolutionsnr. 34 (9/4) http://www.iifa-aifi.org/1727.html, abgerufen am 13.01.2016.

1048 Vgl. 13 (1/3) http://www.iifa-aifi.org/1642.html, abgerufen am 13.01.2016.

Ferner untersucht die Akademie Fragen und Rechtsfälle, deren scharia-rechtlichen Bestimmungen von islamischen Institutionen erbeten wurden. Ein Beispiel dafür sind die von The International Institute of Islamic Thought (IIIT)[1049] in Washington an die Akademie gestellten Fragen. Gegenstand dieser Fragen waren einige Rechtsfälle der muslimischen Minderheit in den USA.[1050] Ein weiteres Beispiel ist die Frage zur *Aḥmadiyya* des Muslim Judicial Council (MJC), der im Jahre 1945 in Südafrika ins Leben gerufen wurde. In der zweiten Akademieversammlung (1985) wurden die Anhänger sowohl der *Qādiyānīs* als auch der *Lāhūrīs* als Apostaten bezeichnet.[1051]

In diesem Zusammenhang lässt sich anmerken, dass die Akademie in jeder der bis jetzt stattgefundenen 22 Sitzungen durchschnittlich acht einzelne (Teil-)Fragen aus den verschiedenen oben dargestellten Fachgebieten und Themenbereichen zusammen zu behandeln pflegte. Bei der Auswahl der Themen setzt die Akademie Prioritäten, wodurch sich folgende Reihenfolge der behandelten Themen ergibt. Zunächst gewährt sie allgemeinen Fragen, welche die Identität und das Schicksal der islamischen Umma betreffen, den Vorrang. Danach wendet sich die Akademie neuen Fragen zu, die zum ersten Mal auftreten. An dritter Stelle steht die Beschäftigung mit äußerst kontroversen Fragen. Anschließend liegt die Konzentration auf den sich stetig veränderbaren und erneuerbaren Rechtsfällen, darunter Ratenkäufe oder medizinischen Operationen. Hierbei wird zusätzlich noch eine interne Priorisierung vorgenommen, indem die häufiger auftretenden Fälle bevorzugt behandelt werden. An letzter Stelle findet eine erneute Beschäftigung mit aufgeschobenen Themen der vorigen Sitzung statt. Fragen, über die von einem Gericht bereits entschieden wurde oder die nicht in den Zuständigkeitsbereich der Akademie fallen, wie z.B. das Fällen von Schiedssprüchen, werden von ihr allerdings nicht bearbeitet.[1052] Außerdem bilden die Relevanz und die Verbreitung eines Themas zwei wesentliche Kriterien für die Untersuchung der ausgewählten Fragen.[1053] Durch diese Methodologie der Themenauswahl kann es jedoch passieren, dass Fragen ein und derselben Thematik in mehreren Sitzungsperioden der Akademie untersucht werden, wie z.B. Formen der Versicherungen und Währungsfragen. Bei ihrer Rechtfertigung dieses Verfahrens weisen die Angestellten des Generalsekretariats darauf hin, dass verschiedene Perspektiven und Teilfragen, vor allem bei Transaktionen, oftmals sich

---

1049 Das Internationale Institut für Islamisches Denken (IIIT) ist eine private, gemeinnützige, wissenschaftliche und kulturelle Bildungseinrichtung. Es befasst sich mit allgemeinen Fragen des islamischen Denkens und der Bildung. Das Institut wurde in den USA im Jahre 1981 gegründet. Vgl. http://www.iiit.org/about.html, abgerufen am 13.01.2016.

1050 Vgl. http://www.iifa-aifi.org/1686.html, abgerufen am 15.01.2016.

1051 Vgl. http://www.iifa-aifi.org/1576.html, abgerufen am 15.01.2016.

1052 Nach einem persönlichen Gespräch mit ʿAbd al-Qāhir Qamar, dem Leiter der Fatwa-Abteilung der Akademie, am 15.12.2015 und auf Basis einer Studie Qamars über das Arbeitsverfahren der Akademie, 2007, S. 17 f. und 22.

1053 Ein persönliches Gespräch mit dem Leiter der Forschungsabteilung Aḥmad ʿAbd al-ʿAlīm am 17.12.2015.

erst sukzessive herausbilden bzw. zum Vorschein kommen würden. Hinzu kommt, dass die meisten gegenwärtigen Themen sich kontinuierlich weiterentwickeln und transformieren. Deshalb sei die Untersuchung aller Teilfragen eines Themas auf einmal oft nicht möglich.[1054]

6.3.2.2 Arbeitsverfahren aus normwissenschaftlicher Sicht

Der Funktionsmechanismus der IIFA beruht, wie bei den anderen Rechtsakademien, zunächst auf einem individuellen *iǧtihād* der Mitglieder anhand ihrer einzelnen Forschungen. Anschließend wird der KI in Form der gemeinsamen Diskussion und Konsultation sowie durch die letztendlich getroffene Resolution – basierend auf einem kollektiven Entscheidungsverfahren – eingeführt.

Die Anfertigung von Untersuchungen erfordert verschiedene Arbeitsschritte.[1055] In der ersten Phase (*taṣwīr*) arbeitet der Forscher daran, sich eine klare Vorstellung von der entsprechenden Frage und deren Hintergrund sowie ihren Begleitumständen zu machen. Im *takyīf*-Stadium entscheidet der Forscher, ob es um eine alte Frage geht, die entweder exakt auf diese Weise durch die Rechtsschulen geregelt oder abgewandelt wurde, oder um einen neuen bzw. rechtsfreien Fall. Wenn es sich um eine alte Frage handelt, so wird diese unter einem Rechtskapitel eingeordnet. Falls indes ein neuer Fall vorliegt, so wird ein neues Rechtsfindungsverfahren unternommen. In einem letzten Schritt (*tanzīl*) widmet sich der Forschende der Ermittlung einer Rechtsnorm im Lichte der anerkannten Rechtsquellen und der Ziele der Scharia sowie der Angleichung der abgeleiteten Bestimmung an die aktuellen Umstände. Bei ihrer Arbeit würden sich die Forscher sowohl auf eine historische (normative) als auch auf eine deskriptiv-analytische Methodik stützen. Mithilfe ersterer Verfahrensweise würden die Quellentexte und Rechtsauffassungen der Vorfahren herausgefiltert werden, um so von ihren Rechtsfindungsmethoden Gebrauch zu machen. Anhand der zweiten Methodologie sollten die neu auftauchenden Fälle aller Rechtsbereiche verstanden werden, um von ihnen ein klares Bild zu entwickeln. Dementsprechend werde ein *iǧtihād* auf Grundlage der Rechtsquellen und -maximen und unter Berücksichtigung der Regeln der vergleichenden Rechtswissenschaft unternommen.[1056]

Für das Rechtsfindungsverfahren der Akademie sind die im Folgenden dargelegten Merkmale kennzeichnend. Das erste Charakteristikum besteht darin, dass die Akademie sich bei der Ermittlung der Normen auf die Grundlagen der vier

1054 Ein persönliches Gespräch mit dem Stellvertreter des Generalsekretariats, ʿĀdil Qūta, am 14.12.2015 und mit dem Leiter der Forschungsabteilung Aḥmad ʿAbd al-ʿAlīm am 17.12.2015.

1055 Diese Schritte wurden detailliert bei der Analyse der Akademie der Azhar dargestellt.

1056 Nach einem persönlichen Gespräch mit ʿAbd al-Qāhir Qamar, dem Leiter der Fatwa-Abteilung der Akademie, am 15.12.2015 und auf Basis einer Studie Qamars über das Arbeitsverfahren der Akademie: Qamar 2007, S. 18 f.

anerkannten (sunnitischen) Rechtsschulen – ohne sich dabei auf eine bestimmte Schule zu beschränken – stützt. Falls eine Frage durch die Texte des Korans und der authentischen Sunna geregelt wurde, soll sie darauf zurückgeführt werden. Anderenfalls soll eine eigenständige Deduktion unternommen werden. Hierbei soll den allgemeinen Zielen und Prinzipien der Scharia sowie der Erleichterung und den Gewohnheiten der Gesellschaften Rechnung getragen werden. Zudem sollen, entsprechend der zu untersuchenden Frage, Experten anderer Wissensgebiete eingesetzt und konsultiert werden. Die Förderung der interdisziplinären Zusammenarbeit mit Spezialisten anderer Fachgebiete hebt die Akademie durch eine besondere Resolution (Resolutionsnr. 153:17/2) hervor.[1057]

Im Folgenden wird intendiert, die rechtsmethodologischen Charakteristika der Arbeitsweise der Akademie durch eine Analyse ihrer getroffenen Resolutionen darzulegen.[1058] Obwohl die Gesamtheit der Resolutionen sich auf 216 beläuft, reduziert sich der Gegenstand der vorliegenden rechtlichen Analyse auf 152 Beschlüsse, da die übrigen Entscheidungen entweder verschoben (etwa 40) oder manche Resolutionen bzw. Fragen nicht rechtlich behandelt wurden. Die Überprüfung dieser 152 Fragen führt zu verschiedenen Erkenntnissen. Der Anteil von alten Fragen, d. h. jene, die identisch oder in vergleichbarer Form bereits in der früheren Rechtsliteratur geregelt wurden, beläuft sich auf etwa ein Fünftel (31). Bei der Bearbeitung dieser Art von Fragen zielt die Akademie darauf hin, die Rechtsauffassungen verschiedener Schulen abzuwägen (*tarğīḥ*) und entscheidet sich für eine von ihnen unter Berücksichtigung diverser Faktoren, wie der Beweiskraft, der Ziele der Scharia oder der Verwirklichung eines scharia-rechtlichen Interesses. Hierbei beweist die Akademie eine gleichartige Betrachtung der Mehrheitsmeinung (*raʾy al-ğumhūr*) und der Mindermeinung (*raʾy al-aqalliyya*). In vierzehn Fragen entschied sie sich für *raʾy al-ğumhūr*, wie z. B. die Begleichung der Schulden mit dem Nominalwert abgesehen vom Devisenkurs (Resolutionsnr. 42:5/4), die Verpflichtung des Ehemanns zu Lebenshaltungskosten außer im Falle der Widerspenstigkeit der Ehefrau (Resolutionsnr. 144:16/2) und die Einheitlichkeit der Monatsanfänge in den gesamten muslimischen Ländern, wenn die Sichtung des Neumondes in einem einzigen Land festgestellt wurde (Resolutionsnr. 18:3/6). Gleichfalls wurde die Ansicht einer Minderheit in 14 Fällen übernommen. Dabei geht es zum einen um Vertreter diverser Schulen (4 Mal), wie z. B. bei einem befehlsgemäßen Wiederverkauf mit Gewinnangabe (*bayʿ al-murābaḥa li-l-āmir bi-š-širāʾ*). In diesem Fall entschied sich die Akademie – ausnahmsweise aus einem zwingenden Grund – für die Obligation der (Kauf- oder Verkaufs-) Versprechung sowohl seitens des Befehlsgebenden (Käufers) als auch seitens des Befehlsempfängers (Vermittlers/der Bank). Diese

1057 Ein persönliches Gespräch mit ʿAbd al-Qāhir Qamar, dem Leiter der Fatwa-Abteilung der Akademie, am 15.12.2015 und mit dem Leiter der Forschungsabteilung, Aḥmad ʿAbd al-ʿAlīm, am 17.12.2015.

1058 Dabei stützt sich die Durchsicht der Ansichten der verschiedenen Rechtsschulen hauptsächlich auf *al-Mawsūʿa al-fiqhiyya* (die Fiqh-Enzyklopädie Kuwaits).

Meinung geht auf den Mālikiten Ibn al-ʿArabī und die zwei Šāfiʿiten al-Ġazālī und Taqī ad-Dīn as-Subkī (gest. 756/1355) zurück. Hingegen geht die breite Masse der Gelehrten davon aus, dass die Erfüllung dieser Versprechung nur empfohlen sei (Resolutionsnr. 40–41:5/2–3). Demgegenüber stehen zehn Entscheidungen, bei denen die Auffassung einer bestimmten Rechtsschule präferiert wird. Dabei wurde vier Mal der mālikitischen Schule der Vorrang gewährt, z.B. bei der Auffassung vom Ablauf der Schuldenfrist, sobald der Schuldner in Konkurs geht (Resolutionsnr. 186:20/1), drei Mal der ḥanafitischen z.B. bei der Zulässigkeit der Preisbindung bzw. der Festsetzung der Gewinnspanne durch die Staatsführung im Falle einer übermäßigen Preiserhöhung (Resolutionsnr. 46:5/8), zwei Mal der ḥanbalitischen, wie beispielsweise bei der Gesetzlichkeit des *ʿArbūn*-Kaufs (Kauf auf Basis einer unwiderruflichen Anzahlung) (Resolutionsnr. 72:8/3) und einmal der šāfiʿitischen bei der Art und Weise des Entrichtens der Zakat der Schulden. Hierbei soll der Gläubiger die Zakat jedes Jahr entrichten, wenn der Schuldner zahlungsfähig ist. Im Falle einer Zahlungsunfähigkeit des Schuldners entrichtet der Gläubiger die Zakat erst nach Ablauf eines Jahres nach Rückerhalt seines Gelds (Resolutionsnr. 1:2/1). Außerdem wurden die drei übrigen Fragen mittels eines neuen *iǧtihād* bearbeitet: Beispielsweise entwickelte die Akademie eine neue Voraussetzung für die Fatwa-Erteilung, die in der traditionellen Rechtsliteratur nicht vorhanden war, nämlich die Notwendigkeit, sich an die Spezialisten anderer Wissensgebiete, darunter Wirtschaftler oder Mediziner, zu wenden. Dies lässt sich mit dem Wandel der Zeit und der Umstände sowie mit der Komplexität der neuen Rechtsfälle begründen (Resolutionsnr. 153:17/2).

Bei der Behandlung der 121 neuen Fragen stellte die Akademie vor allem Analogien zu früheren Rechtsauffassungen der *maḏāhib* (*taḫrīǧ*) her. Dies trifft in 58 Fällen zu. Bei der Mehrheit der Fragen (45 Fragen) bezog sich die Akademie auf die Ansichten der Mehrheit der älteren *fuqahāʾ* (*al-ǧumhūr*), wie z.B. hinsichtlich des Verbots der Milchbanken in Analogie zur *riḍāʿ* (Stillen), aufgrund einer späteren möglichen Heirat zwischen zwei Milchgeschwistern (Resolutionsnr. 6:2/6), der Zulässigkeit der Anwendung von Garantieerklärungen in finanziellen Geschäften (*ḫiṭāb ḍamān*) in Analogie zur Legitimation der Garantie (*kafāla* oder *ḍamān*) des Gelds (Resolutionsnr. 12:2/12), der Zulassung der (befristeten) Familienplanung in Analogie zur Erlaubnis des *ʿazl* nach Vereinbarung der Ehepartner (Resolutionsnr. 39:5/1). In den übrigen dreizehn Fällen spricht sich die Akademie für die Meinungen der Minorität aus. Diese umschließen Ansichten sowohl von Vertretern verschiedener *maḏāhib* (in neun Resolutionen) als auch einer einzigen Rechtsschule (vier: zwei Mal die mālikitische und zwei Mal die ḥanafitische). Zu der ersten Kategorie gehören beispielsweise die Zulässigkeit der Abstandssumme, die der Vermieter dem Mieter zum Auszug vor dem Ablauf des Mietvertrags zahlt, in Analogie zur *iqāla* (Vertragsauflösung auf eine Vereinbarung hin) gemäß Mālik und Abū Yūsuf (Resolutionsnr. 31:4/6) und die Schätzung der Zakat der Immobilien und der gepachteten Grundstücke mit 2,5 % vom Gewinn in Analogie zur Zakat *al-mustaġallāt* (Ausbeuten) entsprechend einiger Mālikiten und Ḥanbaliten (Resolutionsnr. 2:2/2). Als Beispiele für die Fälle, in denen die Meinung eines einzigen *maḏhab* ausgewählt wurde, dienen die Verpflichtung zum Entrichten der Zakat, wenn man ein Investmentkonto hat, sowohl in der Höhe des Guthabens als auch des Gewinns in Analogie zur *Zakāt al-muqāraḍa* (Eine Art von Kapitalanlage) laut den Mālikiten (Resolutionsnr. 143:16/1) und die Erlaubnis zur Einführung eines Herz- oder Darmkatheters während des Fastens zur Untersuchung in Analogie zur ḥanafitischen Ansicht von der Gültigkeit des Fastens im Falle der Einführung eines Feststoffes in die Speiseröhre (*ǧawf*), sofern dieser nicht völlig geschluckt wurde (Resolutionsnr. 93:10/1).

Falls aber eine *taḫrīǧ* nicht möglich ist, beruft sich die Akademie auf die Rechtsmaximen und verschiedenen Ziele der Scharia sowie auf *iǧtihād*-Methoden wie Analogieschluss und Deduktion. In 17 Fragen stützte sich die Akademie bei der Ermittlung rechtlicher Normen auf den *qiyās* (Analogieschluss) oder die Deduktion von den Quellentexten. So verbietet die Akademie z.B. ausgehend von Koranversen (wie 13:16, 36:77–82 und 56:58–62), die Gott als den einzigen Schöpfer festlegen, das menschliche Klonen sowohl durch die Entnahme von Zellen vor dem 8-Zell-Stadium als auch durch Nukleustransfer, d.h. jede andere Art von menschlicher Reproduktion (Resolutionsnr. 94:10/2). Ferner verbot sie Wetten (*murāhanāt*) und Wettbewerbe (*musābaqāt*), die auf Zahlen beruhen, und zwar aufgrund der Koranstellen (z.B. 5:90 und 2: 219), welche Glücksspiele (*al-maysir*) verbieten (Resolutionsnr. 127:14/1). Unter Rückgriff auf die Koranstelle „Wir haben doch (seinerzeit) den Menschen in bester Form (?) geschaffen (oder: Wir haben doch (seinerzeit) den Menschen und (dabei) mit den besten Weisungen versehen?)“ (95:4) erlaubte die Akademie Schönheitsoperationen, deren Ambition die Rekonstruktion des Körpers, ähnlich seines ursprünglichen Zustands ist oder plastische Eingriffe, die Geburtsfehler oder Entstellungen auszugleichen suchen (Resolutionsnr. 173:18/11). Außerdem wurde in zwei Fällen das Gewohnheitsrecht (*ʿurf*) als Grundlage zur Erlangung rechtlicher Bestimmungen verwendet, wie bei der Betrachtung der Urheberpersönlichkeitsrechte und Markenzeichen als anerkannte unverletzbare Rechte laut der Scharia (Resolutionsnr. 43:5/5).

Darüber hinaus bildete *maṣlaḥa mursala*, wobei das Hauptkriterium der Akademie die Verwirklichung der *maqāṣid aš-šarīʿa* (wie Erhaltung des Lebens, der Religion, der Vernunft, des Eigentums und der Nachkommenschaft) ist, die Grundlage für die Normenermittlung in 27 Fragen, wie z.B. die Rechtmäßigkeit der künstlichen Befruchtung zwischen Ehepaaren – ohne von einer dritten Person Gebrauch zu machen – ausgehend von der Erhaltung der Nachkommenschaft (*ḥifẓ an-nasl*) (Resolutionsnr. 16:3/4). Aus diesem Grund wird hingegen die Transplantation von Genitalien bzw. Keimzellen verboten (Resolutionsnr. 57:6/8). Demgegenüber geht die Akademie, basierend auf der scharia-rechtlichen Forderung, das menschliche Leben zu schützen (*ḥifẓ an-nafs*), von der Zulässigkeit der Transplantation von Organen oder Zellen des Nervensystems aus (Beschlüsse Nr. 26:4/1 und 54:6/5). Schließlich stützt sich die Akademie bei der Ableitung rechtlicher Normen auf verschiedene Rechtsmaximen. Dies trifft auf 17 Fragen zu, wie z.B. die Akademie den befehlsgemäßen Wiederverkauf mit Gewinnangabe (*bayʿ al-murābaḥa li-l-āmir bi-š-širāʾ*) unter Bezugnahme auf das Prinzip „Grundsätzlich sind alle zwischenmenschlichen Rechtsverhältnisse (oder Verträge) erlaubt“ (*al-aṣl fī-l-muʿāmalāt* oder *al-ʿuqūd al-*

ibāḥa) (Resolutionsnr. 40–41:5/2–3) gestattet. Ebenso wird bei der Gesetzlichkeit der Strafklausel auf die Maxime „Grundsätzlich sind alle Bestimmungen gültig" (*al-aṣl fī-š-šurūṭ aṣ-ṣiḥḥa*) referiert (Resolutionsnr. 109:12/3). Ausgehend von der Grundlage „Ein Bedürfnis kann unter bestimmten Bedingungen zu einer (unverzichtbaren) Notwendigkeit werden" (*al-ḥāǧa qadd tunazzal manzilat aḍ-ḍarūra*) lässt die Akademie den Vertrag einer Krankenversicherung in direktem Abschluss mit einer therapeutischen Institution zu (Resolutionsnr. 149:16/7).

Bei Betrachtung der gesamten oben dargestellten Fragen, seien es alte oder neue, zeigen sich einige Auffälligkeiten. Insgesamt kann konstatiert werden, dass die Akademie – sei es bei ihren Untersuchungen oder bei ihren Abwägungen oder aber bei der Auswahl der ausschlaggebenden Meinung – keine Beschränkung auf eine bestimmte Rechtsschule vornimmt, sondern sich für die verschiedenen Rechtsschulen, vor allem die sunnitischen, gleichermaßen offen präsentiert. Führt man sich die Studien vor Augen, auf welche die Akademie bei ihren Entscheidungen Bezug nimmt und die in ihrer Zeitschrift erscheinen, manifestiert sich deutlich, dass die Forscher bzw. die Mitglieder – auch die Sunniten unter ihnen – sich in ihren Untersuchungen nicht nur mit den Auffassungen der vier sunnitischen Rechtsschulen auseinandersetzen, sondern oft auch andere Schulen, wie die ẓāhiritische,[1059] zayditische,[1060] imāmitische[1061] und ibāḍitische,[1062] einbeziehen.

Wollte man von einer Überrepräsentation einer Schule sprechen, so könnte man dies in geringem Maße – sowohl in der theoretischen als auch in der praktischen Arbeit der Akademie – hinsichtlich der mālikitischen Schule tun. So übernimmt die Akademie einige Rechtsprinzipien und -maximen, wie *maṣāliḥ mursala* (Resolutionsnr. 141:15/7), das Prinzip der *sadd aḏ-ḏarāʾiʿ* (Resolutionsnr. 92:9/9), welche die mālikitische Rechtsschule wesentlich charakterisieren. Die Mālikiten betrachten diese beiden Prinzipien sogar als eigenständige Rechtsquellen. Unter den Ḥanbaliten finden diese indes nur sehr begrenzt Anwendung. Ferner beruft sich die Akademie bei der Ermittlung der Bestimmungen oft – insbesondere in finanziellen Fragen –

1059 Z. B. Zeitschrift der IIFA 1986, 2. Ausgabe, Bd. 1, S. 401 f. (Milchbanken); Zeitschrift IIFA 1987, 3. Ausgabe, Bd. 3, S. 1842 f. (Banknoten und Währungskurs) und Zeitschrift der IIFA 1988, 5. Ausgabe, Bd. 1, S. 203 ff. (Familienplanung).

1060 Z. B. Zeitschrift der IIFA 1986, 2. Ausgabe, Bd. 1, S. 126 ff. (*Zakat al-mustaġallāt*); Zeitschrift der IIFA 1987, 3. Ausgabe, Bd. 2, S. 944 ff. (Feststellung der Monatsanfänge nach dem Mondkalender) und Zeitschrift der IIFA 1988, 4. Ausgabe, Bd. 1, S. 261 f. (Transplantation). Vgl. Zeitschrift der IIFA 1988, 5. Ausgabe, Bd. 1, S. 203 ff. (Familienplanung).

1061 Z. B. Zeitschrift der IIFA 1987, 3. Ausgabe, Bd. 2, S. 944 ff. (Feststellung der Monatsanfänge nach dem Mondkalender); Zeitschrift der IIFA 1988, 4. Ausgabe, Bd. 1, S. 327 (Transplantation) und Zeitschrift der IIFA 1988, 5. Ausgabe, Bd. 1, S. 221 und 311 ff. (Familienplanung).

1062 Z. B. Zeitschrift der IIFA 1988, 5. Ausgabe, Bd. 1, S. 221 (Familienplanung); Zeitschrift der IIFA 1990, 6. Ausgabe, Bd. 1, S. 224 (Ratenkauf) und Zeitschrift der IIFA 1997, 10. Ausgabe, Bd. 1, S. 447 (Das Schlachten nach islamischen Regeln).

auf Maximen wie z.B. *al-aṣl fī al-ʿuqūd al-ibāḥa*, die vor allem auf die Mālikiten zurückgehen. Des Weiteren entschied sich die Akademie in etlichen Resolutionen, wie bereits erwähnt, häufiger für die mālikitischen Auffassungen als für die ḥanbalitischen.

Darüber hinaus zeichnet sich in den gesamten Arbeitsergebnissen eine deutliche Neigung dazu ab, dass sich die Akademie im Falle der Übernahme einer älteren Auffassung der vorherrschenden Ansicht der früheren *fuqahāʾ* anschließt. Dies kommt in 59 Beschlüssen zum Vorschein, die mittels Ansichten der Rechtsschulen getroffenen wurden. Dagegen übernimmt die Akademie in 27 Fällen die Meinung der Minderheit. Auffällig ist zudem, dass niemals ausschließlich – egal ob es um eine Rechtsauffassung der Minderheit oder der Mehrheit geht – eine Ansicht außerhalb der vier sunnitischen *maḏāhib* vertreten wird, sondern immer in Kombination mit gleichen oder ähnlichen sunnitischen Ansichten. Als Beispiel lässt sich für die erste Kategorie die Wahl der Auffassung einer Gruppe der Zayditen neben jener einiger Mālikiten und Ḥanbaliten hinsichtlich der Schätzung der Zakat der Immobilien und der ausgepachteten Grundstücke mit 2,5 % des Gewinns (Resolutionsnr. 2:2/2) anführen. Hinzu kommt die rechtstheoretische Doktrin von *maṣāliḥ mursala*, welche auch von den Ibāḍiten als Rechtsquelle angesehen wird. Zu Letzterer gehört beispielsweise die Erlaubnis der (befristeten) Familienplanung in Analogie zur Erlaubnis von *ʿazl*, für die sich auch Zayditen, Imāmiten und Ibāḍiten aussprechen (Resolutionsnr. 39:5/1).

Ferner lässt sich im Allgemeinen der Trend erkennen, häufiger Bezug auf die Rechtsschulen (86 Mal) zu nehmen, als *iǧtihād*-Methoden (66 Mal) anzuwenden. Selbst bei der Ausübung des *iǧtihād* tendiert die Akademie weniger zur Deduktion aus den Quellentexten oder zur Durchführung des *qiyās* zu im Koran und in der Sunna behandelten Fragen, wie in etwa 20 Fällen zu beobachten ist. Hingegen wird in den übrigen 46 Fragen von anderen *iǧtihād*-Methoden, vor allem von *maṣlaḥa* oder Rechtsmaximen, Gebrauch gemacht, welche von einigen Schulen entwickelt wurden und nicht von allen *maḏāhib* anerkannt sind. Diese augenscheinliche Tendenz zum Rückgriff auf die früheren Rechtsschulen – sowohl in der Rechtstheorie als auch in der Rechtspraxis – brachte innerhalb der Akademie einige Gegner hervor. Darauf weisen deutlich die Diskussionen der Mitglieder hin, die diese als einzige Rechtsakademie veröffentlicht. In seiner Forschung über *iḥrām*-Orte, wenn der Pilger mit dem Flugzeug oder Schiff reist, stellt Muṣṭafā az-Zarqā fest, dass die neuen Fragen weder im Lichte der Auffassungen der Rechtsschulen noch ausgehend von alten Perspektiven, welche die gegenwärtigen Umstände dieser Fragen nicht berücksichtigen, untersucht werden sollten. Die Verknüpfung der neuen Rechtsfälle mit früheren Bildern der *maḏāhib* lenke die Beurteilung der gegenwärtigen Forscher in eine gewisse Richtung. Az-Zarqā vertritt hingegen den Standpunkt, dass die neuen Fragen aus einem neuen unabhängigen Blickwinkel der Texte und Argumente thematisiert und unter Rekurs auf die allgemeinen definitiven Ziele der Scharia betrachtet werden sollten.[1063] Die gleiche Kritik bringt ʿAlī Qaradāġī bei der Dis-

1063 Vgl. Zeitschrift der IIFA 1987, 3. Ausgabe, Bd. 3, S. 1429 f.

kussion über den befehlsgemäßen Wiederverkauf mit Gewinnangabe vor.[1064] An der Debatte über die Transplantation moniert der irakische Muḥammad Šarīf Aḥmad, dass die Untersuchungen sich intensiv mit Bildern und Auffassungen der früheren *fuqahāʾ* beschäftigen, obgleich es sich hier um eine neue oder zumindest zum Teil neue Frage handle. Allerdings seien die Vorstellungen der früheren Rechtsgelehrten zeitgebunden und nicht auf jeden Ort und jede Zeit anwendbar. Die Betrachtung der vorliegenden Frage solle hingegen vor allem auf den neuen Erkenntnissen der Mediziner basieren.[1065]

In der 11. Konferenz 1998 prallten diese beiden Überzeugungen bei der Frage über den Nutzen früherer Lehrmeinungen aufeinander. In diesem Kontext äußerte der marokkanische Ẓāhirit Muḥammad al-Ḥāǧǧ an-Nāṣir harte Kritik an den Studien, die sich vorwiegend auf Lehrmeinungen früherer Gelehrten stützten, ungeachtet dessen, dass diese unter anderen Gegebenheiten entstanden und damals zudem andere Lebensanforderungen vorherrschten. Ebenso kritisierte er die Versuche der Mitglieder in vorherigen Sitzungen, den Instandhaltungsvertrag (*ʿaqd aṣ-ṣiyāna*) an irgendeine alte Vertragsform anzuschließen. Stattdessen insistierte er darauf, einen solchen Vertrag und im Allgemeinen alle neuen Fragen unter einem anderen Gesichtspunkt und im Lichte der Hauptquellen des islamischen Rechts, des Korans und der Sunna, zu betrachten. An-Nāṣirs Position wurde auch von ʿAbd as-Salām al-Bāsim unterstützt. Demgegenüber sprachen sich die Anhänger der anderen Seite für den Bedarf an Arbeitsergebnissen und -methoden der Rechtsschulen aus. Der sudanesische Ḫalīfa Bā-Bakr al-Ḥasan zeigte sich davon überzeugt, dass der Rückgriff auf den Koran und die Sunna bei jeder gegenwärtigen Frage eine noch größere Meinungsverschiedenheit provoziere. Der dadurch eventuell entstehende Abgrund könne jedoch dadurch geschmälert werden, dass im Falle von bereits geregelten Fragen auf die Ansichten der Rechtsschulen Bezug genommen werde. Wenn es keine identischen Bilder der zu untersuchenden Frage in der älteren Rechtsliteratur gebe, solle eine Analogie zu den Rechtsauffassungen der *maḏāhib* hergestellt werden. Ansonsten könnte ein absoluter *iǧtihād* praktiziert werden. Allerdings betonte al-Ḥasan, dass die Bestimmungen der Rechtsschulen auf Basis der rechtstheoretischen Regeln des *iǧtihād* entstanden seien, die von den neuen Untersuchungen wahrscheinlich nicht eingehalten werden könnten. Außerdem hob er hervor, dass ein großer Teil der Fragen, wie die familienrechtlichen und die Fragen, die die Nahrung betreffen, konstant und unveränderlich seien. In solchen Fällen könne auf die Auffassungen der klassischen Gelehrten zurückgegriffen werden. Falls es sich um veränderbare Angelegenheiten handle, wie bei Transaktionen, solle auf Analogien zu früheren Lehrmeinungen vertraut werden. Noch deutlicher erklärte der ehemalige Großmufti von Tunesien, Muḥammad Muḫtār as-Sallāmī, dass die gegenwärtigen Gelehrten nicht in der Lage seien, einen *iǧtihād* unter unmittelbarer Bezugnahme auf

1064 Vgl. Zeitschrift der IIFA 1988, 5. Ausgabe, Bd. 2, S. 950.
1065 Vgl. Zeitschrift der IIFA 1988, 4. Ausgabe, Bd. 1, S. 478 f.

Koran und Sunna zu praktizieren und dass diese Kategorie von uneingeschränkten *muǧtahids* schon lange undenkbar sei.[1066]

In Anbetracht der dargelegten Resultate der normativen Analyse und verglichen mit der im ersten Kapitel präsentierten Kategorisierung des *iǧtihād* kann die Arbeitsmethode der Akademie im größten Teil der Fragen unter der dritten (*iǧtihād taḫrīǧ*) und vierten (*iǧtihād tarǧīḥ*) Stufe eingeordnet werden. Ihre Abwägung verschiedener Rechtsauffassungen und die Auswahl der beweiskräftigsten kann als *iǧtihād tarǧīḥ* angesehen werden, während die Ermittlung rechtlicher Normen mittels der Analogie zu früheren Bestimmungen oder fußend auf der Ableitungsmethodologie der *maḏāhib* erfolgt und somit dem *iǧtihād taḫrīǧ* gleichkommt. Der wesentliche Unterschied zum klassischen *iǧtihād tarǧīḥ* liegt darin, dass die Akademie nicht im Rahmen einer einzigen Schule arbeitet, sondern eine vergleichende Rechtswissenschaft ausübt. Ferner ist die Anwendung höherer *iǧtihād*-Stufen bei einigen Fragen nicht ausgeschlossen.

Was die formale Präsentation der Resolutionen der Akademie betrifft, so findet sich für gewöhnlich eine einleitende *Basmala* (Im Namen Gottes des Allerbarmers des Allbarmherzigen) und die Nummer des Beschlusses sowie zwischen Klammern zudem die Nummer der Tagung und die Nummer der Resolution innerhalb der vorliegenden Sitzung. Darunter schließt sich der Betreff der Resolution sowie die Festlegung des Ortes und der Zeit der betroffenen Konferenz an. Alle Resolutionen werden mit der Betonung eröffnet, dass die Entscheidung aufgrund unterschiedlicher Untersuchungen der Mitglieder und infolge einer langen Diskussions- und Beratungsphase getroffen wurde, d. h., dass die Beschlüsse auf Basis eines KI getroffen wurden. Außerdem enthält dieser Teil manchmal Hinweise auf Beschlüsse und Arbeitsergebnisse von Fachtagungen der Akademie oder anderer wissenschaftlicher Institutionen, die bei der Bearbeitung der betroffenen Frage von Relevanz waren.

Anschließend folgt der Wortlaut der Resolutionen, der in der Regel aus drei Hauptkomponenten besteht. Diese sind die Folgenden:

i. Die Vorlage einer Schilderung der untersuchten Fragen: Dahinter steht die Absicht, eine lebhafte Vorstellung vom Begriff, Gegenstand und von den Formen bzw. Charakteristika des behandelten Falls zu vermitteln.
ii. Die Bestimmung der Frage aus Sicht der Scharia: Dies können verschiedene Normen sein, die sich je nach Formen des jeweiligen Falls unterscheiden. Überdies kann hier auch eine Verschiebung der Entscheidung thematisiert werden.
iii. Die Voraussetzungen und die Kriterien, welche an den jeweiligen Fall herangetragen werden: Bleiben diese Kriterien ungeachtet, kann dies eine Veränderung der rechtlichen Bestimmung mit sich bringen. Darüber hinaus werden unter diesem Punkt auch die Unterschiede zwischen den erlaubten und verbotenen Fällen dargelegt.

1066 Vgl. Zeitschrift der IIFA 1998, 11. Ausgabe, Bd. 2, S. 649 f., 658, 670 ff. und 681–684. Interessanterweise vertreten die obigen sechs Mitglieder die bereits im vorigen Kapitel dargestellten drei Positionen der modernen Gelehrten zu den Rechtsschulen; siehe diesen Punkt unter „3.3.5.1".

Oft werden im Abschlussteil der Resolution einige Empfehlungen gegeben, die an die muslimischen Gesellschaften, Organisationen, Behörden oder Regierungen gerichtet sind, um auf diese Weise die Realisierung der getroffenen Entscheidung zu fördern.[1067]

In der Sprache und Formulierung der Beschlüsse sowie in ihrer Länge zeigt sich, dass die Zielgruppe der Akademie weniger die Laien ist, sondern die Beschlüsse sich vor allem an Forscher und Gelehrten des wissenschaftlichen Milieus richten. Dies wurde auch anhand der Gespräche mit den Verantwortlichen des Generalsekretariats eindeutig bestätigt. Trotzdem wird die traditionelle Argumentation des islamischen Rechts, nämlich mittels des Korans, der Sunna, des Konsenses bzw. der Ansichten früherer Gelehrten und der rationalen Argumente, nicht befolgt. Gelegentlich kommen die Rechtsmaximen oder die Ziele der Scharia vor, auf welchen die Entscheidung basiert. Die Koranverse und Hadithe finden sich in den Resolutionen allmählich häufiger, insbesondere wenn es um gesellschaftliche Fragen geht. Oft wird darauf hingewiesen, dass die thematisierte Frage nicht durch Quellentexte geregelt wurde. Mittels dieses Hinweises soll darauf aufmerksam gemacht werden, dass der entsprechende *iǧtihād*-Versuch ein umstrittenes Thema betrifft oder eine Frage, die noch nicht behandelt wurde, was wesentlich zur Akzeptanz ihrer Entscheidung beiträgt. Gegebenenfalls wird im Falle des Verbots einer Angelegenheit, vornehmlich bei Transaktionen, eine erlaubte Alternative angeboten. Ein anschauliches Beispiel dafür sind die Versicherungsformen. Letztere werden ausführlich in einem späteren Abschnitt thematisiert werden. Die Beschlüsse werden üblicherweise mit dem traditionellen Abschlusswort der Fatwas, und zwar „*Wa Allāh aʿlam*" (Und Allah weiß es am besten), beendet.

6.3.3 Analyse des European Council for Fatwa and Research

6.3.3.1 Themenkatalog

Die Arbeitsergebnisse des Councils umfassen *qarārāt* (Beschlüsse) und *fatāwā* (Rechtsgutachten). In 25 Tagungen verabschiedete der Rat 120 Resolutionen und erließ 143 Rechtsgutachten. Im Rahmen seiner Beschäftigung mit dem islamischen Minderheitenrecht lassen sich Fragen zu folgenden Subthematiken ausmachen:[1068]

a) **Soziale Fragen**: Ein Teil der Entscheidungen und Fatwas des Councils (über 22) behandelt soziale Angelegenheiten, insbesondere Fragen, die Frauen betreffen, wie z. B. die Beteiligung der Frauen am öffentlichen Leben (Resolutionsnr. 17:5/5), die familiäre Gewalt (Resolutionsnr. 58:8/14) und die Zwangsehe (Resolutionsnr.

1067 Beispiele für diese Resolutionen werden im nächsten Abschnitt angeführt. Siehe Unterkapitel 6.3.4.

1068 Für die Resolutionen und Fatwas des ECFR bis zur 20. Tagung: ECFR 2013. Alle Resolutionen und Fatwas sind auch über das Portal des Rates online verfügbar: http://e-cfr.org/, abgerufen am 09.08.2015.

54:4/14). Ferner fallen Beispiele, wie das Beglückwünschen von Nicht-Muslimen durch Muslime anlässlich derer Feiertage (Resolutionsnr. 21:6/3), das Verhältnis einer Muslimin zu ihren nicht-muslimischen Verwandten (Fatwa Nr. 5:1/5) und Gespräche zwischen Männern und Frauen über die sozialen Medien (Fatwa Nr. 127:22/2).

b) **Integration**: Ebenso befasst sich eine große Zahl der Fatwas und Beschlüsse (ca. 30) mit der Frage der Integration von Muslimen in europäischen Gesellschaften. Beispiele dafür sind: die Loyalität der Muslime in europäischen Ländern (Resolutionsnr. 69:2/16), die Teilnahme (der Muslime) an den Wahlen in Europa (Fatwa Nr. 36:16/2), die Festsetzung des Konzeptes der Integration und ihre Anforderungen (Resolutionsnr. 75:2/17), das Recht der muslimischen Frau auf das Tragen eines Kopftuchs (Resolutionsnr. 46:1/12) und die Bildung eines Ausschusses, der sich mit der Frage der Integration beschäftigt (Resolutionsnr. 76:3/17).

c) **Familien- und erbrechtliche Fragen:** Probleme dieser Art werden in 56 *qarār* und *fatwā* bearbeitet, wie z.B. die Heirat einer muslimischen Frau mit einem Nicht-Muslim (Fatwa Nr. 115:1/18), die Eheschließung auf Basis zivilrechtlicher Verträge (Fatwa Nr. 31:11/2), dass ein Muslim von seinen nicht-muslimischen Verwandten erben kann (Resolutionsnr. 13:1/5), die Eheschließung (eines muslimischen Paars) in einer Kirche (Fatwa Nr. 59:2/10), das Scheidungsurteil (über Muslime), welches von einem nicht-muslimischen Richter gefällt wird (Resolutionsnr. 15:3/5).

d) **Finanzielle Fragen:** Darunter fallen etwa 50 Entscheidungen, beispielsweise der Kauf eines Wohnhauses durch einen verzinsten Kredit in einem nicht-islamischen Land (Resolutionsnr. 7:2/4), die Bestimmungen der Finanztransaktionen in nicht-islamischen Ländern (Resolutionsnr. 78:1/18), die Lebensversicherung (Resolutionsnr. 30:2/8), die Rechtsnormen von Pachtverträgen (Resolutionsnr. 80:18/3) und die Finanzmärkte und ihre Anwendungen (Resolutionsnr. 49:4/12).

e) **Medizinische Fragen:** 18 Beschlüsse und Gutachten des ECFR betreffen medizinische Angelegenheiten, wie die Implantation und Transplantation (Resolutionsnr. 20:2/6), das Klonen von Menschen (Resolutionsnr. 37:1/10), die Euthanasie (Resolutionsnr. 42:3/11), der Schwangerschaftsabbruch im Falle eines deformierten Fötusses (Fatwa Nr. 61:4/10) und die Schönheitsoperationen (Resolutionsnr. 113:24/7).

f) **Gottesdienst**: Die meisten der untersuchten Fragen (72 Rechtsfälle) liegen im Bereich der *ʿibādāt*, z.B. die Rechtsnorm für das Verrichten des Freitagsgebetes vor dem Höchststand der Sonne (*zawāl*) oder nach dem Nachmittagsgebet (*al-ʿaṣr*) (Resolutionsnr. 4:4/3), die Rechtsnorm für das Verrichten des Sonnenuntergangsgebets (*al-maġrib*) und des Abendgebets (*al-ʿišāʾ*) im Sommer unmittelbar nacheinander (*al-ǧamʿ*), aufgrund dessen, dass die Zeit des Abendgebets in einigen Ländern sich auf Mitternacht oder sogar noch später verschiebt, oder anlässlich dessen, dass es keinen Scharia-Hinweis bezüglich der Zeit des Abendgebets gibt (Resolutionsnr. 3:3/3), die Feststellung der Monatsanfänge im

Mondkalender (Resolutionsnr. 77:4/17) und die Länge der Fastenzeit im Sommer in Europa (Resolutionsnr. 90:8/19).

g) **Theologische Fragen,** wie z.B. die Bestimmung der Apostasie (Fatwa Nr. 38:2/18), die Auslegung der Bedeutung von der dem Heil geschenkten Gruppierung (*al-firqa an-nāǧiya*) (Fatwa Nr. 24:2/4) und das Verbot, die Evangelien zu missachten (Fatwa Nr. 122:21/1). Hierzu gehören etwa acht Fragen.

h) **Rechtstheoretische Fragen:** Dabei geht es um acht Fragen, wie das Minderheitenrecht (Resolutionsnr. 50:12/5), die Verpflichtung der Laien gegenüber einer bestimmten Rechtsschule (Fatwa Nr. 19:1/19) und das Minderheitsrecht unter Berücksichtigung des Prinzips vom Wandel der Fatwas (Resolutionsnr. 114:24/8).

Ferner verabschiedete der Council vierzehn Resolutionen, in denen die Behandlung einiger Fragen verschoben wurde. Darüber hinaus existieren auch Entscheidungen, die mehr als ein Thema beinhalten. Daraufhin ergibt sich eine Gesamtzahl von 262 Fragen, welche den Gegenstand der folgenden Analyse bilden.

Zwar spiegelt sich in dieser Aufteilung eine deutliche Themendiversität wider, aber dennoch findet eine Priorisierung bestimmter Themen statt. Die Konzentration des Councils liegt, in Anbetracht des Themenverzeichnisses, auf dem Gottesdienst und dem familienrechtlichen Bereich, wobei es vor allem um Alltagsfragen und um individuelle Probleme geht. Obwohl diese Kategorie von Fragen größtenteils bereits in der früheren Rechtsliteratur untersucht wurde, repräsentieren die in Europa vorherrschenden anderen Umstände, verglichen mit jenen in der islamischen Welt, eine weitere Herausforderung. Daraus resultiert die Notwendigkeit, viele Fragen dieser Art unter Berücksichtigung der westlichen Lebensbedingungen erneut zu bearbeiten. Ergo ist eine wiederholte Beschäftigung mit diesen Themen durchaus sinnvoll, jedoch stellt sich die Frage nach der Grenze der Arbeit (Arbeitsteilung) zwischen den Fatwa-Kommissionen (in Frankreich, England und seit Kurzem auch in Deutschland) und den jährlichen Sitzungen des Rates. Nach der Ausführungsordnung des Councils sind diese Fatwa-Ausschüsse mit der Beantwortung dieser Art von Fragen beauftragt und nur im Falle von komplizierten oder schwierigen Fragen dürfen sie diese auf den Council übertragen. In der Praxis wurden allerdings auch viele einfache Alltagsfragen in den Tagungen des Councils bearbeitet, der zu diesen Rechtsgutachten oder Resolutionen erstellt hat.

Hingegen wurden einige wichtige Fachgebiete nicht ausreichend abgedeckt. Dabei handelt es sich vor allem um theologische und rechtstheoretische Fragen und teilweise um medizinische Themen. Die Vernachlässigung theologischer Themen ist insofern besonders erstaunlich, als ein Großteil der behandelten theologischen Fragen auf Fatwa-Anfragen der Öffentlichkeit zurückgeht und somit in der Gesellschaft ein gewisses Interesse für theologische Themen zu beobachten ist. In der 21. Sitzung des ECFR, welche das Verhalten von Muslimen gegenüber Anhängern anderer Religionen zum Thema hatte, hat der ECFR keine einzige theologische Resolution verabschiedet und eine Beurteilung zugunsten einer intensiveren Untersuchung des Themas verschoben.

Ebenso hat der Rat nur wenige rechtstheoretische Fragen behandelt. Die geringe Beschäftigung mit solchen Fragen erscheint angesichts der Absicht des Councils, ein mehr oder weniger neues Rechtsgebiet, nämlich jenes des Minderheitenrechts, zu entwickeln und zu etablieren, zweckwidrig. Dieses Vorhaben würde logischerweise die Untersuchung und Überprüfung der traditionellen Rechtstheorie erfordern, wodurch der Council rechtstheoretische und methodologische Grundlagen entwickeln könnte, auf die er sich bei der Bearbeitung der minderheitenrechtlichen praktischen Fragen stützt. Die fehlende Umsetzung dieser naheliegenden Überprüfung wurde auch von dem Mitglied des Councils, ʿAbd al-Maǧīd an-Naǧǧār, im Rahmen seiner Verbesserungsvorschläge der Arbeitsweise des ECFR konstatiert.[1069] In den letzten Sitzungen, vornehmlich ab der 22. Tagung, begann der Council diesem Mangel Rechnung zu tragen und seine Arbeit im rechtstheoretischen Bereich zu forcieren.

In seinen Verbesserungsvorschlägen weist an-Naǧǧār auch auf einen weiteren Themenbereich hin, dem der Rat sich zuwenden sollte, und zwar den europäischen Gesellschaftsfragen. Es gehe dabei nicht um soziale Probleme der Muslime in Europa, sondern um Probleme der europäischen Gesellschaften. An-Naǧǧār betont, dass ausgehend vom Ziel des Councils, die aktive Mitwirkung und Integration der Muslime in den europäischen Gesellschaften zu erreichen, es wünschenswert sei, sich zudem mit den allgemeinen Problemen dieser Gesellschaften auseinanderzusetzen. Damit werde bezweckt, an der Behandlung dieser Probleme als Teil jener Gesellschaften teilzunehmen.[1070] Obwohl seine Empfehlung für die Entwicklung der Arbeit des Councils von Relevanz zu sein scheint – z. B. kann dadurch ein Beitrag zu einem besseren Verständnis des europäischen sozialen Umfelds geleistet und die Ermittlung treffender Rechtsnormen gefördert werden – wurde sie bis jetzt nicht in die Praxis umgesetzt.

Hinsichtlich der Themenwahl ist es insbesondere in den ersten zwölf Sitzungen evident, dass damals noch keine klare Planung für die Themenwahl stattfand. In diesen Tagungen bestand die Arbeit darin, sich mit einzelnen Fällen aus unterschiedlichen Rechtskapiteln zu befassen und die Fatwa-Anfragen zu beantworten. Mit anderen Worten hatte der Rat in dieser Phase eher den Anschein einer Fatwa-Kommission. So kann kein klarer Maßstab für die Auswahl der verschiedenen Einzelfragen ausgemacht werden. Ab der 13. Tagung behandelten die Mitglieder ein allgemeines Thema, welches sie am Ende der vorigen Sitzung bestimmt hatten, und die mit ihm verbundenen Fragen. Es kommt vor, dass die Untersuchung eines Themas mehrere Versammlungen in Anspruch nimmt, wie die Thematik der muslimischen Familie im Westen, welche von der 12. bis zur 15. Sitzung diskutiert wurde. In anderen Fällen verlagert der Council bisweilen seine thematische Konzentration in der folgenden Tagung und/oder verschiebt die Entscheidung über einige Teilfragen der alten Thematik erneut. Demzufolge bleiben gewisse Subthematiken und Fragen lange offen, z. B. wurde die Frage der nicht registrierten Ehe

1069 Vgl. an-Naǧǧār 2009, S. 56 f.
1070 Vgl. an-Naǧǧār 2009, S. 62.

auf die 15. Tagung verschoben und es wurde darüber erst in der 20. eine Resolution verabschiedet und das Thema der testamentarischen Verfügung wurde auf die 20. Veranstaltung verschoben und bis heute nicht beantwortet. In seinen Vorschlägen zur Verbesserung der Arbeit des Rates verweist Ḫālid Ḥanafī, Mitglied des ECFR, darauf, dass der Council eine Arbeitsmethodologie bestimmen solle, sodass nicht zu einem neuen Thema übergegangen werde, bevor nicht das alte und die damit verbundenen Fragen vollständig behandelt worden sei.[1071] Darüber hinaus kommt es bei der Fortsetzung eines alten Themas oder eines ähnlichen Themas zu Wiederholungen, beispielsweise wurde über die Frage der Eheauflösung seitens der Frau (*ḫulʿ*)[1072] zunächst im Rahmen der 15. Tagung mit dem Thema der Familienfragen eine Entscheidung gefasst und später verabschiedete der Council in der 24. Sitzung mit dem Thema der Frauenfragen zur *ḫulʿ* nochmals eine Resolution mit gleichem Inhalt, auch wenn sie anders formuliert wurde. In diesem Zusammenhang forderten einige Mitglieder in der 25. Versammlung, die das Thema der Koexistenz von Muslimen und Nicht-Muslimen in Europa diskutierten, dass im Fall der Behandlung eines Themas, welches bereits bearbeiteten Themen ähnelt, man sich die Arbeitsergebnisse jener Themen zuschicken lassen sollte, um unnötige Wiederholungen zu vermeiden. Als Beispiel hierfür wurde das Thema jener 25. Tagung angeführt, welches viele Gemeinsamkeiten mit alten Themen, wie Integration und Bürgerschaft (17. Tagung), aufweise. Von daher wäre das Arbeitsverfahren effektiver, wenn der Council einen langfristigen Plan für Themen entsprechend den Arbeitsprioritäten des Councils ausarbeiten und auf eine vollständige Bearbeitung der Unterpunkte eines Themas vor einem Themenwechsel achten würde.

6.3.3.2 Arbeitsverfahren aus normwissenschaftlicher Sicht

In der Arbeitsmethodologie des ECFR zeichnet sich im Allgemeinen dieselbe Verfahrensweise wie jene der beiden anderen Akademien ab. Zunächst steht ebenfalls die individuelle Arbeit der Mitglieder durch einzelne Forschungen im Vordergrund. Sodann werden eine gemeinschaftliche Beratung und Diskussionen angeschlossen und schließlich folgt die kollektive Entscheidung über die bearbeiteten Fragen. In diesem Zusammenhang ist durch die Satzung des Rates festgelegt, dass die Ermittlung der Normen sich sowohl auf allgemein anerkannte Rechtsquellen, und zwar den Koran, die Sunna, den Konsens und den Analogieschluss, als auch auf sekundäre Quellen, wie z.B. *istiḥsān*, *maṣlaḥa mursala* und *sadd aḏ-ḏarāʾiʿ*, beziehen soll.[1073]

1071 Ein Treffen mit ihm in der 25. Tagung des Councils. Die Antworten wurden per Mail am 16.10.2015 geschickt.

1072 Damit ist die Eheauflösung seitens der Frau gegen Auszahlung der vom Mann getätigten finanziellen Leistungen ihr gegenüber, wie z.B. der Brautgabe oder gegen das Verzichten auf eines ihrer finanziellen Rechte, gemeint. Bei einigen Gelehrten kann *ḫulʿ* auch ohne jegliche Auszahlung der Frau vollzogen werden.

1073 Siehe Unterkapitel „6.1.3.7".

Obwohl der Prozess der Ermittlung von Rechtsnormen die gleichen Schritte[1074], nämlich *taṣwīr*, *takyīf* und *tanzīl*, umfasst, weist das Rechtsfindungsverfahren des ECFR einige spezifische Merkmale auf und es kommt zu einem Zusammenspiel besonderer Faktoren. Im Rahmen der (kollektiven) *taṣwīr*-Phase wird zudem beabsichtigt, die (islamischen) Fragen unter fremden (nicht-islamischen) Umständen der europäischen Gesellschaften zu erfassen. Eine noch größere Besonderheit ist das *tanzīl*-Verfahren, bei dem eine islamische Rechtsnorm an nicht-islamische Lebensbedingungen angepasst werden soll. Hierbei sollen die Gewohnheiten und Gesetze der westlichen Gesellschaften berücksichtigt werden.

Anhand von persönlichen Gesprächen mit einigen Mitgliedern des ECFR – sowie durch eigene Überprüfung während der Teilnahme an der 25. Tagung des Councils[1075] – stellte sich heraus, dass die Mitglieder des ECFR sich häufig auf zwei Hauptformen des *iǧtihād*, nämlich *iǧtihād intiqāʾī* (selektiver *iǧtihād*) und *iǧtihād inšāʾī* (erneuernder *iǧtihād*), berufen. In diesem Kontext merkte Ḫālid Ḥanafī an, dass im Falle von alten Fragen auf den *iǧtihād intiqāʾī* Bezug genommen werde, sofern die verschiedenen Meinungen einleuchtend seien.[1076] Hierbei werde die zutreffendste Auffassung ausgewählt, welche in Einklang mit den Umständen der Muslime in Europa stehe, auch wenn diese sich der Mehrheitsmeinung widersetze, z. B. die Erlaubnis, dass ein Muslim seine nicht-muslimischen Verwandten beerbt und dass eine Ehe nicht aufgelöst wird, falls eine Nichtmuslimin ohne ihren Ehemann zum Islam konvertiert. Wenn es um eine neue Frage geht, werde ein *iǧtihād inšāʾī ibdāʿī* (ein neuernder schöpferischer *iǧtihād*) praktiziert. In diesem Fall werde eine Bestimmung mittels der Texte (Koran und Sunna) und anderer Rechtsquellen sowie mithilfe der *maqāṣid aš-šarīʿa* ermittelt. Diese Art des *iǧtihād* findet z. B. bei der Frage Anwendung, wenn einem totkranken Patienten lebenserhaltende Geräte, ohne diese er nicht mehr lebensfähig ist, abgeschaltet werden.[1077] Die Anwendung beider Begriffe geht vor allem auf al-Qaraḍāwī zurück. Mit dem ersten Terminus bringt Letzterer einen gezielten Eklektizismus des islamisch-juristischen Erbes (der verschiedenen Schulen und sogar außerhalb der vier sunnitischen) zum Ausdruck, welcher aus der Auswahl der wahrscheinlichsten, gewichtigsten oder auch zielführendsten Ansicht (also *tarǧīḥ*) resultiert. Bei der Auswahl sollten bestimmte Kriterien berücksichtigt werden. So beispielsweise die Anpassung an die Zeit, die Erleichterung und das Gemeinwohl. Unter dem *iǧtihād inšāʾī* wird demgegenüber die Deduktion einer neuen Bestimmung bzw. Auffassung ausgehend von einer Frage verstanden, die keiner der früheren Gelehrten vorher vertrat, abgesehen davon, ob diese Frage neu oder alt ist.[1078]

1074 Siehe Unterkapitel „6.3.1“.
1075 Vom 06. bis zum 10.10.2015 in Istanbul.
1076 Die verschiedenen Rechtsauffassungen haben Beweiskraft.
1077 Die Antworten wurden per E-Mail am 16.10 2015 geschickt.
1078 Vgl. al-Qaraḍāwī 1996, S. 114 ff. und al-Qaraḍāwī 1994, S. 19 ff.

Eine Überprüfung der gesamten Arbeitsergebnisse des Councils – sowohl *qarārāt* als auch *fatāwā* – führt zu den im Folgenden dargelegten Beobachtungen und Ergebnissen.[1079] Die Zahl der Fragen, welche entsprechende Fälle in der früheren Rechtsliteratur haben, beträgt 102 (etwa 40 %). Bei etwa einem Drittel dieser Fragen, wobei es um 33 geht, bevorzugte der Rat die Auffassung der Minderheit oder die einer einzigen Rechtsschule. Dabei fiel wiederum die Wahl des ECFR in 19 Fällen auf die ḥanafitischen Ansichten. Exemplarisch lassen sich hierfür folgende Fälle nennen: die Gültigkeit des Ehevertrags, wenn die Frau diesen selbst – in Abwesenheit eines ihrer männlichen Verwandten, als Bevollmächtigter der Frau zur Schließung der Ehe (*walī*) – abschließt (Resolutionsnr. 8:4/3), die Rechtmäßigkeit, sich auf die astronomischen Berechnungen bei der Feststellung der Monatsanfänge im Mondkalender zu stützen (Resolutionsnr. 77:4/17), die Annahme der ḥanafitischen Auffassung, dass die Umwandlung von Wein in Essig mithilfe einer Aufbereitung (*at-taḫlīl*) ihn zu etwas Erlaubtem macht (Resolutionsnr. 12:4/7) und die Legalität der Zakat des Fastenbrechens, welche mit Geld entrichtet wird (Resolutionsnr. 96:20/6). Daneben wurden auch die Ansichten der anderen Rechtsschulen in einigen Fällen übernommen: drei mālikitische Bestimmungen, wie beispielsweise, dass der Kontakt mit einem Hund die rituelle Reinheit nicht aufhebt (Fatwa Nr. 39:2/19), drei ḥanbalitische Auffassungen, z. B. das Verbot, eine Ehe mit der Absicht einzugehen, diese später wieder zu beenden (Fatwa Nr. 110:17/7), zwei šāfiʿitische Meinungen, wie die Auffassung, dass die soziale Ebenbürtigkeit der Ehepartner lediglich erwünscht oder empfohlen ist (Resolutionsnr. 62:15/1) und in sechs Fällen wurde die Rechtsauffassung einer Minorität übernommen, welche von etlichen Gelehrten diverser Schulen vertreten wird, z. B. die Zulässigkeit, das Freitagsgebet sowohl vor dem Höchststand der Sonne (*zawāl aš-šams*) als auch danach, also während der Zeit des Nachmittagsgebets, zu verrichten (*al-ʿaṣr*). Hierbei handelt es sich um eine Kombination der Auffassung einiger Ḥanbaliten und einiger Mālikiten (Resolutionsnr. 4:3/4). Ein anderes Beispiel dafür ist die Erlaubnis, das *tarāwīḥ*-Gebet[1080] vor dem Nachtgebet (*ʿišāʾ*) zu verrichten, was auf die Ansicht etlicher Ḥanafiten und einzelner Ḥanbaliten zurückgeht (Fatwa Nr. 128:23/1).

Hingegen wählte der Rat in 30 Fragen die überwiegende Meinung der früheren Gelehrten aus, wie z. B. die Legalität der Ehe eines Manns mit einer Frau, mit der er bereits eine außereheliche Beziehung geführt hat (Resolutionsnr. 10:4/5), die Erlaubnis der Ehe zwischen einem Muslim und einer Christin oder Jüdin (Resolutionsnr. 56:14/6), der Entzug des Sorgerechts einer (geschiedenen) Frau für ihr Kind, wenn sie einen anderen Mann heiratet (Resolutionsnr. 66:15/5) und die Auffassung, dass ein Spender seine Zakat in seinem eigenen Land entrichten soll (Fatwa Nr. 64:11/2).

1079 Dabei stützt sich die Durchsicht der Ansichten der verschiedenen Rechtsschulen hauptsächlich auf *al-Mawsūʿa al-fiqhiyya* (die Fiqh-Enzyklopädie Kuwaits).

1080 Ein freiwilliges Gebet, welches in Ramadan im der Regel nach dem Nachgebet durchgeführt wird.

Etwa in einem Viertel der untersuchten alten Rechtsfälle (25 Fragen) nahm der ECFR eine Ansicht an, die nicht durch die Rechtsschulen motiviert ist. Damit ist gemeint, dass er sich auf Ansichten von Gelehrten vor der Entstehung der Rechtsschulen stützt, wie Prophetengefährten oder Gelehrte der folgenden Generation (*tābiʿūn*), oder Meinungen, die von jenen der Rechtsschulen abweichen. Ein Beispiel dafür ist die Gesetzlichkeit, dass ein Muslim/eine Muslimin seine/ihre nicht-muslimischen Verwandten beerbt. Diese Meinung stützt sich auf keine bestimmte Rechtsschule, sondern auf die *ṣaḥāba* (wie Muʿāḏ ibn Ǧabal und Muʿāwiya ibn Abī Sufyān) und die *tābiʿūn* (wie Saʿīd ibn al-Musayyab) sowie auf Ibn Taymiyya, der diese Meinung für die richtige hielt (Resolutionsnr. 123:5/1). Ein anderer Beispielsfall ist die Erlaubnis – entgegen der vier sunnitischen Rechtsschulen – die Ehe fortzusetzen, falls eine Nichtmuslimin ohne ihren Ehemann zum Islam konvertiert. Hierbei berief sich der Council auf die Auffassungen einiger Prophetengefährten, wie ʿUmar ibn al-Ḫaṭṭāb und ʿAlī ibn Abī Ṭālib (Resolutionsnr. 31:8/3). Ebenso ist dies bei der Entscheidung, dass die Anwesenheit von Zeugen bei der Ehescheidung verbindlich ist, der Fall. Hierbei handelt es sich um eine Übernahme der Ansicht des Ẓāhiriten Ibn Ḥazm und somit um die Zurückweisung der vorherrschenden Meinung, dass eine Zeugenschaft lediglich empfohlen sei (Resolutionsnr. 65:15/4).

In den übrigen vierzehn (alten) Fragen bezog sich der Council nicht auf frühere Rechtsauffassungen, sondern beabsichtigte einen neuen *iǧtihād* durch *istinbāṭ*, *qiyās* oder eine andere *iǧtihād*-Methode vorzunehmen. So wurde es zum Beispiel aufgrund des Verständnisses des Koranverses 4:34 im Lichte der Sunna als inakzeptabel erklärt, eine Ehefrau zu schlagen, wenn sie widerspenstig ist (*nāšiz*). Dieses Verständnis kann unter Bezug auf den Propheten damit bekräftigt werden, dass dieser seine Frauen niemals schlug und es auch anderen Männern verbot, gegenüber ihren Ehefrauen gewalttätig zu sein. Außerdem rekurriert diese Auffassung auch auf die Berücksichtigung des heutigen Gewohnheitsrechts und der herrschenden Gesetze (Resolutionsnr. 109:24/3). Ein weiteres Beispiel ist die Erlaubnis der Absenz beim Freitagsgebet wegen der Arbeit. Hierfür deutete der Council einen Hadith um, welcher die Abwesenheit bei drei aufeinanderfolgenden Freitagsgebeten verbietet. So interpretierte er dieses Verbot vor dem Hintergrund einer absichtlichen Abwesenheit und legitimiert somit die Arbeit als möglichen Verhinderungsgrund (Fatwa Nr. 97:15/7).

Was die neuen Fragen betrifft, so handelt es sich um über 160 Rechtsfälle. In der Bearbeitung dieser Fragen zeigt sich deutlich die Tendenz des ECFR, einen *iǧtihād* zu praktizieren, statt den Versuch zu unternehmen, eine Analogie zu alten Bestimmungen der Rechtsschulen zu konstituieren. Während drei Viertel dieser Fragen mittels verschiedener *iǧtihād*-Verfahren behandelt wurden, bezog sich die Institution bei der Untersuchung des letzten Viertels auf den *taḫrīǧ*. Als Beispiele für diese letzte Methode lassen sich die folgenden Entscheidungen anführen: Die Rechtmäßigkeit einer Scheidung, die von einem nicht-muslimischen Richter im Westen ausgesprochen wurde. Hierbei wird eine Analogie der Ehescheidung gemäß den westlichen Gesetzen zur Bevollmächtigung zur Scheidung hergestellt, die von einer Vielzahl von früheren Gelehrten als zulässig anerkannt wird (Resolutionsnr.

15:5/3), die Pflicht, eine Organspende auszuführen, wenn ein entsprechender Organspenderausweis unterschrieben vorliegt, in Analogie zum Verfassen eines Vermächtnisses (Resolutionsnr. 20:6/2) und die Erlaubnis, dass ein muslimischer Arzt eine Einäscherung genehmigt, in Analogie zu der Zulässigkeit, dass ein Muslim einem Nicht-Muslim Trauben verkauft, egal ob Letzterer diese isst oder daraus Wein herstellt (Fatwa Nr. 28:2/8).

Außerdem wurden 120 Rechtsfälle mithilfe der verschiedenen *iǧtihād*-Methoden bearbeitet. Mehr als ein Drittel dieser Entscheidungen (43) beriefen sich auf unterschiedliche Rechtsmaximen, wie z.B. die Legalität des Kaufes eines Wohnhauses durch einen verzinsten Kredit im Westen aufgrund der Maxime *aḍ-ḍarūrāt tubīḥ al-maḥẓūrāt* (die Notwendigkeit erlaubt das Verbotene) (Resolutionsnr. 7:4/2), die Zulässigkeit von Schönheitsoperationen basierend auf der Rechtsmaxime „Ein Bedürfnis kann unter bestimmten Bedingungen zu einer unverzichtbaren Notwendigkeit werden“ (*al-ḥāǧa qadd tunazzal manzilat aḍ-ḍarūra*) und *aḍ-ḍarūrāt tubīḥ al-maḥẓūrāt* (Resolutionsnr. 113:24/7), die Illegalität, als Boxer zu arbeiten bedingt durch die Rechtsmaxime *lā ḍarar wa lā ḍirār* (Weder sich selbst noch den anderen darf Schaden zugefügt werden) (Fatwa 49:5/3) und die Gesetzlichkeit der Bestattungsversicherung bei kommerziellen Versicherungsfirmen im Westen unter Bezugnahme auf die Maxime *al-ḥāǧa qadd tunazzal manzilat aḍ-ḍarūra* (Fatwa Nr. 62:10/5). Darüber hinaus wurden ca. 38 Themen anhand von *istinbāṭ* oder *qiyās* untersucht, wie beispielsweise die Unzulässigkeit, eine Muslimin zu zwingen, den Kontakt zu ihren nicht-muslimischen Verwandten abzubrechen, mithilfe der Koranstellen, welche die Achtung der Eltern (17:23 und 31:15) der friedfertigen Nicht-Muslime (wie 60:8) fordern und aufgrund eines Hadith, in dem der Prophet nichts dagegen einzuwenden hatte, dass eine Frau zu ihrer nicht-muslimischen Mutter ein gutes Verhältnis hat (Fatwa Nr. 5:1/5) sowie die Legitimität der Teilnahme eines Muslims an der Trauerfeier eines nicht-muslimischen verstorbenen Verwandten. Diese Rechtsnorm stützt sich auf einen Analogieschluss zu Koranversen (17:23 und 31:15), welche Respekt gegenüber den Eltern fordern sowie zu dem Bittgebet des Propheten, in welchem er um Vergebung für seine (nicht-muslimische) Mutter ersucht und zu dem Erheben des Propheten (aus Respekt), als die Totenträger mit einem verstorbenen Juden an ihm vorbeikamen (Resolutionsnr. 22:6/4) sowie die Gesetzlichkeit, im Notfall in einer Kirche das Gebet zu verrichten in Analogie zu der Situation, als der Prophet mit seinen Gefährten vor ihrer Auswanderung das Gebet in Mekka bei der Kaʿba verrichtete, obgleich diese damals mit Götterstatuen umgeben war (Resolutionsnr. 34:9/3).

Ebenso wurden 27 Themen mit Bezug auf andere Rechtsquellen, insbesondere das Gemeinwohl (*maṣlaḥa*) und Gewohnheitsrecht (*ʿurf*), betrachtet, z.B. hält der Council sowohl im Interesse der Braut als auch des Bräutigams eine ärztliche Untersuchung des Brautpaars vor der Hochzeit für legitim (Resolutionsnr. 52:14/2), die Legitimation, Bilder von Lebewesen zu malen aufgrund des pädagogischen Nutzens, der darin für Kinder besteht (Fatwa Nr. 109:17/6) und die Erlaubnis, eine Christin oder Jüdin ohne die Genehmigung ihres *walī* (einer ihrer männlichen Verwandten, der die Frau zur Eheschließung bevollmächtigt) zu ehelichen, sofern das *ʿurf* der westlichen Gesellschaften das erlaubt (Fatwa Nr. 91:15/1). Des Weiteren wurden zwölf Rechtsgutachten und Normen unter Bezugnahme auf die *maqāṣid aš-šarīʿa* ermittelt, wie beispielsweise das Verbot der Leihmutterschaft auf Basis des schariarechtlichen Ziels, die Nachkommenschaft zu erhalten (Fatwa Nr. 58:10/1), das Verbot zu rauchen und mit Tabak Handel zu betreiben beruhend auf dem Prinzip, das menschliche Leben zu erhalten (Fatwa Nr. 89:14/1) und die Erlaubnis von Schönheitsoperationen ausgehend von der Erhaltung der Schönheit und des Schmucks des Menschen, welche zu den *maqāṣid aš-šarīʿa* – abgeleitet von Koranversen wie 95:4 und 7:32 – gehört. Zwar räume die Scharia oder der Koran der Schönheit des Menschen einen hohen Stellenwert ein, dennoch sollten Schönheitsoperationen nicht willkürlich, sondern nur im Falle von angeborenen oder durch Unfälle herbeigeführten Deformationen, welche unter Umständen für den Menschen eine psychische Belastung darstellen, durchgeführt werden (Resolutionsnr. 113:24/7).

Die Betrachtung der Arbeitsergebnisse des Councils im Lichte der von ihm hervorgehobenen *iǧtihād*-Formen, und zwar *iǧtihād intiqāʾī* und *iǧtihād inšāʾī*, zeigt, dass beide Methoden in gleichem Maße zum Einsatz kommen. Mithilfe des *iǧtihād intiqāʾī* wurden Rechtsnormen für über 128 Fragen (etwa 49 %) ermittelt. Diese umfassen sowohl alte Fragen (88) als auch neue rechtsfreie Probleme (40). Die überwiegende Meinung (*raʾy al-ǧumhūr*) wurde insgesamt 48 Mal bevorzugt, während der Council sich in 67 Rechtsfällen für die Ansicht der Minderheit (*raʾy al-aqalliyya*) entschied. In diesen Fällen fiel 22 Mal die Wahl auf die ḥanafitische Meinung, sechs Mal auf die mālikitische, drei Mal auf die ḥanbalitische, zwei Mal auf die šāfiʿitische, neun Mal auf eine Minderheit bestehend aus Gelehrten verschiedener Schulen und 25 Mal wurde eine Meinung ausgewählt, die von außerhalb der vier anerkannten sunnitischen Schulen kam. In diesem Zusammenhang ist anzumerken, dass der Rat sich nicht auf die *maḏāhib* beschränkte, sondern seinen Auswahlbereich durch die Annahme von Ansichten der Prophetengefährten und der nächsten Generation erweiterte. Diese Art des *iǧtihād* entspricht dem *iǧtihād at-tarǧīḥ* der traditionellen *uṣūl al-fiqh*. Unter dem *iǧtihād inšāʾī* können demgegenüber 134 Resolutionen und Fatwas (ca. 51 %) des Councils eingeordnet werden, welche anhand der verschieden *iǧtihād*-Verfahren, wie oben dargestellt, untersucht wurden. Diese Verfahren des *iǧtihād* liegen zwischen dem *iǧtihād taḫrīǧ* und dem absoluten *iǧtihād*. Die bedeutende Rolle des *iǧtihād* für die Arbeit des ECFR bestätigt auch Caeiro: „Usually, however, the imperative of spreading the ECFR's ‚*ijtihad*' and ‚academic methodology' is considered a fundamental part of its work."[1081]

Aus der Beschäftigung mit den Entscheidungen und Fatwas des ECFR resultieren einige besondere Beobachtungen. Auffällig ist die Hervorhebung der Doktrin vom „Wandel des Fatwas aufgrund der Veränderung des Ortes, der Zeit, der Zustände und der Bräuche" durch den Rat. Dies hat der Council in seinem Resolutionsnr. 114:24/8 zum Ausdruck gebracht. Dieses Prinzips bedient er sich, um gegenüber einer Rechtsschule oder Rechtsakademie seine Gegenmeinung zu legitimieren. Ebenso bildet dieses

1081 Caeiro 2011, S. 130.

Prinzip eine Rechtfertigung für die Ermittlung rechtlicher Normen, die an europäische Lebensbedingungen assimiliert werden und von den innerhalb der islamischen Welt herrschenden Rechtsauffassungen abweichen. Dies lässt sich mit der Natur der behandelten Fragen begründen, da diese von anderen Umständen begleitet sind als jene in den islamischen Gesellschaften. Deswegen sollte in vielen Fragen von der vorherrschenden Meinung, welche mehr an die Lebensbedingungen der islamischen Länder angepasst ist oder sich in der Vergangenheit unter anderen historischen Bedingungen entstand, Abstand genommen werden und sich entweder einer anderen alten Ansicht zugewandt werden, die mehr die neue Zeit und den anderen Ort berücksichtigt, oder aber eine neue Auffassung gebildet werden. Diese Anpassungsfähigkeit gilt auch als ein wichtiges Kriterium der Normenermittlungen in den rechtsfreien Fragen. Beispiele dafür sind: die Zulässigkeit der in Europa angewandten kommerziellen Versicherungsformen, obgleich diese innerhalb der islamischen Welt von verschiedenen Rechtsakademien[1082] als verboten betrachtet wurden. Diese Beurteilung resultiert aus den veränderten Umständen in Europa. So sind diese Versicherungsformen dort legal und es findet sich keine islamische Alternative (Beschlüsse Nr. 25:6/7, 30:8/2, 92:20/2 und Fatwa Nr. 77:12/9), die Zulässigkeit der Betäubung von Tieren vor dem Schlachten, solange dadurch nicht der Tod des Tieres herbeigeführt wird. Hierin manifestiert sich eine Abweichung von den herrschenden traditionellen Schlachtregeln des islamischen Rechts durch die Berücksichtigung der anderen westlichen Vorschriften des Schlachtens (Resolution 103:23/1), die Rechtmäßigkeit der Verwendung von Milchbanken. Hier distanziert sich der ECFR von der Auffassung der IIFA (Resolutionsnr. 6:6/2) und von der überwiegenden Meinung der Rechtsschulen. Hingegen entschied sich der Council für die Ansicht, welche die Situation der Muslime in Europa berücksichtigt (Resolutionsnr. 48:12/3) und die Zulässigkeit, dass eine Frau ohne die Begleitung eines männlichen Verwandten (*maḥram*) reist, und zwar aufgrund der größeren Sicherheit des Verkehrs in der Gegenwart im Vergleich mit der Vergangenheit (Fatwa Nr. 52:5/6). In Verbindung mit dem Prinzip vom Wandel des Fatwas verwendet der ECFR oft die Begriffe „*taysīr*" (Erleichterung) und „*fiqh al-wāqiʿ*" (Einsicht in die Realität). Caeiro betont, dass diese beiden Formeln im Zentrum der Arbeit des ECFR stehen: „They not only constitute the basis of the process of integration of Islam in Europe attempted by the fatwa council but also lie at the heart of the politics of authenticity enacted by the ECFR in print."[1083] Anhand beider Begriffe hebt Caeiro ein Wanken zwischen einerseits der Betonung der relativen Machtlosigkeit der Muslime in Europa, welche *taysīr* und die damit verbundenen Abweichungen von traditionellen islamischen Normen zugunsten der europäischen Gesetze sowie Notwendigkeiten (*ḍarūrāt*) erlauben und andererseits ihrer individuellen moralischen Verantwortung, die mithilfe der *fiqh al-wāqiʿ* aufgerufen wird, hervor.[1084]

1082 Vgl. Der Beispielsfall „Versicherungsformen" in einem späteren Kapitel: z. B. IIFA (Resolutionsnr. 9:9/2).

1083 Caeiro 2010, S. 436.

1084 Vgl. Caeiro 2010, S. 436.

Folgerichtig bemüht sich der Council, seine Rechtsnormen an die westlichen Gesetze und Traditionen anzupassen und unternimmt somit den Versuch, die Muslime in die europäischen Gesellschaften zu integrieren. Diese Unternehmung kann als wesentliche Aufgabe des Councils verstanden werden. Intendiert wird dabei, die Bedürfnisse der Muslime in Europa zu befriedigen, ihre Probleme zu lösen und ihre Interaktion mit den europäischen Gesellschaften im Sinne der Vorschriften und Ziele der Scharia zu regeln.[1085] Demnach nimmt der Council die Integration der Muslime in die westlichen Gesellschaften ins Visier. In seinem Eröffnungswort der 16. Tagung (2006) betonte al-Qaraḍāwī, dass der Council im Laufe der vorigen fünfzehn Sitzungen sich vermehrt mit einer funktionierenden Koexistenz von Muslimen in Europa und deren positiven Integration beschäftigte. Unter Integration versteht der Council eine positive Interaktion und eine Mitwirkung der Muslime an den verschiedenen sozialen und sogar politischen Aktivitäten der europäischen Gesellschaften, aber ohne den Verlust der eigenen islamischen Identität. In diesem Rahmen fordert der Rat die Beherrschung der Sprache des jeweiligen Aufenthaltslands sowie die Einhaltung von dessen Gesetzen.[1086] Zu diesem Zweck hat der Rat einige Tagungen[1087] veranstaltet, die sich mit der Entwicklung prinzipieller Grundlagen und mit Themen, wie dem Aufenthalt im Westen, der Loyalität gegenüber den europäischen Staaten, den europäischen Staatsbürgerschaften, der Integration und der Koexistenz von Muslimen und Nicht-Muslimen in Europa, befassten. Ferner wurden – wie oben erwähnt – mehrere Resolutionen verabschiedet, welche relevante Fragen zum Thema der Integration bearbeiteten. Hinzu kommt, dass der Council in seinen Empfehlungen, welche er in jeder Sitzung erstellt, die Muslime in Europa regelmäßig anweist, einerseits sich um die Anerkennung des Islam als Religion und der Muslime als religiöse Minderheit zu bemühen und andererseits Loyalität den Gastländern gegenüber zu zeigen und die Gesetze ihrer Gastländer zu respektieren. Außerdem versuchte der Rat auch in der Praxis durch seine Entscheidungen und Fatwas, den europäischen Gewohnheiten und Gesetzen möglichst Rechnung zu tragen – solange diese nicht gegen die Scharia verstoßen – und somit den Weg zur Integration der Muslime in die westlichen Länder zu ebnen. In über 25 rechtspraktischen Resolutionen und Rechtsgutachten des Councils zeichnet sich der Versuch ab, diese nach Möglichkeit an die westlichen Gesetze zu adaptieren oder zumindest nicht gegen diese zu verstoßen. Dabei handelt es sich um verschiedene Rechtsbereiche, wie Transaktionen, Familienrecht und Gottesdienst, sowie rechtstheoretische Fragen. Hinsichtlich des ersten Bereichs fiel die Entscheidung auf die Zulässigkeit der in Europa angewandten Versicherungsformen, obgleich diese innerhalb der islamischen Welt verboten sind (Beschlüsse Nr. 25:6/7, 30:8/2, 92:20/2 und Fatwa Nr. 77:12/9) und die Rechtmäßigkeit des Kaufes eines Wohnhauses durch einen

1085 Vgl. Art. 4 der Satzung.
1086 Vgl. ECFR 2013, S. 156 f. (Resolutionsnr. 75:17/2).
1087 Dabei geht es beispielsweise um die 16., 17. und 25. Sitzung.

verzinsten Kredit im Westen (Resolutionsnr. 7:4/2). Was die familienrechtlichen Angelegenheiten betrifft, so ist beispielsweise die Gültigkeit der Ehescheidung zu nennen, die von einem nicht-muslimischen Richter im Westen veranlasst wird (Resolutionsnr. 15:5/3), die Gleichstellung der islamischen und standesamtlichen Heirat, d. h., dass eine Muslimin – die standesamtlich geheiratet hat, ohne eine islamische Ehe zu schließen – keine islamische Ehe mit einem anderen Mann eingehen darf und umgekehrt (Fatwa Nr. 93:15/3 und 94:15/4). Im Falle der Eheauflösung seitens der Frau (*ḫulʿ*) soll zunächst eine standesamtliche Scheidung durchgeführt werden und anschließend die islamische *ḫulʿ* (Resolutionsnr. 64:15/3 und Resolutionsnr. 110:24/4). Hinsichtlich des Gottesdienstes geht es um Fälle wie die Erlaubnis der Abwesenheit beim Freitagsgebet wegen der Arbeit (Fatwa Nr. 97:15/7) und die Zulässigkeit der Betäubung von Tieren vor dem Schlachten, sofern das nicht zum Tode des Tieres führt (Resolution 103:23/1). Zu der letzten Kategorie gehören z. B. das Minderheitenrecht im Lichte des Prinzips vom Wandel des Fatwas (Resolutionsnr. 114:24/8) und die muslimischen Frauen-Fragen vor der Folie des europäischen Gewohnheitsrechts (Resolutionsnr. 115:24/9). Durch eigene Beobachtung der 25. Vollversammlung des Rates kann einerseits das Streben des Councils konstatiert werden, sich an die europäische Rechtsordnung anzupassen. Dies kam in den vor der endgültigen Entscheidung geführten Diskussionen, vor allem in den Aussagen und Kommentaren seitens der in Europa ansässigen Mitglieder, deutlich zum Vorschein. Andererseits sollte indes auf eine mangelnde Teilnahme von Fachleuten, die mit den europäischen Rechtssystemen vertraut sind, hingewiesen werden, welche sich in persönlichen Gesprächen mit den Mitgliedern abzeichnete. Dieses Problem führten die Mitglieder jedoch auf finanzielle Schwierigkeiten zurück. Allerdings stellt Caeiro fest, dass der angestrebte Integrationsprozess hauptsächlich in juristischer Hinsicht zu verstehen ist. Durch die Mobilisierung der Sharia als Referent für die Forderung, die europäischen Gesetze einzuhalten, versuche der ECFR, die verbreitete Auffassung von der Sharia als juristische Herausforderung für europäische Verfassungsordnungen zu stören. Nichtsdestoweniger werde die gesetzliche Integration, um welche sich der ECFR bemüht, oftmals nicht den Erwartungen vieler staatlicher und nichtstaatlicher Akteure gerecht.[1088]

Überdies ist die Arbeitsmethodologie des Councils zudem durch die Berücksichtigung der Forschungsergebnisse der anderen Rechtsakademien gekennzeichnet. Der Council betrachtet die Resolutionen anderer Akademien fast als neue Rechtsquelle: „Sometimes a fatwa issued previously by one of the main councils of *fiqh* [...] is the starting point of the discussion, but the ECFR does not hesitate to give different rulings, usually towards greater permissiveness."[1089] Dadurch amplifiziert er seine Auswahlmöglichkeiten des *iǧtihād intiqāʾī*. Hierbei setzte sich der Rat bei 22 Themen mit den Auffassungen anderer Institutionen des KI auseinander, vor allem IIFA. In

1088 Vgl. Caeiro 2010, S. 444.
1089 Caeiro 2011, S. 129.

16 Fällen hat der ECFR ihre Entscheidungen übernommen, wie die Zulassung der Transplantation – außer Geschlechtsorgane – unter bestimmten Voraussetzungen (Resolutionsnr. 20:6/2), die Verbindlichkeit der Vertragserfüllung (Resolutionsnr. 24:6/6) und die Gesetzlichkeit, das Gebet in einer Kirche zu verrichten (Resolutionsnr. 34:9/3). Hingegen hat der Council in sechs Fragen diese zurückgewiesen, z. B. die Rechtmäßigkeit des Kaufes eines Wohnhauses durch einen verzinsten Kredit im Westen (Resolutionsnr. 7:4/2), die Zulässigkeit der kommerziellen Versicherungsordnung (Resolutionsnr. 25:6/7) und die Erlaubnis, von Milchbanken Gebrauch zu machen (Resolutionsnr. 48:12/3).

Darüber hinaus ist es erwähnenswert, dass viele Fatwas und Entscheidungen des Councils mit den Auffassungen al-Qaraḍāwīs, die er bereits in seinen Schriften darlegte, übereinstimmen. Hierbei geht es beispielsweise um die Erlaubnis der Heirat einer Christin oder Jüdin unter bestimmten Voraussetzungen,[1090] die Rechtmäßigkeit, von Milchbanken Gebrauch zu machen[1091] und die Zulässigkeit, dass eine Frau ohne die Begleitung von einem ihrer männlichen Verwandten (*maḥram*) reist.[1092] Ebenso herrscht Einigkeit über die theoretischen Prinzipien der Anwendung des *iğtihād*. Dies manifestiert sich in den beiden verwandten Formen der Normenfindung, die Anerkennung vieler Rechtsauffassungen von außerhalb der Rechtsschulen, insbesondere der Ansichten der Prophetengefährten, die Berücksichtigung der Ziele der Scharia, des *maṣlaḥa*-Prinzips und die Hervorhebung der Doktrin vom Wandel des Fatwas aufgrund der Veränderung des Ortes, der Zeit, der Zustände und der Bräuche. Diese Charakteristika zeigen sich in der oben durchgeführten Analyse der Arbeitsergebnisse des Councils und korrespondieren mit der von al-Qaraḍāwī zuvor festgelegten *iğtihād*-Methodologie.[1093]

Die Arbeitsergebnisse des Rates können je nach Zielgruppe in zwei Formen untergliedert werden. Diese beiden Darstellungsweisen der Arbeitsergebnisse entsprechen den zwei Hauptaufgaben des Councils, welche von seinem Namen abgleitet werden können, und zwar „Fatwa" und „Research". „The language and style of argumentation used in the respective texts indicates the target audience [...]"[1094]: Wenn es um ein individuelles Fatwa geht, erfolgt die Antwort üblicherweise in relativ kurzer Form und enthält im Großen und Ganzen die scharia-rechtliche Bestimmung zu der vom Fatwa-Suchenden gestellten Frage und wird oft sogar nicht veröffentlicht. In diesem Fall handelt es sich beim Adressaten um einen Laien bzw. Nichtfachmann. Manchmal erkennen die Mitglieder, dass eine Fatwa-Anfrage von allgemeiner Natur ist und nicht nur eine einzelne Person betrifft. Daraufhin

1090 Vgl. al-Qaraḍāwī 2001, S. 95–100 und Resolutionsnr. 56:14/6 im Jahre 2005.
1091 Vgl. al-Qaraḍāwī 1994, S. 24 und Resolutionsnr. 48:12/3, S. 115 f. im Jahre 2004. Diese Auffassung hat al-Qaraḍāwī auch in seiner Studie, die der zweiten Sitzung der IIFA im Jahre 1985 vorgelegt wurde, dargelegt. Die Akademie entschied sich aber für das Verbot.
1092 Vgl. al-Qaraḍāwī 1994, S. 32 und Fatwa Nr. 52: 5/6, S. 254 f. im Jahre 2000.
1093 Vgl. al-Qaraḍāwī 1994, S. 20–35.
1094 Larsen 2011, S. 157.

bemühen sie sich um eine ausführlichere Darstellung und Argumentation, mit der Absicht ihre Antwort zu publizieren. Demgegenüber bilden die *qarārāt* eine Art von Forschungsergebnissen und Lehrmeinungen für Themen, welche vom Council ausgehend von ihrer Relevanz für die in Europa ansässigen Muslime untersucht werden. In letzterem Fall ist die Zielgruppe nicht nur auf die Laien limitiert, sondern schließt auch Forscher, d. h. das Wissensmilieu, mit ein. Die Folge sind längere Resolutionen, die in der Regel die Rechtsnormen, die Ausführung der Argumente und manchmal die Meinungsverschiedenheiten illustrieren, insbesondere wenn der Rat von der herrschenden Meinung abweicht – was oft, wie oben erwähnt, der Fall ist – oder falls eine neue Rechtsnorm ermittelt wurde. In diesem Kontext beobachtet Caeiro:

> In general, the answers are long, and systematically include the reasoning that underlies the ruling – conventionally a sign that the fatwa is also addressing a specialist audience alongside the specific *mustafti*.[1095]

Des Weiteren fällt in der Darstellungsweise der Fatwas oder Beschlüsse ins Auge, dass der Rat sich auf Koranstellen und Hadithe zu stützen pflegt, auch wenn er seine Entscheidung in Analogie zu einer alten Rechtsauffassung getroffen hat. Dadurch versucht der Council seinen Rechtsauffassungen Authentizität zu verleihen.

6.3.4 Modus Operandi

Der folgende Abschnitt widmet sich den Arbeitsprozessen der drei Rechtsakademien anhand dreier Beispielsfälle, welche drei grundsätzliche Themenbereiche der Akademien repräsentieren. Hierbei geht es um die Gottesdienste, den medizinischen Bereich und die finanziellen Fragen. Aus diesen Gebieten sollen drei spezifische Fragen untersucht werden: die Bestimmung des Monatsanfangs im Mondkalender, die Organtransplantation und die Versicherungsformen. Die Themenauswahl wurde aufgrund von drei Kriterien getroffen: ihre Aktualität, ihre allgemeine Natur und die Tatsache, dass sie bereits von den drei Institutionen untersucht wurden. Letzteres Kriterium ermöglicht es zwischen den drei Akademien Vergleiche zu ziehen. In diesem Kontext liegt der Fokus insbesondere auf dem Bearbeitungsprozess der Fragen, welcher den jeweiligen Entscheidungen vorausgeht.

Es handelt es sich hierbei nicht um eine systematische Auseinandersetzung mit den Diskursen zu diesen Fragen. Vielmehr beabsichtigt dieser Abschnitt den Modus Operandi dieser Institutionen anhand dieser drei Beispiele darzustellen. Nachfolgend werden die Arbeitsprozesse der drei Gremien in Zusammenhang mit diesen Fragen unabhängig voneinander dargestellt werden, da jede Akademie, wie bereits erwähnt, eigene Arbeitsverfahren hat. Dies schließt aber nicht aus, dass die Arbeitsmethoden an bestimmten Stellen miteinander verglichen werden.

1095 Caeiro 2011, S. 130.

6.3.4.1 Bestimmung des Monatsanfangs im Mondkalender[1096]

Obwohl es sich dabei nicht um einen rechtspraktischen Fall handelt, wurde dieses Thema als Beispiel für die gottesdienstlichen Fragen ausgewählt, da diese Thematik den rituellen Kalender der Muslime und die damit verbundenen Gottesdienste – sowohl innerhalb als auch außerhalb der islamischen Welt – nachhaltig beeinflusst. Dies betrifft insbesondere die Feststellung des Anfangs des Fastenmonats „Ramadan" und des Fastenbrechen-Festes „Šawwāl". Zwar erwies sich die Bestimmung der Monatsanfänge im Mondkalender schon früher als problematisch, doch zeugt die Verlegenheit, die diese Aufgabe jedes Jahr erneut mit sich bringt, von der Aktualität dieser Thematik. Daraufhin wurde diese Frage von den drei Akademien erneut untersucht. Somit erfüllt diese Problematik die drei oben aufgestellten Auswahlkriterien.

A) Die Akademie für islamische Untersuchungen der Azhar

Die Bearbeitung dieser Frage geht auf die Initiative des jordanischen Delegierten, ʿAbd al-Ḥamīd as-Sāʾiḥ, zurück.[1097] Letzterer bat den Leiter der ersten Konferenz der Akademie im Jahre 1964 darum, diese Thematik zu behandeln. Muḥammad ʿAlī as-Sāyis bringt in seiner Studie über diese Frage zum Ausdruck, dass diese bereits in der Vergangenheit zugleich signifikant und strittig war und dies heute noch ist. Außerdem spricht as-Sāyis von einem alljährlichen Disput über die Feststellung der Anfänge wichtiger Ereignisse bzw. Monate für die Muslime, wie Ramadan und *Ḏū-l-ḥiǧǧa*, weil das Fasten und die Pilgerfahrt davon abhängen. Ferner betont er, dass die Vereinheitlichung der Monatsanfänge einen Beitrag zur muslimischen Einheit leisten kann.[1098]

Mit dieser Problematik setzte sich die Akademie im Rahmen der dritten Konferenz vom 30. September bis 27. Oktober 1966 auseinander. Zuvor beauftragte die

1096 Zu einem historischen Überblick sowie der gegenwärtigen Auseinandersetzung, siehe: Nabhan, Laila: Das Fest des Fastenbrechens (ʿīd al-fiṭr) in Ägypten: Untersuchungen zu theologischen Grundlagen und praktischer Gestaltung. Berlin, Schwarz, 1991. (S. 70–80). Zu einer Auseinandersetzung mit den Hadithen und mit dem islamischen Recht, siehe: Lech, Klaus: Geschichte des islamischen Kultus: rechtshistorische und hadīt-kritische Untersuchungen zur Entwicklung und Systematik der ʿIbādāt. 1,1. Das ramaḍān Fasten. Wiesbaden, Harrassowitz, 1979. (S. 37–72 und 106–113).

1097 Die Beschäftigung der Azhar mit dieser Frage reicht aber einige Jahre zurück. Das Thema der Vereinheitlichung der Anfänge der Mondmonate in den islamischen Ländern hat die Liga der arabischen Länder im Jahre 1955, interessanterweise auf Vorschlag Jordaniens, behandelt. Die Liga erteilte der Azhar den Auftrag, diese Thematik zu untersuchen. Dementsprechend bildete die Azhar einige astronomisch-islamrechtliche Kommissionen und legte der Liga einen Arbeitsbericht vor. Vgl. Zeitschrift der IIFA 1987, 3. Ausgabe, Bd. 2, S. 846.

1098 Vgl. as-Sāyis (3. Konferenz der Azhar-Akademie) 1966, S. 83 f.

Akademie ein einziges Mitglied, und zwar den o.g. as-Sāyis. mit der Untersuchung dieses Themas. In seiner Arbeit stellt as-Sāyis zunächst die Auffassungen der verschiedenen Rechtsschulen – sowohl der vier sunnitischen als auch der Zayditen und Imāmiten – über die Erkennung eines Monatsanfangs nach dem Mondkalender dar. Anschließend legt er die Ansichten über den Einfluss der „Unterschiedlichkeit der Horizonte" (*iḫtilāf al-maṭāliʿ*) auf den Beginn eines Monats dar. Des Weiteren thematisiert er die Frage, inwieweit die *fuqahāʾ* die Astronomie im Zusammenhang mit der Determinierung der Monatsanfänge anerkennen.[1099]

Die Studie wurde der dritten Konferenz vorgelegt und die Akademie verabschiedete diesbezüglich ihre Resolution. Inhaltlich lässt sich die Entscheidung wie folgt zusammenfassen. Als grundsätzliche Methode zur Determinierung des Beginns eines Mondmonates diene die Beobachtung der Mondsichel bzw. des Neulichts (*ruʾyat al-hilāl*).[1100] Diese *ruʾya* sei sowohl von mehreren Personen als auch von einer einzelnen Person rechtmäßig, solange bei der Beobachtung der Mondsichel durch einen Einzelnen kein Verdacht aufkomme. Ist aber das Sichten der Mondsichel nicht möglich (z.B. bei Nebel), solle man sich auf die astronomischen Berechnungen stützen. Außerdem habe die Unterschiedlichkeit der Horizonte keinen Einfluss auf die Determinierung des Monatsanfangs, d.h., wenn die Mondsichel in einem islamischen Land sichtbar ist, sei damit auch der Anfang des Monats für die anderen islamischen Länder festgelegt. Dies gelte jedoch nur unter der Bedingung, dass in den entsprechenden Ländern zumindest ein Teil der Nacht zeitgleich verläuft. Anderenfalls liege eine Differenz der Horizonte vor.[1101] Die gleiche Auffassung vertrat der Rat der Akademie am 31. Oktober 1991 in einer Denkschrift der Kommission der juristischen Forschungen der Akademie.[1102]

Beim Behandlungsprozess der Akademie sind einige Auffälligkeiten zu beachten. Zunächst fällt ins Auge, dass diese Frage von nur einem einzigen Forscher untersucht wurde – wie dies auch in anderen Fragen der Fall war. Dies führt jedoch zu einer Begrenzung des Blickwinkels und steht zudem in Widerspruch zu der Philosophie des KI. Hinzu kommt, dass diese Frage nicht das Hauptthema der Konferenz bildete, sondern neben unterschiedlichen Fragen über die Sunna, Wirtschaft, den Koran und noch andere Bereiche diskutiert wurde. Die Nachteile dieser Arbeitsweise wurden bereits im vorigen Abschnitt dieses Kapitels besprochen.[1103] Demgegen-

1099 Vgl. as-Sāyis (3. Konferenz der Akademie) 1966, S. 85–115.

1100 Mit *ruʾyat al-hilāl* ist Folgendes gemeint: Die beim Sonnenuntergang am 29. Tag eines Mondmonats durchgeführte überprüfende Betrachtung des Neulichts bzw., die Frage, ob die zunehmende Sichel des neuen Mondes sichtbar ist oder noch nicht. Falls diese sichtbar ist, beginnt der neue lunare Monat ab dem folgenden Tag. Anderenfalls wird der laufende Monat bis zum 30. Tag fortgesetzt und der neue Monat beginnt ab dem übernächsten Tag. Das Sichten kann mit bloßem Auge (oder durch ein Hilfsmittel wie eine Sternwarte) ausgeführt werden.

1101 Vgl. *Qarārāt wa tawṣiyyāt muʾtamarāt maǧmaʿ al-buḥūṯ al-islāmiyya* 2008, S. 44.

1102 Vgl. Akademie der Azhar 2008, Bd. 1, S. 103. Resolutionsnr. 42.

1103 Siehe Abschnitt „6.3.1".

über beruft sich die Denkschrift der Kommission der juristischen Untersuchungen auf eine kollektive Erstellung. Auf eine Teilnahme von Astronomen bei der Anfertigung der Denkschrift gibt es jedoch keine Hinweise.

Um eine ausgeglichene Beteiligung verschiedener Fachleute zu gewährleisten, holte as-Sāyis bei seiner Studie den Rat einiger Astronomen ein. Bedauerlicherweise wurden die Diskussionen der Mitglieder bzw. die Protokolle der Sitzungen nicht veröffentlicht. Zum großen Teil sind die Forschungsergebnisse von as-Sāyis jedoch in der verabschiedeten Resolution enthalten, was eine Zustimmung der anderen Mitglieder bedeutet. Weiterhin wurde die Entscheidung über die Frage der Bestimmung der Monatsanfänge noch während derselben Sitzungsperiode, also ohne Aufschub, getroffen. Es ist zudem anzumerken, dass der Forscher sich außer auf die sunnitischen Schulen auch auf nicht-sunnitische berief, worin sich eine praktische Umsetzung des Ziels der Akademie, den *maḏhab*-Fanatismus zu bekämpfen, zeigt. Des Weiteren lassen sich in der Resolution bzw. in den Forschungsergebnissen verschiedene Entscheidungskriterien der Akademie ausmachen. Die Feststellung der Sichtung der Mondsichel als Hauptvoraussetzung für die Determinierung eines Monatsanfangs ist auf eine prophetische Aussage zurückzuführen. Hinsichtlich der unterschiedlichen Horizonte in verschiedenen Ländern entschied sich die Akademie für die Mehrheitsmeinung der früheren *fuqahā'*, entsprechend welcher dieser Unterschied keinen Einfluss auf einen einheitlichen Beginn des Mondmonates habe. As-Sāyis hebt hervor, dass für diese Entscheidung die Stichhaltigkeit der Argumente dieser Richtung ausschlaggebend gewesen sei.[1104] Hinter der Bedingung, dass in allen Ländern mindestens eine gewisse Zeit lang die Nacht parallel verlaufen muss, steht die Beratung as-Sāyis mit einigen Astronomen. Darin manifestiert sich somit die Berücksichtigung von ihren fachwissenschaftlichen bzw. astronomischen Erkenntnissen. Ebenso werden die fachwissenschaftlichen Erkenntnisse als wesentlicher Faktor bei den astronomischen Berechnungen für die Bestimmung der Monatsanfänge anerkannt, falls eine Sichtung unmöglich ist. Hierbei handelt es sich auch um die Übernahme der Auffassung der Minderheit unter den klassischen Gelehrten, nämlich die der Ḥanafiten.

B) Die IIFA der OIC

Der Auswahl dieser Frage durch die Akademie lag eine Umfrage zugrunde, die zu Beginn ihrer Arbeit unter den Mitgliedern und anderen Gelehrten durchgeführt wurde, um relevante Themen zu bestimmen. In ihrer Sitzung vom 12.–15. Mai 1985 hat die Planungssektion hinsichtlich der Bearbeitung der vorgeschlagenen Themen Prioritäten gesetzt. Zu den Themen, die vorrangig behandelt werden sollten, gehört „die Vereinheitlichung der Monatsanfänge im Mondkalender". Mit dieser Thematik befasste sich die Organisation für islamische Kooperation, die Dachorganisation der internationalen Rechtsakademie, bereits einige Jahre zuvor und arbeitete demnach schon damals an der Vereinheitlichung der muslimischen Feste. Im Jahre 1978 fand

1104 Vgl. as-Sāyis (3. Konferenz der Akademie) 1966, S. 98 ff.

in Istanbul eine Fachtagung (vom 27.–30. November) statt, bei der zehn islamische Länder über diese Thematik diskutierten. Zu den wichtigsten Resultaten dieser Tagung gehört die Feststellung der Notwendigkeit eines einheitlichen Mondkalenders, der aufgrund astronomischer Regeln durch eine Kommission von Astronomen und Scharia-Gelehrten angefertigt werden soll. Ausgehend von den Arbeitsergebnissen dieser Tagung und auf Vorschlag Senegals, einen einheitlichen Mondkalender zu erstellen, beschloss die Konferenz der muslimischen Außenminister vom 17.–22. Mai 1980 Folgendes:

1. TO RECOMMEND that Member States approve the setting up of an „Ifta" Committee composed of scholars of the Islamic Sharia to consider the possibility of bringing about uniformity in the matter of Muslim holidays, the beginning of the holy month of Ramadan Al-Mubarak, and the method of confirming the sighting of the new moon so as to ensure the beginning of the month on the same date in countries where sighting times are close to each other; this should be done in collaboration with the Rabitat-al-Alam al-Islami;
2. TO RECOMMEND that Muslim astronomers and Shariah scholars from all member states held a symposium, within a period of six months, to consider the drawing up of a uniform Hijri Calendar, as from the beginning of the Fifteenth Century of the Hijra, to remain in force for at least ten years; with each country's delegation to the symposium submitting a complete proposal for the symposium to select the most accurate;
3. TO RECOMMEND that the General Secretariat of the Organization of the Islamic Conference prepare a report on the results of previous conferences on the subject, particularly the Istanbul Conference of 27–30 November 1978, to be submitted for the consideration of the symposium of astronomers and Shariah scholars.[1105]

In den nächsten Jahren wurde dieser Kalender umgesetzt und die OIC machte sich zur Aufgabe, die Anwendung dieses Kalenders zu propagieren. Nach der Schaffung der internationalen Rechtsakademie bat die Konferenz der islamischen Außenminister die Akademie darum, diese Frage zu untersuchen, um mittels ihrer Forschungsarbeiten in der folgenden Versammlung vom 6.–10. Januar eine Entscheidung fassen zu können.[1106]

Infolgedessen wurde das Thema zur Bearbeitung auf die Agenda der zweiten Vollversammlung der Akademie im Zeitraum vom 22.–28. Dezember 1985 in Jedda gesetzt. Über diese Frage wurden fünf Studien angefertigt und der Tagung vorgelegt. Eine davon wurde von dem iranischen Gelehrten, Muḥammad ʿAlī Tasḫīrī, verfasst. In Bezug auf die Darlegung der Forschungsergebnisse ist anzumerken, dass jeder Forscher seine Arbeitsergebnisse getrennt vortrug und nicht eine Zusammenfassung aller Studien durch einen Berichterstatter geliefert wurde, wie dies später

1105 http://ww1.oic-oci.org/english/conf/fm/11/11%20icfm-cultural-en.htm#RESOLUTION No. 14/11-C, abgerufen am 25.03.2016.
1106 Vgl. Zeitschrift der IIFA 1986, 2. Ausgabe, Bd. 2, S. 999.

üblich wurde. Außerdem wurden der Konferenz die Resolutionen der Rechtsakademie der islamischen Weltliga und die Arbeitsergebnisse der sechsten Versammlung des Komitees des einheitlichen Kalenders der OIC vom September 1985 in Mekka vorgelegt. Letzteres entwarf einen Kalender für die folgenden zwei Mondjahre. Die Forschungen der Akademie beabsichtigten die Beantwortung zweier Fragen, nämlich ob man sich bei der Determinierung des Anfangs eines Mondmonats aus Sicht der Scharia auf astronomische Berechnungen stützen darf und ob die unterschiedlichen Horizonte dabei eine Auswirkung haben bzw. ob ein einheitliches Kalenderjahr für die ganze islamische Welt erstellt werden kann. Hinsichtlich dieser Fragen präsentierten fünf Forscher unterschiedliche Antworten. Was die erste Frage betrifft, so bildeten sich drei Positionen heraus. Einer der Forscher sprach sich dafür aus, sich ausschließlich auf das Sichten der Mondsichel zu stützen und die astronomischen Angaben zu vernachlässigen. Demgegenüber befürworteten zwei die Annahme der Sichtungsergebnisse, aber nur unter der Voraussetzung, dass diese nicht gegen die astronomischen Fakten verstoßen. Die anderen beiden Forscher sahen zwar die Sichtung als Grundlage an, verlangten aber gleichzeitig auch eine Berücksichtigung der Astronomie. Was die zweite Frage betrifft, so unterstützten drei Mitglieder die Ansicht von einheitlichen Anfängen der lunaren Monate für alle islamischen Länder. Dagegen vertrat der schiitische Forscher die Meinung, dass jedes Land unabhängige Monatsanfänge haben sollte. Ein letzter Forscher nahm einen dritten Standpunkt ein, entsprechend welchem eine regionale Gültigkeit der Monatsanfänge vorliegt, d.h. wird der Anfang eines Mondmonats in einem Land festgestellt, dann hat dieser auch für andere benachbarte Länder Gültigkeit. Als die Thematik diskutiert wurde, zeigte sich ebenso unter den anderen Mitgliedern eine Meinungsverschiedenheit. Auch durch Konsultation konnte dieser Meinungsstreit nicht beigelegt werden. Darüber hinaus kritisierten einige Mitglieder die mangelnde Teilnahme von Astronomen. Angesichts des Disputes und der kontroversen Ansichten, unter welchen sich vier Richtungen herauskristallisierten, machte der Präsident der Akademie den Vorschlag, die Entscheidung zu verschieben. Diesem wurde von den Mitgliedern zugestimmt.[1107] Daraufhin beschloss die Akademie:

> **First:** To entrust the General Secretariat of the Academy with the task of providing documented scientific studies conducted by qualified experts in astronomy and weather observatories;
>
> **Second:** To include the topic of "Unification of the beginning of Lunar months" in the agenda of next session with a view to completing research on its two aspects: the technical calculations and *Shari'a* rules.[1108]

Im Rahmen der dritten Tagung der Akademie im Zeitraum vom 11.–16. Oktober 1986 in Amman/Jordanien wurde diese Frage wiederholt behandelt. Der Tagung

1107 Vgl. Zeitschrift der IIFA 1986, 2. Ausgabe, Bd. 2, S. 983–1032.

1108 Resolutions and Recommendations of the Council of the Islamic Fiqh Academy 2000, S. 17.

wurden zusätzlich zwei fachwissenschaftliche Studien, eine von einer Arbeitsgruppe aus der Abteilung der Astronomie der Universität des Königs ʿAbd al-ʿAzīz und eine Studie von einem Experten der Weltraumforschung in den USA sowie zwei weitere Untersuchungen von Mitgliedern der Akademie vorgelegt. Nach der Darlegung der Studien begann die Diskussion. Bezüglich der untersuchten zwei Teilfragen vertraten die Mitglieder erneut verschiedene Positionen. Daraufhin ließ die Akademie darüber abstimmen, um die Meinungsverschiedenheit beizulegen. Bezüglich der ersten Frage vertraten elf Mitglieder die Ansicht, dass die Betrachtung der Mondsichel die einzig rechtmäßige Methode zur Determinierung des Anfangs eines lunaren Monats repräsentiere. Im Vergleich dazu sprachen sich achtzehn Mitglieder für die Feststellung des Monatsanfangs durch Sichten der Mondsichel und für das Hinzuziehen astronomischer Berechnungen als Hilfsmittel aus. Demgegenüber gingen drei Mitglieder von der Möglichkeit der Sichtung aus, unter der Bedingung, dass diese sich nicht den definitiven Angaben der Astronomie widersetze. Was die zweite Frage angeht, so wendeten sich elf Mitglieder gegen die Unifikation des Mondkalenders. Hingegen verfochten zweiundzwanzig die Unifikation der Monatsanfänge in allen islamischen Ländern.[1109] Anschließend verabschiedete die Akademie die folgende Resolution:[1110]

Bismillah Arrahman Arrahim

Praise be to Allah, the Lord of the Universe, and prayers and blessings be upon Sayyidina Muhammad, the last of the Prophets, and upon his Family and his Companions.

RESOLUTION No 18 (6–3)

CONCERNING

UNIFICATION OF THE BEGINNING OF LUNAR MONTHS

The Council of the Islamic *Fiqh* Academy, holding its Third session in Amman (Hashemite Kingdom of Jordan), from 8 to 13 Safar 1407 H (11 to 16 October 1986);

Having reviewed the following two issues regarding the "Unification of the beginning of lunar months":

1. The effect of differences in the horizons on the beginning of lunar months.
2. Determining the first day of lunar months by means of astronomical calculations.

Having taken note of the studies submitted by the Members and the experts on this issue;

RESOLVES

First: If sighting of the crescent is established in one country, all Muslims must abide by it. The difference in horizon is not relevant because the ordinance for starting and ending the fasting is universal.

1109 Vgl. Zeitschrift der IIFA 1987, 3. Ausgabe, Bd. 2, S. 973–1082.

1110 Resolutions and Recommendations of the Council of the Islamic Fiqh Academy 2000, S. 31.

Second: It is mandatory to accept the sighting. However, one may get assistance from at astronomical calculation and observatories with due consideration to the sayings of the Prophet (PBUH) and scientific facts.

Verily, Allah is All-Knowing

Bei den oben dargestellten Arbeitsschritten zeigen sich einige Auffälligkeiten. Das Thema wurde sowohl auf Vorschlag der Gelehrten als auch auf Anfrage der OIC untersucht, was seine Tragweite unterstreicht. Im Aufschieben der Entscheidung kommt einerseits das Streben der Mitglieder bzw. der Akademie nach einer Betrachtung der Frage nicht nur aus einer islam-rechtlichen Sicht, sondern auch aus einer fachwissenschaftlichen Perspektive zum Vorschein. Andererseits manifestiert sich darin jedoch auch eine lückenhafte Vorbereitung, da nicht dafür Sorge getragen wurde, dass entsprechende notwendige astronomische Studien vor der Abhaltung der zweiten Sitzungsperiode zur Verfügung gestellt wurden. Angesichts der Tatsache, dass es sich dabei um die erste Fachtagung der Akademie handelte, sind derartige Defizite jedoch tolerierbar. Ferner zeigen sich in der Diskussion die unterschiedlichen Richtungen und Hintergründe der Mitglieder. Hierbei lassen sich drei Gruppen differenzieren: Eine erste Gruppe hält sich an den genauen Wortlaut, wohingegen eine andere Gruppe sich mit den Auffassungen der Rechtsschulen verbunden fühlt. Eine dritte Richtung neigt zur Praxis neuer *iǧtihād*-Vorgänge und zu einer lockeren Haltung gegenüber den *maḏāhib.* Zudem will sie Interpretationsmöglichkeiten der Texte mehr Raum gewähren. Eine derartige Zusammenarbeit unterschiedlicher Strömungen ist genau das, was den KI ausmacht.

Interessanterweise hatten die schiitischen und ibāḍitischen Vertreter die gleiche Auffassung hinsichtlich der Vereinheitlichung der Monatsanfänge. Beide vertraten die Ansicht, dass jedes Land für sich die Anfänge der Mondmonate festlegen sollte. Überdies ist zur Sprache zu bringen, dass nicht alle Mitglieder bei der Abstimmung ihre Stimme abgegeben haben. Von den 41 stimmberechtigten Mitgliedern, die an dieser Konferenz teilnahmen,[1111] haben nur 33 zu der ersten Frage und 32 zu der zweiten Frage ihre Stimme abgegeben. Die Enthaltung einiger Mitglieder lässt sich entweder darauf zurückführen, dass sie bei der entsprechenden Sitzung abwesend oder aber anderer Meinung waren. In Bezug auf die endgültige Entscheidung ist hervorzuheben, dass jene veröffentlicht wurde, ohne darauf zu verweisen, ob sie aufgrund eines Konsenses getroffen wurde oder lediglich mehrheitlich. Im Endeffekt bevorzugte die Akademie die Meinung der breiten Masse der klassischen Gelehrten sowohl hinsichtlich der Bewertung der Unterschiedlichkeit der Horizonte (*iḫtilāf al-maṭāliʿ*) als irrelevant als auch bei der Stützung auf die *ruʾya.* Im Gegensatz dazu schloss sie sich im Falle der Anerkennung von astronomischen Berechnungen als Hilfsmittel der Minderheitsmeinung an.

1111 Die offiziellen Vertreter der Länder zählen 34 Mitglieder. Hinzu kommen sieben zusätzlich von der Akademie angestellte Mitglieder.

C) Der European Council for Fatwa and Research

Der ECFR brachte großes Interesse für dieses Thema zum Ausdruck, indem er dieser Frage in zahlreichen Resolutionen seine Aufmerksamkeit schenkte. Dies spiegelt sich insbesondere darin wider, dass der Council sich zu allererst – abgesehen von Fatwas – mit dieser Frage auseinandersetzte. Der Forschungsschwerpunkt des Councils bei der Untersuchung dieser Thematik lag auf der Betrachtung der astronomischen Berechnungen als gegenwärtiges wichtiges Mittel zur Determinierung der Anfänge der Mondmonate.

In den ersten zwei Tagungen erteilte der Council nur Fatwas. Die erste Resolution in diesem Zusammenhang verabschiedete der ECFR in der dritten Tagung vom 19. bis 22. Mai 1999 in Köln. In der Resolutionsnr. 1:1/3 über „die Feststellung der Anfänge der lunaren Monate" deutet der Rat an, dass er seine Entscheidung auf Basis der in dieser Tagung dargelegten Studien und der anschließend über sie geführten Diskussion gefasst hat. In dieser Resolution erlaubt der ECFR die *ru'ya* sowohl mit bloßem Auge als auch mithilfe eines astronomischen Observatoriums als Determinierungsmethode für den Anfang und das Ende eines Mondmonats. Falls die *ru'yat al-hilāl* in einem Land erfolgt ist, gelte diese als universaler Monatsanfang für alle Muslime. Dabei stützt sich der ECFR auf den Hadith „Fastet, wenn ihr die Mondsichel sehen könnt und brecht das Fasten, wenn die neue Mondsichel sichtbar ist". Diese *ru'ya* sei gültig unter der Bedingung, dass diese nicht gegen eine definitive „astronomische Berechnung" (*ḥisāb falakī*) verstößt. Im Falle, dass laut der astronomischen Berechnung eine *ru'ya* (am 29. Tag eines Mondmonates) unmöglich ist, solle eine mögliche Behauptung, die Mondsichel an diesem Tag gesichtet zu haben (*ru'ya*), zurückgenommen werden. Außerdem erklärt der ECFR, dass mit „astronomische Berechnung" nicht die Astrologie oder die Wahrsagerei (*at-tanǧīm*), welche von der Scharia abgelehnt wird, gemeint ist, sondern die astronomische Berechnung, welche auf definitiven mathematischen Regeln beruht. Dabei geht es sogar um ein Wissensgebiet, aus welchem viele berühmte muslimische Wissenschaftler hervorgingen.[1112]

In der 6. Konferenz vom 28. August bis zum 1. September 2000 verabschiedete der ECFR eine Resolution, in welcher der Anfang des Ramadans und des Šawwāls für das Jahr 1421 H ausschließlich unter Berufung auf astronomische Angaben, welche er als definitiv bezeichnet, determiniert wurde. Gleichzeitig wurde die Übereinstimmung des scharia-rechtlichen Sichtens der neuen Mondsichel und der astronomisch festgesetzten Daten zur Bedingung für den Beginn und das Ende des Fastenmonats erhoben.[1113] Ein weiteres Mal bestätigte der Council in der 9. Vollversammlung, welche vom 13. bis zum 17. Juli 2002 in Paris stattfand, die Betrachtung der *ru'ya* als gültige Methode zur Feststellung der Monatsanfänge, sofern diese der astronomischen Berechnung nicht widerspricht. Eine Ausnahme macht der ECFR hinsichtlich des Monats der Pilgerfahrt, *Ḏū-l-ḥiǧǧa*, dessen Anfang von der zuständigen saudischen Behörde festgelegt wird. Selbst wenn die Determinierung

1112 Vgl. ECFR 2013, S. 23 f.

1113 Vgl. ECFR 2013, S. 71 ff. (Resolutionsnr. 27:6/9).

dieses Monats auf einer *ruʾya* gründet, welche der astronomischen Berechnung widerspricht, sollten die Pilger dieser folgen. Ferner sollten die Muslime anderer Regionen, z.B. in Europa, die saudische *ruʾya* für diesen Monat annehmen, da es hier um einen *iǧtihād* gehe. Diesbezüglich dürfe kein Meinungsstreit herrschen.[1114]

In der 17. Sitzungsperiode, die vom 15. bis zum 19. Mai 2007 stattfand, beschloss der ECFR, diese Frage erneut anhand neuer Untersuchungen zu bearbeiten. Zu diesem Zweck wurden vier Studien darüber angefertigt, welche die Grundlage für die Diskussion und Konsultation der Mitglieder bildeten. Hinter dieser erneuten Beschäftigung mit dieser Frage stand die Absicht des Rates, den alljährlichen Streit der Muslime in Europa, insbesondere über den Anfang des Ramadans und Šawwāls, aus der Welt zu schaffen. In der getroffenen Entscheidung unterstreicht der ECFR die Genauigkeit der astronomischen Berechnungen. Außerdem stellt er drei grundsätzliche Kriterien für die Determinierung des Anfangs eines neuen Mondmonats gemäß den Scharia-Vorschriften auf. Hierbei gilt als erster Grundsatz, dass die Phase der Konjunktion (*al-iqtirān*) bzw. des Neumonds[1115] vergangen sein muss. Als zweite Voraussetzung führt er an, dass der Mond erst nach Sonnenuntergang untergegangen sein darf, auch wenn dazwischen lediglich ein Moment liegt. Das dritte Kriterium entspricht der Notwendigkeit, dass Mekka der Standort ist, von welchem aus die Feststellung eines neuen Mondmonats erfolgt. Zudem akzentuiert der Council, dass dank der astronomischen Berechnungen der exakte Moment, in welchem diese Ereignisse eintreten werden, bereits einige Jahre zuvor bestimmt werden können. Darüber hinaus beschloss der ECFR, einen jährlichen Mondkalender zu erstellen.[1116]

In der folgenden Konferenz (1.–5. Juli 2008) plante der ECFR, seine Haltung zu dieser Thematik zu überprüfen. Die zentrale Frage seiner Arbeit war, ob die Beobachtung des Neulichts (*ar-ruʾya*) zur Bestimmung des Monatsanfangs unabdingbar ist oder ob die astronomische Berechnung allein dafür ausreicht oder aber, ob sowohl *ar-ruʾya* als auch die astronomische Berechnung in diesem Zusammenhang berücksichtigt werden sollen. Zur Beantwortung dieser Frage der 18. Tagung wurden zwei weitere Untersuchungen bereitgestellt. Trotz Diskussion und gegenseitiger Beratung haben die Mitglieder in dieser Tagung keine Entscheidung über diese Frage getroffen. Erst in der folgenden Vollversammlung (19. Tagung vom 30. Juni bis 4. Juli 2009 in Istanbul) führten weitere Nachforschungen zu dieser Frage zu einer Modifikation der Stellungnahme des ECFR. Nachdem die Präzision von astronomischen Berechnungen – welche der ECFR als definitives Argument betrachtet – hervorgehoben worden war, nahm der ECFR Änderungen an den Kriterien für die Determinierung des Anfangs eines neuen Mondmonates mit dem Resolutionsnr. 77:17/4 vor. Gemäß den neuen Voraussetzungen soll die Konjunktion von Mond und Sonne sich vor Sonnenuntergang ereignen. Zweitens soll die *ruʾya* möglich sein,

1114 Vgl. ECFR 2013, S. 82 f. (Resolutionsnr. 33:9/2).

1115 D. h., wenn der Mond in Konjunktion mit der Sonne bzw. zwischen Sonne und Erde steht.

1116 Vgl. ECFR 2013, S. 158 f. (Resolutionsnr. 77:17/4).

egal ob dies mit bloßem Auge geschieht oder mithilfe eines optischen Geräts. Der *ru'ya*-Vorgang könne an irgendeinem Ort der Welt erfolgen, worin sich die Position des Councils widerspiegelt, entsprechend welcher die verschiedenen Horizonte nicht von Belang sind und somit nichts gegen eine Vereinheitlichung der Monatsanfänge einzuwenden sei. Damit eine *ru'ya* möglich ist und somit auch anerkannt werden kann, müssen die folgenden astronomischen Bedingungen erfüllt werden:

1) Der Mond soll nach dem Sonnenuntergang am Ort der Mondsichtung untergehen bzw. bei Sonnenuntergang noch deutlich über dem Horizont stehen.
2) Der Elevationswinkel des Mondes über dem Horizont soll im Moment des Sonnenuntergangs zumindest einen Wert von fünf Grad haben.
3) Der Winkel zwischen dem Mond und der Sonne muss in der Höhe mindestens acht Grad betragen.[1117]

In der Auseinandersetzung des ECFR mit dieser Frage kommen einige kennzeichnende Merkmale der Arbeit des Councils zum Vorschein. Obwohl der Rat diese Frage im Rahmen verschiedener Tagungen und anhand mehrerer Studien behandelt hat, ist eine fehlende Teilnahme von Astronomen zu konstatieren. Alle Untersuchungen wurden von Gelehrten des islamischen Rechts, mit Ausnahme einer Studie eines Spezialisten auf dem Gebiet der Pharmakologie und Biochemie, angefertigt. Auf das Problem der mangelhaften Beteiligung von Fachleuten an der Arbeit des ECFR wurde zuvor schon aufmerksam gemacht. Des Weiteren kristallisiert sich eine aufgeschlossene Haltung des Councils gegenüber neuen wissenschaftlichen Erkenntnissen und neuen *iǧtihād*-Ansichten heraus. Während die Akademie für islamische Untersuchungen der Azhar die astronomischen Erkenntnisse als eine Alternative für die Neulichtbeobachtung bezeichnet, wenn die Sichtung des Neulichts nicht möglich ist, und die IIFA die astronomische Rechnung als ein Hilfsmittel betrachtet, sieht der ECFR darin ein definitives Argument für die Bestimmung des Beginns eines Mondmonats.[1118] Die Forschungsakademie der Azhar entschied sich für die Ansicht der Minderheit der früheren Gelehrten, indem sie die astronomischen Erkenntnisse als Alternative einstufte, z. B. wenn aufgrund von Nebel das Sichten des Neulichts unmöglich ist. Eine ähnliche Auffassung vertritt die IIFA. Hingegen unterwirft der ECFR die *ru'ya* den astronomischen Berechnungen, indem er das Bezeugen der *ru'ya* als einen präsumtiven Beweis bewertet, während er die astronomischen Angaben als definitiv erwiesen ansieht. Dennoch sprechen sich alle drei Fiqh-Akademien für eine Unifikation des Beginns der Mondmonate aus.[1119]

1117 Vgl. ECFR 2013, S. 171 f. (Resolutionsnr. 85:19/3).

1118 Ganz im Gegenteil weist die Rechtsakademie der islamischen Weltliga die Berufung auf die astronomischen Berechnungen zur Bestimmung des Monatsanfangs zurück und erkennt lediglich die Neulichtbeobachtung als Methode zur Feststellung des Beginns eines lunaren Monats an. Vgl. Resolution der Akademie (Akademie der MWL 2004, S. 65 f. und 82 ff.).

1119 Dagegen stellt sich auch die Rechtsakademie der islamischen Weltliga in Mekka. Vgl. Resolution der Akademie (Akademie der MWL 2004, S. 82 ff.).

In diesem Kontext ist zudem die Entwicklung der Haltung des ECFR gegenüber dieser Frage auffällig. So repräsentieren die astronomischen Berechnungen in seinen ersten zwei Entscheidungen (Resolutionsnr. 1:1/3 und 27:6/9) einen Nachweis für die Richtigkeit der *ru'ya*. In den späteren Beschlüssen wie (Resolutionsnr. 77:17/4 und Nr. 85:19/3) wurde die Beobachtung des Neulichts nicht als Prämisse für die Determinierung des Beginns eines Mondmonats aufgestellt.[1120] In letzterem Beschluss wurde die Möglichkeit der *ru'ya* thematisiert, die jedoch nicht bindend ist. Bedauerlicherweise veröffentlicht der ECFR die Diskussion und Konsultation der Mitglieder nicht. Aufgrund dessen hätten die kollektive Arbeit hinter den Resolutionen sowie die Hintergründe, die die Herausbildung einer bestimmten Auffassung zur Folge hatten, verdeutlicht werden können. Es ist indes anzunehmen, dass die Frage unter den Mitgliedern eher für Uneinigkeit sorgte. Dies manifestiert sich zum einen in den verschiedenen Entscheidungen über dieselbe Frage und in den späteren zusätzlichen Nachforschungen zu dieser Frage. Zum anderen wurde in der 18. Tagung diesbezüglich keine Resolution verabschiedet, obwohl dieses Thema damals zur Diskussion gestellt wurde. Erst in der folgenden 19. Vollversammlung wurde ein Beschluss gefasst. Diese Aufschiebung geht – aufgrund eigener Beobachtung – auf Meinungsverschiedenheiten zurück. Diese (endgültige) Auffassung, zu welcher der ECFR in der 19. Tagung gelang, stützt sich größtenteils auf die Studien, welche einige Mitglieder bei der letzten Überprüfung abgefasst hatten, insbesondere auf die Untersuchung des Pharmakologen und Biochemikers Muḥammad al-Hawwārī. Letztere Bewertung hat der ECFR eigenständig publiziert.

6.3.4.2 Organtransplantation[1121]

Diese Thematik wird den oben aufgestellten Auswahlkriterien voll und ganz gerecht. Bei der Organtransplantation handelt es sich um eine gegenwärtige Problematik, welche von allgemeiner Natur ist und von allen drei Rechtsakademien diskutiert wurde.

A) Die Akademie für islamische Untersuchungen der Azhar

Die Akademie der Azhar hat sich mit der Organtransplantation auf den drei Ebenen ihrer Arbeit befasst. Hierbei handelt es sich um die Fatwa-Kommission der Azhar, die monatliche nationale Tagung des Akademierats und die internationale Kon-

---

1120 Vgl. ECFR 2013, S. 73 Fn. 1.

1121 Zur islamrechtlichen Debatte über diese Frage sowie zu klassischen Präzedenzfällen, siehe: Krawietz, Birgit: Die Ḥurma: schariatrechtlicher Schutz vor Eingriffen in die körperliche Unversehrtheit nach arabischen Fatwas des 20. Jahrhunderts. Berlin, Duncker und Humblot, 1991 (S. 169–201) und zur jüngerer Auseinandersetzung islamrechtlicher Institutionen, siehe: Grundmann, Johannes: „Scharia, Hirntod und Organtransplantation: Kontext und Wirkung zweier islamischer Rechtsentscheidungen im Nahen und Mittleren Osten“, in: Orient, Jg. 45 (2004), Heft 1, S. 27–46.

ferenz der Akademie. Im Jahre 1981 widmete sich die Fatwa-Kommission erstmals dieser Thematik, indem sie eine Antwort auf die Frage, ob Transplantation erlaubt ist, anbot. Im Allgemeinen machte die Kommission deutlich, dass die Antwort auf diese Frage sowohl unter den *fuqahāʾ* als auch unter säkularen Juristen umstritten sei. Die Kommission nahm zudem folgende Differenzierung vor: Im Falle einer postmortalen Transplantation sei diese zulässig, wenn der Tote den Wunsch einer Transplantation vor seinem Ableben testamentarisch festgehalten hat oder einer Transplantation von den Verwandten des Toten zugestimmt wurde. Liegt weder eine Zustimmung in Form eines Vermächtnisses des Verstorbenen noch der Verwandten vor, so sei es strittig, ob eine Transplantation trotzdem rechtmäßig ist oder nicht. Bei einer Lebend-Organtransplantation dürften lediglich die nicht lebensnotwendigen Organe (bzw. Teile davon) transplantiert werden. Werden dennoch lebensnotwendige Organe transplantiert, gelte dies als Selbstmord, falls es der Spender ist, der sein Einverständnis dafür gibt, oder aber als Mord, wenn dies gegen seinen Willen geschieht. Die Handlungen in beiden Fällen seien verboten.[1122]

Ein weiteres Mal untersuchte der Rat der Akademie diese Thematik in seiner monatlichen Versammlung am 24. April 1997 und fasste dementsprechend den Resolutionsnr. 69. Die Resolution hat summarisch folgende Inhaltspunkte festgehalten:

a. Sie beginnt mit der Hervorhebung – mit Verweis auf einige Koranstellen wie 17:70 und anderer Hadithen – dass laut der Scharia die Würde des Menschen unantastbar sei, unabhängig davon, ob ein Mensch noch am Leben oder bereits verstorben ist.
b. Außerdem bestätigt die Entscheidung, dass über das Verbot des Organhandels ein Konsens unter den Gelehrten bestehe.
c. Wenn es hingegen um eine Spende geht, sei eine Transplantation von der Scharia her zulässig, unter der Bedingung, dass ein vertrauenswürdiger Facharzt bestätigt, dass diese Transplantation dem (lebenden) Spender keinen Schaden zufügt und dass die Transplantation wahrscheinlich erfolgreich ist. Ferner werde eine Organspende in diesem Fall als eine Art des Altruismus angesehen, wobei sich die Akademie auf den Vers 59:9 stützt.
d. Der Tod sei der endgültige Verlust des Lebens und es komme somit zu einem irreversiblen Funktionsverlust aller Organe. Dabei sei es die Aufgabe eines Arztes, den Tod festzustellen. In diesem Fall und bei Bedarf dürfe ein Organ des Toten in einen lebenden Organismus transplantiert werden, solange der Tote dies durch eine vorherige Verfügung schriftlich festgelegt hat oder die Erlaubnis durch zwei seiner Erben bezeugt wurde. Anderenfalls sei eine Zustimmung einer staatlichen Instanz erforderlich. Darüber hinaus werde vorausgesetzt, dass die Spende unentgeltlich ist und eine Transplantation von Genitalien ausgeschlossen wird, sodass keine Vermischung der Filiation provoziert werde. In Bezug auf die Erlaubnis der Organtransplantation eines Toten beruft sich diese Resolution auf die Maxime

1122 Wurde innerhalb einer Fatwa-Sammlung der Kommission nur intern herausgegeben.

aḍ-ḍarar al-ašadd yuzāl bi-ḍ-ḍarar al-aḫaff (Das Verursachen eines geringfügigen Schadens, um einen größeren Schaden zu vermeiden).

e. Des Weiteren wird in dem Beschluss darauf verwiesen, dass jene Auffassung der Akademie einigen früheren Fatwas des ägyptischen Fatwa-Amtes in den Jahren 1959, 1966, 1979 und 1989 sowie der Fatwa-Kommission der Azhar im Jahre 1981 entspreche.[1123]

Mit großer Wahrscheinlichkeit stand diese o. g. Untersuchung und dementsprechend die getroffene Entscheidung in Verbindung mit dem Schreiben bezüglich eines Gesetzesentwurfs zur Im- und Transplantation, dessen Überprüfung vom Gesundheitsministerium und Parlament (1997) auf die Mitglieder der Akademie übertragen wurde. Dieser Entwurf wurde mit einigen Modifikationen übernommen und als Resolutionsnr. 70 am 17. Mai 1997 verabschiedet. Der angefertigte Entwurf bestand aus 10 Artikeln. Die ersten fünf betrafen die ethische und religiöse Seite, während die letzten fünf organisatorische und strafrechtliche Angelegenheiten behandelten. Daher soll hier der Fokus ausschließlich auf den ersten fünf liegen:

(1) Eine Lebend-Organtransplantation ist gesetzlich, wenn der Spender rechtsfähig ist und einer Spende freiwillig zustimmt, sowie dies in einer schriftlichen Verfügung festhält. Dabei ist die Zustimmung eines kompetenten Facharztes erforderlich, der versichert, dass die Transplantation für den Spender nicht lebensgefährlich und zudem Erfolg versprechend ist. Außerdem darf der Spender seine Erlaubnis jederzeit vor der Operation widerrufen.
(2) Ein Komitee aus drei Fachärzten hat die Aufgabe, den Spender vor der Operation über mögliche Risiken und Folgen schriftlich aufzuklären.
(3) Was die postmortale Transplantation betrifft, so definiert dieser Entwurf den Tod als das endgültige Entweichen der Seele aus dem Körper. Eine definitive Feststellung des Todes soll durch eine Gruppe von mindestens drei medizinischen Spezialisten erfolgen. Unter Letzteren darf nicht der Arzt sein, welcher die Transplantation durchführen wird.
(4) Im Falle eines exorbitanten Bedarfs an Organen ist es erlaubt, ein Organ oder mehrere Organe einem Verstorbenen zu entnehmen und diese einem anderen Menschen zu implantieren, wenn der Spender dies testamentarisch festgelegt hat oder seine Zustimmung von zwei seiner Erben bezeugt werden kann. Liegt keine der beiden Formen der Zustimmung vor und ist der Tote anonym oder ein zum Tode Verurteilter, so ist für eine Organtransplantation die Genehmigung einer staatlichen Instanz erforderlich. In allen Fällen muss jedoch gewährleistet sein, dass die Transplantation nicht zu einer Vermischung der Filiation führt und zudem die Menschenwürde bewahrt wird.
(5) In allen Fällen ist der Handel mit Organen unter allen Umständen untersagt.[1124]

1123 Vgl. Akademie der Azhar 2008, Bd. 1, S. 132–137.
1124 Vgl. Akademie der Azhar 2008, Bd. 1, S. 137 ff.

Eine letzte Bearbeitung dieser Frage unternahm die Akademie in ihrer 13. internationalen Konferenz, welche vom 10. bis zum 12. März 2009 stattfand. Die erneute Diskussion dieser Thematik ging einher mit den zu jener Zeit laufenden Verhandlungen und der Debatte des ägyptischen Parlaments über einen möglichen Gesetzesentwurf, welcher die Im- und Transplantation regeln soll. In diesem Entwurf wurde der Hirntod[1125] als ausschlaggebendes Todeskriterium anerkannt, welcher gleichzeitig den zulässigen Zeitpunkt der Organentnahme bei einem Toten darstellt. Darüber gab es allerdings eine heftige Kontroverse.[1126] Das Transplantationsgesetz wurde sodann am 06. März 2010 in Kraft gesetzt. In seinem Vorwort rechtfertigte der Generalsekretär der Akademie, ʿAlī ʿAbd al-Bāqī Šaḥāta, die Fortsetzung der Untersuchungen zu dieser Thematik damit, dass diese Frage in den letzten Jahrzehnten zunehmend an Bedeutung gewonnen habe und dass es neue Entwicklungen hinsichtlich dieser Frage gebe. Unter den 48 Konferenzteilnehmern befanden sich neun medizinische Experten. Der Konferenz wurden 14 Studien, welche verschiedene Positionen erörtern, zugrunde gelegt. Eine Kernfrage dieser Untersuchung war die Definition des Todes bzw. die Anerkennung des Hirntods als endgültiger Todeszeitpunkt von juristischer und scharia-rechtlicher Seite. Alle Forscher waren von der Rechtmäßigkeit der Organtransplantation überzeugt. Hingegen herrscht bezüglich der Frage nach der Anerkennung des Hirnstammtods ein Meinungsstreit. Während sieben Studien – unter ihnen eine Studie eines Arztes – sich gegen den Hirnstammtod als definitives Todeszeichen aussprachen, akzeptierten vier Forscher – al-Qaraḍāwī, al-ʿAbbādī (Generalsekretär der IIFA) und zwei Mediziner, nämlich Ibrāhīm Badrān und Ḥamdī as-Sayyid, welche an der Erstellung des o. g. Gesetzentwurfs teilgenommen hatten, diesen zur Feststellung des Todes. Ḥamdī as-Sayyid diente diesbezüglich als Protokollführer der Verhandlungen dieses Themas im ägyptischen Parlament. Die übrigen drei Studien haben diese Frage nicht behandelt.[1127]

1125 Endgültiges u. vollständiges Erlöschen der lebensnotwendigen Gehirnfunktionen nach schweren Gehirnschädigungen. © Duden – Deutsches Universalwörterbuch. 4. Aufl. Mannheim 2001. [CD-ROM]. In diesem Fall schlägt das Herz dennoch weiter. Mithilfe von Wiederbelebungsmaßnahmen, wie künstlicher Beatmung, können die Herzfunktion und der Blutkreislauf länger erhalten bleiben. Somit eignen sich die wichtigsten Organe wie Herz, Leber und Niere, weiterhin zur Transplantation. Bei der traditionellen Definition des Todes, die den irreversiblen Stillstand aller Lebensfunktion, vor allem des Atmungs-, Kreislauf- und Zentralnervensystems voraussetzt, gibt es kaum eine Chance, die wesentlichen Organe, insbesondere das Herz, vor deren Verfall zu transplantieren.

1126 Vgl. ʿAbd al-Qādir, Muḥammad: *„al-Miṣrī al-yawm" tanšur an-naṣṣ al-kāmil li-mašrūʿ qānūn naql wa-zirāʿat al-aʿḍāʾ al-bašariyya.* http://today.almasryalyoum.com/article2.aspx?ArticleID=202094 (Vol. 1730, 9. März 2009), abgerufen am 28.02.2016.

1127 Vgl. ʿAlī, ʿAbd al-Ǧawwād; Muṣṭafā Šaʿbān; Aḥmad Sāmī Mutawallī: „Ǧadal ʿanīf ḥawla mašrūʿ qānūn naql wa-zirāʿat al-aʿḍāʾ al-bašariyya", http://www.ahram.org.eg/archive/Egypt/News/6093.aspx (Vol. 44985 4. Februar 2010), abgerufen am 28.02.2016.

Im Großen und Ganzen hat die verabschiedete Resolution der Konferenz fast den gleichen Inhalt wie die früheren Beschlüsse der Akademie zu dieser Thematik. Die einzige ausschlaggebende Ausnahme stellen die Entscheidungskriterien der Bestimmung des Todes dar. Obwohl sich die Mehrheit der Forscher dagegen wandte, den Hirntod als scharia-rechtlichen Tod zu betrachten und sich stattdessen der Auffassung der Akademie in vorherigen Resolutionen wie Nr. 49, 69 und 70 anschloss, welche den Tod mit einem irreversiblen Funktionsverlust aller Organe und dem Ausbleiben jedes Lebenszeichens gleichsetzten, kam die Konferenz der Akademie diesbezüglich zu einer neuen Überzeugung.

> Eine Person wird aus Sicht der Scharia als mit Sicherheit tot betrachtet – und somit können alle scharia-rechtlichen Maßnahmen des Todes angewandt werden – wenn eines der folgenden zwei Anzeichen festgestellt wird:
> 1. Wenn der völlige Stillstand von Herzschlag und Atmung eintritt und die Ärzte versichern, dass der Stillstand unumkehrbar ist.
> 2. Wenn der endgültige Stillstand aller Hirnfunktionen eintritt und die medizinischen Experten versichern, dass der Stillstand irreversibel und das Gehirn in einer Phase des Verfalls ist.[1128]

Die Implantation von Stammzellen hält die Akademie ebenso für zulässig, sofern diese den betroffenen Personen keinen Schaden zufügt.[1129]

Bezüglich der Vorgehensweise der 13. Konferenz bei der Thematisierung der Transplantationsfrage ist hervorzuheben, dass Pro- und Kontra hinsichtlich des Hirnstammtodes sowohl von Medizinern als auch von Scharia-Gelehrten vertreten wurden. Obwohl die Darlegung der vorgelegten Studien zeigt, dass sich mehr Gelehrte und Wissenschaftler gegen die Anerkennung des Hirntods stellten, schließt sich die Akademie infolge der Diskussionen und Beratungen der Gegenmeinung an. Aufgrund der Tatsache, dass diese Statistik ausschließlich die Positionen berücksichtigt, die in den 14 vorgelegten Studien vertreten wurden, ist es durchaus möglich, dass unter Beachtung der Meinung der anderen Mitglieder und Wissenschaftler, die tatsächliche Zahl der Verfechter des Hirntodes höher war. Eine genaue Vorstellung vom Arbeitsprozess während der Diskussionsphase konnte leider nicht vermittelt werden, da, wie bereits erwähnt, keine Sitzungsprotokolle veröffentlicht wurden.

B) Die IIFA der OIC

Zu den Themen, die die Planungssektion bei der Sitzung vom 12.–15. Mai 1985 priorisierte, gehören die postmortale Transplantation und die Lebend-Organtransplantation. Ein relevanter Punkt, mit welchem sich die Akademie vor Beginn der Behandlung dieser Thematik auseinandersetzte, ist die Beendung einer medizinischen Behandlung.

1128 Akademie der Azhar 2011, Bd. 3, S. 420. Diese beiden Kriterien mit ähnlichen Formulierungen gehen auf die Resolutionsnr. 17:3/5 der IIFA zurück.

1129 Vgl. Akademie der Azhar 2011, Bd. 3, S. 430.

Zu den Themen der zweiten Tagung (22.–28. Dezember 1985) gehört die Reanimationsausrüstung. Dabei handelt es sich um die Frage der Festlegung nach der entscheidenden Anzeichen des Todes bzw. der Bestimmung des Todeszeitpunkts und der damit verbundenen Erlaubnis, die lebenserhaltenden Maßnahmen zu beenden. Der Diskussion der Mitglieder wurden zwei Forschungen, eine Studie von einem Mediziner und eine andere von einem Rechtsgelehrten, zugrunde gelegt. Aufgrund der Schwierigkeit, die medizinische Definition des Todes und jene (Definition) der scharia-rechtlichen Vorstellung in Einklang zu bringen, wurde die Entscheidung über diese Frage von den Mitgliedern verschoben und der Generalsekretär damit beauftragt, weitere fachliche Studien über diese Thematik bei der nächsten Tagung zur Verfügung zu stellen.[1130]

Im folgenden Jahr verabschiedete die Akademie diesbezüglich eine Resolution. Dieser lagen neben zwei Studien der Akademiemitglieder – eine medizinische und eine islamisch-rechtliche Studie – die Arbeitsergebnisse einiger Fachtagungen, welche diese Frage bereits in Kuwait, Saudi-Arabien und Jordanien behandelt hatten, zugrunde. Letztere befürworteten die Anerkennung des Hirnstammtodes als grundsätzliches Merkmal des Lebensendes. Während der Diskussionen und Beratungen schlossen sich die zwei medizinischen Experten der Akademie letzterer Meinung an. Hingegen sprachen sich einige Scharia-Gelehrte, unter ihnen der Präsident der Akademie selbst, gegen den Hirntod aus und erkannten stattdessen erst im endgültigen Aussetzen der Atmung und der Blutzirkulation ein entscheidendes Anzeichen für das Lebensende. Der Präsident ließ seine reservierte Haltung gegenüber der Entscheidung, welche zwei Fälle des Todeseintritts festlegt, dokumentieren. Hierbei handelt es sich um folgende Fälle:

I. Der Eintritt des Todes im Falle des völligen Herzstillstands und des Aussetzens der Atmung. Entscheidend ist zudem, dass die Ärzte bestätigen, dass der Zustand des Kranken irreparabel ist.
II. Der Eintritt des Todes aufgrund eines irreversiblen Verlusts aller Hirnfunktionen. Hierbei bedarf es der Versicherung der Ärzte, dass der Stillstand endgültig ist und das Gehirn sich in einer Phase des Verfalls befindet.

Wenn einer dieser Fälle eintritt, dürfen die lebenserhaltenden Maschinen abgeschaltet werden.[1131]

Mit der Frage der Transplantation setzte sich die Akademie in der vierten Konferenz (6.–11. Februar 1988) auseinander. In diesem Kontext wurden neun Mitglieder und Experten – unter ihnen zwei Ärzte – von der Akademie beauftragt, Studien über die postmortale Transplantation und die Lebend-Organtransplantation anzufertigen. Mit Ausnahme einer einzigen Untersuchung ging aus ihnen eine allgemeine Einigkeit über eine prinzipielle Erlaubnis der Organtransplantation hervor.

1130 Vgl. Zeitschrift der IIFA 1986, 2. Ausgabe, Bd. 1, S. 485–515.
1131 Resolutionsnr. 17:3/5. Vgl. IIFA 2011, S. 114 f. Vgl. Zeitschrift der IIFA 1987, 3. Ausgabe, Bd. 2, S. 767–809.

Hinsichtlich einiger Formen der Transplantation und gewisser Teilfragen vertraten sie indes unterschiedliche Anschauungen, wie z.B. bezüglich der Fixierung des Hirntodes als Zeitpunkt der Organentnahme bei der betroffenen Person. Trotz der Anerkennung des Hirntodes durch die Akademie als Methode zur Feststellung des Lebensendes durch ihre o.g. Resolution (Nr. 17:3/5), identifizierten nur drei Forscher, darunter zwei Mediziner, den Hirnstammtod als sicheren Todeszeitpunkt für eine Organentnahme. Dagegen lehnten zwei Forscher diesen ausdrücklich ab und vier Studien erwähnten ihn überhaupt nicht. Noch kontroverser waren die Auffassungen der Mitglieder bei der Diskussion. Nach einer vierstündigen Debatte kam der Präsident der Akademie zu der Lösung, eine Kommission zu bilden, um eine Vorstellung von dem Thema anhand der Studien und der Diskussionen zu geben und dementsprechend die Entscheidung (auf folgende Tagung) zu verschieben. Trotzdem fertigte das Komitee in der letzten Sitzung der damals laufenden Tagung einen Resolutionsentwurf an. Dieser wurde den Mitgliedern zur Diskussion gestellt und ihm wurde nach kleinen Änderungen zugestimmt.[1132] Ergo verabschiedete die Akademie die folgende Resolution:[1133]

Bismillah Arrahman Arrahim

Praise be to Allah, the Lord of the Universe, and prayers and blessings be upon Sayyidina Muhammad, the last of the Prophets, and upon his Family and his Companions.

RESOLUTION No° 26 (1/4)

CONCERNING
ORGAN TRANSPLANT FROM THE BODY (DEAD OR ALIVE) OF A HUMAN BEING ONTO THE BODY OF ANOTHER HUMAN BEING

The Council of the Islamic *Fiqh* Academy, holding its Fourth session in Jeddah (Kingdom of Saudi Arabia), from 18 to 23 Jumada Thani 1408 H (February 6 to 11, 1988),

Having considered the *Fiqh* and medical research papers forwarded to the Academy on "Organ transplant from the body (dead or alive) of a human being onto the body of another human being";

In the light of the deliberations, the timeliness of this issue became evident, due to scientific and technological progress. Despite its proven effectiveness and positive results, some harmful psychological and social effects have also come to light in some cases, because neither the guidelines prescribed by *Shari'a*, nor its objectives, which aim at ensuring the well-being and dignity of individuals and groups, and calls for compassion and altruism, have been adhered to;

Having summed up the points relating to this topic in its various aspects, forms and cases, each of which calls for a specific ruling;

1132 Vgl. Zeitschrift der IIFA 1988, 4. Ausgabe, Bd. 1, S. 490 ff.

1133 Resolutions and Recommendations of the Council of the Islamic Fiqh Academy 2000, S. 51–54.

RESOLVES

Definition and classification:

First: The organ shall mean any part of the human body: tissue, cells, blood, etc. such as the cornea, whether still part of the body or removed from it.

Second: Usefulness, which is the core of the matter, is the benefit accruing to the beneficiary, which enables him to remain alive, or to have a basic function of his body restored, whether it is eyesight or otherwise, provided the beneficiary enjoys a respected life by *Shari'a* point of view.

Third: The form of transplanting may be divides as follows:

- Transplanting an organ from the body of a living person;
- Transplanting an organ from the body of a dead person;
- Transplanting an organ from a fetus.

First Form: Transplanting an organ from the body of living person, under following conditions:

a) Transplanting the organ from one part of the body to another part of the same body such as grafting skin, cartilage, bones, veins or blood vessels, etc.

b) Transplanting the organ from the body of a living person to another. In this case, the organ may be classified as essential for life or otherwise. If it is, it could be a single organ, e.g. the heart or liver, or pair of organs, e.g.; kidneys or lungs.

As for those organs upon which life does not depend, they could be organs performing basic function in the body or otherwise, or an organ which is automatically renewed, such as blood, or is not renewed, and some have effect on the lineage, inheritance and general personality, such as testicles, ovary, or cells of the nervous system, or have no bearing whatsoever.

Second Form: Transplanting the organ from the body of a dead person:

It is to be noted that death may take two forms:

1. When al functions of the brain come to a complete stop and no medical cure can reverse the situation.
2. When the heart and respiratory system come to a complete stop and no medical cure can reverse the situation.

In both cases, due consideration has been given to the ruling of the Council of the Academy at its 3rd session.

Third Form: Transplanting from a fetus:

Transplanting from a fetus may be performed in three cases:

- Spontaneous abortion
- Medically induced or criminal abortion
- In vitro fertilization

THE COUNCIL RESOLVES

FIRST: An organ may be transplanted from one part of the body to another part of the same body, provided it is ascertained the benefits accruing from this operation outweigh the harmful effects caused thereby; provided also that its purpose is to replace a lost organ, reshape it, restore its function, correct a defect or remove a malformation which is source of mental anguish or physical pain.

Second: An organ may be transplanted from the body of one person to the body of another person, if such organ is automatically regenerated, such as blood and skin. It is stipulated in this case that the donor must be legally competent, and the due account must be taken of the conditions set by *Shari'a* in this matter.

Third: It is allowed to transplant from a body part of an organ, which has been removed because of a medical deficiency, such as the cornea, if, due to a disease, the eye had to be removed.

Fourth: It is forbidden to transplant from a living person to another, a vital organ, such as the heart, without which the donor cannot remain alive.

Fifth: It is forbidden to transplant from a living person to another an organ such as the cornea of the two eyes, which absence deprives the donor of a basic function of his body. However, if it effects only part of the basic function, then it is a matter still under consideration, as explained in Para 8 below.

Sixth: It is allowed to transplant an organ from the body of a dead person, if it is essential to keep the beneficiary alive, or if it restores a basic function of his body, provided it has been authorized by the deceased before his death or by his heirs after his death or with the permission of concerned authorities if the deceased has not been identified or has no heirs.

Seventh: It must be noted that the permission, in the preceding cases, for performing organ transplant, is conditional that it is not done on commercial grounds (selling of an organ), because under no circumstances, should the organ of a person be sold. However, incurring expenses by a person in search for an organ or voluntary compensation as a token of appreciation is a matter still under consideration and Ijtihad.

Eighth: All cases and forms other than those referred to above, which are relevant to the issue are still under consideration and research. They must be submitted and considered at a following session, in the light of medical date and *Shari'a* rules.

Verily, Allah is All-Knowing

Weitere Untersuchungen einiger Teilfragen der Transplantation hat die Akademie außerdem im Rahmen der sechsten Vollversammlung vom 14. bis zum 20. März 1990 in Jedda unternommen. Zugunsten dieser Bearbeitung organisierte die Akademie in Kooperation mit der islamischen Organisation für medizinische Wissenschaften (*al-munaẓẓama al-islāmiyya li–l-ʿulūm aṭ-ṭibbiyya*), mit der die Akademie ein Kooperationsabkommen abgeschlossen hatte, im Zeitraum vom 23. bis zum 26. Oktober 1989 in Kuwait eine Fachtagung über die Transplantation. Letztere befasste sich mit den folgenden Fragen: Implantation von Gehirn- und Nervenzellen, die Nutzung von überflüssigen befruchteten Eizellen, die Nutzung der Embryonen für Transplantationszwecke und die Transplantation der Genitalien bzw. Keimzellen.[1134] An dieser Tagung nahmen sowohl medizinische Spezialisten als auch Rechtsgelehrte teil, unter denen viele Mitglieder der IIFA waren. Über die drei untersuchten Fragen der in Kuwait abgehaltenen Tagung verabschiedete die Akademie drei Resolutionen. Die Empfehlungen der Tagung bildeten die Grundlage der Diskussion der Mitglieder der Akademie. Im Zuge der heftigen Debatte über den Inhalt der Empfehlungen wurden einige Umformulierungen bzw. Ergänzungen von Kriterien verschiedener Teilfragen vorgenommen. Dennoch wurden die Empfehlungen größtenteils in den Entscheidungen (Nr. 54, 55, 56 und 57) der Akademie übernommen, welche nachfolgend aufgeführt werden:[1135]

Bismillah Arrahman Arrahim

Praise be to Allah, the Lord of the Universe, and prayers and blessings be upon Sayyidina Muhammad, the last of the Prophets, and upon his Family and his Companions.

RESOLUTION No° 54 (5/6)

CONCERNING
"TRANSPLANT OF BRAIN AND NERVOUS SYSTEM"

The Council of the Islamic *Fiqh* Academy, in its sixth session held in Jeddah, Kingdom of Saudi Arabia, from 17–23 Sha'baan, 1410 H (corresponding to 14–20 March, 1990),

Having studied the papers and recommendations on this subject which was one of the subjects discussed in the sixth medical and *Fiqh* Seminar held in Kuwait, from Rabi'ul Awwal 23 to 26, 1410 H (October 23–26, 1989), held in cooperation between the Academy and the Islamic Organization for Medical Sciences of Kuwait,

And in the light of the conclusions deriving from the aforesaid seminar which include that transplant here is not intended to mean transfer of a human brain from one person to another, to treat the failure of certain tissues in the brain in properly discharging chemical and hormonal material and to replace these tissues with similar tissues obtained from another source, or to treat a gap of nervous system which has resulted from some injury.

RESOLVES

First: If the source of tissues is the suprarenal gland of the same patient and are accepted by the patient's body, because they are from the same body, the transplant is permissible in accordance with *Shari'a*.

Second: If the source of the tissues to be transplanted is an animal fetus, there is no objection to this method if its success is possible, and there is no contravention of any rule laid down by *Shari'a*. Physicians have mentioned that this method has been successful in different species of animals and it is hoped that it will prove successful if adopted with necessary medical precautions to avoid the body's rejections of the transplanted organ.

1134 Eine ausführliche Darstellung der Verhandlung dieser Fachtagung siehe: Fischer 2012 (islamische Positionen zum pränatalen Leben), S. 97–100.

1135 Vgl. Zeitschrift der IIFA 1990, 6. Ausgabe, Bd. 3, S. 2061–2146. Resolutions and Recommendations of the Council of the Islamic Fiqh Academy 2000, S. 109–114.

Third: If the source of the tissues to be transplanted is live tissues form brain of a premature human fetus (in the tenth or eleventh week of pregnancy), the *Shari'a* ruling may differ in the following way:

A – The first Method

Taking it directly from the human fetus in his mother's womb by surgically opening the womb. The removal of the brain tissues of the fetus leads to its death. This is prohibited under *Shari'a*, except if it follows an unintentional natural abortion or a lawful abortion to save the mother's life, and the death of the fetus becomes obvious. In such case, the conditions pertaining to the use of fetus as stated in Resolution No. 59/8/6 of this session must be observed.

B – The Second Method

This method may be adopted in the near future and it means the culture of brain tissues in special laboratory to benefit from them. There is no objection from *Shari'a* point of view to this method if the source of cultures tissues is lawful and they are obtained by lawful means.

Fourth: **Child born without a brain**

As long as the child is born alive, no part of his body may be taken away, unless it is proven that he is dead by the death of his brain stem. He is not different from other sound infants in this respect. If he dies, taking parts of his body must be in accordance with the terms and conditions applicable to the transplant of organs of the dead, such as obtaining the required permission, unavailability of a substitute, evident need and such other conditions indicated in Resolution No. 26/1-4 of the Fourth session of this Academy. There is no objection under Shari'a to keep this brainless child on the artificial instruments up to the death of his brain stem in order to preserve the life of transferable organs and to facilitate benefiting from them by their transplant according to the aforementioned conditions.

Verily, Allah is All-Knowing

In the name of Allah, the Most Beneficent, the Most Merciful

Praise be to Allah, the Lord of the Universe, and prayers and blessings be upon Sayyidina Muhammad, the last of the Prophets, and upon his Family and his Companions

RESOLUTION No° 55 (6/6)

CONCERNING 'SURPLUS OF FERTILIZED OVULES'

The Council of the Islamic *Fiqh* Academy, in its sixth session held in Jeddah, Kingdom of Saudi Arabia, from 17–23 Sha'baan, 1410 H (corresponding to 14–20 March 1990),

Having studied the papers and recommendations on this subject which was one of the subjects discussed in the sixth medical and *Fiqh* Seminar held in Kuwait, from Rabi'ul Awwal 23 to 26, 1410 H (October 23–26, 1989), in cooperation between the Academy and the Islamic Organization for Medical Sciences of Kuwait,

And having studied the thirteenth and fourteenth recommendations adopted in the third seminar of the Islamic Organization of Medical Sciences held in Kuwait from Sha'baan 20 to 23, 1417 H (April 18–21, 1987), on the issue of the disposal of fertilized ovules, and the fifth recommendation of the first seminar of the Islamic Organization for medical Sciences, held in Kuwait from Sha'baan 11 to 14, 1403 H May 24 to 27, 1982) on the same subject,

RESOLVES

First: In the light of the scientifically established possibility of preserving non-fertilize ovules for future use, only the number of ovules required each time for insemination must be fertilized to avoid the existence of surplus fertilized ovules.

Second: If a surplus of fertilized ovules exists in any way, it shall be left without medical care until the life of the surplus ends naturally.

Third: If is prohibited to inseminate fertilized ovules into another woman. Precaution must be made to prevent the use of the fertilized ovules in an unlawful pregnancy.

Verily, Allah is All-Knowing

In the name of Allah, the Most Beneficent, the Most Merciful

Praise be to Allah, the Lord of the Universe, and prayers and blessings be upon Sayyidina Muhammad, the last of the Prophets, and upon his Family and his Companions

RESOLUTION No. 56 (7/6)

CONCERNING

'USE OF FETUS AS A SOURCE OF TRANSPLANT'

The Council of the Islamic *Fiqh* Academy, in its sixth session held in Jeddah, Kingdom of Saudi Arabia, from 17–23 Sha'baan, 1410 H (corresponding to 14–20 March 1990),

Having studied the papers and recommendations on this subject which was one of the subjects discussed in the sixth medical and *Fiqh* seminar held in Kuwait, from Rabi'ul Awwal 23 to 26, 1410 H (October 23–26, 1989), in cooperation between the Academy and the Islamic Organization for Medical Sciences of Kuwait,

RESOLVES

First: Fetus cannot be used as source of obtaining organs to be transplanted in another person, except in certain cases and under certain conditions which must be fulfilled:

A) No abortion can be provoked in order to use the fetus for transplant of its organs in the body of another person. The operation should be restricted to a case of natural abortion or an abortion for a lawful purpose, and no surgical operation should be resorted to in order to remove the fetus unless it is essential to save the mother's life.

B) If the fetus has a chance of remaining alive, medical treatment must be directed to keep it alive, and not for using it in organ transplant. If it cannot survive, it must not be used except after its death and under the conditions stipulated in Res. n° 26/1/4 adopted by this Academy at its Fourth session.

Second: Organ transplant operation must not, at all, be used for commercial purpose.
Third: Supervision of organ transplant operation must be entrusted to a specialized and reliable body.

Verily, Allah is All-Knowing

In the name of Allah, the Most Beneficent, the Most Merciful

Praise be to Allah, the Lord of the Universe, and prayers and blessings be upon Sayyidina Muhammad, the last of the Prophets, and upon his Family and his Companions

RESOLUTION No. 57 (8/6)

CONCERNING

"TRANSPLANT OF GENITAL ORGANS"

The Council of the Islamic *Fiqh* Academy, in its sixth session held in Jeddah, Kingdom of Saudi Arabia, from 17–23 Sha'baan, 1410 H (corresponding to 14–20 March, 1990), ***Having studied*** the papers and recommendations on this subject which was one of the subjects discussed in the sixth medical and *Fiqh* seminar held in Kuwait, from Rabi'ul Awwal 23 to 26, 1410 H (October 23–26, 1989), in cooperation between the Academy and the Islamic Organization for Medical Sciences of Kuwait,

RESOLVES

First: **Transplant of sexual glands**
Since the testicles and ovaries continue to bear and discharge hereditary attributes to the transferee, even after they are transplanted in a new grantee, their transplant is prohibited by *Shari'a*

Second: **Transplant of genital organs**
Transplant of some genital organs which do not transfer hereditary attribute, except the genitals organs, is permissible for a legitimate necessity, in accordance with *Shari'a* standards and regulations indicated in Resolution No. 26/1/4 of the Fourth session of this Academy.

Verily, Allah is All-Knowing

Im Umgang der Akademie mit der Thematik der Transplantation zeigt sich einerseits die Bezugnahme auf verschiedene fachliche Studien von Medizinern – sowohl von Partnern, wie der islamischen Organisation für medizinische Wissenschaften, als auch von anderen, wie im Falle der Frage über die Feststellung des Todeszeitpunkts im Kontext mit den Wiederbelebungsmaßnahmen. Andererseits beruft sich die Akademie auf medizinische Untersuchungen, welche den gleichen Standpunkt vertreten. Dies betrifft vor allem die Bestimmung des Todeszeitpunkts. In diesem Zusammenhang wird in allen Studien die Meinung vertreten, dass der Gehirnstammtod als unwiderruflicher Zustand und somit als definitiver Todeszeitpunkt betrachtet werden soll. Allerdings äußern z.B. ägyptische Mediziner Zweifel am Aussetzen der Hirnstammfunktion als Indiz für das Eintreten des Todes. Dieser Standpunkt und die dazu gehörige Argumentation wurden aber in den fachlichen Studien außer Acht gelassen, was eine einseitige rechtliche Beurteilung zur Folge hatte. Außerdem ist die geringe Teilnahme von Mitgliedern an den abschließenden Diskussionen verwunderlich, da dies normalerweise nicht der Fall ist.

C) Der European Council for Fatwa and Research

Das Generalsekretariat des ECFR thematisierte die Transplantation im Rahmen der sechsten Sitzungsperiode, welche im Zeitraum vom 28. August bis zum 1. September 2000 in Dublin abgehalten wurde. Bei seiner Auseinandersetzung mit dieser Frage nahm der ECFR auf frühere Entscheidungen anderer Rechtsakademien Bezug. Dies erklärt sich dadurch, dass solche Entscheidungen laut der Satzung des Councils, wie zuvor dargelegt wurde, eine Art Rechtsquelle des ECFR repräsentieren. So griffen die Mitglieder bei ihrer Bearbeitung auf den Resolutionsnr. 8/1 der Rechtsakademie der MWL und die Resolutionsnr. 26:4/1 der IIFA zurück. In seiner Resolutionsnr. 20:6/2 stellt der ECFR die Auffassung beider Akademien heraus und schließt sich dieser an. Außerdem gibt er den Wortlaut der getroffenen Entscheidung der IIFA wieder. Ebenso übernimmt er die Entscheidung der IIFA (Nr. 54:5/6), die die Implantation von Gehirn- und Nervenzellen regelt. Letztere wurde auch wörtlich übertragen.[1136]

Diese beiden Entscheidungen bilden den ersten Teil der Resolution des ECFR. Darüber hinaus intendierte der Rat, einige organisatorische Regeln der Organspende für Muslime außerhalb der islamischen Welt hinzuzufügen. Diese enthalten folgende Ergänzungen:

- Falls ein bestimmter Empfänger vom Spender oder seinen Erben ausgewählt wurde oder aber die Auswahl einer bestimmten Anstalt überlässt, so muss diesem Wunsch möglichst nachgekommen werden. Wenn es jedoch unmöglich ist, z. B. aus einem medizinischen Grund, steht die Entscheidung den Erben des Spenders zu. Ansonsten obliegt einer Institution das Entscheidungsrecht, welche die Interessen der Muslime in einem nicht-islamischen Land vertritt.
- Falls eine Person ihre Organspende nach dem Tode durch einen Organspenderausweis regelt, gilt dies als Testament, welches weder die Erben noch andere ändern dürfen.
- Angenommen, es gäbe ein Gesetz, welches die Organspende so organisiert, dass diese automatisch durchgeführt wird, wenn man sich zu Lebzeiten nicht dagegen ausgesprochen hat, würde dies bedeuten, dass das Fehlen einer Erklärung, in der eine Organspende verweigert wird, als implizite Zustimmung gedeutet wird.[1137]

Anhand seiner Vorgehensweise bestätigt der Council, dass er sowohl die Resolutionen anderer Rechtsakademien als auch die Umstände und Gesetze in nichtmuslimischen Gesellschaften berücksichtigt.

1136 Der Wortlaut beider Beschlüsse wurde bereits bei der Auseinandersetzung der IIFA mit dieser Frage dargelegt.

1137 Vgl. ECFR 2013, S. 58.

6.3.4.3 Versicherungsformen[1138]

Der letzte Beispielsfall stammt aus dem Bereich der Finanzen, und zwar die Versicherungsformen. Es wird sich zeigen, dass die oben aufgestellten Auswahlkriterien bei diesem Beispiel erfüllt werden. So wurde diese Frage von den drei Rechtsakademien in verschiedenen Zeitspannen untersucht und die Diskussion erstreckte sich über mehrere Tagungen. Die Gegenwartsbezogenheit und Bedeutsamkeit von Versicherungen kommt in diversen Formen in unterschiedlichen gegenwärtigen Lebensbereichen zum Vorschein. Zudem lässt sich eine Aktualität dieser Thematik in mehreren Gesellschaften sowohl innerhalb als auch außerhalb der islamischen Welt beobachten, d.h., es handelt sich im Falle der Versicherungen um eine Frage allgemeiner Natur.

A) Die Akademie für islamische Untersuchungen der Azhar

Die Akademie für islamische Untersuchungen der Azhar zeigte vornehmlich in den ersten Konferenzen großes Interesse an Fragen die Finanzen betreffend. Zu den frühesten finanziellen Fragen, welchen sich die Akademie widmete, gehört die der Versicherung. Mit dieser Frage setzte sich die Akademie erstmals zu Beginn der zweiten Konferenz auseinander, welche zwischen Mai und Juni 1965 stattfand. Das Mitglied der Akademie ʿAlī al-Ḫafīf legte bei dieser Konferenz eine Untersuchung zu diesem Thema vor. Aufgrund seiner Auseinandersetzung mit den verschiedenen Versicherungsformen kam er zu der Überzeugung, dass Versicherungen als eine Art der Vorsichtsmaßnahme gegen einen möglichen Schaden oder ein mögliches Unglück in der Zukunft anzusehen seien. So werde dem Versicherungsnehmer eine gewisse Sicherheit garantiert. Nach der Darlegung der verschiedenen Rechtsauffassungen hinsichtlich der Versicherungen stimmt er der Legitimität der kooperativen Versicherung (*Taʾmīn taʿāwunī*) zu. Bei dieser Versicherungsform würden die Versicherten sowohl als Versicherungsnehmer als auch als Versicherungsgeber fungieren bzw. würden durch eine Versicherungsgesellschaft vertreten werden, d.h. sie bezahlen einerseits Beiträge, um selbst im Schadensfall versichert zu sein, und übernehmen andererseits auch die Kosten im Schadensfall anderer. Ebenso hält er die Sozialversicherung (*Taʾmīn iǧtimāʿī*), bei der der Staat die Bürger gegen Unfälle oder Schaden versichert, für zulässig. Außerdem äußert sich al-Ḫafīf zur kommerziellen bzw. traditionellen Versicherung (*Taʾmīn tiǧārī*), welche durch eine Versicherungsfirma, an die man regelmäßig Beiträge zahlt, organisiert wird. Dabei trägt die Firma als Gegenleistung die Kosten im Falle eines Unfalls oder im Schadensfall. Dazu

1138 Zur islamrechtlichen Diskussion und Behandlung verschiedener islamischer Institutionen mit dieser Frage, siehe: Lohlker, Rüdiger: Schari'a und Moderne – Diskussionen zum Schwangerschaftsabbruch, zur Versicherung und zum Zinswesen. Stuttgart, Steiner, 1996, S. 47–105. Sowie: Klingmüller, Ernst: „Die Versicherung aus der Sicht des islamischen Rechtes", in: *Staat, Wirtschaft, Assekuranz und Wissenschaft: Festschrift für Robert Schwebler*, hrsg. von Henn, Rudolf. Karlsruhe, Verl. Versicherungswirtschaft, 1986, S, 309–317.

zählen beispielsweise die Haftpflichtversicherung, Krankenversicherung und Unfallversicherung. Hinsichtlich dieser *Ta'mīn tiğārī* vertritt er die Auffassung, dass diese lediglich *Ġarar yasīr* (ein geringes Maß an unklaren organisatorischen Regeln eines Rechtsverhältnisses) enthält. Diese habe weder etwas mit einem Glücksspiel oder einer Wette noch mit Wucher gemeinsam. Aus diesem Grund hält er diese Art der Versicherung für erlaubt.[1139] Während der Verhandlungen der Konferenz wurde beschlossen, dieses Thema durch die Kommission der rechtlichen Untersuchungen noch weiter erforschen zu lassen. Über die Rechtmäßigkeit der kooperativen oder sozialen Versicherung waren sich die Mitglieder der Kommission einig. Hingegen herrschte über die *Ta'mīn tiğārī* eine heftige Kontroverse. Auf Basis der Arbeitsergebnisse dieses Komitees kam die Konferenz zu den folgenden Entscheidungen:

1. Dass die Versicherung, welche durch die kooperativen Genossenschaften organisiert ist (*Ğamʿiyyāt taʿāwuniyya*), die die gesamten Versicherungsnehmer umschließen, und in welcher die Mitglieder im Notfall sich gegenseitig Dienste und (finanzielle Hilfe) zusichern, als zulässig gelte. Dabei gehe es nämlich um eine Art von „gegenseitiger rechtschaffener Hilfe" (Koranvers 5:2).
2. Dass die staatliche Rentenversicherung und die Sozialversicherung, welche vom Staat selbst geregelt werden, auch rechtmäßig seien.
3. Was die anderen Versicherungsformen betrifft, welche durch Versicherungsgesellschaften durchgeführt werden – wie z. B. Haftpflichtversicherung, Unfallversicherung und Lebensversicherung – so sollen diese von einer Kommission, welche aus Scharia-Gelehrten, Wirtschaftlern, Juristen und Soziologen besteht, weiter untersuchen werden. Darüber hinaus solle unter den Gelehrten aller muslimischen Länder eine Meinungsumfrage zu diesen Versicherungsformen durchgeführt werden.[1140]

Laut dem Beschluss der zweiten Konferenz hat die Kommission weitere Mitglieder aufgenommen und ihre mehr als 17 Arbeitsversammlungen weitergeführt. Im Rahmen der dritten Konferenz (30. September bis 27. Oktober 1966) hat die gebildete Kommission einen Bericht, der eine Zusammenfassung der Forschung von al-Ḫafīf und der Ergebnisse der wirtschaftlichen und sozialen Untersuchungen sowie der scharia-rechtlichen Denkschriften liefert, vorgelegt. Jedoch standen die Ergebnisse der internationalen Meinungsumfrage der Gelehrten größtenteils noch nicht zur Verfügung. Deshalb traf die Konferenz die Entscheidung, die Versicherungsformen, bei welchen (kommerzielle) Firmen die Rolle des Versicherungsgebers übernehmen, noch weiter aus finanzieller und sozialer Perspektive zu behandeln sowie zudem die Ansicht von möglichst vielen muslimischen Gelehrten einzuholen.[1141]

1139 Vgl. al-Ḫafīf 1417/1996, S. 80–108. Diese Untersuchung wurde nicht in den veröffentlichten Studien der zweiten Konferenz herausgegeben, sondern erschien in getrennten Teilen in der Zeitschrift der Azhar.

1140 Vgl. as-Sanhūrī 1972 (7. Konferenz), S. 147 f.

1141 Vgl. as-Sanhūrī 1972 (7. Konferenz), S. 148 f.

Infolgedessen hat der damalige Generalsekretär der Akademie, Maḥmūd Ḥubb Allāh, mithilfe eines Mitgliedes der Akademie, Aḥmad Farağ as-Sanhūrī, die Umfrage, die aus Fragen zu unterschiedlichen Aspekten bestand – z. B. die Frage, ob der Versicherungsvertrag *Ġarar* enthält oder Wucher, einer Wette oder einem Glücksspiel gleichkommt,[1142] ob er basierend auf dem Gewohnheitsrecht (*ʿurf*) und der gesellschaftlichen Notwendigkeit als erlaubt gelten darf – zusammengestellt und sowohl an Scharia-Gelehrten und Muftis als auch an Experten der Wirtschaft geschickt. Diese Befragung wurde an Gelehrten aus etwa 20 Ländern neben Ägypten geschickt. Die Frist für die Zusendung der Antworten war im Januar 1970. Bis zu dieser Frist gingen beim Generalsekretariat der Akademie die folgenden Antworten ein: fünf Gelehrte aus Ägypten sprachen sich einstimmig für ein Verbot der *Taʾmīn tiğārī* aus. Aus Jordanien hielt ein Gelehrter diese Versicherungsform für zulässig und einer für verboten. Der einzige Gelehrte, der aus Indonesien dazu Stellung nahm, befürwortete das Verbot einer Versicherungsform. Außerdem erhielt das Generalsekretariat Antworten von drei Gelehrten aus Syrien, von welchen zwei diese Versicherung als illegitim bewerteten und einer sie billigte. Unter den irakischen Gelehrten, welche ihre Meinung äußerten, hießen vier diese Versicherungsform für gut und zwei lehnten sie hingegen ab. Erwähnenswert in Bezug auf die irakischen Stimmen ist, dass unter ihnen sowohl drei Sunniten als auch drei Schiiten vertreten waren und Letztere für eine Zulässigkeit plädierten. Zwei Gelehrte aus Katar sahen darin eine rechtmäßige Versicherungsform. Aus dem Libanon äußerten sich zwei Forscher zu diesen Fragen. Während einer der beiden davon ausging, dass diese Art der Versicherung legitim sei, schloss der andere von allen existierenden Versicherungsformen nur die Lebensversicherung aus. Demgegenüber vertrat ein libyscher Gelehrter die Auffassung, dass jegliche Form von Versicherung verboten sei. Zwei der vier Gelehrten aus Marokko, die dem Generalsekretariat ihre Stellungnahme zusandten, stimmten für ein Verbot dieser Versicherungsverträge. Ein anderer Gelehrter war der Ansicht, dass diese erlaubt seien und ein Letzter betrachtete alle Versicherungsformen, außer der Lebensversicherung, als legitim.[1143]

Unter den Mitgliedern der von der Akademie eingerichteten Kommission kristallisierten sich ebenfalls unterschiedliche Positionen heraus. Was die Spezialisten auf den Gebieten der Finanzen, Wirtschaft und Soziologie angeht, so sprachen sie sich, mit Ausnahme von einem Mitglied, für die Legalität der verschiedenen Versicherungsarten aus. Unter den Mitgliedern befanden sich acht Scharia-Gelehrte. Außer einem Mitglied, das sich im Ausland aufhielt, äußerten sich die anderen sieben zu dieser Frage und ließen ihre Meinung der Akademie zukommen. Vier von ihnen betrachteten alle Versicherungsverträge aus Sicht der Scharia als illegal. Hierzu gehören Abū Zahra, as-Sāyis, zwei Experten der šāfiʿitischen und der ḥan-

1142 Die Befürworter des Verbots der Versicherung basierend auf Firmen gehen im Allgemeinen davon aus, dass diese Versicherungsverträge auf *Ġarar*, Wucher, Wette, Glücksspiel oder unklaren organisatorischen Regeln beruhen.

1143 Vgl. as-Sanhūrī 1972 (7. Konferenz), S. 149 ff. und 180–198.

balitischen Schulen. Dagegen verteidigte al-Ḫafīf die Zulässigkeit aller Arten von Versicherung. Die letzten zwei Mitglieder, nämlich ein Experte der mālikitischen Schule und Aḥmad Farağ as-Sanhūrī, verboten nur die Lebensversicherung. Letzterer hat alle oben dargelegten Ansichten der Gelehrten aus verschiedenen Ländern und noch weitere frühere Studien sowie Arbeitsergebnisse von Fachtagungen über die Versicherung, die sowohl Pro- und Kontra-Stimmen einschließen, zusammengestellt. Seine Sammlung umfasst über 80 Auffassungen von Gelehrten aus verschiedenen islamischen Ländern. Über die Ergebnisse dieser Befragung und die anderen Resultate legte as-Sanhūrī in der siebten Konferenz (September 1972) der Akademie einen ausführlichen Bericht vor. Trotz dieser Befragungsresultate der interdisziplinären Kommission und anderer Untersuchungen hat die siebte Konferenz keine endgültige Entscheidung über die Arten der *Taʾmīn tiğārī* getroffen, sondern gab die Akademie der Kommission der juristischen Untersuchungen den Auftrag, Organisationsregeln für den kollektiven und individuellen *iğtihād* zu determinieren und auf deren Grundlage Fragen wie die der Versicherung zu untersuchen.[1144]

Zuvor hatte das Unterorgan der Akademie, die Fatwa-Kommission der Azhar, am 24. März 1968 ein Fatwa erteilt. In diesem Fatwa hatte die Kommission die Versicherung ausdrücklich verboten.[1145]

Später untersuchte das ägyptische Fatwa-Amt am 25. März 1997 alle Versicherungsformen, welche durch Versicherungsfirmen angeboten werden und erteilte ein Fatwa, laut welchem alle diese Formen der *Taʾmīn tiğārī* erlaubt seien. Außerdem bezeichnete das Fatwa-Amt diese sogar als gesellschaftliche Notwendigkeit und erklärte, dass sie mit den Scharia-Regeln in Einklang stehen.[1146] Sodann bat das Fatwa-Amt die Akademie der Azhar um ihre Meinung hinsichtlich der Lebensversicherung. In seiner monatlichen Sitzung am 26. Juni 1997 unterstrich der Rat der Akademie, dass wenn, die Akademie oder das ägyptische Fatwa-Amt eine Frage untersucht und diesbezüglich ein Fatwa erteilt hat, die jeweils andere Institution diese Frage nicht erneut bearbeiten müsse, da die getroffene Entscheidung die Zustimmung beider Institutionen implizieren würde. Dementsprechend beschloss die Akademie, das Thema der Lebensversicherung aus dem Arbeitsplan der Sitzung (26. Juni 1997) zu streichen, da das Fatwa-Amt bereits ein Rechtsgutachten zu dieser Frage erlassen hatte.[1147]

Von Interesse beim Umgang der Akademie der Azhar mit der Versicherungsfrage ist die Meinungsumfrage, welche die Akademie unter muslimischen Gelehrten verschiedener islamischer Länder durchgeführt hat. Auf der einen Seite manifestiert sich nämlich die Sorge der Akademie, eine kollektive Entscheidung zu fassen, welche von möglichst vielen muslimischen Gelehrten vertreten wird, wodurch dieser Entscheidung Gewicht und ein hohes Maß an Respekt verliehen wird. Auf der anderen

---

1144 Vgl. as-Sanhūrī 1972 (7. Konferenz), S. 198 ff.
1145 Vgl. as-Sanhūrī 1972 (7. Konferenz), S. 177 ff.
1146 Vgl. *al-Fatāwā al-islāmiyya* 2010, Bd. 24., S. 412 ff.
1147 Vgl. Akademie der Azhar 2008, Bd. 1, S. 141.

Seite hat die Akademie keine eindeutige Entscheidung hinsichtlich der *Ta'mīn tiğārī* gefasst. In diesem Dilemma zeigt sich die Herausforderung, vor der vor allem die internationalen Akademien oftmals bei der Erlangung einer kollektiven Entscheidung stehen. Dies ist der Fall, wenn sich unter den Mitgliedern zwei oder mehrere Positionen herausbilden und jede ungefähr gleich stark vertreten ist, wie im Fall der Versicherung. In der 2. Tagung waren die verschiedenen Auffassungen in gleichem Maße vertreten. Deswegen wurde die Beurteilung aufgeschoben. Selbst nach der Anfertigung von weiteren islamrechtlichen, wirtschaftlichen und soziologischen Studien, in denen alle Konzepte und Rahmenbedingungen klar herausgestellt wurden, so as-Sanhūrī, konnte die Akademie in der 3. Tagung die erwünschte Mehrheit einer Position nicht erreichen. So kam die Idee auf, eine internationale Umfrage unter muslimischen Gelehrten durchzuführen. Die gesammelten Ergebnisse sowohl der Meinungsumfrage als auch der gebildeten Fachkommission sowie der früheren Untersuchungen zeigten in 55–60 Prozent der Fälle die Tendenz zu einem Verbot. Somit besteht das Problem hinsichtlich der Versicherungsfrage darin, einen Entscheidungsmechanismus für solche umstrittenen Fälle zu entwickeln. Aus diesem Grund beabsichtigte die Akademie in ihrem Beschluss, die entsprechend nötigen Entscheidungsregeln im Prozess des KI zu determinieren. Hingegen brachte früher die Fatwa-Kommission der Azhar ein Verbot dieser Versicherungsform explizit zum Ausdruck. Ähnlich deutlich äußerte später das Fatwa-Amt seine Befürwortung aller Versicherungsformen. Aufgrund des oben dargelegten Fatwas der Fatwa-Kommission der Azhar, in dem der Leiter der Kommission die einhellige Zurückweisung der Studie al-Ḫafīfs – die von der Zulässigkeit der Versicherung ausgeht und nicht zusammen mit den anderen Studien der zweiten Konferenz veröffentlicht wurde – durch die Akademiemitglieder akzentuierte, kann zumindest von einer anfänglichen ablehnenden Haltung gegenüber dieser Art von Versicherung die Rede sein.[1148] Die Position der Akademie entwickelte sich in den letzten Jahrzehnten jedoch in eine andere Richtung. Zunächst stimmte sie nur implizit der Meinung des Fatwa-Amtes bzw. des Muftis (Naṣr Farīd Wāṣil) des Jahres 1997 zu, entsprechend welcher alle Versicherungsformen erlaubt seien. Später folgte eine deutliche Erlaubnis aller Versicherungsformen, inklusive der Lebensversicherung, die erst im Jahre 2016 gegeben wurde. Diese wurde aber nicht durch eine Resolution der Akademie formuliert, sondern durch eine am 23. März 2016 auf der Webseite der Akademie veröffentlichte Widerlegung eines Zeitungsartikels mit dem Titel *al-Azhar ḍida al-Azhar* (Azhar kontra Azhar), der am 18. März in der Zeitung *al-Miṣrī al-yawm* erschienen war. In diesem Artikel kritisiert der Schriftsteller, Aḥmad Manṣūr, einige Fatwas der Akademie, welche anderen Fatwas von Azhars Organen oder Gelehrten widersprechen. Dazu gehöre das Verbot der Lebensversicherung, welche vom ehemaligen Scheich der Azhar Sayyid Ṭanṭāwī und ehemaligen Groß-Mufti Naṣr Farīd

1148 Vgl. as-Sanhūrī 1972 (7. Konferenz), S. 179.

Wāṣil als zulässig erklärt worden war.[1149] In ihrer Antwort erklärt die Akademie, dass sie und die anderen Fatwa-Organe sich über die Legitimität der Versicherung einig seien, da diese auf die Bewahrung des menschlichen Lebens und Eigentums abziele. Ebenso bestätigt die Akademie, dass die Sozialversicherung, welche vom Staat unterhalten wird, und die kooperative Versicherung, die durch Einzelne oder private Firmen organisiert wird, auch erlaubt seien. Ferner sei die Erlaubnis der *Taʾmīn tiǧārī*, zu der auch die Lebensversicherung gehört, unumstritten, weil diese als eine Art der Zusammenarbeit in Rechtschaffenheit betrachtet werden könne. Zudem sei „die Lebensversicherung" eine Art von Ersparnis, welche die Erhaltung der Würde des Versicherten, wenn er alt oder krank ist oder aus irgendeinem Grund nicht mehr erwerbsfähig ist, sicherstelle. Daraufhin postulierte die Akademie die Zulässigkeit dieser Form der Versicherung.[1150]

Im Kontext mit der Umfrage ist ferner augenfällig, dass die Akademie nicht nur die Scharia-Gelehrten, sondern auch Spezialisten aus dem Bereich der Wirtschaft, Finanzen und Soziologie sowie einige der schiitischen Gelehrten, miteinbezog. Darin spiegelt sich die Anerkennung der Akademie von fachwissenschaftlichen Erkenntnissen anderer Wissensgebiete wider, was sich wiederum positiv auf die Entwicklung einer genauen Vorstellung von der zu behandelnden Frage auswirkt. Des Weiteren geht aus der Meinungsumfrage hervor, dass die Akademie den Auffassungen der nicht-sunnitischen Rechtsschulen in der Praxis Rechnung trägt. In diesem Zusammenhang lobt as-Sanhūrī die Beteiligung der schiitischen Gelehrten von Naǧaf.[1151]

1149 Vgl. Manṣūr, Aḥmad: „Al-Azhar ḍid al-Azhar. Maǧmaʿ al-buḥūṯ al-islāmiyya yunāqiḍ al-ārāʾ wa-l-fatāwā at-tanwīriyya li-kibār mašāiyẖ al-Azhar wa Dār al-Iftāʾ. wa yuḥarrim at-taʾmīn ʿalā al-ḥayāt wa fawāʾid al-bunūk wa-ṣ-ṣalāt fī masāǧid bi-hā aḍriḥa", in: http://www.youm7.com/story/2016/3/18/%D8%A7%D9%84%D8%A3%D8%B2%D9%87%D8%B1-%D8%B6%D8%AF-%D8%A7%D9%84%D8%A3%D8%B2%D9%87%D8%B1-%D9%85%D8%AC%D9%85%D8%B9-%D8%A7%D9%84%D8%A8%D8%AD%D9%88%D8%AB-%D8%A7%D9%84%D8%A5%D8%B3%D9%84%D8%A7%D9%85%D9%8A%D8%A9-%D9%8A%D9%86%D8%A7%D9%82%D8%B6-%D8%A7%D9%84%D8%A2%D8%B1%D8%A7%D8%A1-%D9%88%D8%A7%D9%84%D9%81%D8%AA%D8%A7%D9%88%D9%89/2634636, abgerufen am 20.05.2016.

1150 Vgl. http://www.azhar.eg/magmaa/details/ArtMID/1097/ArticleID/424/%D9%85%D8%AC%D9%85%D8%B9-%D8%A7%D9%84%D8%A8%D8%AD%D9%88%D8%AB-%D8%A7%D9%84%D8%A5%D8%B3%D9%84%D8%A7%D9%85%D9%8A%D8%A9-%D9%86%D8%AE%D8%AA%D8%A7%D8%B1-%D8%A3%D9%88%D8%B3%D8%B7-%D8%A7%D9%84%D8%A2%D8%B1%D8%A7%D8%A1-%D8%A7%D9%84%D9%81%D9%82%D9%87%D9%8A%D8%A9-%D9%81%D9%8A-%D8%A7%D9%84%D9%81%D8%AA%D8%A7%D9%88%D9%8A-%D9%88%D8%A3%D9%83%D8%AB%D8%B1%D9%87%D8%A7-%D8%AA%D8%AD%D9%82%D9%8A%D9%82%D8%A7%D9%8B-%D9%84%D9%85%D8%B5%D8%A7%D9%84%D8%AD-%D8%A7%D9%84%D9%86%D8%A7%D8%B3%D9%88%D9%84%D8%A7-%D9%86%D8%AA%D8%B6%D8%A7%D8%B1%D8%A8-%D9%85%D8%B9-%D8%AC%D9%87%D8%A7%D8%AA-%D8%A3%D8%AE%D8%B1%D9%8A, abgerufen am 20.05.2016.

1151 Vgl. as-Sanhūrī 1972 (7. Konferenz), S. 152.

B) Die IIFA der OIC

Im Kern ihrer Arbeit setzt sich die IIFA für eine intensive Beschäftigung mit finanziellen Fragen ein. Dabei liegt es ihr nicht nur am Herzen, eine Behandlung von neuen Transaktionen aus islamischer Sicht vorzunehmen; in manchen Fällen gilt die Aufmerksamkeit der Akademie auch Scharia-freundlichen Alternativen für einige von ihr als verboten erklärten Transaktionen, darunter die islamischen Banken (als Alternative für die traditionellen Banken) oder die kooperative bzw. soziale Versicherung (als Alternative für die traditionelle bzw. kommerzielle Versicherung).

„Die Versicherung und Rückversicherung" gehört auch zu den Themen, denen die Planungssektion der Akademie in ihrer Versammlung vom 12.–15. Mai 1985 den Vorrang gegeben hat. Die Einzelfragen dieser Thematik wurden in verschiedenen Tagungen der Akademie zur Diskussion gestellt. Die Bearbeitung begann ein paar Monate nach der Versammlung der Planungssektion im Rahmen der zweiten Konferenz der Akademie (22.–28. Dezember 1985). Die Arbeit der zweiten Tagung hatte zwei Schwerpunkte, und zwar die Frage nach der scharia-rechtlichen Bestimmung für die Versicherung und die Feststellung einer islamischen Alternative für die traditionelle Versicherungsform. Darüber wurden sechs Untersuchungen angefertigt. Von diesen wurden fünf von Scharia-Gelehrten verfasst – zu welchen ein iranisch-schiitischer Vertreter gehört – und eine Studie von einem Spezialisten auf dem Gebiet der islamischen Finanzen, nämlich dem Direktor der bahrainischen islamischen Bank, ʿAbd al-Laṭīf al-Ǧanāḥī.

Während sich alle Untersuchungen darüber einig waren, dass die kooperative Versicherung[1152] rechtmäßig sei, zeigte sich eine mehrheitliche Ablehnung der durch kommerzielle Versicherungsgesellschaften ausgeführten Versicherung. So sprachen sich vier der vorgelegten Forschungen deutlich für ein Verbot der kommerziellen Versicherung bzw. der *Taʾmīn tiǧārī* aus. Demgegenüber verteidigte der prominente syrische Gelehrte Muṣṭafā az-Zarqā die Zulässigkeit aller Formen der *Taʾmīn tiǧārī*. Eine Tendenz der Befürwortung aller Versicherungsformen kann auch aus der Forschung des schiitischen Vertreters at-Tasḫīrī herausgelesen werden. Die abschließenden Diskussionen und Verhandlungen der Tagung spiegelten jedoch eine deutliche Tendenz zu einem Verbot der kommerziellen Versicherung wider, insbesondere aufgrund der undefinierten Ordnungsregeln und des Wuchers, die dieser Art der Versicherung innewohnen. Etwa 90 % der Mitglieder verboten diese Versicherungsform, hingegen unterstützten sie einstimmig

1152 Laut der Vorstellung der Akademie handelt es sich dabei um eine Versicherung durch eine Organisation ohne Erwerbszweck, die die Kosten – ganz oder teilweise – für die Behandlung und die Medikamente gegen Beiträge in einer bestimmten Zeitspanne übernimmt. Falls es am Ende des Versicherungsjahrs einen finanziellen Überschuss gibt, soll der entsprechende Betrag auf die Versicherungsnehmer verteilt werden und wenn es ein Defizit gibt, soll dies von den Versicherungsnehmern gedeckt werden.

die kooperative (islamische) Form der Versicherung, welche in Einklang mit der Scharia stehe. Aus den Diskussionen resultierten die folgenden Überzeugungen:

a) Der Vertrag einer kommerziellen Versicherung (*at-Ta'mīn at-tiǧārī*), welcher eine regelmäßige Zahlung einer bestimmten Rate an eine Versicherungsgesellschaft vorsieht, ist charakterisiert durch eine Unbestimmtheit der Ordnungsregeln bzw. eine vorsätzliche Täuschung (*Ġarar*), welche die Unrechtmäßigkeit dieses Vertrags und dessen Verbot zur Folge hat.
b) Eine Alternative, welche die islamischen Prinzipien respektiert, ist die kooperative Versicherung (*at-Ta'mīn at-taʿāwunī*), die auf Zusammenarbeit und Spendenaktionen basiert. Ebenso bildet die Rückversicherung, welche auf der kooperativen Versicherung beruht, eine islamische Alternative für die traditionelle Rückversicherung.
c) Die islamischen Länder werden dazu angehalten, Institutionen der kooperativen Versicherung und Rückversicherung zu schaffen, um auf diese Weise die islamische Wirtschaft gegen Ausbeutung und die Missachtung der islamischen Vorschriften zu schützen.[1153]

Es fällt auf, dass an der Bearbeitung der Versicherungsfrage kein Repräsentant einer kommerziellen Versicherungsgesellschaft teilgenommen hat und auch keine Studien von Fachleuten, die die kommerzielle Versicherungsform verfechten, miteinbezogen wurden. Dieses Verfahren verursacht eine einseitige Betrachtung der Problematik. In ihrer Resolution betont die Akademie, dass sie den Beschlüssen anderer Rechtsakademien Rechnung getragen hat. Dies gilt vor allem für die Akademie für das islamische Recht der islamischen Weltliga, die in ihrer ersten Sitzung im Jahre 1977 eine Entscheidung mit ähnlichem Inhalt getroffen hatte. Dazu ist auch anzumerken, dass die IIFA nicht nur *at-Ta'mīn at-tiǧārī* bearbeitete, sondern auch eine Ersatzform anzubieten und zu fördern beabsichtigte.

Eine Teilfrage zur Krankenversicherung zu behandeln, intendierte die Akademie später im Rahmen der dreizehnten Tagung der Akademie, welche im Zeitraum vom 22. bis zum 27. Dezember 2001 stattfand, zu behandeln. Im Kontext der Diskussion der Krankenversicherung und der Ableitung einer scharia-rechtlichen Norm für diese Art der Versicherung sowie für die Krankenversicherungskarte wurden sieben Studien verfasst. Hiervon stammte sowohl eine von einem Experten der islamischen Wirtschaft als auch eine vom stellvertretenden Regionaldirektor der Weltgesundheitsorganisation im Nahen Osten, die im Allgemeinen die Ansicht vertreten, dass die Krankenversicherung zulässig sei. Die Organisationsregeln des Krankenversicherungsprozesses dieser Versicherungsform bildeten hingegen einen Streitpunkt, insbesondere, wenn eine traditionelle (kommerzielle) Versicherungsgesellschaft die Rolle des Vermittlers zwischen dem Versicherten und der therapeutischen Institution einnimmt. Letztere Konstellation hielten vier Forscher für verboten. Zudem gingen zwei Untersuchungen von einem Verbot aus, selbst wenn der Versicherungsnehmer

1153 Vgl. Zeitschrift der IIFA 1986, 2. Ausgabe, Bd. 2, S. 655–731.

einen unmittelbaren Vertrag mit einem Krankenhaus abschließt, solange die benötigten Behandlungsmedikamente dabei nicht versichert werden. Nach der Darlegung der Forschungsergebnisse kam es zwischen den Mitgliedern zu einer Debatte über die Verträge und das Verhältnis zwischen den Vertragspartnern dieser Versicherung. Daraufhin gelangen die Mitglieder zu der Überzeugung, dass für eine genaue Vorstellung von dem Krankenversicherungssystem es noch an Beispielen von aktuellen Verträgen dieser Versicherungsform bedarf. Aus diesem Grund beschloss die 13. Konferenz der Akademie, die Entscheidung über diese Frage zu verschieben.[1154]

Eine Resolution hinsichtlich der Krankenversicherung wurde erst in der 16. Tagung der Akademie (9.–14. April 2005) verabschiedet. Außer den alten Studien wurden noch fünf neue Forschungen – unter ihnen eine von einem Arzt und eine von einem Finanzexperten – sowie Beispiele von Verträgen der Krankenversicherung in dieser Tagung besprochen. Die Forschungsschwerpunkte der Studien lagen auf dem Gegenstand der Krankenversicherung und deren Verhältnis zur kommerziellen Versicherung, der Unterordnung unter eine frühere Vertragsform des islamischen Rechts und auf der Frage, inwieweit diese Versicherungsform Täuschung und Unklarheit enthält. Fast alle Forscher sprachen sich für eine Erlaubnis der Krankenversicherung aus, wenn diese in Form einer Sozialversicherung bzw. staatlichen Versicherung oder einer kooperativen Versicherung vollzogen wird sowie wenn sie auf einer wechselseitigen Versicherung (*Taʾmīn tabādulī*) gründet. Kommt sie jedoch durch eine traditionell-kommerzielle Versicherung (d.h. mittels einer profitorientierten Versicherungsgesellschaft) zustande, tendierten die Gelehrten zu einem Verbot.[1155] Dies erklärt sich daraus, dass letztere Form durch arglistige Täuschung und Unbestimmtheit gekennzeichnet sei. Obwohl sich in den anschließenden Gesprächen zeigte, dass diese Forschungsergebnisse von vielen Mitgliedern anerkannt und unterstützt wurden, gab es auch einige Vorschläge, nach einer anderen Alternative zu suchen, die den islamischen Prinzipien näherkommt, z.B. Krankenversicherungen in Form von Stiftungen. Nach der Diskussion beauftragte der Generalsekretär sieben Mitglieder, sowohl Scharia-Gelehrte als auch fachliche Spezialisten, ein Komitee zu bilden, um einen Entscheidungsentwurf anzufertigen. Die getroffene Entscheidung enthält die folgenden Punkte:

1. Der Beschluss definiert den Krankenversicherungsvertrag als Vereinbarung zwischen einer Person oder einer Gesellschaft, die sich zur Zahlung eines bestimmten Beitrages einmalig oder in Raten an eine Institution verpflichtet, welche im Gegenzug die medizinische Versorgung oder die dadurch entstehenden Kosten während einer bestimmten Vertragslaufzeit übernimmt bzw. deckt.
2. Die Krankenversicherung kann entweder durch eine therapeutische Institution oder durch eine Versicherungsfirma, die eine Mittlerrolle zwischen dem Versicherungsnehmer und der therapeutischen Institution einnimmt, durchgeführt werden.

1154 Vgl. Zeitschrift der IIFA 2001, 13. Ausgabe, Bd. 3, S. 613–657.

1155 Ausgenommen ist die Forschung des schiitischen Forschers at-Tasẖīrī, der *at-Taʾmīn at-tiǧārī* erlaubt.

3. Die Bestimmung der Krankenversicherung:
   a- Wird der Vertrag unmittelbar zwischen dem Versicherungsnehmer und der therapeutischen Institution abgeschlossen, gilt dieser als rechtmäßig, sofern die Voraussetzungen erfüllt sind, welche das Risiko einer *Ġarar* verringern und wegen des Grundsatzes, dass ein Bedürfnis unter bestimmten Bedingungen zu einer unverzichtbaren Notwendigkeit werden kann (*al-ḥāğa qadd tunazzal manzilat aḍ-ḍarūra*). Die Argumentation der Legitimierung beruht auf grundlegenden Notwendigkeiten bzw. Zielen der Scharia, wie dem Erhalt des Lebens, der Vernunft und der Nachkommenschaft. Zu den o. g. Voraussetzungen zählen: die Festlegung exakter Spezifikationen, welche die Verpflichtungen der einzelnen Parteien bestimmen, die Untersuchung des Gesundheitszustandes des Versicherungsnehmers und seiner zukünftigen Möglichkeiten sowie finanzielle Forderungen von therapeutischen Einrichtungen, welche ihrem therapeutischen Angebot angemessen sind und keinen hypothetischen Betrag darstellen.
   b- Wenn die Krankenversicherung von einer islamischen (kooperativen) Versicherungsfirma angeboten wird, welche entsprechend den scharia-rechtlichen Maßstäben und Voraussetzungen gemäß der Resolutionsnr. 9:2/9 arbeitet, gilt diese als zulässig.
   c- Falls hingegen die Krankenversicherung über eine kommerzielle Versicherung durchgeführt wird, wird diese laut der o. g. Resolution als verboten betrachtet.
4. Die zuständigen Behörden sollen die Vorgänge der Krankenversicherungen beaufsichtigen, um für Gerechtigkeit zu sorgen und Täuschung bzw. Ausbeutung zu verhindern.

Außerdem äußerte die Akademie folgende Empfehlungen:

i. Sie ruft die islamischen Länder und Wohlfahrtsorganisationen sowie die Behörden der islamischen Stiftungen dazu auf, eine kostenlose oder kostengünstige Krankenversicherung für Arbeitnehmer des Privatsektors, die kein Recht auf die (Sozial-)Versicherung haben, bereitzustellen.
ii. Ebenso fordert sie die Versicherten dazu auf, niemandem ihren Krankenversicherungsschein zu überlassen, da dies gegen die Regeln des Vertrags verstößt und somit als Täuschung und Betrug (seitens des Versicherungsnehmers) zu werten ist.
iii. Ferner warnt sie vor der Ausnutzung der Krankenversicherung (vonseiten der Versicherungsnehmer), z. B. indem Versicherte eine Krankheit vortäuschen, eine Krankheit (vor dem Vertragsschluss) nicht angeben oder falsche Daten mitteilen.
iv. Darüber hinaus empfiehlt die Konferenz dem Sekretariat der Akademie, die Thematik der kooperativen (islamischen) Versicherung auf seine Agenda in den zukünftigen Sitzungsperioden zu setzen, unter Berücksichtigung der Entwicklungen und Arbeitsergebnisse von Konferenzen und Fachtagungen, wel-

che nach der von der Akademie zuvor verabschiedeten Resolution (Nr. 9:2/9) zustande kamen.[1156]

Auf letztere Empfehlung hin beabsichtige die Akademie die kooperative Versicherung im Rahmen der 20. Sitzungsperiode im Jahre 2012 im Lichte der Arbeitsergebnisse einer Fachtagung über die kooperative Versicherung aus Sicht der Scharia, welche die Akademie in Kooperation mit verschiedenen wissenschaftlichen Institutionen im April 2010 abgehalten hatte, weiter zu untersuchen. Die 20. Konferenz strebte die Entwicklung von Regeln und Vorschriften an, welche mit der Scharia zu vereinbaren sind und den Prozess der kooperativen Versicherung ordnen sollen. Ausgehend von den Problemen, welche durch die unterschiedlichen Versicherungsformen in den islamischen (kooperativen) Versicherungsfirmen entstanden und aufgrund organisatorischer und juristischer Schwierigkeiten, welchen diese Firmen begegneten, plante die Akademie, eine Art Normenkatalog zu erstellen, der den gesamten Versicherungsvorgang regelt und dadurch die vorherrschenden Probleme beheben soll. Daraufhin beauftragte die 20. Konferenz das Generalsekretariat der Akademie eine Kommission aus *fuqahāʾ* und fachlichen Experten zu diesem Thema in Kooperation mit anderen Forschungszentren zu bilden, um eine Gesellschaftsordnung im Rahmen eines Projektes zu entwerfen. Hierfür wurden einige Ordnungsprinzipien aufgestellt und der Projektentwurf sollte in der folgenden Sitzungsperiode der Akademie vorgelegt werden.[1157]

Infolgedessen veranstaltete die Akademie vom 30. April bis zum 1. Mai 2013 ein Symposium, um Normen und Vorschriften für die Arbeit der kooperativen Versicherung zu determinieren. Auf Basis der Arbeitsresultate stellte die Akademie eine Art Normensammlung für diese Form der Versicherung zusammen. Einleitend stellt die Akademie fest, dass die Legitimation der kooperativen Versicherung sich auf das im Koran und in der Sunna anerkannte Prinzip der Zusammenarbeit (*at-taʿāwun*) stütze. Ebenso unterstreicht sie, dass die *Taʾmīn tiǧārī* und *Taʾmīn taʿāwunī* allgemeine gemeinsame Prinzipien, wie die Betrachtung des Vertrages als finanzielles Verhältnis zwischen dem Versicherungsnehmer und dem -geber und das Prinzip der Erstattung, aufweisen würden. Trotzdem gäbe es sowohl theoretisch als auch praktisch zahlreiche Differenzen zwischen den beiden Formen. Hierzu gehört z. B., dass die kooperative Versicherung – im Gegensatz zur traditionellen *Taʾmīn tiǧārī* – nicht profitorientiert arbeite und einer scharia-rechtlichen Zensur unterliege. Als weiteres Beispiel lässt sich anführen, dass bei der *Taʾmīn tiǧārī* die bezahlten Beiträge in den Besitz der Versicherungsfirma übergehen würden und Letztere komme im Gegenzug für die entstehenden Kosten bei einem Schaden auf. Hingegen würden die Beiträge bei der kooperativen Versicherung in einem Versicherungsfond – den es bei der traditionellen nicht gebe – angelegt werden. Anschließend folgt eine Auflistung von 21 Artikeln,

---

1156 Vgl. Zeitschrift der IIFA 2005, 16. Ausgabe, Bd. 3, S. 491–541. Resolutionsnr. 149:16/7. IIFA 2011, S. 478 ff.

1157 Vgl. Resolutionsnr. 187:20/2. Online: http://www.iifa-aifi.org/rr/d20dz, abgerufen am 01.02.2016.

welche den gesamten Ablauf der kooperativen Versicherung darstellen und regeln. Diese Artikel liefern u. a. eine Definition dieser Versicherungsart, der Vertragspartner, der Funktionen des Verwaltungsorgans, der Regeln der Rückversicherung, der Rolle der scharia-rechtlichen Zensur und dem Vorgehen bei einem Defizit oder Überschuss an Ressourcen. Überdies fordert die Akademie in ihrem Beschluss die zuständigen Behörden in der islamischen Welt dazu auf, diese Normen und Maßstäbe zu berücksichtigen und ruft zur Schaffung eines internationalen islamrechtlichen Rates unter der Aufsicht der IIFA auf. Außerdem beauftragt sie die Konferenz, einige detaillierte Teilfragen der kooperativen Versicherung noch weiter zu erforschen.[1158]

In ihrer Auseinandersetzung mit den Versicherungen vertritt die Akademie eine klare Position. So ist in ihren Augen jede Art der traditionell-kommerziellen Versicherung verboten. Als islamische Alternative sieht sie die kooperative Versicherung, für deren Förderung sie sich ausdrücklich ausspricht und an deren Entwicklung sie intensiv arbeitet. Ferner beabsichtigt sie, diese Institutionen – wie auch die anderen islamischen Finanzinstitutionen – zu beaufsichtigen. Hierbei demonstriert die Akademie ihren internationalen Charakter und betont den Anspruch, alle islamischen Länder repräsentieren zu wollen.

C) Der European Council for Fatwa and Research

Der Versicherungsproblematik widmete sich auch der ECFR unter Berücksichtigung der Situation der Muslime im Westen. Während der sechsten Tagung (28. August bis 1. September 2000) beschäftigte er sich zum ersten Mal mit dieser Thematik. Grundlage dieser Sitzung waren eine einzige wissenschaftliche Arbeit und einige Dokumente über die Anwendungsformen der Versicherung in Europa. Daneben wurden auch die von anderen Rechtsakademien und Fachtagungen zu dieser Frage getroffenen Entscheidungen miteinbezogen. Sodann schloss sich der Council den Entscheidungen einiger Rechtsakademien an, welche die kommerzielle Versicherung – bei welcher der Versicherungsnehmer einen festen Beitrag bezahlt, ohne selbst von Gewinnen zu profitieren oder von Verlusten betroffen zu sein – verbieten und die kooperative Versicherung – bei welcher die Versicherten in einem Solidaritätsverhältnis zueinanderstehen, über das Recht verfügen, an einem möglichen Überschuss teilzuhaben und sich die Rolle der Versicherungsfirma auf die Verwaltung des Versicherungsfonds und die Investition der angelegten Geldbeträge beschränkt – erlauben. Trotzdem hob der Council hervor, dass diese Einschätzung nicht für jeden Ort und jeden Umstand treffend ist, z. B. für die Muslime in Europa, wo die kommerzielle Versicherung praktiziert wird. Für die dort lebenden Muslime sei es notwendig, sich gegen mögliche Schäden zu versichern. Hinzu komme, dass in diesen Ländern eine islamische Alternative, wie die kooperative Versicherung, nicht vorzufinden sei. Aus diesen Gründen vertrat der ECFR die Auffassung, dass die traditionelle bzw. kommerzielle Versicherung in folgenden Fällen zulässig sei:

1158 Vgl. Resolutionsnr. 200:21/6. Online: http://www.iifa-aifi.org/rr/d21sa, abgerufen am 01.02.2016.

1. Im Falle einer gesetzlichen Versicherungspflicht, wie Kraftfahrzeugversicherung und Sozialversicherung sowie in einigen Fällen der Studenten- und Krankenversicherung.
2. In Bedarfsfällen, um Schwierigkeiten zu umgehen. Dabei wird die *Ġarar* der kommerziellen Versicherung vernachlässigt. Als Beispiele für jene Fälle werden die folgenden angeführt:
   a) Die Versicherung von islamischen Institutionen wie z.B. Moscheen, Zentren und Schulen.
   b) Die Versicherung von Autos, Maschinen, Häusern, Werkstätten und Handelsgesellschaften gegen Schäden, wie Unfall, Feuer oder Diebstahl.
   c) Der Abschluss einer Krankenversicherung, um sich davor zu schützen, hohe Kosten, die bei einer medizinischen Versorgung anfallen können, selbst tragen zu müssen.

In dieser sechsten Sitzung des ECFR wurde die Beurteilung der Frage der Lebensversicherung verschoben, um sich inzwischen noch intensiver damit auseinandersetzen zu können. Ferner empfahl der ECFR, islamische Finanzinstitutionen, wie Banken und Firmen der kooperativen Versicherung, in Europa einzurichten.[1159]

Die Lebensversicherung wurde im Rahmen der achten Vollversammlung des Rates (18.–22. Juli 2001) thematisiert. Aus der Diskussion und Beratung der Mitglieder und unter Berücksichtigung anderer Entscheidungen von Rechtsakademien zu dieser Thematik sowie mit Blick auf die Situation der Muslime in Europa und in anderen nicht-islamischen Ländern resultierte die Entscheidung des Rates, sich den Auffassungen anderer Rechtsakademien anzuschließen. In seiner Stellungnahme betonte der ECFR, dass die Lebensversicherung verboten sei, wenn der Vertrag mit einem traditionellen kommerziellen Unternehmen abgeschlossen wird, was auf in diese Vereinbarung eingeschlossene arglistige Täuschung, Unbestimmtheit sowie den Wucher zurückzuführen sei. Hingegen sei eine Lebensversicherung rechtmäßig, falls diese über eine kooperative Versicherungsfirma abgeschlossen wird. Wenn es jedoch um die gesetzliche bzw. berufliche Versicherungspflicht geht, machte der ECFR eine Ausnahme, indem er diesen Vertrag mit einem traditionell-kommerziellen Versicherungsgeber als legal bezeichnete.[1160]

In den folgenden Jahren wurden einige Fatwa-Anfragen an den ECFR gerichtet, in welchen hinsichtlich bestimmter Versicherungsformen um Rat gebeten wurde. Dazu kam es erstmals in der 10. Tagung des Rates im Jahre 2003 (zwischen dem 22. und 26. Januar in Dublin). Damals wurde nach der scharia-rechtlichen Bestimmung bezüglich der Sach- und Sterbeversicherung gefragt. In seinem Fatwa akzentuiert der ECFR erneut das Verbot einer Versicherung über kommerzielle Versicherungsgesellschaften aufgrund der Täuschung und Unbestimmtheit des Vertrages. Stattdessen fordert er eine islamische Alternative, die auf einer Spendenaktion der Versicherten und einer Verteilung überschüssiger Gelder untereinander basiert.

1159 Vgl. ECFR 2013, S. 68 f. (Resolutionsnr. 25:6/7).
1160 Vgl. ECFR 2013, S. 77 f. (Resolutionsnr. 30:8/2).

Solange eine solche Alternative in Europa jedoch nicht gegeben ist, ist in den Augen des Councils im Westen eine Sterbeversicherung (oder Sachversicherung) in einer Gesellschaft, in der die *Taʾmīn tiǧārī* vorherrscht, erlaubt. Dabei beruft er sich auf die Maxime *al-ḥāǧa qadd tunazzal manzilat aḍ-ḍarūra* (Ein Bedürfnis kann unter bestimmten Bedingungen zu einer unverzichtbaren Notwendigkeit werden).[1161] Auf gleiche Weise argumentiert der ECFR in seinem Fatwa Nr. 77, in welchem er die Schadensversicherung bei einer traditionellen Versicherungsfirma legitimiert.[1162]

In der 11. Tagung (1.–7. Juli 2003) wurde der ECFR nach seiner Einschätzung der privaten Rentenversicherung, bei der für durchschnittlich 15 Jahre ein fixer Beitrag an eine kommerzielle Versicherungsgesellschaft zu leisten ist, gefragt. Aus der Diskussion und unter Berücksichtigung der bereits getroffenen Entscheidungen des ECFR hinsichtlich der Versicherungen (25:6/7 und 30:8/2) geht hervor, dass die private Rentenversicherung nicht zu den vom Council erlaubten Versicherungsformen gehört, da sie als eine Art Lebensversicherung betrachtet werden kann. Letztere wurde schon von verschiedenen Rechtsakademien verboten. Somit bezeichnet das erlassene Fatwa des ECFR diese Art von Versicherung wegen der Täuschung und des Wuchers, mit welchen sie einhergeht, als illegal.[1163]

Eine andere Frage, welche mit der Versicherung verknüpft ist und vom ECFR in der 18. Sitzung des Rates vom 1.–5. Juli 2008 behandelt wurde, ist die Rechtsnorm für die Arbeit in den europäischen Versicherungsgesellschaften. Wieder wurde nur eine einzige Studie über dieses Thema angefertigt, auf welcher auch die Debatte und Konsultation unter den Mitgliedern basierte. Demgemäß verabschiedete der Council eine Resolution, welche die Arbeit in den kooperativen Versicherungsfirmen erlaubt. Die Arbeit in einer Gesellschaft der kommerziellen Versicherung wird hingegen grundsätzlich verboten. Davon ausgenommen sind jedoch die folgenden Fälle:

a) Bei einem dringenden Bedarf (*al-ḥāǧa*), welcher als *ḍarūra* (Lebensnotwendigkeit) betrachtet wird. Dieser kommt dadurch zustande, dass ein Muslim (in Europa) keine andere passende Arbeit außer bei diesen Firmen findet oder dass ein (muslimischer) Mitarbeiter bereits in jener Gesellschaft arbeitete und sich erst später über das Verbot dieser Arbeit bewusst wurde und sich ihm keine passende Alternative bietet.
b) Wenn eine Person Versicherungsspezialist ist und nur in einer traditionellen Versicherungsgesellschaft Arbeit findet.
c) Falls man nur in der Verwaltung oder im Service und nicht im Marketing oder im Zusammenhang mit der Vertragsabschließung tätig ist.

Die Legitimierung dieser Fälle unterliegt laut des ECFR den folgenden Voraussetzungen:

1161 Vgl. ECFR 2013, S. 265 f. (Fatwa Nr. 62:10/5).
1162 Vgl. ECFR 2013, S. 281 f. (Fatwa Nr. 77:12/9).
1163 Vgl. ECFR 2013, S. 269 f. (Fatwa Nr. 65:11/4).

1. Dass die betroffene Person sich bemüht hat, eine zulässige Arbeit zu finden, jedoch sich bei der Suche kein Erfolg einstellte.
2. Dass hinter der Ausübung einer Arbeit in solchen Firmen das Ziel steht, Erfahrung zu sammeln.
3. Dass die Person die Absicht hat, die Arbeit in dieser kommerziellen Versicherungsgesellschaft aufzugeben, sobald sie eine rechtmäßige Alternative in Aussicht hat.[1164]

Ausgehend von der Zulässigkeit der traditionell-kommerziellen Versicherung vom ECFR unter bestimmten Umständen, nämlich wenn keine islamische Alternative in Europa vorzufinden ist, sprach sich der Council in der 19. Tagung (vom 30. Juni bis 4. Juli 2009) für eine Förderung einer islamischen Alternative aus. Auf Basis einiger Untersuchungen über at-*Taʾmīn at-taʿāwunī* gab der ECFR letzterer Versicherungsweise den Vorrang gegenüber der *Taʾmīn tiǧārī*. Hierbei werden in der Resolution fünf Vorteile der kooperativen Versicherung aufgezählt, wie die Einhaltung der Prinzipien der Scharia, die Verteilung der überschüssigen Beiträge auf die Versicherten und die Stützung auf Spendenaktionen und Zusammenarbeit.[1165] Diese Entscheidung spiegelt die Bestrebung des ECFR wider, die Schaffung islamischer Finanzinstitutionen zu fördern. In den dargestellten Vorteilen der kooperativen Versicherung manifestiert sich wieder die Berücksichtigung der Entscheidungen der IIFA, die ähnliche Charakteristika angesprochen hatten, obwohl der ECFR nicht darauf hingewiesen hat.

Im Rahmen der 20. Sitzungsperiode des ECFR, im Zeitraum vom 24. bis 27. Juli 2010 untersuchte der Rat die Krankenversicherung. In diesem Kontext beschloss der ECFR, dass diese grundsätzlich mit einer kooperativen Versicherungsfirma abgeschlossen werden sollte, falls eine solche existiert. Ansonsten spreche nichts dagegen, eine Krankenversicherung bei Bedarf auch bei einer kommerziellen Firma abzuschließen.[1166] Erneut referierte der ECFR bei der Bearbeitung dieser Frage auf eine einzige Studie, was als problematisch angesehen werden kann.

Insgesamt lassen sich bei der Arbeitsweise an den Beschlüssen und Fatwas des ECFR zwei Auffälligkeiten konstatieren. Zum einen unternimmt der Council den Versuch, eine Synthese zwischen den innerhalb der islamischen Welt geltenden scharia-rechtlichen Bestimmungen, welche dort von Institutionen des KI getroffen werden, und der spezifischen Situation der Muslime im Westen, zu bilden. Zum anderen resultieren die meisten Bestimmungen aus der Bezugnahme auf eine einzige Untersuchung, was gegen die gemeinschaftliche Arbeitsweise des KI verstößt.

1164 Vgl. ECFR 2013, S. 161 f. (Resolutionsnr. 79:18/2).
1165 Vgl. ECFR 2013, S. 169 f. (Resolutionsnr. 83:19/1).
1166 Vgl. ECFR 2013, S. 179. (Resolutionsnr. 92:20/2).

6.4 Kritische Betrachtung der Organisation und Vorgehensweisen der Akademien

Der Verwirklichung der KI-Arbeit im Rahmen der Rechtsakademien stehen einige Hindernisse und Schwierigkeiten im Wege. Außerdem weisen die Organisation und die Vorgehensweisen der Akademien einige Mängel und Kritikpunkte auf. Im Folgenden wird beabsichtigt, diese Probleme anhand von Äußerungen einiger Mitglieder der Rechtsakademien sowie mithilfe von Stellungnahmen einiger Beobachter darzustellen. Hierbei handelt es sich sowohl um endogene als auch exogene Probleme. Diese umfassen fachliche und organisatorische Schwierigkeiten sowie Defizite, welche die drei ausgewählten Institutionen – und darüber hinaus auch andere Institutionen des KI – betreffen. Aus diesem Grund wird auf eine getrennte Ausführung verzichtet werden. Falls ein Kritikpunkt oder ein Problem nur eine bestimmte Akademie zutrifft, so wird darauf hingewiesen.

6.4.1 Rezeption der Rechtsakademien und ihrer Arbeitsergebnisse

Abgesehen von der Herausgabe einiger Schriften der klassischen Rechtsliteratur und der Durchführung von wissenschaftlichen Projekten erstellen die Institutionen des KI zahlreiche Resolutionen und Fatwas zu unterschiedlichen Themenbereichen, darunter zu finanziellen, gesellschaftlichen und medizinischen Fragen. Diese bilden das Hauptprodukt der Akademien, welche die Ergebnisse des KI repräsentieren. Hierbei geht es auch um den erzielten Beitrag der Institutionen des KI zum gegenwärtigen islamischen Recht. Im Folgenden wird beabsichtigt, die Rezeption der Gremien des KI und ihre Arbeitsergebnisse sowohl im wissenschaftlichen Milieu als auch bei der nicht-fachkundigen Öffentlichkeit in groben Zügen darzustellen.

6.4.1.1 Rezeption im wissenschaftlichen Milieu

In diesem Bereich soll zwischen zwei Gruppen unterschieden werden, und zwar den muslimischen (Rechts-)Gelehrten und den westlichen Forschern. Der Grund für diese Differenzierung liegt in den heterogenen Blickwinkeln und Kriterien beider Gruppen bei der Beurteilung des KI und seiner Institutionen.

Muslimische (Rechts-)Gelehrte

Die Perspektive der muslimischen Rechtsgelehrten orientiert sich an der Authentizität des Normenfindungs- bzw. *iğtihād*-Prozesses, wobei das Gemeinwohl der Gesellschaft und die Befriedigung sozialer Bedürfnisse berücksichtigt und den gesellschaftlich erwarteten Folgen des *iğtihād* – zumindest theoretisch – Rechnung getragen wird. Die Berücksichtigung dieser Interessen soll aber nicht auf Kosten der Authentizität des *iğtihād* erfolgen, vor allem wenn der untersuchte Fall sich auf religiöse Texte beruft. Mit anderen Worten geht es bei dieser Perspektive mehr um die Beurteilung des *iğtihād*-Prozesses von Fiqh-Gremien und weniger um dessen Ergebnisse.

Bei der Durchsicht verschiedener *Fiqh*-Schriften, die sich mit den gegenwärtigen rechtspraktischen Fragestellungen auseinandersetzen, kristallisiert sich ein großes Interesse für die Arbeitsergebnisse der Rechtsakademien von muslimischen Gelehrten heraus. Hierbei zeigt sich die Anerkennung der Arbeit der kollektiven Fiqh-Institutionen in einer zunehmenden Zahl von Aufsätzen, Monographien und wissenschaftlichen Arbeiten, die diese Institutionen sowohl in der Theorie als auch in der Praxis untersuchen.[1167] Ebenso werden die Resolutionen und Resultate der Institutionen des KI als Referenz oder relevante Quelle bei der Untersuchung der zeitgenössischen Thematiken betrachtet. Den zentralen Untersuchungsgegenstand bilden hierbei insbesondere die Beschlüsse der Rechtsakademien hinsichtlich wirtschaftlicher und medizinischer Fragen.[1168] Ferner werden ihre Resolutionen und Fatwas von etlichen Autoren als wesentlicher Beitrag zur Entwicklung des islamischen Rechts, vornehmlich bezüglich der Behandlung der zeitgenössischen Probleme, betrachtet. Durch diese Akademien werde der KI und eine Gleichsetzung der unterschiedlichen *maḏāhib* etabliert.[1169] Besondere Anerkennung finden die Rechtsakademien bei Fatwa-Gremien, wie beim Fatwa-Ausschuss der Azhar, der bei neuen Fragen die Beschlüsse der Rechtsakademien heranzieht.[1170] Ebenso stützen sich einige Fatwa-Ämter, wie das ägyptische Fatwa-Amt, die allgemeine Behörde für islamische Angelegenheiten und Stiftungen der VAE und der palästinensische islamische Fatwa-Rat, auf die Resolutionen der Rechtsakademien. Letztere rekurrieren, insbesondere bei gegenwärtigen Fragen, auf die Arbeitsergebnisse der Rechtsakademien.[1171] Zudem forderte die internationale Konferenz über „Das Fatwa: Probleme der Gegenwart und Dimensionen der Zukunft“, die vom ägyptischen Fatwa-Amt am 17. und 18. August 2015 abgehalten wurde und an der zahlreiche Muftis und Gelehrte der islamischen Welt teilgenommen haben, die Entscheidungen der Rechtsakademien zum Vorbild zu nehmen.[1172] Infolge dieser Konferenz wurden im Dezember 2015 der höchste

1167 Z. B. Nadwa 1996, aš-Šarafī 1998, Ismāʿīl 1998, Sānū 2006, Karnaz 2008 und al-Ḫālid 2009.

1168 Z. B. Markaz at-tamayyuz al-baḥṯī fī fiqh al-qaḍāyā al-muʿāṣira: *al-Mawsūʿa al-muyassara fī fiqh al-qaḍāyā al-muʿāṣira*, Riad 2014; ʿUmar Sulaymān al-Ašqar [u. a.]: Dirāsāt fiqhiyya *fī qaḍāyā ṭibiyya muʿāṣira*, Amman 2001und ʿAṭiyya ʿAdlān ʿAṭiyya Ramaḍān: *Mawsūʿat al-qawāʿid al-fiqhiyya al-munaẓẓima li–l-muʿāmalāt al-māliyya al-islāmiyya*, Alexandria 2007.

1169 Vgl. al-Būṭī 1996, Bd. 2, S. 633 f.; Sirāǧ 1996, Bd. 2, S. 666 f.; Ǧaffāl 1996, Bd. 2, S. 972; az-Zuḥaylī 2012, S. 3 und 8 f.; und Khan 2013, S. 231 f.

1170 Siehe „Fatwa-Kommission der Azhar“ unter „5.4.1.3“.

1171 Vgl. https://www.facebook.com/Egypt.DarAlIfta/photos/a.327368203959635.90996.200895559940234/593816403981479/; http://www.awqaf.ae/Affair.aspx?SectionID=3&RefID=17 und http://www.fatawah.net/Content-96, abgerufen am 27.01.2016.

1172 Vgl. http://dar-alifta.org/ar/Viewstatement.aspx?ID=5436&type=1, abgerufen am 27.01.2016.

Fatwa-Rat der Welt und das Generalsekretariat der Fatwa-Ämter der Welt unter der Leitung des ägyptischen Fatwa-Amtes gegründet. An der Gründungssitzung nahmen 25 Muftis teil.[1173]

Trotzdem enthalten die Schriften muslimischer Autoren über die Rechtsakademien einige explizite und implizite Hinweise darauf, dass die Institutionen des KI die in sie gesetzten Erwartungen noch nicht erfüllen können und dass ihre Organisation und Arbeit immer noch diverse Defizite aufweisen. Infolgedessen entwerfen viele Autoren Projekte für die erwünschten Rechtsakademien, mit denen die Mängel der bestehenden Akademien behoben werden sollen. Hierbei werden vornehmlich die Befreiung von allen Druckmitteln, die finanzielle Unabhängigkeit, eine Auswahl der Mitglieder ausschließlich aufgrund ihrer wissenschaftlichen Kompetenzen sowie die Wichtigkeit der Schaffung verschiedener Forschungszentren und Vollzeit-Mitgliedern, betont.[1174] Weitere Kritikpunkte muslimischer Gelehrte, wie z.B. Rafīq al-Miṣrī[1175], Zakī Badawī[1176] und al-Albānī[1177], betreffen die Arbeitsweise und Zusammenstellung der Institutionen des KI. Die diversen Kritikpunkte und Arbeitsdefizite, welche den kollektiven Fiqh-Gremien zugeschrieben werden, werden im folgenden Abschnitt dieses Unterkapitels dargestellt.

Westliche Forscher

Für westliche Beobachter – auch einige muslimische Intellektuelle – liegt der Fokus bei der Beurteilung der Fiqh-Gremien unter anderem auf den (möglichen) gesellschaftlichen Folgen der *iǧtihād*-Resultate sowie den machtpolitischen Zwecken der *iǧtihād*-Institutionen. Im Falle der im Westen existierenden *iǧtihād*-Institutionen ist auch die Förderung der gesellschaftlichen und gesetzlichen Integration der *iǧtihād*-Ergebnisse von großer Bedeutung. Anders gesagt richtet sich das Interesse eher auf die Arbeitsergebnisse und den Arbeitsrahmen als auf die fachliche Arbeit bzw. den *iǧtihād*-Vorgang.

Über die Bedeutung der kollektiven Fiqh-Institutionen und ihrer Arbeitsresultate werden sich allmählich auch nicht-muslimische westliche Forscher und Intellektuelle bewusst. Bei ihrer Auseinandersetzung mit gegenwärtigen Fragen, insbesondere im medizinischen und finanziellen Bereich,[1178] werden oft die Beschlüsse und Fatwas

---

1173 Vgl. http://dar-alifta.org/ar/Viewstatement.aspx?ID=5594&type=0, abgerufen am 27.01.2016.

1174 Vgl. Sānū 2006, S. 271–308; al-Ḫālid 2009, S. 398–442 und aš-Šarafī 1998, S. 126–137.

1175 Siehe den folgenden Punkt „6.4.2“ in diesem Unterkapitel.

1176 Siehe das Unterkapitel „4.4“.

1177 Siehe den Punkt Mitgliedschaft der Institutionen unter „6.2.2“.

1178 Medizinische Fragen: z.B. Grundmann, Johannes: „Scharia, Hirntod und Organtransplantation: Kontext und Wirkung zweier islamischer Rechtsentscheidungen im Nahen und Mittleren Osten“, in: *Orient*, Jg. 45 (2004), Heft 1, S. 27–46; Eich, Thomas: Islam und Bioethik – eine kritische Analyse der modernen Diskussion im islamischen Recht. Wiesbaden, Reichert, 2005 und Fischer, Nils: Islamische Positionen zum pränatalen Leben. Freiburg; München, Alber, 2012. Finanzielle

der kollektiven Fiqh-Institutionen als Referenzpunkt angeführt. Hierbei beurteilen sie diese Gremien und ihre Arbeit unterschiedlich. Während einige Autoren diese positiv aufnehmen, werden sie von anderen kritisiert.

Im Zuge seiner Darstellung der islamwissenschaftlichen Erforschung islamischer Medizinethik schlägt Eich vor, deren Beginn auf die 80er und frühen 90er Jahre des 20. Jahrhunderts zu datieren. Ein entscheidender Grund für diese Beschäftigung liege in der zunehmenden Rolle und Effizienz der damals neu gegründeten überstaatlichen Rechtsakademien, darunter die Fiqh-Akademien der OIC und der MWL sowie die *Islamic Organization of Medical Sciences* (IOMS) in Kuwait, „zur Fortentwicklung des islamischen Rechts im Lichte der Herausforderungen der Moderne."[1179] Ebenso erörtert Grundmann in seinem Aufsatz anhand zweier Entscheidungen der Fiqh-Akademien der OIC und der MWL den Hirntod und die Organtransplantation aus Sicht der Scharia, wobei er zu dem Schluss kam, „dass im Lauf der 80er Jahre seitens der Rechtsakademien auf neue medizinische Entwicklungen reagiert wurde, die letztendlich ein vollständiges Überdenken der traditionellen muslimischen Todesbilder notwendig machten." Überdies sieht Grundmann die einflussreiche Wirkung der Resolution der IIFA auf die späteren Diskurse nicht nur auf einer nationalen Ebene, sondern auch auf einer internationalen, z. B. hinsichtlich der Stellungnahme des Zentralrates der Muslime in Deutschland.[1180] Noch deutlicher akzentuiert Ghaly die Anerkennung der Arbeit der kollektiven Fiqh-Institutionen:

> Therefore, religious-ethical advice (fatwas) given by these institutions [IFA und IIFA] usually enjoy wide acceptance among individual Muslim scholars at large, and this acceptance trickles down to Muslims at the grassroots level.[1181]

In ihrem Aufsatz zählen Shadid und Van Koningsveld zu den religiösen Autoritäten, welche die Muslime im Westen konsultieren, die Forschungsakademie der Azhar und die Fiqh-Akademien der OIC und jene der MWL. Darüber hinaus heben sie den Beitrag dieser Fiqh-Akademien zur Entwicklung des gegenwärtigen islamischen Rechts hervor.[1182]

Fragen: z. B. Ebert, Hans-Georg, Thießen, Friedrich: Das islamkonforme Finanzgeschäft. Aspekte von Islamic Finance für den deutschen Privatkundenmarkt. Stuttgart, Dt. Sparkassen-Verl., 2010; Sacarcelik, Osman: Rechtsfragen islamischer Zertifikate (Sukuk). Baden-Baden, Nomos, 2013 und al-Amine, Muhammad al-Bashir Muhammad: Global ṣukūk and Islamic securitization market-financial engineering and product innovation. Leiden [u. a.], Brill, 2012.

1179 Vgl. Eich 2009, S. 5 f.

1180 Vgl. Grundmann 2004, S. 44 f.

1181 Ghaly 2010, S. 8.

1182 Vgl. Shadid und Van Koningsveld 2002, S. 151 f. und 167.

> Moreover, councils of Islamic jurisprudence, both at national and international levels, are developing new interpretations of Islamic values as well, on the basis of the modern principle of collective ijtihâd.[1183]

Desgleichen deutet al-Amine an, dass zahlreiche finanzielle Produkte bzw. Geschäfte der islamischen Banken von den beiden Akademien der OIC und der MWL, welche die größten Institutionen der islamischen Welt repräsentieren, entwickelt und unterstützt werden.[1184]

Demgegenüber äußerten einige westliche Intellektuelle Kritik an der Arbeit und den Entscheidungen der KI-Institutionen. Ein Beispiel dafür ist Jomier, der die Resolutionen der Akademie der Azhar als konservativ kritisiert. Diese Kritik wurde bereits bei der Analyse der Arbeitsweise dieser Akademie behandelt.[1185] Ebenso schließt sich Skovgaard-Petersens der Auffassung Jomiers an:

> Jomier has rightly summed up its decisions as conservative: there are hardly any attempts at *ijtihād*, and the Academy has mostly restated an Islamic position against other *ʿulamā* (e.g. the mufti) who had made *ijtihād* and permitted something which seemed to have established itself in society anyway.[1186]

In Hinblick auf die Fiqh-Akademien der OIC und der MWL kritisiert Zaman eine Dominanz der salafitischen Richtung in beiden Gremien, in denen die unterschiedlichen Richtungen gleichgewichtig vertreten werden sollten. Allerdings sei die Idee des KI für die Arbeit dieser Gelehrten beider Akademien weiterhin von wesentlicher Bedeutung. Jedoch tendieren beide Fiqh-Akademien, so Zaman, „to limit themselves to relatively conservative rulings on a rather small number of issues, yet the methodology through which it has arrived at and justified its rulings is potentially open-ended."[1187] Ferner spricht Caeiro von der besonderen Komplexität der Fatwa-Erteilung von den Institutionen des KI, da diese nicht an eine bestimmte Rechtsschule gebunden seien und eine Konsensbildung zwischen heterogenen Mitgliedern anstreben sollten. Nach Caeiro ist diese kollektive Fatwa-Erteilung im Falle des ECFR noch schwieriger, da diese zusätzlichen spezifischeren Anforderungen, unter anderem der Erleichterung und Anpassung an die Lebensumstände im Westen, gerecht werden müsse.[1188] Dies führt laut Caeiro zu einer Spannung in den Fatwas des ECFR:

> A close reading of the ECFR's fatwas suggests an underlying tension between, on the one hand, the attempt to reconcile traditional Islamic norms with the dominant practices of the mainstream host society and, on the other hand, a reiteration of the

---

1183 Shadid und Van Koningsveld 2002, S. 167.

1184 Vgl. al-Amine 2012, S. 229 f.

1185 Siehe Unterkapitel „6.3".

1186 Skovgaard-Petersen 1997, S. 188.

1187 Zaman 2010, S. 24. Bezüglich der IIFA weist ihre personelle Zusammenstellung keine salafitische Dominanz auf.

1188 Vgl. Caeiro 2011, S. 260.

Islamic tradition's contemporary relevance. The texts negotiated collectively within the ECFR thus oscillate between an emphasis on the relative powerlessness of Muslims and a stress on their individual moral responsibility.[1189]

Im Gegensatz dazu betrachtet Ghaly die Kollektivierung, Heterogenität und Interdisziplinarität der Mitglieder dieser Institutionen als Gründe für die Anerkennung und die Wirkungskraft ihrer Beschlüsse:

> In the midst of the untold number of fatwas and ethical standpoints of modern individual Muslim religious scholars, the bioethical positions adopted by the Islamic international religioscientific institutions such as IOMS and IIFA remain the most representative and most influential. This is mainly because of the collective interpretation practiced within these institutions where authoritative religious scholars from different Muslim countries, trends, and ethnic backgrounds work together with prominent Muslim scientists.[1190]

6.4.1.2 Verhältnis zur Öffentlichkeit

Von Interesse für das Publikum bzw. die nicht-fachkundige Öffentlichkeit ist in Bezug auf die Resolutionen der Fiqh-Gremien bzw. die Ergebnisse des *iǧtihād* die Frage, inwieweit diese Resolutionen die sozialen Probleme lösen oder zumindest zu einer Lösung beitragen können. In diesem Zusammenhang ist ein Mangel an eingehenden Studien oder Umfragen anzumerken, welche die möglichen Auswirkungen bzw. die Rezeption der Fatwas und Beschlüsse der *Fiqh*-Akademien differenziert darlegen – dies betrifft vor allem die Akademien der OIC und der Azhar. Von daher weist dieses Untersuchungsfeld immer noch Defizite auf und erfordert weitere Forschung. Dazu empfiehlt sich eher empirische Sozialforschung als islamwissenschaftliche Untersuchungen über die Relation zwischen den Anforderungen des öffentlichen Publikums und den Antworten dieser Institutionen durch ihre Resolutionen und über den Grad der Anerkennung, die diese Beschlüsse beim Publikum erfahren.

Allerdings sind nur wenige Hinweise auf den Einfluss dieser Körperschaften vorzufinden, welche indes ambivalente Beurteilungen (vor allem in Hinblick auf die innerhalb der islamischen Welt existierenden Fiqh-Institutionen) vermitteln. Während einige einen deutlichen Einfluss dieser Gremien konstatieren, halten es andere für schwierig, diesen zu beurteilen oder sprechen sogar von einer mangelnden Repräsentation dieser Institutionen. Ghaly hebt den Mangel hinsichtlich der Untersuchung des Einflusses des KI vor, ist jedoch von einer Einflussnahme der KI-Institutionen auf Muslime innerhalb und außerhalb der islamischen Welt überzeugt:

1189 Caeiro 2010, S. 436.
1190 Ghaly 2010, S. 32 f.

> Another issue needing elaboration is the influence of the collective ijtihad. As I show in a later section, standpoints adopted by these institutions are highly influential among Muslims – not only those living in the Muslim world but also those living as religious minorities in the West.[1191]

Des Weiteren zitiert Ghaly nach Van Koningsveld: „Fatwas issued by this council [ECFR] enjoy growing acceptance among Muslims living in Europe in addition to interest among political authorities."[1192]

Andere Autoren sind sich indes über die Wirkung der Fatwas der kollektiven Fiqh-Institutionen nicht ganz schlüssig. So bestätigt Peter Heine die besondere Wichtigkeit der Arbeitsergebnisse der IIFA:

> Obwohl die Akademie keine legislativen Funktionen in dem Sinne hat, daß die von ihr herausgegebenen Rechtsgutachten als für alle Muslime verbindlich angesehen werden können, erhalten ihre Äußerungen jedoch dadurch ein besonderes Gewicht, daß die Mitglieder der Versammlungen aus 46 Staaten kommen, die die Organisation der islamischen Konferenz bilden.[1193]

Ebenso warnt Khan davor, den Einfluss der ECFR zu unterschätzen:

> The ongoing challenges facing the ECFR in establishing authoritative fatwas in Ireland may be indicative of the discrepancy between the image and reality of contemporary European Islam. However, one should not mistakenly presume that organisations like the ECFR are not influential.[1194]

Jomier hält es im Zuge seiner Untersuchung der Akademie der Azhar zwar für schwierig, ihren Einfluss einzuschätzen, doch dürfe man ihn nicht unterschätzen, selbst wenn er nicht unmittelbar zu erkennen sei.[1195]

Eine dritte Position vertritt Atighetchi, der das Problem einer effektiven Repräsentation dieser Institutionen – angesichts der fehlenden obersten Autorität und der offiziellen Lehre – zum Ausdruck bringt. Dieses Problem hält Atighetchi für unlösbar und rechtfertigt sein Urteil basierend auf zwei Gründen:

> (1) Because the largest organisations in the arena are sponsored and financed by groups of different Muslim countries, lending themselves to the accusation of being their political-religious instrument. (2) Because the number of Muslims in the world is constantly growing (at present they number almost one and a half billion) whilst the differences within it make it increasingly composite and fragmented to the point that it is very difficult to identify common concrete and operative programmes beyond the acceptance of the principles of the faith and defence of Islam.

1191 Ghaly 2010, S. 10.
1192 Ghaly 2010, S. 31. Zitiert nach Koningsveld 2006, 208–221.
1193 Heine 1993, S. 382.
1194 Khan 2013, S. 234. Dazu auch Caeiro 2010.
1195 Vgl. Jomier 1980, S. 100.

Außerdem gibt es nun relativ wenig Hinweise auf Reaktionen von der nichtfachkundigen Öffentlichkeit. Diese betreffen bestimmte Resolutionen der Rechtsakademien und stammen aus Zeitungsartikeln. Auffällig ist, dass oftmals im Falle von negativen Reaktionen oder kontrovers diskutierten Resolutionen die Aufmerksamkeit darauf gelenkt wird. Ein anschauliches Beispiel dafür ist die große Empörung, welche der Resolutionsnr. 228:2007 der Akademie der Azhar bezüglich der Rechtmäßigkeit des im Jahre 2007 erlassenen Gesetzes hinsichtlich des Sorgerechts hervorgerufen hat. Laut dem Gesetz wird der Mutter nach der Scheidung das Sorgerecht für den Sohn bis zum 15. Lebensjahr und für die Tochter bis zu deren Heirat zugesprochen.[1196] In einem anderen Artikel macht der Schriftsteller Aḥmad Manṣūr der Akademie der Azhar den Vorwurf, dass sie hinsichtlich relevanter Alltagsfragen, darunter Bankzinsen und Versicherung, Fatwas erteilte, welche anderen Fatwas von Azhars Organen oder Gelehrten widersprechen. Dies führe zu Unsicherheit beim Publikum und wirke sich schlecht auf die Wirtschaft und das gesellschaftliche Leben aus.[1197]

Infolge der Resolution der Rechtsakademie der MWL – welche im Jahre 2006 die *Misyār*-Ehe[1198] für legitim erklärte – kritisierte die saudische Schriftstellerin und das Mitglied der internationalen Union für muslimische Gelehrte, Suhayla Zayn al-ʿĀbidīn, den Umgang der Akademie mit dieser Frage und die getroffene Entscheidung, da Letztere den durch die Scharia aufgestellten Bedingungen für die Ehe nicht gerecht werde und somit zuungunsten der Frauen sei. Solch eine Fehlentscheidung lasse sich laut Zayn al-ʿĀbidīn auf die fehlende Beteiligung von Rechtswissenschaftlerinnen an der Arbeit der Fiqh-Akademie zurückführen. Des-

1196 Vgl. ʿAbd al-Ḫāliq, Muḥammad: „Maǧmaʿ al-buḥūṯ al-islāmiyya: Qānūn al-Ḥaḍāna muṭābiq li-š-šarīʿa", in: http://www.ahram.org.eg/News/121673/3/434879/%D8%AA%D8%AD%D9%82%D9%8A%D9%82%D8%A7%D8%AA/%D9%85%D8%AC%D9%85%D8%B9-%D8%A7%D9%84%D8%A8%D8%AD%D9%88%D8%AB-%D8%A7%D9%84%D8%A7%D8%B3%D9%84%D8%A7%D9%85%D9%8A%D8%A9%C2%AB%D9%82%D8%A7%D9%86%D9%88%D9%86-%D8%A7%D9%84%D8%AD%D8%B6%D8%A7%D9%86%D8%A9%C2%BB-%D9%85%D8%B7%D8%A7%D8%A8%D9%82-%D9%84%D9%84%D8%B4%D8%B1%D9%8A.aspx, abgerufen am 22.05.2016.

1197 Vgl. Manṣūr, Aḥmad: „Al-Azhar ḍida al-Azhar. Maǧmaʿ al-buḥūṯ al-islāmiyya yunāqiḍ al-ārāʾ wa-l-fatāwā at-tanwīriyya li-kibār mašāiyḫ al-Azhar wa Dār al-Iftāʾ. wa yuḥarrim at-taʾmīn ʿalā al-ḥayāt wa fawāʾid al-bunūk wa-ṣ-ṣalāt fī masāǧid bi-hā aḍriḥa", in: http://www.youm7.com/story/2016/3/18/%D8%A7%D9%84%D8%A3%D8%B2%D9%87%D8%B1-%D8%B6%D8%AF-%D8%A7%D9%84%D8%A3%D8%B2%D9%87%D8%B1-%D9%85%D8%AC%D9%85%D8%B9-%D8%A7%D9%84%D8%A8%D8%AD%D9%88%D8%AB-%D8%A7%D9%84%D8%A5%D8%B3%D9%84%D8%A7%D9%85%D9%8A%D8%A9-%D9%8A%D9%86%D8%A7%D9%82%D8%B6-%D8%A7%D9%84%D8%A2%D8%B1%D8%A7%D8%A1-%D9%88%D8%A7%D9%84%D9%81%D8%AA%D8%A7%D9%88%D9%89/2634636, abgerufen am 20.05.2016.

1198 Eine Eheform, in der die Frau auf einige ihrer Rechte wie die Unterkunft, den Unterhalt und das stabile Zusammenleben verzichtet.

wegen verlangt sie ausdrücklich die Mitgliedschaft von Frauen in den Rechtsakademien.[1199] Anlässlich dieser Resolution der *Misyār*-Ehe schrieb auch der saudische Arzt und Schriftsteller Ḥammūd Abū Ṭālib einen Artikel. Darin nimmt Abū Ṭālib an, dass sich viele Muslime jahrelang für die Arbeitsergebnisse dieser Fiqh-Akademie nicht interessiert hätten, bis sich diese Situation vor Kurzem geändert habe. Auch wenn er die wesentliche Rolle der kollektiven Fiqh-Institutionen bei der Behandlung relevanter gegenwärtiger Themen eingesteht, hält er daran fest, dass diese Fiqh-Akademie sich auf eheliche Fragen konzentrieren und hingegen andere wichtige Problematiken vernachlässigen solle.[1200]

In Hinblick auf den ECFR finden sich einige Entscheidungen, die kontrovers sind und eine öffentliche Diskussion herbeigeführt haben. Als bekannter Beispielsfall fungiert die Resolution über die Rechtmäßigkeit des Kaufs eines Wohnhauses durch einen verzinsten Kredit (Resolutionsnr. 7:2/4).[1201] Ein weiterer Fall, der in der Öffentlichkeit debattiert wurde, ist die Auffassung des ECFR, dass eine Ehe weiter bestehen darf, wenn eine Nichtmuslimin ohne ihren Ehemann zum Islam konvertiert (Resolutionsnr. 31:8/3).[1202] Hinsichtlich der IIFA kann vor allem die Resolution, in der die Akademie im Jahre 2009 das *tawarruq munaẓẓam* für ein verbotenes Geschäft erklärte, als Beispiel für solch strittige Entscheidungen angeführt werden. Auf diese Resolution wurde bereits hingewiesen.[1203]

In Anbetracht der Institutionen des KI kann festgehalten werden, dass die Rechtsakademien, insbesondere die IIFA und der ECFR, Kommunikationsprobleme und mangelnde Rezeption ihrer Arbeit wahrnehmen. Dieser Eindruck geht deutlich aus den Äußerungen der Mitglieder und des Personals der beiden Akademien hervor. In den Augen zahlreicher Mitglieder liegt ein wesentlicher Grund für dieses Problem in einem Mangel an Kommunikation mit der Öffentlichkeit. Dieses Defizit wurde auch in der ersten Sitzung der 25. Konferenz des ECFR diskutiert und von Aḥmad Ǧāballāh, dem Stellvertreter des Generalsekretärs des ECFR, in einem Gespräch aufgegriffen. Um dieser Problematik entgegenzuwirken, setzen die Mitglieder daran an, die Kommunikationswege und -sprache weiterzuentwickeln, sodass die Arbeitsergebnisse durch eine leicht verständliche Sprache ein breiteres Publikum erreichen. Dabei wurde die Verwendung von Broschüren und der Rückgriff auf die sozialen Medien sowie eine knappe und klare Formulierung

---

1199 Vgl. Zayn al-ʿĀbidīn, Suhayla: „Mušārakat al-marʾa fī-l-maǧāmiʿ al-fiqhiyya", http://www.alarabiya.net/views/2006/04/28/23250.html (veröffentlicht am 28. April 2006), abgerufen am 30.01.2016.

1200 Vgl. Abū Ṭālib, Ḥammūd: „Uḫruǧū min ġuraf an-nawm", http://www.alarabiya.net/views/2006/04/15/22862.html (veröffentlicht am 15. April 2006), abgerufen am 30.01.2016.

1201 Vgl. al-Qaraḍāwī 2001, S. 179 ff. Dazu Caeiro, Alexander: The social construction of Sharʾa: Bank interest, Home purchase, an Islamic norm in the west. Die Welt des Islams, 2004, Vol. 44(3), S. 351–375.

1202 Vgl. Caeiro 2011, S. 134 ff. Dazu Larsen 2011, S. 160.

1203 Siehe „Der interne Meinungspluralismus und *iǧtihād*-Freiheit".

in einer für die Laien leicht zu erfassenden Sprache vorgeschlagen.[1204] In diesem Zusammenhang befürworten die Mitglieder des ECFR, Ṣuhayb Ḥasan und al-Ǧudayʿ, die Veröffentlichung der Arbeitsresultate in europäischen Sprachen sowohl unter Muslimen als auch unter Nicht-Muslimen und eine Selbstdarstellung in anderen Sprachen.[1205] Ebenso strebt die IIFA eine effektive Präsenz in den Medien an und möchte eine Selbstdarstellung der Akademie und ihrer Arbeitsprodukte nicht nur auf Arabisch, sondern auch in anderen Sprachen anbieten. Zu diesem Zweck gründete die Akademie erst kürzlich eine Abteilung für die Öffentlichkeitsarbeit.[1206] Auf diese Kommunikationsschwierigkeit lenkte auch das Vorbereitungsforum (9.–11. September 2005) für die dritte Sonder-Gipfelkonferenz der OIC (Dezember 2005) die Aufmerksamkeit: „The scholars affirmed the need of writing and publishing IFA resolutions and rulings in a modern simple language in order to expand the sphere of communication between the IFA and the public in the Muslim World. "[1207] Ferner erkennt ʿAbd as-Sattār Abū Ġudda, Mitglied der IIFA und des ECFR, auch aus einem anderen Grund die Notwendigkeit, die Arbeitsergebnisse der Akademien zu verbreiten, und zwar, um den an den Rechtsakademien nicht beteiligten Gelehrten die Möglichkeit zu bieten, ihre Meinung über die Beschlüsse der Akademien zu äußern.[1208]

Ein weiterer Grund für diese Situation, welcher von einigen Mitgliedern und Beobachtern hervorgehoben wurde, sei die fehlende Kooperation zwischen den Institutionen des KI, was gelegentlich widersprüchliche Entscheidungen dieser Institutionen provoziere. Aufgrund dieser Widersprüche komme es bei der Öffentlichkeit zu einem Vertrauensbruch hinsichtlich der Produkte. Daher sprechen sich einige Denker und Intellektuelle für eine Zusammenarbeit und Kommunikation zwischen diesen Institutionen aus.[1209] Dahinter stehe jedoch nicht die Absicht, einheitliche Fatwas für die ganze islamische Welt zu erstellen.[1210] Denn es gelte, die spezifischen Umstände und Traditionen eines jeden Landes zu respektieren, durch welche es sich von den anderen Ländern unterscheidet. Außerdem stehe die Vereinheitlichung der Rechtsgutachten für die verschiedenen muslimischen Gebiete in Widerspruch zu dem anerkannten Prinzip vom Wandel des Fatwas

1204 Aus der Beobachtung der 25. Tagung des ECFR und einem Gespräch mit Ǧāballāh am 10.10.2015.

1205 Aus den Gesprächen während der 25. Tagung des Councils und den Antworten, die ich in Form von mündlichen Aufzeichnungen von Ḥasan am 27.10.2015 und den Antworten von al-Ǧudayʿ am 07.12.2015 erhalten habe.

1206 Nach Angaben während des Besuchs der Akademie zwischen dem 12. und 23. Dezember 2015.

1207 http://ww1.oic-oci.org/ex-summit/english/sg-report.htm, abgerufen am 02.12.2015.

1208 Die Antworten wurden schriftlich am 06.11.2015 übermittelt.

1209 Vgl. az-Zuḥaylī 2012, S. 1 f. und 34; Sānū 2006, S. 293; Abū Bakr 2013, S. 543; al-Ḫālid 2009, S. 424 und 569; aš-Šarafī 1998, S. 141 f. und al-Qāsim 1996, Bd. 2, S. 920.

1210 Vgl. Farġal 1996. Bd. 1, S. 122.

aufgrund der Veränderung des Ortes und der Gewohnheiten. Diese Auffassung wurde von vielen Mitgliedern unterstrichen.[1211]

6.4.2 Problem der fehlenden Unabhängigkeit

Viele Autoren und Intellektuelle erheben den Vorwurf, dass die Rechtsakademien unter politischem Einfluss arbeiten. Die Hauptform dieses Drucks liegt ihrer Ansicht nach darin, die Akademien bei ihrer Untersuchung auf bestimmte Themen zu lenken und von bestimmten Fragen zugunsten der Interessen der Regierungen, wie z. B. die politischen und intellektuellen Freiheiten und die Pflichten der Staatsführung, abzulenken.[1212] In dieselbe Richtung geht die Kritik der libanesischen Zeitschrift al-Waʿī, die eine Vernachlässigung von Themen beobachtet, welche die Staatsführung aus islamischer Sicht betreffen. Den Auslöser für diese Verhaltensweise erkennt die Zeitschrift in der Tatsache, dass die Arbeit dieser Akademien von den Interessen der Herrscher und dem Westen gelenkt werde.[1213] Eine weitere Kritik in diesem Kontext wurde vom ehemaligen Generalsekretär der Akademie der Azhar, ʿAbd al-Fattāḥ Baraka, formuliert. So spricht er davon, dass die Akademie unter verschiedenen Zwängen zu leiden habe, „welche gegen die Neutralität des Wissens und des Denkens und die Freiheit der Meinung und der Untersuchung verstoßen". Ansonsten wäre die Akademie besonders effizient (*wa-la-qad istaṭāʿ al-maǧmaʿ an yaqūm bi-kaṯīr min al-muhimmāt* [...] *wa kāna min al-mumkin an yakūn akṯar fāʿiliyya law ann-hu ḥaẓiya bi-ḥimāya kāfiya taqīh taqallubāt as-siyāsāt al-muḫtalifa wa šarr aḍ-ḍuġūṭ allatī tatanāfā maʿa ḥīdat al-ʿilm wa-l-fikr wa ḥurriyat ar-raʾy* [...]).[1214]

Ein weiteres Problem in diesem Zusammenhang, von dem speziell die IIFA betroffen ist, besteht in der Praxis der Länder, einen großen Teil der Mitglieder selbst zu nominieren. Hierbei ist zu befürchten, dass die jeweilige Regierung diese Mitglieder aufgrund ihrer politischen Loyalität und nicht wegen ihrer wissenschaftlichen Kompetenz auswählt. In diesem Punkt zeigen sich sowohl Theoretiker als auch Mitglieder der Akademien selbst skeptisch. So betont al-Qaraḍāwī, dass einer Rechtsakademie unbeschränkte Freiheiten gewährt werden sollten. Infolgedessen hält er die Einsetzung der Mitglieder durch die Regierungen und die staatliche Finanzierung für eine Freiheitsbeschränkung oder zumindest mangele es dadurch an einer sicheren bzw. konstanten Freiheit.[1215] Die Ernennung der Mitglieder der IIFA durch ihre Länder wurde von aš-Šāwī als Zeichen für den staatlichen Einfluss auf die

---

1211 Persönliche Gespräche mit ʿAlī Ǧumʿa (02.03.2015), Qamar (15.12.2015), an-Naǧǧār (01.03.2015) und Rayyān (22.02.2015).

1212 Vgl. al-Ḫālid 2006, S. 421. Viele Beispiele für diese Intellektuelle, S. 421 Fn. 2. Dazu aš-Šāwī 1992, 2. Aufl., S. 190 ff.; al-Ḥawlī 2009, S. 30 und Bā-Buhūn 2006, S. 201 ff.

1213 Vgl. al-Waʿī, Ausgabe Nr. 214, Dezember 2004, S. 25.

1214 Baraka 1996, Bd. 1, S. 203.

1215 Vgl. al-Qaraḍāwī 1996, S. 183 f. Weitere ähnliche Äußerungen anderer Akteure wurden bereits bei der Analyse der Mitgliedschaft der Akademien dargelegt. Siehe Abschnitt „6.2".

Arbeit der Akademie gedeutet. Ferner zweifelt aš-Šāwī daran, dass die gegenwärtige Situation in vielen islamischen Ländern für die Einrichtung einer von staatlichem Druck freien Organisation förderlich sei.[1216]

Scharfe Kritik an den Konzepten, der Zusammenstellung und Arbeit der Rechtsakademien übt der syrische Forscher und Experte der IIFA, Rafīq al-Miṣrī. Sein erster Kritikpunkt besteht darin, dass die Akademien bei Entscheidungen aufgrund von Stimmenmehrheit westlichen Lehren folgen würden. Im Gegensatz dazu sollte eine Entscheidung nach den Regeln des islamischen Rechts auf Basis der Beweiskraft der Argumente, unabhängig von der Zahl der Befürworter, getroffen werden. Des Weiteren moniert er, dass die Akademien entsprechend der Interessen des Landes, welches als Hauptsitz dient, gelenkt würden. Dies zeige sich in der Einstellung des Präsidenten, des Generalsekretärs und des Verwaltungspersonals. Weiterhin manifestiere sich diese Problematik in der Finanzierung und der Organisation der Arbeit, wie in der Auswahl der Arbeitsgruppen und in den Formulierungsausschüssen. Ebenso kritisiert er die Nominierung der Mitglieder durch die jeweiligen Länder. Letztere würden ihre Vertreter aufgrund deren politischer Loyalität und nicht wegen ihrer wissenschaftlichen Qualifikationen auswählen. Dadurch wird laut al-Miṣrī der KI-Prozess der Akademie verfälscht. Schließlich resümiert er, dass die Idee, eine Rechtsakademie zu schaffen, an und für sich gut sei, aber nur solange dieser eine völlige Unabhängigkeit und Freiheit zugesprochen werde. Sei dies nicht der Fall, wäre es sinnvoller, von solchen Institutionen abzusehen.[1217]

Im Gegenteil dazu befinden etliche Autoren die Gründung und Organisation der Akademien durch den Staat für notwendig. Diese Denkrichtung kristallisiert sich in der o. g. Definition des KI heraus, welche von dem im Jahre 1996 in den Vereinigten Arabischen Emiraten organisierten Symposium über den KI vorgeschlagen wurde.[1218] Diese Auffassung wird auch Salām Madkūr, Muḥammad Faraḥāt und Zakariyyā al-Barrī zugeschrieben.[1219] Damit glauben sie, die offizielle Anerkennung der Akademien und ihrer Arbeitsergebnisse sowie deren Finanzierung garantieren zu können.

Um die Freiheit der Akademien sicherzustellen, verlangen viele Autoren eine finanzielle Unabhängigkeit der Rechtsakademien. Im Zuge dessen betont Ḥanafī von ECFR, dass die Finanzierung der Rechtsakademien auf der Unterstützung unabhängiger Stiftungen beruhen solle, damit diese vom Staat und der Regierungen unabhängig bleiben und damit auch die Akademien ihre Mitglieder bei der Forschung fördern können.[1220] Aṣ-Ṣābūnī richtet die Aufmerksamkeit auf die Finanzierung der IIFA und anderer Akademien durch die Regierung. Von daher fordert er, dass diese

1216 Vgl. aš-Šāwī 1992, 2. Aufl., S. 190 f. und 753–760.

1217 Vgl. al-Miṣrī 2006, S. 19 ff.

1218 Vgl. Nadwa 1996, Bd. 2, S. 1079.

1219 Vgl. aš-Šarafī 1998, S. 132 f. und Faraḥāt 1996, Bd. 1, S. 134.

1220 Ein Treffen mit ihm in der 25. Tagung des Councils. Die Antworten wurden am 16.10.2015 per Mail geschickt.

Akademien von den islamischen Stiftungen finanziell unterstützt werden sollten, um jegliche politische Lenkung durch den Staat zu vermeiden.[1221] Zu den Vertretern dieser Ansicht gehören az-Zarqā, aš-Šāwī, aš-Šarafī, Abū Fāris und Abū Layl.[1222]

Darüber hinaus stehe die Arbeit der Akademien unter dem Druck der öffentlichen Meinung. So hätten sie stets damit zu rechnen, mit ihren Ansichten Missfallen beim Publikum zu erregen. Dieser Punkt findet bei al-Qaraḍāwī und aš-Šarafī Erwähnung.[1223] Ebenso spricht Ḥanafī, Mitglied des ECFR, von der Furcht, sich gegen Überkommenes aufzulehnen, sowie vornehmlich vor den daraus resultierenden hitzigen Debatten über die Forschungsergebnisse und dem Misstrauen gegen den *faqīh* oder das *iǧtihād*-Institut. Hierfür führt Ḥanafī als Beispiel die Empörung an, welche das Fatwa über die Rechtmäßigkeit des Kaufes eines Wohnhauses durch einen verzinsten Kredit hervorgerufen hat.[1224] Auf diese Problematik verweist ausdrücklich auch ʿAbd al-Qāhir Qamar von der IIFA.[1225]

Einen Hinweis auf die innere Lenkung der Arbeit der Akademien liefern ʿAlī Ǧumʿa und Ṣuhayb Ḥasan. Letzterer bringt deutlich zum Ausdruck, dass eine Beurteilung möglichst frei von irgendeiner bestimmten Denkrichtung oder politischen Partei erfolgen solle, um jeglichen Einfluss und jegliche Urteilslenkung zu verhindern. Der Salafit Ḥasan spricht von der Notwendigkeit, dass die Arbeit rein normwissenschaftlich und die Beweiskraft der Auffassung das zentrale Kriterium bei der Entscheidung sein solle, ohne in eine bestimmte Strömung befangen zu sein.[1226] Auf ähnliche Weise thematisiert ʿAlī Ǧumʿa das Problem der Voreingenommenheit des Generalsekretariats oder die Präferenz einer bestimmten Denkrichtung. So würde die Themenauswahl und -behandlung in eine entsprechende Richtung gelenkt werden. Um diesen Problemen entgegenzuwirken, seien deshalb eine qualifizierte wissenschaftliche Verwaltung und die Aufrechterhaltung von Werten und Ethik notwendig.[1227]

Demgegenüber verteidigen einige Mitglieder der IIFA die Unabhängigkeit der Akademie. ʿAlī Qaradāġī, Experte der IIFA und Stellvertreter des Präsidenten des ECFR, und ʿĀdil Qūta, Stellvertreter des Generalsekretärs der IIFA, rechtfertigen ihre Position dadurch, dass politischer Druck nur dann vorstellbar wäre, wenn die Akademie nur zu einem einzigen Staat gehören würde. Dies sei jedoch nicht der Fall, da durch die Mitglieder zahlreiche Länder vertreten werden. Selbst wenn ein Mitglied oder einige Mitglieder eine Entscheidung in einer bestimmten Richtung lenken wöllten, wäre dies letztendlich nicht möglich, da die Verabschiedung einer

1221 Vgl. aṣ-Ṣābūnī 1996, Bd. 1, S. 422.
1222 Vgl. aš-Šāwī 1992, 2. Aufl., S. 233; aš-Šarafī 1998, S. 135; Abū Fāris 1989, Bd. 3, S. 1013 f. und Abū Layl 1996, Bd. 2, S. 995.
1223 Vgl. aš-Šarafī 1998, S. 135 f. und al-Qaraḍāwī 1996, S. 181.
1224 Ein Treffen mit ihm in der 25. Tagung des Councils. Die Antworten wurden am 16.10.2015 per Mail geschickt.
1225 Aus einem persönlichen Gespräch mit ihm am 15.12.2015.
1226 Aus einem persönlichen Gespräch: die Antworten als Audio-Datei erhalten am 27.10.2015.
1227 Aus einem persönlichen Gespräch mit ihm am 02.03.2015.

Stimmenmehrheit bedürfe.[1228] Diese Ansicht wurde auch al-Qaraḍāwī zugeschrieben.[1229] Ferner betont ʿAbdallāh an-Naǧǧār, Mitglied der Akademie der Azhar und Experte der IIFA, dass es kein Problem hinsichtlich der Meinungs- oder der *iǧtihād*-Freiheit gebe, sondern der vorgesehene lange Zeitraum für die Behandlung einer Frage die einzige Hürde für die Arbeit der Rechtsakademien darstelle. Er rechtfertigt diese Verzögerung aber mit der komplexen Natur der Fragen.[1230]

6.4.3 Repräsentativität

An dieser Stelle soll auf die Frage der Repräsentativität innerhalb der drei behandelten Rechtsakademien eingegangen werden. Dies ist insbesondere für die IIFA insofern relevant, als sie den Anspruch erhebt, die gesamte islamische Welt zu repräsentieren. Hierbei wird diese Frage aus drei verschiedenen Perspektiven beleuchtet werden, nämlich aus jener der Geschlechter, der *maḏāhib* und jener der verschiedenen Länder.

6.4.3.1 Gender-Repräsentativität

Ein Kritikpunkt, der häufig hinsichtlich der Rechtsakademien geäußert wird, ist der Ausschluss von Frauen, obwohl dieser in den Voraussetzungen für die Mitgliedschaft keine Grundlage hat.[1231] Ein wichtiges Zeichen setzte das Vorbereitungsforum der Gelehrten und Intellektuellen für die dritte Sonder-Gipfelkonferenz der OIC (Dezember 2005), welches vom 9.–11. September 2005 abgehalten wurde. Dieses forderte die Teilnahme von Frauen an der IIFA: „The scholars also recommended the inclusion of women scholars in the IFA's (Islamic Fiqh Academy) membership according to their juristic and scholarly aptitude and competence."[1232]

1228 Persönliche Gespräche mit ihnen am 08.10.2015 (Qaradāġī) und 13.12.2015 (Qūta).

1229 In der Sendung *aš-šarīʿa wal-ḥayāt* auf *al-Jazeera* am 12.01.2003; Im Text: *al-Fiqh al-islāmī fī muwāǧahat at-taṭawur*: http://www.aljazeera.net/programs/religionandlife/2004/6/3/%D8%A7%D9%84%D9%81%D9%82%D9%87-%D8%A7%D9%84%D8%A5%D8%B3%D9%84%D8%A7%D9%85%D9%8A-%D9%81%D9%8A-%D9%85%D9%88%D8%A7%D8%AC%D9%87%D8%A9-%D8%A7%D9%84%D8%AA%D8%B7%D9%88%D8%B1#L3, abgerufen am 14.08.2015.

1230 Aus einem persönlichen Interview mit ihm am 01.03.2015.

1231 Eine Ausnahme bildet der *Council of Islamic Ideology* in Pakistan, der im Jahre 1974 gegründet wurde. Laut Art. 228 des pakistanischen Grundgesetzes von 1973 besteht der Council aus 8 bis 15 Mitgliedern, unter denen zumindest eine Frau sein muss. Vgl. ʿAṭā 1996, Bd. 1, S. 584f. Ebenso sind auch unter den Mitgliedern des Majelis Tarjih der *Muḥammadiyya*-Bewegung in Indonesien Frauen vertreten. Zudem gibt es innerhalb des Central Boards der Organisation einen Bereich, der sich Angelegenheiten widmet, die Frauen und die Familie betreffen. Vgl. Anwar 2005, S. 35 Fn. 16. Auch die sudanische Rechtsakademie hat zwei weibliche Mitglieder ebenso wie der FCNA.

1232 http://ww1.oic-oci.org/ex-summit/english/sg-report.htm, abgerufen am 14.08.2015.

Vom islamischen Recht her ist die Frau dazu berechtigt, sowohl den *iǧtihād* zu praktizieren als auch Fatwas zu erteilen. Darüber sind sich zahlreiche frühere und gegenwärtige Gelehrte verschiedener Rechtsschulen einig.[1233] Zudem trägt die Teilnahme von Frauen zu einer Diversität bei der Auseinandersetzung und einer Neuperspektivierung juristischer Fragen bei, insbesondere hinsichtlich familiärer und gesellschaftlicher Angelegenheiten, welche in der Vergangenheit ausschließlich von Männern behandelt wurden. Somit wird auf diese Weise eine größere Flexibilität erreicht und es können Auffassungen verschiedener Gesellschaftsmitglieder miteinbezogen werden. Daraufhin wurden in den letzten Jahren viele Forderungen laut, auch Frauen an den Rechtsakademien teilhaben zu lassen.[1234] Auffällig ist, dass viele Postulate von saudischen Frauen stammen.[1235]

Auch wenn sich die Gelehrten – darunter auch Mitglieder der Rechtsakademien – prinzipiell über die Berechtigung der Frauen, an *Fiqh*-Akademien teilzunehmen, einig sind, manifestieren sich grundlegende Unterschiede in ihren Reaktionen auf die Appelle der Frauen. Hierbei lassen sich drei wesentliche Positionen differenzieren, die im Folgenden synthetisch dargestellt werden. Eine erste Gruppe sieht einen Mangel an Frauen, die für diese Aufgabe qualifiziert sind. ʿAlī

1233 Vgl. Zum weiblichen *iǧtihād* bei verschiedenen Schulen und modernen Autoren: al-Māwardī 1994, Bd. 16, S. 156; al-Maḥallī 2005, Bd. 2, S. 383; Ibn Amīr 1996, Bd. 3, S. 392; Ibn Nuǧaym 1997, Bd. 6, S. 446; al-Mardāwī 2000, Bd. 8, S. 3880; Ibn Rašīq 2001, Bd. 2, S. 713; Ibn Būnā 2006, S. 116. 1998, S. 330 f. und 334; al-Kubaysī 1989, Bd. 3, S. 1091; Hītū 1985 und aš-Šāwī, 2. Aufl., 1992, S. 222 f. Zur schiitischen Haltung: Vgl. Amirpur 1995, S. 402–405 und 408 f. Zu *iftāʾ* bei verschiedenen Schulen und modernen Autoren: al-Māwardī 1994, Bd. 16., S. 50; an-Nawawī 1980, Bd. 1, S. 74; Samaʿānī 1998, Bd. 5, S. 9; Ibn Mufliḥ 1999, Bd. 4, S. 1545; al-Mawsūʿa al-fiqhiyya 1995, Bd. 32, S. 26; al-Ašqar 1976, S. 26; Anwar 1420 H, S. 315; Krawietz 2002, S. 409 und al-Būṭī 1989, Bd. 2, S. 527.

1234 Vgl. Zayn al-ʿĀbidīn, Suhayla: „Mušārakat al-marʾa fī-l-maǧāmiʿ al-fiqhiyya“, http://www.alarabiya.net/views/2006/04/28/23250.html (veröffentlicht am 28. April 2006); Ohne Verfasser: „al-Muntadā al-ʿālamī li-l-wasaṭiyya yūṣī bi-iʿādat an-naẓar fī-l-iǧtihādāt al-fiqhiyya al-mutaʿalliqa bi-qaḍāyā al-marʾa“, http://www.maghress.com/attajdid/52002 (veröffentlicht am 28. Juli 2009) und http://iicwc.org/lagna_I0I/iicwc/iicwc.php?id=583, abgerufen am 20.08.2015.

1235 Vgl. aṣ-Ṣāliḥ, Hudā: „Dāʿiyāt saʿūdiyyāt li-š-Šarq al-awsaṭ: ad-Daʿwa ḥaqq kull muslim. wa-l-marʾa tatʿarraḍ li-huǧūm ḫafī ʿalā huwiyyatihā“, http://archive.aawsat.com/details.asp?issueno=10261&article=401131#.VddAW_ntmko (Vol. 10271, 11. Januar 2007) und al-Ḥakīm, Naʿīm Tamīm: „Duḫūl al-marʾa fī-l-maǧāmiʿ. Taʾyyīd mašrūṭ wa muʿāraḍa muṭlaqa“, http://www.okaz.com.sa/okaz/osf/20090423/Con20090423272501.htm (Vol. 2867, 23. April 2009), abgerufen am 20.08.2015. Der Grund dafür könnte die Existenz verschiedener KI-Institutionen in Saudi-Arabien, nämlich die Fiqh-Akademie der MWL, die IIFA und die ständige Forschungskommission der Körperschaft der großen Gelehrten, sein. Es wurde außerdem 2011/2012 beschlossen, eine neue saudische Fiqh-Akademie zu gründen.

Ǧumʿa, ehemaliger Großmufti Ägyptens und Mitglied der IIFA und der Akademie der Azhar, begründet die fehlende Teilnahme der Frauen an den Akademien, trotz ihrer generellen Befugnis dazu, grundsätzlich mit dem großen Defizit an kompetenten Frauen für diese Position und betont nachdrücklich, dass es sich dabei nicht um ein Privileg der Männer handle. In diesem Kontext vergleicht er diese Situation mit der Knappheit der Spezialistinnen für Herzchirurgie.[1236] Dieselbe Ansicht vertreten ʿAbdallāh an-Naǧǧār[1237] und die Professorin der Rechtswissenschaft an der König-Fayṣal Universität, Maryam bint Rāšid at-Tamīmī.[1238] Einen ähnlichen Standpunkt vertritt der Generalsekretär der IIFA, ʿAbd as-Salām al-ʿAbbādī. Dieser betont, dass nicht das Geschlecht für eine Mitgliedschaft ausschlaggebend sei, sondern vielmehr die Spezialisierung und das Vorhandensein von hervorragenden Fiqh-Kenntnissen. Er weist zudem darauf hin, dass acht Forscherinnen – als „Experten“[1239] – an der 19. Tagung der Akademie im Jahre 2009 teilgenommen haben. Letztere erstellten im Rahmen der Veranstaltung einige Untersuchungen und beteiligten sich an der Diskussion.[1240]

Demgegenüber steht die Position, die von ʿAlī al-Ḥakamī, Mitglied der *Fiqh*-Akademie der islamischen Weltliga und der Körperschaft der großen Gelehrten in Saudi-Arabien, vertreten wird. Er ist der Meinung, dass die Teilnahme von Frauen überflüssig sei. Zwar seien Frauen zur Erteilung rechtlicher Gutachten, die als eine repräsentative Pflicht (*farḍ kifāya*) gilt, berechtigt. Diese Pflicht könne jedoch bereits allein von den (männlichen) Mitgliedern der verschiedenen Rechtsakademien erfüllt werden.[1241] Ebenso hebt die assoziierte Professorin für Rechtswissenschaft an der *Umm al-qurā*-Universität, Afnān Tilimisānī, hervor, dass die gegenwärtigen Wissenschaftlerinnen den für den *iǧtihād* bzw. die Mitgliedschaft der Rechtsakademien nötigen Qualifikationen nicht gerecht werden könnten. Überdies glaubt sie, dass hinsichtlich der Teilnahme von Frauen an den Rechtsakademien kein Bedarf

1236 Aus einem persönlichen Gespräch am 02.03.2015.

1237 Aus einem persönlichen Gespräch am 01.03.2015.

1238 Vgl. al-Ḥakīm, Naʿīm Tamīm: „Duḫūl al-marʾa fī-l-maǧāmiʿ. Taʾyyīd mašrūṭ wa muʿāraḍa muṭlaqa“, http://www.okaz.com.sa/okaz/osf/20090423/Con2009 0423272501.htm (Vol. 2867, 23. April 2009), abgerufen am 20.08.2015.

1239 Laut der Satzung der Akademie haben die „Experten“ kein Stimmrecht beim Fällen von Entscheidungen.

1240 Vgl. al-Baqmī, Fahd: „ad-Duktūr ʿAbd as-Salām al-ʿAbbādī: Ǧadal „at-tawarruq“ yaqūd maǧmaʿ al-fiqh al-islāmī li-marḥala ǧadīda min at-taġyīr“, http://www. aleqt.com/2010/03/01/article_357117.html (Vol. 5985, 01. März 2010) und ohne Verfasser: „al-ʿAbbādī: al-Maʿrifa al-fiqhiyya al-miʿyār al-awwal li-l-ʿuḍwiyya“, http://www.okaz.com.sa/okaz/osf/20090423/Con20090423272502.htm (Vol. 2867, 23. April 2009), abgerufen am 20.08.2015.

1241 Vgl. al-Ḥakīm, Naʿīm Tamīm: „al-Ḥakamī: lā ḥāǧa li-duḫūl al-faqīhāt“, http:// www.okaz.com.sa/okaz/osf/20090423/Con20090423272503.htm (Vol. 2867, 23 April 2009), abgerufen am 20.08.2015.

bestehe und es sich vielmehr um eine bloße Modeerscheinung unter den Frauen handle, sich in alle Lebensbereiche hineindrängen zu müssen.[1242]

Letztere Auffassung kontrastiert mit einer dritten Einschätzung, gemäß derer die Teilnahme von Frauen nicht nur erlaubt, sondern sogar notwendig sei. Einer der eifrigsten Befürworter dieser Richtung ist das guineische Mitglied der IIFA, Quṭb Muṣṭafā Sānū. In seinem Werk *al-Iǧtihād al-ǧamāʿī al-manšūd fī ḍawʾ al-wāqiʿ al-muʿāṣir* (der erwünschte kollektive *iǧtihād* im Lichte der gegenwärtigen Situation) spricht sich Sānū – ausgehend von den heutigen sozialen, intellektuellen, wirtschaftlichen und anderen Herausforderungen der muslimischen Gesellschaften – für die Notwendigkeit der Aufnahme von Frauen in die Institutionen des KI aus. Nicht zuletzt zeige sich der offensichtliche Bedarf an Frauen bei der Behandlung von zahlreichen Problemen, vor denen muslimische Familien, insbesondere Frauen, stehen. Hierbei gehe es um Fragen und Angelegenheiten, für welche Frauen prädestinierter seien als Männer. Auf diesem Wege könne zudem einseitigen *iǧtihād*-Ergebnissen entgegengewirkt werden. Außerdem kommt er zu der Erkenntnis, dass es zurzeit durchaus kompetente Wissenschaftlerinnen gebe, die die erforderlichen Bedingungen für eine Mitgliedschaft in der *Fiqh*-Akademie erfüllen würden. Auch die Ausbildung weiterer Frauen stellt für ihn keine Schwierigkeit dar. Er geht noch weiter, indem er die Überwindung der (falschen) Bräuche und Gewohnheiten fordert, welche die Frauen von der Beteiligung an den Rechtsakademien ausschließen.[1243] Zu den Verfechtern dieser Richtung gehört auch Yūsuf al-Qaraḍāwī, Präsident des ECFR und Mitglied verschiedener Rechtsakademien. Bei einem Treffen mit dem Scheich der Azhar, Aḥmad aṭ-Ṭayyib, im März 2013, forderte al-Qaraḍāwī, dass die Beteiligung der Frauen und ihre Mitwirkung im Bereich der Fatwa-Erteilung sowie ihre Mitgliedschaft in der Akademie für islamische Untersuchungen der Azhar erkannt werden solle. Dieser Vorschlag stieß bei aṭ-Ṭayyib auf Zustimmung. Der Rektor der Azhar plante, dieses Thema in folgenden Sitzungen der Akademie zu diskutieren.[1244] Infolge der politischen Ereignisse und Umwälzungen, die sich in den letzten Jahren in Ägypten ereigneten, kann jedoch noch nicht von praktischen Schritten in Richtung einer Realisierung gesprochen werden. Die Befürwortung wird auch von Ṣuhayb Ḥasan, Mitglied des ECFR, vertreten.[1245]

Laut Aḥmad Ǧāballāh, dem Stellvertreter des Generalsekretärs des ECFR, wurde die Beteiligung von Frauen am Council von den Mitgliedern bereits besprochen und wohl auch genehmigt. Demzufolge sei zu erwarten, dass eine Beteiligung von

---

1242 Vgl. al-Ḥakīm, Naʿīm Tamīm: „Duḫūl al-marʾa fī-l-maǧāmiʿ. Taʾyyīd mašrūṭ wa muʿāraḍa muṭlaqa“, http://www.okaz.com.sa/okaz/osf/20090423/Con2009 0423272501.htm (Vol. 2867, 23. April 2009), abgerufen am 20.08.2015.

1243 Vgl. Sānū 2006, S. 277 ff. und 292.

1244 Vgl. al-Bašīr, Marwa: „al-Azhar yadrus tafʿīl dawr al-marʾa fī-l-iftāʾ wa manḥihā ʿuḍwiyyat maǧmaʿ al-buḥūṯ al-islāmiyya“, http://www.ahram.org.eg/NewsQ/201210.aspx (Vol. 46133, 28. März 2013), abgerufen am 20.08.2015.

1245 Aus einem persönlichen Gespräch mit ihm während der 25. Tagung des ECFR. Seine Antworten wurden als Audio-Datei am 27.10.2015 geschickt.

Frauen in der Praxis demnächst möglich sein werde.[1246] Ebenso weist der Stellvertreter des Generalsekretärs der IIFA, ʿĀdil Qūta, in einem persönlichen Treffen mit mir am 13.12.2015 darauf hin, dass die Akademie in einer Versammlung der Organe der OIC im Dezember 2015 bereits ein Projekt entworfen hat, welches die Schaffung einer Fachabteilung für familienrechtliche Fragen plant, an der sich Frauen beteiligen sollen. Dieses Projekt soll im Laufe des Jahres 2016 initiiert werden.

6.4.3.2 *maḏāhib*-Repräsentativität

Obwohl die Satzungen der drei Rechtsakademien die Teilnahme der Anhänger aller islamischer *maḏāhib* an ihrer Organisation fordert, sind vorwiegend die vier sunnitischen Rechtsschulen repräsentiert. Dies betrifft die Forschungsakademie der Azhar und den ECFR. Mit Ausnahme der Beteiligung einiger schiitischer und ibāḍitischer Gelehrten an den ersten internationalen Konferenzen beschränkte sich die nicht-sunnitische Teilnahme an den Konferenzen der Akademie der Azhar in den letzten Jahren auf den omanischen ibāḍitischen Vertreter, Aḥmad ibn Saʿūd as-Siyābī. Ebenso wäre eine Heterogenität der Denkrichtungen im ideologisch-theologischen Bereich der Mitglieder in diesen Institutionen zu erwarten. Die Betrachtung der Zusammensetzung der Mitglieder der drei Akademien zeigt jedoch eine mangelnde Repräsentation der verschiedenen muslimischen ideologischen bzw. theologischen Strömungen. In der Akademie der Azhar dominiert eine azharitische (ašʿaritische) Ausbildung. Die Vertretung anderer religiöser Bildungsinstitutionen wie die *Dār al-ʿulūm* oder die Scharia-Abteilungen der säkularen Jura-Fakultäten oder anderer Denkrichtungen wie die Salafiyya oder die Muslimbrüder ist sehr reduziert. Diese übermäßige Beteiligung der azharitischen Gelehrten verstärkt zudem die Autorität des Scheichs der Azhar über die Akademie. Auf einen ähnlichen Kritikpunkt hinsichtlich des ECFR weist Caeiro hin: „[...] the all-male ECFR remains exclusively Sunni, overwhelmingly Arab in ethnicity, and close to the ´middle-ground` (*wasatiyya*) ethos of Yusuf al-Qaradawi and the Muslim Brotherhood."[1247] In einem persönlichen Gespräch mit Aḥmad Ǧāballāh des ECFR erklärte dieser, dass der Council in seiner Satzung die Vielfältigkeit der Rechtsschulen und nicht der theologischen Richtungen beabsichtige. Er rechtfertigte diesen Beschluss dadurch, dass die Mehrheit der in Europa lebenden Muslime sunnitisch sei. Darüber hinaus hätten die Schiiten eine abweichende Rechtsordnung, was die Einigkeit oder die Harmonisierung der Auffassungen erschwere.[1248] Außerdem merkte der Stellvertreter des Vorsitzenden, ʿAlī Muḥyī ad-Dīn Qaradāġī, an, dass der Council die Teilnahme der Schiiten bereits diskutiert habe. Hinderlich sei für diesen Schritt jedoch die Tatsache, dass die Schiiten ausschließlich ihrem eigenen *Marǧiʿ taqlīd* (Autorität in juristischen Fragen) folgen und sie die sunnitischen Rechtsauffassungen nicht

1246 Aus einem persönlichen Gespräch mit ihm am 10.10.2015.

1247 Caeiro 2011, S. 125. Die anderen Punkte seiner Äußerung werden im Folgenden noch diskutiert werden.

1248 In einem persönlichen Gespräch mit ihm am 10.10.2015.

anerkennen würden.[1249] Was die IIFA betrifft, so umfasst sie sowohl sunnitische als auch nicht-sunnitische *maḏāhib*. Trotzdem erhebt Zaman den Vorwurf, dass eine dominante salafitische Präsenz bzw. Beteiligung in der IIFA zu beobachten sei.[1250] Eine Stellungnahme zu diesem Kritikpunkt und eine nähere Beurteilung, inwieweit die Ansichten der verschiedenen Rechtsschulen in der Arbeit der Akademie repräsentiert werden, wurde in einem vorigen Abschnitt über die Analyse der Arbeitsweise der Akademie dargelegt.

Allerdings könnten einer einheitlichen oder mehrheitlichen Entscheidung die ideologisch-theologischen Differenzen im Weg stehen. Diese Schwierigkeit wird von Ṭāhā Rayyān, Mitglied und Experte mehrerer Rechtsakademien, angedeutet.[1251]

6.4.3.3 Länder-Repräsentativität

In Verbindung mit der Bildung der Akademie der Azhar wird an dieser Institution von einigen Intellektuellen die Kritik geäußert, dass die Mehrheit ihrer Mitglieder Ägypter sind. Al-Ḫālid betont, dass die begrenzte Teilnahme nicht-ägyptischer Gelehrter an der Arbeit der Akademie die angestrebte internationale Rolle der Akademie zunichtemache.[1252] Die Teilnahme der nicht-ägyptischen Mitglieder an den Aktivitäten der Akademie beschränkt sich, wie bereits erwähnt, zudem auf die Konferenzen. In den letzten Jahrzehnten, insbesondere seit dem Ende der 1970er Jahre, infolge des Friedensvertrags zwischen Ägypten und Israel im Jahre 1978, findet diese Konferenz nur sporadisch statt. Im Zeitraum von 1978 bis 2015 wurden lediglich sechs Konferenzen abgehalten. Somit verlor die Akademie allmählich ihren internationalen Charakter und ebnete anderen Institutionen den Weg, vor allem der IIFA, um diese Aufgabe zu übernehmen. Aus einer anderen Perspektive bringt diese Einschränkung die Bedenken eines staatlichen Einflusses auf die Beschlüsse der Akademie mit sich.

Ebenso kritisiert Caeiro das Auswahlverfahren des ECFR und die überwiegende Repräsentativität von den nicht in Europa ansässigen Mitgliedern, obwohl diese in der Satzung auf Prozent 25 % festgelegt sind, was mit dem Ziel des ECFR eine religiöse Autorität darzustellen nicht harmonisiere:

> But if the ECFR is testimony to the desire to relocate religious authority in the West, Islamic scholarship is still largely rooted in the Muslim world. [...] Their number should not exceed 25 percent, according to the statutes adopted 1997. While some of the non-resident scholars in the ECFR have lived in the West for some periods [...], others seem to have been chosen primarily because of their close relations with ECFR's leadership.[1253]

1249 Ein persönliches Gespräch mit ihm am 08.10.2015.
1250 Vgl. Zaman 2012, S. 94.
1251 In einem persönlichen Gespräch am 22.02.2015.
1252 Vgl. al-Ḫālid 2009, S. 390.
1253 Caeiro 2011, S. 124.

Darüber hinaus äußert Caeiro gegen die überwiegende Vertretung der Araber im Vergleich mit den anderen ethnischen Zugehörigkeiten Kritik.[1254] Ein ähnliches Defizit bezüglich der Repräsentation macht auch al-Ǧudayʿ aus. Dabei geht es um die mangelnde Vertretung der nicht-arabischen Muslime im Council.[1255] Ein spezifisches Problem für die in der Diaspora existierenden Institutionen des KI bildet die Beteiligung von nicht im Westen ansässigen Mitgliedern. In Bezug auf den ECFR führt dies laut Caeiro zu einer Spannung zwischen dem Versuch die traditionellen islamischen Normen mit der durchschnittlichen Gastgesellschaft zu versöhnen und der Wiederbelebung der gegenwärtigen Relevanz islamischer Traditionen. Laut Caeiro beteiligen sich die Gelehrten, welche im Mittleren Osten ansässig sind, durch ihre Mitarbeit in einem diskursiven Feld, welches vor allem durch die Bedingungen in der muslimischen Welt geprägt wird. Demgegenüber beschäftigen sich Mitglieder, die in Europa leben, mit Diskursen über die Integration der Muslime und die Radikalisierung des Islam.[1256]

In Hinblick auf die IIFA legt die Satzung der Institution fest, dass jedes Mitgliedsland der OIC durch einen einzigen Vertreter repräsentiert werden soll, was eine gleiche Repräsentativität der verschiedenen Mitgliedsstaaten garantieren könne. Trotzdem haben bis jetzt einige Länder ihren Vertreter nicht nominiert. Obwohl die Akademie bzw. die OIC 57 Mitgliedsstaate hat, umfasst das Gremium zurzeit nur 47 Vertreter von 47 Mitgliedsländern, da die übrigen Länder wie Indonesien, Albanien und Mali ihre Mitglieder (noch) nicht ernannt haben.

Hingegen erscheint die Repräsentativität der verschiedenen Länder im Falle der anderen Beteiligten an der Akademie unterschiedlich. Die Ernennung der zweiten Kategorie der Hauptmitglieder, welche ein Stimmrecht haben, liegt in der Hand der Akademie. Zurzeit hat die Akademie 17 Gelehrte[1257] eingestellt, d. h. etwa 36 % der gesamten stimmberechtigten Hauptmitglieder, während die neue Satzung feststellt, dass die Zahl dieser Mitglieder ein Drittel der Zahl der an der OIC beteiligten Mitglieder nicht überschreiten darf. Außer einem Iraner und einem Türken sind der Rest Araber, darunter drei Saudis und drei Ägypter. Ferner verfügt die Akademie über 114 Experten unterschiedlicher Fachgebiete aus den diversen islamischen Ländern, die sich an der Anfertigung von Untersuchungen und an den Diskussionen beteiligen, ohne ein Stimmrecht bei der Verabschiedung der betreffenden Resolutionen zu haben. Die Zusammenstellung dieser Kategorie von Teilnehmern zeigt eine Ungleichheit. Die Mehrheit sind auch hier Araber, vor allem aus Ägypten (23), Saudi-Arabien (22) und den Vereinigten Arabischen Emiraten (13).[1258]

1254 Vgl. Caeiro 2011, S. 125.

1255 Seine Antworten wurden als Audio-Datei per E-Mail am 07.12.2015 geschickt.

1256 Vgl. Caeiro 2010, S. 436.

1257 Laut einer aktuellen Liste der Mitglieder, die ich vom Stellvertreter des Generalsekretärs ʿĀdil Qūta am 14.12.2015 erhalten habe.

1258 Vgl. die alte Webseite http://www.fiqhacademy.org.sa/a3daa/a3_5br.htm, abgerufen am 03.12.2015. Leider ist die Experten-Liste auf der neuen Webseite nicht veröffentlicht.

Ein relevanter Hinweis zur Repräsentativität der verschiedenen Länder und Gebiete in der IIFA kann auch die geografische Verbreitung der Länder, welche die jährlichen Konferenzen organisierten, liefern. Die bisherigen Konferenzen fanden vor allem in Golfländern statt. Dies war in 17 von 22 Tagungen der Fall: acht Mal in Saudi-Arabien, drei Mal in Kuwait und in den Vereinigten Arabischen Emiraten, jeweils einmal in Bahrain, Katar und im Oman. Die übrigen fünf Sitzungen wurden zwei Mal in Jordanien, jeweils einmal in Brunei, Malaysia und Algerien (das einzige Mal in Afrika) abgehalten. Diese Verteilung ist zum Teil finanziell motiviert, da das Gastland die Kosten für die Organisation der Konferenz tragen muss. Diese Annahme bestätigt sich unter der Berücksichtigung, dass viele Mitgliedsländer ihre Geldbeiträge entweder nur zum Teil oder überhaupt nicht bezahlen.[1259] Zudem kann sie möglicherweise darauf zurückgeführt werden, dass es in Ländern wie Ägypten vergleichbare Institutionen gibt. Dabei geht es um die Akademie für islamische Untersuchungen der Azhar. Fragwürdig in diesem Kontext ist die Vertretung von Indonesien, das demographisch größte Land der islamischen Welt, bzw. das Verhältnis zwischen der Akademie und Indonesien. Einerseits hat Indonesien bis heute weder einen Vertreter eingestellt noch eine Tagung der Akademie – wie die Nachbarländer Malaysia und Brunei – veranstaltet. Demgegenüber erscheint das Interesse Indonesiens an einer anderen internationalen Rechtsakademie, nämlich der *Fiqh*-Akademie der islamischen Weltliga, welche früher (als die IIFA) im Jahre 1978 ins Leben gerufen wurde, größer zu sein. Die anfängliche Zusammensetzung des obersten Gremiums der Akademie der islamischen Weltliga umfasste neben den acht saudischen Rechtsgelehrten noch zwölf Gelehrte anderer islamischer Länder, darunter einen Gelehrten, Dr. Muhammad Rasjidi, aus Indonesien. Ebenso war der damalige Mufti der Fatwa-Kommission von Indonesien der islamischen Weltliga angehörig.[1260] Die Zusammenarbeit mit der Akademie der islamischen Weltliga wurde auch in jüngerer Zeit fortgesetzt. So hat das indonesische Ministerium für islamische Angelegenheiten im Zeitraum vom 24. bis 26. Dezember 2012 in Kooperation mit der *Fiqh*-Akademie der islamischen Weltliga und unter der Schirmherrschaft des indonesischen Präsidenten in Jakarta eine internationale Konferenz über das „Fatwa und seine Rechtlinien" organisiert. In der Schlusserklärung der Konferenz wurde auf ein Projekt hingewiesen, ein Forum (*Muntadā*) oder eine *Fiqh*-Akademie (*Maǧmaʿ fiqh islāmī*) für Südostasien mit Hauptsitz in Indonesien zu gründen, um Fragen allgemeiner Natur zu untersuchen. Dieses Projekt wird auch in Zusammenarbeit mit (der Akademie) der islamischen Weltliga ausgeführt werden.[1261] Dagegen hat die

1259 Nach Gesprächen mit dem Stellvertreter des Generalsekretärs ʿĀdil Qūta am 14.12.2015 und mit ʿAbd al-Qāhir Qamar, dem Leiter der Fatwa-Abteilung der Akademie, am 15.12.2015.

1260 Vgl. Schulze 1983, S. 37 f. Auf weitere Koordinationsarbeiten zwischen Indonesien und der islamischen Weltliga weist Schulze in seinem Aufsatz hin. Siehe Schulze 1983.

1261 Vgl. SPA: „ad-Duktūr at-Turkī yušrif ʿalā muʾtamar ʿālamī li-l-fatwā bi-Indūnīsyā", http://www.spa.gov.sa/viewstory.php?lang=ar&newsid=1061577 (veröffentlicht am

IIFA unter den von ihr selbst ausgewählten Mitgliedern und Experten keinen einzigen Indonesier eingesetzt. All dies verweist auf ein Spannungsverhältnis zwischen beiden Seiten.[1262]

6.4.4 Förderungsbedarf

Das Zentralproblem, welches alle Mitglieder und Angestellten der drei Akademien thematisieren, ist der Bedarf an finanzieller Unterstützung. Für viele repräsentiert dieses Problem das hauptsächliche Hindernis für die Arbeit der Rechtsakademien. So weist der ehemalige Generalsekretär der Akademie der Azhar, ʿAbd al-Fattāḥ Baraka, auf die materielle Knappheit hin. Er betont, dass die Akademie aufgrund dessen den Mitgliedern keine angemessenen Arbeitsbedingungen für ihre wissenschaftlichen Aktivitäten anbieten könne. Ferner ziehe die Geldnot zwei grundlegende Konsequenzen mit sich: Zum einen hätten für die ständigen und vorläufigen Ausschüsse und Arbeitsgruppen keine passenden Arbeitsplätze zur Verfügung gestellt werden können, da die Akademie lange Zeit ohne einen permanenten Sitz auskommen musste, was sich schlecht auf die Versammlungen und die Arbeitsweise der Akademie ausgewirkt habe. Zum anderen werde die Arbeit sowohl der Vollmitglieder als auch der Forscher und der Experten im Verhältnis zu den Aufgaben und Leistungen, die sie erbringen müssen, schlecht vergütet. All diese Faktoren hätten sich negativ auf die Qualität und Entwicklung der Akademie ausgewirkt.[1263]

Dieses Problem betrifft nicht nur die Akademie für die islamischen Untersuchungen der Azhar, sondern auch die IIFA, obgleich Letztere von der OIC, die eine Mitgliedschaft von 57 Staaten hat, finanziert wird. In den Gesprächen mit dem Stellvertreter des Generalsekretärs und dem Leiter der Fatwa-Verwaltung wurde hervorgehoben, dass die Akademie tatsächlich nur 60–70 Prozent von ihrem Budget erhält, da viele Länder ihre Beiträge nicht regelmäßig bezahlen würden. Aus diesem Grund wurde die finanzielle Absicherung der IIFA als wichtige Voraussetzung für die Unabhängigkeit der Akademie von den Teilnehmern des Vorbereitungsforums (9.–11. September 2005) für die dritte Sonder-Gipfelkonferenz der OIC (Dezember 2005) formuliert: „In order to enable the IFA to discharge the totality of its duties and to give it a wider autonomy within the OIC, the scholars called for establishing an IFA waqf with increasing resources."[1264]

22. Dezember 2012) und al-Luhaybī, Wāʾil: „Iḫtitām aʿmāl al-muʾtamar ʿālamī li-l-fatwā wa ḍawābiṭihā bi-Ǧākartā", http://www.alriyadh.com/796336 (Vol. 16257, 27. Dezember 2012), abgerufen am 14.05.2016.

1262 Vgl. http://www.iifa-aifi.org/%d8%a7%d9%84%d8%a3%d8%b9%d8%b6%d8%a7%d8%a1-%d8%a7%d9%84%d9%85%d8%b9%d9%8a%d9%86%d9%88%d9%86, abgerufen am 14.05.2016.

1263 Vgl. Baraka 1996, Bd. 1, S. 204 ff.

1264 http://www.oic-oci.org/ex-summit/english/sg-report.htm, abgerufen am 14.05.2016. Die Gespräche wurden am 14. und 15.12.2015 geführt.

In seiner Stellungnahme hob der kuwaitische ʿAǧīl an-Našmī, Mitglied der IIFA und des ECFR, hervor, dass einige Fiqh-Akademien einen Mangel an finanziellen Ressourcen oder an effektivem Verwaltungspersonal aufweisen. Aus Geldnot sähen sich einige Akademien gezwungen, ihre Tagungen zu verschieben. Aus diesem Grund könne es vorkommen, dass zwei oder drei Jahre vergehen, bis eine Konferenz schließlich abgehalten werden kann. Daneben würden die Lücken hinsichtlich der Qualifikationen des Verwaltungspersonals, z. B. im EDV-Bereich, eine weitere Herausforderung für die Entwicklung der Arbeit der Rechtsakademien darstellen.[1265]

Ebenso betonten die Mitglieder des ECFR den Bedarf an Finanzierungsmitteln. ʿAlī al-Qaradāġī, Stellvertreter des Präsidenten des ECFR, sprach von der Notwendigkeit einer Regierung, die die Erneuerung und die Forschung im Bereich des islamischen Rechts fördert. Außerdem lenkten al-Qaradāġī und Aḥmad Ǧāballāh die Aufmerksamkeit auf das Problem, dass der Council keine hauptamtlichen Forscher für seine Aktivitäten hat, sondern alle Mitglieder ehrenamtlich arbeiten. Darüber hinaus wiesen beide auf einen Mangel an fundamentaler Forschungsliteratur hin.[1266] ʿAlī al-Qaradāġī lenkte den Fokus auf den Verbesserungsbedarf der Akademiearbeit sowohl auf administrativer als auch auf wissenschaftlicher Ebene. Was die Entwicklung der Verwaltung betrifft, so sollten den Akademien weitere qualifizierte Angestellte und fachliche Mitarbeiter zur Verfügung gestellt werden. Um die wissenschaftliche Arbeit der Rechtsakademien weiterzuentwickeln, dürfe keine Beschränkung auf die Untersuchungen der Mitglieder vorgenommen werden. Des Weiteren sollten fachliche Forschungszentren für *Fiqh* und für andere Wissensgebiete, die mit der Arbeit der Rechtsakademie verbunden sind, wie z. B. Finanzen und Medizin, gegründet werden. Ferner schlug er die Schaffung einer Institution zur Ausbildung der *muǧtahids* vor, da die Absolventen der bisherigen Scharia-Fakultäten nicht für die Ausübung des *iǧtihād* qualifiziert seien.[1267]

6.4.5 Partizipationsprobleme

In der Darstellung al-Qaradāġīs und Ǧāballāhs deutete sich eine mangelnde Beteiligung von Experten anderer Wissensgebiete an der Arbeit des ECFR an. Für die Entwicklung der Arbeit des Councils sei es notwendig, über in Vollzeit beschäftigte Forscher und Spezialisten anderer Fachgebiete wie Soziologie, säkulare Jurisprudenz, Psychologie, Wirtschaft u. a. zu verfügen.[1268] Die Notwendigkeit einer größeren Mitwirkung von Experten anderer Wissensgebiete wurde auch von anderen Mitgliedern, wie Unays Qurqāḥ und al-ʿArabī al-Bišrī, im Rahmen der 25. Tagung hervorgehoben.

1265 Ein persönliches Gespräch mit ihm am 11.10.2015.

1266 Aus einem persönlichen Gespräch mit al-Qaradāġī am 08.10 2015 und mit Aḥmad Ǧāballāh am 10.10 2015.

1267 Aus einem persönlichen Gespräch am 08.10.2015.

1268 Aus einem persönlichen Gespräch mit al-Qaradāġī am 08.10.2015 und mit Ǧāballāh am 10.10.2015.

Im Gespräch mit ʿAbdallāh al-Ǧudayʿ kam deutlich der Mangel an Beteiligung von Spezialisten fachfremder Gebiete im ECFR zum Ausdruck. Er erkannte darin eine große Erschwernis für die fachliche Arbeit des Councils. Dieses Defizit könne auch die Interdisziplinarität bei der Untersuchung einer Frage in Mitleidenschaft ziehen.[1269]

Al-Ǧudayʿ sah zudem eine andere Problematik im Zusammenhang mit den Beteiligten an der Arbeit des Councils. So übte er daran Kritik, dass einige Mitglieder sich nicht produktiv an den Aktivitäten, wie Untersuchungen und Diskussionen, des Rates beteiligen würden.[1270] Durch meine persönliche Präsenz an der 25. Sitzung des ECFR kann dieser Kritikpunkt durchaus als gerechtfertigt betrachtet werden. Im Zusammenhang mit dieser kritischen Anmerkung machte Ḥanafī auf die Notwendigkeit aufmerksam, bestimmte Wahlkriterien für die Mitglieder festzusetzen, welche die Entwicklung und Verbesserung der Arbeit der Rechtsakademien garantieren sollen.[1271] Hinsichtlich der Wahlbedingungen vertrat Ṣuhayb Ḥasan die Ansicht, dass es bei der Wahl der Mitglieder nicht nur darum gehen solle, Vertreter der verschiedenen Aufenthaltsländer der Muslime in Europa zu ernennen, sondern vor allem darum, dass ein Mitglied auch tatsächlich lange praktische Erfahrung in der Fatwa-Erteilung vorzuweisen habe oder aktive Forschung in der islamischen Rechtswissenschaft betreibe.[1272] In diesem Kontext kritisierte das Mitglied der IIFA und des ECFR, ʿAbd as-Sattār Abū Ġudda, die Ernennungsmethode der Mitglieder der Akademien – insbesondere jene der IIFA. So betonte er, dass einige Mitglieder der Akademien nicht ausreichend qualifiziert seien oder nicht effektiv arbeiten würden, weil diese von staatlichen Behörden berufen würden. Stattdessen verlangte Abū Ġudda, dass die Auswahl der Mitglieder entsprechend ihrer wissenschaftlichen Kompetenz und fachlichen Erfahrung erfolge.[1273] Überdies sind noch zwei weitere Defizite, die bereits unter dem Punkt „Repräsentativität" behandelt wurden, hinsichtlich der Partizipation zu nennen: die Beteiligung von Frauen und Nicht-Sunniten an den drei Institutionen.

6.4.6 Defizite der Arbeitsorganisation und -methode

Was die organisatorischen Angelegenheiten angeht, so monierte al-Ǧudayʿ die geringe Zeit, die den Forschern für die Darstellung ihrer Arbeitsergebnisse bei den Tagungen des ECFR eingeräumt wird. Oftmals komme es auch vor, dass den Mitgliedern Untersuchungen erst kurz vor Einberufung der Konferenzen oder teilweise sogar erst nach einer Tagung zugeschickt werden,[1274] was den *iǧtihād*-Prozess

1269 Seine Antworten wurden in als Audio-Datei per E-Mail am 07.12.2015 geschickt.
1270 Seine Antworten wurden als Audio-Datei per E-Mail am 07.12.2015 geschickt.
1271 Ein Treffen mit ihm in der 25. Tagung des Councils. Die Antworten wurden per Mail am 16.10.2015 geschickt.
1272 Seine Antworten wurden mir als Audio-Datei am 27.10.2015 geschickt.
1273 Die Antworten wurden mir schriftlich am 06.11.2015 zugesandt.
1274 Das war der Fall bei etwa zwei oder drei Untersuchungen in der 25. Tagung.

möglicherweise negativ beeinflussen könne.[1275] Das letztgenannte Problem ergab sich in den ersten Konferenzen der IIFA auch manchmal, wie aus den veröffentlichten Diskussionen der Mitglieder hervorgeht. Nichtsdestoweniger gelang es der IIFA im Laufe der Jahre, dieses Problem zu lösen. Auch Ḥanafī hob hervor, dass sowohl bei der individuellen Erforschung der Fragen als auch bei der Diskussion Zeitknappheit bestehe. Daraus folge, dass die Entscheidung über die betroffene Frage zur weiteren Untersuchung aufgeschoben werden müsse.[1276]

Das Problem der Arbeitsteilung zwischen der jährlichen Versammlung und der Fatwa-Kommission, auf das vorher verwiesen wurde, wurde auch von Ṣuhayb Ḥasan, dem pakistanischen und in England ansässigen Mitglied des ECFR und des Councils der Scharia-Gelehrten in Amerika, erkannt. Nach seinem Dafürhalten ist die Zahl der bisher erteilten Fatwas durch den Council eher gering, was darauf zurückzuführen sei, dass bis zu einem Jahr vergehen könne, bis der Fragende eine Antwort auf seine Fatwa-Anfrage erhält. Stelle der Fragende seine Fatwa-Anfrage direkt nach dem Ende einer jährlichen Sitzung, so werde diese erst in der folgenden Vollversammlung im nächsten Jahr bearbeitet. Infolgedessen schlug er vor, die Bearbeitung der Fatwa-Anfragen auf die Mitglieder der Fatwa-Kommissionen zu übertragen. Letztere sollten Fatwa-Entwürfe anfertigen, welche dann später von der Tagung des Councils genehmigt werden sollen.[1277] Dieser Vorschlag von Ḥasan ermöglicht zwar dem Council, mehr Fatwas zu erstellen. Dennoch bleibt die Problematik der sehr langen Wartezeit eines Fragenden von bis zu einem Jahr, bis die endgültige Rechtsnorm von der jährlichen Vollversammlung verabschiedet wird, bestehen. Eine Lösung auf das noch verbleibende Problem bot ʿAbd as-Sattār Abū Ġudda, indem er vorschlug, die Tagungen mehrmals im Jahr stattfinden zu lassen.[1278]

Ein weiteres organisatorisches Problem, welches im mangelnden Kontakt mit den anderen Rechtsakademien und wissenschaftlichen Institutionen besteht, erwähnte Ṣuhayb Ḥasan. Für ihn solle dieser Kontakt über die Auseinandersetzung mit den Beschlüssen der Akademien hinausgehen und zudem einen Austausch von Erfahrungen sowie regelmäßige gegenseitige Besuche angestrebt werden.[1279] In diesem Zusammenhang wies Aḥmad Ǧāballāh darauf hin, dass die außerhalb Europas ansässigen Mitglieder, die mehrheitlich auch Mitglieder anderer Rechtsakademien innerhalb der islamischen Welt seien, für den Council als Zugang zur Arbeit anderer KI-Institution fungieren würden.[1280]

1275 Seine Antworten wurden in schriftlicher Form am 07.12.2015 per E-Mail geschickt.

1276 Ein Treffen mit ihm in der 25. Tagung des Councils. Die Antworten wurden am 16.10.2015 per Mail geschickt.

1277 Aus einem Gespräch mit ihm und die Antworten wurden am 27.10.2015 als Audio-Datei geschickt.

1278 Die Antworten wurden schriftlich am 06.11.2015 übermittelt.

1279 Aus einem Gespräch mit ihm und die Antworten wurden am 27.10.2015 als Audio-Datei geschickt.

1280 Aus einem Gespräch mit ihm am 10.10.2015.

Nicht zu vernachlässigen sei die Schwierigkeit, dass die Mitglieder der Rechtsakademien verschiedene Denkrichtungen vertreten. Dieses Problem zeigte Aḥmad Ṭāhā Rayyān in unserem Gespräch auf. Wegen der unterschiedlichen Richtungen werde die Erlangung einer einheitlichen Meinung über eine Frage erschwert. Jedoch werde dieses Problem oft durch die Regelung der Stimmenmehrheit gelöst.[1281] Auf dasselbe Problem macht Caeiro, wie oben erwähnt,[1282] aufmerksam. Dennoch hält Ḥanafī diese Vielfältigkeit gleichzeitig auch für einen Vorteil.[1283] Durch meine eigene Teilnahme an der 25. Sitzung, kann ich in diesem Fall feststellen, dass die Diskussion und die gegenseitige Beratung bei der Erlangung einer gemeinsamen Position eine entscheidende Rolle spielen. Andernfalls kommt es zu einer Abstimmung oder zur Verschiebung der Entscheidung als letzte Lösung. Die wesentliche Rolle der Konsultation in solchen Fällen wurde auch von Mitgliedern der IIFA akzentuiert. Laut ʿAbd al-ʿAlīm und Qūta werde ein Aufschub der Entscheidung begrüßt, wenn die Zahl der Befürworter und Gegner sich relativ die Waage halten.[1284]

Erwähnenswert ist der Hinweis ʿAlī Ǧumʿas auf die Schwierigkeit bei der Kommunikation zwischen den religiösen Gelehrten und Experten der anderen Wissensgebiete. Diese führte er auf die unterschiedlichen Bildungssysteme der Teilnehmer aus verschiedenen Fachbereichen zurück.[1285] Der ehemalige Großmufti Ägyptens warnte vor einem weiteren Hindernis, und zwar den organisatorischen Problemen, welche durch das Sekretariat der Rechtsakademien wegen einer fehlerhaften Verwaltung und veranlasst durch kommunikative Defizite provoziert werden können.[1286]

Was die methodologische Verbesserung der Arbeit des ECFR betrifft, so hielt Ḥanafī es für wichtig, moderne Forschungsmethoden anzuwenden. Hierzu führte er Publikumsumfragen und Feldforschungen sowie fachwissenschaftliche Studien zu den entsprechenden Fragen, z. B. bezüglich Nahrungsmittel, die Gelatine enthalten und allgemeine Fragen zum Thema Ernährung, als Beispiele an. Des Weiteren vertrat er die Meinung, dass die Methodik für die Bearbeitung der Fragen festgelegt werden solle, um dafür zu sorgen, dass die gestellte Frage von allen Seiten beleuchtet werde, ehe zu einer anderen Problematik übergegangen werde.[1287] Zudem forderte al-Ǧudayʿ, dass der Council sich ausschließlich auf die Fragen der in europäischen Gesellschaften lebenden Muslime konzentrieren und sich nicht mit anderen allgemeinen (politischen) Problemen, welche nicht in die Zuständigkeit des Councils fallen, beschäftigen solle.[1288]

1281 Aus einem Gespräch mit ihm am 22.02.2015.

1282 Siehe den Punkt „Rezeption der Rechtsakademien und ihrer Arbeitsergebnisse".

1283 Ein Treffen mit ihm in der 25. Tagung des ECFR. Die Antworten wurden am 16.10.2015 per E-Mail geschickt.

1284 Persönliche Gespräche am 14. und 17.12.2015.

1285 Vgl. Ǧumʿa 2009, S. 63.

1286 Aus einem persönlichen Gespräch mit ihm am 02.03.2015.

1287 Ein Treffen mit ihm in der 25. Tagung des ECFR. Die Antworten wurden am 16.10.2015 per E-Mail geschickt.

1288 Seine Antworten wurden am 07.12.2015 per E-Mail geschickt.

Darüber hinaus kann nach eigener Betrachtung der Arbeit des Councils geschlossen werden, dass viele seiner Entscheidungen aufgrund einer einzigen angefertigten Studie über die betroffene Frage gefällt wurden. Dies ist auch bei der Bearbeitung der Fatwas der Fall, da die Fragen von einem einzigen Mitglied untersucht werden. Infolge dieser Arbeitsweise werden während der jährlichen Tagung Themen diskutiert, die auf die Sicht eines einzigen Forschers reduziert sind, was eine sehr begrenzte Auseinandersetzung zur Folge hat. Gleichzeitig birgt dies auch die Gefahr, dass zwar ein einziges Mitglied ein Thema intensiv erforscht, jedoch die anderen Mitglieder ihre Meinung nicht auf der Grundlage eigenständiger Reflexion bilden, sondern ausschließlich durch die Lektüre der zugrunde liegenden Studie, durch Diskussionen oder auf Basis einer alten Vorstellung, ohne diese infrage zu stellen oder diesen Standpunkten weiter auf den Grund zu gehen. Diese Vorgehensweise entspricht jedoch in keiner Weise dem Bild des KI.

7 Fazit

Die vorliegende Arbeit wurde in drei Komponenten unterteilt: Die Theorie des KI, seine institutionelle Umsetzung und die Analyse seiner Institutionen (Rechtsakademien). Das folgende Fazit soll dazu dienen, die wesentlichen Resultate dieser Arbeit noch einmal zu resümieren.

Der kollektive *iǧtihād* in der Theorie

Der theoretische Teil beabsichtigte, die Vorgeschichte, die Wegbereiter und die Entstehungshintergründe des KI darzustellen sowie das Konzept des KI zu charakterisieren.

Einleitend konnte konstatiert werden, dass der Begriff *iǧtihād ǧamāʿī* zwar nicht in der früheren Literatur vorkommt, jedoch in ihr einige Elemente vorzufinden sind, welche vom *iǧtihād ǧamāʿī* entweder gefördert werden oder auf welche in Zusammenhang mit ihm in Form einer kritischen Beurteilung oder Modifikation referiert wird. Hierbei handelt es sich hauptsächlich um die Doktrinen *iǧtihād*, *iǧmāʿ* und *šūrā*, sowie um die Haltung der Rechtsschulen zueinander. Diese Doktrinen haben somit zumindest teilweise einen konzeptuellen Beitrag zur Entwicklung des KI geleistet.

Vorgeschichte: In Anbetracht der früheren Begriffsbestimmung des *iǧtihād* war auffällig, dass die meisten Definitionen keine genaue Erklärung des Begriffs *iǧtihād* geben, sondern lediglich eine Beschreibung des *iǧtihād*-Prozesses anbieten, vor allem des Ziels des *iǧtihād*-Vorgangs, nämlich eine Scharia-Bestimmung zu ermitteln. Hierbei bildet die Festlegung des Gewissheitsgrads der durch *iǧtihād* erlangten Regelung – in der Regel *ẓann*-Grad – ein entscheidendes Element. Somit kann im Allgemeinen unter *iǧtihād* „Anstrengung zur Ermittlung einer präsumtiven Rechtsnorm" verstanden werden. Mit der Etablierung der Rechtsschulen erreichte der *iǧtihād* in der Praxis seinen Höhepunkt. Sodann verbreitete sich die Annahme von der Schließung des Tors zum *iǧtihād* sowie die Auffassung, dass niemand mehr in der Lage sei, eine neue Rechtsschule neben den vier anerkannten zu gründen bzw. den höchsten *iǧtihād*-Rang zu erreichen. Als Folge dieser Umstände ging die breite Masse der Gelehrten von der Teilbarkeit des *iǧtihād* aus.

Was den *iǧmāʿ* betrifft, so repräsentiert dieser eine rechtstheoretische Doktrin, welche dem *iǧtihād* nur bedingt Raum gewährt. Während die Autorität und Verwirklichung des *iǧmāʿ* unter den meisten (sunnitischen) Wissenschaftlern stets Anerkennung findet, schließen die Ẓāhiriten die Realisierung des *iǧmāʿ* nach dem Zeitalter der Prophetengefährten aus. Hingegen weisen einige Muʿtaziliten und die Mehrheit der Schiiten, insbesondere die Zwölfer-Schiiten und die Ḫāriǧiten, die Autorität des *iǧmāʿ* zurück. Konsens und *iǧtihād* sind insofern miteinander verknüpft als die an einem *iǧmāʿ* beteiligten Personen zum *iǧtihād* befugt sein müssen. Andersherum bildet die Kenntnis von Konsensentscheidungen, welchen man sich bei der Normenfindung nicht widersetzen darf, eine erforderliche Qualifikation für die Anwendung des *iǧtihād*. Es ist unerlässlich darauf hinzuweisen, dass in diesem Zusammenhang der Konsens als definitiver Beweis über dem *iǧtihād* steht, welcher lediglich zur Erlangung von präsumtivem Wissen dient. Aus einer anderen Perspektive wird der *iǧmāʿ* als Zusammenstellung verschiedener einzelner *iǧtihād*-Ergebnisse, die miteinander in Einklang stehen, betrachtet.

Hinsichtlich der Anwendung der *šūrā* im Rechtsbereich wurde deutlich, dass nach dem Ableben des Propheten ein Konsens über deren Zulässigkeit bei der Ermittlung von Rechtsnormen herrschte. Dabei stützen sich die Theoretiker auf verschiedene Beispielsfälle aus der Regierungszeit der rechtgeleiteten Kalifen. Die Mehrheit geht davon aus, dass die Beratung eines Richters oder Muftis mit einer Gruppe von Rechtsgelehrten während der Urteilsfindung erwünscht ist, jedoch ohne auf seinen eigenen *iǧtihād* zu verzichten. Eine enge Beziehung und sogar die Identität zwischen der (juristischen) *šūrā* und dem *iǧtihād* lassen sich auf verschiedenen Wegen nachweisen. Zum einen besteht ihre Gemeinsamkeit darin, dass sich beide Doktrinen auf die gleichen textuellen Beweise stützen und denselben Anwendungsbereich, nämlich Fragen, die weder im Koran noch in der Sunna behandelt wurden, aufweisen. Somit dient die *šūrā* als Weg zur Stärkung und zum Vollkommenen des *iǧtihād*-Prozesses. Zum anderen litten beide Disziplinen nach der Etablierung der Rechtsschulen und mit der Entwicklung der Auffassung von der Schließung des Tors zum *iǧtihād* unter starken Einschränkungen.

Das Spannungsverhältnis zwischen den *ahl al-ḥadīṯ* und den *ahl ar-raʾy* kam mit der Entstehung der Rechtsschulen zum Schluss. In der folgenden Phase verbreitete sich unter den Gelehrten schrittweise die Neigung, sich dem Rechtsschulsystem anzuschließen und die eigene Schule zu verteidigen. Dies manifestiert sich in vielen Schriften, welche die Überlegenheit der eigenen Schule aufzeigen sollen. Mehr oder weniger lässt sich dies auch in etlicher *iḫtilāf*-Literatur feststellen. Daneben gab es jedoch auch Aufforderungen zur Toleranz zwischen den *maḏāhib* und zur Gleichstellung der diversen Rechtsschulen, wie jene von aš-Šaʿarānī und Ibn Taymiyya.

Das zweite Kapitel der Theorie hatte das Ziel, durch Darstellung verschiedener Initiativen zur Kollektivierung des *iǧtihād* von der vormodernen Zeit bis zur Entstehung der ersten Akademie für die Anwendung dieser Art des *iǧtihād* im Jahre 1961, die Ansätze und die Hintergründe für die Genese jener *iǧtihād*-Form, herauszuarbeiten.

Definitionen des kollektiven *iǧtihād*: Anhand der dargelegten Definitionen zeigte sich eine Uneinigkeit unter den Theoretikern über die Begriffsbestimmung des *iǧtihād ǧamāʿī*. Diese ist darauf zurückzuführen, dass viele Autoren den *iǧtihād ǧamāʿī* mit dem *iǧmāʿ* oder dem (individuellen) *iǧtihād* verquicken. Unter KI verstand die vorliegende Studie einen kollektiven Rechtsfindungsprozess, an dem sich mehrere Rechtsgelehrte beteiligen, sich miteinander und mit anderen Experten verschiedener Fachgebiete beraten, um rechtliche Normen zu ermitteln, die auf einer kollektiven Entscheidung beruhen. Die Zusammenkunft dieser Gelehrten findet in einer Institution des KI statt, wie *Fatwa*-Gremien, Rechtsakademien oder Kongressen.

Entstehung: Der Entstehung des KI liegen zahlreiche Aufrufe zu einer kollektiven Form des *iǧtihād* sowie Entwürfe zur Schaffung von Institutionen oder islamrechtlichen Projekten mithilfe des KI zugrunde. Diese Aufrufe fanden zeitversetzt, vornehmlich um die Wende des 20. Jahrhunderts statt, und kamen aus den unterschiedlichsten Teilen der islamischen Welt. Dazu gehören Marokko, der Subkontinent Indien, die Türkei, Ägypten, Syrien, Tunesien und der Iran. In den folgenden Jahrzehnten wurde die Idee des KI vornehmlich in Ägypten unterstützt. Dort hatte dieses Konzept viele Anhänger, insbesondere die Schüler ʿAbduhs, darunter Riḍā, al-Marāġī und Šaltūt.

Die Aufrufe bezogen sich auf vorübergehende und ständige Ausführungsformen und ihre *iǧtihād*-Umsetzung schwankte zwischen der vierten und höchsten *iǧtihād*-Stufe. Bei den frühen Appellen war zunächst die vierte Kategorie erforderlich. Später, vor allem seit Anfang des 20. Jahrhunderts, bedurfte es der höchsten *iǧtihād*-Stufe. Des Weiteren nahmen die früheren Initiativen auf eine einzige Rechtsschule Bezug, während die Mehrheit jüngerer Akteure des 20. Jahrhunderts von der Anerkennung und der Gleichstellung aller islamischen *maḏāhib* ausgeht. Diese Gleichstellung bezieht sich nicht nur auf die vier bekannten sunnitischen *maḏāhib*, sondern auch auf andere Rechtsschulen, vor allem die imāmitischen, zayditischen und ẓāhiritischen sowie die ibāḍitischen Schulen. Einige der Ideenträger, vor allem frühere, sprechen dem KI eine legislative Rolle zu oder stellen ihn mit dem *iǧmāʿ* gleich und erheben somit den Anspruch auf eine Verbindlichkeit seiner Ergebnisse. Hingegen halten sie die *iǧtihād*-Ergebnisse lediglich für Lehrmeinungen ohne jede Verpflichtung. Ein entscheidendes Merkmal des KI bildet die Art und Weise der Entscheidung bei einem Normenfindungsprozess, d. h. die Frage, ob diese einer kollektiven oder einer individuellen Form folgt.

Hauptziele: Bei der Durchsicht der verschiedenen Forderungen zeigten sich das Streben nach einer muslimischen Einheit und nach einer Durchsetzung der Scharia als Hauptziele für die Entwicklung der kollektiven Art des *iǧtihād*. Ein Hindernis für die Verwirklichung dieser Einheit bildete der Rechtsschulfanatismus, der von vielen Gelehrten als wesentlicher Grund für die Spaltung der muslimischen Gemeinde betrachtet wurde. Durch die Verwendung des KI sollte diese Teilung beseitigt werden. Vorbedingungen für die Anwendbarkeit der Scharia waren die erneute Öffnung des Tors zum *iǧtihād* oder die Fortsetzung des *iǧtihād* in einer zuverlässigeren und präziseren Ausprägung im Vergleich zu der bisherigen individuellen Form sowie die Herausforderung der Kodifizierung des islamischen Rechts. Hinzu kam die Forderung nach der Institutionalisierung des *iǧmāʿ*. Hierbei wird der KI als Mittel für die Erfüllung dieser Bedingungen angeboten.

Obwohl sich die Idee von einem *iǧtihād* auf Basis einer kollektiven Arbeit und Konsultation einiger Gelehrten früher entwickelte, gilt die Aufforderung Rafīq al-ʿAẓms, welche er im Jahre 1910 – im Rahmen seiner Rede in der Schule des scharia-rechtlichen Richteramts – in der Zeitschrift *al-manār* veröffentlichte, zur Anwendung der kollektiven Form bei der Urteilsfindung und der Erlassung von Rechtsgutachten, als erste explizite Nennung des Fachausdrucks „der kollektive *iǧtihād*". In seiner Rede verwendete er aber nicht die attributive Konstruktion *iǧtihād ǧamāʿī*, sondern die Genitivverbindung *iǧtihād al-ǧamāʿa* (*iǧtihād* einer Gruppe).

Charakteristika: Nach der Entstehung des Begriffs *iǧtihād ǧamāʿī* befasste sich der Diskurs muslimischer Autoren mit der Charakterisierung des KI, vor allem gegenüber anderen Prinzipien wie dem individuellen *iǧtihād*, dem *iǧmāʿ* und der *šūrā*. Hierbei ist der Anwendungsbereich des KI auf Fragen von allgemeiner Natur festgelegt, welche weder im Koran noch in der Sunna geregelt werden oder welche sich auf einen nicht-eindeutigen oder/und präsumtiv erwiesenen Text stützen.

Während der KI von vielen Befürwortern als Rückkehr zur Urform des *iǧtihād* bzw. der *šūrā* während der *Salaf*-Zeit dargestellt wurde, ergibt sich aus der Betrachtung der Grundzüge des KI in der vorliegenden Untersuchung das folgende Bild: Das Konzept des KI bildet eine Kombination aus Elementen dreier früherer Prinzipien, nämlich des individuellen *iǧtihād*, der *šūrā* und des *iǧmāʿ*. Dennoch weist er gegenüber diesen Prinzipien einige Differenzen auf bzw. zeichnet sich durch Besonderheiten aus. Der KI kann als eine Art des (normalen oder individuellen) *iǧtihād* betrachtet werden. Allerdings können unter Berücksichtigung der Komplexität der gegenwärtigen Fragen durch die kollektive Form im Vergleich zum individuellen *iǧtihād* Ergebnisse mit einem größeren Wahrscheinlichkeitsgrad hervorgebracht werden. Diese Beurteilung wird durch die Beratung, den Meinungsaustausch der Rechtsgelehrten und die Beteiligung von Experten anderer Wissensgebiete gerechtfertigt. Obwohl der KI Ähnlichkeiten mit dem *iǧmāʿ* zu haben scheint, lässt sich der KI vom *iǧmāʿ* in diverser Hinsicht abgrenzen. Zu den wesentlichen Unterschieden gehören die einfachere Realisierbarkeit des KI, indem er der Übereinstimmung einer Gruppe oder sogar nur der Mehrheit einer Gruppe bei einer Entscheidung bedarf, während der *iǧmāʿ* die Übereinstimmung aller *muǧtahids* verlangt. Ebenso gilt die Revidierungsmöglichkeit des KI verglichen mit dem traditionellen *iǧmāʿ* als ein weiteres Unterscheidungsmerkmal. Dazu gehört auch der verbindliche Charakter des *iǧmāʿ* im Gegenteil zum KI. Was die *šūrā* betrifft, so kann der KI als Fortsetzung der *šūrā* im juristischen Bereich in der Moderne angesehen werden. Doch unterscheidet er sich von der frühen *šūrā* dadurch, dass er das Recht auf Entscheidung allen am *iǧtihād*-Prozess teilnehmenden Personen gleichermaßen einräumt. Hingegen gewährt die *šūrā* das Entscheidungsrecht einer einzigen Person, wie dem Herrscher oder einem Richter.

Legitimation des KI: Ein wichtiger Diskussionspunkt hinsichtlich des KI betrifft seine Legitimation. Diese wurde zunächst durch eine Änderung und Entwicklung der Konzeption der Prinzipien *iǧtihād*, *iǧmāʿ* und *šūrā* von modernen Gelehrten sowie ihrer Position hinsichtlich der verschiedenen Rechtsschulen, vorbereitet. Somit hat diese Modifikation eine wesentliche Rolle für die künftige Akzeptanz der Idee des KI gespielt. Hierbei betonten sie die Fortsetzung und Öffnung des Tores zum *iǧtihād* als wesentliches Mittel, um das islamische Normensystem an die Lebensbedingungen der modernen Gesellschaft anzupassen sowie Religion und Wissenschaft miteinander in Einklang zu bringen. Die zunehmende Tendenz zur Institutionalisierung und Teilbarkeit des *iǧtihād* erleichterte bzw. ermöglichte die Praxis des (individuellen) *iǧtihād* und ebnete den Weg für die Kollektivierung der *iǧtihād*-Arbeit.

Durch die explizite Distanzierung von einer Verwirklichung des *iǧmāʿ* unter klassischen Bedingungen wurde ein großes Hindernis für die Anwendung des *iǧtihād* beseitigt. Außerdem strebt die moderne Richtung nach einer Institutionalisierung des *iǧmāʿ*. In diesem Zusammenhang heben einige reformerische Intellektuelle hervor, dass zahlreiche *iǧmāʿ*-Ansprüche nicht zutreffen. Ebenso plädieren sie für die Abschaffung von Konsensentscheidungen, die auf einem präsumtiven Argument beruhen. Dadurch wird der Anwendung des (kollektiven) *iǧtihād* mehr Raum gewährt und es wird die Möglichkeit geboten, aus einem größeren Angebot an Ansichten auszuwählen.

Was das Beratungsprinzip (*šūrā*) angeht, so ist seit dem 19. Jahrhundert eine Tendenz zur Weiterführung der *šūrā* als wesentlicher Schritt auf dem Weg der Reform zu beobachten. Zunächst war die Beschäftigung mit dem Beratungskonzept auf einer politischen Ebene angesiedelt. Später steht die *šūrā* auch im Fokus der Jurisprudenz bzw. des KI. In diesem Kontext wurde der KI als Verkörperung bzw. Wiederbelebung der *šūrā* der vorbildlichen Zeit der muslimischen Umma präsentiert. Seitdem ist eine Entwicklung zur Institutionalisierung der *šūrā* auf rechtlicher Ebene zu erkennen. Außerdem provozierte die steigende Sachkompetenz und die Komplexität der Moderne eine Tendenz zur Beratung mit Experten verschiedener Fachgebiete.

Die betonte Anerkennung der verschiedenen islamischen (sunnitischen und nicht-sunnitischen) *maḏāhib* ermöglichte zum einen eine größere Auswahl an Auffassungen, die sich mit den neuen Umständen vereinbaren lassen, da nun auch andere Rechtsschulen berücksichtigt werden. Zum anderen ermöglicht dies dem KI Sympathisanten auch außerhalb der sunnitischen Strömung für sich zu gewinnen.

Überdies berufen sich die Verfechter bei der Legitimierung des KI auf die traditionellen Rechtsquellen. Dabei beziehen sie sich auf die Koranverse 4:59, 3:110, 3:104 und 59:2, welche allgemein von Zusammenarbeit und Solidarität sprechen. Diese Verse können mehr oder weniger auf verschiedene Lebensbereiche bezogen werden, darunter auf die juristischen Fragen bzw. die Normenermittlung und können somit nicht als direkter Hinweis auf den KI gedeutet werden. Von größerer Aussagekraft sind die zwei *šūrā*-Verse (3:159 und 42:38), die jedoch ebenso wenig als definitiver Beweis für die Legitimation des KI fungieren können. Stattdessen dienen dafür insbesondere die praktischen Fälle als elementarste Basis. Die Verfechter des KI stützen sich maßgeblich auf die kollektiven *šūrā*-Fälle der prophetischen Epoche und auf jene aus der Zeit der rechtgeleiteten Kalifen. Auf diese Weise führen sie vor Augen, dass die Urform des KI auf diese Frühzeit zurückgeht. Es konnte jedoch konstatiert werden, dass diese Urform der *šūrā* nicht völlig mit dem modernen Bild des *iǧtihād* identisch ist. Der Unterschied liegt insbesondere in der Entscheidungsform beider Prozesse begründet.

Meinungspluralismus und *iǧtihād*-Freiheit: Hinsichtlich dieser Frage geht es vor allem darum, ob der KI einzelnen Gelehrten oder anderen Institutionen das Recht auf Meinungsfreiheit gewährt oder nicht. Die Auseinandersetzung der muslimischen Autoren mit dieser Problematik manifestiert sich hauptsächlich in ihren Diskursen über die *ḥuǧǧiyya* des KI. Darüber hinaus spielt die Auffassung einiger

Autoren, dass mithilfe des KI – verglichen mit dem Individuellen – genauere Ergebnisse hervorgebracht werden können, für diese Diskussion eine elementare Rolle. Bei der Festlegung des Verbindlichkeitsgrades (*ḥuǧǧiyya*) des *iǧtihād ǧamāʿī* macht sich entsprechend zweier Auffassungen eine Verquickung mit dem *iǧmāʿ* oder mit dem individuellen *iǧtihād* bemerkbar. Realistischer ist hingegen ein dritter Standpunkt, welcher ihn als eigenständiges Prinzip betrachtet. Dementsprechend steht die Beweiskraft des *iǧtihād ǧamāʿī* auf einer Mittelstufe, welche zwar höher als die des individuellen *iǧtihād*, jedoch niedriger als jene des *iǧmāʿ* ist. Auf diese Art und Weise besteht keine zwingende Verbindlichkeit, wie im Falle des *iǧmāʿ* und das Tor für weitere *iǧtihād*-Versuche oder Gegenmeinungen bleibt offen.

Die Annahme, mithilfe des KI Ergebnisse mit höherer Wahrscheinlichkeit erzielen zu können, beruht grundsätzlich auf der gegenseitigen Beratung und Interdisziplinarität dieser Kollektivform und nicht bloß auf dem *iǧtihād*-Prozess selbst. Der aus der *iǧtihād*-Freiheit sich ergebende rechtliche Meinungspluralismus wurde durch den *tarǧīḥ*-Prozess relativiert. Letzterer zeigte sich in der früheren Rechtsliteratur durch Termini, wie *aṣaḥḥ*, *ṣaḥīḥ*, *rāǧiḥ* sowie *raʾy al-ǧumhūr*, als eine gesündere Ansicht im Vergleich mit den anderen. Vor dieser Folie kann auch die Argumentation der Verfechter des KI verstanden werden, welche die größere Wahrscheinlichkeit der Ergebnisse des KI gegenüber jenen des individuellen hervorheben. Somit gehen sie über die Tradition des islamischen Rechts bzw. die Auffassung „*kull muǧtahid muṣīb*“ nicht weit hinaus und es wird den anderen Institutionen oder Gelehrten dadurch das Recht auf *iǧtihād* nicht entzogen. Die unterschiedlichen Auffassungen der Fiqh-Akademien hinsichtlich derselben Frage und die abweichenden Ansichten einzelner Autoren von jenen der Rechtsakademien reflektieren zumindest bis dato eine Art von Meinungspluralismus nach der Entstehung der Fiqh-Akademien. Was einen Meinungspluralismus innerhalb der Institutionen des KI betrifft, so wird in den Satzungen dieser Gremien erklärt, dass ihre Entscheidungen mehrheitlich getroffen werden und dass die einzelnen Mitglieder dazu berechtigt sind, ihren Einwand oder ihre gegensätzlichen Ansichten zu registrieren. Trotzdem führte die Veröffentlichung der von der mehrheitlichen Entscheidung abweichenden Standpunkte bisweilen zu Spannungen zwischen Fiqh-Institutionen und ihren Mitgliedern.

Der kollektive *iǧtihād* in der Praxis

Der praxisbezogene Teil dieser Arbeit intendierte, die unterschiedlichen Institutionalisierungsformen des KI zu typisieren und diese durch Beispiele zu illustrieren. Die vor allem seit dem 19. Jahrhundert erhobenen Stimmen zur Umwandlung des individuellen *iǧtihād* in eine kollektive Arbeitsform tragen im Laufe des 20. Jahrhunderts, insbesondere ab seiner zweiten Hälfte, langsam Früchte. Seitdem bildeten sich verschiedene Formen der institutionellen Umsetzung des *iǧtihād ǧamāʿī* heraus. Das erste Modell der Verwirklichung des KI waren die Fatwa-Gremien, welche sowohl anfänglich von sozio-religiösen Vereinigungen oder offiziellen Institutionen – wie Majelis Tarjih der Muhammadiyah (1927) sowie *laǧnat al-fatwā* der

Azhar (1935) – als auch später von Fatwa-Ämtern zahlreicher islamischer Länder, wie in Malaysia (1968), Kuwait (1969), Saudi-Arabien (1971) und Jordanien (1973) gegründet wurden. Diese Fatwa-Gremien leisten eine gemeinschaftliche *iğtihād*-Arbeit zur Erstellung rechtlicher Gutachten. Den Kernbereich ihrer Arbeit bilden hauptsächlich Alltagsfragen, die vom Publikum an diese Gremien gerichtet wurden und sodann von den Mitgliedern der Institutionen diskutiert und diesbezüglich kollektive Entscheidungen gefasst werden.

In der zweiten Hälfte des 20. Jahrhunderts wurden die Rechtsakademien als Versammlungsort für mehrere Mitglieder aus verschiedenen Fachgebieten, wo diese Rechtsnormen zu relevanten Fragen allgemeiner Natur auf Basis des KI ermitteln, eingerichtet. So entstanden sukzessive einige transnationale Fiqh-Akademien, die sich hauptsächlich innerhalb der islamischen Welt befinden, wie die Akademie für islamische Untersuchung der Azhar (1961) und die IIFA (1983). Daneben wurden allmählich auch einige nationale Rechtsakademien in diversen Ländern ins Leben gerufen, z. B. die Rechtsakademie im Sudan (1998).

In späteren Jahrzehnten tauchte mit den islamischen Banken eine andere Umsetzungsform des KI auf, und zwar die Scharia-Boards. Letztere bestehen in der Regel aus mehreren Scharia-Spezialisten und haben den Auftrag, die Arbeit der islamischen Banken hinsichtlich ihrer Konformität mit den Bestimmungen der Scharia zu überprüfen. Die thematische Konzentration dieser Boards liegt auf bankgeschäftlichen Fragen. Als Beispiel für die Scharia-Boards wurde in der vorliegenden Arbeit jenes der Dubai Islamic Bank, welche im Jahre 1975 eingerichtet wurde, dargelegt.

Ein weiteres Bild zur Realisierung der Idee des KI, welches als alternative Form der islamischen Rechtsprechung für die außerhalb der islamischen Welt lebenden Muslime dient, ist jenes der Scharia Councils. Diese existieren seit den 80er Jahren des 20. Jahrhunderts vornehmlich in Großbritannien und in den USA und befassen sich in der Regel mit familiären Angelegenheiten, darunter ehelichen Streitigkeiten, der Ausstellung von Scheidungsurkunden und der Erstellung von Rechtsgutachten über familienrechtliche Fragen. Hierbei stützen sich derartige Councils auf eine gemeinsame Vorgehensweise ihrer Mitglieder, zu welchen sowohl religiöse Gelehrte als auch säkulare Rechtsanwälte gehören. In diesem Zusammenhang wurden exemplarisch der Muslim Law (Shariah) Council UK und seine Aktivitäten dargestellt.

In der vorliegenden Studie erfolgte eine Typologie der Institutionen des KI basierend auf folgenden Kriterien: national vs. international, offiziell vs. inoffiziell, innerhalb vs. außerhalb der islamischen Welt und die Beschäftigung mit Fragen allgemeiner Natur vs. aus einem bestimmten Rechtsgebiet. Daraufhin wird die Spezialisierung auf ein bestimmtes Rechtsgebiet unter Berücksichtigung der klassischen Auffassung von der Teilbarkeit des Teil-*iğtihād* als ein kollektiver Teil-*iğtihād* betrachtet. Entscheidend für die Differenzierung der Institutionen war zudem die Frage, ob alle Mitglieder aus einem einzigen Land oder aus mehreren stammen. Aufgrund dieser Unterscheidungsmerkmale wurden die Institutionen des KI wie folgt differenziert:

1. **Transnationale *iǧtihād*-Institutionen der islamischen Welt**
   i. Überstaatlich-kollektive *iǧtihād*-Institutionen der islamischen Welt (wie die IIFA)
   ii. International-kollektive *iǧtihād*-Institutionen der islamischen Welt (wie die Akademie für islamische Untersuchung der Azhar und die Fiqh-Akademie der MWL)
2. **National-kollektive *iǧtihād*-Institutionen der islamischen Welt** (die Rechtsakademie im Sudan, die irakische Rechtsakademie und MUI).
3. **Kollektive *iǧtihād*-Institutionen für minderheitenrechtliche Fragestellungen** (ECFR, FCNA, Islamic Fiqh Academy of India und AMJA)
4. **Spezial-Gremien für kollektiven *iǧtihād*:**
   i. Spezial-Gremien für Alltagsfragen/Fatwa (*Lajnah Bahth al-Masāʾil* der NU, Majelis Tarjih der Muhammadiyah, *Hayʾat kibār al-ʿulamāʾ* in Saudi-Arabien und die Fatwa-Kommission der Azhar).
   ii. Spezial-Gremien für finanzielle Angelegenheiten (Scharia-Boards, z. B. Scharia-Board der Dubai Islamic Bank).
   iii. Spezial-Gremien für familiäre Fragen (Scharia Councils, wie Muslim Law (Shariah) Council UK (MLSC).
   iv. Spezial-Gremien für medizinische Fragestellungen (IOMS).

Analyse der Rechtsakademien

Der letzte Teil der vorliegenden Arbeit beabsichtigte, die Struktur, die normwissenschaftliche Arbeitsweise und die verschiedenen Arbeitsergebnisse dreier ausgewählter Institutionen, und zwar der Akademie der Azhar – als älteste Rechtsakademie – und der IIFA – als größte und internationale Fiqh-Akademie – sowie des ECFR – als einzige bekannte *iǧtihād*-Institution, die sich mit den Fragen der Muslime in Europa, darunter in Deutschland, beschäftigt, auf Basis ihrer eigenen inneren Ordnungen zu analysieren.

Der **Entstehungsgrund** der drei genannten Akademien war unterschiedlich. Während hinter der Schaffung der Akademie für islamische Untersuchungen der Azhar sowohl langjährige Aufrufe vieler Gelehrten, vor allem von ʿAbduh und seinen Schülern, als auch die Unterstützung seitens des Staates nach der damaligen politischen Umwälzung des Landes steht, geht die Genese der IIFA auf ein offizielles Postulat des Königs Ḫālid ibn ʿAbd al-ʿAzīz zurück, welches unter den Gelehrten auf Anerkennung stieß. Für die Gründung des European Council for Fatwa and Research waren sowohl die Bemühungen einiger Gelehrten, darunter al-Qaraḍāwī und Mawlawī, als auch jene der Nichtregierungsorganisation, nämlich der Federation of Islamic Organizations in Europe, maßgeblich.

In der **Zielsetzung** der drei Rechtsakademien spiegeln sich zum großen Teil die Motive der Entstehung der kollektiven Form des *iǧtihād* sowie die Interessen der jeweiligen Dachorganisation wider. Im Zentrum stand insbesondere die Bekämpfung des *maḏhab*-Fanatismus, die Anpassung der Scharia an die Moderne und das

Streben nach einer muslimischen Einheit. Diese Ziele lagen vor allem der Akademie der Azhar und der IIFA am Herzen.

Bei den aufgestellten **Beitrittsvoraussetzungen** der drei Institutionen lässt sich eine Ähnlichkeit mit den klassischen Qualifikationen eines *muǧtahid*, welche drei Hauptkriterien umfassen, nämlich die wissenschaftliche Kompetenz, die Rechtschaffenheit und die Kenntnis der aktuellen Situation, konstatieren. Jedoch haben die Fiqh-Akademien bei den erforderlichen Kenntnissen für die *iǧtihād*-Praxis verglichen mit den von den klassischen Gelehrten aufgestellten Bedingungen eine Änderung vorgenommen. Während die klassische Rechtsliteratur Wissen in Koran-, Hadith-, *uṣūl*- und arabischen Sprachwissenschaften sowie die Kenntnis von Konsensentscheidungen und der Ziele der Scharia voraussetzt, genügt für die Mitgliedschaft in den drei Akademien ein akademischer Abschluss bzw. ein Nachweis darüber, im Besitz der notwendigen Fachkenntnisse zu sein. Dadurch wird die Mitgliedschaft in den Institutionen des KI zwar erleichtert, allerdings werden die von Mitgliedern der Institutionen des KI erwarteten Kompetenzen auf unterschiedliche Weise formuliert. Aufgrund der Tatsache, dass die Qualifikation der Mitglieder häufig ein Ziel der Kritik (wie von Muḥammad Nāṣir al-Albānī und aṣ-Ṣābūnī) war, kam von einigen Autoren (wie ʿAbd ar-Rāziq as-Sanhūrī, Kamāl ad-Dīn Imām und Sānū) der Vorschlag, eine Akademie oder einen Lehrstuhl für *iǧtihād*-Ausbildung einzurichten.

In struktureller Hinsicht konnten bei den analysierten Gremien im Allgemeinen drei Hauptkomponenten ausgemacht werden, nämlich das Leitungsorgan, welches von einem Präsidenten oder einem Vorstandsgremium übernommen wird und die Exekutive der Akademie, die durch das Generalsekretariat repräsentiert wird und welcher sowohl eine administrative als auch fachliche Rolle zukommt. Der dritte Bestandteil sind die Fachkommissionen, welche mit der Anfertigung der islamrechtlichen Arbeit beauftragt sind. Dabei sind diese Fachausschüsse der drei Körperschaften für drei Aufgabenbereiche zuständig: 1. das Fatwa als Bindeglied zwischen einer *iǧtihād*-Institution und der Gesellschaft, 2. die Forschungsabteilung zur Durchführung theoretischer Aufgaben und 3. der Planungsbereich, welcher die Arbeitsprozesse der Fachausschüsse koordiniert sowie eine Verbindung zwischen diesen Kommissionen und der Administration herstellt.

Analyse der Arbeitsweise: Ferner wurde die Arbeitsweise der drei Akademien einer Analyse unterzogen, welche in zwei Schritten erfolgte: Zunächst wurde eine Kategorisierung der untersuchten Fragen vorgenommen und sodann die islamrechtliche Bearbeitung der Rechtsfälle untersucht. Zur Darstellung der Arbeitsprozesse wurden einige Beispielsfälle herangezogen. Anschließend wurden Probleme und Defizite der Arbeit dargelegt.

Die Arbeit der drei analysierten Institutionen beruht zu Beginn auf einem individuellen *iǧtihād*, und zwar den einzelnen Studien der Mitglieder. Durch die anschließende gemeinsame Diskussion und Konsultation sowie durch die letztendlich kollektiv getroffene Resolution mündet ihre Arbeit in einen KI.

***Die Forschungsakademie der Azhar*:** Im Zuge ihrer internationalen Konferenzen oder monatlicher Sitzungen hat die Akademie insgesamt bis dato über 400 Beschlüsse in diversen Bereichen getroffen. In den ersten zehn Konferenzen untersuchte die Akademie kein bestimmtes Themenfeld, sondern befasste sich mit allerlei Fragen unterschiedlicher Fachgebiete. Es zeigte sich jedoch in den ersten zwei Tagungen ein besonderes Interesse an finanziellen Fragestellungen. Bei der Durchsicht der gesamten Beschlüsse überrascht die Vielzahl an Resolutionen der Akademie, welche anderen Fachbereichen als dem juristischen zuzuordnen sind. Hierbei geht es unter anderem um administrative und organisatorische Angelegenheiten sowie um zensorische Entscheidungen, worin sich die Aufgaben widerspiegeln, welche die Akademie von der früheren Körperschaft der Gelehrten übernommen hat. Daher sowie aufgrund der Tatsache, dass die Akademie ihre Sitzungsprotokolle geheim hält, wurde die Analyse der Produkte dieser Akademie erschwert. Anzumerken ist, dass die Akademie bezüglich einiger Fragen, wie der Bestimmung in Bezug auf Bankzinsen, ihre Auffassung geändert hat.

Die Analyse zeigte, dass die Akademie bei alten Fragen – die in der früheren Rechtsliteratur behandelt wurden – zur Übernahme früherer Rechtsauffassungen tendiert, indem sie die Ansichten der verschiedenen Rechtsschulen abwägt (*tarǧīḥ*), um schließlich eine von ihnen, in vielen Fällen die Mehrheitsmeinung, auszuwählen (*taḫayyur*). Diese Arbeitsweise entspricht der vierten Klasse des *iǧtihād*, also dem *iǧtihād tarǧīḥ*. Was die rechtsfreien bzw. neuen Fälle angeht, so kann festgehalten werden, dass die Akademie sich teilweise auf den Analogieschluss (*qiyās*) oder die Deduktion von Quellentexten (*istinbāṭ*) bei der Ermittlung einer Rechtsnorm stützt. In den übrigen Fällen bezieht sich die Akademie auf den *taḫrīǧ*, eine Rechtsmaxime oder die *Maqāṣid aš-šarīʿa*. Daraufhin kann die Arbeit der Akademie in diesem Zusammenhang unter dem *iǧtihād at-taḫrīǧ* und dem *iǧtihād muntasib* eingeordnet werden, was der zweiten und dritten Stufe des *iǧtihād* entspricht.

IIFA: In 22 Tagungen hat sie über 200 Resolutionen verabschiedet. Hierbei zeigt sich ein Fokus der Akademie auf finanzielle Fragen. Demgegenüber schenkt sie rechtstheoretischen Fragen, Alltagsfragen und familienrechtlichen Angelegenheiten weniger Aufmerksamkeit. Auffällig war zudem die große Anzahl an Fällen, bei denen die Mitglieder zu keiner eindeutigen Entscheidung kommen konnten und deshalb weitere Untersuchungen angeordnet wurden. Allgemein wird die Themenauswahl aufgrund einer Umfrage unter den Mitgliedern sowie unter anderen Gelehrten und islamischen Institutionen getroffen. Hinzu kommen die Anfragen, welche die OIC, ihre Unterorgane oder andere islamische Institutionen an die Akademie richten.

In Anbetracht aller behandelten Fragen manifestiert sich bei den meisten Fällen ein deutlicher Rekurs der Akademie auf frühere Rechtsauffassungen verschiedener Schulen, darunter auch die imāmitische und ibāḍitische. Hierbei bevorzugt die Akademie öfter die Ansicht der Mehrheit der älteren *fuqahāʾ*. Bei den übrigen Fragen führt die Akademie einen neuen *iǧtihād* mithilfe diverser *iǧtihād*-Methoden, darunter *maṣlaḥa* und Rechtsmaximen sowie Analogieschluss und Deduktion, durch. Allerdings wird diese augenscheinliche Neigung, auf die früheren Rechtsschulen zurückzugreifen, innerhalb der Akademie zum Teil kritisiert. Entsprechend der klassischen Kategorisierung des *iǧtihād* entspricht die Arbeit der Akademie der dritten (*iǧtihād taḫrīǧ*) und vierten (*iǧtihād tarǧīḥ*) Stufe. Vom klassischen *iǧtihād tarǧīḥ* unterscheidet sich die Akademie dadurch, dass sie nicht im Rahmen einer einzigen Rechtsschule arbeitet, sondern eine vergleichende Rechtswissenschaft betreibt. Letztendlich bietet die Akademie gegebenenfalls im Falle des Verbots einer Angelegenheit, z. B. der kommerziellen Versicherung, eine erlaubte Alternative an.

European Council for Fatwa and Research: In 25 Tagungen verabschiedete der ECFR 120 Resolutionen und erließ 143 Rechtsgutachten. Sein allgemeines Interesse gilt den Anbetungshandlungen und dem familienrechtlichen Bereich, insbesondere unter Berücksichtigung der unterschiedlichen Umstände in Europa, sowie den Transaktionen. In den ersten zwölf Sitzungen kann keine klare Planung der Themenauswahl ausgemacht werden. In den darauffolgenden Versammlungen befasste sich der ECFR mit Fällen aus unterschiedlichen Rechtsbereichen und insbesondere mit der Beantwortung von Fatwa-Anfragen. Mit der Zeit begann der Council sich in jeder Tagung einem einzigen Thema zu widmen und am Ende jeder Sitzung das Thema für die kommende festzulegen. Bei der Überprüfung der gesamten Arbeitsergebnisse – sowohl der *qarārāt* als auch *fatāwā* – des Councils stellt sich heraus, dass der Council bei der Untersuchung alter Fragen sich auf frühere Rechtsauffassungen stützt, wobei der Rat sich oft für die Meinung der Minderheit entscheidet. Charakteristisch für die Arbeit des ECFR ist, dass er sich in etwa einem Viertel der untersuchten alten Rechtsfälle einer Meinung anschloss, die außerhalb der Rechtsschulen vertreten wurde. In den übrigen Rechtsfällen wendete der Council einen neuen *iǧtihād* mittels *istinbāṭ*, *qiyās* oder einer anderen *iǧtihād*-Methode an. In Hinblick auf die neuen Fragen bevorzugt es der ECFR, einen *iǧtihād* zu praktizieren. Während ein Viertel dieser Fragen in Analogie zu alten Bestimmungen der Rechtsschulen (*taḫrīǧ*) behandelt wurde, werden die restlichen Fälle aufgrund der verschiedenen *iǧtihād*-Methoden bearbeitet. Zu diesen Methoden gehören insbesondere Rechtsmaximen, *istinbāṭ* und *qiyās*. Die Beurteilung der Arbeitsergebnisse des ECFR im Lichte der von ihm hervorgehobenen *iǧtihād*-Typen, *iǧtihād intiqāʾī* und *iǧtihād inšāʾī*, zeigt, dass die beiden Methoden fast in gleichem Maße angewendet werden. Diese Vorgehensweise bei der Anwendung des *iǧtihād* kann zwischen dem *iǧtihād taḫrīǧ* und dem absoluten *iǧtihād* angesiedelt werden.

Zu den wesentlichen Merkmalen der Arbeit des ECFR zählt die Hervorhebung der Doktrin vom „Wandel des Fatwas aufgrund der Veränderung des Ortes, der Zeit, der Zustände und der Bräuche". Dadurch rechtfertigt der Rat Ansichten, welche von den innerhalb der islamischen Welt herrschenden Rechtsauffassungen abweichen und an die Lebensbedingungen im Westen angepasst sind. Charakteristisch für seine Arbeit ist ferner die Bezugnahme auf Beschlüsse der Fiqh-Akademien der islamischen Welt als Ansatzpunkt für die Untersuchung vieler Fragestellungen, selbst wenn er in einigen Fällen sich letztendlich für eine abweichende Auffassung entscheidet.

Modus Operandi: Die Arbeitsprozesse der drei Gremien wurden anhand dreier Beispiele dargelegt, welche die drei grundsätzlichen Arbeitsbereiche der Akademien repräsentieren. Hierbei handelt es sich um die Gottesdienste, die Transaktionen und den medizinischen Bereich. Die hieraus ausgewählten Fragen waren die Bestimmung des Monatsanfangs im Mondkalender, die Versicherung und die Transplantation. Als Kriterien der Themenauswahl dienten die Aktualität, die allgemeine Natur der Fragen und die Tatsache, dass diese von den drei Institutionen schon untersucht wurden.

Kritische Betrachtung der Organisation und der Vorgehensweise der Akademien

Der Verwirklichung der KI-Arbeit im Rahmen der Rechtsakademien stehen einige Hindernisse und Schwierigkeiten im Wege. Außerdem weisen die Organisation und die Vorgehensweise der Akademien einige Mängel auf.

a) Rezeption der Rechtsakademien und deren Produkte: Innerhalb des muslimischen wissenschaftlichen Milieus stoßen die Institutionen des KI auf positive Resonanz. Dies spiegelt sich in einer zunehmenden Fülle an Literatur – darunter in Aufsätzen, Monographien und wissenschaftlichen Arbeiten – über diese Institutionen und deren Arbeitsergebnisse oder in den Schriften, die sich mit gegenwärtigen Fragen, insbesondere finanziellen und medizinischen befassen, wider. Dennoch brachten viele muslimische Autoren ihre Unzufriedenheit mit diesen Rechtsakademien zum Ausdruck und schlugen deshalb die Gründung anderer Institutionen vor. Diese neuen Institutionen sollten im Gegensatz zu den bereits existierenden Akademien frei von Druckmitteln und finanziell unabhängig sein sowie ihre Auswahl von Mitgliedern ausschließlich aufgrund deren wissenschaftlichen Kompetenzen treffen. Zudem kritisierten andere muslimische Gelehrten, z.B. Rafīq al-Miṣrī, Badawī und al-Albānī, die Arbeitsweise und Zusammenstellung der Institutionen des KI.

Unter westlichen Wissenschaftlern, wie bei Koningsveld, Eich und Grundmann, fanden die Arbeitsergebnisse der Fiqh-Akademien Anerkennung. Dabei dienen ihnen insbesondere jene im medizinischen, bioethischen und finanziellen Bereich als Referenzpunkt. Demgegenüber wurden auch kritische Stimmen laut: So bewertete Jomier die Beschlüsse der Azhar-Akademie als konservativ und Caeiro macht auf die Spannungen in den Fatwas des ECFR aufmerksam. Ebenso erhob Zaman den Vorwurf, dass in den internationalen Fiqh-Akademien der OIC und MWL salafitische Gelehrte dominieren würden. Zaman kritisiert, dass beide Akademie dazu neigten, sich auf relativ konservative Entscheidungen bei einer relativ begrenzten Anzahl von Angelegenheiten zu beschränken.

Hinsichtlich der Rezeption der Fiqh-Körperschaften vonseiten des nicht fachkundigen Publikums, lässt sich konstatieren, dass ihre Ansichten aufgrund von mangelnden Wissens inkonsistent sind. Darüber hinaus werden die Meinungen und Reaktionen des Publikums nicht selten von der Presse, welche insbesondere die negative Aufnahme von Resolutionen diskutiert, sowie von kontroversen Resolutionen beeinflusst. Somit manifestieren sich eine mangelnde Rezeption der Arbeit der Akademien sowie Kommunikationsprobleme vonseiten der KI-Gremien, über welche sie sich selbst bewusst sind.

b) Bewegungsfreiheit: Viele Beobachter äußern ernste Bedenken gegen die Tatsache, dass die Fiqh-Institutionen auf verschiedene Weise unter Druck gesetzt und somit in ihrer Freiheit eingeschränkt werden. Diese Befürchtungen richten sich insbesondere gegen den Einfluss der Politiker, welche die Themenauswahl der Akademien zugunsten der Interessen der Regierung lenken, die finanzielle Abhängigkeit der Institutionen sowie die Einsetzung von Mitgliedern durch den Staat. Darüber hinaus zeigen sie sich über den Druck durch die öffentliche Meinung, unter welchem die Akademien oftmals stehen, besorgt. Sie möchten verhindern, dass durch ihre Ansichten Missfallen beim Publikum ausgelöst wird.

c) Repräsentativität: Die Frage der Repräsentativität ist aus drei verschiedenen Perspektiven zu betrachten, nämlich aus jener der Geschlechter, der *maḏāhib* und jener der verschiedenen Länder. Obgleich die Frauen gemäß vieler früherer Rechtsgelehrten zum *iğtihād* und zur Fatwa-Erteilung befugt sind, war ihre Beteiligung in der Praxis im Laufe der islamischen Geschichte sehr begrenzt. Mit der Schaffung von kollektiven Fiqh-Gremien im 20. Jahrhundert wurde in den letzten Jahrzehnten eine heftige Debatte über die Partizipation von Frauen ausgelöst. Trotz der Befürwortung von Frauen durch zahlreiche Gelehrte, wurden bisher in den meisten Institutionen noch keine Frauen aufgenommen. Nichtsdestoweniger ist in naher Zukunft eine Änderung dieser Situation zu erwarten.

Was die *maḏāhib*-Repräsentativität angeht, so lässt sich eine vorwiegende Vertretung der vier sunnitischen Rechtsschulen bemerken, obwohl die Satzungen der drei untersuchten Institutionen die Teilnahme unterschiedlicher islamischer *maḏāhib* an ihrer Organisation fordern. Allerdings zeigt sich auch die Teilnahme von einzelnen schiitischen Vertretern an den Akademien der OIC und FCNA sowie eine geringe ibāḍitische Beteiligung an den Akademien der OIC und der Azhar.

In Bezug auf die Länder-Repräsentativität ist festzustellen, dass die Teilnahme der nicht-ägyptischen Mitglieder an den Aktivitäten der Akademie nach und nach begrenzt wurde. Dies hat zur Folge, dass der von der Akademie der Azhar beanspruchte internationale Charakter peu à peu größtenteils verloren geht. Was den ECFR betrifft, so weist dieser eine überwiegende Vertretung der Araber im Vergleich mit den anderen ethnischen Zugehörigkeiten sowie mit der Beteiligung von nicht im Westen ansässigen Mitgliedern auf. Bei der IIFA soll laut ihrer Satzung jedes Mitgliedsland der OIC durch einen einzigen Vertreter repräsentiert sein. Allerdings haben bis jetzt etwa zehn Länder, vor allem Indonesien, ihren Vertreter nicht nominiert. Im Gegensatz dazu erscheint die Repräsentativität der Länder unter der zweiten Kategorie der Hauptmitglieder, welche von der Akademie ausgewählt werden, divergierend. Unter den Experten bilden die Araber, vor allem aus Ägypten, Saudi-Arabien und den Vereinigten Arabischen Emiraten, die Mehrheit. Es ist auch auffällig, dass die bisherigen Konferenzen vor allem in den Golfländern stattfanden. Dies war in 17 von 22 Tagungen der Fall.

d) Förderungsbedarf: Ein gemeinsames Problem, welchem alle Institutionen des KI begegnen, und für viele Vertreter der Akademien die Arbeit in den Rechtsakademien erschweren, ist der Bedarf an finanzieller Unterstützung. Diese Einschränkung betrifft nicht nur die Akademie der Azhar, sondern auch die IIFA, obwohl Letztere von ihren Mitgliedsstaaten finanziert wird. Ebenso betonen die Mitglieder des ECFR den Bedarf an Finanzierungsmitteln.

e) Partizipationsprobleme: Von verschiedenen Mitgliedern des ECFR, wie al-Qaradāġīs, al-Ǧudayʿs und Ǧāballāhs, wurde ein Defizit hinsichtlich der Partizipation sowie die Notwendigkeit erkannt, Experten anderer Wissensgebiete, wie der Soziologie, säkularen Jurisprudenz, Psychologie oder Wirtschaft zurate zu ziehen.

f) Defizite der Arbeitsorganisation und -methode: Zu den organisatorischen Problemen gehört, so al-Ǧudayʿ, die knappe Zeit, die jedem Forscher gewährt wird, um seine Arbeitsergebnisse während der Tagungen des ECFR vorzutragen. Ein weiteres Defizit des ECFR liegt laut Suhayb Ḥasan in der Arbeitsteilung zwischen der jährlichen Versammlung und der Fatwa-Kommission. Zudem stellt die Heterogenität der Denkrichtungen, welche von ihren Mitgliedern vertreten werden, ein anderes Hindernis für die Institutionen des KI dar, auf welches von Taha Rayyān und Ḥanafī verwiesen wurde.

Was die methodologische Verbesserung der Arbeit des ECFR betrifft, so empfiehlt Ḥanafī die Anwendung moderner Forschungsmethoden. Hierzu gehören Publikumsumfragen und Feldforschungen sowie fachwissenschaftliche Studien zu den entsprechenden Fragen.

8 Textanhang

Textanhang I: Die Reorganisation der Azhar Gesetz Nr. 103 des Jahres 1961[1289]

§ 3: Die Akademie für islamische Untersuchungen und die Verwaltung für Kultur und für islamische Studienmissionen

Art. 15:

Die Akademie für islamische Untersuchungen repräsentiert die oberste Körperschaft für islamische Untersuchungen und widmet sich dem Studium aller Bereiche, die damit verknüpft sind. Sie engagiert sich für die Erneuerung der islamischen Kultur und deren Beseitigung aller überflüssigen Komponenten, Defizite und Elemente des Fanatismus – sei es in Bezug auf die Politik oder die *maḏāhib* – sowie für deren Enthüllung ihres reinen und wahren Charakters und für die Erweiterung der Erfahrung mit ihr in allen Bereichen und Kontexten. Zudem strebt ihre Arbeit die Bewertung von neu auftauchenden Problemen im Bereich der *maḏāhib*, Gesellschaft oder Theologie an und macht es sich zur Aufgabe auf Gottes Weg mit Bedachtsamkeit und blumiger Ermahnung zu verweisen.

Die Akademie steht der Azhar-Universität bei der Organisation und Betreuung der postgradualen Studiengänge der islamischen Studien, des Magister-Studiengangs und von Promotionen und den jeweiligen Abschlussprüfungen zur Seite.

Die Ausführungsverordnung dieses Gesetzes legt die Aufgaben der Akademie für islamische Untersuchungen auf ausführlichere Weise dar, sodass sie zur Verwirklichung der Gründungszwecke der Akademie beiträgt.

Art. 16:

Die Akademie für islamische Untersuchungen besteht aus fünfzig Mitgliedern, die zu den großen muslimischen Gelehrten zählen und alle islamischen Rechtsschulen repräsentieren sollen. Unter ihnen dürfen bis zu 20 ausländische Mitglieder sein.

Art. 17:

Für die Mitgliedschaft der Akademie wird Folgendes vorausgesetzt:

1) Ein Mindestalter von 40 Jahren.
2) Sich durch Frömmigkeit in der Vergangenheit und Gegenwart auszuzeichnen.

1289 Überblick über den Inhalt des gesamten Gesetzes siehe Lemke 1980, S. 166–225. Der arabische Text ist online verfügbar unter: https://ia800506.us.archive.org/24/items/130-1961/130-1961.pdf.

3) Entweder über einen der höheren wissenschaftlichen Abschlüsse der Azhar oder anderer Universitäten oder einen Abschluss der Institute zu verfügen, die sich mit islamischen Studien befassen.
4) Entweder herausragende wissenschaftliche Produktion auf dem Gebiet der islamischen Studien vollbracht oder zumindest eine fünfjährige Tätigkeit als Hochschuldozent für islamische Studien ausgeübt zu haben oder aber in einem der islambezogenen Ämter der Rechtsprechung, Fatwa-Erstellung oder Gesetzgebung für mindestens fünf Jahre tätig gewesen zu sein.

Gemäß diesem Gesetz erfüllen die derzeitigen Mitglieder der Gemeinschaft der großen Gelehrten diese Voraussetzungen.

Art. 18:

In der ersten Formation der Akademie werden die Mitglieder durch den ägyptischen Präsidenten auf Vorlage des Scheichs der Azhar ernannt. Den Vorsitz der Akademie hat der Scheich der Azhar inne.

Der Präsident der Republik ist dazu befugt, innerhalb des ersten Gültigkeitsjahrs dieses Gesetzes auf Vorlage des Scheichs der Azhar, die Mitglieder einzustellen, sodass die gesamten Mitglieder laut Art. 16 dieses Gesetzes ernannt werden.

Art. 19:

Zumindest die Hälfte der Mitglieder wird ausgewählt, die hauptamtlich für die Akademie tätig sind. Bei Bedarf kann ihre Amtszeit verlängert werden. Die Ausführungsverordnung dieses Gesetzes legt die Aufgaben der neben- und hauptamtlichen Mitglieder dar.

Art. 20:

Die Akademie setzt sich aus den folgenden Organen zusammen:

a) Dem (permanenten) Rat der Akademie, der aus dem Vorsitzenden, den ägyptischen hauptamtlichen und nebenamtlichen Mitgliedern und dem Generalsekretär besteht.
b) Der Konferenz, die aus allen Mitgliedern der Akademie besteht.
c) Dem Generalsekretariat.

Art. 21:

Der Akademierat tagt mindestens einmal pro Monat. Für die Rechtmäßigkeit einer Tagung ist die Anwesenheit der Mehrheit der Mitglieder erforderlich.

Art. 22:

Die Konferenz findet normalerweise einmal im Jahr für vier Wochen statt, um die Agenda des Jahres zu bearbeiten. Unter Umständen kann dazu eine außerordentliche Sitzung der Konferenz auf Vorschlag vom Scheich al-Azhar und mit der Zustimmung des zuständigen Ministers organisiert werden. In beiden Fällen ist die

Anwesenheit der Mehrheit der Mitglieder erforderlich, von denen ein Viertel der nicht-ägyptischen Mitglieder anwesend sein soll.

Art. 23:

Die Akademie hat ein ständiges Generalsekretariat, das vom Generalsekretär geleitet wird, solange dieser die laut Art. 17 festgelegten Voraussetzungen der Mitgliedschaft erfüllt. Mit Zustimmung des Azhar-Rektorats und des zuständigen Ministers wird dieser durch einen Beschluss des ägyptischen Präsidenten einberufen. Somit gilt das Generalsekretär als Mitglied der Akademie, solange er diese Position innehat.

Art. 24:

Das Generalsekretariat besteht aus dem Generalsekretär und einem Assistenten oder mehreren, sowie aus Angestellten, welche zur Regelungen der fachlichen und administrativen Arbeit der Akademie und zur Durchführung deren Beschlüsse – gemäß der Ausführungsverordnung dieses Gesetzes – nötig sind.

Art. 25:

Das Generalsekretariat ist für alles, was mit der Herausgabe, der Übersetzung und den (internationalen) islamischen Relationen, wie den Missionen, den Aufrufern zum Islam (*Duʿāt*), dem Empfang der (ausländischen) Stipendiaten und anderer Studenten an der Azhar zu tun hat, zuständig. Außerdem ist das Generalsekretariat mit der Ausführung der Beschlüsse der Akademie, der Veröffentlichung ihrer Forschungen und Studien und der Bereitstellung der für diese Untersuchungen benötigen Daten beauftragt.

Die Ausführungsverordnung dieses Gesetzes geht auf die Einzelheiten und die Mittel der Verwirklichung ein.

Art. 26:

Nach der Nominierung zweier Mitglieder der Akademie wählt die Konferenz der Akademie – mittels einer absoluten Mehrheit – korrespondierte Mitglieder aus, die zur Erfüllung der bestimmten Ziele beitragen können. Diese können aus Ägypten oder einem anderen Land stammen. Sie werden durch den zuständigen Minister zu Mitgliedern ernannt.

Art. 27:

Auf Vorschlag der Konferenz der Akademie und auf Vorlage des zuständigen Ministers sowie durch einen Beschluss des ägyptischen Präsidenten kann ein ehemaliges Mitglied oder ein Gelehrter, der dem Islam große Dienste erwiesen hat, mit einer Ehrenmitgliedschaft ausgezeichnet werden.

Art. 28:

Die Akademie bildet Kommissionen aus ihren Mitgliedern, um die in dieser Satzung und in der Ausführungsverordnung aufgestellten Ziele zu erfüllen.

Art. 29:

Aufgrund einer Entscheidung des Akademierats dürfen die korrespondierten Mitglieder und Ehrenmitglieder mit Genehmigung des zuständigen Ministers zur Teilnahme an den Sitzungen der Akademie eingeladen werden.

Art. 30:

Ein Mitglied wird in den folgenden Fällen aus der Akademie ausgeschlossen:

a) Falls ein Mitglied zu einer Strafe verurteilt wird, die seine Ehre und Rechtschaffenheit verletzt.
b) Wenn ein Mitglied etwas begeht, was gegen die Voraussetzungen einer Mitgliedschaft spricht, wie wenn es ein Zerrbild vom Islam gibt oder eine grundlegende Lehre des Islams verleugnet oder aber wenn es sich unschicklich oder unmoralisch verhält. In diesem Fall soll der Ausschluss aufgrund einer begründeten Entscheidung von zwei Dritteln der Mitglieder getroffen werden.
c) Wenn ein Mitglied seine Aufgaben aus gesundheitlichen Gründen oder aus anderen zwingenden Gründen nicht mehr erfüllen kann. In diesem Fall wird die Mitgliedschaft mit der Zustimmung der Akademie aufgrund eines präsidialen Erlasses entzogen.
d) Falls das Mitglied zurücktritt und sein Rücktritt angenommen wird oder wenn es aufgrund der Abwesenheit an den Sitzungen der Akademie gemäß der Ausführungsverordnungen entlassen wurde.

Art. 31:

Wenn ein Mitglied – aus einem der oben erwähnten Gründe oder einem anderen Grund – ausgeschlossen wurde, soll einer der Kandidaten innerhalb von drei Monaten nachgewählt werden. Die Nominierung erfolgt auf Empfehlung zweier Mitglieder. Für die Rechtmäßigkeit der der Sitzung, in der die Wahl getroffen wird, ist die Anwesenheit die Mehrheit der Mitglieder erforderlich. Zur Aufnahme in das Gremium benötigt ein Kandidat die absolute Mehrheit der anwesenden Mitglieder. Die Abstimmung soll geheim sein. Die ausgewählten Kandidaten werden vom ägyptischen Präsidenten auf Vorlage des zuständigen Ministers eingestellt.

Textanhang II: Ausführungsverordnung des Rates der Akademie für islamische Untersuchungen

Art. 1:

Scheich al-Azhar ist der größte Imam, der Entscheidungsträger von allem, was mit den religiösen Angelegenheiten zusammenhängt, und der Verantwortliche für diejenigen, die auf dem Gebiet des Korans und der islamischen Studien tätig sind. Außerdem übernimmt er die Führung über all das, was mit den islamischen und arabischen Studien in der Azhar und ihrer Organe zusammenhängt. Ebenso ist er der Leiter der Akademie für islamische Untersuchungen.

Art. 2:

Die Akademie für islamische Untersuchungen ist die höchste Körperschaft für islamische Untersuchungen und befasst sich mit dem Studium und der Forschung von all dem, was damit verbunden ist. Sie arbeitet außerdem an der Entwicklung von Mitteln, die der Offenlegung und Verbreitung der islamischen Studien dienlich sind und deren Forschungsmethoden verfügbar machen. Ferner setzt sie sich für Aufstellung von islamischen Regeln im Bereich der Kultur ein. Darüber hinaus hat die Akademie den Auftrag, der Azhar Universität bei der Organisation und Betreuung der postgradualen Studiengänge der islamischen Studien, des Magister-Studiengangs und von Promotionen und den jeweiligen Abschlussprüfungen zur Seite zu stehen.

Art. 3:

Der Akademierat bildet ein Organ der Akademie für islamische Untersuchungen. Der Rat besteht aus dem Vorsitzenden, den ägyptischen hauptamtlichen und nebenamtlichen Mitgliedern und dem Generalsekretär. In dieser Ordnung wird er als „der Rat" bezeichnet.

Art. 4:

Der Rat befasst sich mit der Erneuerung der islamischen Kultur und der Beseitigung aller überflüssigen Komponenten sowie mit der Vorbereitung der Konferenzen der Akademie und beaufsichtigt die Ausführung der Beschlüsse und Empfehlungen des Rates und der Konferenzen.

Der Rat hat insbesondere die folgenden Aufgaben:

a) Die intensive und erweiterte Untersuchung in den verschiedenen Disziplinen der islamischen Studien.
b) Die Bekanntmachung mit dem Islam und der islamischen Kultur in allen Bereichen und Kontexten.
c) Die Beobachtung von allen Studien und Untersuchungen, die im In- und Ausland über den Islam und das islamische Erbe veröffentlicht werden, um von den richtigen Aussagen zu profitieren und die falschen Denkrichtungen zu entkräften.

d) Das Studium und die Beurteilung von neu auftauchenden Problemen im Bereich der Rechtswissenschaft, Gesellschaft oder Finanzen, welche die Theologie oder andere Gebiete betreffen.
e) Die Veröffentlichung des islamischen Erbes.
f) Die Organisation der *Daʿwa*, die auf den Weg Gottes mit Bedachtsamkeit und blumiger Ermahnung im In- und Ausland verweisen sollen und die Beaufsichtigung der Ausführung.
g) Die Organisation der Entsendung von Delegationen der azharitischen Gelehrten ins Ausland sowie des Empfangs der zum Studium an die Azhar aus dem Ausland kommenden Studenten.
h) Der Entwurf einer Entwicklungspolitik der postgradualen Studiengänge der islamischen Studien und insbesondere die Unterstützung bei der Betreuung und Aufsicht des Magister-Studiums und der Promotion und deren Abschlussprüfungen auf diesem Fachgebiet an der Azhar-Universität.
i) Die Arbeit an Maßnahmen für den wissenschaftlichen Wettbewerb, Stipendien und Preise, die vom Staat für die Förderung der islamischen Studien verliehen werden.
j) Die Erstellung von Hinweisen – im Rahmen der Zuständigkeit der Akademie – für die im Bereich der Kultur in den staatlichen, privaten und individuellen Organisationen tätigen Angestellten.
k) Die Organisation der azharitischen Bibliothek und die Sorge um die Bereitstellung von Handschriften und Publikationen.
l) Die Herausgabe des islamischen Literaturerbes. Ferner ist der Akademierat damit beauftragt, die Fragen des Scheichs der Azhar zu bearbeiten.

Art. 5:

Der Scheich der Azhar ist der Präsident des Rats; er lädt zur Abhaltung seiner Sitzungen ein, genehmigt die Tagesordnung der Sitzungen und führt die Diskussionen des Rats. In Abwesenheit des Scheichs al-Azhar wird diese Rolle vom Prorektor der Azhar übernommen. Ist Letzterer auch abwesend, wird diese Aufgabe dem Generalsekretär aufgetragen. Ansonsten wird die Leitung dem Ältesten der anwesenden Mitglieder übertragen. In seinem Büro stellt der Präsident der Akademie Experten und qualifizierte Mitarbeiter ein, welche ihm bei der Erfüllung seiner Aufgaben helfen sollen. Ihre Vergütung wird von ihm beschlossen.

Art. 6:

Der Generalsekretär übernimmt die Aufgaben des Generalsekretariats und der Konferenz. Er trägt auch dafür Sorge, dass die Protokolle der Tagungen auf einem bestimmten Register geführt werden und lässt das Protokoll vom Vorsitzenden der Akademie unterschreiben.

Der Generalsekretär pflegt, die zur Behandlung gestellten Themen auf die Ausschüsse zu übertragen, sowie den Mitgliedern und Ausschüssen die getroffenen Beschlüsse mitzuteilen.

Art. 7:

Das Generalsekretariat unterstützt den Akademierat, seine Ausschüsse und Arbeitsgruppen bei ihren Arbeiten. Des Weiteren arbeitet das Generalsekretariat an der Durchführung der Akademiebeschlüsse und der Empfehlungen der Ausschüsse, sowie daran, einen Jahresbericht über die Aktivitäten der Akademie abzufassen und dem Direktor der Akademie vorzulegen.

Art. 8:

Der Akademierat wählt zumindest die Hälfte der Mitglieder aus, die bis zu einer bestimmten Frist hauptamtlich für die Aktivitäten der Akademie tätig sind. Die Nominierung soll vom höchsten Rat der Azhar genehmigt werden. Bei Bedarf kann ihre Amtszeit verlängert werden. Zudem kann der Akademierat aus einem guten Grund ihre Arbeit frühzeitig beenden. Dieser Beschluss soll auch vom höchsten Rat der Azhar genehmigt werden.

Art. 9:

Im Nominierungsbericht sollen die wissenschaftlichen Aufgaben des hauptamtlichen Mitglieds festgelegt werden. Ein hauptamtliches Mitglied ist damit beauftragt, Berichte über seine Forschungsergebnisse dem Akademierat vorzulegen und es darf in dieser Zeit keine andere Tätigkeit außerhalb der Akademie ausüben.

Art. 10:

Die nebenamtlichen Mitglieder nehmen an den Akademietagungen teil und werden vom Akademierat mit der Anfertigung von Studien über bestimmte Themen betraut. Sie beteiligen sich auch an den Aktivitäten der Akademieausschüsse und der Arbeitsgruppen, wenn der Rat das beschließt.

Art. 11:

Der Akademierat ist dazu befugt, ein Mitglied oder mehrere Mitglieder mit der Anfertigung einer Untersuchung im Rahmen der Arbeitsschwerpunkte der Akademie zu beauftragen. Diese sollen dem Rat einen Bericht über die Arbeitsergebnisse innerhalb einer bestimmten Frist vorlegen.

Außerdem kann der Rat sich bei Spezialisten anderer Fachgebiete Unterstützung holen.

Art. 12:

Der Rat kann den korrespondierten Mitgliedern den Auftrag geben, wissenschaftliche Aufgaben oder fachliche Studien bis zu einem festgelegten Termin anzufertigen. Diese lassen dem Generalsekretär einen Bericht über ihre Forschungsergebnisse zukommen. Letzterer legt die Resultate dem Präsidenten der Akademie vor.

Art. 13:

Der Akademierat versammelt sich mindestens einmal monatlich an einem bereits festgelegten Termin. Falls die Sitzung an diesem Termin nicht stattfinden kann, wird vom Akademiepräsidenten ein neuer Termin festgesetzt.

Art. 14:

Die Ratsversammlung findet im Hauptsitz in Kairo statt. Möglicherweise kann diese auch woanders aufgrund einer Entscheidung des Rates oder des Präsidenten der Akademie abgehalten werden.

Art. 15:

Neben der Einladung zur Teilnahme an der Versammlung sollen den Mitgliedern noch die Agenda, die Studien und Denkschriften über die zur Diskussion gestellten Fragen zugesandt werden. Diese Einladung soll spätestens eine Woche vor dem Tagungstermin geschickt werden, es sei denn, dass es um eine Sonderversammlung geht.

Art. 16:

Während der Tagungen ist der Präsident der Akademie autorisiert, eine Frage, welche nicht auf der Agenda steht, zur Diskussion zu stellen.

Art. 17:

a. Auf Antrag von zehn Mitgliedern hin, entweder während einer Vollversammlung oder vor Abhaltung einer Konferenz, kann ein Thema zur Behandlung vorgeschlagen werden. Anschließend wird dieser Vorschlag dem Akademierat vorgelegt, um darüber zu entscheiden.
b. Diese (zehn Mitglieder) können auch den Antrag dem Präsidenten der Akademie vorlegen. Anschließend wird dieser Vorschlag dem Akademierat vorgelegt, um darüber zu entscheiden.

Art. 18:

Ein Mitglied soll regelmäßig bei den Tagungen des Rates anwesend sein, es sei denn, es hat für seine Absenz zwingende Gründe. In diesem Fall soll das Mitglied das Generalsekretariat darüber informieren.

Der Leiter des Rates ist dazu befugt, einem Mitglied die Erlaubnis zu erteilen, bei einer einzigen oder bei zwei Sitzungen abwesend zu sein. Der Rat ist dazu berechtigt, einem Mitglied eine Abwesenheitserlaubnis für mehrere Sitzungen zu geben.

Art. 19:

Die Anwesenheit der Mehrheit der Mitglieder stellt eine Bedingung für die Gesetzlichkeit der Tagung dar. Die Beschlüsse des Rates werden mit der Stimmenmehrheit der Anwesenden gefasst. Im Falle der Stimmengleichheit, ist die Stimme des Präsidenten entscheidend, solange es sich nicht um einen festgelegten Sonderfall handelt.

Art. 20:

Üblicherweise wird die Abstimmung mündlich durchgeführt, es sei denn, dass der Rat, mit der Stimmenmehrheit, eine geheime Abstimmung oder eine andere Methode verlangt.

Art. 21:

Die Leitung der Sitzungen übernimmt der Präsident. Während der Sitzungen erteilt der Präsident der jeweiligen Sitzung einem Mitglied das Wort. Der Präsident kann die Rede der Mitglieder kommentieren und (unpassende) Wörter oder Ausdrücke (beim Protokollieren) nach der Zustimmung des Rates streichen.

Art. 22:

Der Akademierat ist dafür verantwortlich, die ständigen und vorübergehenden Kommissionen zu bilden, ihre Zusammenarbeit zu koordinieren und deren Mitglieder mit einer Forschung oder einem anderen Auftrag zu betrauen, sowie ihre Arbeitspläne und Forschungsergebnisse zu diskutieren.

Art. 23:

Die Hauptkommissionen befassen sich mit Untersuchungen in ihrem Fachgebiet. Außerdem kann der Rat die Mitglieder der Kommissionen mit der Anfertigung weiterer Untersuchungen beauftragen, welche Schwerpunkte der Akademie behandeln.

Diese Kommissionen sind:

1- Kommission für die Untersuchungen des Korans.
2- Kommission für die Untersuchungen der Sunna.
3- Kommission für juristische Untersuchungen.
4- Kommission für (islamische) Theologie und Philosophie.
5- Kommission für die Präsentation des Islam.
6- Komitee für die Wiederbelebung des islamischen Kulturerbes.
7- Kommission für Erziehung und Bildung.
8- Kooperationsausschuss zwischen der Akademie und der al-Azhar Universität.
9- Ausschuss für die Jerusalem-Frage, *ǧihād* und muslimische Minderheiten.
10- Komitee für Arbeitsentwicklung.
11- Planungskomitee.

Auf Beschluss des Scheichs al-Azhar und mit der Zustimmung des Rates kann die Zusammensetzung dieser Kommissionen durch Aufhebungen oder Ergänzungen modifiziert werden.

Jede Kommission entwirft einen Arbeitsplan, der dem Rat vorgelegt wird.

Art. 24:

Zu Beginn jeder regelmäßigen Sitzungsperiode geben die Mitglieder dem Generalsekretariat Auskunft über die Kommissionen, denen sie sich anschließen wollen.

Art. 25:

Diese Hauptausschüsse werden zu Beginn jeder Sitzungsperiode gebildet und für jeden Ausschuss wird ein Sprecher und dessen Stellvertreter ausgewählt.

Art. 26:

Die Teilnehmer jeder Kommission tagen mindestens einmal pro Monat. Bei Bedarf können auf Einladung ihres Sprechers Sonderversammlungen der Ausschüsse veranstaltet werden.

Art. 27:

Nach der (Neu-) Bildung oder dem Weiterbestehen eines Ausschusses bestimmen die Mitglieder die Zu untersuchenden Themen und setzt Prioritäten. Es wird ein Bericht über die Vorschläge dem Akademierat durch das Generalsekretariat vorgelegt.

Art. 28:

Wenn nötig, kann der Akademierat zeitweilige Kommissionen oder Arbeitsgruppen bestehend aus den Mitgliedern oder anderen Forschern zur Erfüllung bestimmter Aufgaben innerhalb einer Frist einrichten. Für diese werden ein Sprecher und dessen Stellvertreter ausgewählt.

Art. 29:

Den vorübergehenden Kommissionen werden die Studien und Untersuchungen der Akademie zur Verfügung gestellt. Sie haben das Recht eine Verlängerung ihrer Arbeitszeit zu beantragen. Nach Beendigung ihrer Arbeit legen diese Komitees dem Rat einen Arbeitsbericht vor.

Art. 30:

a. Für die Gesetzlichkeit der Zusammenkunft eines Ausschusses ist die Anwesenheit von mindestens drei Mitgliedern die Voraussetzung. Die Beschlüsse werden mit der Stimmenmehrheit der Anwesenden gefasst. Im Falle der Stimmengleichheit, ist die Stimme des Sprechers oder seines Stellvertreters ausschlaggebend.
b. Eine Tagung der Kommissionen dauert in der Regel zwei Stunden. Die während dieser Zeit nicht behandelten Themen werden auf die nächste Sitzung verschoben. Die Versammlung kann auch länger als die reguläre Zeit dauern. In diesem Fall soll dies dem Generalsekretär mitgeteilt werden.
c. Für die Korrespondenzen zwischen den Ausschüssen oder mit anderen Institutionen ist das Generalsekretariat zuständig.

Art. 31:

Der Präsident der Akademie ist dazu befugt sowohl die ständigen als auch die vorübergehenden Kommissionen an einem Termin, den er selbst festlegt, tagen zu lassen.

Im Falle der Anwesenheit des Präsidenten des Rates bei einer Kommissionsitzung wird diese von ihm selbst geführt.

Art. 32:

Der Sprecher oder sein Stellvertreter jeder Kommission fasst einen Bericht über die Arbeitsergebnisse seiner Kommission ab und legt diesen und die Sitzungsprotokolle, die von ihm unterschrieben wurden, dem Generalsekretariat an einem festgelegten Termin vor.

Art. 33:

Auf Vorschlag eines Ausschusses kann eine Arbeitsgruppe zur Untersuchung eines bestimmten Themas, welches ihrem Fachgebiet zugeordnet ist, gebildet werden.

Der Leiter jeder Arbeitsgruppe soll ein Mitglied der Akademie sein. Ihm steht eine bestimmte Zahl von Gelehrten, Forschern und Experten zur Seite. Letztere werden auf Vorschlag der zuständigen Kommission und mit der Zustimmung des Rats durch einen Beschluss des Präsidenten der Akademie eingestellt.

Art. 34:

Der Leiter einer Arbeitsgruppe erstellt eine Arbeitsmethodologie, welcher die Forscher und Spezialisten folgen sollen. Außerdem überprüft er ihre Arbeit und berichtet in regelmäßigen Abständen dem Rat darüber. Der Rat ist autorisiert die Arbeitsmethodologie zu modifizieren.

Art. 35:

Die Konferenz der Akademie findet normalerweise einmal im Jahr für vier Wochen während des 11. Monates des islamischen Jahres, *Ḏū al-qaʿda*, aufgrund eines Beschlusses des Präsidenten der Akademie statt. Letzterer kann den Termin der Konferenz ändern. Unter Umständen kann dazu eine außerordentliche Sitzung der Konferenz auf Vorschlag vom Vorsitzenden der Akademie organisiert werden.

Art. 36:

Die Konferenz der Akademie umfasst neben den Stammmitgliedern (sowohl Ägypter als auch Nicht-Ägypter), die Ehrenmitglieder und korrespondierten Mitglieder. Außerdem ist der Vorsitzende dazu befugt, andere prominente ägyptische oder ausländische Wissenschaftler und Denker zur Teilnahme an der Konferenz einzuladen.

Art. 37:

Die Einladung zur Teilnahme an der Konferenz erfolgt im Namen des Präsidenten der Akademie und wird rechtzeitig vor der Tagung vom Generalsekretariat mit der Agenda an die Mitglieder verschickt.

Art. 38:

Der Generalsekretär fasst einen Bericht über die Umsetzung der Beschlüsse und Empfehlungen der Akademie ab. Darin berichtet er über die Fortschritte der Organe der Akademie seit der vorangehenden Konferenz.

Art. 39:

Die Konferenz der Akademie dauert vier Wochen und gliedert sich in zwei Hauptphasen. Am Ende der Tagung wird eine Schlusserklärung abgegeben, welche die Resolutionen und Empfehlung der Konferenz enthält.

Art. 40:

Die Konferenz hält eine Verfahrenssitzung ab, um die folgenden Punkte zu bearbeiten:

(1) Die Studien und Untersuchungen unter den Kommissionen der Konferenz aufzuteilen.
(2) Die Leiter, die Protokollführer und Sprecher der Kommissionen zu ernennen.
(3) Einige Teilnehmer, die mit der Formulierung des Abschlussberichts und der Erstellung der Beschlüsse der Konferenz beauftragt sind, auszuwählen.

Art. 41:

Der Präsident der Akademie leitet die Konferenz und ihre Sitzungen. Ebenso ist er der Sprecher der Konferenz. Er kann jemand anderen zur Leitung der Sitzungen oder zur Übernahme der Rolle des Sprechers bevollmächtigen.

Art. 42:

Die Sitzungen der Konferenz finden unter Ausschluss der Öffentlichkeit statt, mit Ausnahme der Eröffnungs- und der Abschlussveranstaltung.

Art. 43:

Nach Abschluss der Arbeiten der Konferenz hat die Kommission der Planer die folgenden Aufgaben:

(1) Ihr obliegt die Beobachtung der Durchführung der Beschlüsse und Empfehlungen und deren Rezeption im In- und Ausland und sie fasst darüber einen Bericht ab, der dem Rat vorgelegt werden soll.
(2) Spätestens im vierten Monat der Sitzungsperiode schlägt die Kommission (der Planer) ein Thema für die nächste Konferenz und die dafür benötigten Studien und Forschungen vor. Darüber hinaus entwirft sie eine Agenda der folgenden Vollversammlung, die dem Akademierat zur Genehmigung vorgelegt wird.

Art. 44:

Nachdem der Agenda der nächsten Konferenz vom Rat zugestimmt wurde, informiert das Generalsekretariat frühzeitig die Mitglieder der Akademie und andere, die damit beauftragt werden, über das Thema der Konferenz Forschungen und Studien abzufassen und Vorschläge zu formulieren. Außerdem propagiert es die Konferenzthemen im In- und Ausland.

Die angefertigten Untersuchungen sollen dem Generalsekretariat vorgelegt werden, das diese an die Kommission der Planer zur Überprüfung und Bewertung weitergibt. Die Kommission ist autorisiert, bestimmte Forscher zur Erstellung oder Ergänzung einiger Studien vorzuschlagen. Der Arbeitsauftrag wird von dem Akademiepräsidenten formuliert.

Art. 45:

Die Sitzungsperiode des Rates erstreckt sich über ein Jahr. Die Tätigkeiten des Akademierats und seiner Kommissionen pausieren während den Monaten Juli und August, es sei denn, dass der Präsident der Akademie (inzwischen) die Fortsetzung aller Versammlungen oder einer Versammlung entscheidet.

Der Präsident der Akademie ist dazu befugt, den Rat oder eine seiner Kommissionen auch während der Pause stattfinden zu lassen.

Art. 46:

Die Sitzungen des Rates und seiner Komitees sind der Öffentlichkeit nicht zugänglich, es sei denn, dass der Akademierat sich für eine öffentliche Sitzung entscheidet oder dies nur bezüglich der Sitzungen der Kommissionen erlaubt. Niemand außer dem Präsidenten des Rates darf im Namen des Rates oder einer der Kommissionen sprechen, oder die Inhalte ihrer Diskussionen oder Denkschriften veröffentlichen.

Art. 47:

Die Mitglieder sind dazu verpflichtet die Beschlüsse des Akademierates anzuerkennen. So ist es ihnen sowohl untersagt die Diskussionen und Meinungsstreitigkeiten des Rates offenzulegen als auch die Beschlüsse oder Mitglieder der Akademie in den Medien anzuzweifeln oder zu kritisieren. Falls sich jemand nicht daranhält, berichtet das Generalsekretariat dem Ratspräsidenten darüber.

Art. 48:

Falls ein Beschluss über ein wissenschaftliches Thema in Abwesenheit eines Mitgliedes gefasst wurde, hat dieses das Recht innerhalb von zwei Wochen, nachdem dieser verkündet wurde, einen begründeten Antrag auf Überprüfung der getroffenen Entscheidung einzureichen.

In seinem Antrag soll das Mitglied die Gründe für die Überprüfung und eine Zusammenfassung seiner (fachlichen) Argumente anführen. Der Präsident des Rates legt einen Termin für eine Sitzung fest, in welcher der Beschluss überprüft werden soll, und informiert das Mitglied darüber.

Art. 49:

Auf Vorschlag des Generalsekretariats legt der Rat fest, wie hoch die Vergütung für die Anfertigung von Untersuchungen mit Bezug zur Agenda von Forschern, die kein Mitglied der Akademie sind, sein soll. Dieser Vergütungsvorschlag soll vom Scheich der Azhar genehmigt werden.

Art. 50:

Die Vergütung von Forschern, die keine Mitglieder der Akademie sind und die der Forschungsarbeit der Kommissionen und Arbeitsgruppen mit ihrer fachlichen Erfahrung zur Seite standen, wird auf Basis eines Beschlusses des Scheichs der Azhar festgesetzt.

Art. 51:

Für jede Sitzung des Rates und seiner Kommissionen ernennt das Generalsekretariat ausreichend Schriftführer, die außer mit dem Schreiben die Protokolle auch damit beauftragt sind, diese vom Zuständigen genehmigen zu lassen und die Entscheidungsfindung zu beobachten. Das Generalsekretariat kann auch einen Forscher als Beobachter und eine wissenschaftliche Hilfskraft für die Arbeit der verschiedenen Kommissionen einstellen. In diesem Fall darf dieser Forscher bei den Sitzungen der Kommission anwesend sein, hat jedoch hinsichtlich der Resolutionen kein Stimmrecht.

Art. 52:

Der Rat gibt eine wissenschaftliche Zeitschrift heraus, um darin die Untersuchungen, Studien, Resolutionen und Empfehlungen der Akademie, ihrer Kommissionen, ihrer Arbeitsgruppen und ihrer Konferenzen zu veröffentlichen.

Nach Absprache mit dem Rat stellt der Präsident der Akademie einen Chefredakteur aus den Mitgliedern oder anderen Gruppen sowie einige spezialisierte Mitarbeiter zur Unterstützung ein.

Textanhang III: Satzung der IIFA der OIC 1984

§ 1 Allgemeine Prinzipien

Art. 1:

Es wird eine Akademie eingerichtet, welche den Namen *die Akademie des islamischen Rechts* tragen wird. Die Akademie bildet eine eigene Rechtsperson innerhalb der der *Organisation of Islamic Conference* und wird in dieser Satzung als „die Akademie“ bezeichnet.

Art. 2:

Die Stadt Jedda in Saudi-Arabien bildet den Hauptsitz der Akademie. Die Akademie kann weitere Standorte in islamischen Ländern oder Sub-Büros in irgendeinem anderen Land, nach ihrem Willen, einrichten.

Art. 3:

Die Vollversammlungen und Sitzungen der Akademie werden in Jedda abgehalten. Nach den nötigen Vorbereitungen können diese auch in anderen islamischen Ländern stattfinden.

§ 2 Ziele

Art. 4:

Die Akademie setzt sich für Folgendes ein:

a) Die Verwirklichung der islamischen Einheit sowohl theoretisch als auch praktisch durch die Einhaltung der Prinzipien der Scharia bei individuellen, gesellschaftlichen und internationalen Verhaltensweisen.
b) Die Stärkung der Verbundenheit der islamischen Gemeinschaft mit dem islamischen Glauben sowie die Untersuchung und die Praxis des *iǧtihād* hinsichtlich der gegenwärtigen Probleme, um auf der islamischen Scharia basierende Lösungen herauszuarbeiten.

§ 3 Mittel

Art. 5:

Zur Erfüllung der festgelegten Ziele bediente sich die Akademie aller zur Verfügung stehenden Mittel. Zu diesen gehören:

1. Die Erstellung eines Lexikons für rechtswissenschaftliche Begriffe durch Expertenkommissionen, welches entsprechende Begriffe dem Publikum leicht verständlich erklären soll.
2. Die Entwicklung einer umfassenden Enzyklopädie der islamischen Rechtswissenschaft, welche dem Forscher oder Leser leicht zugänglich sein soll.

3. Die Zusammenarbeit mit den bestehenden Rechtsakademien und Institutionen der islamischen Welt.
4. Die Kodifizierung des islamischen Rechts mithilfe von Expertenkommissionen.
5. Förderung der Forschung im rechtlichen Bereich über die gegenwärtig aufkommenden Fragen in Universitäten und anderen wissenschaftlichen Institutionen.
6. Die Schaffung von Forschungszentren für die islamischen Studien in einigen Teilen der Welt, die den Zielen der Akademie zugutekommen.
7. Die Veröffentlichung der Untersuchungen der Akademie mit allen verfügbaren Mitteln überall und auf jeder Ebene.
8. Die Arbeit an der Wiederbelebung des Erbes der islamischen Rechtsliteratur und die Pflege der islamischen Rechtstheorie sowie der rechtsvergleichenden Literatur.

§ 4 Mitgliedschaft

Art. 6:

Die Mitglieder der Akademie sind Rechtsgelehrte (*fuqahāʾ*), Wissenschaftler und Intellektuelle der verschiedenen Bereiche des islamischen Wissens.

Art. 7:

1- Jeder Mitgliedsstaat der OIC wird durch ein aktives Mitglied vertreten, welches von seinem eigenen Land ernannt wird.
2- Auf Beschluss des Akademierates können weitere Mitglieder desselben Staats nominiert werden.
3- Die Akademie ist dazu befugt, weitere muslimische Gelehrten und *fuqahāʾ* der muslimischen Minderheiten oder der islamischen Organisationen, die die gleichen Ziele verfolgen, zur Mitgliedschaft der Akademie zu berufen, solange diese die nötigen Kompetenzen für die Mitgliedschaft erfüllen. Dies gilt allerdings unter der Bedingung, dass lediglich ein einziges Mitglied von jeder Minderheit oder Organisation ernannt wird und dass ihre Zahl ein Viertel der Zahl der an der OIC beteiligten Mitglieder nicht überschreitet. Diese Gelehrte haben auch das Recht, ihre Stimme abzugeben.

Art. 8:

Die Akademie ist dazu bevollmächtigt, korrespondierte Mitglieder aufzunehmen, die zur Erfüllung der gesetzten Ziele beitragen können. Diese dürfen zur Teilnahme an den Tagungen eingeladen werden und dürfen sich an den Diskussionen beteiligen, ohne aber ein Stimmrecht zu haben.

Art. 9:

Ein Mitglied muss über folgende Kompetenzen verfügen:

1) Die Einhaltung der islamischen Religion sowohl im Glauben als auch in seiner Verhaltensweise.

2) Es muss über umfangreiche und tiefgründige Kenntnisse in den islamischen Wissenschaften im Allgemeinen und insbesondere in der islamischen Scharia bzw. der islamischen Rechtswissenschaft verfügen sowie die aktuelle Lage der islamischen Welt erfassen können.
3) Das Mitglied darf nicht zu einer ehrverletzenden Strafe verurteilt worden sein.
4) Vertrautheit mit der arabischen Sprache.

Art. 10:

Die Mitgliedschaft wird aufgrund eines Beschlusses von zwei Dritteln der aktiven Mitglieder in den folgenden Fällen annulliert:

(1) Wenn ein Mitglied irgendeine der o. g. Voraussetzungen laut Art. 9 nicht mehr erfüllen kann.
(2) Falls ein Mitglied bei zwei unmittelbar aufeinanderfolgenden Tagungen ohne berechtigten Grund abwesend ist.
(3) Im Falle eines Rücktritts.
(4) Wenn ein Viertel der Mitglieder in einer schriftlichen Erklärung ein Mitglied als unqualifiziert beurteilt.

In solchen Fällen wird das Land, aus welchem das Mitglied stammt, darüber informiert, um seinen Vertreter zu ersetzen.

§ 5 Organisation der Akademie

Art. 11:

Die Mitglieder der Akademie gehören den folgenden Organen an:

1- Dem Rat der Akademie.
2- Den Fachabteilungen.
3- Dem Vorstandsgremium.
4- Dem Generalsekretariat.

Art. 12: Der Rat der Akademie

1. Der Rat der Akademie umfasst alle Aktivmitglieder der Akademie.
2. Die Tagung des Rates wird einmal im Jahr abgehalten, zu welcher das Generalsekretariat schriftlich einlädt.
3. Auf Antrag eines Drittels der Aktivmitglieder oder basierend auf einem kollektiven Beschluss des Vorstandsgremiums können, falls nötig, Sondersitzungen veranstaltet werden.

Art. 13:

1. Eine Ratssitzung gilt als rechtmäßig, wenn zwei Drittel der Mitglieder anwesend sind.
2. Die Entscheidungen und Empfehlungen des Rates werden entweder einhellig oder mit der Stimmenmehrheit der anwesenden Mitglieder getroffen.

Art. 14:

1- Die Sitzungen der Akademie werden vom Präsidenten der Akademie geleitet, der selbst ein Mitglied ist und von den anderen Mitgliedern gewählt wird. Unterstützt wird er von drei Stellvertretern, welche auch gewählt wurden.
2- Die Amtsperiode des Präsidenten und der Stellvertreter dauert drei Jahre und ist verlängerbar.
3- Der Generalsekretär übernimmt das Sekretariat des Rates.

Art. 15:

Die Aufgaben des Rates sind:

1. Die Besprechung die Agenda, die vom Generalsekretariat erstellt und welcher vom Vorstandsgremium zugestimmt wurde. Hinzu kommen die Ergänzung oder Modifizierung der Agenda sowie die Verabschiedung von Resolutionen und Empfehlungen hinsichtlich der Themen der Agenda.
2. Die Wahl des Präsidenten und der sechs Mitglieder des Vorstandsgremiums sowie die Genehmigung der Mitgliedschaft in den Fachabteilungen.
3. Die Erörterung der juristischen Untersuchungen und Studien und das Unterbreiten von Vorschläge, welche von ihnen veröffentlicht werden sollen.
4. Die Genehmigung des Arbeitsplans der Ausschüsse, Kommissionen und Sub-Büros und das Erlassen von inneren Regelungen.
5. Die Modifizierung der Satzung der Akademie auf Vorschlag des Vorstandsgremiums.
6. Die Auswahl die Kandidaten für die Mitgliedschaft.
7. Die Aufnahme von korrespondierten Mitgliedern auf Empfehlung des Vorstandsgremiums oder auf Vorschlag von vier Aktivmitgliedern.
8. Die Genehmigung der Haushaltsprojekte und der Jahresschlussabrechnung der Akademie.

Art. 16: Die Fachabteilungen der Akademie

1- Entsprechend ihrer Fachgebiete und ihrem eigenen Wunsch werden Mitglieder der Akademie in verschiedene Fachabteilungen aufgeteilt, welche wiederum Unterausschüsse haben, die die verschiedenen Ziele der Akademie umsetzen. Zu diesen gehören die folgenden:
   a) Die Planungsabteilung.
   b) Die Studien- und Forschungsabteilung.
   c) Die Fatwa-Abteilung.
   d) Die Sektion der Annäherung zwischen den Lehrrichtungen.
   e) Die Abteilung der Übersetzung und Herausgabe.
2- Ein Mitglied kann an bis zu maximal drei Sektionen mitarbeiten.
3- Ein Mitglied kann seine Abteilung wechseln, nachdem es das Vorstandsgremium davon in Kenntnis gesetzt hat und dem Abteilungswechsel vom Rat zugestimmt wurde.

4- Die Ausführungsverordnungen, welche die Arbeit dieser Abteilungen und ihrer Versammlungen organisieren, werden durch den Generalsekretär in Absprache mit dem Vorstandsgremium erlassen.

Art. 17: Das Vorstandsgremium

Das Vorstandsgremium der Akademie besteht aus dem Generalsekretär der OIC oder seiner Vertretung und weiteren sieben Mitgliedern, die sich folgendermaßen zusammensetzen:

1- Sechs Mitglieder, die vom Rat der Akademie gewählt werden und möglichst die geographische Verbreitung der muslimischen Länder repräsentieren.
2- Der Generalsekretär der Akademie von Amts wegen, der die Aufgabe des Protokollanten übernimmt.

Art. 18:

1- Die Leitung des Vorstandsgremiums erfolgt im Wechsel zwischen den gewählten Mitgliedern.
2- Die Mitgliedszeit des Vorstandsgremiums dauert drei Jahre. Die Mitglieder des Vorstandsgremiums können entweder alle oder einige von ihnen erneut gewählt werden.

Art. 19:

Das Vorstandsgremium hat die folgenden Aufgaben:

1- Die Überprüfung des Entwurfs der Agenda, die vom Generalsekretariat erstellt wurde.
2- Die Überprüfung ob die Mitgliedschaftsvoraussetzungen erfüllt werden und Überprüfung des Haushaltsprojektes und der Jahresschlussabrechnung, welche vom Generalsekretariat erstellt wurden, bevor diese dem Rat der Akademie vorgelegt werden.
3- Die Beobachtung des Ablaufs der Akademietagungen und Abteilungsversammlungen, sowie der Regelhaftigkeit der Arbeit.
4- Die Überprüfung der Beschluss- und Empfehlungsprojekte, die dem Akademierat von den Mitgliedern und vom Generalsekretariat vorgelegt werden.
5- Es macht dem Rat der Akademie Vorschläge bezüglich der Vorschriften und Themen zur Verbesserung der Arbeit der Akademie.

Art. 20:

Die Vorschläge der Ratsmitglieder sollen dem Generalsekretariat der Akademie in schriftlicher Form vorgelegt werden, wo diese registriert und gemäß der Ausführungsverordnung der Akademie bearbeitet werden.

Art. 21: Das Generalsekretariat

1- Das Generalsekretariat übernimmt die Verwaltungsarbeit und kümmert sich um die Finanzangelegenheiten der Akademie sowie archiviert und ordnet die Dokumente der Akademie und protokolliert die Akademiesitzungen und Ähnliches.
2- Das Generalsekretariat leitet der Generalsekretär, der vom Generalsekretär der OIC zwischen den Mitgliedern der Akademie ausgewählt und eingestellt wird.
3- Unter dem Generalsekretär arbeiten einige qualifizierte Angestellte, die die Arbeit der Akademie verwalten. Diese erfüllen die islamische Integrität und werden vom Generalsekretär ausgewählt und schließlich aufgrund eines Beschlusses des Generalsekretärs der OIC ernannt.

Art. 22: Der Generalsekretär

Der Generalsekretär ist der Direktor der Angestellten der Akademie und hat die folgenden Aufgaben:

1) Die Organisation der Arbeit des Sekretariats zugunsten der Akademiearbeit.
2) Er macht dem Generalsekretär der OIC hinsichtlich der Beförderung, Bestrafung oder Belohnung von Angestellten Empfehlungen.
3) Er ist dazu verpflichtet, Entscheidungen der Akademie zu befolgen und durchzuführen.
4) Die Koordination der Kontakte zwischen den Mitgliedern der Abteilungen und den Mitgliedern des Rates und des Vorstandsgremiums.
5) Die Erstellung der Agenda, des Haushaltsprojekts und der Jahresschlussabrechnung der Akademie.

Art. 23: Etat der Akademie

1- Für eine größere Effektivität der Arbeit der Akademie, ist der Etat der Akademie vom Haushaltsplan des Generalsekretariats der OIC unabhängig.
2- Die Akademie kann Spenden annehmen.

Art. 24:

Die Protokolle der Rats-, Vorstandsgremiums-, Fachabteilungs- und Unterausschusssitzungen, sowie die Forschungen und Fatwas der Akademie werden beim Generalsekretariat archiviert.

Art. 25:

1- In Absprache mit dem Generalsekretär der OIC und dem Vorstandsgremium entwirft der Generalsekretär ein Projekt der Ausführungsverordnung für diese Satzung.
2- Diese Satzung wird nach der Zustimmung der Islamischen Konferenz der Außenminister in Kraft gesetzt.

Satzung der IIFA der OIC 2006

Art. 1: Definitionen

Einige Bezeichnungen haben, wenn sie in der Satzung verwendet werden, folgende Bedeutung:

1- Die Akademie: Die internationale Akademie des islamischen Rechts.
2- Die Organisation: Die Organisation der islamischen Konferenz (OIC).
3- Der Generalsekretär: Der Generalsekretär der Organisation der islamischen Konferenz.
4- Der Rat: Der Rat der internationalen Akademie des islamischen Rechts.
5- Der Präsident: Der Präsident der Internationalen Akademie des islamischen Rechts.
6- Das Vorstandsgremium: Das Vorstandsgremium des Akademierats.
7- Die Abteilungen: Die Abteilungen der Akademie, welchen die Mitglieder angehören.
8- Der Sekretär: Der Sekretär der internationalen Akademie des islamischen Rechts.
9- Das Generalsekretariat: Das Generalsekretariat der internationalen Akademie des islamischen Rechts.
10- Das aktive Mitglied: Ein Mitglied, welches von einem Land der OIC kandidiert oder vom Rat der Akademie gewählt wird.
11- Das korrespondierte Mitglied: Ein Mitglied, das in die Akademie auf Basis des Abs. 5/8 dieser Satzung aufgenommen wird.
12- Der Experte: Der Spezialist, der in die Akademie auf Basis des Abs. 5/8 dieser Satzung aufgenommen wird oder ihr aufgrund des Abs. 4/10 dieser Satzung zur Seite steht.
13- Der Rat der Minister: Der Rat der Außenminister der Mitgliedstaaten der OIC.
14- Die Satzung: Die Satzung der internationalen Akademie des islamischen Rechts.

Art. 2: Die Akademie, ihr Sitz und ihre Tagungen

2/1: Die internationale Rechtsakademie ist ein wissenschaftliches Unterorgan der OIC, das eine eigene juristische Persönlichkeit hat und dessen Hauptsitz sich in Jedda/Saudi-Arabien befindet. Das Arabische repräsentiert die zugelassene Sprache der Akademie. Die Aufgabe der Akademie besteht darin, in voller Unabhängigkeit und auf Basis des Korans und der Sunna, scharia-rechtliche Bestimmungen für die für Muslime relevanten Fragen zu ermitteln.
2/2: Die Akademie kann in den islamischen Ländern oder in irgendeinem anderen Land entsprechend der Wahl des Vorstandsgremiums weitere Standorte und Sub-Büros einrichten. Die Schaffung von Standorten und Sub-Büros wird vom Generalsekretär (der OIC) auf Empfehlung des Rates der Akademie beschlossen.
2/3: Die Vollversammlungen und Sitzungen der Akademie werden im Hauptsitz abgehalten. Diese können auch in einem anderen islamischen Land auf Beschluss des Generalsekretärs und in Koordination mit dem Präsidenten stattfinden.

Art. 3: Ziele der Akademie

Die Akademie erledigt die in dieser Satzung festgelegten Aufgaben in völliger Unabhängigkeit von den Mitgliedstaaten und arbeitet an der Verwirklichung der folgenden Ziele:

(1) Die Verwirklichung einer intellektuellen Konvergenz zwischen Muslimen im Rahmen der islamischen Scharia und der enormen Vielfältigkeit, die die islamischen *maḏāhib* ausdrücklich befürworten.

(2) Die Förderung eines KI hinsichtlich der Fragen und Probleme des gegenwärtigen Lebens, um aus der Scharia hervorgehende Lösungen anzubieten. Dabei soll diejenige Meinung unter den verschiedenen Rechtsauffassungen ausgewählt werden, welche die Interessen der Muslime sowohl als Individuen als auch als Gruppen und Staaten berücksichtigt, in Einklang mit den Rechtsquellen steht und die Ziele der Scharia realisiert.

(3) Die Koordination der verschiedenen Fatwa-Institutionen der islamischen Welt gemäß der Ausführungsverordnung (der Akademie).

(4) Das Denunzieren des *maḏhab*-Fanatismus und des Religionsextremismus sowie die Kritik daran, die anderen *maḏāhib* und deren Anhänger als ungläubig zu bezeichnen. Zu diesem Zweck dient die Verbreitung des Geistes der Mäßigung und der Toleranz zwischen den verschiedenen islamischen Denkrichtungen und Konfessionen.

(5) Die Widerlegung der Fatwas, welche gegen die Grundlagen der Religion und die Regeln des *iǧtihād* sowie die anerkannten Lehrmeinungen verstoßen.

(6) Die Beurteilung der aktuellen Probleme ausgehend von der Scharia, wodurch ein Beitrag zur Anpassung der Kodexe und Rechtssysteme an die Normen der Scharia geleistet wird.

(7) Die Arbeit an allem, was im Interesse des islamischen Rechts liegt und daran, dieses als eine Hauptkomponente des islamischen Denkens und der islamischen Kultur anzuerkennen.

(8) Die Anerkennung der Akademie – aufgrund ihrer rechtlichen Behandlung und ihrer unmittelbaren Reaktion auf neu auftauchende Gegebenheiten sowie auf die an die Muslime gestellten Herausforderungen – als allgemeine Referenz im Bereich des islamischen Rechts.

(9) Die Erteilung von Rechtsgutachten für die muslimischen Minderheiten außerhalb der islamischen Welt unter Bewahrung der Werte, Kultur und Traditionen des Islam, um auf diese Weise die islamische Identität dieser Minderheiten unter Berücksichtigung ihrer spezifischen Situation zu schützen.

(10) Die Annäherung zwischen den *fuqahā*ʾ der verschiedenen islamischen *maḏāhib*, welche in den Grundlagen der Religion übereinstimmen, indem die Gemeinsamkeiten zwischen ihnen hervorgehoben und die Differenzen zwischen ihnen respektiert werden. Hierbei soll die Akademie darauf bedacht sein, Vertreter verschiedener Rechtsschulen miteinzubeziehen und bei der Verabschiedung von Resolutionen und Fatwas der Akademie den Auffassungen der verschiedenen *maḏāhib* Betrachtung zu schenken.

(11) Die Klärung der scharia-rechtlichen Haltung gegenüber den allgemeinen Fragen.

(12) Die Arbeit an der Erneuerung des islamischen Rechts durch dessen interne Entwicklung mit Hilfe der Regeln der Rechtsfindung und der Grundlagen der Rechtstheorie, sowie unter Bezugnahme auf die Rechtsquellen, -maximen und die Ziele der Scharia.

Art. 4: Mittel

Zur Erfüllung der festgelegten Ziele bedient sich die Akademie aller zur Verfügung stehenden Mittel. Zu diesen gehören:

1. Die Erlassung rechtlicher Fatwas hinsichtlich der für die Muslime relevanten Angelegenheiten und die Veröffentlichung dieser, um zur Förderung der *Wasaṭiyya*-Richtung beizutragen. Letztere bedeutet ein Mittelweg zwischen dem Konservativismus und dem Laizismus.
2. Die Erlassung von umfassenden Fiqh-Enzyklopädien, welche sich sowohl mit den aktuellen Fragen in verschieden Lebensbereichen also auch mit bereits behandelten Fragen in der Rechtsliteratur befassen. Diese sollen in einer einfacheren Sprache geschrieben werden, sodass diese die rechtlichen Angaben denjenigen, die im Bereich der Kultur und Medien tätig sind, leicht zugänglich machen.
3. Die Erstellung eines Lexikons für rechtspraktische und -theoretische Begriffe, welches präzise Begriffsbestimmungen durch leicht verständliche Ausdrücke anbietet.
4. Den Entwurf von musterhaften Gesetzesprojekten in den verschiedenen Bereichen, in denen die Kodifizierung des islamischen Rechts erforderlich ist. Dabei sollen die verschiedenen Rechtsschulen berücksichtigt und die Argumente in kurzer Form angeführt werden. Diese (Kodifizierungsprojekte) sollen in der islamischen Welt veröffentlicht und als Referenz bei der Modifizierung der bestehenden Gesetze und Kodexe (der islamischen Länder) dienen.
5. Die Förderung der rechtlichen Forschung über die gegenwärtig aufkommenden Fragen durch die Abteilungen und Fachkommissionen der Akademie sowie in Universitäten und anderen wissenschaftlichen Institutionen.
6. Die Schaffung von Forschungszentren für die islamischen Studien an einigen zentralen Orten außerhalb der islamischen Welt und die Kooperation mit bestehenden Zentren, die den Zielen der Akademie zugutekommen. Die Beobachtung aller Studien, die über den Islam in ihrem Umfeld veröffentlicht wird und die Widerlegung der Einwände gegen ihn.
7. Die Arbeit an der Wiederbelebung des Erbes der islamischen Rechtsliteratur, insbesondere der Literatur der islamischen Rechtstheorie, der Ziele der Scharia, der Normenlehre und der vergleichenden Rechtswissenschaft, sowie die Veröffentlichung und die Edition der Werke der o. g. Bereiche, die noch nicht herausgegeben sind. Ebenso soll eine Übersetzung für die Standardwerke dieses Erbes in die relevanten islamischen und internationalen Sprachen angefertigt werden.

8. Die Erfassung der bestehenden rechtlichen Akademien, Institutionen und Körperschaften innerhalb und außerhalb der islamischen Welt, um festzustellen, welche von ihnen mit der Akademie kooperieren werden.
9. Der Einsatz von Spezialisten aus verschiedenen wissenschaftlichen und praktischen Fachbereichen bei der Untersuchung der von der Akademie behandelten Fragen.
10. Die Einberufung von Konferenzen und Fachtagungen, um sich mit bestimmten Themen auseinanderzusetzen, welche einer intensiveren Untersuchung bedürfen als jene, die im Rahmen der normalen Sitzungen der Akademie vorgesehen ist.
11. Auf Anfrage bewertet sie aus scharia-rechtlicher Sicht Dokumente, welche die OIC oder die anderen islamischen Organisationen ausstellen.
12. Die Veröffentlichung der Arbeiten, Resolutionen, Fatwas und der relevanten Untersuchungen der Akademie in der Zeitschrift der Akademie, auf ihrer Webseite und auf CDs, sodass diese zugänglich sind und Nutzen bringen können. Ebenso sollen diese in die relevanten islamischen und internationalen Sprachen übersetzt werden.

Art. 5: Mitgliedschaft

5/1: Die Mitglieder der Akademie sind Rechtsgelehrte (*fuqahāʾ*), Wissenschaftler und Intellektuelle der verschiedenen Bereiche des islamischen Wissens.
5/2: Für die Mitgliedschaft der Akademie wird Folgendes vorausgesetzt:
1) Die Einhaltung der islamischen Religion sowohl im Glauben als auch in der Verhaltensweise.
2) Eine Spezialisierung im islamischen Recht und umfangreiche und tiefgründige Kenntnisse in den islamischen Wissenschaften, sowie die Erfassung der aktuellen Lage der islamischen Welt.
3) Vertrautheit mit der arabischen Sprache.
4) Ein guter Ruf und ein gutes Verhalten.
5) Die Verteidigung der Fragen, Kultur und Zivilisation der islamischen Nation und die Arbeit daran, die Umma zu stärken und zur Bewahrung ihrer materiellen und moralischen Rechte beizutragen.

5/3: Jeder Mitgliedsstaat der OIC ernennt einen Gelehrten, der als aktives Mitglied sein Land im Rat der Akademie vertritt. Zwischen den Sitzungsperioden wird der Mitgliedschaft aufgrund eines Beschlusses des Rats oder des Vorstandsgremiums zugestimmt.
5/4: Der Rat der Akademie ist dazu befugt, aktive Mitglieder außer den Vertretern der Länder entsprechend Abs. 9/4 zu ernennen.
5/5: Die Akademie nimmt aufgrund einer Empfehlung bzw. eines Vorschlags des Vorstandsgremiums, des Generalsekretärs der Akademie oder des Generalsekretärs der OIC muslimische Gelehrten und *fuqahāʾ* der muslimischen Minderheiten oder der islamischen Organisationen, die die gleichen Ziele verfolgen, als aktive Mitglieder der Akademie auf. Dies gilt unter der Bedingung, dass von jeder Minderheit oder Organisation lediglich ein einziges Mitglied aufgenommen wird.

5/6: Die Zahl der aktiven Mitglieder, die die Mitgliedsländer der OIC nicht vertreten und unter den zwei vorigen Absätzen erwähnt werden, soll ein Drittel der Zahl der Vertreter der Mitgliedsstaaten der OIC nicht überschreiten.
5/7: Die Akademie soll bei der Ernennung der Mitglieder berücksichtigen, dass die verschiedenen Rechtsschulen vertreten sind.
5/8: Die Akademie kann korrespondierte Mitglieder und Experten, die der Akademie bei ihrer Arbeit helfen können, aus den Mitgliedsstaaten oder anderen Ländern aufnehmen. Diese dürfen bei den Sitzungen des Rats anwesend sein und sich an den Diskussionen beteiligen, ohne ein Stimmrecht zu haben. Auf Beschluss des Präsidiums kann das korrespondierte Mitglied oder der Experte in eine der Fachabteilungen aufgenommen werden.
5/9: Die Aufnahme der Aktivmitglieder außer den offiziellen Vertretern soll auf Basis einer Entscheidung mit einer Zweidrittelmehrheit der anwesenden Mitglieder erfolgen.
5/10: Das Vorstandsgremium ist dazu befugt, den Austausch eines aktiven Mitglieds auf einen begründeten Auftrag an den Generalsekretär der OIC hin zu verlangen.

Art. 6: Ende der Mitgliedschaft und Ausschluss

6/1: Die Mitgliedschaft eines Mitglieds endet durch einen der beiden folgenden Gründe:

1- Rücktritt: Falls dieser begründet ist, wird vorausgesetzt, dass dieser vom Rat der Akademie angenommen wird.
2- Aufgrund von gesundheitlichen Einschränkungen oder mit dem Tod.

6/2: Das Ausscheiden eines Mitgliedes soll aufgrund einer Entscheidung, der mit einer Zweidrittelmehrheit der anwesenden Mitglieder zugestimmt wird, erfolgen. Die Stimmenthaltung gilt in diesem Fall als Akzeptanz.

Eine Forderung zum Ausschluss eines Mitglieds aus der Akademie darf nur den in folgenden Fällen gestellt werden:

(1) Wenn ein Mitglied eine oder mehrere der o. g. Voraussetzungen laut Art. 5/2 dieser Satzung nicht mehr erfüllen kann.
(2) Falls ein Mitglied bei drei unmittelbar aufeinanderfolgenden Tagungen ohne berechtigten Grund abwesend war.
(3) Wenn ein Mitglied etwas tut oder eine Meinung äußert oder veröffentlicht, welche zur Schwächung der islamischen Position hinsichtlich einer Frage von allgemeiner Natur führt, ohne dass es sich dafür entschuldigt und seine Meinung weder aus eigenen Stücken noch auf Aufforderung des Vorstandsgremiums hin ändert.
(4) Wenn ein Viertel der Mitglieder sich darüber einig ist, dass ein Mitglied unqualifiziert ist.

In all diesen Fällen wird das Land des Mitglieds, das ausgeschlossen oder dessen Mitgliedschaft beendet wurde, darüber informiert, um seinen Vertreter zu ersetzen. Die Mitglieder, die nicht zu den Vertretern der Staaten der OIC gehören, werden vom Rat der Akademie ersetzt.

Art. 7: Struktur der Akademie

Die Akademie besteht aus:

1- Dem Rat der Akademie.
2- Den Fachabteilungen.
3- Dem Vorstandsgremium.
4- Dem Generalsekretariat.

Art. 8: Akademierat und seine Sitzungen

1. Der Rat umfasst alle Aktivmitglieder der Akademie. In der ersten Versammlung wählen die Mitglieder jemanden von sich zum Präsidenten und drei zu den Stellvertretern für die Dauer von drei Jahren aus. Bei der Auswahl der Stellvertreter soll die geografische Verteilung der islamischen Länder berücksichtigt werden.
2. Die Sitzungsperiode des Rates wird einmal im Jahr aufgrund der schriftlichen Einladung des Generalsekretariats – nach Abstimmung mit dem Präsidenten – abgehalten. Wenn die Sitzungsperiode außerhalb des Landes des Hauptsitzes stattfindet, gilt der Vertreter des Gastlands als Stellvertreter des Präsidenten.
3. Falls nötig können auf Antrag eines Viertels der Aktivmitglieder, des Generalsekretärs der OIC, des Generalsekretärs der Rechtsakademie oder basierend auf einem Beschluss des Vorstandsgremiums Sondersitzungen veranstaltet werden, um bestimmte dringende Themen zu besprechen. Die Einladung zur Teilnahme an den Sondersitzungen wird vom Generalsekretär verschickt. Darin sollen die vorgesehenen Themen erwähnt werden.
4. Die Ratssitzungen gelten als rechtmäßig unter der Voraussetzung, dass die absolute Mehrheit der Hauptmitglieder anwesend ist. Die Entscheidungen des Rates werden mit der Stimmenmehrheit der anwesenden Mitglieder getroffen, außer in einigen Sonderfällen, in denen eine besondere Art von Mehrheit Voraussetzung ist.
5. Die Versammlungen des Rates werden vom Präsidenten der Akademie oder, wenn notwendig, von einem Stellvertreter geleitet. Im Falle der Stimmengleichheit bei der Verabschiedung einer Resolution oder Empfehlung gilt die Stimme des Präsidenten als ausschlaggebend.
6. Zur Teilnahme an den Sitzungen können Vertreter anderer Rechtsakademien oder Fiqh-Organisationen, mit denen die Akademie kooperiert, eingeladen werden, ohne dass diese ein Stimmrecht haben.
7. Die Agenda, welche das Generalsekretariat der Akademie bereits erstellt hat, genehmigt der Rat zu Beginn jeder Tagung. Mit Ausnahme der Sondertagungen können die Mitglieder weitere Themen unter dem Punkt „Sonstiges“ hinzufügen.
8. Dabei wird der Generalsekretär der Akademie mit den Sekretariatsaufgaben der Tagungen beauftragt. Er beaufsichtigt die Protokollführung und erklärt, was der Rat an Resolutionen oder Empfehlungen verabschiedet.
9. Aus den anwesenden aktiven Mitgliedern wählt der Präsident des Rats für jede Sitzungsperiode einen allgemeinen Protokollführer und eine allgemeine Kommission für die Formulierung der Resolutionen.

Art. 9: Aufgaben des Rates

1. Die Verabschiedung von Resolutionen und Empfehlungen hinsichtlich der Themen der Agenda.
2. Die Diskussion von juristischen Untersuchungen und Studien.
3. Die Genehmigung des Arbeitsplans der Kommissionen, Standorte und Sub-Büros, welcher vom Generalsekretariat vorgeschlagen wird.
4. Die Ernennung der Aktivmitglieder, außer jenen, die von den jeweiligen Ländern eingestellt sind, auf Empfehlung des Vorstandsgremiums oder des Generalsekretärs der OIC gemäß Abs. 5/5 dieser Satzung.
5. Die Zustimmung der Aufnahme von korrespondierten Mitgliedern und Experten auf Empfehlung des Vorstandsgremiums, des Generalsekretärs der Akademie oder von sieben Aktivmitgliedern.
6. Das Vorschlagen weitere Standorte oder Sub-Büros der Akademie laut Abs. 2/2 der Satzung.
7. Die Billigung Konferenzen oder Fachtagungen auf Vorschlag des Generalsekretärs der Akademie abzuhalten.
8. Die Genehmigung der Zusammenarbeit mit Rechtsakademien, juristischen Institutionen und Körperschaften innerhalb und außerhalb der islamischen Welt – auf Vorschlag des Vorstandsgremiums.
9. Die Aufstellung der nötigen Regeln für die Einrichtung weiterer Standorte oder Sub-Büros der Akademie außerhalb des Hauptsitzes des Rats sowohl in einem Mitgliedsland als auch in einem Nicht-Mitgliedsstaat auf Vorschlag des Generalsekretärs der Akademie.
10. Die Wahl von sechs Mitgliedern des Vorstandsgremiums für eine Mitgliedschaftsperiode von drei Jahren, welche die geografische Verteilung der islamischen Länder repräsentiert.
11. Der Beteiligung der aktiven Mitglieder an den Fachabteilungen zuzustimmen.
12. Die Genehmigung der Organisationsstruktur der Akademie.
13. Die Erlassung der Ausführungsverordnung, welche die Arbeit der Akademie organisiert, auf Antrag des Vorstandsgremiums.
14. Die Billigung der Gründung von neuen Fachkommissionen auf Vorschlag des Generalsekretärs der Akademie und mit der Zustimmung des Vorstandsgremiums.

Art. 10: Die Fachabteilungen

1- Die Akademie umfasst die folgenden Abteilungen:
- 1/1: Die Fatwa-Abteilung.
- 1/2: Die Studien- und Forschungsabteilung.
- 1/3: Die Sektion der Annäherung zwischen den Anhängern der Lehrrichtungen.
- 1/4: Die Abteilung für die Schriftstellung, Übersetzung und Veröffentlichung.
- 1/5: Die Abteilung für Enzyklopädien und Wörterbücher.
- 1/6: Die Abteilung für vergleichende Gesetzgebung.
- 1/7: Die Planungsabteilung.

2- Die Fatwa-Abteilung wird vom Präsidenten der Akademie geleitet und der Generalsekretär der Akademie nimmt die Position des Stellvertreters ein. Außerdem schließt diese Abteilung die Vertreter anderer Rechtsakademien, die in der Akademie repräsentiert sind, ein.
3- Auf einen Beschluss des Rats hin können gemäß Abs. 9/14 weitere Sektionen gebildet werden.
4- Jedes Mitglied und jeder Experte schließen sich einer der oben erwähnten Abteilungen an.
5- Ein Mitglied kann an bis zu maximal drei Sektionen mitarbeiten. Ein Mitglied kann seine Abteilung wechseln, nachdem es das Vorstandsgremium davon in Kenntnis gesetzt hat und der Abteilungswechsel vom Rat erlassen wurde.
6- Eine Sektion ist dazu befugt, ihre Mitglieder auf Nebenausschüsse zu verteilen.
7- Das Vorstandgremium erlässt auf Vorschlag des Generalsekretärs der Akademie die Ausführungsverordnungen, welche die Arbeit der Sektionen und der Nebenausschüsse organisieren.

Art. 11: Das Vorstandsgremium und seine Befugnisse

1. Das Vorstandgremium der Akademie setzt sich aus dem Generalsekretär der OIC, als Vorsitzender, dem Präsidenten der Akademie, als seinen Stellvertreter, dem Generalsekretär der Akademie und sechs Mitgliedern, die gemäß Abs. 9/10 dieser Satzung aus den Aktivmitgliedern gewählt werden, zusammen. Der Generalsekretär der Akademie übernimmt die Aufgabe des Protokollanten. Im Falle der Abwesenheit des Generalsekretärs der OIC und des Präsidenten der Akademie wird eines der Mitglieder für die Leitung der Sitzung ausgewählt.
2. Es übernimmt die reguläre Arbeit der Akademie, welche in die Zuständigkeit des Rates fällt. Die Mitglieder des Vorstandsgremiums treffen mindestens alle drei Monate zusammen. Auf Auftrag des Präsidenten der Akademie, des Generalsekretärs der OIC oder des Generalsekretärs der Akademie kann ein Dringlichkeitstreffen stattfinden.
3. Es gibt dem Generalsekretär der OIC oder dem Generalsekretär der Akademie Ratschläge hinsichtlich dringlicher Angelegenheiten, die bis zur Zeit der normalen Vollversammlung des Rates nicht aufgeschoben werden können. Hierfür bedarf es jedoch nicht der Organisation einer außerplanmäßigen Versammlung.
4. Die Genehmigung des Entwurfs der Agenda, die vom Generalsekretariat zusammengestellt wurde.
5. Es spricht Empfehlungen hinsichtlich der Aufnahme von aktiven Mitgliedern aus und schlägt die Aufnahme von korrespondierten Mitgliedern und Experten vor, sowie überprüft, ob die von den jeweiligen Ländern ernannten Kandidaten die in dieser Satzung festgelegten Voraussetzung einer Mitgliedschaft erfüllen.
6. Das Vorstandgremium erstellt einen Haushaltsentwurf der Akademie und legt diesen dem ständigen Finanzausschuss der OIC zur Genehmigung vor.
7. Die Überprüfung der Beschluss- und Empfehlungsprojekte, die den Arbeitsablauf der Akademie betreffen, bevor diese dem Akademierat vorgelegt werden.

8. Die Beobachtung des Ablaufs der Akademietagungen, der Arbeit des Generalsekretariats und der Versammlungen der Abteilungen und der Unterausschüsse im Rahmen dieser Satzung, der Ausführungsverordnung und irgendeiner künftigen Regelung zur Organisation der Arbeit der Abteilungen und der Unterausschüsse.
9. Es unterbreitet dem Rat der Akademie Vorschläge zur Verbesserung der Arbeit der Akademie in den verschiedenen Bereichen.

Art. 12: Das Generalsekretariat

1- Der Generalsekretär ist mit der Direktion des Generalsekretariats betraut.
2- Das Generalsekretariat ist beauftragt mit allem, was gemäß dieser Satzung, der Ausführungsverordnung und aller Regelungen der Akademie in seine Zuständigkeit fällt und übernimmt die Verwaltungsarbeit sowie kümmert sich um die Finanzangelegenheiten der Akademie, deren Abteilungen und Ausschüsse.
3- Es archiviert die Unterlagen und Dokumente der Akademie und deren Organe und protokolliert die Akademiesitzungen. Darüber hinaus ist es in seiner Pflicht, die Beschlüsse der Akademie auszuführen und diesen den Mitgliedern bekannt zu geben.
4- Unter dem Generalsekretär gibt es eine gewisse Zahl von Angestellten, die die Arbeit der Akademie verwalten. Diese werden vom Generalsekretär ausgewählt und schließlich vom Generalsekretär der OIC ernannt.
5- Der Generalsekretär richtet die nötigen Arbeitsabteilungen ein, welche die Durchführung der wissenschaftlichen, administrativen und finanziellen Arbeit sowie die Öffentlichkeitsarbeit und die Organisation der Konferenzen und Foren erledigen. Diese arbeiten unter der Aufsicht des Generalsekretärs entsprechend der vom Rat genehmigten organisatorischen Vorschriften.

Art. 13: Der Generalsekretär

1) Der Generalsekretär ist eines der Aktivmitglieder der Akademie und wird vom Generalsekretär der OIC für eine Amtszeit von vier Jahren – die einmal erneuert werden kann – eingesetzt. Dennoch kann der Generalsekretär der OIC mit der Zustimmung des Rates der Außenminister der OIC die Amtszeit des Generalsekretärs der Akademie für weitere Perioden verlängern.
2) Der Generalsekretär ist der Leiter der Angestellten des Generalsekretariats.
3) Er organisiert die Arbeit des Sekretariats zugunsten der Akademiearbeit.
4) Der Generalsekretär ernennt die administrativen Angestellten und die Sacharbeiter gemäß der Arbeitsordnung der OIC.
5) Er richtet Empfehlungen hinsichtlich der Bewertung der Arbeit der Angestellten an den Generalsekretär der OIC und schlägt die Beförderung oder Sanktionierung der betroffenen Angestellten vor.
6) Er ist dafür zuständig die Entscheidungen und Empfehlungen der Akademie zu befolgen und durchzuführen.
7) Dem Generalsekretär werden alle neu gegründeten Sub-Büros, Forschungszentren und Standorte untergeordnet.

8) Er erstellt die Tagesordnung der normalen Sitzungen des Akademierates und der Versammlungen des Vorstandsgremiums.
9) Der Generalsekretär ist der Sprecher und Vertreter der Akademie bei den anderen Institutionen.
10) Nach der Konsultation mit den Mitgliedern des Vorstandsgremiums und des Fatwa-Ausschusses sowie mit anwesenden Mitgliedern der Akademie, gibt er in dringenden Fällen Erklärungen ab und erstellt Rechtsgutachten. Diese Erklärungen und Rechtsgutachten werden dann dem Rat der Akademie in der nächsten Tagung vorgelegt.
11) Der Generalsekretär ist insbesondere für Folgendes zuständig:
    a) Die Bearbeitung der juristischen und geistigen Fragen, die von der OIC oder von anderen islamischen Institutionen an ihn gerichtet werden. Sodann gibt er sein Urteil darüber ab, um dieses dem Rat der Akademie vorzulegen. Ebenso ist er dazu befugt, bei seiner Teilnahme an den Konferenzen der OIC auf die scharia-rechtlichen Bestimmungen aufmerksam zu machen.
    b) Die Initiierung der Projekte des Haushalts und der Jahresschlussabrechnung der Akademie entsprechend den finanziellen Regelungen und geltenden Vorschriften der OIC. Er legt diese dann dem Rat der Akademie vor. Er erstellt den Ausgabenplan und genehmigt die Auszahlungen im Rahmen des Ausgabenplans der Akademie für die verschiedenen Bereiche. Fall nötig, darf er, entsprechend der Finanzvorschriften der OIC, das Ausmaß der Ausgaben für einen Bereich erhöhen oder die Ausgaben der verschiedenen Bereiche modifizieren.
    c) Die Korrespondenz mit den Verantwortlichen in den Mitgliedsländern der OIC und die Kooperation der Organisation der jährlichen Vollversammlung der Akademie mit diesen Verantwortlichen.
    d) Die Ankündigung der Sitzungstermine der Akademie nach Abstimmung mit dem Präsidenten.
    e) Die Ankündigung der Themen der fachlichen Studien in Koordination mit dem Vorstandsgremium.
    f) Die Auswahl der Mitglieder und Experten, die mit der Anfertigung der verschiedenen Untersuchungen beauftragt werden. Anschließend wird seine Auswahl dem Vorstandsgremium zur Genehmigung vorgelegt.
    g) Die Chefredaktion der Zeitschrift der Akademie und die Aufsicht über die Herausgabe von Büchern, Zeitschriften und Informationsblättern.
    h) Die Aufsicht über die Webseite der Akademie.
    i) Der Abschluss von Verträgen mit den anderen wissenschaftlichen Körperschaften und Institutionen im Rahmen des festgelegten Haushalts und in Übereinstimmung mit den Zielen der Akademie.
    j) Nach Bedarf setzt er außer den Mitgliedern Experten und Forscher ein.
    k) Die Einberufung der Foren und Fachtagungen zugunsten der Ziele der Akademie und die Einladung von Wissenschaftlern zu diesen Veranstaltungen sowie die Aufsicht über die Bildung von Foren und andere propagierende Aktivitäten.

Art. 14: Archive der Akademie

Das Generalsekretariat erstellt ein Archiv für die Protokolle der Rats-, Präsidiums-, Fachabteilungs- und Unterausschusssitzungen sowie ein Archiv für die Forschungen und Fatwas der Akademie. Diese Archive unterstehen der unmittelbaren Aufsicht des Generalsekretärs.

Art. 15: Budget und Finanzierungsquellen der Akademie

1- Die Akademie hat ein separates Budget unabhängig vom Haushalt der OIC, welches sich auf die Beiträge der Mitgliedstaaten der OIC stützt.
2- Die Finanzierungsquellen der Akademie umfassen den festgelegten Haushalt, den Erlös aus dem Verkauf ihrer Veröffentlichungen, Spenden und die Gewinne aus ihren Investitionen.
3- Nach der Zustimmung des Vorstandsgremiums darf das Generalsekretariat die bedingungslosen Spenden, egal ob diese regelmäßig oder einmalig sind, für eine spezifische Aktivität der Akademie oder für die Arbeit der Akademie im Allgemeinen einsetzen.

Art. 16: Ausführungsverordnungen und interne Regelungen

(1) Die Ausführungsverordnung dieser Satzung verabschiedet der Generalsekretär der OIC aufgrund des Vorschlags des Generalsekretärs und der Empfehlung des Vorstandsgremiums.
(2) Der Rat erlässt auf Basis eines Verschlags des Vorstandsgremiums interne Regelungen, die seine Arbeit ordnen.
(3) Auf Vorschlag des Generalsekretärs erlässt das Vorstandsgremium die organisatorischen Vorschriften, welche die Abteilungen und Unterausschüsse organisieren.
(4) Die Modifizierung der o. g. Ordnungen kann aufgrund des Beschlusses des Organs, das diese erlassen hat, vorgenommen werden.

Art. 17: Mitarbeiter der Akademie

Die Angestellten und das Personal des Generalsekretariats befolgen die Anordnungen und Arbeitsvorschriften der OIC, insbesondere die dienstliche Satzung der OIC und ihre Modifikationen (OIC/ICFM-32/2005/AF/PR/FINAL).

Art. 18: Erlassung der Satzung und ihrer Modifikationen

(1) Auf Vorschlag des Generalsekretärs der OIC diese Satzung wird durch einen Beschluss der Außenminister der OIC in Kraft gesetzt.
(2) Auf einen Vorschlag des Generalsekretärs oder von zwei Dritteln der aktiven Mitglieder, welcher dem Generalsekretär der OIC vorlegt wird, kann diese Satzung durch einen Beschluss des Rates der Außenminister der OIC modifiziert werden.
(3) Diese Satzung und ihre Änderungen sind ab dem Datum des Erlasses durch den Rat der Außenminister der OIC gültig, es sei denn, dass der Rat der Außenminister ein anderes Datum bestimmt. Alle (alten) Vorschriften, die gegen diese Satzung verstoßen, verlieren ihre Gültigkeit.

Textanhang IV: Die alte Ausführungsverordnung der IIFA der OIC

Der Akademierat:

Art. 1:

Die Tagungen des Rats werden vom gewählten Präsidenten, mithilfe seiner Stellvertreter, laut Art. 14 der Satzung geleitet.

Art. 2:

Gemäß des 7. Art der Satzung besteht er aus aktiven und korrespondierten Mitgliedern:

1. A – Die aktiven Mitglieder, die die Länder der OIC repräsentieren.
1. B – Die aktiven Mitglieder von *fuqahā'* und Gelehrten der Mitgliedsstaaten und der muslimischen Minderheiten in den nicht-islamischen Ländern sowie der islamischen Organisationen, die die Interessen der Akademie teilen – laut Art. 3/7 der Satzung.

Art. 3:

[„2."] Die korrespondierten Mitglieder werden aus den muslimischen Gelehrten, die durch ihre fundierten Untersuchungen und Studien bekannt sind, ausgewählt. Der Vorschlag für die Ernennung dieser Mitglieder wird dem Rat vorgelegt, um seine Zustimmung zu erhalten.

Art. 4:

Die Kandidaten für 1.b und „2." werden vom Generalsekretär der Akademie ausgewählt. Dabei soll ein ausführlicher Bericht über die wissenschaftlichen Qualifikationen jedes Kandidaten vorgelegt werden.

Art. 5:

Die Nominierung der Kandidaten für die Mitgliedschaft 1.b und „2" erfolgt durch den Rat gemäß 15/6 und 15/7, d.h. auf Empfehlung vom Vorstandsgremium oder aufgrund eines Gutachtens von vier aktiven Mitgliedern.

Art. 6:

Die neuen aktiven Mitglieder werden in einer öffentlichen Sitzung empfangen. Anschließend dürfen diese sich an der Arbeit des Rates beteiligen.

Art. 7:

Die Sitzungen der Konferenz finden unter Ausschluss der Öffentlichkeit statt, außer der Eröffnungs- und der Memorial-Sitzungen. Der Akademierat kann sich jedoch für eine öffentliche Sitzung entscheiden.

Art. 8:

Die Protokolle der Sitzungen werden vom Generalsekretariat angefertigt.

Art. 9

Eine Sitzungsperiode endet mit dem bereits zuvor festgelegten Schlussdatum der Sitzungen. Falls nötig kann das Vorstandsgremium dieses Datum hinausschieben.

Das Vorstandgremium

Art. 10:

Das Vorstandsgremium versammelt sich mindestens einmal pro Jahr vor der Tagung des Rates.

Art. 11:

Das Vorstandsgremium erlässt die nötigen Vorschriften für die Ausführung dieser Ordnung.

Art. 12:

Die funktionelle und administrative Struktur sowie der Haushaltsplan der Akademie sollen vom Vorstandsgremium genehmigt werden.

Art. 13:

Das Vorstandsgremium schreibt Empfehlungen hinsichtlich der von ihm ausgewählten Kandidaten.

Sektionen der Akademie

Art. 14:

Die Sektionen der Akademie gliedern sich in fünf besondere Abteilungen gemäß Art. 16/1 der Satzung und die Mitglieder dürfen laut 16/2 der Satzung an mehreren Sektionen teilnehmen.

Art. 15: Die Planungsabteilung

Sie hat die Aufgabe, ein Verzeichnis und einen Katalog für die neu erschienenen Studien und Werke der islamischen Studien zu erstellen sowie Bücher und Traktate über den Islam auch im Bereich des islamischen Rechts, der Fatwa-Literatur und der islamischen Rechtstheorie anzufertigen.

Art. 16:

Ebenso pflegt diese Sektion Listen für die Standardwerke der juristischen Primärliteratur und Handschriften der verschiedenen Rechtsschulen anzulegen und das Generalsekretariat über den Verbleib dieser Handschriften zu informieren, um diese zu edieren.

Art. 17:

Sie sammelt relevante soziale und wirtschaftliche Fragen und solche, die die öffentlichen Angelegenheiten betreffen, sowie beobachtet die laufenden Entwicklungen in diesen Bereichen und die daraus resultierenden Probleme des heutigen Lebens, um Lösungen dafür gemäß der Scharia zu ermitteln.

Art. 18:

Sie genehmigt die Methodologie der juristischen Forschungssektion und erlässt diese in Form von Regeln für die Untersuchung und Forschung.

Art. 19:

Diese Abteilung entwirft ein Programm der von der Akademie geplanten Seminare und Tagungen in Jedda oder woanders, unabhängig davon, ob diese von der Akademie allein oder in Zusammenarbeit mit anderen wissenschaftlichen Institutionen oder Universitäten veranstaltet werden, um bestimmte Fragen zu behandeln, zu diskutieren und/oder darüber Studien zu schreiben.

Art. 20:

Ebenso übernimmt diese Abteilung die Kontaktaufnahme und Kooperation mit den islamischen Universitäten, Forschungszentren und Akademien sowie fachlichen Institutionen. Der Generalsekretär hat die Aufgabe, diese zu beobachten und auszuführen.

Art. 21:

Auf Basis der in Art. 15, 16 und 17 ermittelten Informationen entwickelt die Abteilung einen Entwurf des Gesamtaktionsplans für die Studien- und Forschungsarbeiten, sowie für Übersetzungsarbeiten und Arbeiten, die zur Veröffentlichung bestimmt sind. Ferner kooperiert diese Sektion sehr eng mit dem Generalsekretär der Akademie und den anderen Fachabteilungen.

Art. 22: Studien- und Forschungsabteilung

Diese Abteilung entwirft ihr eigenes Arbeitsverfahren, entsprechend welchem die Studien- und Forschungsthemen klassifiziert sowie die angestrebten Projekte und ihre fachlichen und finanziellen Mittel festgelegt werden.

Art. 23:

Bei ihrer Arbeit berücksichtigt die Abteilung die von der Planungsabteilung vorgeschlagenen Forschungsthemen. Sie kann jedoch der Planungsabteilung weitere Themen zur Untersuchung vorschlagen.

Art. 24:

Diese Abteilung verpflichtet sich zu der von ihr vorgeschlagenen Arbeitsmethodologie, welche die Planungsabteilung gebilligt und der Rat genehmigt hat.

Art. 25:

Die Sektion leistet durch ihre Forschungen und Studien einen Beitrag zum wissenschaftlichen Periodikum der Akademie.

Art. 26:

Ebenso trägt sie zu den Forschungsprojekten bei und kann dem Generalsekretär Forscher und Experten zur Einsetzung vorschlagen.

Art. 27:

Auf Empfehlung der Kommission werden die angenommenen Studien und Untersuchungen vom Generalsekretariat vergütet. Die Vergütung orientiert sich an jener von vergleichbaren Institutionen.

Art. 28:

Bei der Abteilung wird die von Forschern oder wissenschaftlichen Institutionen der Akademie angebotenen Projekten zur Bewertung eingereicht, um diese zu beurteilen und eine Förderungsempfehlung zu schreiben. Dabei kann die Abteilung sich auf fachliche Experten stützen.

Art. 29:

Zudem befasst sie sich mit der Erstellung einer rechtlichen Enzyklopädie. In diesem Zusammenhang beruft sie sich anfangs auf bereits bestehende ähnliche Projekte und entwickelt anschließend die Arbeit weiter. Dabei beruft sie sich bei jeder Frage auf anerkannte Quelle.

Art. 30:

Ebenso beschäftigt sich die Sektion mit dem Edieren juristischer Werke. Zu diesem Zweck beauftragt sie entweder ihre Mitglieder oder schlägt Experten und Editoren vor, welche sich in diesem Fach sehr gut auskennen. Ihrer Ernennung soll vom Generalsekretär der Akademie zugestimmt werden.

Art. 31: Fatwa-Abteilung

Diese Abteilung erarbeitet ihren Arbeitsplan, der die Erfüllung ihrer Aufgaben ermöglicht, mit dem Ziel das islamische Recht der breiten Öffentlichkeit zugänglich zu machen und Rechtsgutachten hinsichtlich verschiedener Fragen zu erstellen.

Art. 32:

Außerdem beabsichtigt sie die islamische Rechtsliteratur der verschiedenen Rechtsschulen, welche die Fatwas und die Richterschaft regelt, herauszugeben. Zu diesem Zweck arbeitet diese Abteilung daran, ein Verzeichnis aller vorhandenen Manuskripte in den Bibliotheken auf der ganzen Welt zu dieser Fachliteratur anzulegen, Kopien davon anzufertigen und je nach Bedarf zu drucken. Ebenso hat sie die Aufgabe, vergriffene Standardwerke des Fiqhs nachzudrucken und Prioritäten bezüglich der Herausgabe aufzustellen.

Art. 33:

Ebenso stellt sie Indexe für Fatwa-Werke zur Verfügung, um deren Nachschlagen zu erleichtern.

Art. 34:

Die Abteilung hat den Auftrag, die Fatwa-Anfragen von allgemeiner Natur zu untersuchen und Fatwa-Entwürfe zu erarbeiten, die dann in Akademietagungen genehmigt und erlassen werden können. Dabei wird versucht, scharia-rechtliche Lösungen zu ermitteln, welche zur Entwicklung der muslimischen Gesellschaft beitragen.

Art. 35:

Bei Bedarf kann die Sektion Hilfe bzw. den Rat bei Experten anderer Fachgebiete suchen.

Art. 36:

Die von der Abteilung hervorgebrachten Forschungsergebnisse und Fatwas werden dem Akademierat zur Beurteilung vorgelegt.

Art. 37:

Die Sektion bemüht sich darum, Kopien oder Exemplare von Handschriften der Fatwa-Literatur der verschiedenen Rechtsschulen zu sammeln, damit diese dann ediert und veröffentlicht werden.

Art. 38:

Die Sektion übermittelt dem Periodikum der Akademie ihre Arbeitsergebnisse zu Untersuchungen und Fatwas, die sie im Namen der Akademie erteilt hat und welchen anschließend vom Rat während seiner Tagung zugestimmt wurden.

Art. 39:

Die Forscher und Editoren werden entsprechend ihrer Arbeit und nach den Bestimmungen des Vorstandsgremiums und des Generalsekretärs vergütet.

Art. 40:

Die Zuständigen für die Erstellung des juristischen Lexikons oder des Lexikons der Fachtermini erhalten entsprechend ihrer Leistung ein vergleichbares Gehalt wie Angestellte ähnlicher Institutionen und Rechtsakademien.

Art. 41: Sektion der Annäherung zwischen den Lehrrichtungen

Zum Ziel hat diese Abteilung die notwendigen Schritte zur Anfertigung einer umfassenden Studie über das islamische Recht, dessen Quellen, Entstehung, Entwicklungsphasen und *maḏāhib*, zu gewährleisten.

Art. 42:

In Kooperation mit der Fatwa-Sektion intendiert diese Abteilung beim Edieren der Fatwa-Literatur, eine Annäherung zwischen den Rechtsauffassungen der verschiedenen *maḏāhib* durch den Vergleich und die Abwägung der unterschiedlichen Ansichten herbeizuführen.

Art. 43:

Darüber hinaus verfasst die Abteilung Studien zur Literatur des rechtlichen Meinungsstreits (*ḫilāf*). Dabei ermittelt sie die Gründe der Meinungsverschiedenheit hinsichtlich der Rechtsnormen unter den verschiedenen muslimischen Gelehrten.

Art. 44:

Sie befasst sich mit den einhelligen Grundlagen der verschiedenen Imame im Rahmen des Korans und der authentischen Sunna, welche eine Annäherung fördern.

Art. 45: Abteilung für Übersetzung und Veröffentlichung

Mithilfe der Planungsabteilung verfolgt diese Sektion die Studien über den Islam in verschiedenen Sprachen, um die relevanten von ihnen bekannt zu machen oder zu übersetzen.

Art. 46:

Sie schlägt vor, welche ausländischen Studien, Aufsätze und Artikel über den Islam und welche der geistigen oder juristischen Fragen über den Islam ins Arabische übersetzt, verbreitet oder kommentiert werden sollen.

Art. 47:

Sie stellt eine endgültige Liste für Studien, Untersuchungen oder Ähnliches zusammen, die nach Prioritäten geordnet sind und aus dem Arabischen in andere Sprachen übersetzt werden sollen.

Art. 48:

Diese Sektion koordiniert ihre Arbeit mit der Studien- und Forschungssektion, der Fatwa- und Planungsabteilung, um treffende Werke auszuwählen, welche übersetzt und herausgegeben werden sollen.

Art. 49:

Die Abteilung erstellt ein wissenschaftliches Bulletin über die Akademie.

Art. 50:

Bei der Durchführung ihrer Arbeit stützt sich die Sektion auf die Hilfe der Mitarbeiter der Direktionsabteilung für Übersetzung der Akademie. Bei Bedarf kann sie muslimische Fachexperten hinzuziehen, die wie Mitarbeiter bei vergleichbaren Institutionen vergütet werden.

Art. 51: Der Generalsekretär

Der Generalsekretär ist der Verantwortliche für die administrative und exekutive Behörde der Akademie und hat die Aufsicht über das Personal der Akademie.

Art. 52:

Entsprechend des Akademieplans für Studien, Untersuchung und Wiederbelebung des Erbes der islamischen Literatur wählt der Generalsekretär die Experten und Editoren aus den von den Sektionen erstellten Listen aus.

Art. 53:

Bei der Eröffnung einer Sitzungsperiode des Rates legt der Generalsekretär einen Bericht über die Arbeit, Aktivitäten und Leistungen der Akademien im Zeitraum zwischen der vorherigen und der aktuellen Sitzungsperiode vor.

Art. 54:

Er entwirft den Haushaltsplan der Akademie und legt diesen dem Vorstandsgremium und anschließend dem Rat der Akademie zur Genehmigung vor.

Art. 55:

Die Finanzierungsmittel der Akademie sind:

a- Die Beiträge der Mitgliedsstaaten der OIC.
b- Die Beihilfen, Spenden, Zuschüsse und Vermächtnisse sowie Gewinne, die der Akademie gestiftet wurden.
c- Andere Finanzierungsquellen, welchen vom Vorstandsgremium zugestimmt werden.

Art. 56:

Das Personal des Generalsekretariats befolgt in finanziellen und administrativen Angelegenheiten die dienstliche Satzung des Generalsekretariats der OIC.

Die neue Ausführungsverordnung der IIFA der OIC

Art. 1: Begriffsbestimmungen

Mit den Begriffen, die in dieser Ordnung oder in anderen Vorschriften der Akademie erwähnt werden, sind die im ersten Artikel der Satzung erklärten Bedeutungen gemeint. Die nachfolgenden Begriffe haben die folgenden Bedeutungen:

1) **Die Ausführungsverordnung der Satzung**: Die Ausführungsverordnung der Satzung der Internationalen Akademie.
2) **Die Sitzungsperiode**: ist der Zeitraum, in dem die Konferenz und die wissenschaftlichen Sitzungen der Akademie stattfinden.
3) **Die Sitzung**: ist eine wissenschaftliche Sitzung, die sich mit einer einzigen Thematik der wissenschaftlichen Themen innerhalb einer Sitzungsperiode befasst.
4) **Die Resolution:**
   a) Das Fatwa oder die scharia-rechtliche Bestimmung, die der Rat nach der Darstellung der betroffenen Frage und der Diskussion der Mitglieder darüber verabschiedet.
   b) Die administrativen Beschlüsse, die der Rat fasst.
5) **Das Forum**: Das der Akademie angehörige Forum des islamischen Denkens. Es organisiert wissenschaftliche Zusammenkünfte und Vorträge über juristische und geistige Fragen. Die Mitwirkung ist nicht auf die Mitglieder und Experten (der Akademie) beschränkt.

Art. 2: Die Akademie und ihr Hauptsitz

1- Die Akademie gilt entsprechend der Schlusserklärung der dritten Sonder-Gipfelkonferenz im Dezember 2005 der OIC, die in Mekka zwischen dem 5. und 6. *Ḏū l-qaʿda* 1426/ 7. und 8. Dezember 2005 stattfand, als eine juristische Autorität der islamischen Gemeinde.
2- Das Gebäude des Sitzes der Akademie stellt das Gastland, Saudi-Arabien, in Jedda bereit.
3- Die Akademie ist ein Unterorgan der OIC. Für die Zusammentreffen und Arbeiten der Akademie gelten die Ordnungen und Vorschriften der OIC. Das Personal genießt die festgelegte Immunität der OIC und ihres Personals.

Art. 3: Ziele der Akademie

1- Die Ziele der Akademie sind diejenige, die unter dem Art. 3 (Abs. 1 bis 12) der Satzung festgelegt wurden. Für die Verwirklichung dieser Ziele sind alle Angehörigen dieser Akademie entsprechend ihrer Zuständigkeit gemeinsam verantwortlich.
2- Die Verwirklichung der o. g. Ziele soll zumindest jede drei Jahre vom Rat überprüft werden.

Art. 4: Mittel

Die Mittel zur Erreichung der festgelegten Ziele sind diejenige, die unter Art. 4 der Satzung festgelegt sind und für deren Ausführung die folgenden Organe zuständig sind:

1- Die Erteilung von Fatwas und Resolutionen in den neuen Fragen und Rechtsfällen, welche für die Muslime von Relevanz sind, ist das Privileg des gesamten Akademierates. Die einzelnen Mitglieder haben darauf hingegen kein Recht.

2- Hinsichtlich der Mittel, welche die Akademie allein nicht realisieren kann, ist das Generalsekretariat dazu befugt diesbezüglich mit den fachlichen islamischen Institutionen, Universitäten und Organisationen zusammenzuarbeiten. Zu den wichtigsten Beispielen dafür zählen:
   a) Die Konstitution von umfassenden Fiqh-Enzyklopädien, welche sich mit den aktuellen Fragen in verschiedenen Lebensbereichen befassen und die Veröffentlichung dieser in leicht verständlicher Sprache (Art. 4/Abs. 2 der Satzung).
   b) Die Erstellung eines Lexikons für rechtspraktische und -theoretische Begriffe (Art. 4/Abs. 3 der Satzung).
   c) Die Wiederbelebung des Erbes der islamischen Literatur, Herausgabe- und Übersetzungsaktivitäten (Art. 4/Abs. 6[1290] der Satzung).
   d) Die Abhaltung der Fachtagungen (Art. 4/Abs. 10 der Satzung).
   e) Die Beobachtung dessen, was über den Islam veröffentlicht wird (Art. 4/Abs. 6), in Zusammenarbeit mit dem Beobachter/der Beobachtungsstelle „Hass gegen den Islam“ (Islamophobie) der OIC.
3- Die Akademie kann durch ihr Generalsekretariat die folgenden Mittel erfüllen:
   a. Der Einsatz von Spezialisten aus verschiedenen wissenschaftlichen und praktischen Fachbereichen bei der Untersuchung der betreffenden Fragen (Art. 4/Abs. 9 der Satzung).
   b. Die Veröffentlichung der wissenschaftlichen Forschungsarbeiten der Akademie durch CDs (Art. 4/Abs. 12 der Satzung).
   c. Die Erklärung der scharia-rechtlichen Haltung gegenüber den Dokumenten, welche die OIC oder die anderen islamischen Organisationen ausstellen.
   d. Die Veröffentlichung der Forschungsergebnisse der Akademie in ihrer Zeitschrift und im Internet (Art. 4/Abs. 12 der Satzung).
   e. Die Erstellung und Herausgabe von Projekten der islamischen musterbildlichen Kodifikationen (Art. 4/Abs. 4 der Satzung).

Art. 5: Die Mitgliedschaft betreffende Maßnahmen

(1) Das Generalsekretariat hat die Aufgabe, die von den Mitgliedsstaaten der OIC vorgelegten Unterlagen der Nominierung der Mitgliedschaft darauf zu überprüfen, ob diese die Voraussetzungen erfüllen (Art. 4/Abs. 4 der Satzung). Darüber hinaus legt es dem Rat oder dem Vorstandsgremium einen Bericht vor, um den betreffenden Kandidaten einzustellen. Im Falle einer Ablehnung bittet das Generalsekretariat das entsprechende Land, einen anderen Kandidaten zu ernennen.
(2) In Kooperation mit dem Generalsekretär der OIC und dem Präsidenten des Rats wählt das Generalsekretariat, falls nötig, Kandidaten für eine Mitgliedschaft in der Akademie aus und legt diese Auswahl dem Rat oder dem Vorstandsgremium in Form eines Berichts vor, um diese dann als aktive Mitglieder aufzunehmen.

1290 In der Satzung unter Art. 4/Abs. 7.

Dabei soll die erlaubte Zahl an eingestellten Mitgliedern und die Repräsentation der verschiedenen Lehrrichtungen berücksichtigt werden.

(3) In Kooperation mit dem Präsidenten des Rats reicht das Generalsekretariat beim Rat oder Vorstandsgremium einen Antrag ein, Gelehrte, die der Akademie bei ihrer Arbeit helfen können, aus den Mitgliedsstaaten oder anderen Ländern als Experten oder korrespondierte Mitglieder aufzunehmen. Bei Bedarf können diese zur Teilnahme an den Sitzungsperioden und Fachtagung der Akademie eingeladen werden.

(4) Die Mitgliedschaft ist ab dem Aufnahmebeschluss gültig. Das Mitglied darf an der Arbeit der Akademie nach seinem Empfang in einer öffentlichen Sitzung teilnehmen. Die Mitgliedschaft ist dann dauerhaft, es sei denn, dass diese aus einem der Gründe und aufgrund der Maßnahmen, welche im Art. 6/1 festgelegt werden, beendet wird.

(5) Das Mitglied der Akademie ist Innerhalb des Rates und der Abteilungen hinsichtlich seiner Meinungen und Urteile frei.

(6) Während der Mitgliedschaft darf das Mitglied nicht, in einer Institution oder Organisation, deren Ziele jenen der Akademie widersprechen, Mitglied oder tätig sein.

Art. 6: Die mit einem Ausschluss und Ende der Mitgliedschaft sowie mit einem Rücktritt verbundenen Maßnahmen

1. In einem der Fälle des Ausschlusses, welche unter Art. 6/2 festgelegt werden, beauftragt der Präsident der Akademie das Vorstandsgremium den entsprechenden Fall zu überprüfen. Dabei ist das Gremium dazu berechtigt, das Mitglied schriftlich oder mündlich, je nach Möglichkeit, zu kontaktieren, um eine Rechtfertigung zu verlangen.
2. Die Abstimmung über das Beenden einer Mitgliedschaft soll geheim sein.
3. Falls ein Mitgliedsstaat sich dazu entscheidet seinen Vertreter zurückzurufen, gilt dies als Rücktritt, sobald sein schriftlicher Antrag dem Generalsekretariat eingereicht wurde.
4. Der Ausschluss von Mitgliedern, welche kein Land vertreten, erfolgt durch einen Beschluss des Rats.
5. Ein Rücktrittsgesuch eines Mitglieds soll schriftlich beim Generalsekretariat eingereicht werden. Dieses soll der Generalsekretär dem Rat während der Sitzungsperiode vorlegen.
6. Falls der Posten eines Mitglieds, welches sein Land vertritt, frei wird, bittet der Generalsekretär der Akademie die Regierung des betroffenen Lands, ein neues Mitglied zu ernennen.

Art. 7: Organe der Akademie

(1) **Rat der Akademie:** Er ist der Zentralrat der Akademie, der alle Aktivmitglieder umfasst. Seine Zuständigkeit ist gemäß dem Art. 9 der Satzung festgelegt.

(2) **Das Vorstandsgremium**: Es ist ein Organ, welches dem Rat angehört. Art. 11 der Satzung bestimmt seine Zuständigkeit.
(3) **Die Sektionen**: Diese sind beratende Kommissionen, welche aus dem Rat hervorgehen. Sie entwerfen ihre Arbeitspläne im Rahmen ihrer Zuständigkeiten und entwickeln Vorstellung zur Verwirklichung der Ziele der Akademie.
(4) **Das Generalsekretariat der Akademie**: Dieses bildet das administrative und exekutive Organ der Akademie. Bei seiner Arbeit befolgt es die Charta der OIC, die Satzung der Akademie und die damit zusammenhängenden Vorschriften.

Art. 8: Die für die Erlassung der exekutiven und organisatorischen Vorschriften und für den Entwurf der Pläne für die Organe der Akademie zuständigen Behörden

1. **Die Ausführungsverordnung der Satzung**: Diese erlässt der Generalsekretär der OIC auf Vorschlag des Generalsekretärs der Akademie und auf Empfehlung des Vorstandsgremiums.
2. **Die inneren organisatorischen Verordnungen für die Arbeit des Akademierats**: Diese erlässt der Rat der Akademie auf Vorschlag des Vorstandsgremiums.
3. **Die organisatorischen Verordnungen für die Arbeit der Fachabteilungen und Unterausschüsse:** Diese erlässt das Vorstandsgremium auf Vorschlag des Generalsekretärs der Akademie.
4. **Die innere organisatorische Verordnung der Akademie und ihrer organisatorischen Struktur:** Diese wird vom Generalsekretariat der Akademie erstellt und vom Rat der Akademie auf Vorschlag des Vorstandsgremiums erlassen.
5. **Die Arbeitspläne der Standorte, Büros, Abteilungen, dauernder und vorübergehender Kommissionen:** Diese werden vom Generalsekretariat der Akademie vorgeschlagen und vom Rat der Akademie genehmigt.

Art. 9: Das Generalsekretariat der Akademie

(1) Die Akademie hat ein Generalsekretariat, welches vom Generalsekretär geleitet wird. Letzterer führt die ihm aufgetragenen Aufgaben aus. Unter dem Generalsekretär und seiner Aufsicht arbeitet eine gewisse Zahl von Angestellten. Außerdem schafft er die nötigen Abteilungen, welche die wissenschaftliche, administrative und finanzielle Arbeit durchführen. Jede Abteilung wird von einem Direktor geleitet, der gegenüber dem Generalsekretär der Akademie für die Erledigung der Arbeit verantwortlich ist. Die Abhaltung von Tagungen und Foren sowie alle Aktivitäten des Sekretariats unterliegen der Aufsicht des Generalsekretärs.
(2) Die Arbeit im Generalsekretariat der Akademie unterliegt den finanziellen und administrativen Anordnungen und Vorschriften der OIC, insbesondere der finanziellen Ordnung der OIC (OIC/ICFM-33/2006/FR/FINAL) sowie der dienstlichen Satzung der OIC und ihren Modifikationen (OIC/ICFM-32/2005/AF/PR/FINAL).

Art. 10: Aufgaben des Generalsekretärs der Akademie

Außer den in der Satzung festgelegten Aufgaben hat er auch die folgenden:

1. Die Erledigung von allem, mit dem er laut der Ordnungen der Akademie, der Satzung und der Regelungen und Ähnlichem der Akademie betraut ist.
2. Die Kooperation mit dem Präsidenten des Rats zur Erfüllung der Aufgaben des Rats.
3. Die Kooperation mit den Mitgliedern des Vorstandsgremiums bei der Festlegung seines Aufgabengebiets und die Organisation seiner Arbeit.
4. Die Kooperation mit den Sektionen der Akademie, damit diese ihre Aufgaben erfüllen.
5. Die Kooperation mit den Fatwa-Ämtern innerhalb und außerhalb der Länder der OIC.
6. Die Beaufsichtigung und Beobachtung der Arbeiten der Organe und Verwaltungen der Akademie.
7. Die Beobachtung der Umsetzung der Satzung und der Ausführungsverordnung der Akademie.
8. Die Beaufsichtigung aller Korrespondenzen der Akademie von den entsprechenden Organen.
9. Die Anwesenheit bei den Sitzungen des Rates und das Vortragen der Arbeitspläne sowie die Aufsicht über die Anfertigung der Protokolle der Sitzungen.
10. Die Aufsicht über die Erstellung der Agenda des Rats, des Vorstandsgremiums und der Sektionen sowie über die Verteilung dieser Arbeitspläne.
11. Die Bestimmung der Vergütung für die Anfertigung von Untersuchungen.
12. Die Teilnahme an den Konferenzen und Foren oder (mindestens) die Anwesenheit dabei.
13. Die Vertretung des Generalsekretariats der Akademie bei den wissenschaftlichen Institutionen und Rechtsakademien. Er kann auch einen Vertreter delegieren.
14. Die regelmäßige Bewertung der Funktionalität und Kompetenzentwicklung des Personals und die Lektüre der jährlichen Berichte, welche der Direktor der administrativen und finanziellen Angelegenheiten über die Angestellten erstellt. Außerdem kann der Generalsekretär die Angestellten mit einer zusätzlichen Aufgabe betrauen.
15. Zusammen mit dem Direktor der administrativen und finanziellen Angelegenheiten unterschreibt er alle Schecks und Zahlungsanweisungen gemäß dem neuen Finanzsystem der OIC.

Art. 11: Die Präsidentschaft der Akademie

1) Die Ernennung des Präsidenten der Akademie wird auf Basis von Art. 8 der Satzung durchgeführt.
2) Falls der Posten einer der Stellvertreter frei wird, wählt der Präsident ein anderes Mitglied an dessen Stelle bis zum Ende der Amtszeit.

3) Der Präsident der Akademie ist insbesondere mit den folgenden Angelegenheiten betraut:
   a. Die Leitung der Sitzungen der Akademie.
   b. Die Aufrechterhaltung der Ordnung innerhalb des Rates.
   c. Die Organisation der Teilnahme von Besuchern an den öffentlichen Sitzungen des Rates.
   d. Bei Abwesenheit des Präsidenten kann er seine Befugnisse – in Kooperation mit dem Generalsekretär der Akademie – auf einen Stellvertreter übertragen, falls die Sitzung im Hauptsitz stattfindet.

Art. 12: Vorstandsgremium

1) Das Vorstandsgremium der Akademie wird alle drei Jahre durch die Wahl der Mitglieder der Akademie aufgrund einer heimlichen Abstimmung neugebildet.
2) Die Entscheidungen des Vorstandsgremiums werden aufgrund der Mehrheitsstimme der Anwesenden getroffen.
3) Außer für die Aufgaben, die in der Satzung und in dieser Ordnung erwähnt wurden, ist das Vorstandsgremium für das Folgende zuständig:
   a. Die Bildung der ständigen und vorübergehenden Kommissionen.
   b. Die Lektüre des vom Generalsekretär erstellten Berichts über die Aktivitäten im vorherigen Jahr und über den Arbeitsplan des folgenden Jahrs.
   c. Überprüfung der auf der Tagungsagenda stehenden Themen sowie der Themen, welche von den Mitgliedern des Vorstandsgremiums vorgeschlagen werden.
   d. Die Beurteilung der Nominierung der Mitglieder und Experten, die vom Generalsekretär der OIC oder Generalsekretär der Akademie vorgeschlagen werden.
   e. In Vertretung und auf Auftrag des Rates überprüft das Vorstandsgremium die Jahresschlussabrechnung des vorigen Finanzjahrs.
   f. Die Überprüfung und Billigung des Berichtes des Direktors der administrativen und finanziellen Angelegenheiten über den geschätzten Haushaltsplan. Anschließend wird dieser dem ständigen Finanzausschuss der OIC zur Genehmigung vorgelegt und sodann werden die Maßnahmen der Zustimmung von der Konferenz der Außenminister der OIC vollendet.

Art. 13: Sektionen

1- Jede Sektion besteht aus den Mitgliedern und Experten des Rates.
2- Der Rat bildet innerhalb von zwei Tagen nach Beginn der alljährlichen Tagung die in der Satzung festgelegten Sektionen.
3- Die Sektionen werden alle drei Jahre neugebildet.
4- Nach Bedarf kann der Rat der Akademie weitere Ausschüsse konstituieren. Für jede Sektion legt der Rat ihren Zuständigkeitsbereich fest.
5- Für jede Sektion setzt der Rat einen Leiter und Sprecher ein.

6- Der Leiter führt die Versammlungen der Abteilung, die in dessen Abwesenheit vom Sprecher geleitet werden.
7- Für die Gesetzlichkeit eines Treffens der Ausschüsse wird die Anwesenheit der Mehrheit der Mitglieder vorausgesetzt. Die Entscheidungen der Ausschüsse werden mit der Mehrheit der Stimmen der Anwesenden gefasst.
8- Die Aufnahme in jeder Sektion erfolgt durch einen schriftlichen Auftrag, der dem Präsidenten des Rats vorgelegt wird.

Art. 14: Archive der Akademie

(1) Für die Rats-, Präsidiums-, Fachabteilungs-, Unterausschusssitzungen und die für das Generalsekretariat der Akademie relevanten Tagungen werden Protokolle angefertigt und in einem vom Generalsekretariat der Akademie erstellten Register eingetragen. Mit Erlaubnis des Generalsekretärs können die Aktivmitglieder und Experten das Register einsehen.
(2) Die Fatwa-Anfragen und Fragen, die an die Akademie gerichtet werden, werden nach ihrem Eingangsdatum archiviert. Das Generalsekretariat kann die verschiedenen Sektionen mit der Behandlung beauftragen. Fragen mit unbekanntem Absender oder Fragen, die unschickliche Ausdrücke enthalten, werden außer Acht gelassen.

Art. 15: Die Rechte und Pflichte der Mitglieder

1- Das Generalsekretariat der Akademie stellt den Mitgliedern zur Erfüllung ihrer Aufgaben die nötigen Mittel sowie die Informationen und Untersuchungen zur Verfügung. Ebenso erleichtert das Generalsekretariat die Teilnahme der Mitglieder an den Tagungen.
2- Die Mitglieder erledigen ihrer Arbeit in der Akademie unter Berücksichtigung der Prinzipien, welche in der Charta der OIC und in den damit verbundenen Regelungen und Vorschriften der Akademie festgelegt werden.
3- Jedes Mitglied, das sein Land vertritt, bemüht sich darum, sein Land zur Zahlung des Beitrags zu bewegen, um dadurch die Akademie zu finanzieren.
4- Ein Mitglied darf weder selbst seine Position als Mitglied der Akademie in einem Geschäftsakt oder Ähnlichem ausnutzen noch den anderen das erlauben.

Art. 16: Gültigkeit dieser Verordnung

Diese Regelung und ihre Änderungen sind ab dem Datum des Erlasses durch den Generalsekretär der OIC gültig.

Textanhang V: Satzung des ECFR[1291]

§ 1: Der Name, die Formation und der Hauptsitz

Art. 1:

„Der europäische Rat für Fatwa-Erteilung und Untersuchungen" ist eine islamische unabhängige Fachkörperschaft, die aus einer Gruppe von Gelehrten und Spezialisten besteht. Im Folgenden wird er als „der Rat/Council" bezeichnet.

Art. 2:

Der ECFR besteht aus zwei Hauptorganen:

(1) *al-Hay'a al-ʿāmma* (die Plenarsitzung): Dieses Organ setzt sich aus den Mitgliedern, deren Mitgliedschaftsvoraussetzungen unter dem § 4 dieser Satzung erwähnt werden, zusammen. Die Mitglieder wählen unter sich den Präsidenten sowie einen Stellvertreter und einen Generalsekretär.
(2) *al-Amāna al-ʿāmma* (das Generalsekretariat): Dieses besteht aus dem Generalsekretär, einem Sekretär und einem Finanzbeamten.

Art. 3:

Der Hauptsitz des ECFR liegt in Dublin. Dieser kann in jedes andere europäische Land aufgrund einer Genehmigung der Absolutheit der Mitglieder verlegt werden.

§ 2: Ziele

Art. 4:

Der Council beabsichtigt die Verwirklichung der folgenden Ziele:

1) Eine Annäherung zwischen den in Europa ansässigen muslimischen Gelehrten herbeizuführen und eine Vereinigung ihrer Rechtsauffassungen hinsichtlich der relevanten juristischen Fragen.
2) Die Erteilung kollektiver Fatwas, welche die Bedürfnisse der Muslime in Europa erfüllen, deren Probleme lösen und deren Interaktion mit den europäischen Gesellschaften im Lichte der Vorschriften und Ziele der Scharia regeln.
3) Die Erstellung von juristischen Forschungen und Studien, die die in europäischen Gesellschaften neu auftretenden Probleme der Muslime gemäß der Scharia und dem Gemeinwohl der muslimischen Gemeinde behandeln.
4) Die Rechtleitung von Muslimen in Europa im Allgemeinen und der neuen (bzw. *ṣaḥwa-*) Generation in erster Linie durch die Verbreitung der wahren islamischen Prinzipien und der rechtmäßigen Fatwas.

1291 Diese Satzung des ECFR wurde in London am 30. März 1997 erlassen. Sie wurde in der 18. Sitzungsperiode am 21. Juli 2001 in Valencia erstmals modifiziert und ein weiteres Mal in der 19. Tagung am 14. Juli 2002 in Paris.

§ 3: Mittel

Der Rat strebt die Realisierung seiner Ziele mithilfe der folgenden Mittel an:

Art. 5:

Der Rat kann sowohl aus seinen Mitgliedern als auch aus anderen Gelehrten vorübergehende oder dauerhafte Spezialisten-Ausschüsse zur Erfüllung von Aufgaben, welche Zwecken des Rats dienen, bilden.

Art. 6:

Die Stützung auf zuverlässige und authentische Rechtsliteratur, insbesondere auf jede, die sich auf authentische Argumente beruft.

Art. 7:

Er versucht sich die Fatwas und Untersuchungen anderer Rechtsakademien und wissenschaftlicher Institutionen Zunutze zu machen.

Art. 8:

Es sollen die nötigen Anstrengungen unternommen werden, um die offizielle Anerkennung des Rats herbeizuführen und diesen zur Autorität hinsichtlich der Normen der islamischen Scharia zu erheben.

Art. 9:

Die Abhaltung von scharia-rechtlichen Bildungskursen, die für die nötige Qualifizierung der Gelehrten und Prediger sorgen.

Art. 10:

Der Rat veranstaltet Foren über rechtliche Fragen.

Art. 11:

1- Die Veröffentlichung von Periodika und von Fatwas, sowie die Übersetzung der Fatwas und der Arbeitsergebnisse des ECFR in europäische Sprachen.
2- Die Herausgabe einer Fachzeitschrift, in der Auszüge von Fatwas und Studien des ECFR oder andere Studien, die im Dienste der Ziele des ECFR stehen, veröffentlicht werden.

§ 4: Mitgliedschaft

Art. 12:

Ein Mitglied des Rates soll die folgenden Voraussetzungen erfüllen:

1) Es soll über einen juristischen akademischen Abschluss oder eine Lizenz von einem (anerkannten) Gelehrten sowie über Arabischkenntnisse verfügen.

2) Es soll sich durch ein moralisch gutes Verhalten und das Einhalten der islamischen Normen und Etiketten auszeichnen.
3) Es soll einen Wohnsitz in Europa haben oder das islamische Minderheitenrecht (im Westen) als seinen Forschungsschwerpunkt haben.
4) Es soll über juristische Fachkenntnisse und Kenntnisse der aktuellen Situation (im Westen) verfügen.
5) Der Mitgliedschaft muss von der absoluten Mehrheit der Mitglieder zugestimmt werden.

Art. 13:

1) Falls nötig, kann der Council einige Beobachter – vorrangig aus den europäischen Ländern – aufnehmen, welche an den Versammlungen des Rates auf ihre eigenen Kosten und ohne Stimmrecht, teilnehmen.
2) Unter Umständen lädt der Rat einige Berater, Experten oder sogar Übersetzer, falls unbedingt nötig, zur Teilnahme an seinen Tagungen ein. Diese dürfen sich an den Diskussionen beteiligen, aber haben kein Stimmrecht.

Art. 14:

Die Mitgliedschaft endet mit dem Tod des Mitglieds oder in folgenden Fällen aufgrund einer von zwei Dritteln der Mitglieder begründeten Entscheidung:

1. Wenn ein Mitglied eine der oben erwähnten Voraussetzungen nicht mehr erfüllen kann.
2. Falls das Mitglied bei drei aufeinanderfolgenden Sitzungen, ohne triftigen Grund, abwesend war.
3. Wenn das Mitglied aus gesundheitlichen Gründen oder einer sonstigen Einschränkung nicht mehr in der Lage ist, seine Aufgaben zu erfüllen.
4. Im Falle eines Rücktritts.

Art. 15:

Bei der Auswahl der Mitglieder sollte berücksichtigt werden, dass die europäischen Länder mit einer höheren Zahl an Muslimen repräsentiert sind.

Art. 16:

Bei der Auswahl der Mitglieder sollte berücksichtigt werden, dass die verschiedenen Rechtsschulen repräsentiert sind.

Art. 17:

Die Nominierung für die Mitgliedschaft kann entweder auf Empfehlung von drei Mitgliedern des Rates oder von drei bekannten vertrauenswürdigen Gelehrten erfolgen.

§ 5: Präsident des Councils und sein Stellvertreter

Der Präsident ist der Verantwortliche für den Council und der Vorgesetzte seiner Aktivitäten.

Art. 18:

Die Mitglieder wählen unter sich aufgrund einer absoluten Mehrheit einen Präsidenten und seinen Stellvertreter.

Art. 19:

Die Amtszeit des Präsidenten und seines Vizepräsidenten dauert drei Jahre. Beide können mehrmals wiedergewählt werden.

Art. 20

Im Falle einer Vakanz des Präsidentenpostens wird die Stelle mit dem Vizepräsidenten besetzt, bis die Mitglieder des Rats sich versammeln und einen neuen Präsidenten wählen.

Art. 21:

Auf eine begründete Entscheidung hin, der von der absoluten Mehrheit der Mitglieder zugestimmt wird, kann der Präsident oder sein Stellvertreter abgesetzt werden.

Art. 22: Aufgaben des Präsidenten

Zu den Aufgaben des Präsidenten gehören:

1- Die Einladung zu den regelmäßigen Tagungen sowie Sondertagungen des Rates.
2- Die Leitung der Ratsversammlungen.
3- Die Genehmigung der durch den Council erstellten Fatwas.
4- Die Beauftragung des Vizepräsidenten oder des Generalsekretärs mit bestimmten Aufgaben
5- Die Vertretung des Rates bei ähnlichen Institutionen.

Art. 23: Aufgaben des Stellvertreters des Präsidenten

Wenn der Präsident abwesend ist, übernimmt sein Stellvertreter diese Aufgaben.

§ 6: Der Generalsekretär

Art. 24:

Der Generalsekretär gilt als Exekutive für alle Tätigkeiten des Rates.

Art. 25:

Er soll die für die Mitgliedschaft aufgestellten Voraussetzungen erfüllen:

1- Die Erfüllung der für die Mitgliedschaft aufgestellten Voraussetzungen.

2- Er soll im Land des Hauptsitzes des Rats ansässig sein, um sich den Aufgaben des Generalsekretariats besonders intensiv widmen zu können.

Art. 26:

Der Präsident wählt den Generalsekretär aus. Letzterer soll aufgrund der Zustimmung der absoluten Mehrheit der Mitglieder aufgenommen werden.

Art. 27:

Die Amtsperiode des Generalsekretärs dauert drei Jahre beginnend mit seiner Amtsübernahme. Diese Position kann mehrmals verlängert werden.

Art. 28:

Zu seinen Aufgaben gehören:

1- Er übernimmt die Verantwortung für die Verwaltungs- und Exekutiv-Organe des Councils und beaufsichtigt das Personal des Councils.
2- Die Ernennung eines Sekretärs und eines Finanzbeamten, deren Einsetzung anschließend vom Präsidenten des Rates genehmigt werden soll.
3- Er schlägt Angestellten entsprechend des Bedarfs und des Haushalts des Councils vor, deren Einsetzung anschließend vom Präsidenten des Rates genehmigt werden soll.
4- Die Unterzeichnung der vom Rat veröffentlichten Mitteilungen und die Vertretung des Rates bei offiziellen Ämtern und Behörden.
5- Das Vorlegen eines Arbeitsberichtes bei der aktuellen Ratstagung über die Tätigkeiten und Fortschritte des Rats während der vorigen Sitzungsperiode.
6- Im Einvernehmen mit dem Präsidenten lädt er die Mitglieder, Berater, Experten und Übersetzer zur Teilnahme an den regelmäßigen Tagungen oder den Sonderversammlungen des Councils ein. Dabei fixiert er die Zeit und den Ort des Treffens.
7- In Absprache mit dem Präsidenten erstellt er die Tagesordnung, den Bericht des Sekretariats, einen Entwurf des Haushaltsplans und eine Schlussabrechnung.
8- Er sendet den Mitgliedern die Fragen und Themen, die an den Council gerichtet wurden.
9- Die Aufzeichnung der Tagungsprotokolle und der durch den Council verabschiedeten Empfehlungen.
10- Die Kontaktaufnahme mit den Rechtsakademien und wissenschaftlichen Institutionen innerhalb und außerhalb der islamischen Welt, um die Zusammenarbeit mit ihnen zu verstärken.
11- Die Arbeit an der Ausführung der durch den Council getroffenen Resolutionen sowie insbesondere der Anfertigung der vom Rat geforderten Studien.

Art. 29:

1- Der Generalsekretär kann abgesetzt werden, wenn er seine Aufgaben nicht erfüllt oder zur Erfüllung seiner Arbeit nicht mehr in der Lage ist. Die Absetzung soll auf Zustimmung der absoluten Mehrheit der Mitglieder des Rates erfolgen.

2- Falls die Stelle des Generalsekretärs frei wird, beauftragt der Präsident eine Ersatzperson mit dieser Stelle bis die folgende Tagung einberufen und ein neuer Generalsekretär ernannt wird.

§ 7: Die Quellen des Fatwas und seine Richtlinien

Art. 30:

Die Ermittlung eines Fatwas beruft sich auf:

1- Die anerkannten einstimmigen Quellen der Scharia von der muslimischen Gemeinde, und zwar den Koran, die Sunna, den Konsens und den Analogieschluss.
2- Hinzu kommen die umstrittenen Rechtsquellen, nämlich *istiḥsān* (Billigkeitserwägung), *maṣlaḥa mursala* (Interessen, die entsprechend der Scharia weder legal noch illegal sind), *sadd aḏ-ḏarāʾiʿ* (das Verwehren aller Mittel, die zu etwas Verbotenem oder Schädlichem führen), *istiṣḥāb* (die Annahme des Fortgeltens einer früheren Rechtslage), *ʿurf* (Gewohnheitsrecht), *maḏhab aṣ-ṣaḥābī* (die Rechtsauffassung eines Prophetengefährten) und *šarʿ man qablanā* (die Übernahme einer Rechtsnorm einer anderen Religion [Gemeint ist Christentum oder Judentum]). Die Anwendung dieser Prinzipien wird unter den von angesehenen Gelehrten aufgestellten Bedingungen vorgenommen, vor allem wenn es um ein Gemeinwohl geht.

Art. 31:

Die Literatur der vier Rechtsschulen und der anderen Schulen gilt als angesehene Rechtsliteratur. Daraus werden die Auffassungen entsprechend ihrer Stichhaltigkeit für die Argumentation und der Berücksichtigung des Gemeinwohls ausgewählt.

Art. 32:

Bei der Fatwa-Erteilung sollte auf eine richtige Argumentation, der Rekurs auf autorisierte Quellen, die Kenntnis der aktuellen Situation sowie eine mögliche Erleichterung Wert gelegt werden.

Art. 33:

Darüber hinaus sollten die Ziele der Scharia berücksichtigt und die verbotenen Rechtskniffe (*ḥiyal*), die sich diesen Absichten widersetzen, vermieden werden.

Art. 34:

Die Fatwas werden im Namen des Council, wenn möglich, einstimmig oder mit Zweidrittelmehrheit der anwesenden Mitglieder erteilt. Ein Mitglied, welches eine Gegenmeinung vertritt oder sich für eine Stimmenthaltung entscheidet, hat das Recht darauf, seinen Standpunkt ins Protokoll der Tagung aufnehmen zu lassen. Die Gegenmeinung wird indes nicht veröffentlicht.

§ 8: Die Versammlungen des Councils

Art. 35:

1- Eine reguläre Sitzung des ECFR wird mindestens einmal pro Jahr einberufen.
2- Auf Einladung des Generalsekretärs findet das Zusammentreffen entweder im Hauptsitz des Rats oder an einem anderen Ort statt. In der Einladung nennt er den genauen Termin, die Dauer und den Ort sowie die Agenda der Tagung.

Art. 36:

Unter Umständen kann auf Einladung des Präsidenten oder auf den Auftrag eines Drittels der Mitglieder eine außerordentliche Sitzung veranstaltet werden.

Art. 37:

Der Generalsekretär muss die Mitglieder über den Termin und den Ort der Tagungen sowie über die Agenda informieren. Außerdem sendet er ihnen die verfügbaren Studien über die Themen der Tagung drei Monate vor der Versammlung zu.

Art. 38:

Für die Rechtmäßigkeit einer Versammlung ist die Präsenz von mehr als 50 % der gesamten Mitglieder des ECFR erforderlich.

§ 9: das Finanzsystem

Art. 39:

Der Generalsekretär gilt als Finanzdirektor (Verantwortlicher für die Auszahlung).

Art. 40:

Der Finanzbeamte verwaltet die Einnahmen und Ausgaben entsprechend dem genehmigten Budget und in Übereinstimmung mit den Finanzvorschriften.

Art. 41

Erstens: Die Einnahmequellen umfassen:

1- Spenden.
2- Nachlässe.
3- Stiftungen.
4- Abonnements.

Zweitens: Die Ausgaben:
Diese werden gemäß den genehmigten Finanzvorschriften des Councils geregelt.

Art. 42:

Der Rat kann unter Berücksichtigung der Voraussetzungen der Ausführungsverordnung des Councils einzelnen Wissenschaftlern oder Institutionen für die Anfertigung von Studien, Untersuchungen oder Leistungen, die den Zwecken des Councils dienen, eine Vergütung zahlen.

Art. 43:

Mindestens ein Monat vor dem festgelegten Termin stellt der Finanzbeamte in Anbetracht der Schätzung der vom Council aufgelisteten Einnahmen und Ausgaben einen jährlichen Etat auf. Dieser wird anschließend dem Rat zur Genehmigung vorgelegt.

§ 10: Allgemeine Vorschriften

Art. 44:

In Absprache mit dem Präsidenten ist der Generalsekretär autorisiert, Hilfe bei Experten zu suchen und diese zur Teilnahme an einer Sitzungsperiode einzuladen, die sich Fragen widmet, welcher in ihren Fachbereich gehören. Sie haben jedoch kein Stimmrecht.

Art. 45:

Weder der Präsident noch ein anderes Mitglied darf ein Fatwa im Namen des Rates erteilen, solange diesem nicht durch einen bestimmten Prozentsatz der Mitglieder, der in der Satzung festgelegt ist, zugestimmt wird. Ansonsten kann ein Mitglied in seinem eigenen Namen dieses Fatwa erteilen, ohne dabei seine Position als Mitglieder unter dem Fatwa oder auf den offiziellen Papieren zu erwähnen.

Art. 46:

Die vom Council gemäß dieser Satzung erlassenen Vorschriften gelten als Ergänzung für diese und werden erst nach ihrer Genehmigung in Kraft gesetzt.

Art. 47:

Auf einen begründeten Vorschlag von einigen Mitgliedern und mit der Zustimmung von zwei Dritteln der anwesenden Mitglieder – unter der Voraussetzung, dass ihre Gesamtzahl nicht weniger als die absolute Mehrheit ist – kann diese Satzung modifiziert werden.

Art. 48:

Diese Satzung ist ab dem Datum der Erlassung gültig.

Textanhang VI: Verfahrensverordnung des ECFR

Art. 1:

Es wird in Europa ein Rat gebildet, der „Der europäische Rat für Fatwa und Untersuchungen“ genannt werden soll. Dieser ist eine islamische unabhängige Fachkörperschaft, die aus einer Gruppe von Gelehrten und Spezialisten verschiedener Fachbereiche besteht, die die Zwecke des Rates erfüllen.

Art. 2:

Der Hauptsitz des Rates liegt derzeit in Dublin in Irland. Dieser kann in jedes andere europäische Land mit der Zustimmung der absoluten Mehrheit der Mitglieder verlagert werden.

Art. 3:

Der Council setzt sich aus den folgenden Mitgliedern zusammen:

(1) Den Stammmitgliedern: Sie werden aus den Gelehrten und *fuqahāʾ* nach den festgelegten Voraussetzungen der Mitgliedschaft in Art. 12 der Satzung ausgewählt. Bei der Auswahl der Mitglieder sollte berücksichtigt werden, dass die europäischen Länder mit einer höheren Zahl an Muslimen und die verschiedenen Rechtsschulen repräsentiert sind.

(2) Den beobachtenden Mitgliedern: Diese sind Berater und Experten aus dem Kreis der muslimischen Gelehrten, die durch ihre intensiven Untersuchungen und fundierten Studien, die den Interessen des Councils dienen, bekannt sind. Diese können als ständige oder vorübergehende Mitglieder für eine Sitzungsperiode oder mehrere Sitzungsperioden aufgenommen werden.

Art. 4:

Die Nominierung für die Mitgliedschaft soll nach den folgenden Regeln erfolgen:

1- Die Nominierung für die Mitgliedschaft soll entweder auf Empfehlung von drei Mitgliedern des Rates oder von drei bekannten vertrauenswürdigen Gelehrten erfolgen.

2- Mit der Nominierung soll noch ein ausführlicher schriftlicher Bericht über die wissenschaftlichen Qualifikationen des Kandidaten sowie eine Kurzform seiner Biographie vorgelegt werden.

3- Eine Kommission des Generalsekretariats übernimmt die Aufgabe, diese Nominierungsanträge und die damit vorgelegten Unterlagen zu überprüfen und darüber einen Bericht abzufassen. Diesen legt sie dann dem Rat vor.

4- Bei der Auswahl der Mitglieder sollte berücksichtigt werden, dass die europäischen Länder mit einer höheren Zahl an Muslimen repräsentiert sind.

5- Bei der Auswahl der Mitglieder sollte berücksichtigt werden, dass die verschiedenen Rechtsschulen repräsentiert sind.

6- Der Bericht der Kommission wird dann dem Rat in der regelmäßigen Sitzungsperiode vorgelegt.
7- Der Rat diskutiert den Bericht in einer Sitzung, an der nur die Stammmitglieder teilnehmen.
8- Der Rat ist dazu berechtigt, den Kandidaten zur Teilnahme an einer Sitzung des Rats und an der Diskussion einzuladen, damit die Mitglieder auch in der Praxis sich eine Meinung über ihn bilden können.
9- Der Kandidat wird dann aufgenommen, wenn er durch eine geheime Abstimmung die absolute Stimmenmehrheit der Mitglieder (die Hälfte der Stammmitglieder +1) erhält.

Art. 5: Sitzungen des Councils

1- Mit Ausnahme der Eröffnungs- und Schlusssitzung sind die Tagungen grundsätzlich nur für die regulären Mitglieder und die Beobachter zugänglich, es sei denn, dass vom Rat für die Öffentlichkeit zugängliche Sitzungen beschlossen werden.
2- Der Generalsekretär kann Gäste (zur Teilnahme an der Tagung) einladen, insbesondere aus dem Gastland, in welchem das Treffen stattfindet.
3- Die Anwesenheit von mehr als 50 % der Mitglieder ist eine Bedingung für die Gesetzlichkeit der Tagung.
4- Das Generalsekretariat fertigt die Arbeitspapiere und die Protokolle der Sitzungen an. Beim Entwurf der Agenda soll berücksichtigt werden, dass die zu behandelnden Themen nicht den zeitlichen Rahmen der Sitzungen sprengen.
5- Mindestens drei Monate vor Abhaltung der Tagungen sorgt das Generalsekretariat dafür, dass die Mitglieder alle Untersuchungen und Arbeitspapiere, die mit den Themen der Agenda verbunden sind, zugesandt bekommen. Wenn nötig, kann das Generalsekretariat auch Experten für die vorgesehenen Themen einladen, die sich an den Diskussionen beteiligen.
6- In den Zusammenkünften können nur die in der Tagungsordnung angeführten Studien und Forschungen erörtert werden. Eine Änderung an der Agenda kann erst nach Einwilligung der Versammlung vorgenommen werden.
7- Bei der Zeitplanung ist darauf zu achten, für die jeweiligen Vorträge, Kommentare und Diskussionen genügend Zeit vorzusehen.
8- Am Ende jedes Arbeitstages bzw. jeder einzelnen Sitzung fasst die Leitung der Sitzung die Ergebnisse der Diskussionen zusammen.
9- Der Council bildet einen Ausschuss aus mindestens drei Mitgliedern, welche einen von ihnen sich als Protokollführer wählt.
10- Der Council darf keine Resolution verabschieden, außer im Falle des für die Abstimmung nötigen Quorums gemäß Abs. 3 dieses Artikels
11- Die Fatwas des Rates werden entweder einstimmig oder mit Zweidrittelmehrheit der anwesenden Mitglieder erteilt. Ein Mitglied, welches eine Gegenmeinung vertritt, ist dazu berechtigt, seinen Standpunkt ins Protokoll der Tagung aufnehmen zu lassen. Die Gegenmeinung wird indes nicht veröffentlicht. Die administrativen Beschlüsse des Rats werden mit der Stimmenmehrheit der Anwesenden in einer regulären Tagung getroffen.

12- Eine reguläre Tagung des ECFR wird mindestens einmal pro Jahr einberufen, deren Termin im Rahmen der Sitzungen des Rats festgelegt wird.
13- Unter Umständen kann auf Einladung des Präsidenten oder auf Antrag eines Drittels der Mitglieder eine außerordentliche Sitzung veranstaltet werden.
14- Zu Beginn jeder Sitzung wird das Protokoll der vorherigen Sitzung vorgetragen und ihm zugestimmt. Anschließend wird der Arbeitsplan fortgesetzt.

Art. 6: Aufgaben des Rates

1) Der Rat entwickelt Methoden, die die Erfüllung seiner administrativen und fachlichen Ziele ermöglichen und berät das Generalsekretariat beim Entwurf des Haushaltsplans.
2) Er erlässt die inneren Regelungen der von ihm gebildeten ständigen und vorübergehenden Kommissionen und fördert deren Arbeit.
3) Der Rat erstellt die Studien und Fatwas über die Fragen, die sich Muslime in Europa stellen.
4) Der Council zahlt einzelnen Wissenschaftlern oder Institutionen für die Anfertigung von Studien, Untersuchungen oder Leistungen, die den Zwecken des Councils dienen, eine Vergütung. Dies gilt unter den folgenden Bedingungen:
   a. Die Untersuchung oder Studie soll schöpferisch sein oder den Zwecken des Councils dienen.
   b. Die Untersuchung soll von einem islamischen Forscher anfertigt werden.
   c. Falls dieser kein Muslim ist, kann diesem ein vergleichbarer Lohn bezahlt werden, den man bei ähnlichen Leistungen bekommt.

Art. 6[1292]: Der Präsident des Councils und sein Stellvertreter

1- Durch eine geheime Abstimmung wählen die Mitglieder unter sich aufgrund einer absoluten Mehrheit einen Präsidenten und seinen Stellvertreter. Sie können für drei weitere Jahre wiedergewählt werden. Die Mitglieder können einige Kandidaten vor der Abstimmung nominieren. Falls kein Kandidat die absolute Mehrheit bekommt, wird die Abstimmung wiederholt. In diesem Fall wird derjenige, der die meisten Stimmen erhält, ausgewählt.
2- Der Präsident leitet die Sitzungen und im Falle einer Stimmengleichheit ist seine Stimme ausschlaggebend.
3- Wenn er bei den Zusammenkünften der ständigen oder vorübergehenden Fachkommissionen anwesend ist, leitet er ihre Sitzungen. Er kann die Leitung auch auf ein anderes Mitglied übertragen.
4- Er lädt den Council zur Einberufung von regelmäßigen Tagungen oder Sondertagungen mindestens zwei Monate davor ein. Mit der Einladung sollen auch die Zeit, der Ort und die Agenda der Tagung bekannt gegeben werden.
5- Wenn der Präsident abwesend ist, übernimmt sein Stellvertreter diese Aufgaben.

1292 So in der Verordnung, also Wiederholung des Art. 6.

6- Falls nötig kann der Präsident einige seiner eigenen Aufgaben auf den Vizepräsidenten übertragen.

Art. 7: Die Mitglieder

1. Ein Mitglied darf bei den Sitzungen nicht ohne akzeptable Entschuldigung abwesend sein. Seine Mitgliedschaft wird beendet, wenn es bei zwei aufeinanderfolgenden Sitzungen ohne akzeptable Entschuldigung abwesend war.
2. Wenn das Mitglied die ihm anvertrauten Aufgaben vernachlässigt, wird es vom Präsidenten beaufsichtigt. Im Falle der Wiederholung dieser Vernachlässigung ist der Präsident dazu berechtigt, den Rat mit der Überprüfung dieser Frage zu beauftragen.
3. Falls die Stelle eines Mitglieds aus irgendeinem Grund frei wird, nominiert der Rat jemanden an dessen Stelle auf die o. g. Art und Weise der Ernennung eines Mitglieds.
4. Die Mitglieder erhalten für ihre Teilnahme am Council kein Gehalt. Der Rat übernimmt aber Transfer- und Aufenthaltskosten eines Mitgliedes bei der Teilnahme an einer Sitzung des Councils.
5. Ein Mitglied kann eine Gegenmeinung über einige Fatwas des Rats haben, wenn ihm eine andere Auffassung beweiskräftiger scheint. In diesem Fall legt es seinen Standpunkt mit den entsprechenden Nachweisen und Argumenten dem Präsidenten schriftlich dar. Das Mitglied darf seine Gegenmeinung nur auf Erlaubnis des Councils veröffentlichen.

Art. 8: Kommissionen des Rats

Von den Mitgliedern des Rates werden permanente oder temporäre Spezialisten-Ausschüsse konstituiert. Die permanenten Kommissionen gestalten sich folgendermaßen:

a) Kommission für Forschungen, Studien, Übersetzung und Herausgabe:

1- Sie legt ihre wissenschaftliche Methodologie und ihren Arbeitsrahmen fest. Dementsprechend werden die zu untersuchenden Themen klassifiziert. Ebenso entwirft sie ihre geplanten Projekte und erstellt einen Plan ihrer voraussichtlich benötigten fachlichen und materiellen Ausrüstung.
2- Sie folgt der wissenschaftlichen Untersuchungsmethodologie, die sie vorgeschlagen hatte und die vom Rat genehmigt worden war.
3- Sie stellt die von ihr angefertigten fachlichen Studien und Untersuchungen der wissenschaftlichen Periodika des Rates bereit.
4- Sie leistet zu Forschungsprojekten einen Beitrag und kann dem Generalsekretär eine Liste von Experten, Forschern und Editoren, welchen diese Arbeit anvertraut werden soll, vorschlagen.
5- Sie organisiert fachliche Foren und Tagungen, die den Interessen des Rats dienen.
6- Sie berät den Rat bei der Festlegung einer angemessenen Vergütung für die vom Rat akzeptierten Studien und Untersuchungen.

7- Ihr werden wissenschaftliche Projekte von Forschern oder wissenschaftlichen Institutionen vorgelegt, um diese zu bewerten und zu entscheiden, ob diese gefördert werden sollen. In diesem Kontext kann sie sich auf Fachexperten stützen.
8- Sie beaufsichtigt die vom Council herausgegebene Fachzeitschrift, welche die sowohl vom Rat als auch von der Kommission selbst akzeptierten Studien und Untersuchungen präsentiert.
9- Sie erstellt Übersetzungen zu einigen Arbeitsergebnissen und Fatwas des Rates in wichtigen europäischen Sprachen. Diese können in der Zeitschrift der Akademie oder in einem eigenständigen Periodikum veröffentlicht werden. Die Kommission kooperiert bei ihrer Arbeit mit den anderen Kommissionen.

b) **Fatwa-Ausschuss**:

1. Diese Sektion entwickelt einen eignen Arbeitsplan, der es ihr ermöglicht, das islamische Recht der Öffentlichkeit zugänglich zu machen und Rechtsgutachten hinsichtlich verschiedener Fragen zu erstellen.
2. Außerdem konstituiert sie ein Verzeichnis der notwendigen Rechtsliteratur im Bereich der Fatwas und der Richterschaft, welche in der Bibliothek des Rats und den Bibliotheken der Mitglieder zur Verfügung stehen. Ebenso stellt sie eine kurze Beschreibung für jedes dieser Werke bereit.
3. Sie sammelt die von diversen Rechtsakademien und Councils sowie von bekannten Gelehrten erteilten Fatwas, um davon in ihrer Arbeit zu profitieren.
4. Die Kommission erstellt Entwürfe rechtlicher Gutachten auf dem Gebiet des Minderheitenrechts, welchen dann vor Erlassung vom Council zugestimmt werden müssen.
5. Falls nötigt kann die Sektion Experten anderer Fachgebiete um Rat bitten. Somit können bei den Fatwas die mit der Frage verbundenen Umstände berücksichtigt werden.
6. Die Abteilung stellt ihre Forschungsergebnisse und Fatwas, welche vom Rat verabschiedet werden, für das wissenschaftliche Periodikum bereit, damit die Kommission für Forschungen und Studien diese gemäß den Regeln veröffentlichen.
7. Die Kommission beabsichtigt, ein vereinfachtes Lexikon rechtswissenschaftlicher Terminologie, die der Rat benötigt, um seine Ziele zu erreichen, anzufertigen.

c) **Planungsabteilung**:

1- Diese Sektion sammelt die wichtigsten sozialen, finanziellen und politischen Fragen und solche, die die öffentlichen Angelegenheiten der muslimischen Gesellschaft in Europa betreffen sowie beobachtet die laufenden Entwicklungen in verschiedenen Bereichen und die daraus resultierenden Probleme des heutigen Lebens, um Lösungen dafür gemäß der Scharia zu ermitteln.
2- In Koordination mit dem Ausschuss für Forschung und Studien erstellt diese Kommission einen Zeitplan für die vom Council vorgesehenen Seminare und Tagungen sowohl in seinem Sitz oder woanders, egal ob diese vom Rat selbstständig oder in Zusammenarbeit mit anderen wissenschaftlichen Institutionen

oder Universitäten veranstaltet werden, um eine bestimmte Frage oder ein Problem des muslimischen Lebens in Europa zu behandeln und dafür islamische Lösungen abzuleiten.

3- Die Planungsabteilung entwirft einen Arbeitsplan für die Forschungen, Studien, Übersetzung und Herausgabe und schlägt in Kooperation mit dem Generalsekretär und der Kommission für Forschung und Studien einige Forscher und Editoren vor.

Art. 9:

Hinsichtlich der Gehälter, Versicherung und der Arbeitsordnung befolgen die Angestellten des ECFR die gültige Ordnung des Landes des Hauptsitzes.

Art. 10:

Diese Verordnung ist ab dem Datum der Erlassung gültig.

9 Literaturverzeichnis

ʿAbbāsī, Muḥammad ʿĪd: *al-Maḏhabiyya al-mutaʿaṣṣiba hiyā al-bidʿa aw Bidʿat at-taʿaṣṣub al-maḏhabī.* Amman, al-Maktaba al-Islāmiyya, o. J.

ʿAbd al-Barr, Muḥammad Zakī: *Taqnīn al-fiqh al-islāmī.* 2. Aufl. Katar, Idārat iḥyāʾ at-turāṯ al-islāmī, 1986.

ʿAbd al-Ḫāliq, Farīd: *Fī-l-fiqh as-siyāsī al-islāmī. Mabādiʾ dustūriyya, aš-šūrā, al-ʿadl, al-musāwa.* Kairo, Dār aš-Šurūq, 1998.

ʿAbd ar-Raḥmān, Saʿīd: *Šuyūḫ al-azhar.* Kairo, aš-Šarika al-ʿArabiyya li-n-našr wa-t-tawzīʿ, 1997.

ʿAbd ar-Rāziq, ʿAlī: *al-Iǧmāʿ fī-š-šarīʿa al-islāmiyya.* Kairo, Dār al-Fikr al-ʿArabī, o. J.

ʿAbduh, Muḥammad: *al-Aʿmāl al-kāmila.* Beirut [u. a.], Dār aš-Šurūq, 1993.

Abū al-Aǧfān, Muḥammad Ibn al-Hādī: „al-Iǧtihād al-ǧamāʿī fī Tūnis wa-l-Maġrib wa-l-Andalus", in: *Nadwat al-iǧtihād al-ǧamāʿī fī-l-ʿālam al-islāmī.* Bd. 1. VAE, Kuliyyat aš-šarīʿa wa-l-qānūn – Ǧāmiʿat al-Imārāt al-ʿarabiyya al-muttaḥida, vom 21.–23.12.1996, S. 491–568.

Abū Bakr, ʿUmar ʿAlī: „al-Fatwā al-fardiyya wa-l-ǧamāʿiyya wa-l-muʾassasiyya. al-Wāqiʿ wa-l-maʾmūl". Eine Studie der Konferenz *al-Fatwā wa istišrāf al-mustaqbal.* Al-Qaṣīm/Saudi-Arabien, Al-Qaṣīm-Universität, 27.–28. November 2013, S. 499–548.

Abū Fāris, Muḥammad: „Irtibāṭ aš-šūrā bi-l-fatwā wa qaḍāyā al-iǧtihād al-ǧamāʿī", in: *aš-Šūrā fī-l-islām.* Bd. 3. Amman, al-Maǧmaʿ al-malakī li-buḥūṯ al-ḥaḍāra al-islāmiyya, 1989, S. 989–1018.

Abū Ġudda, ʿAbd as-Sattār: *Asbāb iḫtilāf fatāwā al-hayʾāt aš-šarʿiyya li-l-muʾassasāt al-māliyya al-islāmiyya.* Eine Studie der zweiten Islamischen Finanzkonferenz: Islamic Banking. Doha, 10. Oktober 2011, S. 11–22.

Abū al-Ḥusayn al-Baṣrī, Muḥammad Ibn-ʿAlī: *Kitāb al-muʿtamad fī uṣūl al-fiqh.* 2 Bde. Damaskus, Inst. Français de Damas, 1964/1965.

Abū Layl, Muḥammad Aḥmad: „al-Iǧtihād al-ǧamāʿī. Ḍarūratuh wa ḥuǧǧiyyatuh", in: *Nadwat al-iǧtihād al-ǧamāʿī fī-l-ʿālam al-islāmī.* Bd. 2. VAE, Kuliyyat aš-šarīʿa wa-l-qānūn – Ǧāmiʿat al-Imārāt al-ʿarabiyya al-muttaḥida, vom 21.–23.12.1996, S. 937–997.

Abū Ṭālib, ʿAbd al-Hādī: „ad-Dīmuqrāṭiyya wa-š-šūrā", in: *aš-Šūrā fī-l-islām.* Bd. 3. Amman, al-Maǧmaʿ al-malakī li-buḥūṯ al-ḥaḍāra al-islāmiyya, 1989, S. 1147–1178.

Abū Yaʿlā al-Farrāʾ, Muḥammad ibn al-Ḥusayn: *al-ʿUdda fī uṣūl al-fiqh.* 5 Bde. 3. Aufl. Riad, 1993.

Abū Zahra, Muḥammad: *Uṣūl al-fiqh.* Kairo, Dār al-Fikr al-ʿArabī, 1959.

Abū Zahra, Muḥammad: *Tārīḫ al-maḏāhib al-islāmiyya*, Kairo, Dār al-Fikr al-ʿArabī, 1963?.

Albānī, Muḥammad Nāṣir ad-Dīn al-: *Silsilat al-aḥādīṯ aḍ-ḍaʿīfa wa-l-mawḍūʿa wa-aṯaruhā as-sayyiʾ fī-l-umma*. Riad, Maktabat al-Maʿārif, 2002.

ʿAliyāt, Aḥmad Muṣṭafā al-: *ar-Raqāba aš-šarʿiyya ʿalā aʿmāl al-maṣārif al-islāmiyya*. Nāblis/Palästina, *an-Naǧāḥ*-Universität, Magisterarbeit, 2006.

Āmidī, Sayf ad-Dīn al-: *al-Iḥkām fī uṣūl al-aḥkām*. 4 Bde. Riad, Dār aṣ-Ṣumayʿī li-n-našr wa-t-tawzīʿ, 2003.

Amine, Muhammad al-Bashir Muhammad Al-: *Global ṣukūk and Islamic securitization market – financial engineering and product innovation*. Leiden [u. a.], Brill, 2012.

Amirpur, Katajun: „Die zeitgenössische Diskussion um marǧaʿīya weiblicher Rechtsgelehrter in Iran", in: *Zeitschrift der Deutschen Morgenländischen Gesellschaft: Supplement XI: XXVI. Deutscher Orientalistentag* (1995), S. 402–410.

Amirpur, Katajun: *Die Entpolitisierung des Islam – ʿAbdul-Karīm Surūšs Denken und Wirkung in der islamischen Republik Iran*. Würzburg, Ergon-Verl., 2003.

AMJA's 2nd Annual Convention: Issues Facing the Muslim Family in the West. Denmark, 2004.

Anṣārī, ʿAbd al-ʿAlī Muḥammad ibn Niẓām ad-Dīn al-: *Fawātiḥ ar-raḥamūt. Bi-šarḥ Musallam aṯ-ṯubūt li-Muḥibballāh Ibn ʿAbd aš-Šakūr*. 2 Bde. Beirut, Dār al-Kutub al-ʿIlmiyya, 2002.

Anwar, Syamsul: „Fatwā, Purification and Dynamization: A Study of Tarjīḥ in Muhammadiyah", in: *Islamic Law and Society*. Vol. 12, No. 1, Fatwās in Indonesia (2005), S. 27–44.

Anwar, Ḥāfiẓ: *Wilāyat al-marʾa fī-l-fiqh al-islāmī*. Riad, Dār Balansiyya, 1420 H.

ʿAlwānī, Ṭāhā Ǧābir al-: *Towards a Fiqh for minorities: some basic reflections*. Übers. von Ashur A. Shamis. International Institute of Islamic Thought, London [u. a.], 2. Aufl. 2010. (Badawīs Vorwort zur ersten Auflage des Werks 2003)

Ašqar, Muḥammad Sulaymān al-: *al-Futyā wa manāhiǧ al-iftāʾ. Baḥṯ uṣūlī*. Kuwait, Dār al-Manār al-Islāmiyya, 1976.

Ašqar, Muḥammad Sulaymān al-: *al-Wāḍiḥ fī uṣūl al-fiqh*. 2. Aufl. Amman, Dār an-Nafāʾis, 2004.

Ašqar, ʿUmar Sulaymān al-: *Tārīḫ al-fiqh al-islāmī*. 3. Aufl. Amman, an-Nafāʾis, 1991.

Ašqar, Usāma ʿUmar Sulaymān al-: *Manhaǧ al-iftāʾ ʿind al-imām ibn Qayyim al-Ǧawziyya*. Dirāsa wa muwāzana. Amman, Dār an-Nafāʾis, 2004.

ʿAṭā, Diyāb ʿAbd al-Ǧawwād: „al-Iǧtihād al-ǧamāʿī fī Bākistān", in, *Nadwat al-iǧtihād al-ǧamāʿī fī-l-ʿālam al-islāmī*. Bd. 1. VAE, Kuliyyat aš-šarīʿa wa-l-qānūn – Ǧāmiʿat al-Imārāt al-ʿarabiyya al-muttaḥida, vom 21.–23.12.1996, S. 575–597.

Atawneh, Muhammad al-: *Wahhābī Islam facing the challenges of modernity: Dār al-Iftā in the modern Saudi state.* Leiden [u. a.], Brill, 2010.

Atighetchi, Dariusch: Islamic Bioethics: Problems and Perspectives. [Dordrecht], Springer, 2007.

ʿAṭṭār, ʿAbd an-Nāṣir Tawfīq al-: „at-Taʿrīf bi-l-iǧtihād al-ǧamāʿī", in: *Nadwat al-iǧtihād al-ǧamāʿī fī-l-ʿālam al-islāmī.* Bd. 1. VAE, Kuliyyat aš-šarīʿa wa-l-qānūn – Ǧāmiʿat al-Imārāt al-ʿarabiyya al-muttaḥida, vom 21.–23.12.1996, S. 27–39.

ʿAyyāšī, ʿAbdallāh Ibn Muḥammad al-: *ar-Riḥla al-ʿayyāšiyya li–l-biqāʿ al-Ḥiǧāziyya al-musammā Māʾ al-mawāʾid.* Abu Dhabi, Dār as-Suwydī, 2006.

ʿAẓm, Rafīq Bik al-: „Qaḍāʾ al-ǧamāʿa wa qaḍāʾ al-fard fī-l-Islām", in: *al-Manār, Bd. 13.* Kairo, 1910, S. 33–49.

Bā-Buhūn, ʿAbdallāh Ṣāliḥ: *al-Iǧtihād al-ǧamāʿī wa aṯaruh fī-l-fiqh al-islāmī.* Amman, al-Ǧāmiʿa al-Urduniyya, Magisterarbeit, 2006.

Badawi, Zaki: „Muslim Justice in a Secular State", in: Michael King (Hrsg.): *God's Law versus State Law. The Construction of Islamic Identity in Western Europe.* London, Grey Seal, 1995, S. 73–80.

Badry, Roswitha: *Die zeitgenössische Diskussion um den islamischen Beratungsgedanken (šūrā) unter dem besonderen Aspekt ideengeschichtlicher Kontinuitäten und Diskontinuitäten.* Stuttgart, Steiner, 1998.

Bahī, Muḥammad al-: *Al-Azhar tārīḫuh wa taṭawwuruh.* Kairo, Wazārat al-Awqāf wa šuʾūn al-Azhar, 1964.

Bānī, Muḥammad Saʿīd al-: *ʿUmdat at-taḥqīq fī-t-taqlīd wa-t-talfīq.* 2. Aufl. Damaskus, Dār al-Qādrī, 1997.

Bano, S, 'Islamic Family Arbitration, Justice and Human Rights in Britain', in: *Law, Social Justice & Global Development Journal (LGD),* 1, 2007.

Baraka, ʿAbd al-Fattāḥ: „al-Iǧtihād al-ǧamāʿī fī Miṣr. Maǧmaʿ al-buḥūṯ al-islāmiyya", in: *Nadwat al-iǧtihād al-ǧamāʿī fī-l-ʿālam al-islāmī.* Bd. 1. VAE, Kuliyyat aš-šarīʿa wa-l-qānūn – Ǧāmiʿat al-Imārāt al-ʿarabiyya al-muttaḥida, vom 21.–23.12.1996, S. 189–224.

Barrī, Zakariyyā al-: *Uṣūl al-Fiqh al-Islāmī. al-Adilla aš-šarʿīya – al-qawāʿid al-uṣūliyya al-luġawiyya – al-ḥukm – al-iǧtihād.* 5. Aufl. Kairo, Dār an-Nahḍa al-ʿArabiyya, 1977.

Bauer, Thomas: *Die Kultur der Ambiguität: eine andere Geschichte des Islams.* Berlin, Verl. der Weltreligionen, 2011.

Beck, Herman: „The borderline between Muslim Fundamentalism and Muslim Modernism: An Indonesian example", in: Jan Willem van Henten: *Religious identity and the invention of tradition. Papers read at a NOSTER conference in Soesterberg, January 4–6, 1999.* Assen, Royal van Gorcum, 2001, S. 279–291.

Bergmann, Daniel K.: *Islamic Banking [ein Studienhandbuch].* Norderstedt, Books on Demand, 2008.

Bastawī, ʿAtīq Aḥmad al-: „al-Aḥwāl aš-šaḫṣiyya li-l-muslimīn fī-l-Hind fī ʿahd al-istiʿmār al-inklīzī wa baʿd taḥrīr al-Hind“, in: *Taṭbīqāt al-fiqh al-islāmī fī-l-Hind.* Lucknow, Maǧmaʿ al-Fiqh al-Islāmī, 2011, S. 133–151.

Blunt, Wilfrid Scawen: *The future of Islam.* London, Kegan Paul, Trench & Co., 1882.

Bowen, John R.: *On British Islam: religion, law, and everyday practice in Shariʿa councils.* Princeton; Oxford, Princeton University Press, [2016].

Brunner, Rainer: *Annäherung und Distanz. Schia, Azhar und die islamische Ökumene im 20. Jahrhundert.* Berlin, Schwarz, 1996.

Būǧamʿawī, ʿAlī ibn Sulaymān al-: „Risālat ʿAlī ibn Sulaymān...li-ʿulamāʾ al-āfāq wa mašāyḫihim wa mulūkihim li-yuʾallifū fī ʿadam tafḍīl maḏhab aw ṭarīq(a)“, in: *Fī-n-Nahḍa wa-t-tarākum.* Casablanca, Dār Tūbqāl li-n-našr, 1986, S. 271–277.

Buḫārī, Muḥammad ibn Ismāʿīl al-: *al-Ǧāmiʿ aṣ-ṣaḥīḥ. al-Ǧāmiʿ al-musnad aṣ-ṣaḥīḥ al-muḫtaṣar min umūr rasūl Allāh ṣallā Allāh ʿalayh wa-sallām wa-sunanih wa ayyāmih.* Damaskus, Beirut, Dār Ibn Kaṯīr, 2002.

Buhūtī, Manṣūr ibn Yūnus al-: *Kaššāf al-qināʿ ʿan matn al-iqnāʿ.* Riad, Dār ʿālam al-kutub, 2003.

Būṭī, Muḥammad Saʿīd al-: „Ḫaṣāʾiṣ aš-šūrā wa muqawwimāti-hā“, in: *aš-Šūrā fī-l-islām.* Bd. 2. Amman, al-Maǧmaʿ al-malakī li-buḥūṯ al-ḥaḍāra al-islāmiyya, 1989, S. 481–637.

Būṭī, Muḥammad Saʿīd al-: „al-Iǧtihād al-ǧamāʿī fī-l-masāʾil al-iqtiṣādiyya“, in: *Nadwat al-iǧtihād al-ǧamāʿī fī-l-ʿālam al-islāmī.* Bd. 2. VAE, Kuliyyat aš-šarīʿa wa-l-qānūn – Ǧāmiʿat al-Imārāt al-ʿarabiyya al-muttaḥida, vom 21.–23.12.1996, S. 631–660.

Būṭī, Muḥammad Saʿīd al-: *al-Lā-maḏhabiyya aḫṭar bidʿa tuhaddid aš-šarīʿa al-islāmiyya.* Damaskus, Dār al-Fārābī, 2005.

Caeiro, Alexandre: “The Power of European Fatwas: The Minority Fiqh Project and the Making of an Islamic Counterpublic“, in: *International Journal of Middle East Studies* 42 (2010) 435–449.

Caeiro, Alexandre: *Fatwas for European Muslims: the minority fiqh project and the integration of Islam in Europe.* Dissertation, Universität Utrecht, 2011.

Caeiro, Alexandre: „Transnational ulama, European fatwas and Islamic authority: a case study of European Council for Fatwa and Research“, in: Martin van Bruinessen (Hrsg.): *Producing Islamic Knowledge. Transmission and dissemination in Western Europe.* London [u. a.], Routledge, 2011, S. 121–141.

Chahin, Hassan: *Chancen und Risiken im islamischen Bankwesen.* Freiburg (Breisgau), Univ., Diss., 2000.

Ḏahabī, Muḥammad Ibn Aḥmad aḏ-: *Siyar aʿlām an-nubalāʾ.* 11. Aufl. 29 Bde. Beirut, Muʾassasat ar-Risāla, 1996.

Ḏahabī, Muḥammad Ibn-Aḥmad aḏ-: *Zaġl al-ʿilm.* Kairo, Maktabat aṣ-Ṣaḥwa al-islāmiyya, o.J.

DeLorenzo, Yusuf Talal: "The Fiqh Councilor in North America", in: Yvonne Yazbeck Haddad und John L. Esposito (Hrsg.): *Muslims on the Americanization Path?* Oxford University Press, New York, 2000. S. 65–86.

Dihlawī, Walī Allāh ad-: *al-Inṣāf fī bayān asbāb al-ḫilāf.* 3. Aufl. Beirut, Dār an-Nafāʾis, 1986.

Dimyāṭī, Abū Bakr Ibn Muḥammad ad-: *Iʿānat aṭ-ṭālibīn ʿalā ḥall alfāẓ Fatḥ al-Muʿīn bi-šarḥ Qurrat al-ʿayn bi-muhimmāt ad-dīn, li-ʿallāma Zayn ad-Dīn al-Malībārī al-Fannānī aš-Šāfiʿī.* Kairo, Dār as-Salām li-ṭ-ṭ ibāʿa wa-n-našr wa-t-tawzīʿ wa-t-tarǧama, 2013.

Dorschel, Andreas: *Ideengeschichte.* Göttingen, Vandenhoeck & Ruprecht, 2010.

Duden – Deutsches Universalwörterbuch. 4. Aufl. Mannheim, 2001. [CD-ROM].

Dūrī, Qaḥṭān ʿAbd ar-Raḥmān ad-: *aš-Šūrā bayna an-naẓariyya wa-t-taṭbīq.* Bagdad, Maṭbaʿat al-Umma, 1974.

Ebert, Hans-Georg: *Die Qadrī-Pašā-Kodifikation. Islamisches Personalstatut der ḥanafitischen Rechtsschule.* Frankfurt am Main [u. a.], Lang, 2010.

Eich, Thomas: „Islamische Medizinethik: Geschichte, Perspektiven, Herausforderungen", in: *Reproduktionsmedizin bei Muslimen: säkulare und religiöse Ethiken im Widerstreit? – Beiträge eines wissenschaftlichen Kolloquiums am Interfakultären Zentrum für Ethik in den Wissenschaften (IZEW) der Universität Tübingen am 20. Juni 2008.* Tübingen, Fritz Thyssen, 2009.

Elnaggar, Khaled: *Risiko-Management bei den islamischen Banken. Dargestellt am Beispiel Ägyptens.* Bonn, Univ., Diss., 1990.

Ess, Josef van: *Theologie und Gesellschaft im 2. und 3. Jahrhundert Hidschra: eine Geschichte des religiösen Denkens im frühen Islam.* 6. Bde., Berlin [u. a.], de Gruyter, 1991–1997.

Faraḥāt, Muḥammad: „al-Iǧtihād al-ǧamāʿī. Taʿrīfuh – šurūṭuh – mawḍūʿātuh – wasāʾiluh wa adawātuh", in: *Nadwat al-iǧtihād al-ǧamāʿī fī-l-ʿālam al-islāmī* (Online Verfügbar: http://slconf.uaeu.ac.ae/prev_conf/arabic_prev_conf1996.asp). Bd. 1. VAE, Kuliyyat aš-šarīʿa wa-l-qānūn – Ǧāmiʿat al-Imārāt al-ʿarabiyya al-muttaḥida, vom 21.–23.12.1996, S. 127–169.

Farfūr, Muḥammad ʿAbd al-Laṭīf al-: *Dawr al-maǧāmiʿ al-fiqhiyya fī taršīd masīrat al-maṣārif al-islāmiyya.* Eine Studie der 20. Tagung der IIFA, Oran/Algerien 13.–18. September 2012.

Farġal, Yaḥyā Hāšim: „at-Taʿqīb ʿalā al-ǧalsa al-ʾūlā", in: *Nadwat al-iǧtihād al-ǧamāʿī fī-l-ʿālam al-islāmī.* Bd. 1. VAE, Kuliyyat aš-šarīʿa wa-l-qānūn – Ǧāmiʿat al-Imārāt al-ʿarabiyya al-muttaḥida, vom 21.–23.12.1996, S. 121–123.

Fatāwā al-islāmiyya al- (Fatwa-Sammlung des ägyptischen Fatwa-Amts). 39 Bde. Kairo, Dār al-Iftāʾ al-Miṣriyya, 2010.

Fīrūzābādī, Muḥammad Ibn-Yaʿqūb al-: *al-Qāmūs al-muḥīṭ.* 8. Aufl. Beirut, Muʾassasat ar-Risāla, 2005.

Fischer, Nils: *Islamische Positionen zum pränatalen Leben*. Freiburg [u. a.], Alber, 2012.

Ǧaffāl, ʿAlī Maḥmūd: „al-Iǧtihād al-ǧamāʿī fī-l-masāʾil aṭ-ṭibiyya“, in: *Nadwat al-iǧtihād al-ǧamāʿī fī-l-ʿālam al-islāmī*. Bd. 2. VAE, Kuliyyat aš-šarīʿa wa-l-qānūn – Ǧāmiʿat al-Imārāt al-ʿarabiyya al-muttaḥida, vom 21.–23.12.1996, S. 785–825.

Ǧaṣṣāṣ, Aḥmad Ibn ʿAlī al-: *Aḥkām al-Qurʾān*. Beirut, Dār Iḥyāʾ at-Turāṯ al-ʿArabī, 1992.

Ġazālī, Abū Ḥāmid al-: *al-Manḫūl min taʿliqāt al-uṣūl*. 2. Aufl. Damaskus, Dār al-Fikr, 1980.

Ġazālī, Abū Ḥāmid al-: *al-Mustaṣfā min ʿilm al-uṣūl*. 3. Aufl. Beirut, Muʾassasat ar-Risāla, 1997.

Ġazālī, Abū Ḥāmid al-: *Iḥyāʾ ʿulūm ad-dīn*. Beirut, Dār Ibn Ḥazm, 2005.

Ghaly, Mohammed: “Human Cloning through the Eyes of Muslim Scholars: The new Phenomenon of the Islamic international religioscientific institutions“, in *Zygon, vol. 45,* no. 1 (March 2010), S. 7–35.

Ǧumʿa, ʿAlī: *Āliyyāt al-iǧtihād*. Kairo, Dār ar-Risāla, 2004.

Ǧumʿa, ʿAlī: *al-Iǧmāʿ ʿind al-uṣūliyīn*. 2. Aufl. Kairo, Dār ar-Risāla, 2009.

Grundmann, Johannes: „Scharia, Hirntod und Organtransplantation: Kontext und Wirkung zweier islamischer Rechtsentscheidungen im Nahen und Mittleren Osten“, in: *Orient*, Jg. 45 (2004), Heft 1, S. 27–46.

Grundmann, Johannes: *Islamische Internationalisten. Strukturen und Aktivitäten der Muslimbruderschaft und der Islamischen Weltliga*. Wiesbaden, Reichert, 2005.

Ǧuwaynī, Abū al-Maʿālī ʿAbd al-Malik ibn ʿAbdallāh al-: *Muġīṯ al-ḫalq fī tarǧīḥ al-qawl al-ḥaqq*. Kairo, al-Maṭbaʿa al-Miṣriyya, 1934.

Ǧuwaynī, Abū al-Maʿālī ʿAbd al-Malik ibn ʿAbdallāh al-: *al-Burhān fī uṣūl al-fiqh*. Katar 1399 H.

Ǧuwaynī, Abū l-Maʿālī ʿAbd al-Malik ibn ʿAbdallāh al-: *Ġiyāṯ al-umam fī-t-tiyāṯ aẓ-ẓulam*. 2. Aufl. Kairo, Maṭbaʿat Nahḍat Miṣr, 1401 H.

Ḫafāǧī, Muḥammad ʿAbd-al-Munʿim: *Al-Azhar fī alf ʿām*. 2. Aufl. Kairo [u. a.], ʿĀlam al-Kutub, 1987/1988.

Ḫafīf, ʿAlī al-: *at-Taʾmīn*. Kairo, al-Azhar, Muḥarram 1417/1996.

Ḥaǧawī, Muḥammad ibn al-Ḥasan al-: *al-Fikr as-sāmī fī tārīḫ al-fiqh al-islāmī*. Beirut, Dār al-Kutub al-ʿIlmiyya, 1995.

Ḫalaf, Sālim Ibn ʿAbdallāh al-: *Nuẓum ḥukm al-Umawiyyīn wa rusūmuhim fī-l-Andalus*. Medina, al-Ǧāmiʿa al-Islāmiyya, 1423/2003.

Ḫālid, Ḫālid Ḥusayn al-: *al-Iǧtihād al-ǧamāʿī fī-l-fiqh al-islāmī*, Dubai, Markaz Ǧumʿa al-Māǧid li-ṯ-ṯaqāfa wa at-turāṯ, 2009.

Ḫalīl al-Ǧundī, Ibn Isḥāq: *Muḫtaṣar al-ʿallāma Ḫalīl*. O. O, Dār al-Fikr, 1981.

Ḫallāf, ʿAbd al-Wahhāb: *Maṣādir at-tašrīʿ al-islāmī fīmā lā naṣṣa fīh.* 6. Aufl. Kuwait, Dār al-Qalam, 1993.

Ḫallāf, ʿAbd al-Wahhāb: *Ḫulāṣat at-tašrīʿ al-islāmī.* Kuwait, Dār al-Qalam, o. J.

Ḫallāf, Muḥammad ʿAbd al-Wahhāb: *Tārīḫ al-qaḍāʾ fī-l-Andalus. Min al-fatḥ al-islāmī ilā nihāyat al-qarn al-ḫāmis al-hiğrī/al-ḥādī ʿašar al-mīlādī.* Kairo, al-Muʾassasa al-ʿArabiyya al-Ḥadīṯa, 1992.

Hallaq, Wael B.: „Was the Gate of Ijtihad closed?", in: *International Journal of Middle East Studies. Vol. 16, No. 1,* Cambridge University Press 1984, S. 3–41.

Hallaq, Wael B.: *Authority, Continuity and Change in Islamic Law.* Cambridge University Press, 2001.

Hallaq, Wael B.: The origins and evolution of Islamic law. Cambridge [u. a.], Cambridge Univ. Press, 2005.

Ḥāmid, Muḥammad al-: *Luzūm itibāʿ maḏāhib al-aʾimma ḥasman li–l-fawḍā ad-dīniyya.* 3. Aufl. Kairo, Dār al-Anṣār, 1398 H.

Ḥammād, Ḥamza ʿAbd al-Karīm: *ar-Raqāba aš-šarʿiyya fī-l-maṣārif al-islāmiyya.* Amman, al-Ğāmiʿa al-Urduniyya, Magisterarbeit, 2004.

Ḥammād, Nazīh: *Dawr al-hayʾāt aš-šarʿiyya wa ḍarūrat wuğūdihā.* Eine Studie der zweiten Islamischen Finanzkonferenz: Islamic Banking, Doha 10. Oktober 2011, S. 3–10.

Ḥanafī, Ḥasan: *Min an-naṣṣ ila'l-wāqiʿ: muḥāwala li-iʿādat bināʾ ʿilm uṣūl al-fiqh. 2. Binyat an-naṣṣ.* Bd. 2. Kairo, Markaz al-kitāb li-n-našr, 2005.

Ḥasaballāh, ʿAlī: *Uṣūl at-tašrīʿ al-islāmī.* 4. Aufl. Kairo, Dār al-Maʿārif bi-Miṣr, 1971.

Hasan, Aznan: „Introduction to Collective Ijtihad (Ijtihad Jama'i): Concept and Applications", in: *The American Journal of Islamic Social Sciences 20:2* (2003), S. 26–49.

Ḥasan, Ḫalīfa Bā-Bakr al-: „al-Iğtihād al-ğamāʿī fī-s-Sūdān. Tārīḫuh wa muʾassastuh wa inğāzatuh)", in: *Nadwat al-iğtihād al-ğamāʿī fī-l-ʿālam al-islāmī.* Bd. 1. VAE, Kuliyyat aš-šarīʿa wa-l-qānūn – Ğāmiʿat al-Imārāt al-ʿarabiyya al-muttaḥida, vom 21.–23.12.1996, S. 599–616.

Ḥasanī an-Nadwī, Muḥammad ar-Rābiʿ al-: *Nadwat al-ʿulamāʾ fikratuhā wa minhāğuhā.* 3. Aufl. Lucknow, al-Amāna al-ʿāmma li- Nadwat al-ʿulamāʾ, 2008.

Ḫaṭīb al-Baġdādī, Aḥmad Ibn ʿAlī al-: *Kitāb al-Faqīh wa-l-mutafaqqih.* Kairo, Maktabat at-Tawʿiyya al-islāmiyya li-t-taḥqīq wa-n-našr wa-l-baḥṯ al-ʿilmī, 2007.

Ḫaṭīb, Ismāʿīl al-: „al-Iğtihād bayna al-fard wa-l-muʾssasa", in: *al-Iğtihād al-fiqhī: ay dawr wa ay ğadīd.* Rabat, Kuliyyat al-Ādāb, 1996, S. 89–100.

Ḥawlī, Māhir Ḥāmid al-: „Tanẓīm al-iğtihād al-ğamāʿī fī-l-ʿālam al-islāmī", in: *Mağallat al-ğāmiʿa al-islāmiyya. Silsilat ad-dirāsāt al-islāmiyya. Vol. 17:2* (Juni 2009), Gaza, S. 1–44.

Heine, Peter: „Die Akademie für islamisches Recht (fiqh)", in: *Rechtstheorie 16* (1985). Berlin, Duncker & Humblot, S. 499–502.

Heine, Peter: „Konsens als Methode der Rechtsschöpfung im Islam. Anmerkungen anläßlich einer Tagung der Akademie für islamisches Recht“, in: *Rechtstheorie 24* (1993), Berlin, Duncker & Humblot, S. 381–384.

Ḫiḍr, Ḥusayn, Muḥammad al-: *aš-Šarīʿa a-islāmiyya ṣāliḥa li-kulli zamān wa makān*. Kairo, Dār Nahḍat Miṣr, 1999.

Hītū, Muḥammad Ḥasan: „al-Iǧtihād wa aṣnāf al-muǧtahidīn“, in: *Maǧallat aš-šarīʿa wa-d-dirāsāt al-islāmiyya*, Vol. 2, No. 4. Kuwait 1985, S. 223–260.

Hosen, Nadirsyah: Behind the Scenes: Fatwas of Majelis Ulama Indonesia (1975–1998). Journal of Islamic Studies, Volume 15, Issue 2, 1 Mai 2004, S. 147–179.

Hosen, Nadirsyah: „Nahdlatul Ulama and Collective Ijtihad“, in: *New Zealand Journal of Asian Studies 6, 1* (June, 2004), S. 5–26.

Ḫuḍarī, Muḥammad al-: *Uṣūl al-fiqh*. 6. Aufl. Kairo, al-Maktaba at-Tiǧāriyya, 1969.

Ḫuǧandī, Muḥammad Sulṭān al-Maʿṣūmī al-: *Hadiyyat as-Sulṭān ilā muslimī al-yābān. Hall al-muslim mulzam bi-ittibāʿ maḏhab muʿayyan min al-maḏāhib al-arbaʿa?!*. Kuwait, Ǧamʿiyyat iḥyāʾ at-turāṯ al-islāmī, o. J. (Kairo 1368/1949; 2. Aufl., Damaskus 1389/1970)

Ḥusayn, Muḥammad Aḥmad: *Dawr al-maǧāmiʿ al-fiqhiyya fī taršīd masīrat al-muʾassasāt al-māliyya al-islāmiyya. Āliyyāt wa ṣiyaġ*. Eine Studie der 20. Tagung der IIFA, Oran/Algerien 13.–18. September 2012.

Ibn ʿAbd al-Barr, Yūsuf Ibn ʿAbdallāh: *al-Istiḏkār: al-ǧāmiʿ li-maḏāhib fuqahāʾ al-amṣār wa-ʿulamāʾ al-aqtār fīmā taḏammanahu „al-Muwaṭṭā“ min maʿānī ar-raʾy wa-l-āṯār wa-šarḥ wa-ḏalika kullihi bi-ʾl-īǧāz wa-l-iḫtiṣār*. Bd. 5. Beirut, Dār al-Kutub al-ʿIlmiyya, 2000.

Ibn ʿAbd as-Salām, ʿIzz ad-Dīn: *al-Qawāʿid al-kubrā al-mawsūm bi-qawāʿid al-aḥkām fī iṣlāḥ al-anām*. Damaskus, Dār al-Qalam, 2000.

Ibn al-ʿArabī, Abū Bakr: *Aḥkām al-Qurʾān*. Beirut, Dār al-Kutub al-ʿIlmiyya, 1988.

Ibn ʿAqīl, Abū al-Wafāʾ ʿAlī: *al-Wāḍiḥ fī uṣūl al-fiqh*. Beirut, Muʾassasat ar-Risāla, 1999.

Ibn Amīr al-Ḥāǧǧ, Muḥammad: *Kitāb at-taqrīr wa-t-taḥbīr. ʿalā Taḥrīr al-imām al-Kamāl Ibn al-Humām fī ʿilm al-uṣūl al-ǧāmiʿ bayna iṣṭilāḥī al-ḥanafiyya wa-š-šāfiʿiyya*. Beirut, Dār al-Fikr, 1996.

Ibn ʿĀšūr, Muḥammad aṭ-Ṭāhir: *Maqāṣid aš-šarīʿa al-islāmiyya*. 2. Aufl. Amman, Dār an-Nafāʾis, 2001.

Ibn Bayyah, ʿAbdallāh ibn al-Maḥfūẓ: *Ṣināʿat al-fatwā wa fiqh al-aqalliyyāt*. Rabat, Markaz ad-Dirāsāt wa-abḥāṯ wa iḥyāʾ at-turāṯ, 2012.

Ibn Būnā, al-Muḫtār: *Durar al-uṣūl*. Mauretanien, Dār Yūsuf ibn Tašfīn, 2006.

Ibn al-Ǧawzī, ʿAbd ar-Raḥmān Ibn ʿAlī: *at-Taḥqīq fī masāʾil al-ḫilāf*. Damaskus [u. a.], Dār a-Waʿī al-ʿArabī, 1998.

Ibn Ḥağar al-ʿAsqalānī, Aḥmad Ibn ʿAlī: *Fatḥ al-bārī bi-šarḥ Ṣaḥīḥ al-Buḫārī*. Beirut, Dār al-Maʿrifa, o.J.

Ibn al-Ḥāğīb, ʿUṯmān Ibn ʿUmar: *Muḫtaṣar muntahā as-suʾl wa-l-amal fī ʿilmay al-uṣūl wa-l-ğadal*. Beirut, Dār Ibn Ḥazm, 2006.

Ibn Ḫaldūn, ʿAbd-ar-Raḥmān Ibn Muḥammad: *al-Muqaddima*. 3. Aufl. Beirut, al-Madrasa wa Dār al-Kitāb al-Lubnānī, 1967.

Ibn Ḥamdān, Nağm ad-Dīn Aḥmad: *Ṣifat al-fatwā wa-l-muftī wa-l-mustaftī*. Damaskus, al-Maktab al-Islāmī, 1380 H.

Ibn Manẓūr, Ğamāl ad-Dīn: *Lisān al-ʿārab*. 15 Bde. Beirut, Dār Ṣādir [u. a.], 1980.

Ibn Ḥazm, ʿAlī Ibn Aḥmad: *an-Nubaḏ fī uṣūl al-fiqh al-musammā an-Nabḏa al-kāfiyya fī aḥkām uṣūl ad-dīn*. Kairo, Maktabat al-Kuliyyāt al-Azhariyya, 1981.

Ibn Ḥazm, ʿAlī Ibn Aḥmad: *al-Iḥkām fī uṣūl al-aḥkām*. Beirut, Dār al-Āfāq al-Ğadīda, 1983.

Ibn Hubayra, Yaḥyā Ibn Muḥammad: *Iḫtilāf al-aʾimma al-ʿulamāʾ*. Bd. 1, Beirut, Dār al-Kutub al-ʿIlmiyya, 2002.

Ibn Mufliḥ, Šams ad-Dīn: *Uṣūl al-fiqh*. Riad, Maktabat al-ʿAbīkān, 1420/1999.

Ibn al-Humām, Kamāl ad-Dīn: *at-Taḥrīr fī uṣūl al-fiqh*. Kairo, Maṭbaʿat Muṣṭafā al-Bābī al-ḥalabī, 1351 H.

Ibn an-Naǧǧār, Muḥammad Ibn Aḥmad: *Šarḥ al-kawkab al-munīr al-musammā bi-Muḫtaṣar at-taḥrīr aw al-Muḫtabar al-mubtakar šarḥ al-muḫtaṣar fī uṣūl al-fiqh*. Riad, Maktabat al-ʿAbīkān, 1993.

Ibn an-Naǧǧār, Muḥammad Ibn Aḥmad: *Maʿūnat ūlī an-nuhā. Šarḥ al-muntahā*. 5. Aufl. Mekka, Maktabat al-Asadī, 2008.

Ibn Nuğaym, Zayn ad-Dīn: *al-Baḥr ar-rāʾiq šarḥ kanz ad-daqāʾiq*. Beirut, Dār al-Kutub al-ʿIlmiyya, 1997.

Ibn Qayyim al-Ğawzyiya, Muḥammad: *Iʿlām al-muwaqqiʿīn ʿan Rabb al-ʿālamīn*. Riad, Dār ibn al-Ğawzī, 1423 H.

Ibn Qudāma al-Maqdisī, ʿAbdallāh Ibn Aḥmad: *al-Muġnī*. 3. Aufl. Riad, ʿĀlam al-Kitāb, 1997.

Ibn Rašīq, al-Ḥusayn: *Lubāb al-maḥṣūl fī ʿilm al-uṣūl*. Dubai, Dār al-Buḥūṯ li-d-dirāsāt al-islāmiyya wa iḥyāʾ at-turāṯ, 2001.

Ibn Taymiyya, Aḥmad Ibn ʿAbd-al-Ḥalīm: *Rafʿ al-malām ʿan al-aʾimma al-aʿlām*. Riad, ar-Riʾāsa al-ʿāmma li-idārāt al-buḥūṯ al-ʿilmiyya wa ad-daʿwa wa-l-iršād, 1413 H.

Ibn Taymiyya, Aḥmad Ibn ʿAbd-al-Ḥalīm: Kitāb an-Nubuwwāt. Medina, al-Ğāmiʿa al-Islāmiyya, 2000.

Ibn Taymiyya, Aḥmad Ibn-ʿAbd-al-Ḥalīm: *al-Musawwada fī uṣūl al-fiqh*. Riad, Dār al-Faḍīla, 2001.

Ibn Taymiyya, Aḥmad Ibn ʿAbd-al-Ḥalīm: *Maǧmūʿ fatāwā šayḫ al-islām Aḥmad ibn Taymiyya.* Medina, Maǧmaʿ al-malik Fahd li-ṭibāʿat al-muṣḥaf aš-šarīf, 2004.

Ibrāhīm, Muḥammad Yusrī: *al-Fatwā. Ahamiyyatuhā, ḍawābiṭuhā, āṯāruhā.* Kairo 2007.

Ichwan, Nur: ʿUlamāʾ, State and Politics: Majelis Ulama Indonesia after Suharto. Islamic Law and Society, Vol. 12, No. 1, Fatwās in Indonesia (2005), S. 45–72.

Imām, Muḥammad Kamāl ad-Dīn: „Iʿdād al-mumārisīn li-l-iǧtihād al-ǧamāʿī. Ruʾya fiqhiyya wa tārīḫiyya", in: *Nadwat al-iǧtihād al-ǧamāʿī fī-l-ʿālam al-islāmī.* Bd. 2. VAE, Kuliyyat aš-šarīʿa wa-l-qānūn – Ǧāmiʿat al-Imārāt al-ʿarabiyya al-muttaḥida, vom 21.–23.12.1996, S. 1029–1069.

ʿImāra, Muḥammad: al-*Imām Muḥammad ʿAbduh muǧaddid ad-duniyā bi-taǧdīd ad-dīn.* 2. Aufl. Kairo [u. a.], Dār aš-Šurūq, 1988.

ʿImāra, Muḥammad: *Min aʿlām al-iḥyāʾ al-islāmī.* Kairo, Maktabat aš-Šurūq ad-dawliyya, 2006.

ʿImāra, Muḥammad: *al-Iṣlāḥ ad-dīnī fī-l-qarn al-ʿišrīn. al-Imām al-Marāġī namūḏaǧan.* Kairo, al-Maǧlis al-Aʿlā li-š-šuʾūn al-islāmiyya, 2007.

Ipektchi, Mariam: *Bankbetriebliche Geschäftstätigkeit nach islamischem Recht. Theoretische Grundlegung und ausgewählte Aspekte zur Internationalisierung.* Hamburg, Univ., Diss., 1997.

Iqbāl, Muḥammad: *Reconstruction of Religious Thought in Islam.* London, Milford, 1934.

Ismāʿīl, Affah: "*Manhaǧ al-iǧtihād al-ǧamāʿī ʿind maǧtlis al-ʿulamāʾ al-indūnīsī*", in: International Seminar On Fatwa (IsFatwa) 2016. Institute Pengurusan & Penyelidikan Fatwa Sedunia (INFAD), Universiti Sains Islam Malaysia, 2016, S. 506–5011.

Ismāʿīl, Šaʿbān Muḥammad: *al-Iǧtihād al-ǧamāʿī wa dawr al-maǧāmiʿ al-fiqhiyya fī taṭbīqih.* Beirut [u. a.], Dār al-Bašāʾir al-islāmiyya, 1998.

Jokisch, Benjamin: *Islamisches Recht in Theorie und Praxis – Analyse einiger kaufrechtlicher Fatwas von Taqī ad-Dīn Aḥmad b. Taymiyya.* Berlin, Schwarz, 1996.

Jokisch, Benjamin: *Islamic imperial law: Harun-al-Rashid's codification project.* Berlin; New York, Walter De Gruyter, c2007.

Jomier, Jaques: „Les Congrès de l'Académie des Recherches islamiques dépendent de l'Azhar" in: *Mélanges de l'Institut dominicain d'Études orientales 14* (1980), S. 95–148.

Kaʿbah, Rifyal: „Islamic Law in court Decisions and Fatwa Institutions", in: *Islamic Law in Contemporary Indonesia.* Cambridge, Mass., Harvard Univ. Press, 2007, S. 83–98.

Kaḥḥāla, ʿUmar: *Aʿlām an-nisāʾ fī ʿālamay al-ʿarab wa-l-islām*, Beirut, Dār al-Kutub al-ʿIlmiyyya, 1959?.

Karnaz, Naṣr Maḥmūd al-: *al-Iǧtihād al-ǧamāʿī wa taṭīiqātuh al-muʿāṣira*. Gaza, al-Ǧāmiʿa al-islāmiyya, Magisterarbeit, 2008.

Kāsānī, Masʿūd Ibn Aḥmad al-: *Badāʾiʿ aṣ-ṣanāʾiʿ fī tartīb aš-šarāʾiʿ*. 2. Aufl. Beirut, Dār al-Kutub al-ʿIlmiyya, 2003.

Kawṯarī, Muḥammad Zāhid al-: *al-Lā-maḏhabiyya qanṭarat al-lā-dīniyya*. Kairo, al-Maktaba al-Azhariyya li-t-turāṯ, 2006. (Sowie in Kawṯarī o. J., S. 129–137).

Kawṯarī, Muḥammad Zāhid al-: *Maqālāt al-Kawṯarī*. Kairo, al-Maktaba at-Tawfīqiyya, o. J.

Kemke, Andreas H. E.: *Stiftungen im muslimischen Rechtsleben des neuzeitlichen Ägypten. Die schariatrechtlichen Gutachten (Fatwas) von Muḥammad ʿAbduh (st. 1905) zum Wakf.* Frankfurt am Main [u. a.], Lang, 1991.

Kerr, Malcolm H.: *Islamic reform. The political and legal theories of Muḥammad ʿAbduh and Rashīd Riḍā*. Berkeley, Univ. of California Press, 1966.

Keshavjee, Mohamed M.: *Islam, sharia and alternative dispute resolution. mechanisms for legal redress in the Muslim community*. London [u. a.], Tauris, 2013.

Khan, Adil Hussain: „Creating the image of European Islam: European Council for Fatwa and Research and Ireland", in: Jørgen S. Nielsen (Hrsg.): *Muslim political participation in Europe*. Edinburgh, Edinburgh Univ. Press, 2013, S. 215–239.

Khan, Ali; Ramadan, Hisham: *Contemporary Ijtihad. Limits and Controversies*, Edinburgh, Edinburgh Univ. Press, 2011.

Khan, Fareeha: *Traditionalist Approaches to Sharīʿah perform: Mawlana Ashraf ʿAli Thanawi's Fatwa on Women's right to Divorce*. A dissertation in The University of Michigan 2008. Online verfügbar: https://deepblue.lib.umich.edu/bitstream/handle/2027.42/60731/fareehak_1.pdf?sequence=1, abgerufen am 02.06.2015).

Khan, Saad S.: *Reasserting international Islam. A focus on the organization of the Islamic Conference and other Islamic institutions*. Oxford [u. a.], Oxford Univ. Press, 2001.

Khir, Bustami: „Who Applies Islamic Law in Non-Muslim Countries? A Study of the *Sunnī* Principle of the Governance of the Scholars (*wilāyat al-ʿulamāʾ*)", in: *Journal of Muslim Minority Affairs*. Vol. 27, No. 1, April 2007 S. 79–91.

Kindī, ʿAbd ar-Razzāq ʿAbdallāh Ṣāliḥ al-: *at-Taysīr fī-l-fatwā asbābuh wa ḍawābiṭuh*. Beirut [u. a.], Muʾassasat ar-Risāla Nāširūn, 2008.

Kramer, Martin: *Islam assembled. The advent of the Muslim congresses*, New York, Columbia University Press 1986.

Krawietz, Birgit: *Hierarchie der Rechtsquellen im tradierten sunnitischen Islam*. Berlin, Duncker & Humblot, 2002.

Kubaysī, Ḥamad al-: „Raʾy al-Islām fī išrāk al-marʾa fī muʾssasāt aš-šūrā", in: *aš-Šūrā fī-l-islām*. Bd. 3. Amman, al-Maǧmaʿ al-Malakī li-buḥūṯ al-ḥaḍāra al-islāmiyya, 1989, S. 1063–1116.

Larsen, Lena: „Islamic jurisprudence and transnational flows: exploring the European Council for Fatwa and Research“ in Anne Hellum; Shaheen Sardar Ali; Anne Griffiths (Hrsg.): *From transnational relations to transnational laws: northern European laws at the crossroads.* Farnham, UK [u. a.]: Ashgate, 2011, S. 139–163.

Layish, Aharon: “The Contribution of the Modernists to the Secularization of Islamic Law”, in: *Middle Eastern Studies. Vol. 14,* London 1978, S. 263–277.

Lemke, Wolf-Dieter: *Mahmud Šaltut (1893–1963) und die Reform der Azhar. Untersuchungen zu Erneuerungsbestrebungen im ägyptisch-islamischen Erziehungssystem.* Frankfurt am Main [u. a.], Lang, 1980.

Lewis, B.: Art. „Bāb-i Mas̲h̲īk̲h̲at“ in: *EI²*, Bd. I, S. 837b–838a.

Maʿāyīr al-muḥāsaba wa-l-murāǧaʿa wa-ḍ-ḍawābiṭ li–l-muʾassasāt al-māliyya al-islāmiyya. Bahrain, Hayʾat al-Muḥāsaba wa-l-murāǧaʿa li–l-muʾassasāt al-māliyya, 2007.

Madkūr, Muḥammad Salām: *al-Madḫal li–l-fiqh al-islāmī. Tārīḫuh wa maṣādiruh wa naẓariyyātuh al-ʿāmma.* 2. Aufl. Kairo, Dār al-Kitāb al-Ḥadīṯ, 1996.

Maǧallat al-Azhar. Maǧalla šahriyya Ǧāmiʿa. Kairo, Maǧmaʿ al-Buḥūṯ al-Islāmiyya bi-l-Azhar, Ausgaben: 8 (1937), 35 (1964), 37 (1965), 55 (1983).

Maǧallat maǧmaʿ al-fiqh al-islāmī ad-dawlī (Zeitschrift der IIFA). Jedda, Maǧmaʿ al-fiqh al-islāmī ad-dawlī, Ausgaben: 1 (1986), 2. (1986), 3. (1987), 4. (1988), 5. (1988), 6. (1990), 10. (1997), 11. (1998) und 16. (2005).

Maǧallat maǧmaʿ al-fiqh al-islāmī, 1. Ausgabe, 5. Aufl., Makka, Rābiṭat al-ʿālam al-islāmī, 2003.

Maǧallat al-Waʿī. Ǧāmiʿiyya – fikriyya – ṯaqāfiyya. Libanon, Ausgabe Nr. 214, Dezember 2004. (Online verfügbar: http://www.al-waie.org/archives/article/3891, abgerufen am 05.03.2016).

Maǧmaʿ al-buḥūṯ al-islāmiyya. Tārīḫuh wa taṭawwuruh. Kairo, al-Azhar aš-Šarīf: al-laǧna al-ʿulyā li–l-iḥtifāl bi-l-ʿīd al-alfī li–l-Azhar, 1983.

Maǧmaʿ al-buḥūṯ al-islāmiyya. Qarārātuh wa tawṣiyyātuh fī māḍīh wa ḥāḍirih. Kairo, al-Azhar aš-Šarīf: Silsilat al-buḥūṯ al-islāmiyya, Bd. 1–3., 2008–2011. (Akademie der Azhar)

Maġribī, Zawāt ʿIrfān al-: *Hayʾat kibār al-ʿulamāʾ 1911–1961 m.* Kairo, al-Hayʾa al-Miṣriyya al-ʿĀmma li–l-kitāb, 2012.

Maḥallī, Ǧalāl ad-Dīn al-: *al-Badr aṭ-ṭāliʿ fī ḥall ǧamʿ al-ǧawāmiʿ.* Beirut, Muʾssasat ar-Risāla Nāširūn, 2005.

Maḥfūẓ, Ḥāzim; Isḥāq, Nabīla: *Iqbāl wa-l-Azhar.* Kairo, Dār al-Bayān, 1999.

Maḥmūd, Ǧamāl ad-Dīn: „al-Iǧtihād al-ǧamāʿī fī-l-Mamlaka al-ʿarabiyya as-Saʿūdiyya“, in: *Nadwat al-iǧtihād al-ǧamāʿī fī-l-ʿālam al-islāmī.* Bd. 1. VAE, Kuliyyat aš-šarīʿa wa-l-qānūn – Ǧāmiʿat al-Imārāt al-ʿarabiyya al-muttaḥida, vom 21.–23.12.1996, S. 359–418.

Malik, Abdul-Rehman: "The AMSS (UK) Fifth Annual Conference: Fiqh Today: Muslims as Minorities", in: *The American Journal of Islamic Social Sciences 21:2.* 2004, S. 144–147.

Mālik, Ibn Anas: *al-Muwaṭṭa'*. Beirut, Dār iḥyā' at-turāṯ al-ʿarabī, 1985.

Malik, Jamal: *Islamische Gelehrtenkultur in Nordindien. Entwicklungsgeschichte und Tendenzen am Beispiel von Lucknow.* Leiden [u. a.], Brill, 1997.

Marāġī, Muḥammad Muṣṭafā al-: *al-Iǧtihād.* Kairo, al-Azhar, Ǧumādā al-aḫira 1428 H (2007).

Mardāwī, ʿAlā' ad-dīn al-: *at-Taḥbīr šarḥ at-taḥrīr fī uṣūl al-fiqh.* Riad, Maktabat ar-Rušd, 2000.

Masud, Muhammad Khalid; Messick, Brinkley Morris; Powers, David Stephan (Hrsg.): Islamic legal interpretation: muftis and their fatwas. Cambridge, Mass., Harvard Univ. Press, 1996.

Māwardī, Abū al-Ḥasan ʿAlī Ibn Muḥammad al-: *al-Ḥāwī al-kabīr.* Beirut, Dār al-Kutub al-ʿIlmiyya, 1994.

Mawsūʿa al-fiqhiyya al-: 45 Bde. Kuwait, Wazārat al-awqāf wa-š-šu'ūn al-islāmiyya, 1983–2006.

Melchert, Christopher: The formation of the Sunni schools of law: 9th – 10th centuries C.E. Leiden [u. a.], Brill, 1997.

Mīǧā, ʿAbdallāh Idrīs: „Maǧmaʿ al-fiqh al-islāmī ad-dawlī bi-Ǧadda. Namūḏaǧ li-l-iǧtihād al-ǧamāʿī", in: *Nadwat al-iǧtihād al-ǧamāʿī fī-l-ʿālam al-islāmī.* Bd. 1. VAE, Kuliyyat aš-šarīʿa wa-l-qānūn – Ǧāmiʿat al-Imārāt al-ʿarabiyya al-muttaḥida, vom 21.–23.12.1996, S. 251–296.

Miṣrī, Rafīq al-: *al-Maǧmūʿ fī-l-iqtiṣād al-islāmī.* Damaskus [u. a.], Dār al-Maktabī, 2006.

al-Muʿǧam al-wasīṭ. 4. Aufl. Kairo, *Maǧmaʿ al-luġa al-ʿarabiyya*: Maktabat aš-Šurūq ad-dawliyya, 2004.

Motzki, Harlad: "Religiöse Ratgebung im Islam: Entstehung, Bedeutung und Praxis des muftī und der fatwā", in: *Zeitschrift für Religionswissenschaft,* 1994, Vol. 2 (1), S. 3–22.

Muġniyya, Muḥammad Ǧawād: *al-Fiqh ʿalā al-maḏāhib al-ḫamsa.* Beirut, Dār al-ʿIlm li-l-malāyīn, 1960.

Muḥammadī, ʿAlī Yūsuf al-: „Iʿdād al-mumārisīn li-l-iǧtihād al-ǧamāʿī", in: *Nadwat al-iǧtihād al-ǧamāʿī fī-l-ʿālam al-islāmī.* Bd. 2. VAE, Kuliyyat aš-šarīʿa wa-l-qānūn – Ǧāmiʿat al-Imārāt al-ʿarabiyya al-muttaḥida, vom 21.–23.12.1996, S. 1009–1028.

Mullā Ḫusraw, Muḥammad ibn Farāmurz: *Mirqāt al-wuṣūl ilā ʿilm al-uṣūl.* Beirut, Dār al-Kutub al-ʿIlmiyya, 2012.

Müller, Christian: Gerichtspraxis im Stadtstaat Córdoba: zum Recht der Gesellschaft in einer mālikitisch-islamischen Rechtstradition des 5./11. Jahrhunderts. Leiden [u. a.], Brill, 1999.

Muntaẓirī, Ḥusayn ʿAlī: „Bābi iğtihādi maftūḥ", in: *Andar bābi iğtihād.* Teheran 1382/2003, S. 12–16.

Mūsā, Muḥammad Yūsuf: *Muḥāḍarāt fī tārīḫ al-fiqh al-islāmī.* Kairo, *Maʿhad ad-Dirāsāt al-ʿArabiyya al-ʿāliyya*, 1954.

Mūsā, Muḥammad Yūsuf: *al-Madḫal li-dirāsat al-fiqh al-islāmī.* Kairo, Dār al-Fikr al-ʿArabī, 2009.

Muslim ibn al-Ḥağğāğ: *Ṣaḥīḥ Muslim.* Beirut, Dār Iḥyāʾ al-Kutub al-ʿArabiyya, 1991.

al-Muʾtamar al-awwal li-mağmaʿ al-buḥūṯ al-islāmiyya. Kairo, al-Azhar: Mağmaʿ al-buḥūṯ al-islāmiyya, 1964.

Nabahānī, Yūsuf ibn Ismāʿīl an-: *Šawāhid al-ḥaqq fī al-istiʿāna bi-sayyid al-ḫalq.* 3. Aufl. Beirut, Dār al-Kutub al-ʿIlmiyya, 2007.

Nağğār, ʿAbd al-Mağīd an-: *Fiqh al-muwāṭana li–l-muslimīn fī ʿUrūbbā.* Dublin, al-Mağlis al-urūbbī li–l-iftāʾ wa-l-buḥūṯ, 2009.

Nakamura, Mitsuo; Kafrawi, Shalahudin: „Nahdatul Ulama" in John L. Esposito (Hrsg.): *The Oxford Encyclopedia of the Islamic World.* 6 Bde. Oxford 2009. Bd. IV, S. 206a–212a.

Našmī, ʿAğīl an-: *Imkāniyyat tawḥīd fatāwā al-hayʾāt aš-šarʿiyya.* Eine Studie der zweiten Islamischen Finanzkonferenz: Islamic Banking, Doha 10. Oktober 2011, S. 37–56.

Nawawī, Muḥī ad-Dīn an-: *Kitāb al-mağmūʿ šarḥ al-muhaḏḏab*, Jedda, Maktabat al-iršād, 1980.

Neumann, Andreas: *Rechtsgeschichte, Rechtsfindung und Rechtsfortbildung im Islam. Enzyklopädien des islamischen Rechts unter besonderer Berücksichtigung Ägyptens und der Nasser-Enzyklopädie.* Hamburg, Kovač, 2012.

Nimr, ʿAbd al-Munʿim an-: *al-Iğtihād.* 2. Aufl. Kairo, al-Hayʾa al-Miṣriyya al-ʿāmma li–l-kitāb, 1987.

Niẓām Burhān Būrī [u. a.]: *al-Fatāwā al-hindiyya. Al-maʿrūfa bi-l-fatāwā al-ʿālamgīriyya.* Beirut, Dār al-Kutub al-ʿIlmiyya, 2000.

Noer, Deliar: *The modernist Muslim movement in Indonesia 1900–1942.* Kuala Lumpur [u. a.], Oxford Univ. Pr., 1978.

Noor-Ebad, Hamidullah: *Islamische Banken. in Theorie u. Praxis sowie ihre Auswirkungen auf d. finanzielle Ressourcenallokation.* Köln, Univ., Diss., 1988.

Nursî, Said: *Kulliyyāt rasāʾil an-Nūr. Ṣayqal al-Islām*, übers. von Iḥsān Qāsim aṣ-Ṣāliḥī, 3. Aufl. Kairo, Sözler, 2002.

Nursî, Said: *al-Kalimāt*, übers. von Iḥsān Qāsim aṣ-Ṣāliḥī, 6. Aufl. Kairo, Sözler, 2011.

Pearl, David; Menski, Werner: *Muslim family law.* 3. Aufl., London, Sweet & Maxwell, 1998.

Peters, Rudolph: „Idjtihād and taqlīd in 18th and 19th century Islam“, in: *Die Welt des Islams* 20 (1980), S. 131–145.

Peters, Rudolph: „Erneuerungsbewegungen im Islam vom 18. bis zum 20. Jahrhundert und die Rolle des Islams in der neueren Geschichte: Antikolonialismus und Nationalismus“, in: Werner Ende (Hrsg.): *Der Islam in der Gegenwart.* 5. aktualisierte und erw. Aufl. Bonn, Bundeszentrale für polit. Bildung, 2005, S. 90–127.

Powers, David Stephan: „Kadijustiz or Qadi-justice? A paternity dispute from fourteenth-century Morocco“, in: *Islamic Law and Society 1, 3* (1994). Leiden [u. a.], Brill, S. 332–366.

Poya, Abbas: „*„Iǧtihād*“ und Glaubensfreiheit. Darstellung einer islamisch-glaubensfreiheitlichen Idee anhand sunnitisch-rechtsmethodologischer Diskussionen“, in: *Der Islam 75* (1998), S. [226] - 258.

Poya, Abbas: *Anerkennung des Iǧtihād – Legitimation der Toleranz. Möglichkeiten innerer und äußerer Toleranz im Islam am Beispiel der Iǧtihād-Diskussion.* Berlin, Schwarz, 2003.

Qamar, ʿAbd al-Qāhir: „al- *Iǧtihād wa-l-iftāʾ fī maǧmaʿ al-fiqh al-islāmī ad-dawlī. Al-Āliyya wa-t-tawṣiyyāt at-tawǧīhiyya*“. Eine Studie der Konferenz *al-Iftāʾ fī ʿālam maftūḥ – al-wāqiʿ al-māṯil wa-l-amall al-murtaǧā.* Kuwait, al-Markaz al-ʿĀlamī li–l-wasaṭiyya, 26.–28. Mai 2007.

Qaraḍāwī, Yūsuf al-: *al-Iǧtihād al-muʿāṣir bayna al-inḍibāṭ wa-l-infirāṭ.* Kairo, Dār at-Tawzīʿ wa-n-našr al-islāmiyya, 1994.

Qaraḍāwī, Yūsuf al-: *al-iǧtihād fī-š-šarīʿa al-islāmiyya.* Kuwait, Dār al-Qalam, 1996.

Qaraḍāwī, Yūsuf al-: *Šarīʿat al-Islām ṣāliḥa li-taṭbīq fī kull zamān wa makān.* 5. Aufl. Kairo, Maktabat Wahba, 1997.

Qaraḍāwī, Yūsuf al-: *al-Fiqh al-islāmī bayna al-aṣāla wa-t-taǧdīd.* 2. Aufl. Kairo, Maktabat Wahba, 1999.

Qaraḍāwī, Yūsuf al-: *Fī fiqh al-aqalliyyāt al-muslim. Ḥayāt al-muslimīn wasaṭ al-muǧtamaʿāt al-uḫrā.* Kairo, Dār aš-Šurūq, 2001.

Qarāfī, Aḥmad Ibn Idrīs al-: *Šarḥ Tanqīḥ al-fuṣūl fī iḫtiṣār al-maḥṣūl fī l-uṣūl.* Beirut, Dār al-Fikr, 2004.

Qarārāt al-hayʾa aš-šarʿiyya bi-maṣrif ar-rāǧḥī. Bd. 1. Riad, Dār Kunūz išbiliyyā li-n-našr wa-t-tawzīʿ, 2010.

Qarārāt al-maǧmaʿ al-fiqhī al-islāmī bi-Makka al-mukarrama. ad-dawarāt: min al-ʾūlā ilā as-sābiʿat ʿašar, al-qarārāt min al-awwal ilā aṯ-ṯānī baʿd al-māʾa (1398–1424/1977–2004). Makka, Rābiṭat al-ʿālam al-islāmī, 2004. (Akademie der MWL 2004)

al-Qarārāt wa-l-fatāwā aṣ-ṣādira ʿan al-mağlis al-urūbbī li–l-iftāʾ wa-l-buḥūṯ munḏ taʾsīsih (1417h–1997 m) wa ḥattā ad-dawra al-ʿišrīn (1431h–2010 m). Dublin, al-Mağlis al-urūbbī li–l-iftāʾ wa-l-buḥūṯ, 2013. (ECFR 2013)

Qarārāt wa tawṣiyyāt muʾtamarāt mağmaʿ al-buḥūṯ al-islāmiyya. Kairo, al-Azhar aš-Šarīf: Silsilat al-buḥūṯ al-islāmiyya, 2008.

Qarārāt wa tawṣiyyāt muʾtamarāt mağmaʿ al-fiqh al-islāmī ad-dawlī al-munbaṯiq ʿan munaẓẓamat at-taʿāwun al-islāmī li-d-dawarāt 2–19, al-qarārāt 1–185 (1406–1432/1985–2011). Aš-Šāriqa/VAE, al-Amāna al-ʿāmma li–l-awqāf bi-š-Šāriqa, 2011. (IIFA 2011)

Qāsim, ʿAbd ar-Raḥmān ʿAbd al-ʿAzīz al-: *al-Islām wa taqnīn al-aḥkām. Daʿwa muḫliaṣa li-taqnīn aḥkām aš-šarīʿa al-islāmiyya.* 2. Aufl. Riad, Dār al-Maʿārif al-Saʿūdiyya, 1977.

Qāsim, Yūsuf Maḥmūd: „Ḥuğğiyyat al-Iğtihād al-ğamāʿī wa-l-ḥulūl al-muqtaraḥa ʿinda taʿaddud al-iğtihādāt fī-l-mawḍūʿ al-wāḥid", in: *Nadwat al-iğtihād al-ğamāʿī fī-l-ʿālam al-islāmī.* Bd. 2. VAE, Kuliyyat aš-šarīʿa wa-l-qānūn – Ğāmiʿat al-Imārāt al-ʿarabiyya al-muttaḥida, vom 21.–23.12.1996, S. 901–921.

Qāsimī, Muḥammad Ğamāl ad-Dīn al-: *al-Fatwā fī-l-Islām.* Beirut, Dār al-Kutub al-ʿIlmiyya, 1986.

Qāsimī, Muḥammad Imtiyāz ʿĀlim al-: *Tadrīb al-qaḍāʾ wa-l-iftāʾ fī-l-Hind.* Lucknow, Mağmaʿ al-fiqh al-islāmī, 2013.

Qurṭubī, Muḥammad Ibn Aḥmad al-: *al-Ğāmiʿ li-aḥkām al-Qurʾān.* Beirut, Muʾssasat ar-Risāla Nāširūn, 2006.

Rāğib al-Iṣfahānī, al-Ḥusayn Ibn Muḥammad ar-: *al-Mufradāt fī ġarīb al-Qurʾān.* Beirut, Dār al-Maʿrifa, o.J.

Raḥmat Allāh an-Nadwī, Muḥammad: *Ašraf ʿAlī Thānwī. Ḥakīm al-umma wa šayḫ mašāyḫ al-ʿaṣr fī-l-Hind.* Damaskus, Dār al-Qalam, 2006.

Raḥmānī, Ḫālid Sayf Allāh ar-: „Dawr ʿulmāʾ al-Hind fī ṣiyānat ḥuqūq al-marʾa al-muslima", in: *Taṭbīqāt al-fiqh al-islāmī fī-l-Hind.* Lucknow, Mağmaʿ al-fiqh al-islāmī, 2011. S. 98–132.

Rāzī, Abū Ḥātim ar-: *Ādāb aš-Šāfiʿī.* Beirut, Dār al-Kutub al-ʿIlmiyya, 2003.

Rāzī, Faḫr-ad-Dīn Muḥammad Ibn ʿUmar ar-: *at-Tafsīr al-kabīr wa mafātīḥ al-ġayb.* Beirut, Dār al-Fikr,1981.

Rāzī, Faḫr ad-Dīn Muḥammad Ibn ʿUmar ar-: *al-Maḥṣūl fī ʿilm al-uṣūl.* Beirut, Muʾassasat ar-Risāla, o.J.

Rāzī, Muḥammad ibn Abī Bakr ar-: *Muḫtār aṣ-ṣiḥāḥ.* Beirut, Maktabat Lubnān,1986.

Resolutions and Recommendations of the Council of the Islamic Fiqh Academy. Jeddah, Islamic Development Bank/Islamic Fiqh Academy, 2000.

Reissner, Johannes: „Internationale islamische Organisationen“, in: Ende, Werner (Hrsg.): *Der Islam in der Gegenwart.* 5. aktualisierte und erw. Aufl. Bonn, Bundeszentrale für polit. Bildung, 2005.

Riḍā, Muḥammad Rašīd: *Tafsīr al-Qur'ān al-ḥakīm.* Kairo, Dār al-manār, 1328 H.

Riḍā, Muḥammad Rašīd (Hrsg.): *al-Manār.* Bde: 1 (1898), 2 (1899), 3 (1900), 4 (1901), 10 (1907), 13 (1910), 27 (1926), 29 (1928) und 31 (1931).

Riḍā, Muḥammad Rašīd: *al-Ḫilāfa.* Kairo, az-Zahrā' li-l-Iʿlām al-ʿArabī, 1988.

Riḍā, Muḥammad Rašīd: *Tārīḫ al-ustāḏ al-imām aš-Šayḫ Muḥammad ʿAbduh.* 2. Aufl. Kairo, Dār al-Faḍīla, 2006.

Riyāḍ, Muḥammad: *Uṣūl al-fatwā wa-l-qaḍā' fī-l-maḏhab al-mālikī.* Casablanca, Dār an-Naǧāḥ, 1996.

Rohe, Mathias: *Das islamische Recht. Geschichte und Gegenwart.* München, C. H. Beck, 2009.

Rohe, Mathias: *Das islamische Recht. Eine Einführung.* München, C. H. Beck, 2013.

Šaʿrānī, ʿAbd al-Wahhāb aš-: *al-Mīzān al-kubrā.* Beirut, ʿĀlam al-Kutub, 1989.

Šabīr, Muḥammad ʿUṯmān: *al-Muʿāmalāt al-māliyya al-muʿāṣira fī-l-fiqh al-islāmī.* 6. Aufl. Amman, Dār an-Nafā'is, 2007.

Ṣābūnī, ʿAbd ar-Raḥmān aṣ-: „at-Taʿqīb ʿalā al-ǧalsa ar-rābiʿa“, in: *Nadwat al-iǧtihād al-ǧamāʿī fī-l-ʿālam al-islāmī.* Bd. 1. VAE, Kuliyyat aš-šarīʿa wa-l-qānūn – Ǧāmiʿat al-Imārāt al-ʿarabiyya al-muttaḥida, vom 21.–23.12.1996, S. 419–423.

Šāḏilī, Ḥasan ʿAlī aš-: „Ḥuǧǧiyyat al-iǧtihād al-ǧamāʿī“, in: *Nadwat al-iǧtihād al-ǧamāʿī fī-l-ʿālam al-islāmī.* Bd. 2. VAE, Kuliyyat aš-šarīʿa wa-l-qānūn – Ǧāmiʿat al-Imārāt al-ʿarabiyya al-muttaḥida, vom 21.–23.12.1996, S. 837–900.

Šāfiʿī, Muḥammad ibn Idrīs aš-: *ar-Risāla.* Beirut, Dār al-Kutub al-ʿIlmiyya, o. J.

Šāfiʿī, Muḥammad ibn Idrīs aš-: *Ǧimāʿ al-ʿilm.* Kairo, Makatabat Ibn Taymiyya, 1986.

Šāfiʿī, Muḥammad ibn Idrīs aš-: *Aḥkām al-Qur'ān.* 2. Aufl. Kairo, Maktabat al-Ḫāniǧī, 1994.

Šāfiʿī, Muḥammad ibn Idrīs aš-: *al-Umm.* Al-Manṣūra/Ägypten, Dār al-Wafā' li-ṭ-ṭibāʿa wa-n-našr wa-t-tawzīʿ, 2001.

Sāʿī, Muḥammad Naʿī: *Mawsūʿat masā'il al-ǧumhūr fī-l-fiqh al-islāmī.* 2. Aufl. Kairo, Dār as-Salām, 2007.

Šakʿa, Muṣṭafā aš-: *Islām bi-lā-maḏāhib.* 11. Aufl., Kairo, ad-Dār al-Miṣriyya al-Lubnāniyya, 1996.

Šākir, Aḥmad Muḥammad: *aš-Šarʿ wa-l-luġa.* Kairo, Dār al-Maʿārif, 1944.

Šalabī, Muḥammad Muṣṭafā: *al-Madḫal fī-t-taʿrīf bi-l-Fiqh al-islāmī wa-qawāʿid al-milkiyya wa-l-ʿuqūd fīh.* Kairo, Maṭbaʿat Dār at-ta'līf, 1962.

Ṣalāḥīn, ʿAbd al-Maǧīd Maḥmūd aṣ-: „Hay'āt al-fatwā wa-r-raqāba aš-šarʿiyya wa dawruhā fī-l-maṣārif al-islāmiyya“, in: Fachtagung über *al-Mu'assasāt al-māliyya al-islāmiyya maʿālim al-wāqiʿ wa āfāq al-mustaqbal.* Abu Dhabi, 14. Wissenschaftliche Konferenz der Scharia-Fakultät der VAE, 15.–17. Mai 2005.

Saleh, Fauzan: *Modern trends in Islamic theological discourse in 20th century Indonesia.* Leiden [u. a.], Brill, 2001.

Ṣāliḥ, Muḥammad Ibn Aḥmad aṣ-: *aš-Šūrā fi-l-kitāb wa-s-sunna wa ʿinda ʿulamāʾ al-muslimīn.* Riad, [Selbstverl.], 1999.

Ṣāliḥ, Muḥammad ibn Aḥmad aṣ-: *Dawr al-maǧāmiʿ al-fiqhiyya fī taršīd al-maṣārif al-islāmiyya.* Eine Studie der 20. IIFA, Oran/Algerien 13.–18. September 2012.

Šaltūt, Maḥmūd: *al-Islām ʿaqīda wa šarīʿa.* 18. Aufl. Kairo, Dār aš-Šurūq, 2001.

Sanhūrī, ʿAbd ar-Razzāq as-: *Fiqh al-ḫilāfa wa taṭawwurihā li-tuṣbiḥ ʿuṣbat umam šarqiyya.* Beirut, Muʾassasat ar-Risāla, 2008.

Sanhūrī, Muḥammad Aḥmad Farağ as-: „at-Taʾmīnāt", in: *al-Muʾtamar as-sābiʿ li-maǧmaʿ al-buḥūṯ al-islāmiyya.* Kairo, al-Azhar: Maǧmaʿ al-buḥūṯ al-islāmiyya, 1972, S. 147–202.

Sānū, Quṭb Muṣṭafā: *al-Iǧtihād al-ǧamāʿī al-manšūd fī ḍawʾ al-wāqiʿ al-muʿāṣir.* Beirut, Dār an-Nafāʾis, 2006.

Šarafī, ʿAbd al-Maǧīd aš-: *al-Iǧtihād al-ǧamāʿī fī-t-tašrīʿ al-islāmī.* Doha, Wazārat al-awqāf wa-š-šuʾūn al-islāmiyya, 1998.

Šarīf, Muḥammad Šarīf aš-; Ḫālid, Muḥammad Yūsuf: "*Manhaǧiyyat muʾassasāt al-iǧtihād al-ǧamāʿī fī-s-sūdān: dirāsa taḥlīliyya ḥawla maǧmaʿ al-fiqh al-islāmī wa hayʾāt ar-raqāba aš-šarʿiyya al-maṣrafiyya*", in: *Journal of Fatwa Management and Research Vol. 2.*, 2011, S. 181–217. Online Verfügbar: http://jfatwa.usim.edu.my/index.php/jurnal/article/view/20, abgerufen am 15.02.2016.

Saraḫsī, Aḥmad ibn Abī Sahl as-: *Uṣūl as-Saraḫsī.* Beirut, Dār al-Kutub al-ʿIlmiyya, 1993.

Šāšī, Niẓām ad-Dīn Aḥmad ibn Muḥammad aš-: *Uṣūl aš-Šāšī.* Beirut, Dār al-Kutub al-ʿIlmiyya, 2003.

Šāwī, Tawfīq aš-: *Fiqh aš-šūrā wa-l-istišāra.* 2. Aufl. al-Manṣūra, Dār al-Wafāʾ, 1992.

Šawkānī, Muḥammad aš-: *Iršād al-fuḥūl ilā taḥqīq al-ḥaqq min ʿilm al-uṣūl.* Riad, Dār al-Faḍīla, 2000.

Sāyis, Muḥammad ʿAlī as-: „Taḥdīd awāʾil aš-šuhūr al-qamariyya", in: *al-Muʾtamar aṯ-ṯāliṯ li-maǧmaʿ al-buḥūṯ al-islāmiyya.* Kairo, al-Azhar: Maǧmaʿ al-buḥūṯ al-islāmiyya, 1966, S. 83–117.

Sāyis, Muḥammad ʿAlī as-: *Tārīḫ al-fiqh al-islāmī. Kalimāt fī tārīḫ at-tašrīʿ al-islāmī.* Beirut, Dār al-Kutub al-ʿIlmiyya, o. J.

Schlabach, Jörg: *Scharia im Westen. Muslime unter nicht-islamischer Herrschaft und die Entwicklung eines muslimischen Minderheitenrechts für Europa.* Berlin; Münster, Lit, 2009.

Schmidt, Rainer: „Ideengeschichte und Institutionentheorie. Begriffe, Diskurse und institutionelle Mechanismen als Bausteine für ein Modell der Ideengeschichtsschreibung“, in: Harlad Blum/Jürgen Gebhardt (Hrsg.): *Politische Ideengeschichte im 20. Jahrhundert. Konzepte und Kritik.* Baden-Baden, Nomos, 2006, S. 71–88.

Schneider, Irene: *Das Bild des Richters in der „Adab-al-qāḍī“-Literatur*, Frankfurt am Main; Bern; New York; Paris, Lang, 1990.

Schulze, Reinhard: „Der Einfluß islamischer Organisationen auf Länder Südostasiens – von Mekka aus gesehen – “, Draguhn, Werner (Hrsg.): *Der Einfluß des Islams auf Politik, Wirtschaft und Gesellschaft in Südostasien.* Hamburg, 1983. S. 32–54.

Schulze, Reinhard: *Islamischer Internationalismus. Untersuchungen zur Geschichte der islamischen Weltliga.* E.J. Brill, Leiden 1990.

Schweizer, Ursi: *Muslime in Europa. Staatsbürgerschaft und Islam in einer liberalen und säkularen Demokratie.* Berlin, Schwarz, 2008.

Seyfert, Robert: *Das Leben der Institutionen – zu einer allgemeinen Theorie der Institutionalisierung.* Weilerswist, Velbrück Wiss., 2011.

Shadid, Wasif; Van Koningsveld, Sjoerd: „Religious Authorities of Muslims in the West: Their Views on Political Participation“, in: Shadid, W. A. R., Van Koningsveld, Pieter S. (Hrsg.): *Intercultural relations and religious authorities. Muslims in the European Union.* Leuven [u. a.], Peeters, 2002, S. 149–168.

Shah-Kazemi, Sonia Nûrîn: *Untying the Knot: Muslim Women, Divorce and the Shariah.* (London: The Nuffield Foundation), 2001.

Ṣiddīq Ḫān, Nūr al-Ḥusn ibn Muḥammad: *aṭ-Ṭarīqa al-muṯlā fī-l-iršād ilā tark at-taqlīd wa ittibāʿ mā huwa al-awlā.* Beirut, Dār ibn Ḥazm, 2000.

Sirāǧ, Muḥammad Aḥmad: „al-Iǧmāʿ fī aḥkām al-muʿāmalāt al-māliyya al-muʿāṣira“, in: *Nadwat al-iǧtihād al-ǧamāʿī fī-l-ʿālam al-islāmī.* Bd. 2. VAE, Kuliyyat aš-šarīʿa wa-l-qānūn – Ǧāmiʿat al-Imārāt al-ʿarabiyya al-muttaḥida, vom 21.–23.12.1996, S. 661–684.

Šīrāzī, Abū Isḥāq Ibrāhīm Ibn ʿAlī aš-: *al-Lumaʿ fī uṣūl al-fiqh.* Damaskus [u. a.], Dār l-Kalim aṭ-Ṭayyib, 1995.

Šīrāzī, Abū Isḥāq Ibrāhīm Ibn ʿAlī aš-: *al-Muhaḏḏab fī fiqh al-Imām aš-Šāfiʿī.* Damaskus [u. a.], Dār al-Qalam, 1996.

Skovgaard-Petersen, Jakob: *Defining Islam for the Egyptian State. Muftis and fatwas of the Dār al-Iftā.* Leiden [u. a.], Brill, 1997.

Stokke, Ole Martin Bøe: *The Construction of Modern Islamic Authority – Analyzing the medical ethics of the Islamic Organization for Medical Sciences.* The University of Oslo, Masterarbeit, 2014.

Šubaylī, Yūsuf ibn ʿAbd Allāh aš-: *Ahammiyat wuǧūd ṯaqāfa muʾassasiyya fī-li-l-muʾassasāt al-māliyya al-islāmiyya* . Eine Studie der zweiten Islamischen Finanzkonferenz: Islamic Banking, Doha 10. Oktober 2011, S. 85–101.

Subkī, Tāǧ-ad-Dīn ʿAbd-al-Wahhāb Ibn ʿAlī as-: *Ǧamʿ al-ǧawāmiʿ fī uṣūl al-fiqh.* 2. Aufl. Beirut, Dār al-Kutub al-ʿIlmiyya, 2003.

Suwayd, Muḥammad: *al-Maḏāhib al-islāmiyya al-ḫamsa wa-l-maḏhab al-muwaḥḥad.* 2. Aufl. Beirut, Dār at-Taqrīb bayna al-maḏāhib al-islāmiyya, 1997.

Suyūṭī, Ǧalāl-ad-Dīn ʿAbd ar-Raḥmān Ibn Abī Bakr as-: *Kitāb ar-Radd ʿalā man aḫlada ilā l-arḍ wa-ǧahila anna al-iǧtihād fī kulli ʿaṣrin farḍ.* Kairo, Maktbat aṯ-Ṯaqāfa ad-dīniyya, o.J.

Suyūṭī, Ǧalāl ad-Dīn ʿAbd ar-Raḥmān Ibn Abī Bakr as-: *Ḥusn al-muḥāḍara fī tārīḫ Miṣr wa-l-Qāhira.* Kairo, Dār Iḥyāʾ al-Kutub al-ʿarabiyya, 1968.

Suyūṭī, Ǧalāl ad-Dīn ʿAbd ar-Raḥmān Ibn Abī Bakr as-: *Ǧazīl al-mawāhib fī iḫtilāf al-maḏāhib.* Kairo, Dār al-Iʿtisām, 1989.

Suyūṭī, Ǧalāl ad-Dīn ʿAbd ar-Raḥmān Ibn Abī Bakr as-: *Šarḥ al-kawkab as-sāṭiʿ naẓm ǧamʿ al-ǧawāmiʿ.* Al-Manṣūra/Ägypten, Maktabat al-Imān, 2000.

Suyūṭī, Ǧalāl ad-Dīn ʿAbd ar-Raḥmān Ibn Abī Bakr as-: *ad-Durr al-manṯūr fī-t-tafsīr al-maʾṯūr.* Kairo, Markaz Haǧar li–l-buḥūṯ wa-d-dirāsāt al-ʿarabiyya wa-l-islāmiyya, 2003 (1)

Suyūṭī, Ǧalāl ad-Dīn ʿAbd ar-Raḥmān Ibn Abī Bakr as-: *Tārīḫ al-ḫulafāʾ.* Beirut, Dār Ibn Ḥazm, 2003 (2).

Suyūṭī, Ǧalāl ad-Dīn ʿAbd ar-Raḥmān Ibn Abī Bakr as-: *Taysīr al-iǧtihād.* Alexandria, al-Maktaba al-Miṣriyya 2004.

Tamīmī, ʿIzz ad-dīn al-Ḫaṭīb at-: „Tanẓīm aš-šūrā fī-l-ʿaṣr al-ḥāḍir ʿalā asās islāmī", in: *aš-Šūrā fī-l-islām.* Bd. 3, Amman, al-Maǧmaʿ al-Malakī li-buḥūṯ al-ḥaḍāra al-islāmiyya, 1989, S. 1181–1226.

at-Taʿrīf bi-l-maǧmaʿ al-fiqhī al-islāmī bi-Makka al-mukarrama. 3. Aufl., 2006.

Ṭarābulsī, Muṣṭafā Bašīr aṭ-: *Manhaǧ al-baḥṯ wa-l-fatwā fī-l-fiqh al-islāmī bayna inḍibāṭ as-sābiqīn wa-iḍṭirāb al-muʿāṣirīn. as-Sayyid Sābiq wa-l-ustāḏ al-Qaraḍāwī namūḏaǧan.* Amman, Dār al-Fatḥ li-d-dirāsāt wa-n-našr, 2010.

Taymūr Pāšā, Aḥmad: *Naẓra tārīḫiyya fī ḥudūṯ al-maḏāhib al-arbaʿa al-ḥanafī – al-mālikī – aš-šāfiʿī – al-ḥanbalī wa intišārihā ʿinda ǧumhūr al-muslimīn.* Beirut, Dār al-Qādirī, 1990. (Abū Zahras Vorwort zum Werk).

Titzmann, Michael: „Kulturelles Wissen – Diskurs – Denksystem. Zu einigen Grundbegriffen der Literaturgeschichtsschreibung" in: *ZfSL* 99(1989), 47–61.

Ṭūfī, Naǧm ad-Dīn aṭ-: *Šarḥ muḫtaṣar ar-Rawḍa.* 2. Aufl. Wizārat aš-Šuʾūn al-islāmiyya wa-l-awqāf wa-d-daʿwa wa-l-iršād, 1998.

Ucar, Bülent: *Recht als Mittel zur Reform von Religion und Gesellschaft. Die türkische Debatte um die Scharia und die Rechtsschulen im 20. Jahrhundert.* Würzburg, Ergon, 2005.

ʿUmarī, Nādya al-: *al-Iǧtihād fī-l-Islām.* 3. Aufl, Beirut, Muʾassasat ar-Risāla, 1985.

Waardenburg, J.D.J.: Art. „Madjmaʿ ʿIlmī.", in: *EI²*, Bd. V, S. 1090a–1094b.

Wanšarīsī, Aḥmad Ibn Yaḥyā al-: *al- Miʿyār al-muʿarrab wa-l-ǧāmiʿ al-muġrib ʿan fatāwā ʿulamāʾ Ifrīqiyā wa-ʾl-Andalus.* Marroko, Wizārat al-awqāf wa-š-šu'ūn al-islāmiyya, 1981.

Wiederhold, Lutz: „Das Manuskript Ms. orient. A 918 der Forschungsbibliothek Gotha als Ausgangspunkt für einige Überlegungen zum Begriff ‚igtihad' in der sunnitischen Rechtswissenschaft", in: *Zeitschrift der Deutschen Morgenländischen Gesellschaft 143* (1993) 328–361.

Wiederhold, Lutz: „Spezialisierung und geteilte Kompetenz – Sunnitische Rechtsgelehrte über die Zulässigkeit von iǧtihād", in: *Die Welt des Orients* 28 (1997), S. 153–169.

Wild, Stefan: „Muslim und Madhab. Ein Brief von Tokio nach Mekka und seine Folgen in Damaskus", in: *Die islamische Welt zwischen Mittelalter und Neuzeit. Festschrift für Hans Robert Roemer zum 65. Geburtstag.* Wiesbaden, Steiner, 1979, S. 674–690.

Wrogemann, Henning: *Missionarischer Islam und gesellschaftlicher Dialog – eine Studie zu Begründung und Praxis des Aufrufes zum Islam (daʿwa) im internationalen sunnitischen Diskurs.* Frankfurt am Main, Lembeck, 2006.

Yilmaz, Ihsan: „Muslim Alternative Dispute Resolution and Neo-Ijtihad in England", in: *Turkish Journal of international Relations.* Vol. 2, Nr. 1 Fall 2003, S. 117–139.

Zaman, Muhammad Qasim: *The Ulama in contemporary Islam. Custodians of change.* Princeton [u. a.], Princeton University Press, 2002.

Zaman, Muhammad Qasim: Evolving Conceptions of Ijtihād in Modern South Asia. Islamic Studies, Vol. 49, No. 1 (Spring 2010), S. 5–36.

Zaman, Muhammad Qasim: *Modern Islamic thought in a radical age. Religious authority and internal criticism.* Cambridge [u. a.], Cambridge Univ. Press, 2012.

Zarkašī, Muḥammad Ibn Bahādur az-: *al-Baḥr al-muḥīṭ fī uṣūl al-fiqh.* 2. Aufl. Kuwait, Wizārat al-Awqāf wa-š-šuʾūn al-islāmiyya, 1992.

Zarkašī, Muḥammad Ibn Bahādur az-: *Tašnīf al-masāmiʿ bi-ǧamʿ al-ǧawāmiʿ li-Tāǧ ad-Dīn as-Subkī.* Beirut, Dār al-Kutub al-ʿIlmiyya, 2000.

Zarqā, Muṣṭafā Aḥmad az-: *al-Madḫal al-fiqhī al-ʿāmm. Iḫrāǧ ǧadīd bi-taṭwīr fi-t-tartīb wa-t-tabwīb wa-ziyādāt.* Damaskus, Dār al-Qalam, 1998.

Zuʿayr, Muḥammad ʿAbd al-Ḥakīm: „al-Iǧtihād al-ǧamāʿī fī-l-maǧāl al-iqtiṣādī wa-l-maṣrafī", in: *Nadwat al-iǧtihād al-ǧamāʿī fī-l-ʿālam al-islāmī.* Bd. 2. VAE, Kuliyyat aš-šarīʿa wa-l-qānūn – Ǧāmiʿat al-Imārāt al-ʿarabiyya al-muttaḥida, vom 21.–23.12.1996, S. 629–781.

Ẓufr ʿĀlim an-Nadwī: „al-Fatwā al-ǧamāʿiyya wa maʿāhidihā", in: *Manhaǧ al-iftāʾ wa-l-qaḍāʾ.* Neu-Delhi, IFA Publications, 2011, S. 109–112.

Zuḥaylī, Muḥammad Muṣṭafā az-: *Dawr al-maǧāmiʿ al-fiqhiyya maʿa al-muʾassasāt al-māliyya al-islāmiyya.* Eine Studie der 20. IIFA, Oran/Algerien 13.–18. September 2012.

Zuḥaylī, Wahba az-: *al-Fiqh al-islāmī wa-adillatuhu. aš-Šāmil li-l-adilla aš-šarʿiyya wa-l-ārāʾ al-maḏhabiyya wa-ahamm an-naẓariyyāt al-fiqhiyya wa-taḥqīq al-aḥādīṯ an-nabawiyya wa-taḫrīğihā mulḥaqqan bi-hi fahrasa alifbāʾiyya šāmila li-l-mawḍūʿāt wa-l-masāʾil al-fiqhiyya.* 2. Aufl. Damaskus, Dār al-Fikr, 1985.

Zuḥaylī, Wahba az-: *Uṣūl al-fiqh al-islāmī*, 2 Bde., Damaskus, Dār al-Fikr, 1986.

Zuḥaylī, Wahba az-: „al-Iğtihād al-fiqhī al-ḥadīṯ: munṭalaqātuh wa ittiğāhātuh", in: *al-Iğtihād al-fiqhī: ay dawr wa ay ğadīd.* Rabat, Kuliyyat al-Ādāb, 1996, S. 23–46.

Zuḥaylī, Wahba az-: al-*iğtihād al-ğamāʿī wa ahmiyyatuh fī muwāğahat muškilāt al-ʿaṣr.* Eine Studie der Konferenz *al-Fatwā wa ḍawābiṭuhā*, die von der Fiqh-Akademie der MWL 17.–20.01.2009. (Online Verfügbar: http://www.themwl.org/web/sites/default/files/world_conference_for_fatwa_and_controls_3.pdf, abgerufen am 20.03.2015).

Zuḥaylī, Wahba az-: „Manhağ al-mağāmiʿ al-fiqhiyya fī-l-ʿālam al-islāmī fī muʿālağat al-qaḍāyā al-muʿāṣira", in: *Nadawa al-Fiqh al-islāmī fī ʿālam mutağiyyr*, Oman, Wazārat al-Awqāf wa-š-šuʾūn ad-dīniyya, 2012, S. 453–463.